文/白/对/照

资治通鑑

第二十三册

〔宋〕司马光　　编撰

〔清〕康熙 乾隆　御批

〔清〕申涵煜　　点评

　　　萧祥剑　　主编

　　中华文化讲堂　译

团结出版社

目 录

资治通鉴卷第二百六十九　后梁纪四

起昭阳作噩十二月,尽强圉赤奋若六月,凡三年有奇。

【译文】起癸酉(公元913年)十二月,止丁丑(公元917年)六月,共三年七个月。

【题解】本卷记录了公元913年十二月至917年六月的历史,共三年零七个月。为后梁末帝朱友贞乾化三年十二月至末帝贞明三年六月。后梁被吴国打败,岭南刘岩不再进贡,失败的宫廷政变使梁室衰微。晋王李存勖攻破幽州,刘仁恭、刘守光父子被杀,晋王实力大增,攻伐后梁。梁末帝朱友贞趁天雄节度使杨师厚身死,把魏博一分为二,逼魏博投降,晋王李存勖亲临魏州受降,与后梁名将刘鄩对峙。梁末帝朱友贞听信小人谗言,数次催促刘鄩出战。刘鄩坚守疲劳晋师的谋划失败,屡战屡败,全军覆没,后梁丢掉黄河以北的土地,国势动摇。蜀主王建趁晋梁交战,大举进军岐王李茂贞,岐国土地丧失大部。王建又打败荆南高季昌及南诏,声势达到鼎盛。南方吴越与闽通婚交好;北方契丹崛起,帮助后梁攻打晋王,出兵围困幽州,以及吴国徐知诰无意镇守润州。

均王上

乾化三年(癸酉,公元九一三年)十二月,吴镇海节度使徐温、平卢节度使朱瑾帅诸将拒之,遇于赵步。吴征兵未集,温以四千馀人与景仁战，不胜而却。景仁引兵乘之，将及于隘，吴吏士皆失色，左骁卫大将军宛丘陈绍援枪大呼曰："诱敌太深，可以进矣！"跃马还斗，众随之，梁兵乃退。温拊其背曰："非子之智勇，吾几困矣！"赐之金帛，绍悉以分麾下。吴兵既集，复战于霍丘，梁兵大败。王景仁以数骑殿，吴人不敢逼。梁之渡淮而南也，表其可涉之津。霍丘守将朱景浮表于木，徙置深渊。及梁兵败还，望表而涉，溺死者太半，吴人聚梁尸为京观于霍丘。

【译文】乾化三年（癸酉，公元913年）十二月，吴国镇海节度使徐温、平卢节度使朱瑾率领诸将抵御后梁王景仁，两军在赵步遭遇。吴国征调的部队还没会集，徐温只率领四千人和王景仁作战，不能取胜，就往后撤退，王景仁立刻率兵从后追击，一直追赶到隘口，吴国的军士们都害怕失色，这时左骁卫大将军宛丘人陈绍抓起枪大叫："诱敌已经很深，可以进攻了。"带头跃马冲回去，大家也跟着他冲，这样一来梁兵反而往后退。徐温拍拍陈绍的背表示嘉许说："要不是靠你的智勇，我几乎要被困住。"赐给他很多金帛，陈绍通通拿来分给部属。吴国军队集结完毕后，又和王景仁的军队在霍丘展开大战，梁兵大败，王景仁率领数骑殿后，吴人不敢逼近追击。梁军渡过淮河南下时，在能涉水而过的津口都做上标记；吴国霍丘守将朱景把这些标记浮置在木头上，移到水深的地方。梁兵败退回来的时候，看到标记，就涉水而过，士兵溺死一大半，吴国人把被溺死的后梁的士兵尸体集中起来在霍丘封筑成高土冢，炫耀自己军队所取得的胜利。

庚午，晋王以周德威为卢龙节度使，兼侍中，以李嗣本为振武节度使。

燕主守光将奔沧州就刘守奇，涉寒，足肿，且迷失道。至燕乐之境，昼匿坑谷，数日不食，令妻祝氏乞食于田父张师造家。师造怪妇人异状，诘知守光处，并其三子擒之。癸酉，晋王方宴，将吏擒守光适至，王语之曰："主人何避客之深邪!"并仁恭置之馆舍，以器服膳饮赐之。王命掌书记王缄草露布，缄不知故事，书之于布，遣人曳之。

【译文】庚午日(初三日)，晋王李存勖任命周德威为卢龙节度使，兼侍中，另外任命李嗣本为振武节度使。

燕主刘守光被周德威击败后，将要向南投奔沧州刘守奇，由于涉寒水过河，脚都冻肿，又迷失道路，到达燕乐县境，白天藏匿在山谷中，几天没饭吃，于是叫他的妻子祝氏到农夫张师造家中乞讨食物。张师造怀疑这个来讨饭的妇女不是普通人，追问之下，知道了刘守光藏身的地方，于是就把刘守光连同他的三个儿子一并活捉。癸酉日(初六日)，晋王正在宴请属下，将吏们把刘守光押到，晋王李存勖对他说："主人躲客人怎么躲得这么远呀?"把他和刘仁恭一齐安置在馆舍里，另外赐给他们日用的饮食、衣服、器物。晋王命令掌书记王缄草拟告捷的露布，王缄不知露布的旧例，便把情况书写在布匹上，派人拉着。

晋王欲自云、代归，越王镕及王处直请由中山、真定趣井陉，王从之。庚辰，晋王发幽州，刘仁恭父子皆荷校于露布之下。守光父母唾其面而骂之曰："逆贼，破我家至此!"守光俯首而已。甲申，至定州，舍于关城。丙戌，晋王与王处直谒北岳庙。是日，至行唐，赵王镕迎谒于路。

【译文】晋王李存勖打算经过云州、代州回晋阳，赵王王镕和王处直都请求他从中山、真定等地前往井陉。晋王答应了他们。庚辰日(十三日),晋王李存勖从幽州出发,刘仁恭父子都戴着刑具站在露布底下。刘守光的父母吐口水到他脸上并且骂他说:"逆贼,你把我家害到这般地步!"刘守光只是低着头,不敢吭声。甲申日(十七日),到达定州,住在城中。丙戌日(十九日),晋王和王处直一起拜谒北岳庙;这一天,行至行唐,赵王王镕在路上迎接谒见晋王。

乾化四年(甲戌,公元九一四年)春,正月,戊戌朔,赵王镕诣晋王行帐上寿置酒。镕愿识刘太师面,晋王命吏脱刘仁恭及守光械,引就席同宴。镕答其拜,又以衣服、鞍马、酒馔赠之,己亥,晋王与镕畋于行唐之西,镕送至境上而别。

丙子,蜀主命太子判六军,开崇勋府,置僚属,后更谓之天策府。

【译文】乾化四年(甲戌,公元914年)春季,正月,戊戌朔日(初一日),赵王王镕到晋王李存勖的军帐中为晋王敬酒祝寿。王镕表示希望能见太师刘仁恭,晋王于是命人把刘仁恭和刘守光的刑具除去,带到席上一同饮宴;王镕对刘仁恭父子回拜答礼,赠送衣服、鞍马、酒食等东西。己亥日(初二日),晋王李存勖和王镕在行唐西边打猎,王镕一路送到边境才告辞回去。

丙子日(初九日),蜀主王建命令太子掌领六军,始建崇勋府,设置僚属,后来改称为天策府。

壬子,晋王以练絣刘仁恭父子,凯歌入于晋阳。丙辰,献于太庙。自临斩刘守光。守光呼曰:"守光死不恨,然教守光不降者,李小喜也!"王召小喜证之,小喜瞋目叱守光曰:"汝内乱禽兽行,亦我教邪!"王怒其无礼,先斩之。守光曰:"守光善骑射,王欲成霸业，何不留之使自效！”其二妻李氏、祝氏让之曰：“皇帝，事已如此，生亦何益！妾请先死。”即伸颈就戮。守光至死号泣哀祈不已。王命节度副使卢汝弼等械仁恭至代州，刺其心血以祭先王墓，然后斩之。

【译文】壬子日（十五日），晋王李存勖用白绢捆绑刘仁恭父子，高奏凯歌进入晋阳城。丙辰日（十九日），晋王到太庙祭祖告捷，并亲自监督斩杀刘守光，刘守光大叫说：“我刘守光死而无恨，然而教唆我不投降的人是李小喜。”晋王于是把李小喜叫来当面对质，李小喜怒目叱喝刘守光说：“你像禽兽一样胡作非为，难道也是我教你的吗？”晋王李存勖看李小喜对旧主这般无礼，非常生气，就把他先斩杀。刘守光说：“我擅长骑马射箭，大王如果要成就霸业，何不留下我，让我为您效劳呢？”刘守光的两个妻子李氏和祝氏责备他说：“皇上，事情已经到了这种地步，活着还有什么用？”于是伸长脖子等待死刑。刘守光一直到死还不断地恳求哀号。晋王李存勖命令节度副使卢汝弼等给刘仁恭戴上枷锁，押送到代州，刺取他的心头血祭祀先王李克用的陵墓，然后将他斩杀。有人劝赵王王镕说：“大王的官爵为尚书令，这是梁朝的官名，大王已经和梁朝成为仇敌，不应该再用梁朝的官名。况且自唐太宗李世民登基以来，一直没人敢再用这个官名。现在晋王李存勖是盟主，功勋很高，职位却很低，不如把尚书令让给他。”王镕说：“不错。”于是就和王处直派遣使者公推晋王李存勖为尚书令，晋王再三辞让，最后才接，和过去的唐太宗一样，开建府署，设置行台。

【乾隆御批】守光逆伦伤化，罪不容诛。然小喜则曾受其恩者，既绐故主以私降，甚至瞋目叱詈，良心澌灭尽矣。存勖先正其诛，颇为快举。

【译文】刘守光逆伦有伤风化，罪不容诛。然而李小喜曾接受过刘守光的恩泽，他既欺骗了旧主，又私自投降，还怒视责骂旧主，真是丧尽了天良。李存勖先将其正法，处死他，这真是一个大快人心的举动。

或说赵王镕曰："大王所称尚书令，乃梁官也，大王既与梁为仇，不当称其官。且自太宗践阼已来，无敢当其名者。今晋王为盟主，勋高位卑，不若以尚书令让之。"镕曰："善!"乃与王处直各遣使推晋王为尚书令，晋王三让，然后受之，始开府置行台如太宗故事。

【译文】高季昌因为前蜀的夔州、万州、忠州、涪州四州过去隶属荆南，打算用武力夺取这些地方。他先率领水军进攻夔州。当时蜀国的镇江节度使兼侍中嘉王宗寿镇守忠州，夔州刺史王成先向他请求拨发盔甲，王宗寿只给他一些白布袍。

高季昌以蜀夔、万、忠、涪四州旧隶荆南，兴兵取之，先以水军攻夔州。时镇江节度使兼侍中嘉王宗寿镇忠州，夔州刺史王成先请甲，宗寿但以白布袍给之。成先帅之逆战，季昌纵火船焚蜀浮桥，招讨副使张武举铁絚拒之，船不得进。会风反，荆南兵焚溺死者甚众。季昌乘战舰，蒙以牛革，飞石中之，折其尾，季昌易小舟以遁。荆南兵大败，俘斩五千级。成先密遣人奏宗寿不给甲之状，宗寿获之，召成先，斩之。

帝以岐人数为寇，二月，甲戌，徙感化节度使康怀英为永平节度使，镇长安。怀英即怀贞也，避帝名改焉。

【译文】王成先率领军队迎战，高季昌放火船顺风而来，想烧蜀军的浮桥，蜀招讨副使张武用大铁索在长江中阻拦，火船都过不去。不久风向倒转，荆南的水军被火烧死的和掉到江中溺死的非常多。高季昌乘一艘战舰，舰上蒙着牛皮保护，一块飞来的石块把舰尾打坏，高季昌另外换上小船逃走。荆南的部队吃了大败仗，被俘虏和斩杀的达到五千人。夔州刺史王成先秘密派人向蜀主王建奏告王宗寿不配备给士卒盔甲的情况，结果被王宗寿获知，于是王宗寿召见王成先，并斩杀他。

梁末帝朱友贞因为岐人老是入侵，于是在二月把感化节度使康怀英迁为永平节度使，让他镇守长安。康怀英即康怀贞，因为避讳后梁末帝均王朱友贞的名字而改为康怀英。

夏，四月，丙子，蜀主徙镇江军治夔州。

丁丑，司空兼门下侍郎、同平章事于兢坐挟私迁补军校，罢为工部侍郎，再贬莱州司马。

吴袁州刺史刘崇景叛，附于楚。崇景，威之子也。楚将许贞将万人援之，吴都指挥使柴再用、米志诚帅诸将讨之。

楚岳州刺史许德勋将水军巡边。夜分，南风暴起，都指挥使王环乘风趣黄州，以绳梯登城，径趣州署，执吴刺史马邺，大掠而还。德勋曰："鄂州将邀我，宜备之。"环曰："我军入黄州，鄂人不知，奄过其城，彼自救不暇，安敢邀我！"乃展旗鸣鼓而行，鄂人不敢逼。

【译文】夏季，四月，丙子日（初十日），蜀主王建把镇江军的首府迁移到夔州。

丁丑日（十一日），司空兼门下侍郎、同平章事于兢因为升迁将校时谋私而被治罪，降为工部侍郎，后来又贬任莱州司马。

吴国袁州刺史刘崇景反叛，归降楚国。刘崇景是刘威的儿子。楚将许贞率领一万人马来援救他，吴国的都指挥使柴再用、米志诚率领许多将领来讨伐他。

楚国岳州刺史许德勋率领水军巡防边境，到了夜半时分，忽然刮起一阵强烈的南风，都指挥使王环顺着风势一直进逼到黄州，利用绳梯攻城，攻进州署，活捉吴国刺史马邺，大肆掠夺后撤退。许德勋说："鄂州敌军会拦击我们，最好防备一下。"王环说："我们的部队攻入黄州，鄂州的人都不知道我们从他们的城外经过，他们恐怕自救都来不及了，哪敢截击我们？"于是举起旗敲起鼓列队而行，鄂人根本没敢逼近他们。

五月，朔方节度使兼中书令颍川王韩逊卒，军中推其子洙为留后。癸丑，诏以洙为节度使。

吴柴再用等与刘崇景、许贞战于万胜冈，大破之，崇景、贞弃袁州遁去。

晋王既克幽州，乃谋入寇。秋，七月，会赵王镕及周德威于赵州，南寇邢州，李嗣昭引昭义兵会之。杨师厚引兵救邢州，军于漳水之东。晋军至张公桥，裨将曹进金来奔。晋军退，诸镇兵皆引归。八月，晋王还晋阳。

【译文】五月，朔方节度使兼中书令颍川王韩逊过世，军中将领推举他的儿子韩洙继任为留后。癸丑日（十七日），梁末帝朱友贞下诏任命韩洙为节度使。

吴国的柴再用等和刘崇景、许贞大战于万胜冈，柴再用大败敌军，刘崇景和许贞放了袁州逃跑。

晋王李存勖攻克幽州后，计划入侵梁朝。秋季，七月，在赵州和赵王王镕及周德威会师，南侵邢州，李嗣昭又率领昭义的部队前来会合。杨师厚率兵来邢州救援，屯驻在漳水东边。晋军到达张公桥，副将曹进金投顺梁朝。晋军就撤退，各路兵马也各自回到驻地。八月，晋王回到晋阳。

蜀武泰节度使王宗训镇黔州，贪暴不法，擅还成都。庚辰，见蜀主，多所邀求，言辞狂悖。蜀主怒，命卫士殴杀之。戊子，以内枢密使潘峭为武泰节度使、同平章事，翰林学士承旨毛文锡为礼部尚书，判枢密院。

峡上有堰，或劝蜀主乘夏秋江涨，决之以灌江陵。毛文锡谏曰：“高季昌不服，其民何罪！陛下方以德怀天下，忍以邻国之民为鱼鳖食乎！”蜀主乃止。

帝以福王友璋为武宁节度使。前节度使王殷，友珪所置也，惧，不受代，叛附于吴。九月，命淮南西北面招讨应接使牛存节及开封尹刘鄩将兵讨之。冬，十月，存节等军于宿州。吴平卢节度使朱瑾等将兵救徐州，存节等逆击，破之，吴兵引归。

【译文】前蜀武泰节度使王宗训镇守黔州，贪暴不法，擅自回到成都。庚辰日（十六日），觐见蜀主王建，对蜀主提出多项要求，言谈之间态度狂妄无礼。蜀主大怒，命令左右卫士把他当场打死。戊子日（二十四日），任命内枢密使潘峭为武泰节度使、同平章事，又任命翰林学士承旨毛文锡为礼部尚书，判枢密院。

川江三峡上有一座挡水的堤坝，有人向蜀主王建建议：乘夏、秋之际江水上涨，决堤淹灌江陵。毛文锡进谏说：“高季昌虽然不肯归服，但是他的老百姓又有什么罪过呢？陛下正要以德行来怀柔天下的人，难道忍心让邻国的老百姓成为鱼鳖的食物？”蜀主听了，才停止进行这事。

后梁末帝朱友贞任命福王朱友璋为武宁节度使。前任武宁节度使王殷是梁废帝朱友珪任命的，心里害怕，不肯交接，叛乱后投靠吴国；九月，后梁命淮南西北面招讨应接使牛存节和开封尹刘率兵讨伐王殷。冬季，十月，牛存节等驻军在宿州。吴国平卢节度使朱瑾等率兵救援徐州，牛存节等迎战，把他们打败，吴国的军队就撤退回去。

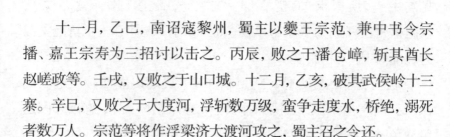

十一月，乙巳，南诏寇黎州，蜀主以夔王宗范、兼中书令宗播、嘉王宗寿为三招讨以击之。丙辰，败之于潘仓嶂，斩其酋长赵嵯政等。壬戌，又败之于山口城。十二月，乙亥，破其武侯岭十三寨。辛巳，又败之于大度河，浮斩数万级，蛮争走度水，桥绝，溺死者数万人。宗范等将作浮梁济大渡河攻之，蜀主召之令还。

癸未，蜀兴州刺史兼北路制置指挥使王宗铎攻岐阶州及固镇，破细砂等十一寨，斩首四千级。甲申，指挥使王宗俨破岐长城关等四寨，斩首二千级。

岐静难节度使李继徽为其子彦鲁所毒而死，彦鲁自为留后。

【译文】十一月，乙巳日（十三日），南诏国侵犯黎州，蜀主王建派遣夔王王宗范、兼中书令王宗播、嘉王王宗寿为三招讨，阻击南诏的侵略军。丙辰日（二十四日），在潘仓嶂把敌军打败，并且斩杀他们的酋长赵嵯政等人；壬戌日（三十日），又在山口城把他们打败；十二月，乙亥日（十三日），攻破武侯岭的十三个营寨；辛巳日（十九日），在大渡河大败敌军，斩获几万个首级，蛮族们都争先恐后地渡河，河上的桥断了，掉到河里溺死的有几万人。王宗范等人准备做浮桥渡过大渡河继续进攻，蜀主王建下令叫他们回去。

癸未日（二十一日），前蜀光州刺史兼北路制置指挥使王崇铎向岐国的阶州和固镇发起进攻，攻下细砂等十一个村寨，斩杀四千人。甲申日（二十二日），指挥使王宗俨攻破岐国长城关等四个营寨，斩获两千首级。

岐国静难节度使李继徽被儿子彦鲁毒死，彦鲁自立为留后。

贞明元年(乙亥，公元九一五年) 春，正月，己亥，蜀主御得贤门受蛮俘，大赦。初，黎、雅蛮酋刘昌嗣、郝玄鉴、杨师泰，虽内属于唐，受爵赏，号矟金堡三王，而潜通南诏，为之诇导。镇蜀者多文臣，虽知其情，不敢诘。于是，蜀主数以漏泄军谋，斩于成都市，毁矟金堡。自是南诏不复敢犯边。

二月，牛存节等拔彭城，王殷举族自焚。

三月，丁卯，以右仆射兼门下侍郎、同平章事赵光逢为太子太保，致仕。

【译文】贞明元年(乙亥，公元 915 年)，十一月始改年号为贞明。春季，正月，己亥日(初八日)，蜀主王建驾临得贤门接受蛮夷的俘虏，并赦免他们。起初，黎、雅蛮酋刘昌嗣、郝玄鉴、杨师泰等人，虽然臣服于唐朝，接受爵位赏赐，号称矟金堡三王，却暗地里和南诏私通，替他们刺探军情；过去镇守蜀地的多是文臣，虽然知道实情，却没有人敢责问他们。到这时，蜀主将他们以泄露军情治罪，在成都街市上斩首，并毁掉矟金堡。从此以后，南诏不敢再侵犯前蜀边境。

二月，牛存节等攻下彭城，王殷全族放火自杀。

三月，丁卯日(初七日)，任命右仆射兼门下侍郎、同平章事赵光逢以太子太保，准许他告老还乡。

天雄节度使兼中书令邺王杨师厚卒。师厚晚年矜功恃众，擅割财赋，选军中骁勇，置银枪效节都数千人，给赐优厚，欲以复故时牙兵之盛。帝虽外加尊礼，内实忌之，及卒，私于宫中受贺。租庸使赵岩、判官邵赞言于帝曰："魏博为唐腹心之蠹，二百余年不能除去者，以其地广兵强之故也。罗绍威、杨师厚据之，朝廷皆不能制。陛下不乘此时为之计，所谓'弹疽不严，必将复聚，'安知来者不为师厚乎! 宜分六州为两镇以弱其权。"帝以为然，以平卢节度使贺德伦为天雄节度使；置昭德军于相州，割澶、卫二州隶焉，以宣徽使张筠为昭德节度使，仍分魏州将士府库之半于相州。筠，海州人也。二人既赴镇，朝廷恐魏人不服，遣开封尹刘鄩将兵六万自白马济河，以讨镇、定为名，实张形势以胁之。

资治通鉴

【译文】天雄节度使兼中书令邺王杨师厚去世。杨师厚晚年仗恃着功劳大，部众多，常常搜刮钱财，挑选军中骁勇的壮士，设置银枪效节都好几千人，优厚地赏赐他们，想要恢复过去牙兵的盛况。梁末帝朱友贞虽然表面对他尊敬礼遇，内心却有点忌怕，杨师厚一过世，梁末帝就在宫中私下接受近臣的恭贺。租庸使赵岩和判官邵赞向梁末帝建议说："魏博一带是唐朝心腹中的蠹虫，之所以二百余年来不能铲除，主要原因是魏博地广兵强。罗绍威和杨师厚先后盘踞这个地方，朝廷都没有办法节制他们。陛下如果不乘这个时候做好打算，那就正如俗语所说的'弹疽不严，必将复聚'，谁能知道后继者不会当第二个杨师厚呢? 应该把魏博六州分为两个镇，来削弱它的实力。"梁末帝朱友贞觉得有道理，于是任命平卢节度使贺德伦为天雄节度使；在相州设置昭德军，把澶、卫两州划出来归它管辖，任命宣徽使张筠为昭德节度使，仍然分出一半的魏州将士人马、府库钱财归相州。张筠是海州人。贺德伦、张筠已经赴任，但朝廷又害怕魏州人不服，于是又派遣开封尹刘鄩率兵六万，从白马渡过黄河，以讨伐镇州、定州为名，其实是虚张声势强迫魏人服从。

魏兵皆父子相承数百年，族姻磐结，不愿分徙。德伦屡趣之，应行者皆嗟怨，连营聚哭。己丑，刘鄩屯南乐，先遣澶州刺史王彦章将龙骧五百骑入魏州，屯金波亭。魏兵相与谋曰："朝廷忌吾军府强盛，欲设策使之残破耳。吾六州历代藩镇，兵未尝远出河门，一旦骨肉流离，生不如死。"是夕，军乱，纵火大掠，围金波亭，王彦章斩关而走。诘旦，乱兵入牙城，杀贺德伦之亲兵五百人，劫德伦置楼上。有效节军校张彦者，自帅其党，拔白刃，止剽掠。

【译文】魏州士卒数百年来都是父子相承，族与族之间婚姻盘结，不愿意分离。贺德伦屡次催促他们，将要被迁出的人都怨叹，军营里的人到处聚在一起大哭。己丑日(二十九日)，刘鄩率兵进驻南乐，派遣澶州刺史王彦章率领五百名龙骧军骑兵进入魏州，屯驻在金波亭。魏州的军士们互相商议说："朝廷忌刻我们军府力量强盛，所以设了这个计谋要使我们残破。我们六个州历代都是藩镇，部队从来也没有远出到河门以外的地方，现在却要骨肉离散，真是生不如死。"当晚，军中发生骚动，乱兵到处放火抢劫，并包围金波亭，王彦章杀出重围逃跑。第二天一早，乱兵攻进牙城，杀了贺德伦的亲兵五百人，劫持贺德伦，把他安置在城楼上。有个叫张彦的郊节军军校，率领自己的伙伴，拔出刀枪，制止抢劫活动。

夏，四月，帝遣供奉官扈异抚谕魏军，许张彦以刺史。彦请复相、澶、卫三州如旧制。异还，言张彦易与，但遣刘鄩加兵，立当传首。帝由是不许，但以优诏答之。使者再返，彦裂诏书抵于地，戟手南向诟朝廷，谓德伦曰："天子愚暗，听人穿鼻。今我兵甲虽强，苟无处援，不能独立，宜投款于晋。"遂逼德伦以书求援于晋。

李继徽假子保衡杀李彦鲁，自称静难留后，举邠、宁二州来附。诏以保衡为感化节度使，以河阳留后霍彦威为静难节度使。

吴徐温以其子牙内都指挥使知训为淮南行军副使、内外马步诸军副使。

【译文】夏季，四月，后梁末帝朱友贞派遣供奉官扈异前往抚慰魏军，并答应任命张彦为刺史。张彦请求把相、澶、卫三州恢复和过去一样归天雄军管辖。扈异回朝，向梁末帝报告说："张彦这人容易对付，只要教刘鄩再多加派些军队，立刻可以把他斩首，把首级传送到京师。"梁末帝听信他的话，就没有准许张彦的请求，只是再颁发一道充满褒扬之意的诏书给他。

朝廷使者再回到魏州后，张彦把诏书撕裂了扔在地上，又叉着腰对着南方大骂朝廷，并且对贺德伦说："天子愚昧昏庸，听凭别人牵着鼻子走。现在我的军队虽然还很强盛，但是如果没有外援，仍然不能自立，应当向晋王李存勖表示亲善。"于是就逼贺德伦写信向晋国求援。

李继徽的义子李保衡杀了李彦鲁，自称静难留后，率邠、宁两州来归附梁朝。梁末帝朱友贞下诏任命李保衡为感化节度使，又任命河阳留后霍彦威为静难节度使。

吴国镇海节度使徐温让他的儿子牙内都指挥使徐知训出任淮南行军副使和内外马步诸军副使。

晋王得贺德伦书，命马步副总管李存审自赵州引兵进据临清。五月，存审至临清，刘鄩屯洹水。贺德伦复遣使告急于晋，晋王引大军自黄泽岭东下，与存审会于临清，犹疑魏人之诈，按兵不进。德伦遣判官司空颋犒军，密言于晋王曰："除乱当除

资治通鉴

根。"因言张彦凶狡之状,劝晋王先除之,则无虞矣。王默然。颋,贝州人也。

【译文】晋王李存勖接到贺德伦的信以后,命令马步副总管李存审从赵州进兵临清。五月,李存审到达临清,刘鄩则屯驻在洹水。贺德伦又派遣使者向晋国告急,晋王于是率领大军从黄泽岭东下,和李存审在临清会师,晋王李存勖怀疑魏州人使诈,于是按兵不动。贺德伦派遣判官司空颋前去犒劳晋军,偷偷地向晋王表示:"除乱应当从根本上消除。"于是就报告了张彦凶狠残暴的情形,劝晋王要先把他除去,然后就没什么可担心的了。晋王李存勖听了之后没有表态。司空颋是贝州人。

晋王进屯永济,张彦选银枪效节五百人,皆执兵自卫,诣永济谒见,王登驿楼语之曰:"汝陵胁主帅,残虐百姓,数日中迎马诉冤者百馀辈。我今举兵而来,以安百姓,非贪人土地。汝虽有功于我,不得不诛以谢魏人。"遂斩彦及其党七人,馀众股栗。王召谕之曰:"罪止八人,馀无所问。自今当竭力为吾爪牙。"众皆拜伏,呼万岁。明日,王缓带轻裘而进,令张彦之卒擐甲执兵,翼马而从,仍以为帐前银枪都。众心由是大服。

刘鄩闻晋军至,选兵万馀人,自洹水趣魏县。晋王留李存审屯临清,遣史建瑭屯魏县以拒之,王自引亲军至魏县,与鄩夹河为营。

【译文】晋王率领军队向前推进,驻扎在永济。张彦挑选银枪效节五百人,都持着兵器自卫,到永济请求晋见,晋王登上驿楼,对他说:"你欺凌胁迫主帅,又残害虐待百姓,这几天来到我马前诉冤的已经有好几百人了。我这次率兵而来,是为了安定老百姓,并不是贪取土地。你虽然对我来说是有功劳的,但我也不得不杀你向魏州的人有个交代。"于是就下令斩杀张彦和他的死党七个人，其余的人都害怕得两腿发抖。晋王李存勖告诉他们说："有罪的只有八个人，其他的人我不追究。从今天起你们应该为我效力。"众人都拜伏在地上，大呼万岁。第二天，晋王穿着轻便服装继续向前进军，命令张彦的部属们披上盔甲，执持着兵器，在两旁随行保护，并且仍然重用他们为帐前银枪都。乱军士兵从此顺服晋王。

刘鄩听到晋军将要到来，选出一万多士卒从洹水直达魏县。晋王留李存审屯守临清，派遣史建瑭屯驻魏县以抵御刘鄩，自己则率领亲军到达魏县，和刘鄩隔着漳河相对扎营。

帝闻魏博叛，大悔惧，遣天平节度使牛存节将兵屯杨刘，为鄩声援。会存节病卒，以匡国节度使王檀代之。

岐王遣彰义节度使刘知俊围邠州，霍彦威固守拒之。

六月，庚寅朔，贺德伦帅将吏请晋王入府城慰劳。既入，德伦上印节，请王兼领天雄军，王固辞，曰："比闻汴寇侵逼贵道，故亲董师徒，远来相救。又闻城中新罹涂炭，故暂入存抚。明公不垂鉴信，乃以印节见推，诚非素怀。"德伦再拜曰："今寇敌密迩，军城新有大变，人心未安。德伦腹心纪纲为张彦所杀殆尽，形孤势弱，安能统众！一旦生事，恐负大恩。"王乃受之。德伦帅将吏拜贺，王承制以德伦为大同节度使，遣之官。德伦至晋阳，张承业留之。

【译文】后梁末帝朱友贞听说魏博投降晋王，大为后悔，又觉得恐惧，于是派遣天平节度使牛存节率兵屯驻杨刘，为刘鄩声援。不久，牛存节病死，又用匡国节度使王檀代替牛存节。

岐王李茂贞派遣彰义节度使刘知俊围攻邠州，霍彦威坚守城池抵御他。

六月，庚寅朔日（初一日），贺德伦率领将吏请求晋王入府慰劳士卒。进入府城后，贺德伦奉上印信旌节，请求晋王兼领天雄军，晋王坚决推辞，说："最近我听说汴梁的贼人侵逼你们，所以亲自率属下远道赶来救援；后来又听说城中百姓新近遭到乱兵的祸害，所以暂且入城来慰抚他们。明公您不加鉴察，竟然要把印信旌节让给我，这实在不是我的本意啊！"贺德伦再拜请求说："现在敌寇已迫在眼前，军城中最近又发生过大的变乱，人心还不安定，德伦的心腹下属又都被张彦杀光，我现在的处境非常孤单，力量微弱，怎么能够统率部众呢？一旦又发生变故，恐怕就要辜负您这一番大恩大德。"晋王李存勖才接受。贺德伦就率领将吏们向晋王恭贺，晋王就以唐朝天子的名义，任命贺德伦为大同节度使，并且派遣他就任。贺德伦到了晋阳，被张承业留了下来。

时银枪效节都在魏城犹骄横，晋王下令："自今有朋党流言及暴掠百姓者，杀无赦！"以沁州刺史李存进为天雄都巡按使。有讹言摇众及强取人一钱已上者，存进皆枭首磔尸于市。旬日，城中肃然，无敢喧哗者。存进本姓孙，名重进，振武人也。

晋王多出征讨，天雄军府事皆委判官司空颋决之。颋恃才挟势，睚眦必报，纳贿骄侈。颋有从子在河南，颋密使人召之。都虞候张裕执其使者以白王，王责颋曰："自吾得魏博，庶事悉以委公，公何得见欺如是！独不可先相示邪？"掴令归第。是日，族诛于军门，以判官王正言代之。正言，郓州人也。

【译文】这个时候，银枪效节都在魏州城仍然很骄横，于是晋王李存勖下令："从今以后有敢结党、造谣或者抢劫老百姓的人，杀无赦！"任命沁州刺史李存进为天雄都巡按使。凡是有造谣煽动众人，或者强取人一文钱以上的，李存进都把他们抓来在街市上公开斩首悬竿示众，并且碎尸万段。十天以后，城中恢复秩序，没有人敢再喧哗起哄。李存进本姓孙，名字叫重进，振武人。

晋王李存勖经常出征打仗，天雄军府的事情都委托判官司空颋处理。司空颋仗恃着有才有势，对任何小仇怨都公报私仇，又招权纳贿，极端骄奢。司空颋有个侄子在河南，司空颋秘密地派人去召唤他，都虞候张裕抓到他的使者，向晋王报告，晋王李存勖责备司空颋说："自从我得到魏博后，大小事情通通委任你，你怎么还这样欺骗我呢？难道这件事就不能事先和我说一声吗？"于是命令司空颋回家，当天，就下令把他的族人都抓到军门前杀了，让判官王正言代替了他的职务。王正言是郓州人。

【**申涵煜评**】魏博为诸镇雄长，梗化二百余年，梁人乘杨师厚之死，欲分镇以弱其权，未为失计。孰意一夫唱乱，拱手授人，智如刘鄩，一筹莫展，殆天之兴唐而弃梁也欤。

【**译文**】魏博为诸藩镇的雄长，不服教化已经二百多年，梁人乘杨师厚的死，想要分裂藩镇，削弱他们的权力，未必失策。谁想到一人唱乱，却把地盘拱手送给别人，聪明如刘鄩这样的人，也一筹莫展，大概是上天要兴后唐而放弃后梁吧。

魏州孔目吏孔谦，勤敏多计数，善治簿书，晋王以为支度务使。谦能曲事权要，由是宠任弥固。魏州新乱之后，府库空竭，民间疲弊，而聚三镇之兵，战于河上，殆将十年，供亿军须，未尝有阙，谦之力也。然急征重敛，使六州愁苦，归怨于王，亦其所为也。

张彦之以魏博归晋也，贝州刺史张源德不从，北结沧德，南连刘鄩以拒晋，数断镇、定粮道。或说晋王："请先发兵万人取源德，然后东兼沧景，则海隅之地皆为我有。"晋王曰："不然。贝州城坚兵多，未易猝攻。德州录于沧州而无备，若得而戍之，则沧、贝不得往来，二垒既孤，然后可取。"乃遣骑兵五百，昼夜兼行，袭德州。刺史不意晋兵至，逾城走，遂克之，以辽州守捉将马通为刺史。

【译文】魏州孔目吏孔谦，勤劳敏捷，多计谋，善于管理簿记账册，晋王李存勖任命他为支度务使。孔谦办事能委曲通变，因此深得晋王宠信。魏州发生新变乱以后，府库空虚，百姓穷困不堪，加上会集三镇的兵马，在黄河一带作战，将近有十年之久，军需粮饷的供应，不曾有过短缺，这都是孔谦的功劳。但是对人民横征暴敛，使得六州百姓穷愁困苦，怨恨晋王，也是孔谦所为。

张彦献魏博叛归晋国时，贝州刺史张源德不听从他，北面联合沧州、德州，南面联合刘鄩来抵御晋军，曾多次断绝镇州、定州的粮路。有人向晋王建议说："请先派一万军队攻取源德，然后再往东兼并沧景，那么一直到海边一带的土地都能归我们所有。"晋王说："这可不见得，贝州城非常坚固，守军又多，仓促之间恐怕不容易攻下来。反而是德州城隶属沧州，平时没有守备，如果能拿下然后派驻军队，那么沧州、贝州之间就没有办法往来互通消息，两个城如果被孤立，那么就很容易把它们攻下。"于是晋王李存勖派遣五百名骑兵，日夜赶路，偷袭德州。德州刺史没料到晋兵一下子赶到，翻墙逃走，于是晋军就攻下德州，晋王任命辽州守捉将马通为德州刺史。

秋，七月，晋人夜袭澶州，陷之。刺史王彦章在刘鄩营，晋人获其妻子，待之甚厚，遣间使诱彦章，彦章斩其使，晋人尽灭其家。晋王以魏州将李岩为澶州刺史。

晋王劳军于魏县，因帅百馀骑循河而上，觇刘鄩营。会天阴晦，鄩伏兵五千于河曲丛林间，鼓噪而出，围王数重。王跃马大呼，帅骑驰突，所向披靡。裨将夏鲁奇等操短兵力战，自午至申乃得出，亡其七骑，鲁奇手杀百馀人，伤夷遍体，会李存审救兵至，乃得免。王顾谓从骑曰："几为虏噱。"皆曰："适足使敌人见大王之英武耳。"鲁奇，青州人也，王以是益爱之，赐姓名曰李绍奇。

【译文】秋季，七月，晋军在晚上偷袭澶州，并攻破。刺史王彦章在刘鄩的军营中，晋国人抓到了他的妻子儿女，优待他们，并且派遣秘密使者向彦章招降，彦章把晋国使者杀了，晋国人于是也把王彦章一家老小都杀了。晋王任命魏州将领李岩为澶州刺史。

晋王在魏县慰劳军队，趁机率领百余骑兵沿河而上，偷偷侦察刘鄩的军营。碰上那天天气阴沉昏暗，刘鄩在河道弯曲处的丛林里面埋伏五千军队，一哄而出，把晋王团团围了好几重。晋王于是纵马大叫，率领骑兵们冲刺突围，所到之处梁军被打得落花流水。副将夏鲁奇等人手拿短刀奋战，从午时一直战到申时才冲出重围，损失七名骑兵，夏鲁奇亲手杀了一百多名敌兵，但是身上也伤痕累累，刚好李存审的救兵赶到，才得以脱身。晋王回头对随从们说："差一点出了个大洋相，被贼人们耻笑。"左右随从都说："这样也正好可以使敌人见识见识大王的英勇。"夏鲁奇是青州人。晋王因此更加喜爱他，并赐姓名叫李绍奇。

刘鄩以晋兵尽在魏州，晋阳必虚，欲以奇计袭取之，乃潜引兵自黄泽西去。晋人怪鄩军数日不出，寂无声迹，遣骑觇之，城中无烟火，但时见旗帜循堞往来。晋王曰："吾闻刘鄩用兵，一步百计，此必诈也。更使觇之，乃缚刍为人，执旗乘驴在城上耳。得城中老弱者诘之，云军去已二日矣。晋王曰："刘鄩长于袭人，短于决战，计彼行才及山下。"亟发骑兵追之。会阴雨积旬，黄泽道险，董泥深尺馀，士卒援藤葛而进，皆腹疾足肿，或坠崖谷死者什二三。晋将李嗣恩倍道先入晋阳，城中知之，勒兵为备。鄩至乐平，糇粮且尽。又闻晋有备，追兵在后，众惧，将溃。鄩谕之曰："今去家千里，深入敌境，腹背有兵，山谷高深，如坠井中，去将何之！惟力战庶几可免，不则以死报君亲耳。"众泣而止。周德威闻鄩西上，自幽州引千骑救晋阳，至土门，鄩已整众下山，自邢州陈宋口逾漳水而东，屯于宗城。鄩军往还，马死殆半。

【译文】刘鄩认为晋军都在魏州作战，晋阳城一定空虚，打算用奇计袭取晋阳，于是偷偷率兵从黄泽出发向西开进。晋军正在奇怪刘鄩的军队几日都没出来，营中又静悄悄的，就派出骑兵前去窥探，城中也没见到烟火，只有部队的旗帜偶尔在城上来回走动。晋王说："我听说刘鄩用兵，走一步路都会用一百个计谋，这中间一定有什么诡诈的把戏。"又派人前去侦察，这回才看清，原来是绑了稻草人，让它拿着旗帜，坐在驴子上在城上来回走动。又抓到城中老弱，追问之下，才知道刘鄩的部队已离开两天了。晋王李存勖说："刘鄩擅长偷袭别人，但在决战上有所欠缺，估计刘鄩的军队刚刚走到山下。"于是火速派出骑兵追赶，碰上十几天都是阴雨，黄泽附近的道路又很险要，烂泥巴都有一尺多深，士兵们只能抓着葛藤才能前进，这一来都闹肚子痛，要不就是脚泡得水肿，死的有十分之二三。晋国将领李嗣恩兼程赶路先到晋阳，于是晋阳城知道状况，赶紧调动军队布防。刘鄩到达乐平，部队的干粮快要用光；又听说晋军已经有防备，后面又有追兵，士兵都害怕起来，整个部队几乎溃散。刘鄩训勉他们说："我们现在离家千里，深入敌人后方，前后都有敌军夹击，山谷地形又是险要高深，像跌到井里面一样，我们又能往哪里逃呢？现在只有努力奋战，或许还有一线希望，要不然就是光荣战死，来报答国君的厚恩。"大家听了，都激动得掉下眼泪，这才停止骚动。周德威听说刘鄩率军西进，立刻从幽州率领千余名骑兵前往晋阳救援，到达土门，刘鄩已经整顿部队撤退下山，从邢州的陈宋口渡过漳水东进，屯驻在宗城。刘鄩的军队在进军、撤军的往来中，战马死掉将近一半。

时晋军乏食，鄩知临清有蓄积，欲据之以绝晋粮道。德威急追鄩，再宿，至南宫，遣骑擒其斥候者数十人，断腕而纵之，使言曰："周侍中已据临清矣！"鄩军大骇。诘朝，德威略鄩营而过，入临清，鄩引军趋贝州。时晋王出师屯博州，刘鄩军堂邑，周德威攻之，不克。翌日，鄩军于莘县，晋军踵之，鄩治莘城，堑而守之，自莘及河筑甬道以通馈饷。晋王营于莘西三十里，烟火相望，一日数战。

晋王爱元行钦骁健，从代州刺史李嗣源求之，嗣源不得已献之，以为散员都部署，赐姓名曰李绍荣。绍荣尝力战深入，剑中其面，未解，高行周救之得免。王复欲求行周，重于发言，密使人以官禄啖之。行周辞曰："代州养壮士，亦为大王耳，行周事代州，亦犹事大王也。代州脱行周兄弟于死，行周不忍负之。"乃止。

【译文】这时，晋军缺乏军粮，刘鄩得知临清有晋军积蓄的粮食，打算占据临清断绝晋军的粮道。周德威火速追赶刘鄩，两天之内就追到南宫，派出骑兵抓了十几个刘鄩的斥候，砍断他们的手腕再放回，让他们给刘鄩带话说："周侍中已经占领临清了！"刘鄩的军队大吃一惊。第二天清晨，周德威的部队从刘鄩的营边掠过，进入临清，刘鄩只好率领部队赶往贝州。当时晋王李存勖出兵屯驻博州，刘鄩则扎营在堂邑，周德威攻击他，攻不下。第二天，刘鄩的军队在莘县扎营，晋军随后追击上来，于是刘鄩整治莘县，挖好战壕防守，又从莘县建筑了一条一直到黄河边的甬道来运输粮食；晋王则在莘城以西三十里安下军营，两军烟火相望，每天都要打好几次仗。

晋王李存勖特别喜爱元行钦的勇猛刚强，便向代州刺史李嗣源索求，李嗣源不得已，把元行钦献给晋王，晋王任命他为散员都部署，并且赐给他姓名叫李绍荣。李绍荣曾经深入敌境奋战，被剑砍中脸部，不能脱身，靠高行周的解救才保住性命。晋王想再向李嗣源索要高行周，又不好再开口，就私下里派人以高官厚禄引诱高行周，高行周推辞说："代州畜养壮士，也算是为了效忠大王，行周事奉代州，就等于事奉大王，代州曾经救我们兄弟免于一死，我实在不忍辜负他。"（代州指的是代州刺史李嗣源）晋王李存勖才作罢。

绛州刺史尹皓攻晋之隰州，八月，又攻慈州，皆不克。王檀与昭义留后贺瑰攻澶州，拔之，执李岩，送东都。帝以杨师厚故将杨延直为澶州刺史，使将兵万人助刘鄩，且招诱魏人。

晋王遣李存审将兵五千击贝州。张源德有卒三千，每夕分出剽掠，州民苦之，请堙其城以安耕耘。存审乃发八县丁夫堙而围之。

【译文】绛州刺史尹皓攻打晋国的隰州，八月，又进攻慈州，都没能够攻下。王檀和昭义留后贺瑰进攻澶州，攻下，活捉李岩，解送到东都。梁末帝朱友贞任命杨师厚的旧将杨延直为澶州刺史，让他率领一万部队帮助刘鄩，并招诱魏州人。

晋王李存勖派遣马步副总管李存审率领五千士卒攻打贝州。张源德在贝州有三千名士兵，每晚都分头出来抢劫，贝州百姓都苦不堪言，于是请求挖壕沟把州城和外界隔绝起来，好能够安心地耕种生活。李存审于是发动贝州所属八个县的百姓挖起壕沟，把贝州城团团围住。

刘鄩在莘久，馈运不给，晋人数抵其寨下挑战，鄩不出。晋人乃攻绝其甬道，以千馀斧斩寨木，梁人惊忧而出，因俘获而还。

帝以诏书让鄩劳师费粮，失亡多，不速战。鄩奏称："臣比欲以奇兵捣其腹心，还取镇、定，期以旬时再清河朔。无何天未厌乱，淫雨积旬，粮竭士病。又欲据临清断其馈饷，而周杨五奄至，驰突如神。臣今退保莘县，享士训兵以俟进取。观其兵数甚多，便习骑射，诚为勍敌，未易轻也。苟有隙可乘，臣岂敢偷安养寇！"帝复问鄩决胜之策，鄩曰："臣今无策，惟愿人给十斛粮，贼可破矣。"帝怒，责鄩曰："将军蓄米，欲破贼邪，欲疗饥邪？"乃遣中使往督战。

【译文】刘鄩在莘城驻守了很长时间，军粮不能运输供给，晋军曾多次到他的营寨下挑衅，刘鄩的部队不出来。晋军于是攻击截断梁军运输的甬道，又用一千多把斧头同时砍刘鄩营寨的木栏，梁军受惊骚动，有的士兵沉不住气往外冲，被晋军俘虏。

后梁末帝朱友贞下诏书谴责刘鄩劳师费粮，造成巨大伤亡，又不速战，刘鄩回奏说："臣最近准备用奇兵直捣敌人的腹心，回头再攻取镇州、定州，预期十日就可以平定河朔。怎奈天不从人愿，连下十几天大雨，我军粮食缺乏，士卒也疲惫不堪。后来我又打算占据临清截断敌军的粮饷补给，但是周杨五一下子又追到，快得有如神助一般。臣现在撤退回来坚守莘县，让战士们休整一下，同时训练一下士兵，也是为了等待时机再打击敌人。臣观察到敌军人数众多，都擅长骑马射箭，实在是一支劲敌，不能随便地小瞧他们。假使有隙可乘，臣又怎么敢苟且偷安而让敌人逍遥自在呢？"梁末帝朱友贞又问他有什么取胜的计划，回奏说："臣现在没什么别的办法，只请求拨下粮饷，士兵每人十斛，只要能坚持下去，敌人早晚能被打败。"梁末帝一听大怒，责备说："将军出征在外，只想囤积粮食，你这是在努力破敌，还是在救饥呢？"于是派遣中使前往督战。

鄩集诸将问曰："主上深居禁中，不知军旅，徒与少年新进辈谋之。夫兵在临机制变，不可预度。今敌尚强，与战必不利，奈何？"诸将皆曰：胜负须一决，旷日何待！"鄩默然，不悦。退谓所亲曰："主暗臣谀，将骄卒惰，吾未知死所矣！"他日，复集诸将于军门，人置河水一器于前，令饮之，众莫之测。鄩谕之曰："一器犹难，滔滔之河，可胜尽乎！"众失色。

后数日，鄩将万馀人薄镇、定营，镇、定人惊扰。晋李存审以骑兵二千横击之，李建及以银枪千人助之，鄩大败，奔还。晋人逐之，及寨下，俘斩千计。

【译文】刘鄩召集诸军将领说："主上深居宫中，也不明白军旅的实况，只是和几个年轻新进的人商议。打仗非要临机应变不可，怎么能事先预定一定要怎么做呢？现在敌人的势力还很强盛，如果硬和他们交战，对我们一定很不利，这事该怎么办呢？"将领们都说："不管胜负都应当作一次决战，老是这样拖下去还要拖到什么时候呢？"刘鄩缄默不接腔，心里很不高兴，回头私下对亲信们说："主上愚暗，臣下又逢迎阿谀，将领们骄傲气盛，而士卒又怠惰偷安，这样下去我们要死无葬身之地了！"另一天，刘鄩又把将领们召集到营门前，每人前面都摆上一杯河水，让他们喝下去，众人都不知道是怎么回事。刘鄩给他们解释说："一杯水都难以喝掉，滔滔不绝的河水难道能够穷尽吗？"诸将都吓得变了脸色。

几天以后，刘鄩率领一万多士卒逼近镇、定的军营，镇、定二州的人都感到害怕。晋国李存审率领两千骑兵拦截梁军，李建及又率领银枪军一千人助阵，于是刘鄩的部队大败，赶紧撤退回来。晋国部人乘胜追击，一直追到梁军的营寨，俘虏、斩杀了数以千计的梁军。

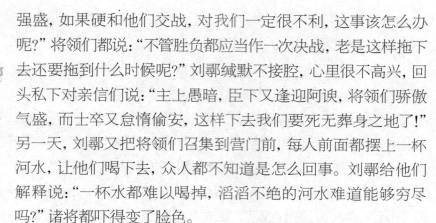

刘岩逆妇于楚，楚王殷遣永顺节度使存送之。

乙未，蜀主以兼中书令王宗绾为北路行营都制置使，兼中书令王宗播为招讨使，攻秦州；兼中书令王宗瑶为东北面招讨使，同平章事王宗翰为副使，攻凤州。

庚戌，吴以镇海节度使徐温为管内水陆马步诸军都指挥使、两浙都招讨使、守侍中、齐国公，镇润州，以升、润、常、宣、歙、池六州为巡属，军国庶务参决如故；留徐知训居广陵秉政。

【译文】刘岩到楚国迎接他的妻子，楚王马殷派永顺节度使马存护送他们。

乙未日（初七日），蜀主王建任命兼中书令王宗绾为北路行营都制置使，兼中书令王宗播为招讨使，进攻秦州；任命兼中书令王宗瑶为东北面招讨使，同平章事王宗翰为副使，一起攻打凤州。

庚戌日（二十二日），吴国任命镇海节度使徐温为管内水陆马步诸军都指挥使、两浙都招讨使、守侍中、齐国公，镇守润州，管辖有升、润、常、宣、歙、池六个州，仍旧参与军国大事；把徐知训留在广陵掌管国政。

初，帝为均王，娶河阳节度使张归霸女为妃，即位，欲立为后。后以帝未南郊，固辞。九月，壬午，妃疾甚，册为德妃，是夕，卒。

康王友敬，目重瞳子，自谓当为天子，遂谋作乱。冬，十月，辛亥夜，德妃将出葬，友敬使腹心数人匿于寝殿。帝觉之，跣足逾垣而出，召宿卫兵索殿中，得而手刃之。壬子，捕友敬，诛之。

帝由是疏忌宗室，专任赵岩及德妃兄弟汉鼎、汉杰、从兄弟汉伦、汉融，咸居近职，参预谋议，每出兵必使之监护。岩等依势弄权，卖官鬻狱，离间旧将相，敬翔、李振虽为执政，所言多不用。振每称疾不预事，以避赵、张之族，政事日紊，以至于亡。

【译文】起初，后梁末帝朱友贞做均王时，娶了河阳节度使张归霸的女儿作为妃子，即位以后，打算把她立为皇后。王妃认为皇帝朱友贞还没有正式到京城南郊去祭祀天帝，就坚决地推辞。九月，壬午日（二十四日），张妃病得很严重，后梁末帝朱友贞册封她为德妃，当天晚上她就病死。

康王朱友敬，眼睛里有两个瞳孔，自认为应该当皇帝，于是就阴谋作乱。冬季，十月，辛亥日（二十四日）晚上，德妃将要出殡，朱友敬派几名心腹躲在皇帝的寝宫；梁末帝朱友贞一入宫就发现有刺客，立刻赤着脚翻墙逃出来，召唤禁卫军搜索寝殿，抓到刺客后亲手把他们杀了。壬子日（二十五日），抓获朱友敬，把他杀死。

后梁末帝因此猜忌、疏远宗室人员，只信任赵岩和德妃的兄弟张汉鼎、张汉杰、堂兄弟张汉伦、张汉融等人，这些人都官居要职，参与军国大计的策划，每回出兵，梁末帝朱友贞也一定指派他们监军。赵岩等人依仗得势，就玩法弄权，公开卖官，因讼得贿，又在旧日的大臣之间挑拨离间，敬翔和李振虽然名为执政大臣，但建议多不被采用。李振经常装病不去参与政事，以此来回避赵岩、张归霸家族。后来政事越来越乱，以至于后梁灭亡。

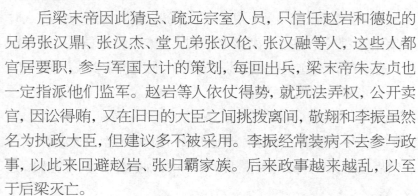

刘鄩遣卒诈降于晋，谋赂膳夫以毒晋王。事泄，晋王杀之，并其党五人。

十一月，己未夜，蜀宫火。自得成都以来，宝货贮于百尺楼，悉为煨烬。诸军都指挥使兼中书令宗侃等帅卫兵欲入救火，蜀主闭门不内。庚申旦，火犹未熄，蜀主出义兴门见群臣，命有司聚太庙神主，分巡都城，言毕，复入宫闭门。将相皆献帷幕饮食。

壬戌，蜀大赦。

乙丑，改元。

【译文】刘鄩派遣士兵假装投降晋国，阴谋收买厨师毒杀晋王李存勖；事情后来泄露，晋王杀死这些士卒及其同党五人。

十一月，己未日（初三日）夜晚，前蜀宫中失火。前蜀自从得到成都后，所有的宝物通通藏在百尺楼里，都被大火烧为灰烬。诸军都指挥使兼中书令王宗侃等率领卫兵想入宫救火，蜀主王建怕有人乘机叛乱，就关起宫门不放他们进去。庚申日（初四日）早上，大火还没熄灭，蜀主从义兴门出来和群臣见面，命令主管官员把太庙的神主聚拢起来，然后分头到都城里去各处巡行，说完以后，蜀主王建又回到宫中，把宫门关闭起来，将相们都向蜀主进献帷幕和食物。

壬戌日（初六日），蜀国实行大赦。

乙丑日（初九日），梁朝改年号为贞明。

己巳，蜀王宗翰引兵出青泥岭，克固镇，与秦州将郭守谦战于泥阳川。蜀兵败，退保鹿台山。辛未，王宗绾等败秦州兵于金沙谷，擒其将李彦巢等，乘胜趣秦州。兴州刺史王宗铎克阶州，降其刺史李彦安。甲戌，王宗绾克成州，擒其刺史李彦德。蜀军至上染坊，秦州节度使李继崇遣其子彦秀奉牌印迎降。宗绾入秦州，表排陈使王宗俦为留后。刘知俊攻霍彦威于邠州，半岁不克，闻秦州降蜀，知俊妻子皆迁成都。知俊解围还凤翔，终惧及祸，夜帅亲兵七十人，斩关而出，庚辰，奔于蜀军。王宗绾自河池、两当进兵，会王宗瑶攻凤州，癸未，克之。

【译文】己巳日（十三日），前蜀王宗翰率兵出青泥岭，攻克固镇，与秦州将领郭守谦在泥阳川交战。前蜀兵败退，撤到鹿台山坚守。辛未日（十五日），王宗绾等在金沙谷打败了秦州的军队，活捉将领李彦巢等，乘胜进击秦州。兴州刺史王宗铎攻下阶州，刺史李彦安投降。甲戌日（十八日），王宗绾攻下成州，活捉刺史李彦德。蜀军挺进到上染坊，秦州节度使李继崇派他的儿子李彦秀捧着牌印出来投降。王宗绾进入秦州，上表启奏蜀主王建任命排阵使王宗俦为留后。刘知俊进攻邠州的霍彦威，半年没攻下，又听到秦州投降蜀国，他的妻子儿女都被迁往成都；于是解除对邠州的包围回到凤翔，想来想去，害怕被治罪，于是在夜晚率领亲信七十人，闯开关门逃出，庚辰日（二十四日），投奔蜀军。王宗绾从河池、两当率兵前进，会合王宗瑶攻打凤州，癸未日（二十七日），攻克凤州。

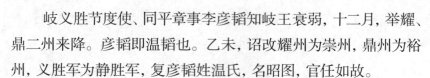

岐义胜节度使、同平章事李彦韬知岐王衰弱，十二月，举耀、鼎二州来降。彦韬即温韬也。乙未，诏改耀州为崇州，鼎州为裕州，义胜军为静胜军，复彦韬姓温氏，名昭图，官任如故。

丁未，蜀大赦；改明年元曰通正。置武兴军于凤州，割文、兴二州隶之，以前利州团练使王宗鲁为节度使。

是岁，清海、建武节度使兼中书令刘岩，以吴越王镠为国王而已独为南平王，表求封南越王及加都统，帝不许。岩谓僚属曰："今中国纷纷，孰为天子！安能梯航万里，远事伪庭乎！"自是贡使遂绝。

【译文】岐国义胜节度使、同平章事李彦韬知道岐王李茂贞势力日益衰弱，十二月，就带着耀州、鼎州两地来投降梁朝。彦韬就是温韬。乙未日（初九日），梁末帝朱友贞下诏改称耀州为崇州，鼎州为裕州，义胜军为静胜军，让彦韬恢复温姓，改名叫昭图，他所任的官职和原来一样。

丁未日（二十一日），蜀国实行大赦；改明年的年号为通正。又在凤州设置武兴军，划出文、兴两州归它管辖，任命前利州团练使王宗鲁为凤州节度使。

这一年，清海、建武节度使兼中书令刘岩，认为吴越王钱镠已被封为国王，而自己还是郡王级的南平王，就上表请求封他为南越王并加都统的职称，梁末帝朱友贞没有答应。刘岩对他的属僚们说："现在中原乱成一团，哪一个人能算是真的天子呢？我又何必翻山越岭地去事奉万里之外的伪朝廷呢？"从此不再向朝廷了通使纳贡。

贞明二年(丙子,公元九一六年)春,正月,宣武节度使、守中书令、广德靖王全昱卒。

帝闻前河南府参军李愚学行,召为左拾遗,充崇政院直学士。衡王友谅贵重,李振等见,皆拜之,愚独长揖。帝闻而让之,曰:"衡王于朕,兄也,朕犹拜之,卿长揖,可乎?"对曰:"陛下以家人礼见衡王,拜之宜也。振等陛下家臣。臣于王无素,不敢妄有所屈。"久之,竟以抗直罢为邓州观察判官。

蜀主以李继崇为武泰节度使、兼中书令、陇西王。

【译文】贞明二年(丙子,公元 916 年)春季,正月,后梁宣武节度使、守中书令、广德靖王朱全昱去世。

后梁末帝朱友贞听说原来的河南府参军李愚学问与操行都很好,于是召他来担任左拾遗,充当崇政院直学士。衡王朱友谅地位极为尊贵,李振等大臣见到他都行拜礼,唯独李愚见到他只是作揖。梁末帝听说后就责备他说:"衡王是朕的兄长,朕都向他行拜见礼,而你只是拱手作揖,合适吗?"李愚回答说:"陛下用家人相见的礼节接见衡王,拜他是应当的。李振等人是陛下的家臣,而臣过去和衡王没有什么关系,臣可不能随意地表示过分的卑躬。"李愚见了衡王一直是这样,梁末帝竟因他固执抗命而贬黜他为邓州观察判官。

蜀主王建任命李继崇为武泰节度使,兼中书令、陇西王。

【乾隆御批】有道则进,无道则退,士君子出处之正也。李愚既自负学行,岂宜臣事朱梁?既为爵禄所羁受,而弗却徒以长揖藩王,显其抗直!昧大节而矜细行,所谓欲盖弥章耳。

【译文】天下政治清明就出来实现抱负,天下政治黑暗就隐退,这是君子的正当出处。李愚既然自负自己品学兼优，怎么能作朱梁的臣子？既然被爵禄所羁绊，又何必独作长揖又让藩王嫌他刚直不屈？这真是昧大节而注重细行，就是所谓的欲盖弥彰吧！

二月，辛丑夜，吴宿卫将马谦、李球劫吴王登楼，发库兵讨徐知训。知训将出走，严可求曰："军城有变，公先弃众自去，众将何依！"知训乃止。众犹疑惧，可求阖户而寝，鼾息闻于外，府中稍安。壬寅，谦等陈于天兴门外，诸道副都统朱瑾自润州至，视之，曰："不足畏也。"返顾外众，举手大呼，乱兵皆溃，擒谦、球，斩之。

【译文】二月，辛丑日（十六日）夜，吴国的宿卫将马谦、李球劫持着吴王杨隆演登上城楼，分发武器库的兵器去讨伐徐知训。徐知训知道后准备逃走，严可求对他说："军城发生变乱，您准备抛弃大家自己逃走，我们要依靠谁来领导呢？"徐知训这才放弃逃跑的念头。大家都还在疑虑害怕，只有严可求关起门来睡大觉，打鼾的声音在门外都能听得见。看到他这样，府中才稍微安定下来。壬寅日（十七日），马谦等把军队部署在天兴门外，诸道副都统朱瑾从润州回来，一看阵势，说："这有什么好怕的。"回头对着城外的兵众，举手大叫一声，叛军们立刻就溃散，于是抓获了马谦和李球，将他们斩杀。

帝屡趣刘鄩战，鄩闭壁不出。晋王乃留副总管李存审守营，自劳军于贝州，声言归晋阳。鄩闻之，奏请袭魏州。帝报曰："今扫境内以属将军，社稷存亡，系兹一举，将军勉之！"鄩令澶州刺史杨延直引兵万人会于魏州，延直夜半至城南，城中选壮士五百潜出击之，延直不为备，溃乱而走。诘旦，鄩自莘县悉众至城东，

32

与延直馀众合，李存审引营中兵蹑其后，李嗣源以城中兵出战，晋王亦自贝州至，与嗣源当其前。鄩见之，惊曰："晋王邪!"引兵稍却，晋王蹑之，至故元城西，与李存审遇。晋王为方陈于西北，存审为方陈于东南，鄩为圆陈于其中间，四面受敌。合战良久，梁兵大败，鄩引数十骑突围走。梁步卒凡七万，晋兵环而击之，败卒登木，木枝为之折，追至河上，杀溺殆尽。鄩收散卒自黎阳渡河，保滑州。

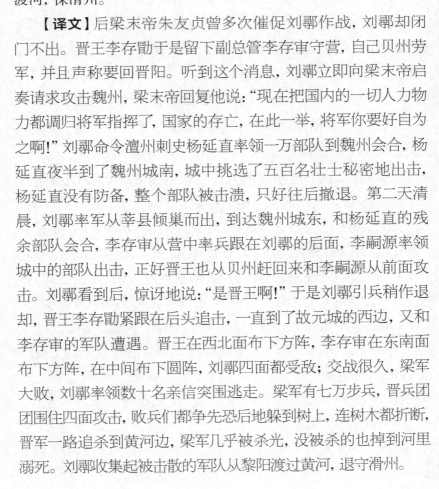

【译文】后梁末帝朱友贞曾多次催促刘鄩作战，刘鄩却闭门不出。晋王李存勖于是留下副总管李存审守营，自己贝州劳军，并且声称要回晋阳。听到这个消息，刘鄩立即向梁末帝启奏请求攻击魏州，梁末帝回复他说："现在把国内的一切人力物力都调归将军指挥了，国家的存亡，在此一举，将军你要好自为之啊!"刘鄩命令澶州刺史杨延直率领一万部队到魏州会合，杨延直夜半到了魏州城南，城中挑选了五百名壮士秘密地出击，杨延直没有防备，整个部队被击溃，只好往后撤退。第二天清晨，刘鄩率军从莘县倾巢而出，到达魏州城东，和杨延直的残余部队会合，李存审从营中率兵跟在刘鄩的后面，李嗣源率领城中的部队出击，正好晋王也从贝州赶回来和李嗣源从前面攻击。刘鄩看到后，惊讶地说："是晋王啊!"于是刘鄩引兵稍作退却，晋王李存勖紧跟在后头追击，一直到了故元城的西边，又和李存审的军队遭遇。晋王在西北面布下方阵，李存审在东南面布下方阵，在中间布下圆阵，刘鄩四面都受敌；交战很久，梁军大败，刘鄩率领数十名亲信突围逃走。梁军有七万步兵，晋兵团团围住四面攻击，败兵们都争先恐后地躲到树上，连树木都折断，晋军一路追杀到黄河边，梁军几乎被杀光，没被杀的也掉到河里溺死。刘鄩收集起被击散的军队从黎阳渡过黄河，退守滑州。

匡国节度使王檀密疏请发关西兵袭晋阳，帝从之，发河中、陕、同华诸镇兵合三万，出阴地关，奄至晋阳城下，昼夜急攻。城中无备，发诸司丁匠及驱市人乘城拒守，城几陷者数四，张承业大惧。代北故将安金全退居太原，往见承业曰："晋阳根本之地，若失之，则大事去矣。仆虽老病，忧兼家国，请以库甲见授，为公击之。"承业即与之。金全帅其子弟及退将之家得数百人，夜出北门，击梁兵于羊马城内。梁兵大惊，引却。昭义节度使李嗣昭闻晋阳有寇，遣牙将石君立将五百骑救之。君立朝发上党，夕至晋阳。梁兵扼汾河桥，君立击破之，径至城下大呼曰："昭义侍中大军至矣。"遂入城。夜，与安金全等分出诸门击梁兵，梁兵死伤什二三。诘朝，王檀引兵大掠而还。晋王性矜伐，以策非己出，故金全等赏皆不行。

【译文】匡国节度使王檀秘密上疏建议派关西军队袭击晋阳，后梁末帝朱友贞听从了他的意见，征调河中、陕州、同华各镇的部队合计三万人，出阴地关，迅速攻到晋阳城下，日夜猛烈攻城；晋阳城中没有防备，只好征调官吏、工匠和百姓登城应战，有好几次几乎要被攻陷了，张承业非常害怕。代北的旧将安金全退居在太原，跑去见张承业说："太原是晋王的根本之地，如果失守，国家大事就全部完了。我虽然又老又病，但是也经常为国事忧虑，我请求你把库存的盔甲兵器拨交给我，我愿意替您去击退敌人。"张承业就给了他。安金全率领他的子弟和原先将领们的子弟家丁共有几百人，乘着夜色从北门出击，进攻羊马城内的梁兵；梁兵大吃一惊，只好往后撤退。昭义节度使李嗣昭听说晋阳有敌寇入侵，立刻派遣牙将石君立率领五百名骑兵赶往救援。石君立早晨从上党出发，晚上就到了晋阳。梁兵扼守在汾河桥，石君立把他们击溃，一直进到城下，大呼说："昭义侍中的大军来了。"于是进入城中。晚上，石君立又和安金全等分别从各城门出击，梁兵死伤十之二三。第二天一早，王檀率军在各地抢劫一阵后就撤退回去。晋王李存勖喜欢居功自夸，因为这次晋阳解围的谋略不是他想出来的，所以对安金全等人也就没有奖赏。

梁兵之在晋阳城下也，大同节度使贺德伦部兵多逃入梁军，张承业恐其为变，收德伦，斩之。

帝闻刘鄩败，又闻王檀无功，叹曰："吾事去矣！"

三月，乙卯朔，晋王攻卫州，壬戌，刺史米昭降之。又攻惠州，刺史靳绍走，擒斩之，复以惠州为磁州。晋王还魏州。

上屡召刘鄩不至，己巳，即以鄩为宣义节度使，使将兵屯黎阳。

【译文】梁兵到达晋阳城下时，大同节度使贺德伦所属的士卒多逃回梁军那里，张承业恐怕发生变乱，就捕杀了张德伦。

梁末帝朱友贞听说刘鄩吃了败仗，又听说王檀无功而回，叹气说："我的大势去了！"

三月，乙卯朔日（初一日），晋王李存勖进攻卫州，壬戌日（初八日），卫州刺史米昭投降。晋王又进攻惠州，惠州刺史靳绍逃走，被活捉后斩首，晋王又重新把惠州恢复为磁州。晋王回到魏州。

梁末帝朱友贞屡次召唤刘鄩不到，己巳日（十五日），后梁末帝任命刘鄩为宣义节度使，并让他率兵驻扎黎阳。

夏，四月，晋人拔洺州，以魏州都巡检使袁建丰为洺州刺史。

刘鄩既败，河南大恐，鄩复不应召，由是将卒皆摇心。帝遣捉生都指挥使李霸帅所部千人戍杨刘，癸卯，出宋门，其夕，复自水门入，大噪，纵火剽掠，攻建国门，帝登楼拒战。龙骧四军都指挥使杜晏球以五百骑屯球场，贼以油沃幕，长木揭之，欲焚楼，势甚危。晏球于门隙窥之，见贼无甲胄，乃出骑击之，决力死战，俄而贼溃走。帝见骑兵击贼，呼曰："非吾龙骧之士乎，谁为乱首？"晏球曰："乱者惟李霸一都，馀军不动。陛下但帅控鹤守宫城，迟明，臣必破之。"既而晏球讨乱者，阖营皆族之，以功除单州刺史。

【译文】夏季，四月，晋人攻下洺州，任命魏州都巡检使袁建丰为洺州刺史。

刘鄩被打败后，河南地区的人们都十分害怕，刘鄩又多次不接受后梁帝的召见，因此将领士卒都人心动摇。梁末帝朱友贞派遣捉生都指挥使李霸率领所属的一千军士前去戍守杨刘。癸卯日（十九日），从宋门出发，当晚，又从水门回都城，就乘机起哄，到处放火抢劫，并且进攻皇宫的建国门，梁末帝亲自登上城楼应战。龙骧四军都指挥使杜晏球率领五百名骑兵驻守在毬场，乱兵们把油浇在幕布上，再用长竿挑着，准备放火烧楼，情况十分危急；杜晏球从门缝里往外偷看，看见贼兵都没有穿戴盔甲，于是就率领骑兵出击，殊死作战，不久贼人就溃散逃走。梁末帝看见骑兵攻击贼人，大叫说："那不是我龙骧军的兵士们吗？到底带头作乱的人是谁？"杜晏球说："作乱的只有李霸一都，其余的都没有动，陛下只要率领控鹤军士们守住宫城，等到天明，臣一定能击败贼人。"接着，杜晏球就率军讨伐李霸的反叛军队，并将叛军及他们的家属全部诛灭。杜晏球也因此功被提拔为单州刺史。

五月，吴越王镠遣浙西安抚判官皮光业自建、汀、虔、郴、潭、岳、荆南道入贡。光业，日休之子也。

六月，晋人攻邢州，保义节度使阎宝拒守。帝遣捉生都指挥使张温将兵五百救之，温以其众降晋。

秋，七月，甲寅朔，晋王至魏州。

上嘉吴越王镠贡献之勤，壬戌，加镠诸道兵马元帅。朝议多言镠之入贡，利于市易，不宜过以名器假之。翰林学士窦梦征执麻以泣，坐贬蓬莱尉。梦征，棣州人也。

甲子，吴润州牙将周郊作乱，入府，杀大将秦师权等，大将陈祐等讨斩之。

【译文】五月，吴越王钱镠派遣浙西安抚判官皮光业从建州、汀州、虔州、郴州、潭州、岳州、荆南这一条路线来入贡。皮光业是皮日休的儿子。

六月，晋军进攻邢州，保义节度使阎宝坚守防御；梁末帝朱友贞派遣捉生都指挥使张温率领五百军队前往救援，张温却率领他的部属们投降晋国。

秋季，七月，甲寅朔日（初一日），晋王李存勖到达魏州。

梁末帝朱友贞嘉勉吴越王钱镠能殷勤入贡，壬戌日（初九日），加任钱镠为诸道兵马元帅。朝臣议论多认为钱镠入贡是因为顺道来做生意有利可图，实在不应过分地给他名器爵位；翰林学士窦梦征拿着丧服、麻布哭泣，后梁末帝认为他犯了罪，贬他为蓬莱尉。窦梦征是棣州人。

甲子日（十一日），吴国的润州牙将周郊作乱，攻进府中，杀了大将秦师权等人，大将陈祐等讨平叛乱，并把他杀死。

八月，丁酉，以太子太保致仕赵光逢为司空兼门下侍郎、同平章事。

丙午，蜀主以王宗绾为东北面都招讨，集王宗翰、嘉王宗寿为第一、第二招讨，将兵十万出凤州；以王宗播为西北面都招讨，武信军节度使刘知俊、天雄节度使王宗俦、匡国军使唐文裔为第一、第二、第三招讨，将兵十二万出秦州，以伐岐。

晋王自将攻邢州，昭德节度使张筠弃相州走。晋人复以相州隶天雄军，以李嗣源为刺史。晋王遣人告阎宝以相州已拔，又遣张温帅援兵至城下谕之，宝举城降。晋王以宝为东南面招讨使，领天平节度使、同平章事；以李存审为安国节度使，镇邢州。

【译文】八月，丁酉日（十五日），梁末帝朱友贞起用年老辞官的太子少保赵光逢为司空，兼任门下侍郎、同平章事。

丙午日（二十四日），蜀主王建任命王宗绾为东北面都招讨，集王王宗翰、嘉王王宗寿为第一、第二招讨，率领十万军士出凤州；又任命王宗播为西北面都招讨，武信军节度使刘知俊、天雄节度使王宗俦、匡国军使唐文裔为第一、第二、第三招讨，率领十二万大军从秦州出发，前往讨伐岐王。

晋王李存勖亲自率领军队进攻邢州，昭德节度使张筠丢弃相州逃跑，晋王又将相州隶属于天雄军，任命李嗣源为相州刺史。晋王派人告诉邢州的阎宝说相州已被晋军攻下，又派遣降将张温率领原来的援军到城下劝降阎宝，阎宝只好开城投降。晋王任命阎宝为东南面招讨使，遥领天平节度使、同平章事；又任命李存审为安国节度使，镇守邢州。

契丹王阿保机师诸部兵三十万，号百万，自麟、胜攻晋蔚州，陷之，虏振武节度使李嗣本。遣使以木书求货于大同防御使李存璋，存璋斩其使。契丹进攻云州，存璋悉力拒之。

九月，晋王还晋阳。王性仁孝，故虽经营河北，而数还晋阳省曹夫人，岁再三焉。

晋人以兵逼沧州，顺化节度使戴思远弃城奔东都。沧州将毛璋据城降晋，晋王命李嗣源将兵镇抚之，嗣源遣璋诣晋阳。晋王徙李存审为横海节度使，镇沧州，以嗣源为安国节度使。嗣源以安重诲为中门使，委以心腹，重诲亦为嗣源尽力。重诲，应州胡人也。

【译文】契丹王阿保机率领各部落的军队三十万人，号称一百万，从麟州、胜州进攻晋国的蔚州，攻陷了，俘虏振武节度使李嗣本。派遣使者拿着木书去向大同节度使李存璋要求财货，存璋斩了来使。契丹又向云州发起进攻，李存璋倾全力抗拒。

九月，晋王李存勖回到晋阳。晋王天性仁孝，虽然经营河北，但多次回到晋阳探望生母曹夫人，每年总有好几次。

晋人派兵威胁沧州，顺化节度使戴思远放弃沧州跑到东都，沧州将领毛璋带领全城投降晋王。晋王李存勖命令李嗣源率兵前往安抚他们，李嗣源派遣毛璋到晋阳。晋王把李存审迁任为横海节度使，镇守沧州，而任命李嗣源为安国节度使。李嗣源任命安重诲为中门使，把他当作心腹，安重诲也能够为李嗣源尽力效劳。安重诲是应州的胡人。

晋王自将兵救云州，行至代州，契丹闻之，引去，王亦还。以李存璋为大同节度使。

晋人围贝州逾年，张源德闻河北诸州皆为晋有，欲降，谋于其众。众以穷而后降，恐不免死，不从。共杀源德，婴城固守。

城中食尽，噉人为粮，乃谓晋将曰："出降惧死，请摽甲执兵而降，事定而释之。"晋将许之，其众三千出降，既释甲，围而杀之，尽殪。晋王以毛璋为贝州刺使。于是，河北皆入于晋，惟黎阳为梁守。晋王如魏州。

吴光州将王言杀刺史载肇，吴王遣楚州团练使李厚讨之。庐州观察使张崇不俟命，引兵趣光州，言弃城走。以李厚权知光州。崇，慎县人也。

【译文】晋王李存勖亲自率兵救援云州，前进到代州的时候，契丹人听说这个消息，就率军撤走，晋王也就回去。晋王任命李存璋为大同节度使。

晋人包围贝州已一年有余，张源德听说河北诸州都已经归晋王所有，打算投降晋国。他和部众们商议，大家都认为局势穷迫了投降，恐怕免不了一死，都不赞成；于是共同杀了张源德，继续坚守。城中的粮食吃光了，只好吃人肉充饥，最后他们只得对晋军将领说："我们想投降，但又怕被杀死，请让我们穿着盔甲拿着武器出来投降，事情定了后再解除武装。"晋国的将领答应他们，城内的部众有三千人出来投降，解除武装后，晋国的部队把他们围起来通通杀光。晋王任命毛璋为贝州刺史。从此河北地区都归晋国所有，只有黎阳还被后梁占据着。晋王前往魏州。

吴国光州将领王言杀死光州刺史载肇，吴王派遣楚州团练使李厚讨伐他。庐州观察使张崇不等吴王命令，自己就率兵进攻光州，王言抛弃城池逃走。吴王任命李厚暂时掌理光州。张崇是慎县人。

庚申，蜀新宫成，在旧宫之北。

天平节度使兼中书令琅邪忠毅王王檀，多募群盗，置帐下为亲兵。己卯，盗乘檀无备，突入府杀檀。节度副使裴彦帅府兵讨诛之，军府由是获安。

冬，十月，甲申，蜀王宗绾等出大散关，大破岐兵，俘斩万计，遂取宝鸡。己丑，王宗播等出故关，至陇州。丙寅，保胜节度使兼侍中李继岌畏岐王猜忌，帅其众二万，弃陇州奔于蜀军。蜀兵进攻陇州，以继岌为西北面行营第四招讨。刘知俊会王宗绾等围凤翔，岐兵不出。会大雪，蜀主召军还。复李继岌姓名曰桑弘志。弘志，黎阳人也。

【译文】庚申日（初八日），蜀国的新皇宫落成，在旧皇宫的北边。

天平节度使兼中书令琅邪忠毅王王檀招募很多盗贼，安置在他的帐下充当亲兵，己卯日（二十七日），这些盗贼乘着王檀没有防备，冲进军府杀了他。节度副使裴彦率领府兵讨伐诛杀他们，军府因此才安定下来。

冬季，十月，甲申日（初二日），前蜀王宗绾等率领军队从大散关出兵，大败岐兵，俘虏和斩杀一万余人，夺取宝鸡。己丑日（初七日），王宗播等出故关，到达陇州。丙寅日（十月无此日），保胜节度使兼侍中李继岌害怕岐王对他猜忌，就率领部众两万人，抛弃陇州投奔蜀军。蜀国部队进攻陇州，任命李继岌为西北面行营第四招讨。刘知俊会同王宗绾等围攻凤翔，岐兵坚守不出。碰巧下起大雪，蜀主王建就把军队召回去。前蜀主恢复李继岌原来的姓名，叫桑弘志。桑弘志是黎阳人。

丁酉，以礼部侍郎郑珏为中书侍郎、同平章事。珏，絪之侄孙也。

己亥，蜀大赦。

晋王遣使如吴，会兵以击梁。十一月，吴以行军副使徐知训为淮北行营都招讨使，及朱瑾等将兵趣宋、亳与晋相应。即渡淮，移檄州县，进围颍州。

十二月，戊申，蜀大赦，改明年元曰天汉，国号大汉。

楚王殷闻晋王平河北，遣使通好。晋王亦遣使报之。

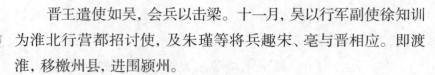

【译文】丁酉日（十五日），梁末帝朱友贞任命礼部侍郎郑珏为中书侍郎、同平章事。郑珏是郑綮的侄孙。

己亥日（十七日），蜀国实行大赦。

晋王李存勖派遣使者出使吴国，商量两国共同攻打后梁。十一月，吴国任命行军副使徐知训为淮北行营都招讨使，和朱瑾等率兵进攻宋州、亳州，和晋国呼应。吴兵渡过淮河以后，移送讨伐檄文到各州县，围攻颍州。

十二月，戊申日（十七日），前蜀实行大赦，改明年的年号为天汉，国号为大汉。

楚王马殷听说晋王平定河北，就派遣使者前来表示友好；晋王李存勖也派遣使者回聘楚王。

是岁，庆州叛附于岐，岐将李继陟据之。诏以左龙虎统军贺瑰为西面行营马步都指挥使，将兵讨之，破岐兵，下宁、衍二州。

河东监军张承业既贵用事，其侄瑾等五人自同州往依之，晋王以承业故，皆擢用之。承业治家甚严，有侄为盗，杀贩牛者，承业立斩之，王亟使救之，已不及。王以瑾为麟州刺史，承业谓瑾曰："汝本车度一民，与刘开道为贼，惯为不法，今若不悛，死无日矣！"由此瑾所至不敢贪暴。

吴越牙内先锋都指挥使钱传珦逆妇于闽，自是闽与吴越通好。

闽铸铅钱，与铜钱并行。

【译文】这一年，庆州又背叛后梁归属岐国，岐将李继陕率兵占据庆州。梁末帝朱友贞下诏任命左龙虎统军贺瑰为西面行营马步都指挥使，率兵前往讨伐，贺瑰击败岐国的部队，攻下宁、衍两州。

河东监军张承业显贵当权，他的侄儿张瑾等五人从同州来投靠他，晋王李存勖因为张承业的缘故，都予以提拔任用。张承业对待家人极为严厉，有个侄子当强盗，杀了贩牛的人，张承业立刻把他抓来斩首；晋王听说这事，急忙派人去说情，已经来不及了。晋王李存勖任命张瑾为麟州刺史，张承业对张瑾说："你本是车度地方的一个小百姓，过去跟着刘开道当盗贼，干些不法的勾当；现在如果不痛改前非，死期就不远了。"从此以后，张瑾无论到哪，都不敢贪暴。

吴越的牙内先锋都指挥使钱传珦娶了闽国的媳妇，从此闽国和吴越就非常友好。

闽国开始铸造铅钱，与过去使用的铜钱并行。

初，燕人苦刘守光残虐，军士多归于契丹。及守光被围于幽州，其北边士民多为契丹所掠，契丹日益强大。契丹王阿保机自称皇帝，国人谓之天皇王，以妻述律氏为皇后，置百官。至是，改元神册。

述律后勇决多权变，阿保机行兵御众，述律后常预其谋。阿保机尝度碛击党项，留述律后守其帐，黄头、臭泊二室韦乘虚合兵掠之。述律后知之，勒兵以待其至，奋击，大破之，由是名震诸夷。述律后有母有姑，皆踞榻受其拜，曰："吾惟拜天，不拜人也。"晋王方经营河北，欲结契丹为援，常以叔父事阿保机，以叔母事述律后。

【译文】起初，燕国人苦于刘守光的残暴，很多军士都逃归契丹；到了刘守光被晋军围困在幽州的时候，他北边国境的军民又多被契丹所劫掠，契丹的势力因此一天比一天壮大。甚至契丹王阿保机都自称为皇帝，他的国人尊称他为天皇王，于是阿保机册封他的妻子述律氏为皇后，并且设置了百官。至此，契丹王改年号为神册。

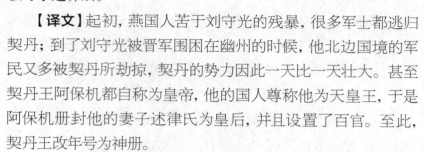

述律皇后勇敢果断，又多权变，阿保机每兴师动众，述律皇后经常参与谋划。阿保机曾经横渡沙漠去攻击党项，把述律皇后留下来防守后方，这时黄头、臭泊两个室韦部落乘机联合起来入侵契丹；述律皇后事先得知了消息，布置了人马等待他们的到来，交战之后奋勇杀敌，把对方打得大败，因此声名威震诸夷。述律皇后有母亲，也有婆婆，她都坐在榻上接受她们的拜见，并且说："我只拜天，不拜人。"晋王李存勖刚刚治理河北时，打算结交契丹作为后援，所以经常把阿保机当作叔父来事奉，把述律皇后当作叔母来事奉。

刘守光末年衰困，遣参军韩延徽求援于契丹。契丹主怒其不拜，留之，使牧马于野。延徽，幽州人，有智略，颇知属文。述律后言于契丹主曰："延徽能守节不屈，此今之贤者，奈何辱以牧圉！宜礼而用之。"契丹主召延徽与语，悦之，遂以为谋主，举动访焉。延徽始教契丹建牙开府，筑城郭，立市里，以处汉人，使各有配偶，垦艺荒田。由是汉人各安生业，逃亡者益少。契丹威服诸国，延徽有助焉。

【译文】刘守光晚年势力衰弱，曾派遣参军韩延徽到契丹求援，契丹主耶律阿保机对他不行拜见礼十分生气，就把韩延徽发配到野外牧马。韩延徽是幽州人，有智慧有谋略，又擅长写文章。述律皇后对契丹主耶律阿保机建议说："韩延徽能够守节而不屈服，这正是当代的贤者，为何要让他牧马来侮辱他呢？应该礼敬重用他。"契丹主耶律阿保机把韩延徽叫来谈话，非常欣赏他，把他当作智囊，一举一动，都要先问问他的意见。韩延徽才开始教契丹主建立牙兵，开设军府，建筑城郭，建立街市里巷，来安置汉人，让他们都有配偶，努力开垦荒地。从此以后，汉族人都安居乐业，逃亡的人越来越少。契丹能够威服各国，韩延徽给予了很大帮助。

顷之，延徽逃奔晋阳。晋王欲置之幕府，掌书记王缄疾之。延徽不自安，求东归省母，过真定，止于乡人王德明家，德明问所之，延徽曰："今河北皆为晋有，当复诣契丹耳。"德明曰："叛而复往，得无取死乎？"延徽曰："彼自吾来，如丧手目；今往诣之，彼手目复完，安肯害我！"既省母，遂复入契丹。契丹主闻其至，大喜，如自天而下，拊其背曰："向者何往？"延徽曰："思母，欲告归，恐不听，故私归耳。"契丹主待之益厚。及称帝，以延徽为相，累迁至中书令。

晋王遣使至契丹，延徽寓书于晋王，叙所以北去之意，且曰："非不恋英主，非不思故乡，所以不留，正惧王缄之谗耳。"因以老母为托，且曰："延徽在此，契丹必不南牧。"故终同光之世，契丹不深入为寇，延徽之力也。

【译文】不久，韩延徽逃到晋阳。晋王李存勖想把他安排在幕府，掌书记王缄妒忌他；韩延徽觉得不安，就请求回东方拜望母亲。经过真定的时候，投宿在他同乡王德明的家中，王德明问他准备到哪里去，韩延徽说："现在河北各地都归晋国所有，我看我只能再回契丹。"王德明说："你背叛契丹国，而今又要返回去，这不是去找死吗？"韩延徽说："自从我走后，他们好像失去了手和眼一样，现在我再回去，他们等于再得到手和眼，怎么肯害我呢？"于是看望母亲之后，又回到契丹。契丹主耶律阿保机听说他到来，十分欢喜，就像他是自天而降，拍着他的背说："前一阵子你到哪里去了？"韩延徽说："我想念母亲，想要告假回去，又恐怕大王不准，所以就私自回去了。"契丹主耶律阿保机更优待他，到了耶律阿保机称帝以后，任命韩延徽为宰相，后来一直升到中书令。

晋王李存勖派出使者到契丹国，韩延徽借机给晋王写信，追叙当初北去契丹的原因，并且说："并不是我不留恋英明的主公，也不是我不想念故乡，所以不敢留下来，是怕受到王缄的谗言迫害啊！"于是又请求晋王照顾他的母亲，信中又说道，"有我韩延徽在这里，契丹一定不会南下侵边。"所以一直到晋王李存勖称帝的整个同光年间，契丹人没有再深入国境侵扰，都是韩延徽的功劳。

贞明三年（丁丑，公元九一七年）春，正月，诏宣武节度使袁象先救颍州，既至，吴军引还。

二月，甲申，晋王攻黎阳，刘鄩拒之，数日，不克而去。

【译文】贞明三年（丁丑，公元 917 年）春季，正月，后梁末帝朱友贞下诏命令宣武节度使袁象先前往援救颍州。到达颍州时，吴军已经撤退。

二月，甲申日（初五日），晋王李存勖进攻黎阳，刘鄩防御他。过了几天，没攻下，晋王就撤走了。

晋王之弟威塞军防御使存矩在新州，骄惰不治，侍婢预政。晋王使募山北部落骁勇者及刘守光亡卒以益南讨之军。又率其民出马，民或鬻十牛易一战马，期会迫促，边人嗟怨。存矩得五百骑，自部送之，以寿州刺史卢文进为裨将。行者皆惮远役，存矩复不存恤。甲午，至祁沟关，小校宫彦璋与士卒谋曰："闻晋王与梁人确斗，骑兵死伤不少。吾侪捐父母妻子，为人客战，千里送死，而使长复不矜恤，奈何？"众曰："杀使长，拥卢将军还新州，据城自守，其如我何！"因执兵大噪，趣传舍，诘朝，存矩寝未起，就杀之。文进不能制，抚膺哭其尸曰："奴辈既害郎君，使我何面复见晋王！"因为众所拥，还新州，守将杨全章拒之。又攻武州，雁门以北都知防御兵马使李嗣肱击败之。周德威亦遣兵追讨，文进帅其众奔契丹。晋王闻存矩不道以致乱，杀侍婢及幕僚数人。

【译文】晋王李存勖的弟弟威塞军防御使李存矩驻守新州，他骄横懒惰，不理政事，他的侍从奴婢们经常干预政事。晋王命他招募山北部落骁勇善战的士兵及刘守光逃亡的士卒以增强南征部队的实力，又向民间征收，要百姓们出马，百姓卖十头牛才换得一匹战马，征马的期限又很急迫，边境的老百姓都怨声载道。李存矩征集到五百匹战马，亲自押送，任命寿州刺史卢文进为副将。前去随行送马的人都怕远路出征，李存矩又不体恤他们。甲午日（十五日），部队到达祁沟关，小校宫彦璋和士兵们商量说："我听说晋王的军队和梁国的军队旗鼓相当，晋王的骑兵死伤不少。我们舍弃父母妻儿，为别人在异乡作战，千里来送死，使长又不怜惜我们，怎么办呢？"大家都说："把使长杀掉，然后拥护卢将军回新州，占据城池防守，看他们拿我们能怎么办!"于是就抓起兵器起哄，赶往驿舍。第二天大早，李存矩还没有睡醒，乱兵就冲进去把他杀了。卢文进没有办法制止他们，只好顿足捶胸抚着尸体大哭说："奴才们已害死郎君，教我有什么脸去见晋王呢?"于是就被众人呼拥着，回到新州，新州守将杨全章抵御他们，不让他们进城，于是他们又转往进攻武州，被雁门以北都知防御兵马使李嗣肱击败。周德威也派遣部队追击他们，卢文进只好率领众人投奔契丹。晋王李存勖听说是李存矩暴虐无道才引发乱事，就下令斩杀他的婢女和幕僚数人。

初，幽州北七百里有渝关，下有渝水通海。自关东北循海有道，道狭处才数尺，旁皆乱山，高峻不可越。比至进牛口，旧置八防御军，募土兵守之。田租皆供军食，不入于蓟，幽州岁致缯纩以供战士衣。每岁早获，清野坚壁以待契丹，契丹至，辄闭壁不战，俟其去，选骁勇据隘邀之，契丹常失利走。土兵皆自为田园，力战有功则赐勋加赏，由是契丹不敢轻入寇。及周德威为卢龙节度使，恃勇不修边备，遂失渝关之险，契丹每刍牧于营、平之间。德威又忌幽州旧将有名者，往往杀之。

【译文】起初，在幽州以北七百里的地方有一个渝关，关下有一条渝水直通大海。从渝关的东北边向北沿着海边有条小道，最狭的地方不过数尺宽，两旁都是乱石山，高峻到没有办法翻越。从这里往北一直到进牛口，过去设置有八防御军，招募土兵防守，当地的田租都供应军食，不送缴到蓟城，幽州每年另外补给布匹供应战士们的衣服。当地每年都提前收割，坚壁清野等待契丹来犯，契丹军队一到，他们就紧闭壁垒不出战，等到契丹军离开的时候，他们就挑选一些勇敢善战的士兵占据隘口拦击他们，契丹军队常常一无所获地败逃。士兵们自行开垦田园，勇敢作战、有功劳的士兵，另外升级赏赐，因此契丹不敢轻易入侵。到了周德威担任卢龙节度使的时候，仗恃着武勇，不再注意边防，于是就丧失渝关天险，从此契丹人每每南下到营州、平州之间牧马。周德威还嫉妒幽州旧将中有名望的人，往往把他们杀掉。

吴王遣使遗契丹主以猛火油，曰："攻城，以此油然火焚楼橹，敌以水沃之，火愈炽。"契丹主大喜，即选骑三万欲攻幽州，述律后哂之曰："岂有试油而攻一国乎！"因指帐前树谓契丹主曰："此树无皮，可以生乎？"契丹主曰："不可。"述律后曰："幽州城亦犹是矣。吾但以三千骑伏其旁，掠其四野，使城中无食，不过数年，城自困矣，何必如此躁动轻举！万一不胜，为中国笑，吾部落亦解体矣。"契丹主乃止。三月，卢文进引契丹兵急攻新州，刺史安金全不能守，弃城走。文进以其部将刘殷为刺史，使守之。晋王使周德威合河东、镇、定之兵攻之，旬日不克。契丹主帅众三十万救之，德威众寡不敌，大为契丹所败，奔归。

【译文】吴王派遣使者送猛火油给契丹主耶律阿保机，说："攻城的时候，拿这油放火烧敌人的城楼，敌人如果用水灌救，火势会更旺。"契丹主大喜，就挑选了三万名精锐骑兵进攻幽州，述律皇后笑他说："哪有为了试验火油的效果而去进攻别的国家的呢？"因此指着军帐前面的树对契丹主说："这棵树没有树皮，它还可以生长吗？"契丹主回答说："当然不能。"述律皇后说："幽州城也是如此，我们只要埋伏三千名骑兵在它旁边，劫掠它的四面郊野，让城中没有粮食供应，不要几年，城中自然就困竭了，何必要如此轻举妄动呢？万一没有打胜，不但会被中原国家耻笑，我们的部落说不定也会因此瓦解。"契丹主耶律阿保机于是停止对幽州的进攻。三月，卢文进引契丹兵迅速向新州发起进攻，新州刺史安金全没办法防守，抛弃城池逃走；卢文进任命他的部将刘殷为刺史防守新州。晋王李存勖命令周德威会合河东、镇州、定州等地的兵马进攻新州，十几天了还攻不下。这时契丹主耶律阿保机率领三十万部众来救援，周德威寡不敌众，被契丹打得大败，逃奔回去。

楚王殷遣其弟存攻吴上高，俘获而还。

契丹乘胜进围幽州，声言有众百万，毡车毳幕弥温山泽。卢文进教之攻城，为地道，昼夜四面俱进，城中穴地然膏以邀之。又为土山以临城，城中熔铜以洒之，日杀千计，而攻之不止。周德威遣间使诣晋王告急，王方与梁相持河上，欲分兵则兵少，欲勿救恐失之，忧形于色，谋于诸将，独李嗣源、李存审、阎宝劝王救之。王喜曰："昔太宗得一李靖犹擒颉利，今吾有猛将三人，复何忧哉！"存审、宝以为虏无辎重，势不能久，俟其野无所掠，食尽自还，然后蹑而击之。李嗣源曰："周德威社稷之臣，今幽州朝夕不保，恐变生于中，何暇待虏之衰！臣请身为前锋以赴之。"王曰："公言是也。"即日，命治兵。夏，四月，晋王命嗣源将兵先进，军于涞水，阎宝以镇、定之兵继之。

【译文】楚王马殷派遣他的弟弟马存进攻吴国的上高，俘获了一些敌军后回去。

契丹乘胜前进包围幽州，号称百万大军，挂毡毯的大车和毡帐布满山上山下。卢文进教他攻城的方法，挖地道，日夜从四面八方同时进攻，城中也挖了地洞燃烧油膏来截击他们；卢文进又教契丹人靠着城堆土山，城中就熔铜汁洒过去，每天杀敌几千人，但是契丹人还是猛攻不停。周德威派出秘密使者前往晋王那边告急，晋王李存勖正与梁朝人在黄河之上互相对峙，相持不下，想分兵去救援，部队数目实在太少，想不救援，又怕幽州失陷，就和诸将商议，只有李嗣源、李存审、阎宝三个人劝晋王派军救援，晋王李存勖很高兴地说："从前唐太宗李世民得到李靖就能抓获突厥的颉利可汗，今天我有猛将三人，又有什么可忧虑的呢？"李存审和阎宝都认为敌人没有携带足够的粮食补给，势必不能久战，只要等他们在四野没什么可劫掠的，粮食又吃尽，自然会撤退，那时候再尾随追击。李嗣源说："周德威是社稷之臣，现在幽州城危急到朝不保夕，万一城中发生变乱，我们又怎么能够等到敌人衰弱之时呢？我请求担任前锋立刻前往杀敌。"晋王李存勖说："你说得极对。"当天，就下令部队整装待发。夏季，四月，晋王命令李嗣源领兵率先前进，在涞水驻扎；阎宝率领镇州、定州的军队跟在后面。

资治通鉴卷第二百六十九　后梁纪四

【乾隆御批】试油以攻城，胜之不足为武，不胜适为人笑。至为土山地道，益下策矣。述律之识更出按巴坚上，即前此礼用延徽而国以富强，后此沮攻幽镇而料其危败，其智略亦俱有可称者。史称其勇决多权变，故非虚誉。

【译文】为试油去攻城，胜之不武，败了却刚好被人耻笑。至于土山地道，更是下策。述律的见识更是在阿保机之上，即前面礼用韩延徽而使国家富强，后面料到幽州城会危败而阻止进攻，只是在城外镇守，她的智慧都有可称道之处。史书上称她勇决多权变，这并非虚夸。

吴升州刺史徐知诰治城市府舍甚盛。五月，徐温行部至升州，爱其繁富。润州司马陈彦谦劝温徙镇海军治所于升州，温从之，徙知诰为润州团练使。知诰求宣州，温不许，知诰不乐。宋齐丘密言于知诰曰："三郎骄纵，败在朝夕。润州去广陵隔一水耳，此天授也。"知诰悦，即之官。三郎，谓温长子知训也。温以陈彦谦为镇海节度判官。温但举大纲，细务悉委彦谦，江、淮称治。彦谦，常州人也。

高季昌与孔勍修好，复通贡献。

【译文】吴国升州刺史徐知诰整治的街市和府舍非常壮观。五月，徐温巡行到升州，非常喜欢这里的繁华富裕。润州司马陈彦谦劝徐温把镇海军的治所迁到升州，徐温听从他的意见，把徐知诰调任为润州团练使。徐知诰请求前往宣州，徐温不答应，徐知诰因此心中不愉快。宋齐丘偷偷对徐知诰说："三郎骄傲放纵，早晚会失败。润州离广陵只一水之隔，这真是天赐的良机啊！"徐知诰一听，很高兴，这才心甘情愿地去上任。三郎，指的是徐温的长子徐知训。徐温任命陈彦谦为镇海节度判官。徐温凡事只交代个大要，琐细的事务通通交由陈彦谦去处理，于是江、淮一带被治理得很好。陈彦谦是常州人。

高季昌和孔勍和好，又到梁朝来入贡。

资治通鉴卷第二百七十　后梁纪五

起强圉赤奋若七月，尽屠维单阏九月，凡二年有奇。

【译文】起丁丑（公元 917 年）七月，止乙卯（公元 919 年）九月，共二年三个月。

【题解】本卷记录了公元 917 年七月至 919 年九月的历史，共两年零三个月。为后梁末帝朱友贞贞明三年七月至五年九月。此时晋、梁双方不断大战，不分胜负。晋王李存勖死拼硬打，轻敌冒进，梁军人多势众，此消彼长之下，晋军落入下风，折损大将周德威。但梁末帝无能昏庸，忠奸不分，导致大将内讧。契丹南下围困幽州半年之久，梁未能乘势收复黄河以北，反让晋王北击契丹，南渡淮河。晋军受挫北还，后梁获得喘息之机。蜀主王建晚年猜忌，杀害功臣，宠幸奸佞，大臣争权夺利，太子王衍荒淫无度，继位后不理国政，蜀国迅速衰落。南方吴与吴越大战，互有胜败，吴国徐温退兵，保境安民，两国和好，数十年相安无事。

均王中

贞明三年（丁丑，公元九一七年）秋，七月，庚戌，蜀主以桑弘志为西北面第一招讨，王宗宏为东北面第二招讨，己未，以兼中书令王宗侃为东北面都招讨，武信节度使刘知俊为西北面都招讨。

晋王以李嗣源、阎宝兵少，未足以敌契丹，辛未，更命李存审将兵益之。

蜀飞龙使唐文扆居中用事，张格附之，与司徒、判枢密院事毛文锡争权。文锡将以女适左仆射兼中书侍郎、同平章事庾传素之子，会亲族于枢密院用乐，不先表闻，蜀主闻乐声，怪之，文扆从而谮之。八月，庚寅，贬文锡茂州司马，其子司封员外郎询流维州，籍没其家；贬文锡弟翰林学士文晏为荣经尉；传素罢为工部尚书。以翰林学士承旨庾凝绩权判内枢密院事。凝绩，传素之再从弟也。

【译文】贞明三年（丁丑，公元 917 年）秋季，七月，庚戌日（初三日），蜀主王建任命桑弘志为西北面第一招讨，王宗宏为东北面第二招讨。己未日（十二日），任命兼中书令王宗侃为东北面都招讨，武信节度使刘知俊为西北面都招讨。

晋王李存勖认为李嗣源、阎宝的军队太少，不足以和契丹对抗，辛未日（二十四日），又命令李存审率兵前往增援。

前蜀飞龙使唐文扆在朝中掌权，张格依附于他，与司徒、判枢密院事毛文锡争夺权力。文锡正要把女儿嫁给左仆射兼中书侍郎、同平章事庾传素的儿子，于是在枢密院宴请亲族，演奏音乐，事先没有向蜀主启奏，蜀主王建听到乐声，觉得奇怪，唐文扆就乘机进谗言毁谤。八月，庚寅日（十三日），蜀主下诏贬毛文锡为茂州司马，把他的儿子司封员外郎毛询流放到维州，并且没收他的全部家产；又把文锡的弟弟翰林学士毛文晏贬为荣经尉。庾传素被削职贬为工部尚书；另外任命翰林学士承旨庾凝绩暂时代理内枢密院事。庾凝绩是庾传素的本家弟弟。

癸巳，清海、建武节度使刘岩即皇帝位于番禺，国号大越，大赦，改元乾亨。以梁使赵光裔为兵部尚书，节度副使杨洞潜为兵部侍郎，节度判官李殷衡为礼部侍郎、并同平章事。建三庙，追尊祖安仁曰太祖文皇帝，父谦曰代祖圣武皇帝，兄隐曰烈宗襄皇帝。以广州为兴王府。

【译文】癸巳日(十六日)，清海、建武节度使刘岩在番禺称帝，国号为大越，实行大赦，改年号为乾亨。任命后梁的使臣赵光裔为兵部尚书，节度副使杨洞潜为兵部侍郎，节度判官李殷衡为礼部侍郎、都同平章事。建立三庙，追尊祖父刘安仁为太祖文皇帝，父亲刘谦为代祖圣武皇帝，哥哥刘隐为烈宗襄皇帝；并把广州作为兴王府。

契丹围幽州且二百日，城中危困。李嗣源、阎宝、李存审步骑七万会于易州，存审曰："虏众吾寡，虏多骑，吾多步，若平原相遇，虏以万骑蹂吾陈，吾无遗类矣。"嗣源曰："虏无辎重，吾行必载粮食自随，若平原相遇，虏抄吾粮，吾不战自溃矣。不若自山中潜行趣幽州，与城中合势，若中道遇虏，则据险拒之。"甲午，自易州北行，庚子，逾大房岭，循涧而东。嗣源与养子从珂将三千骑为前锋，距幽州六十里，与契丹遇。契丹惊却，晋兵翼而随之。契丹行山上，晋兵行涧下，每至谷口，契丹辄邀之，嗣源父子力战，乃得进。至山口，契丹以万馀骑遮其前，将士失色。嗣源以百馀骑先进，免胄扬鞭，胡语谓契丹曰："汝无故犯我疆场，晋王命我将百万众直抵西楼，灭汝种族！"因跃马奋檛，三入其陈，斩契丹酋长一人。后军齐进，契丹兵却，晋兵始得出。李存审命步兵伐木为鹿角，人持一枝，止则成寨。契丹骑环寨而过，寨中发万弩射之，流矢蔽日，契丹人马死伤塞路。将至幽州，契丹列陈待之。存审命步兵陈于其后，戒勿动，先令羸兵曳柴然草而进，烟尘蔽天，契丹莫测其多少。因鼓噪合战，存审乃趣后陈起乘之，契丹大败，席卷其众自北山去，委弃车帐铠仗羊马满野，晋兵追之，俘斩万计。辛丑，嗣源等入幽州，周德威见之，握手流涕。契丹以卢文进为幽州留后，其后又以为卢龙节度使，文进常居平州，帅奚骑岁入北边，杀掠吏民。晋人自瓦桥运粮输蓟城，虽以兵援之，不免抄掠。契丹每入寇，则文进帅汉卒为乡导，卢龙巡属诸州为之残弊。

【译文】契丹围困幽州将近二百天，幽州城内危急困窘。李嗣源、阎宝、李存审有步兵、骑兵共七万名在易州会师，李存审说："敌众我寡，敌人多骑兵，我们多步兵，如果在平原遭遇的话，敌人以万名的骑兵践踏我们的阵地，我们就一个也别想活了。"李嗣源说："敌人没有多少军需，而我们每当行军必须拉着粮食随军，如果在平原地带和他们相遇，敌人一定会抢我们的粮食，我军就不战自溃了。不如从山中秘密地赶往幽州，和幽州城中的友军会合，如果半路上碰上敌军，也可占据险要的地势防守。"甲午日（十七日），李嗣源、阎宝、李存审率兵从易州向北出发，庚子日（二十三日），翻过大房岭，沿着山涧向东进发。李嗣源和养子李从珂率领三千名骑兵在前面打先锋，距离幽州六十里的时候，和契丹的部队遭遇，契丹的部队吃惊地往后退却，晋军就乘机包抄尾随。契丹的部队走在山上，晋国的部队走在山涧中，每到谷口的地方，契丹兵常截击晋军，李嗣源父子奋力作战，才能够前进。李嗣源父子到达山口，契丹派出一万余名骑兵横在出口，晋军大惊失色；李嗣源率领一百余名骑兵一马当先，脱掉头盔，舞动马鞭，用胡语对着契丹人说："你们无故侵犯我们的疆土，晋王命令我率兵百万直捣西楼，消灭你们的种族。"于是跃马奋击，三次冲进敌人的阵地，斩杀一名契丹酋长。后头的军队也一齐往前冲，于是契丹的部队往后撤退，晋军才出了山口。李存审命令步兵砍伐树木，做成鹿角，每人拿着一枝，部队停下时用鹿角就刚好做成营寨。契丹兵围着营寨冲过去，寨中就万箭齐发，满天的飞箭把太阳都遮蔽住，契丹死伤的人马把路都塞满。援军快要到达幽州城时，契丹军已摆好阵势等待他们的到来。李存审命令步兵在后面摆好阵势，告诫他们不要轻举妄动，先让一些老弱士兵拖着树枝和燃烧的枯草在前面走着，一时烟尘遮天滚滚而来，契丹人搞不清晋军到底来了多少人马；于是双方就混战成一团，李存审在这时候发动后头的步兵迎头痛击敌军，契丹兵大败，收拾残余的部队后从北山遁去，所抛弃的车子、营帐、铠甲、兵器、羊马牲畜等满山遍野，晋兵从后头一路追击，俘虏斩杀数以万计的敌兵。辛丑日（二十四日），李嗣源等进入幽州，周德威见到他，握着他的手痛哭流涕。契丹任命卢文进为幽州留后，后来又任命他为卢龙节度使。卢文进经常住在平州，每年都率领奚族的骑兵入侵北方边境，杀害抢劫当地军民。晋人从瓦桥运送粮食到蓟城，虽然派兵护送，但还是免不了会被契丹人抢劫。契丹人每次入侵，卢文进就率领汉人士兵做向导，卢龙巡守所属各州都被抢劫得残破不堪。

刘鄩自滑州入朝，朝议以河朔失守责之。九月，落鄩平章事，左迁亳州团练使。

冬，十月，己亥，加吴越王镠天下兵马元帅。

【译文】刘鄩从滑州入京朝见，朝廷公议追究河朔失守的责任，九月，削除他平章事的职务，贬为亳州团练使。

冬季，十月，己亥日（二十五日），后梁末帝朱友贞加封吴越王钱镠为天下兵马元帅。

晋王还晋阳。王连岁出征，凡军府政事一委监军使张承业，承业劝课农桑，畜积金谷，收市兵马，征租行法不宽贵戚，由是军城肃清，馈饷不乏。王或时须钱蒱博及给赐伶人，而承业靳之，钱不可得。王乃置酒钱库，令其子继岌为承业舞，承业以宝带及币马赠之。王指钱积呼继岌小名谓承业曰："和哥乏钱，七哥宜以钱一积与之，带马未为厚也。"承业曰："郎君缠头皆出承业俸禄，此钱，大王所以养战士也，承业不敢以公物为私礼。"王不悦，凭酒以语侵之，承业怒曰："仆老敕使耳！非为子孙计，惜此库钱，所以佐王成霸业也，不然，王自取用之，何问仆为！不过财尽民散，一无所成耳。"王怒，顾李绍荣索剑，承业起，挽王衣泣曰："仆受先王顾托之命，誓为国家诛汴贼，若以惜库物死于王手，仆下见先王无愧矣。今日就王请死！"阎宝从旁解承业手令退，承业奋拳殴宝蹹地，骂曰："阎宝，朱温之党，受晋大恩，曾不尽忠为报，顾欲以谄媚自容邪！"曹太夫人闻之，遽令召王，王惶恐叩头，谢承业曰："吾以酒失忤七哥，必且得罪于太夫人，七哥为吾痛饮以分其过。"王连饮四卮，承业竟不肯饮。王入宫，太夫人使人谢承业曰："小儿忤特进，适已笞之矣。"明日，太夫人与王俱至承业第谢之。未几，承制授承业开府仪同三司、左卫上将军、燕国公。承业固辞不受，但称唐官以至终身。

【译文】晋王李存勖回到晋阳。晋王连年出征，所有军府中的大小政事通通委任张承业，张承业鼓励百姓耕田种桑，囤积钱财米谷，收购兵器马匹，凡是征收租税、执行法令，非常严格，王亲国戚也不能享受特权，因此军城内外秩序井然，军需粮饷从不缺乏。晋王李存勖有时需要钱去赌博或赏赐戏子，张承业往往加以限制，钱拿不到手。晋王就在钱库摆设酒宴，命令他的儿子李继岌特别为张承业起舞，张承业就送他一条宝带和一匹骏马作为答谢。晋王李存勖指着库里一堆堆的钱叫着李继岌的小名对张承业说："和哥缺钱，七哥你应当把一堆积钱送给他，宝带、骏马不算丰厚。"张承业说："送郎君的赏钱都是出自承业的俸禄，至于库里的这些钱，是大王要拿来畜养战士的，承业不敢拿公家的东西作为私人的送礼。"晋王李存勖听了这话很不高兴，就借着几分酒意出言挖苦张承业，张承业生气地说道："我只不过是个老差官罢了！也不是要为子孙打算，所以珍惜这仓库里的钱，为的是要辅佐大王成就霸业。要不然，钱是大王的，您自己拿去用好了，何必再问我！只不过钱财花光，老百姓也离散，到时候一无所成而已。"晋王听了大怒，回过头向李绍荣要剑，张承业站起来，拉住晋王的衣服，哭着说："我受先王临终之命，发誓为国家诛灭汴梁朱氏，如果因为吝惜库存的钱物而死于大王手下，我在地下见到先王也就无愧了。今日请大王把我处死好了！"阎宝在旁边掰开张承业的手教他下去，张承业挥拳就把阎宝打倒在地，大骂他说："阎宝！你本来是朱温的同党，受了我们晋国的大恩，从来就不想尽忠报答主上，反而想要靠谄媚来赢得主上的恩宠吗？"曹太夫人听到了这件事，急忙找人来召晋王过去，晋王一听慌了神，赶忙叩头向张承业赔罪说："我喝了酒冒犯七哥，一定也连带地得罪了太夫人，七哥帮我痛饮几杯，好帮我分担一点罪过。"晋王连饮四杯，承业竟连一杯也不肯喝。晋王入宫后，太夫人派人来向张承业赔罪说："小儿冒犯了特进，刚刚我打了他一顿。"第二天，太夫人曹氏和晋王李存勖都到张承业家里来道歉。不久，按照先帝的遗旨，授予张承业开府仪同三司、左卫上将军、燕国公。张承业一再推辞不接受，一直到死都只称唐官。

【申涵煜评】观唐以宦官亡国，几于因噎废食，乃漏纲余生，隐留一承业于河东，竭力赞画，志期灭贼，反为唐之忠臣。谁谓此辈中无君子耶。惜乎斋恨而殁也。

【译文】观察唐代以宦官亡国，几乎因噎废食，于是漏纲余生，暗中留下一个张承业在河东，竭尽全力帮助谋划，志期消灭逆贼，反而做了唐朝的忠臣，谁说这些人中就没有君子呢？可惜张承业最后抱着遗憾而死。

掌书记卢质，嗜酒轻傲，尝呼王诸弟为豚犬，王衔之。承业恐其及祸，乘间言曰："卢质数无礼，请为大王杀之。"王曰："吾方招纳贤才以就功业，七哥何言之过也！"承业起立贺曰："王能如此，何忧不得天下！"质由是获免。

晋王元妃卫国韩夫人，次燕国伊夫人，次魏国刘夫人。刘夫人最有宠，其父成安人，以医卜为业。夫人幼时，晋将袁建丰掠得之，入于王宫，性狡悍淫妒，从王在魏。父闻其贵，诣魏宫上谒，王召袁建丰示之。建丰曰："始得夫人时，有黄须丈人护之，此是也。"王以语夫人，夫人方与诸夫人争宠，以门地相高，耻其家寒微，大怒曰："妾去乡时略可记忆，妾父不幸死乱兵，妾守尸哭之而去，今何物田舍翁敢至此！"命答刘叟于宫门。

【译文】掌书记卢质，好酒又傲慢无礼，曾经叫晋王的弟弟们为猪狗，晋王心里怀恨；张承业恐怕卢质终究要大祸临头，于是乘机对晋王李存勖说："卢质老是对大王无礼，请让我替大王把他杀了。"晋王说："我正在招请四方的贤人才士来共同帮我成就功业，七哥怎么说这样过头的错话呢？"张承业于是站起来向晋王李存勖恭贺说："大王能够如此，还怕得不到天下吗？"卢质因此得以免祸。

晋王李存勖的元妃是卫国韩夫人，其次是燕国伊夫人，再次是魏国刘夫人。刘夫人最受晋王宠爱，她的父亲是成安人，平日以替人医病为业。刘夫人小时候，被晋国的将领袁建丰抢来，后来送进王宫，她生性狡诈强悍，又爱嫉妒人，这时跟随晋王在魏州。她的父亲听说她而今显贵，就到魏宫来求见，晋王把袁建丰召来辨认。袁建丰说："当时得到刘夫人的时候，有个黄胡子老人家保护着她，正是这个人。"晋王于是就把这事告诉刘夫人，刘夫人当时正跟其他的夫人争宠，竞相夸耀自己的出身门第，觉得承认出身于贫寒微贱的家庭是一种耻辱，于是就大发脾气说："妾离开故乡时已经略微能够记得事情，妾的父亲不幸死于乱兵之手，妾曾经守着尸体大哭一番然后才离去，今天哪里来的乡巴佬敢到这里？"于是让人在宫门口把刘老头儿打了一顿。

越王岩遣客省使刘璠使于吴，告即位，且劝吴王称帝。

闰月，戊申，蜀主以判内枢密院庾凝绩为吏部尚书、内枢密使。

十一月，丙子朔，日南至，蜀主祀圆丘。

晋王闻河冰合，曰："用兵数岁，限一水不得渡，今冰自合，天赞我也。"亟如魏州。

蜀主以刘知俊为都招讨使，诸将皆旧功臣，多不用其命，且疾之，故无成功。唐文扆数毁之，蜀主亦忌其才，尝谓所亲曰：

"吾老矣,知俊非尔辈所能驭也。"十二月,辛亥,收知俊,称其谋叛,斩于炭市。

【译文】越主刘岩派遣客省使刘瑭出使吴国,告诉他们自己已经登基称帝,劝吴王也称帝。

闰十月,戊申日(初二日),蜀主王建任命判内枢密院庾凝绩为吏部尚书、内枢密使。

十一月,丙子朔日(初一日),冬至,蜀主王建在圜丘祭祀上天。

晋王李存勖听说黄河结冰,说:"打了好几年仗,由于受黄河的限制,不能渡河作战,如今河床自己结冰,这是天助我们。"于是立刻赶往魏州。

蜀主王建任用刘知俊为都招讨使,各位将领都是原来的有功之臣,大家都不太听他的指挥,又嫉妒他,所以一直没有什么功绩。唐文扆又几次谗言毁谤他,蜀主王建也妒忌他的才能,曾经对左右亲信说:"我老了,将来刘知俊不是你们所能驾驭的。"十二月,辛亥日(初六日),拘捕刘知俊,说他想阴谋叛乱,在炭市把他斩杀。

癸丑,蜀大赦,改明年元曰光天。

壬戌,以张宗奭为天下兵马副元帅。

帝论平庆州功,丁卯,以左龙虎统军贺瑰为宣义节度使、同平章事,寻以为北面行营招讨使。

戊辰,晋王畋于朝城。是日,大寒,晋王视河冰已坚,引步骑稍度。梁甲士三千戍杨刘城,缘河数十里,列栅相望,晋王急攻,皆陷之。进攻杨刘城,使步卒斩其鹿角,负葭苇塞堑,四面进攻,即日拔之,获其守将安彦之。

【译文】癸丑日(初八日),蜀国实行大赦,把明年的年号改为光天。

壬戌日(十七日),后梁末帝朱友贞任命张宗奭为天下兵马副元帅。

梁末帝朱友贞论定平定庆州的功劳,丁卯日(二十二日),任命左龙虎统军贺瑰为宣义节度使、同平章事,不久,又任命他为北面行营招讨使。

戊辰日(二十三日),晋王李存勖在朝城打猎。这一天,天气大寒,晋王看看河上的冰已结得坚硬,于是就率领步兵、骑兵试着渡河。梁朝的甲士有三千名戍守在杨刘城,沿着河几十里建筑一连串的营寨,彼此都可以看得到,晋王发起猛攻,都攻下了。于是进攻杨刘城,命令步兵斩断鹿角等防御工事,背负着芦苇填平壕沟,从四面发起进攻,当天就攻下杨刘城,抓获守将安彦之。

先是,租庸使、户部尚书赵岩言于帝曰:"陛下践阼以来,尚未南郊,议者以为无异藩侯,为四方所轻。请幸西都行郊礼,遂谒宣陵。"敬翔谏曰:"自刘鄩失利以来,公私困竭,人心惴恐;今展礼圆丘,必行赏赉,是慕虚名而受实弊也。且劲敌近在河上,乘舆岂宜轻动!俟北方既平,报本未晚。"帝不听,己巳,如洛阳,阅车服,饰宫阙,郊祀有日,闻杨刘失守,道路讹言晋军已入大梁,扼氾水矣,从官皆忧其家,相顾涕泣。帝惶骇失图,遂罢郊祀,奔归大梁。

甲戌,以河南尹张宗奭为西都留守。

是岁,闽王审知为其子牙内都指挥使延钧娶越主岩之女。

【译文】在杨刘城失守以前,后梁租庸使、户部尚书赵岩曾对后梁末帝朱友贞说："陛下登基以来，还没有祭祀上天，大家都觉得这样跟藩镇诸侯没有差别，会被四方各国轻视，请陛下临幸西都举行祭天典礼，顺便也可以晋谒宣陵。"敬翔却劝谏说："自从刘鄩作战失利以来，不论是朝廷还是老百姓都非常穷困，人心惶惶；现在圜丘举行大礼，势必要大行赏赐，这样做实际上是贪慕虚名而遭受弊害。而且强敌就在黄河之上，陛下的车驾怎好随意地移动？我看等到北方的敌人平定之后，再来报答王业的根本也不晚。"梁末帝朱友贞没有听从敬翔的进谏。己巳日（二十四日），梁末帝前往洛阳，准备车驾礼服，修饰宫殿。郊祭上天的日子都定了，忽然听说杨刘城失守，道路上谣传晋军已攻到大梁，扼守在汜水，随从的官吏们都担忧自己的家人，相对痛哭；梁末帝朱友贞恐慌失措失去主意，于是停止郊祀，奔回大梁。

甲戌日（二十九日），梁末帝朱友贞任命河南尹张宗奭为西都留守。

这一年，闽王王审知给他的儿子牙内都指挥使王延钧娶了越主刘岩的女儿。

贞明四年（戊寅，公元九一八年）春，正月，乙亥朔，蜀大赦，复国号曰蜀。

帝至大梁，晋兵侵掠至郓、濮而还。敬翔上疏曰："国家连年丧师，疆土日蹙。陛下居深宫之中，所与计事者皆左右近习，岂能量敌国之胜负乎！先帝之时，奄有河北，亲御豪杰之将，犹不得志。今敌至郓州，陛下不能留意。臣闻李亚子继位以来，于今十年，攻城野战，无不亲当矢石，近者攻杨刘，身负束薪为士卒先，一鼓拔之。陛下儒雅守文，晏安自若，使贺瑰辈敌之，而望攘逐寇仇，非臣所知也。陛下宜询访黎老，别求异策。不然，忧未艾也。臣虽驽怯，受国重恩，陛下必若乏才，乞于边垂自效。"疏奏，赵、张之徒言翔怨望，帝遂不用。

【译文】贞明四年（戊寅，公元 918 年）春季，正月，乙亥朔日（初一日），蜀国实行大赦，恢复国号为蜀。

梁末帝朱友贞回到大梁。晋军一直侵掠到郓州、濮州以后才率军而还。敬翔向梁末帝上了一个奏章说："国家年年战败，疆土一天比一天小。陛下又住在深宫之中，商议大事的对象多是左右的近臣，这样怎么能够衡量敌我的胜负呢？先帝在世的时候，拥有黄河以北的全部疆土，又亲自统率着豪杰猛将，尽管这样还不能处处顺利如意。现在敌人已到了郓州，而陛下好像还不大在意。我听说李存勖继位，到现在有十年了，不论是攻城还是野战，都是亲自督战、身犯矢石，就如最近进攻杨刘城来说，据说他也背负着攻城的束薪身先士卒，所以能一鼓作气攻下。陛下温文儒雅，安然自若，而派贺瑰之流去抵挡敌人，期望他们驱逐敌寇，我不知道他们能做什么。陛下应当广泛地去询问老臣们，看看还有什么别的好办法，要不然，我恐怕灾患是不会停止的！臣虽然驽钝怯弱，但也受过国家的厚恩，陛下如果缺乏人才，我请求让我到边境去效力。"奏章呈上去后，赵岩、张汉杰等都向梁末帝说敬翔事实上是在抱怨，于是梁末帝朱友贞就不考虑任用他。

吴以右都押牙王祺为虔州行营都指挥使，将洪、抚、袁、吉之兵击谭全播。严可求以厚利募赣石水工，故吴兵奄至虔州城下，虔人始知之。

蜀太子衍好酒色，乐游戏。蜀主尝自夹城过，闻太子与诸王斗鸡击球喧呼之声，叹曰："吾百战以立基业，此辈其能守之乎！"由是恶张格，而徐贤妃为之内主，竟不能去也。信王宗杰有才略，屡陈时政，蜀主贤之，有废立意。二月，癸亥，宗杰暴卒，蜀主深疑之。

【译文】吴王任命右都押牙王祺为虔州行营都指挥使，并让他率领洪州、抚州、袁州、吉州的部队去攻打谭全播。严可求用厚利招募赣石的水工来帮助行船，所以吴国的军队迅速地进逼到虔州城下，这时虔州人才发觉。

前蜀太子王衍嗜酒好色，喜欢游戏。蜀主王建曾经从夹城经过，听到太子和诸王在那里斗鸡、击球吵闹不休的声音，叹气说："我身经百战才建立这一片基业，这些人真能守住吗？"从此厌恶当初主张拥立王衍的张格，但内宫有徐贤妃为张格做主，竟没法将他赶走。信王王宗杰颇有才干谋略，经常上表陈述对时政的意见，蜀主王建很看重他，有废太子立他的意思；二月，癸亥日（二十日），王宗杰突然病死，蜀主对他的死感到十分怀疑。

河阳节度使、北面行营排陈使谢彦章将兵数万攻杨刘城。甲子，晋王自魏州轻骑诣河上。彦章筑垒自固，决河水，潫浸数里，以限晋兵，晋兵不得进。彦章，许州人也。安彦之散卒多聚于兖、郓山谷为群盗，以观二国成败，晋王招募之，多降于晋。

己亥，蜀主以东面招讨使王宗侃为东、西两路诸军都统。

三月，吴越王镠初立元帅府，置官属。

夏，四月，癸卯朔，蜀主立子宗平为忠王，宗特为资王。

岐王复遣使求好于蜀。

【译文】后梁河阳节度使、北面行营排阵使谢彦章率领数万士兵向杨刘城发起进攻。甲子日（二十一日），晋王李存勖从魏州轻骑到达黄河边；谢彦章修建营垒防守，把黄河堤防决口，水弥漫了好几里的地方，以此来阻挡晋军，晋军没办法前进。谢彦章是许州人。安彦之溃散的士兵们多聚集在兖州、郓州的山谷中当强盗，同时在观望着两国的胜负，后来晋王李存勖招募他们，不少人就投靠晋王。

己亥日（二月无此日），蜀主王建任命东面招讨使王宗侃为东、西两路诸军都统。

三月，吴越王钱镠始设立元帅府，并设置属僚。

夏季，四月，癸卯朔日（初一日），蜀主王建封他的儿子王宗平为忠王，王宗特为资王。

岐王派出使者到前蜀，请求互通友好。

己酉，以吏部侍郎萧顷为中书侍郎、同平章事。

保大节度使高万金卒。癸亥，以忠义节度使高万兴兼保大节度使，并镇鄜、延。

司空兼门下侍郎、同平章事赵光逢告老，己巳，以司徒致仕。

蜀主自永平末得疾，昏瞀，至是增剧。以北面行营招讨使兼中书令王宗弼沉静有谋，五月，召还，以为马步都指挥使。乙亥，召大臣入寝殿，告之曰："太子仁弱，朕不能违诸公之请，逾次而立之。若其不堪大业，可置诸别宫，幸勿杀之。但王氏子弟，诸公择而辅之。徐妃兄弟，止可优其禄位，慎勿使之掌兵预政，以全其宗族。"

【译文】己酉日（初七日），梁末帝朱友贞任命吏部侍郎萧顷为中书侍郎、同平章事。

保大节度使高万金过世。癸亥日（二十一日），梁末帝任命忠义节度使高万兴兼任保大节度使，并让他镇守鄜州和延州。

司空兼门下侍郎、同平章事赵光逢告老还乡，已巳日（二十七日），梁末帝朱友贞同意他以司徒的官位退休。

蜀主王建自从永平末年得病以来，一直视力昏暗不明，到现在更加严重。因为北面行营招讨使兼中书令王宗弼为人沉静有谋略，五月，就把他召回成都，任命为马步都指挥使。乙亥日（初三日），蜀主王建召诸大臣们进入寝殿，告诉他们说："太子没有什么能耐，但我不能违背诸位的请求，越过长幼次序立他。如果他不能继承大业，你们可把他安置到别宫，希望你们别杀他，只要是我王氏的子弟，各位可选择一个较合适的辅佐他继位。徐妃的兄弟，将来只能给他们优厚的俸禄、爵位，千万别让他们掌理军队或参与政事，以成全他们的宗族。"

内飞龙使唐文扆久典禁兵，参预机密，欲去诸大臣，遣人守宫门。王宗弼等三十馀人日至朝堂，不得入见，文扆屡以蜀主之命慰抚之，伺蜀主殂，即作难。遣其党内皇城使潘在迎侦察外事，在迎以其谋告宗弼等。宗弼等排闼入，言文扆之罪，以天册府掌书记崔延昌权判六军事，召太子入侍疾。丙子，贬唐文扆为眉州刺史。翰林学士承旨王保晦坐附会文扆，削官爵，流泸州。在迎，炕之子也。

丙申，蜀主诏中外财赋、中书除授、诸司刑狱案牍专委庾凝绩，都城及行营军旅之事委宣徽南院使宋光嗣。

【译文】内飞龙使唐文扆掌管皇帝的亲兵已经很长时间，经常参与机密的事情。他想要除去诸大臣，于是派人守住宫门；王宗弼等三十余人天天到朝堂，就是没有办法进去晋见蜀主王建，唐文扆屡次以蜀主的命令安抚他们，准备等蜀主王建过世，就发动政变。于是派遣他的同党内皇城使潘在迎侦察宫外的动静，潘在迎把他的阴谋报告了王宗弼等人；于是王宗弼等人夺门而入，向蜀主王建报告唐文扆的罪状，于是蜀主任命天册府掌书记崔延昌暂时代理六军事务，并且召太子入宫服侍。丙子日（初四日），把唐文扆贬为眉州刺史。翰林学士承旨王保晦因附会唐文扆，也削了他的官位，把他流放泸州。潘在迎是潘炕的儿子。

丙申日（二十四日），蜀主王建下诏，把朝廷内外的财赋、中枢人事的任免以及各种司法刑狱等的公文全委任庾凝绩办理，将都城以及行营军旅的事情委派宣徽南院使宋光嗣管理。

丁酉，削唐文扆官爵，流雅州。辛丑，以宋光嗣为内枢密使，与兼中书令王宗弼、宗瑶、宗绾、宗夔并受遗诏辅政。初，蜀主虽因唐制置枢密使，专用士人，及唐文扆得罪，蜀主以诸将多许州故人，恐其不为幼主用，故以光嗣代之。自是宦者始用事。

六月，壬寅朔，蜀主殂。癸卯，太子即皇帝位。尊徐贤妃为太后、徐淑妃为太妃。以宋光嗣判六军诸卫事。

乙卯，杀唐文扆、王保晦。命西面招讨副使王宗昱杀天雄节度使唐文裔于秦州，免左保胜军使领右街使唐道袭官。

【译文】丁酉日（二十五日），削去唐文扆的官爵，流放雅州。辛丑日（二十九日），任命宋光嗣为内枢密使，和兼中书令王宗弼、王宗瑶、王宗绾、王宗夔等一起接受蜀主的遗诏辅政。起初，蜀主承袭唐朝的惯例，任命枢密使都是使用文人，到了唐文扆获罪以后，蜀主王建认为好多将领都是家乡许州的故旧，害怕他们不能听从幼主的使用，所以用宦者宋光嗣取代士人做枢密使。从此宦者掌握权力。

六月，壬寅日(初一日)，蜀主王建过世。癸卯日(初二日)，太子王衍登皇帝位，尊奉徐贤妃为太后，徐淑妃为太妃。任命宋光嗣兼领六军诸卫的事务。

乙卯日(十四日)，王衍杀唐文扆、王保晦。又命令西面招讨副使王全昱在秦州把天雄节度使唐文裔杀掉，免去左保胜军使领右街使唐道崇的官职。

吴内外马步都军使、昌化节度使、同平章事徐知训，骄倨淫暴。威武节度使、知抚州李德诚有家妓数十，知训求之，德诚遣使谢曰："家之所有皆长年，或有子，不足以侍贵人，当更为公求少而美者。"知训怒，谓使者曰："会当杀德诚，并其妻取之！"

知训狎侮吴王，无复君臣之礼。尝与王为优，自为参军，使王为苍鹘，总角弊衣执帽以从。又尝泛舟浊河，王先起，知训以弹弹之。又尝赏花于禅智寺，知训使酒悖慢，王惧而泣，四座股栗。左右扶王登舟，知训乘轻舟逐之，不及，以铁挝杀王亲吏。将佐无敢言者，父温皆不之知。

【译文】吴国内外马步都军使、昌化节度使、同平章事徐知训傲慢淫暴。威武节度使、知抚州李德诚有几十名家妓，徐知训向他要，李德诚派遣使者辞谢说："我家中所有的家妓都年纪大了，有的还有孩子，实在不够资格去侍奉贵人，我会另外为您留意挑选一些年轻美貌的。"徐知训很生气，对来使说："以后我要杀了李德诚，连同他的妻子也一起要过来。"

徐知训对吴王杨隆演戏弄轻慢，没有君臣礼节。曾经和吴王一起演戏，自己当主角参军，却让吴王当丑角苍鹘，扎着两束发，穿着件破衣服，拿着顶帽子在徐知训后头跟从。又曾经在浊河划船游玩，吴王先上岸，徐知训用弹弓打他。又曾经到禅智寺赏花，徐知训借酒装疯，态度恶劣，吴王害怕得都哭了起来，在座的人都发抖；左右扶吴王登船回去，徐知训就乘快船从后追赶，没赶上，就用铁挝杀吴王的身边属吏出气。将佐们没有敢说话的，徐知训的父亲徐温都不知道这些事。

知训及弟知询皆不礼于徐知诰，独季弟知谏以兄事礼之。知训尝召兄弟饮，知诰不至，知训怒曰："乞子不欲酒，欲剑乎！"又尝与知诰饮，伏甲欲杀之，知谏蹑知诰足，知诰阳起如厕，遁去，知训以剑授左右刁彦能使追杀之。彦能驰骑及于中涂，举剑示知诰而还，以不及告。

【译文】徐知训和他的弟弟徐知询都对徐温的养子徐知诰没有礼貌，唯独三弟徐知谏对徐知诰以兄礼相待。徐知训曾经召集兄弟们饮酒，徐知诰没到，徐知训大发脾气说："这小子不来吃酒，难道要吃我的剑吗？"徐知训曾经和徐知诰一起饮酒，埋伏了甲士准备杀他，徐知谏暗地里在桌下踩了徐知诰的脚警告他，于是徐知诰假装上厕所，趁机逃掉。徐知训把剑交给左右侍从刁彦能让他去追杀徐知诰；刁彦能骑马追到半路，只举起剑让徐知诰看看就回去，回来后告诉徐知训说是没有追上。

平卢节度使、同平章事、诸道副都统朱瑾遣家妓通候问于知训，知训强欲私之，瑾已不平。知训恶瑾位加己上，置静淮军于泗州，出瑾为静淮节度使，瑾益恨之，然外事知训愈谨。瑾有所爱马，冬贮于楻，夏贮于帱。宠妓有绝色。知训过别瑾，瑾置酒，自捧觞，出宠妓使歌，以所爱马为寿，知训大喜。瑾因延之中堂，伏壮士于户内，出妻陶氏拜之。知训答拜，瑾以笏自后击之踣地，呼壮士出斩之。瑾先系二悍马于庑下，将图知训，密令人解纵之，马相蹄啮，声甚厉，以是外人莫之闻。瑾提知训首出，知训从者数百人皆散走。瑾驰入府，以首示吴王曰："仆已为大王除害！"王惧，以衣障面，走入内，曰："舅自为之，我不敢知！"瑾曰："婢子不足与成大事！"以知训首击柱，挺剑将出，子城使翟虔等已阖府门勒兵讨之，乃自后逾城，坠而折足，顾追者曰："吾为万人除害，以一身任患。"遂自刭。

【译文】平卢节度使、同平章事、诸道副都统朱瑾派他家里的女艺人去问候徐知训，徐知训打算强行占为己有，朱瑾愤愤不平。徐知训又讨厌朱瑾的地位比他高，于是在泗州设置静淮军，派朱瑾出任静淮节度使，朱瑾更加痛恨他，但是表面上事奉徐知训更加恭敬谨慎。朱瑾有一匹喜爱的马，怕它冬天冷养在幄幕中，夏天怕它被蚊虫叮咬养在纱罩中；又有个宠妓长得非常漂亮。徐知训到朱瑾家中来向他道别，朱瑾摆下酒宴，亲自举杯向徐知训敬酒，让那位漂亮的宠妓出来唱歌助兴，又把自己喜爱的马匹送给徐知训作为寿礼，徐知训非常高兴。朱瑾于是邀请徐知训到内堂，却偷偷在门内埋伏壮士。朱瑾把妻子陶氏叫出来拜见徐知训，趁着徐知训答礼回拜的时候，从后面用笏板把他打倒在地，呼唤埋伏的壮士们出来把徐知训斩杀。朱瑾事先在廊下绑着两匹悍马，准备杀掉徐知训的时候，偷偷教人把马放了，两匹悍马互相踢咬打闹，声音很大，所以屋内发生的事外头的人都不知道。朱瑾提着徐知训的头出来，徐知训的随从好几百人都吃惊四处逃散。朱瑾赶到吴王府，把知训的头拿给吴王杨隆演说："我已经为大王除掉祸害。"吴王感到害怕，用衣服遮住了脸不敢看，向里面走，说："舅舅你自己去做，这件事我不敢知道。"朱瑾大骂说："这奴才真是不堪共成大事。"于是把徐知训的脑袋摔到柱子上，拔剑将要走吴王府时，子城使翟虔等已经把王府的门关上，调来军队要讨伐他，朱瑾只好从后面翻墙出去，朱瑾跌断了脚，回头对追捕他的人说："我为万人除害，我一个人来承担大家的忧患。"说完就自杀了。

徐知诰在润州闻难，用宋齐丘策，即日引兵济江。瑾已死，因抚定军府。时徐温诸子皆弱，温乃以知诰代知训执吴政，沉朱瑾尸于雷塘而灭其族。

瑾之杀知训也，泰宁节度使米志诚从十馀骑问瑾所向，闻其已死，乃归。宣谕使李俨贫困，寓居海陵。温疑其与瑾通谋，皆杀之。严可求恐志诚不受命，诈称袁州大破楚兵，将吏皆入贺，伏壮士于戟门，擒志诚，斩之，并其诸子。

【译文】徐知诰在润州听到变乱，就用宋齐丘的建议，立刻率兵渡过长江，当时朱瑾已死，就安抚平定军府内外，当时徐温因为其他儿子都还弱小，于是就命令徐知诰代替徐知训掌理吴国的政事，把朱瑾的尸体沉在雷塘，诛灭他的家族。

朱瑾杀徐知训的时候，泰宁节度使米志诚带着十来名骑兵打听朱瑾的去向，听说他已经死了，才返回去；宣谕使李俨当时贫穷困苦，居住在海陵；徐温怀疑他们和朱瑾共谋，把他们都杀了。严可求还怕米志诚不肯接受命令，假称在袁州大败楚国的军队，将领、官吏们都入府向吴王杨隆演恭贺，让勇士们埋伏在戟门口，等米志诚来到，把他抓获杀死，把他的几个儿子也杀了。

【乾隆御批】知训无礼于君，凡有心者皆当为鹰鹯之逐。朱瑾虽以私嫌擅杀，然实为吴除害。隆演既据有吴国，自当为之主持。庶几跋扈者知所警惕。乃懦怯无识，诿为不敢与闻，致徐温凯觎日深，浸成篡窃之祸。虽其及身以柔善自全，而吴业之衰，自彼酿之，实行密之罪臣败子耳！

【译文】徐知训对君王无礼，凡有心的人都应当像鹰鹯一样去驱逐他。朱瑾虽然因为私人间的嫌隙擅自杀了他，然而确实是为吴除害。杨隆演既然据有了吴国，自应主持公道。或许那些跋扈的人就会有所警惕。然而却怯懦无识，胆小得都不敢去听，致使徐温对权利的觊觎日甚一日，以致酿成了篡权窃国的祸事。虽然他是用柔善来保全自己，但吴国的衰落，则是从他开始酿成的，实在是杨行密的罪臣败子啊！

壬戌，晋王自魏州劳军于杨刘，自泛舟测河水，其深没枪。王谓诸将曰："梁军非有战意，但欲阻水以老我师，当涉水攻之。"甲子，王引亲军先涉，诸军随之，褰甲横枪，结陈而进。是日水落，深才及膝。匡国节度使、北面行营排陈使谢彦章帅众临岸拒之，晋兵不得进，乃稍引却，梁兵从之。及中流，鼓噪复进，彦章不能支，稍退登岸。晋兵因而乘之，梁兵大败，死伤不可胜纪，河水为之赤，彦章仅以身免。是日，晋人遂陷滨河四寨。

【译文】壬戌日（二十一日），晋王李存勖从魏州去杨刘慰劳军队，他亲自划船到黄河上测量水的深浅，河水的深度只淹没了枪。晋王告诉将领们说："梁军无意作战，只是想依靠河水阻止我们，让我们的部队疲劳，我们应当涉水去进攻他们。"甲子日（二十三日），晋王李存勖率领亲信部队带头过河，其他部队都紧跟其后，大家都提起甲衣，横着枪，组成军阵向前推进。这一天河水又落了许多，刚到膝盖。匡国节度使、北面行营排阵使谢彦章率领部众在岸边防守，晋兵没有办法登岸，稍微往后撤退，梁兵从后追击。到了中流，晋兵鼓噪着又往回攻，谢彦章抵挡不住，撤退上岸，晋兵顺势进攻，梁兵大败，死伤的人员数都数不清，河水都变红，谢彦章孤身逃走。这一天，晋军攻陷了梁军临河的四个营寨。

蜀唐文扆既死，太傅、门下侍郎、同平章事张格内不自安，或劝格称疾俟命，礼部尚书杨玢自恐失势，谓格曰："公有援立大功，不足忧也。"庚午，贬格为茂州刺史，玢为荣经尉。吏部侍郎许寂、户部侍郎潘峤皆坐格党贬官。格寻再贬维州司户，庚凝绩又奏徙格于合水镇，令茂州刺史顾承郾伺格阴事。王宗侃妻以格同姓，欲全之，谓承郾母曰："戒汝子，勿为人报仇，他日将归罪于汝。"承郾从之。凝绩怒，因公事抵承郾罪。

【译文】前蜀唐文扆被杀后，太傅、门下侍郎、同平章事张格内心感到不安，有人劝张格称病，等待命令。礼部尚书杨玢恐怕自己因此失势，对张格说："您有帮助册立主上的大功劳，还有什么好担忧的呢？"庚午日（二十九日），蜀主王衍把张格贬为茂州刺史，杨玢贬为荣经尉；吏部侍郎许寂、户部侍郎潘峤都因为是张格的同党而被贬官。张格不久又被贬为维州司户，庚凝绩奏请把张格迁移到合水镇，命令茂州刺史顾承郾负责侦察张格做的阴暗的事。王宗侃的妻子因为和张格同姓，想要救他，对顾承郾的母亲说："好好地告诫你的儿子，千万可别替人家报仇，以后账会算到你头上来的。"顾承郾听从他母亲的话。庚凝绩知道以后，十分生气，按公事失职的罪行让顾承郾承担罪责。

秋，七月，壬申朔，蜀主以兼中书令王宗弼为巨鹿王，宗瑶为临淄王，宗绾为临洮王，宗播为临颍王，宗裔、宗夔及兼侍中宗黯皆为琅邪郡王。甲戌，以王宗侃为乐安王。丙子，以兵部尚书庾传素为太子少保兼中书侍郎、同平章事。蜀主不亲政事，内外迁除皆出于王宗弼。宗弼纳贿多私，上下咨怨。宋光嗣通敏善希合，蜀主宠任之，蜀由是遂衰。

吴徐温入朝于广陵，疑诸将皆预朱瑾之谋，欲大行诛戮。徐知诰、严可求具陈徐知训过恶，所以致祸之由，温怒稍解，乃命网瑾骨于雷塘而葬之，责知训将佐不能匡救，皆抵罪；独刁彦能屡有谏书，温赏之。戊戌，以知诰为淮南节度行军副使、内外马步都军副使、通判府事，兼江州团练使。以徐知谏权润州团练事。温还镇金陵，总吴朝大纲，自馀庶政，皆决于知诰。

【译文】秋季，七月，壬申朔日（初一日），前蜀主王衍封兼中书令王宗弼为巨鹿王，王宗瑶为临淄王，王宗绾为临洮王，王宗播为临颍王，王宗裔、王宗夔以及兼侍中王宗黯都为琅琊郡王。甲戌日（初三日），封王宗侃为乐安王。丙子日（初五日），任命兵部尚书庾传素为太子少保兼中书侍郎、同平章事。蜀主王衍并不亲自处理政事，朝廷内外官职任免都由王宗弼决定。王宗弼营私舞弊，全国上下都怨声载道。宋光嗣生性敏捷，善于迎合主上的心意，蜀主王衍非常宠信他，因此蜀国的国势渐渐衰弱。

吴国的徐温回到广陵的朝廷，他怀疑诸将都参与了朱瑾的谋划，准备大开杀戒。徐知诰、严可求两人把徐知训的过错和引起祸乱的原因详细地向徐温报告，徐温的怒气才稍微消下去，命令人到雷塘把朱瑾的骨头捞起来另行安葬，并且责备徐知训左右的部将们不能劝止补救，都治了罪；只有刁彦能经常上书劝谏，徐温特别奖赏他。戊戌日（二十七日），任命徐知诰为淮南节度行军副使、内外马步都军副使、通判府事，兼江州团练使。又任命徐知谏代理润州团练事务。徐温仍然回到金陵

资治通鉴

镇守，总掌吴国的大政，其他琐碎事务通通交给徐知诰去决定。

知诰悉反知训所为，事吴王尽恭，接士大夫以谦，御众以宽，约身以俭。以吴王之命，悉蠲天祐十三年以前逋税，馀俟丰年乃输之。求贤才，纳规谏，除奸猾，杜请托。于是，士民翕然归心，虽宿将悍夫无不悦服，以宋齐丘为谋主。先是，吴有丁口钱，又计亩输钱，钱重物轻，民甚苦之。齐丘说知诰，以为"钱非耕桑所得，今使民输钱，是教民弃本逐末也。请蠲丁口钱；自馀税悉输谷帛，绅绢匹直千钱者当税三十。"或曰："如此，县官岁失钱亿万计。"齐丘曰："安有民富而国家贫者邪！"知诰从之。由是江、淮间旷土尽辟，桑柘满野，国以富强。

【译文】徐知诰和徐知训的所作所为截然相反，侍奉吴王杨隆演特别恭敬，接见士大夫很谦虚，以宽容驭使众人，以节俭约束自己。他以吴王杨隆演的名义下令，免除百姓在天祐十三年以前所欠的税收，其他部分等丰年大家收入充裕的时候再补缴。又征求民间的贤才，接纳部属的规劝，清除盗贼奸人，杜绝请托。军民一致归心，就是强悍的功臣英勇的武将也没有不心悦诚服的。在此以前，吴国有一种按人口征收的丁口钱，田赋也是按照耕种田地的多少交钱，这样使钱变贵，货物反而轻贱，百姓都觉得这是沉重的负担。齐丘劝徐知诰，认为"钱并不是耕田种桑所直接收获的，现在让老百姓缴交金钱，这是教老百姓舍本逐末。请免除丁口钱，其余的租税通通用稻谷、布匹等实物缴交，细绢每匹值一千钱的可以抵缴税金三千钱"。有人反对说："这样一来，朝廷每年要损失好几万亿铜钱。"齐丘说："哪有老百姓富足了，国家却反而贫穷的呢？"徐知诰听从他的建议。从此以后，江、淮之间空旷的土地全部开垦出来，满山遍野都种植上桑柘树，国家因此富足起来。

知诰欲进用齐丘而徐温恶之，以为殿直、军判官。知诰每夜引齐丘于水亭屏语，常至夜分，或居高堂，悉去屏障，独置大炉，相向坐，不言，以铁箸画灰为字，随以匙灭去之，故其所谋，人莫得而知也。

虔州险固，吴军攻之，久不下，军中大疫，王祺病，吴以镇南节度使刘信为虔州行营招讨使，未几，祺卒。谭全播求救于吴越、闽、楚。吴越王镠以统军使传球为西南面行营应援使，将兵二万攻信州；楚将张可求将万人屯古亭，闽兵屯雩都以救之。信州兵才数百，逆战，不利；吴越兵围其城。刺史周本，启关张虚幕于门内，召僚佐登城楼作乐宴饮，飞矢雨集，安坐不动；吴越疑有伏兵，中夜，解围去。吴以前舒州刺史陈璋为东南面应援招讨使，将兵侵苏、湖，钱传球自信州南屯汀州。晋王遣间使持帛书会兵于吴，吴人辞以虔州之难。

【译文】徐知诰想要重用齐丘，徐温却讨厌他，于是任命齐丘为殿直、军判官。徐知诰每夜把齐丘带到水中的亭子秘谈，常常谈到半夜，或者在高堂上，除去四面八方的屏障，只在中间摆了个大火炉，两人相向而坐，也不说话，只用拨火用的铁筷子在灰烬上写字，随手把它抹去，他们所谋划的事情，外面的人们无法得知。

虔州非常险要坚固，吴军久攻不下。后来军中流行瘟疫，王祺也病了，于是吴王杨隆演任命镇南节度使刘信为虔州行营招讨使。不久，王祺过世。谭全播向吴越、闽国、楚国求救。吴越王钱镠任命统军使钱传球为西南面行营应援使，率领二万名士卒进攻吴国信州；楚将张可求率领万名士卒屯驻在古亭，闽国军队则屯驻在雩都，共同来救援谭全播。吴国信州的守军只有几百人，出来迎战吴越军，战事失利；吴越军包围了信州城。信州刺史周本，把城门打开，但是在城内又张起布幕，召集僚佐们登上城楼饮酒奏乐，满天的飞箭像下雨一样，周本等人安然坐着不动；吴越的部队怀疑他们另有埋伏，在半夜，解除包围撤走。吴国任命前舒州刺史陈璋为东南面应援招讨使，率兵入侵吴越的苏州、湖州等地，钱传球从信州往南屯驻汀州。晋王李存勖派出秘密使者拿着书信去吴国请求会师，吴人以攻打虔州艰难而推辞。

晋王谋大举入寇，周德威将幽州步骑三万，李存审将沧景步骑万人，李嗣源将邢洺步骑万人，王处直遣将将易定步骑万人，及麟、胜、云、蔚、新、武等州诸部落奚、契丹、室韦、吐谷浑，皆以兵会之。八月，并河东、魏博之兵，大阅于魏州。

蜀诸王皆领军使，彭王宗鼎谓其昆弟曰："亲王典兵，祸乱之本。今主少臣强，谗间将兴，缮甲训士，非吾辈所宜为也。"因固辞军使，蜀主许之，但营书舍、植松竹自娱而已。

【译文】晋王李存勖准备大举入侵梁国，周德威率领幽州军队三万人，李存审率领沧州、景州的军队一万人，李嗣源率领邢州、洺州的部队一万人，王处直率领易州、定州的部队一万人，另外还有麟州、胜州、云州、蔚州、新州、武州各路的兵马，奚、契丹、室韦、吐谷浑等部落，也都出兵会合。八月，又会合河东、魏博的部队，在魏州举行盛大检阅。

蜀国的亲王们都担任统军的军使，彭王王宗鼎对他的兄弟们说："亲王掌兵，这是引起祸乱的根源。现在主上年少，群臣的势力强大，将会引起很多流言蜚语，整军经武的事实在不是我们适宜做的。"因此坚决辞去军使职务，前蜀主王衍答应他的请求，让他管理书舍、种植松竹来自寻乐趣。

泰宁节度使张万进，轻险好乱。时嬖幸用事，多求赂于万进，万进闻晋兵将出，己酉，遣使附于晋，且求援。以亳州团练使刘鄩为兖州安抚制置使，将兵讨之。

甲子，蜀顺德皇后殂。

乙丑，蜀主以内给事王廷绍、欧阳晃、李周辂、宋光葆、宋承蕴、田鲁俦等为将军及军使，皆干预政事，骄纵贪暴，大为蜀患，周庠切谏，不听。晃患所居之隘，夜，因风纵火，焚西邻军营数百间，明旦，召匠广其居；蜀主亦不之问。光葆，光嗣之从弟也。

【译文】泰宁节度使张万进轻佻奸险好作乱，当时梁朝小人专权，向张万进索求财货，张万进听说晋国快要出兵，己酉日（初九日），派遣使者归降晋国，向晋国求援。梁朝任命亳州团练使刘鄩为兖州安抚制置使，率兵前往讨伐。

甲子日（二十四日），前蜀顺德皇后去世。

乙丑日（二十五日），蜀主王衍任命内给事王廷绍、欧阳晃、李周辂、宋光葆、宋承蕴、田鲁俦等为将军及军使，让他们参与国家政事，这些人骄傲放纵，贪婪残暴，成为蜀国的大祸害，周庠几次向蜀主王衍痛切劝谏，蜀主都不听。欧阳晃觉得他所住的房子不够宽敞，于是在晚上顺风纵火，烧掉他宅第西边军营的好几百间房子。第二天一早，召集工匠来扩充他的房子；前蜀主王衍对这件事情也不闻不问。宋光葆是宋光嗣的堂弟。

晋王自魏州如杨刘，引兵略郓、濮而还，循河而上，军于麻家渡。贺瑰、谢彦章将梁兵屯濮州北行台村，相持不战。

晋王好自引轻骑迫敌营挑战，危窘者数四，赖李绍荣力战翼卫之，得免。赵王镕及王处直皆遣使致书曰："元元之命系于王，本朝中兴系于王，奈何自轻如此！"王笑谓使者曰："定天下者，非百战何由得之！安可但深居帷房以自肥乎！"

【译文】晋王李存勖从魏州到了杨刘，率兵抄略郓州、濮州等地才回去，又沿着黄河进军，驻扎在麻家渡。贺瑰、谢彦章等率领梁朝部队屯驻在濮州北方的行台村，两方对峙，都不出战。

晋王喜欢亲自率领轻骑逼近敌人的营寨挑战，因此好几次都陷入险境，靠李绍荣奋力作战保护他，才得以脱身。赵王王镕和王处直都派遣使者写信劝告晋王说："百姓的命运都维系在大王身上，我们唐朝的中兴也维系在大王身上，大王为何要如此轻视自己身体的安危呢？"晋王李存勖笑着对使者说："要平定天下的人，不自己身经百战怎么能够达成目的呢？怎么可以深居帷房养肥自己呢？"

一旦，王将出营，都营使李存审扣马泣谏曰："大王当为天下自重。彼先登陷陈，将士之职也，存审辈宜为之，非大王之事也。"王为之揽辔而还。他日，伺存审不在，策马急出，顾谓左右曰："老子妨人戏！"王以数百骑抵梁营，谢彦章伏精甲五千于堤下；王引十馀骑度堤，伏兵发，围王数十重，王力战于中，后骑继之者攻之于外，仅得出。会李存审救至，梁兵乃退，王始以存审之言为忠。

吴刘信遣其将张宣等夜将兵三千袭楚将张可求于古亭，破之；又遣梁诠等将兵击吴越及闽兵，二国闻楚兵败，俱引归。

梅山蛮寇邵州，楚将樊须击走之。

【译文】有一天，晋王李存勖要出军营，都营使李存审拉住马缰绳哭着劝谏说："大王应当为天下的百姓保重。攻城掠地、冲锋陷阵的事，应该是将士们的职务，是存审应该做的，不是大王的事。"晋王被李存审拉住马缰绳才返回。另一天，晋王李存勖察知李存审不在，催马急忙出营，回头对左右侍从们说："那老家伙就会妨碍人玩玩的兴致！"晋王率领数百名骑兵直奔梁军营寨，谢彦章在河堤下埋伏五千精兵；晋王李存勖率领十余名骑兵翻越堤防，梁朝埋伏的军队冲出来，把晋王内外包围了几十重，晋王李存勖在重围中奋战，后头跟上来的晋国骑兵在包围圈外头进攻，总算把晋王救出来。这时李存审的援军也正好赶到，梁军才撤回去。晋王这时才开始认识到李存审给他讲的话完全是一片忠心。

吴国的刘信派遣将领张宣等在晚上率领三千士兵偷袭在古亭的楚国将领张可求，把他打得大败；刘信又派遣梁诠等率兵攻击吴越及闽国的军队，两国听说楚国的部队吃了败仗，也退却了。

梅山蛮族入侵邵州，楚国将领樊须把他们击退回去。

九月，壬午，蜀内枢密使宋光嗣以判六军让兼中书令王宗弼，蜀主许之。

吴刘信昼夜急攻虔州，斩首数千级，不能克；使人说谭全播，取质纳赂而还。徐温大怒，杖信使者。信子英彦典亲兵，温授英彦兵三千，曰："汝父居上游之地，将十倍之众，不能下一城，是反也！汝可以此兵往，与父同反！"又使升州牙内指挥使朱景瑜与之俱，曰："全播守卒皆农夫，饥窭逾年，妻子在外，重围既解，相贺而去，闻大兵再往，必皆逃遁，全播所守者空城耳，往必克之。"

【译文】九月，壬午日（十二日），前蜀内枢密史宋光嗣把判六军的官位让给了兼中书令王宗弼，前蜀主王衍同意了。

吴将刘信昼夜攻打虔州，杀死敌军数千人，仍没有攻下；于是派人游说谭全播，让他提供人质，呈献财货，吴兵就撤退回去。徐温听了大发脾气，把刘信的使者狠狠地杖打一顿。刘信的儿子刘英彦当时正统领亲兵，徐温派给他三千名士兵，对他说："你的父亲处在上游的地方，又率领着十倍于敌人的兵力，居然攻不下虔州，这是存心要造反！你可以带这些兵马，和你父亲一起造反！"又派遣升州牙内指挥使朱景瑜和他一起到刘信那儿去，对他们说："全播守城的士卒都是农夫，经过一年多的饥饿窘困，妻子儿女又都在城外，重围解开以后，一定互相道贺离去，只要他们听说吴军还要来攻打，一定都会逃跑，谭全播所守的城也就成了空城，只要我们再去，就一定能够攻陷。"

冬，十一月，壬申，蜀葬神武圣文孝德明惠皇帝于永陵，庙号高祖。

越主岩祀南郊，大赦，改国号曰汉。

刘信闻徐温之言，大惧，引兵还击虔州。先锋始至，虔兵皆溃，谭全播奔雩都，追执之。吴以全播为右威卫将军，领百胜节度使。

先是，吴越王镠常自虔州入贡，至是道绝，始自海道出登、莱，抵大梁。

【译文】冬，十一月，壬申日（初三日），蜀国把神武圣文孝德明惠皇帝王建安葬在永陵，庙号高祖。

越主刘岩到南郊祭祀，实行大赦，改国号为汉。

刘信听到徐温的话，非常害怕，又率兵回头进击虔州。先锋的部队才到，虔州的部队就溃散了，谭全播逃往雩都，被追上活捉回来。吴国任命谭全播为右威卫将军，承领百胜节度使。

此前，吴越王钱镠经常从虔州到梁朝入贡，这时道路断绝，于是走海道经过登州、莱州，然后再到大梁。

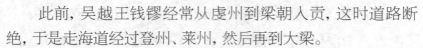

初，吴徐温自以权重而位卑，说吴王曰："今大王与诸将皆为节度使，虽有都统之名，不足相临制；请建吴国，称帝而治。"王不许。严可求屡劝温以次子知询代徐知诰知吴政，知诰与骆知祥谋，出可求为楚州刺史。可求既受命，至金陵，见温，说之曰："吾奉唐正朔，常以兴复为辞。今朱、李方争，朱氏日衰，李氏日炽。一旦李氏有天下，吾能北面为之臣乎？不若先建吴国以系民望。"温大悦，复留可求参总庶政，使草具礼仪。知诰知可求不可去，乃以女妻其子续。

晋王欲趣大梁，而梁军扼其前，坚壁不战百馀日。十二月，庚子朔，晋王进兵，距梁军十里而舍。

【译文】起初，吴国的徐温认为自己权势虽重，职位却很卑微，于是劝吴王说："现在大王和各将领们都是节度使，虽然大王有都统的名义，但总觉得还不足以指挥统御他们，我请求大王建立吴国，即位称帝，治理各路节度使。"吴王没有答应。严可求多次劝说徐温，让他任用次子徐知询取代徐知诰管理吴国大政，徐知诰和骆知祥经过一番谋划，决定把严可求派出去担任楚州刺史。严可求接到任命后，到达金陵，觐见徐温，劝徐温说："我们奉行唐朝的正朔，常常声称要兴复唐室。现在姓朱的和姓李的两方正在相争，看情势，姓朱的渐渐衰微下去，李氏一天天兴旺起来。等到姓李的取得了天下，我们能北面向他称臣吗？不如赶快建立吴国，维系民心。"徐温大喜，又把严可求留下来，让他参与政事，开始草拟建国称帝的礼仪。徐知诰知道严可求不可能出任楚州刺史，于是把自己的女儿嫁给严可求的儿子严续。

晋王李存勖要进逼大梁，但是梁军扼守在他的前方，坚守壁垒，不肯出战，有一百多天。十二月，庚子朔日（初一日），晋王李存勖把军队推进到距离梁军只有十里的地方扎营。

初，北面行营招讨使贺瑰善将步兵，排陈使谢彦章善将骑兵，瑰恶其与己齐名。一日，瑰与彦章治兵于野，瑰指一高地曰："此可以立栅。"至是，晋军适置栅于其上，瑰疑彦章与晋通谋。瑰屡欲战，谓彦章曰："主上悉以国兵授吾二人，社稷是赖。今强寇压吾门，而逗遛不战，可乎！"彦章曰："强寇凭陵，利在速战。今深沟高垒，据其津要，彼安敢深入！若轻与之战，万一蹉跌，则大事去矣。"瑰益疑之，密谮之于帝，与行营马步都虞候曹州刺史朱珪谋，因享士，伏甲，杀彦章及濮州刺史孟审澄、别将侯温裕，以谋叛闻。审澄、温裕，亦骑将之良者也。丁未，以朱珪为匡国留后，癸丑，又以为平卢节度使兼行营马步副指挥使以赏之。

【译文】起初，北面行营招讨使贺瑰擅长率领步兵，而排阵使谢彦章擅长率领骑兵，贺瑰对谢彦章与自己齐名耿耿于怀。有一天，贺瑰和彦章一起在野外部署防务，贺瑰指着一处高地对谢彦章说："这个地方可以建立一排栅栏。"到了后来，晋军正好在那个地方建栅防守，贺瑰就怀疑谢彦章和晋国私通。贺瑰几次都要出战，对谢彦章说："主上把全国的部队交给我们两人，可以说国家的命运都依靠我们了。现在顽强的敌人已经进逼到我们门口，而我们却还逗留着不肯出战，这样做对吗？"谢彦章回答他说："强大的敌人前来入侵欺凌，速战速决最有利于他们。现在我们深沟高垒，占据着渡口要害的地方，他们怎么敢深入进来？如果我们轻率地和他们作战，万一有什么失误，大事就办不成了。"贺瑰听了，更加怀疑他，偷偷地到梁末帝朱友贞那里进谗言毁谤他，又和行营马步都虞候曹州刺史朱珪图谋，趁着犒赏军士的时候，埋伏甲士，把谢彦章和濮州刺史孟审澄、别将侯温裕等人通通杀掉，然后向梁末帝报告说他们阴谋反叛。审澄和温裕都是骑兵中的优秀将领。丁未日（初八日），梁末帝朱友贞任命朱珪为匡国留后，癸丑日（十四日），又任命他为平卢节度使兼行营马步副指挥使来奖赏他。

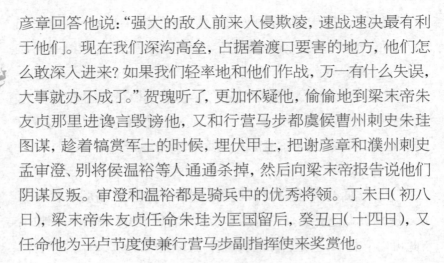

晋王闻彦章死，喜曰："彼将帅自相鱼肉，亡无日矣。贺瑰残虐，失士卒心，我若引军直指其国都，彼安得坚壁不动！幸而一与之战，蔑不胜矣。"王欲自将万骑直趣大梁，周德威曰："梁人虽屠上将，其军尚全，轻行徼利，未见其福。"不从。戊午，下令军中老弱悉归魏州，起师趋汴。庚申，毁营而进，众号十万。

辛酉，蜀改明年元曰乾德。

【译文】晋王李存勖听说谢彦章被杀死，高兴地说："他们的将领自相残杀，马上就要灭亡。贺瑰为人凶残暴虐，已失去士卒的拥护之心，我们如果率兵直接攻击大梁，他们又怎能坚守壁垒不出来呢？能和他们决一死战，没有打不胜的。"晋王李存勖准备亲自率领一万名骑兵直捣大梁，周德威劝他说："梁人虽然杀了他们的大将，但是部队还完好无缺，如果我们轻易行动希望能占到便宜，恐怕没有什么好处。"晋王不听他的。戊午日（十九日），晋王下令，让军中所有的老弱将士撤回魏州，他率兵直奔汴梁。庚申日（二十一日），把军营毁掉，率兵前进，号称十万大军。

辛酉日(二十二日)，蜀国把明年的年号改为乾德。

贺瑰闻晋王已西，亦弃营而蹑之。晋王发魏博白丁三万从军，以供营栅之役，所至，营栅立成。壬戌，至胡柳陂。癸亥旦，候者言梁兵自后至矣。周德威曰："贼倍道而来，未有所舍，我营栅已固，守备有余，既深入敌境，动须万全，不可轻发。此去大梁至近，梁兵各念其家，内怀愤激，不以方略制之，恐难得志。王宜按兵勿战，德威请以骑兵扰之，使彼不得休息，至暮营垒未立，樵爨未具，乘其疲乏，可一举灭也。"王曰："前在河上恨不见贼，今贼至不击，尚复何待，公何怯也！"顾李存审曰："敕辎重先发，吾为尔殿后，破贼而去！"即以亲军先出。德威不得已，引幽州兵从之，谓其子曰："吾无死所矣。"

【译文】贺瑰听说晋王李存勖率兵向西行动，也放弃营垒跟在晋军后面。晋王征调魏博的三万名普通百姓随部队出发，好帮忙扎营建栅，晋军所到之处，营垒栏栅马上就建好。壬戌日(二十三日)，晋军到了胡柳陂。癸亥日(二十四日)早上，斥候报告说梁兵已经从后头跟上来了。周德威说："敌人兼程赶来，还没有安身的地方，而我们的营栅已经很牢固，用来守备是没有什么问题的，但是，我们是深入敌境，一举一动都要考虑得十分周全，不能轻举妄动。这里离大梁很近，梁国的兵士们一想起他们的家，内心都非常激动愤慨，如果不用个好方法来对付他们，恐怕不容易占到便宜。大王最好按兵不动，请让我率领骑兵去骚扰他们，让他们不能休息，等到黄昏，营垒建立不起来，炊饭的柴火也没准备，那时候再趁着他们疲乏，可一举把他们消灭。"晋王说："从前在黄河上恨没有看到敌人，现在敌人来了又不打，还等待什么，你为什么胆怯呢？”回头对李存审说：“下令运送粮饷的车子先出发，我替你们殿后，破了贼就走！”于是马上率领亲军出了营门，周德威不得已，只好率领幽州的部队跟了上去，他对他的儿子说：“我们要死无葬身之地了。”

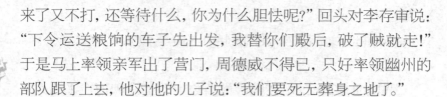

贺瑰结陈而至，横亘数十里。王帅银枪都陷其陈，冲荡击斩，往返十馀里。行营左厢马军都指挥使、郑州防御使王彦章军先败，西走趣濮阳。晋辎重在陈西，望见梁旗帜，惊溃，入幽州陈，幽州兵亦扰乱，自相蹈藉；周德威不能制，父子皆战死。魏博节度副使王缄与辎重俱行，亦死。

晋兵无复部伍。梁兵四集，势甚盛。晋王据高丘收散兵，至日中，军复振。陂中有土山，贺瑰引兵据之。晋王谓将士曰：“今日得此山者胜，吾与汝曹夺之。”即引骑兵先登，李从珂与银枪大将王建及以步卒继之，梁兵纷纷而下，遂夺其山。

【译文】贺瑰将军队组织成战阵赶到，横跨数十里。晋王李存勖率领银枪都攻进他的阵中，冲杀攻击，来回跑了十几里路。梁军的行营左厢马军都指挥使、郑州防御使王彦章战败，往西逃往濮阳。晋国的粮饷车队在战阵的西边，远远看见梁军的旗帜，大惊溃散，冲进幽州部队的阵中，幽州部队也乱成一团，自相践踏；周德威没有办法制止，父子两人都战死。魏博节度副使王缄和武器、粮草同行，也战死。

晋军已经乱得没有队形。这时梁军又从四面八方围抄过来，攻势很猛。晋王占据高丘收集散兵，到中午的时候，晋军的声势才稍微振作起来。陂中有个土山，贺瑰率兵将它占领。晋王对将士们说：“今天，能攻下这座山的人得胜，我和各位一起把它夺下来。”于是率兵首先登上了山，李从珂和禁卫军大将王建及率领步兵跟在他的后面，梁兵见势纷纷下山，于是晋军夺取了这座山。

　　日向晡，贺瑰陈于山西，晋兵望之有惧色。诸将以为诸军未尽集，不若敛兵还营，诘朝复战。天平节度使、东南面招讨使阎宝曰："王彦章骑兵已入濮阳，山下惟步卒，向晚皆有归志，我乘高趣下击之，破之必矣。今王深入敌境，偏师不利，若复引退，必为所乘。诸军未集者闻梁再克，必不战自溃。凡决胜料敌，惟观情势，情势已得，断在不疑。王之成败，在此一战；若不决力取胜，纵收馀众北归，河朔非王有也。"昭义节度使李嗣昭曰："贼无营垒，日晚思归，但以精骑扰之，使不得夕食，俟其引退，追击可破也。我若敛兵还营，彼归整众复来，胜负未可知也。"王建及擐甲横槊而进曰："贼大将已遁，王之骑军一无所失，今击此疲乏之众，如拉朽耳。王但登山，观臣为王破贼。"王愕然曰："非公等言，吾几误计。"嗣昭、建及以骑兵大呼陷陈，诸军继之，梁兵大败。元城令吴琼、贵乡令胡装，各帅白丁万人，于山下曳柴扬尘，鼓噪以助其势。梁兵自相腾藉，弃甲山积，死亡者几三万人。装，证之曾孙也。是日，两军所丧士卒各三之二，皆不能振。

　　【译文】太阳已经快下山了，贺瑰的部队部署在山的西边，晋兵远远看去，心里都有点害怕。晋国将领们多认为各路部队还没有完全会合，不如收兵回营，明天早上再战。天平节度使、东南面招讨使阎宝说："王彦章的骑兵已经到濮阳，山下只有步卒，傍晚都想回家，我们居高临下攻打，一定会打败他们。现在大王率军深入敌境，周德威的侧翼部队已经失利，如果我们再撤退回去，一定会被他们乘机攻击。我们还没集结的各路兵马如果听到梁军又打胜，一定会没有交战自行溃散。凡是在决战的时候判断敌情，只能认真观察敌我双方的总的情况，如果总的情况搞清楚，决断时就要毫不犹豫。大王的成败，就在此一战。如果不能奋力取胜，就算是收拾残余的部众北返，恐怕河朔也没有办法保有了。"昭义节度使李嗣昭说："贼人还没有建好营垒，天晚了都想收兵回去，我们只要以精锐的骑兵骚扰他，让他们没空吃晚饭，等到他们撤退的时候，我们再从后头追击，一定可以击败他们。如果我们收兵回营，让他们回去喘息整顿后再来会战，谁胜谁负就很难说了。"王建及穿起战衣横执武器出发，说："敌人的大将已经逃跑，大王的骑兵一无所失，现在攻打这些疲乏的士卒，就像摧毁腐朽之物一样轻而易举。大王只要登上山头，看臣替大王破贼。"晋王李存勖恍然大悟说："不是你们提醒我，我差点判断错误。"于是李嗣昭、王建及率领骑兵大声呼叫着攻进敌阵，各路部队随后跟进，梁朝军队大败。晋国的元城令吴琼、贵乡令胡装分别率领万名平民百姓，在山上拉着树枝扬起尘土，大声地鼓噪着，助长声势。梁国部队自相践踏，抛弃的盔甲堆积得像小山一样高，死亡的人将近三万。胡装是胡证的曾孙。在这一天，两军损失士卒各有三分之二，都不能重新振兴起来。

晋王还营，闻周德威父子死，哭之恸，曰："丧吾良将，是吾罪也！"以其子幽州中军兵马使光辅为岚州刺史。

李嗣源与李从珂相失，见晋军挠败，不知王所之，或曰："王已北渡河矣。"嗣源遂乘冰北渡，将之相州。是日，从珂从王夺山，晚战皆有功。甲子，晋王进攻濮阳，拔之。李嗣源知晋军之捷，复来见王于濮阳，王不悦，曰："公以吾为死邪？渡河安之！"嗣源顿首谢罪。王以从珂有功，但赐大钟酒以罚之，然自是待嗣源稍薄。

【译文】晋王李存勖回到营垒中，听到周德威父子战死，哭得非常悲恸，说："损失我两员优秀的大将，这都是我的罪过呀!"于是把周德威的儿子幽州中军兵马使周光辅升任为岚州刺史。

李嗣源和李从珂失去联系，李嗣源看到晋军被挫败，又不知道晋王到哪里去了，有人告诉他："晋王已经渡河往北去了。"于是李嗣源乘着黄河上结冰也渡河往北，准备前往相州。当天，李从珂随从晋王，在攻取土山和傍晚的战役里都有功劳。甲子日(二十五日)，晋王李存勖进攻濮阳，攻了下来，李嗣源听说晋军打了胜仗，又来濮阳觐见晋王，晋王很不高兴，说："你以为我已经死了不成? 你渡河要到哪里去?"李嗣源赶快磕头请罪。晋王因为他儿子李从珂有功，就只罚他喝一大杯酒；从此晋王李存勖对待李嗣源逐渐冷淡。

初，契丹主之弟撒剌阿拨号北大王，谋作乱于其国。事觉，契丹主数之曰："汝与吾如手足，而汝兴此心，我若杀汝，则与汝何异!"乃因之期年而释之。撒剌阿拨帅其众奔晋，晋王厚遇之，养为假子，任为刺史；胡柳之战，以其妻子来奔。

晋军至德胜渡，王彦章败卒有走至大梁者，曰："晋人战胜，将至矣。"顷之，晋兵有先至大梁问次舍者，京城大恐。帝驱市人登城，又欲奔洛阳，遇夜而止。败卒至者不满千人，伤夷逃散，各归乡里，月馀仅能成军。

【译文】起初，契丹主耶律阿保机的弟弟撒剌阿拨号称北大王，打算在国内阴谋作乱。事情被发觉，契丹主责备他说："我和你是手足之亲，而你竟然如此居心，我如果杀了你，那岂不是同你一样了吗?"于是就把他囚禁一年,然后释放。撒剌阿拨于是率领他的部众投奔晋国,晋王李存勖对他很优厚,把他收为养子,任命他为刺史;在胡柳作战的时候,撒剌阿拨的妻子也投奔来晋国。

晋军到了德胜渡,王彦章部队的败兵有逃到大梁的,他们说:"晋国的军队打胜,大军马上就要到这里。"不久,晋国失散的士兵也冒冒失失地闯到大梁打听他们部队的所在,于是整个京城发生恐慌。梁末帝朱友贞立刻驱赶京城的人登城防守,同时又想逃到洛阳去,因为天黑才作罢。梁国溃散的部队回来归队的不到一千人,作战中受伤的都四处逃散,逃回他们的故乡,一个月以后才整顿成军。

【乾隆御批】存勖闻梁军甫至,即帅银枪都冲击,虽勇如彦章亦且败走,固未可谓之失策。晋师之溃,辎重先惊,幽军继扰,由于右阵气馁,控制失宜,更不得归罪于轻进也。厥后从珂奋勇夺据土山,阎宝等复劝乘势急击,卒能大歼梁众,转败为功。而周德威稍怀疑怯,父子同殁行阵。则勇锐之足以集勋,懦葸之易于偾事,岂不了然哉!

【译文】李存勖听说梁军到了,立即率银枪军冲击敌军,即使像王彦章这样的勇士也只能战败逃走,所以不可以说是失策。晋军的溃败,是辎重部队先大惊,之后扰乱了幽州军,由于右阵气馁,失去控制,就更不能归罪于他的轻进。后来李从珂奋勇夺取并占领土山,阎宝等人又劝晋王乘势加紧进攻,终于大歼梁军,转败为胜。而周德威稍有迟疑胆怯,父子就同阵战死。可见勇锐足以汇集功勋,畏怯则易于坏事,难道不是一目了然吗?

貞明五年(己卯, 公元九一九年)春, 正月, 辛巳, 蜀主祀南郊, 大赦。

晋李存审于德胜南北夹河筑两城而守之。晋王以存审代周德威为内外番汉马步总管。晋王还魏州, 遣李嗣昭权知幽州军府事。

汉主岩立越国夫人马氏为皇后, 殷之女也。

【译文】贞明五年(己卯, 公元919年)春季, 正月, 辛巳日(十二日), 蜀主王衍到城南郊外祭祀上天, 实行大赦。

晋国李存审在德胜渡的南北建筑两个城防守, 晋王李存勖任命李存审代替周德威为内外蕃汉马步总管。晋王回到魏州以后, 派李嗣昭到幽州暂时管理军府事。汉主刘岩册立越国夫人马氏为皇后, 马氏是马殷的女儿。

三月, 丙戌, 蜀北路行营都招讨、武德节度使王宗播等自散关击岐, 渡渭水, 破岐将孟铁山。会大雨而还, 分兵戍兴元、凤州及威武城。戊子, 天雄节度使、同平章事王宗昱攻陇州, 不克。

蜀主奢纵无度, 日与太后、太妃游宴于贵臣之家, 及游近郡名山, 饮酒赋诗, 所费不可胜纪。仗内教坊使严旭强取士民女子内宫中, 或得厚赂而免之, 以是累迁至蓬州刺史。太后、太妃各出教令卖刺史、令、录等官, 每一官阙, 数人争纳赂, 赂多者得之。

【译文】三月, 丙戌日(十八日), 蜀国北路行营都招讨、武德节度使王宗播等从散关进攻岐国, 渡过渭水, 击败岐国的将领孟铁山; 碰上连日下大雨, 才撤退回去, 于是分出兵马戍守兴元、凤州和威武等地。戊子日(二十日), 天雄节度使、同平章事王宗昱进攻陇州, 没有攻下。前蜀主王衍奢侈放纵没有节制, 每天和太后、太妃在显贵的大臣家里游玩饮宴, 又到附近的名山游赏，饮酒作诗，所耗费的钱财简直没法算计。仗内教坊使严旭强行夺取士民家的女儿送进宫中，如能送出厚重的贿赂就能幸免，因此他一直升迁到蓬州刺史。而太后、太妃则分别下令，公开出售刺史、县令、录事参军等官职，每有官职出缺，好多人都争抢着送礼，礼送多的人就可以买上。

晋王自领卢龙节度使，以中门使李绍宏提举军府事，代李嗣昭。昭宏，宦者也，本姓马，晋王赐姓名，使与知岚州事孟知祥俱为河东、魏博中门使。孟知祥又荐教练使雁门郭崇韬能治剧，王以为中门副使。崇韬偬侻有智略，临事敢决，王宠待日隆。先是，中门使吴珪、张虔厚相继获罪，及绍宏出幽州，知祥惧祸，称疾辞位，王乃以知祥为河东马步都虞候，自是崇韬专典机密。

诏吴越王镠大举讨淮南。镠以节度副大使传瓘为诸军都指挥使，帅战舰五百艘，自东洲击吴。吴遣舒州刺史彭彦章及裨将陈汾拒之。

【译文】晋王李存勖亲自担任卢龙节度使，任命中门使李绍宏管理军府事，以代替李嗣昭。李绍宏是宦官，本来姓马，晋王另外赐给他姓名，让他和掌理岚州事务的孟知祥都担任中门使；孟知祥又推荐教练使雁门人郭崇韬，说他善于处理繁杂的事务，晋王任命郭崇韬为中门副使。郭崇韬这个人，风流潇洒，又有机智谋略，处断事情非常果决，晋王李存勖日渐宠信他。起初，中门使吴珪、张虔厚两人都因不能得晋王的欢心先后被治罪，到了李绍宏出任幽州的职务，孟知祥怕遭到灾祸，就推说生病请求辞职，晋王便任命孟知祥为河东马步都虞候。从此，郭崇韬专门管理国家机密。

梁末帝朱友贞下诏命令吴越王钱镠大规模进讨淮南。钱镠任命节度副大使钱传瓘为诸军都指挥使，率领五百艘战舰，从东洲出发进击吴国。吴国派遣舒州刺史彭彦章和副将陈汾防御。

吴徐温帅将吏藩镇请吴王称帝，吴王不许。夏，四月，戊戌朔，即吴国王位。大赦，改元武义。建宗庙社稷，置百官，宫殿文物皆用天子礼。以金继土，腊用丑。改谥武忠王曰孝武王，庙号太祖，威王曰景王，尊母为太妃；以徐温为大丞相、都督中外诸军事、诸道都统、镇海、宁国节度使、守太尉兼中书令、东海郡王，以徐知诰为左仆射、参政事兼知内外诸军事，仍领江州团练使，以扬府左司马王令谋为内枢密使，营田副使严可求为门下侍郎，盐铁判官骆知祥为中书侍郎，前中书舍人卢择为吏部尚书兼太常卿，掌书记殷文圭为翰林学士，馆驿巡宫游恭为知制诰，前驾部员外郎杨迢为给事中。择，醴泉人；迢，敬之之孙也。

【译文】吴国徐温带领将帅以及藩镇官吏请求吴王杨隆演称帝，吴王没有答应。夏季，四月，戊戌朔日（初一日），吴王登吴国王位。实行大赦，改年号为义武；建立宗庙和社稷等神庙，设置百官，宫中的一切文物制度都仿照天子礼制。自称以金德继承唐的土德，在丑月（十二月）举行腊祭。改谥武忠王杨行密为孝武王，庙号太祖，改谥威王杨渥为景王，尊奉母亲为太妃；任命徐温为大丞相，都督中外诸军事，诸道都统，镇海、宁国节度使，守太尉兼中书令、东海郡王。任命徐知诰为左仆射、参政事兼知内外诸军事，仍兼领江州团练使，任命扬府左司马王令谋为内枢密使，营田副使严可求为门下侍郎，盐铁判官骆知祥为中书侍郎，前中书舍人卢择为吏部尚书兼太常卿，掌书记殷文圭为翰林学士，馆驿巡官游恭为知制诰，前驾部员外郎杨迢为给事中。卢择，是醴泉人；杨迢是杨敬之的孙子。

钱传瓘与彭彦章遇；传瓘命每船皆载灰、豆及沙，乙巳，战
于狼山江。吴船乘风而进，传瓘引舟避之，既过，自后随之。吴
回船与战，传瓘使顺风扬灰，吴人不能开目；及船舷相接，传瓘
使散沙于己船而散豆于吴船，豆为战血所渍，吴人践之皆僵仆。
传瓘因纵火焚吴船，吴兵大败。彦章战甚力，兵尽，继之以木，
身被数十创，陈汾按兵不救；彦章知不免，遂自杀。传瓘俘吴裨
将七十人，斩首千馀级，焚战舰四百艘。吴人诛汾，籍没家赀，
以其半赐彦章家，禀其妻子终身。

【译文】钱传瓘和彭彦章两军相遇，钱传瓘命令每只船上装
载灰土、豆子以及沙子。乙巳日（初八日），大战于狼山附近的
江面。吴国的船舰乘风前进，钱传瓘把舰队带开躲避，等吴国
的船过去了以后，钱传瓘就率领舰队从后面跟上来，吴国的舰
队掉转头来要和他们交战，钱传瓘下令顺风扬灰，弄得吴国人
眼睛都睁不开；到了两边船舷靠在一起后，钱传瓘又下令在己
方的船板上铺上沙，而在对方的甲板上撒下豆，豆被受伤的人
所流的血弄湿，吴国兵士一踩到都摔得四脚朝天。钱传瓘因此
放火烧吴军的船只，吴军大败。彭彦章奋力作战，兵器被砍坏，
抓起木头继续作战，身上受了十几处创伤，陈汾却按兵不动，不
肯前来救援；彭彦章知道没有希望，就自杀了。钱传瓘俘获吴
国副将七十多人，斩杀的首级有一千多个，焚烧的战舰有四百
艘。吴国人斩杀陈汾，把他的家产集中起来全部没收，将陈汾
一半家产赏赐给彭彦章家属，给他的妻子终身奉养。

贺瑰攻德胜南城，百道俱进，以竹笮联艨艟十馀艘，蒙以牛

革，设睥睨、战格如城状，横于河流，以断晋之救兵，使不得渡。晋王自引兵驰往救之，陈于北岸，不能进；遣善游者马破龙入南城，见守将氏延赏，延赏言矢石将尽，陷在顷刻。晋王积金帛于军门，募能破艨艟者；众莫知为计，亲将李建及曰："贺瑰悉众而来，冀此一举；若我军不渡，则彼为得计。今日之事，建及请以死决之。"乃选效节敢死士得三百人，被铠操斧，帅之乘舟而进。将至艨艟，流矢雨集，建及使操斧者入艨艟间，斧其竹笮，又以木罂载薪，沃油然火，于上流纵之，随以巨舰实甲士，鼓噪攻之。艨艟既断，随流而下，梁兵焚溺者殆半，晋兵乃得渡。瑰解围走，晋兵追之，至濮州而还。瑰退屯行台村。

【译文】贺瑰进攻德胜南城，分兵多路一起推进，用竹索把十多艘战船连在一起，蒙上生牛皮，像城墙一样在上面设置防御敌军进攻的短墙和木栅栏，把船横在黄河中，好截断晋国的救兵，使他们没办法渡河。晋王李存勖亲自率军前来救援，在黄河北岸列阵，没有办法前进；于是派遣善于游泳的马破龙游过河到南城去见守将氏延赏，氏延赏告诉他说守城的弓箭、石块马上就要用光，城池随时会陷落。于是晋王李存勖在军门前堆一大批金银布帛，悬赏征求能破梁朝战舰的人；大家都不晓得该怎么办，晋王亲军将领李建及（即王建及，因为曾经做李罕之的养子，所以史书有时称他为李建及）说："贺瑰率领他的全部军队来，希望在此一举。如果我军不渡过黄河，正好让他们得志。今天的事情，我李建及请求和他们决一死战。"于是挑选一批忠贞敢死的士兵，有三百人，都披上盔甲，拿着斧头，由李建及带领，乘着小船前进，接近战舰的时候，满天的流矢像下雨一样落下，李建及派拿斧头的军士到战船中间，把连接的竹索砍断，又用木罐装上木柴，浇上油点火，从上流顺水放下来，再用巨舰载着甲士，大声鼓噪进攻。梁国战舰连接的竹索被砍断，顺着河水往下漂流，梁兵被烧死的、溺死的有一大半，晋兵于是就渡过黄河。贺瑰突围逃跑，晋军在后面追赶，一直追到濮州才返回。贺瑰退扎在行台村。

蜀主命天策府诸将无得擅离屯戍。五月，丁卯朔，左散旗军使王承谔、承勋、承会违命，蜀主皆原之。自是禁令不行。

楚人攻荆南，高季昌求救于吴，吴命镇南节度使刘信等帅洪、吉、抚、信步兵自浏阳趣潭州，武昌节度使李简等帅水军攻复州。信等至潭州东境，楚兵释荆南引归。简等入复州，执其知州鲍唐。

六月，吴人败吴越兵于沙山。

【译文】蜀主王衍命令天策府的各个将领不得擅自离开驻地。五月，丁卯朔日(初一日)，左散旗军使王承谔、王承勋、王承会都违犯命令，蜀主后来都原谅他们。从此这条禁令就没办法实行。

楚军向荆南发起进攻，高季昌请求吴国援救，吴王命令镇南节度使刘信等率领洪、吉、抚、信四州的步兵从浏阳直奔潭州，命令武昌节度使李简等率领水军进攻复州。刘信等到达潭州的东方边境，楚兵就停止对荆南的进攻，撤退回去。李简等攻入复州，活捉潭州知州鲍唐。

六月，吴国在沙山打败吴越的部队。

秋，七月，吴越王镠遣钱传璙将兵三万攻吴常州，徐温帅诸将拒之，右雄武统军陈璋以水军下海门出其后。

壬申，战于无锡。会温病热，不能治军，吴越攻中军，飞矢雨集，镇海节度判官陈彦谦迁中军旗鼓于左，取貌类温者，摄甲胄，号令军事，温得少息。俄顷，疾稍间，出拒之。时久旱草枯，吴人乘风纵火，吴越兵乱，遂大败，杀其将何逢、吴建，斩首万级。传璙遁去，追至山南，复败之。陈璋败吴越于香弯。温募生获叛将陈绍者赏钱百万，指挥使崔彦章获之。绍勇而多谋，温复使之典兵。

【译文】秋季，七月，吴越王钱镠派钱传璙率领三万多士卒向吴国常州进攻，徐温率各军将领抵御，右雄武统军陈璋率领水军从下面的海门跟在吴越军的后面。

壬申日（初七日），吴越与吴在无锡交战。徐温生病发烧，没有办法指挥部队，吴越的军队猛攻中军，满天的流矢像雨一样落下来，镇海节度判官陈彦谦把中军的旗鼓迁移到左方，又找了一个长相酷似徐温的人，穿上铠甲，在那里发号施令，这样徐温才稍微能够休息一下；不久，徐温的病好了一点，又出来指挥作战。当时长期干旱，草都枯黄，吴国部队乘机顺风放火，吴越部队大乱，大败，将领何逢、吴建都被杀，被斩杀的首级有一万个。钱传璙逃走了，吴国的军队一直追击到山南，又把他打败。陈璋在香弯也击败吴越军。徐温悬赏活捉叛将陈绍的人，赏一百万钱，指挥使崔彦章捉到。陈绍勇敢有谋略，徐温又让他掌兵。

初，锦衣之役，吴马军指挥曹筠叛奔吴越，徐温赦其妻子，厚遇之，遣间使告之曰："使汝不得志而去，吾之过也，汝无以妻子为念。"及是役，筠复奔吴。温自数昔日不用筠言者三，而不问筠去来之罪，归其田宅，复其军职，筠内愧而卒。

知诰请帅步卒二千，易吴越旗帜铠仗，蹑败卒而东，袭取苏州。温曰："尔策固善；然吾且求息兵，未暇如汝言也。"诸将皆以为："吴越所恃者舟楫，今大旱，水道涸，此天亡之时也，宜尽步骑之势，一举灭之。"温叹曰："天下离乱久矣，民困已甚，钱公亦未易可轻；若连兵不解，方为诸君之忧。今战胜以惧之，戢兵以怀之，使两地之民各安其业，君臣高枕，岂不乐哉！多杀何为！"遂引还。

【译文】起初在衣锦作战时，吴军的马军指挥曹筠背叛投奔吴越，徐温没有治曹筠妻子的罪，反而对她很好。另外派遣秘密使者对曹筠说："让你不得意而离去，这是我的过错，你不必担心你的妻子儿女。"等到这次战役，曹筠又投奔回吴国。徐温责备自己过去不用曹筠建议的三件事，绝口不提筠叛变的罪过，把田地房宅归还给他，恢复他的军职。曹筠内心惭愧而死。

徐知诰请求率领两千步兵，换上吴越军的旗帜、铠甲和仪仗，跟随吴越的败兵往东，偷袭苏州。徐温说："你的计划很好，但是我现在只想休兵，没时间照你所说的去做。"将领们都认为："吴越军队主要依靠船只，现在天气大旱，水路干涸，这是老天灭亡他们的时候，应当将我们的步兵和骑兵全部调动起来，一举消灭他们。"徐温叹口气说："天下经过多年的战乱，老百姓已经非常困苦，而且钱公钱镠也是不能随便轻视的；如果战争再延续不停，恐怕也是值得各位担心的事。现在我们打胜，教他们知道害怕，我们停止进攻，怀柔他们，使两国百姓都能够安居乐业，君臣高枕无忧，这不是很快乐吗？何必一定要再多做一些杀戮的事情呢？"于是领兵回去。

吴越王镠见何逢马，悲不自胜，故将士心附之。宠姬郑氏父犯法当死，左右为之请，镠曰："岂可以一妇人乱我法。"出其女而斩之。镠自少在军中，夜未尝寐，倦极则就圆木小枕，或枕大铃，寐熟辄欹而寤，名曰："警枕"。置粉盘于卧内，有所记则书盘中，比老不倦。或寝方酣，外有白事者，令侍女振纸即寤。时弹铜丸于楼墙之外，以警直更者。尝微行，夜叩北城门，吏不肯启关，曰："虽大王来亦不可启。"乃自他门入。明日，召北门吏，厚赐之。

丙戌，吴王立其弟濛为庐江郡公，溥为丹杨郡公，浔为新安郡公，澈为鄱阳郡公，子继明为庐陵郡公。

【译文】 吴越王钱镠看到何逢的战马，悲痛得不能控制自己，将士们都衷心归服他。他宠姬郑氏的父亲犯法应当处死，左右大臣都替他说情，钱镠说："怎么可以因为一个妇人就乱了我们国家的法律？"于是把郑氏逐出宫去，然后把她的父亲处斩。钱镠从小生活在军队中，晚上从不卧睡，极端疲倦了就枕在圆木的小枕头上，或者靠在大铃上，睡熟了圆木的小枕头或大铃就会倾倒，他就醒过来，他把这个称作"警枕"。他还在卧室内放一个粉盘，如有什么需要记下来的就写在粉盘中，一直到老也是这样孜孜不倦。有时候睡得熟一点，外头有人来报告事情，教侍女在窗纸上弹弹，他就醒了。又时常弹射铜丸到楼墙外头去，以提醒值更的人提高警觉。有一回微服出行，在晚上要敲开门城北，守门的小吏不肯开门，说："现在就算是大王亲自来了也不能开。"于是他只好从另一个城门进城。第二天，把守北城门的官吏召来，给了他很丰厚的赏赐。

丙戌日（二十一日），吴王杨隆演立他的弟弟杨濛为庐江郡公，杨溥为丹阳郡公，杨浔为新安郡公，杨澈为鄱阳郡公，立他的儿子杨继明为庐陵郡公。

晋王归晋阳，以巡官冯道为掌书记。中门使郭崇韬以诸将陪食者众，请省其数。王怒曰："孤为效死者设食，亦不得专，可令军中别择河北帅，孤自归太原。"即召冯道令草词以示众。道执笔逡巡不为，曰："大王方平河南，定天下，崇韬所请未至大过；大王不从可矣，何必以此惊动远近，使敌国闻之，谓大王君臣不和，非所以隆威望也。"会崇韬入谢，王乃止。

初，唐灭高丽，天祐初，高丽石窟寺眇僧躬乂，聚众据开州称王，号大封国，至是，遣佐良尉金立奇入贡于吴。

【译文】晋王李存勖回到晋阳后，任命巡官冯道为掌书记。中门使郭崇韬认为陪着晋王吃饭的将领太多，请求减少数量。晋王发脾气说："我给为我效死命的部将们准备一点吃的，这种事也不能做主，那干脆教军中另外推选一个河北主帅，我回太原去好了！"说完就把冯道召来让他草拟告示通知大家。冯道拿着笔迟疑徘徊一直不写，说："大王正要平定河南，安定天下，郭崇韬所请求的也不算是大过错；大王不听他的就是了，何必拿这个去惊动远近的部属呢？如果让敌国听到，会说大王君臣不和，这恐怕不是增加威望的做法。"正好郭崇韬进来谢罪，晋王才停止让冯道写告示。

起初，唐朝灭掉高丽，到了天祐初年，高丽石窟寺有个独眼僧人叫躬乂，聚集一批部众占据开州称王，国号大封国，到这时，派佐良尉金立奇向吴国纳贡。

八月，乙未朔，宣义节度使贺瑰卒。以开封尹王瓒为北面行营招讨使。瓒将兵五万，自黎阳渡河掩击澶、魏，至顿丘，遇晋兵而旋，瓒为治严，令行禁止，据晋人上游十八里杨村，夹河筑垒，运洛阳竹木造浮梁，自滑州馈运相继。晋蕃汉马步副总管、振武节度使李存进亦造浮梁于德胜，或曰："浮梁须竹笮、铁牛、石困，我皆无之，何以能成！"存进不听，以苇笮维巨舰，系于土山巨木，逾月而成，人服其智。

【译文】八月，乙未朔日（初一日），宣义节度使贺瑰去世。梁朝任命开封尹王瓒为北面行营招讨使。王瓒率领五万兵马，从黎阳渡过黄河，迅速地攻击澶州、魏州，一直到顿丘，和晋兵遭遇才撤退回来。王瓒治军非常严格，令行禁止，占据晋军德胜城上游十八里处的杨村，在黄河的两岸修筑营垒，从洛阳运来竹子、木材搭造浮桥，从滑州接连不断地运来粮饷。晋国蕃汉马步副总管、振武节度使李存进也在德胜建造浮桥，有人劝他说："造浮桥要竹索、铁牛（沉在水中绑竹索的）、石困（放在岸上固定竹索的），这些东西我们都没有，怎么造得成功呢？"李存进不听这些人的话，他用苇绳拴住大战船，再拴在土山上的大树上，一个多月就修成浮桥，人们都佩服他的聪明。

吴徐温遣使以吴王书归无锡之俘于吴越；吴越王镠亦遣使请和于吴。自是吴国休兵息民，三十馀州民乐业者二十馀年。吴王及徐温屡遗吴越王镠书，劝镠自王其国；镠不从。

九月，丙寅，诏削刘岩官爵，命吴越王镠讨之。镠虽受命，竟不行。

吴庐江公濛有材气，常叹曰："我国家而为它人所有，可乎！"徐温闻而恶之。

【译文】吴国徐温派遣使者带着吴王杨隆演的国书把无锡的俘虏送到吴越；吴越王也派遣使者到吴国请和。从此吴国休养士民，三十多州的百姓都安居乐业达二十多年。吴王杨隆演和徐温曾多次给吴越王钱镠去信，劝说钱镠在国内称王，钱镠没有听从他们的话。

九月，丙寅日(初二日)，梁末帝朱友贞下诏削去刘岩的官爵，命令吴越王钱镠前往讨伐。钱镠表面上接受命令，实际上并不采取行动。

　　吴国庐江郡公杨濛有才气，常常叹气说："我们的国家竟被别人把持，这样怎么可以呢?"徐温听了杨濛的话后，对他产生恶感。

资治通鉴卷第二百七十一　后梁纪六

起屠维单阏十月，尽玄黓敦牂，凡三年有奇。

【译文】起己卯（公元919年）十月，止壬午（公元922年），共三年三个月。

【题解】本卷记录了公元919年十月至922年的历史，共三年零三个月。为后梁末帝朱友贞贞明五年十月至龙德三年。晋梁双方仍然夹河大战，不分胜负。梁末帝听信蛊惑，逼反冀王朱友谦，丢失河中之地，国势更衰。河北成德镇将杀赵王王镕，投附后梁，末帝无动于衷，失去收复河北诸镇的大好时机。契丹南下被晋王李存勖打败，晋王乘势攻破镇州，军事上压倒后梁，谋称帝位。张承业因晋王不听谏言，忧郁而终。南方吴、闽、南汉、吴越诸国保境安民。吴国徐温尊奉杨溥即吴王位。蜀主王衍轻率伐岐，荒于政务，淫逸骄奢，丧失民心。

均王下

贞明五年（己卯，公元九一九年）冬，十月，出濛为楚州团练使。

晋王如魏州，发徒数万，广德胜北城，日与梁人争，大小百馀战，互有胜负。左射军使石敬瑭与梁人战于河壖，梁人击敬瑭，断其马甲，横冲兵马使刘知远以所乘马授之，自乘断甲者徐行为殿；梁人疑有伏，不敢追，俱得免，敬瑭以是亲爱之。敬瑭、知远，其先皆沙陀人。敬瑭，李嗣源之婿也。

刘鄩围张万进于兖州经年，城中危窘，晋王方与梁人战河上，力不能救。万进遣亲将刘处让乞师于晋，晋王未之许，处让于军门截耳曰："苟不得请，生不如死！"晋王义之，将为出兵，会鄩已屠兖州，族万进，乃止。以处让为行台左骁卫将军。处让，沧州人也。

【译文】贞明五年（己卯，公元 919 年）冬季，十月，吴国派杨濛出任楚州团练使。

晋王李存勖到魏州，征调几万名民工，扩建德胜北城，每天和梁军进行争夺战，大大小小打了一百多仗，双方各有胜负。左射军使石敬瑭和梁朝部队在黄河边大战，梁兵攻击石敬瑭，把他战马的披甲砍断，横冲兵马使刘知远把自己所乘的马让给他，自己乘坐断甲的马在后头慢走殿后；梁国部队怀疑有埋伏，不敢追击，两个人得以脱身，因此石敬瑭更加宠爱刘知远。石敬瑭、刘知远的先人都是沙陀人。石敬瑭是李嗣源的女婿。

刘鄩在兖州包围张万进已经一年多，城中危急困窘，晋王李存勖正和梁朝军队在黄河旁作战，没有力量救援他。张万进派遣亲信将领刘处让来向晋王请求援兵，晋王没有答应，刘处让在军门把自己的耳朵割下来，说："如果请不到救兵，活着还不如死了算了！"晋王李存勖很钦佩他的义气，准备出兵救援，刚好刘鄩已经把兖州屠城，把张万进全族都杀灭，才作罢。晋王李存勖任命刘处让为行台左骁卫将军。刘处让是沧州人。

十一月，吴武宁节度使张崇寇安州。

丁丑，以刘鄩为泰宁节度使、同平章事。

辛卯，王瓒引兵至戚城，与李嗣源战，不利。

梁筑垒贮粮于潘张，距杨村五十里，十二月，晋王自将骑兵自河南岸西上，邀其饷者，俘获而还；梁人伏兵于要路，晋兵大败。晋王以数骑走，梁数百骑围之，李绍荣识其旗，单骑奋击救之，仅免。戊戌，晋王复与王瓒战于河南，瓒先胜，获晋将石君立等；既而大败，乘小舟渡河，走保北城，失亡万计。帝闻石君立勇，欲将之，系于狱而厚饷之，使人诱之。君立曰："我晋之败将，而为用于梁，虽竭诚效死，谁则信之！人各有君，何忍反为仇雠用哉！"帝犹惜之，尽杀所获晋将，独置君立。晋王乘胜遂拔濮阳。帝召王瓒还，以天平节度使戴思远代为北面招讨使，屯河上以拒晋人。

【译文】十一月，吴国武宁节度使张崇入侵安州。

丁丑日（十三日），后梁末帝朱友贞任命刘鄩为泰宁节度使、同平章事。

辛卯日（二十七日），王瓒率领部队到达戚城，和李嗣源作战，没有取得胜利。

后梁军在潘张修筑营垒，储蓄粮食，潘张离杨村五十里。十二月，晋王李存勖亲自率领骑兵从黄河南岸往西，截击梁军运送粮饷的部队，并俘虏他们，正要回去，梁军在回程的要道上埋伏，晋国军队大败。晋王率领几名骑兵逃走，被梁军的几百名骑兵团团围住，李绍荣认出晋王的旗帜，单枪匹马奋勇前往救驾，晋王李存勖才勉强脱身。戊戌日（初五日），晋王又和王瓒在黄河南岸交战，王瓒先取得胜利，俘获晋将石君立等。不久大败，王瓒乘着小船渡河，退守杨村北城，损失的兵马数以万计。梁末帝朱友贞听说石君立非常勇敢，想用他为将领，于是把他关在监牢里，优厚馈赠他，派人去游说他归降，石君立说："我是晋国的败军之将，如果被梁人任用，就算是尽忠报效，又有谁能相信我呢？而且人各有君主，我又怎肯反被仇敌所用呢?"梁末帝还是很爱惜他,把俘虏的晋国将领通通杀掉,唯独留下石君立。晋王乘胜进击,攻下濮阳。后梁末帝把王瓒召回,任命天平节度使戴思远代理北面招讨使,驻扎在黄河抵御晋军。

己酉,蜀雄武节度使兼中书令王宗朗有罪,削夺官爵,复其姓名曰全师朗,命武定节度使兼中书令桑弘志讨之。

吴禁民私畜兵器,盗贼益繁。御史台主簿京兆卢枢上言:"今四方分争,宜教民战。且善人畏法禁而奸民弄干戈,是欲偃武而反招盗也。宜团结民兵,使之习战,自卫乡里。"从之。

【译文】己酉日(十六日),蜀国雄武节度使兼中书令王宗朗犯罪,被削去官职,恢复原姓名全师朗,命令武定节度使兼中书令桑弘志讨伐他。

吴国禁止百姓私藏武器,盗贼却越来越多。御史台主簿京兆人卢枢向吴王杨隆演建议说:"现在四方纷争,应该教导百姓作战。尤其是让善良的人畏惧法律不敢藏有兵器,奸险之人却玩刀弄棒,这是想要消除争战,却反而招来盗贼呀!应该团结民间兵力,让他们平时熟悉战事,有变乱的时候,也好各自保卫乡里。"吴王杨隆演听从了卢枢的意见。

贞明六年(庚辰,公元九二〇年)春,正月,戊辰,蜀桑弘志克金州,执全师朗,献于成都,蜀主释之。

吴张崇攻安州,不克而还。崇在庐州,贪暴不法。庐江民讼县令受赇,徐知诰遣侍御史知杂事杨廷式往按之,欲以威崇,廷式曰:"杂端推事,其体至重,职业不可不行。"知诰曰:"何如?"廷式曰:"械系张崇,使吏如升州,簿责都统。"知诰曰:"所按者县令耳，何至于是！"廷式曰："县令微官，张崇使之取民财转献都统耳，岂可舍大而诘小乎！"知诰谢之曰："固知小事不足相烦。"以是益重之。廷式，泉州人也。

【译文】贞明六年（庚辰，公元 920 年）春季，正月，戊辰日（初五日），蜀国桑弘志攻克金州，活捉全师朗，把他呈献到成都，蜀主又把他释放。

吴将张崇进攻安州，没有攻下，率兵返回。张崇在庐州，贪暴不法。庐江百姓控告他们的县令收受贿赂，徐知诰于是派遣侍御史知杂事杨廷式前往调查，准备以此警告张崇。杨廷式说："杂端（侍御史知杂事叫杂端）查处案件，权责重大，这件事非好好地究办不可。"徐知诰问道："你要怎么办才好？"杨廷式说："把张崇戴上刑具押起来，派官员到升州，也好责问一下都统。"徐知诰说："所要调查的只是县令而已，哪需要闹得这么大？"杨廷式说："县令只是个小官，实际的情形是张崇命令他榨取民间的钱财，然后再转献给都统，我们怎能只拍苍蝇而不敢打老虎呢？"徐知诰辞谢他说："我本来就认为这种小事不必麻烦你。"徐知诰因此更加器重杨廷式。杨廷式是泉州人。

晋王自得魏州，以李建及为魏博内外牙都将，将银枪效节都。建及为人忠壮，所得赏赐，悉分士卒，与同甘苦，故能得其死力，所向立功；同列疾之。宦者韦令图监建及军，谮于晋王曰："建及以私财骤施，此其志不小，不可使将牙兵。"王疑之。建及知之，自恃无它，行之自若。三月，王罢建及军职，以为代州刺史。

汉杨洞潜请立学校，开贡举，设铨选；汉主岩从之。

夏，四月，乙亥，以尚书右丞李琪为中书侍郎、同平章事。琪，珽之弟也，性疏俊，挟赵岩、张汉杰之势，颇通贿赂。萧顷与琪同为相，顷谨密而阴伺琪短。久之，有以摄官求仕者，琪辄改摄为守，顷奏之。帝大怒，欲流琪远方，赵、张左右之，止罢为太子少保。

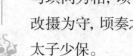

【译文】自从晋王得到魏州后，任命李建及为魏博内外牙都将，统率禁卫军银枪效节都。李建及为人忠诚豪壮，得到的赏赐，通通分给手下的士卒，能和他们同甘共苦，所以能得到士卒的拼死效力，每次都能立功，但也遭到同僚们嫉妒。宦者韦令图任李建及部的监军，他在晋王李存勖面前谗毁李建及说："李建及把个人的财物拼命施舍给部下，这个人的野心不小，恐怕不能让他统领牙兵。"晋王因此就对李建及产生怀疑；李建及知道后，照样我行我素。三月，晋王李存勖免去李建及的军职，任命他为代州刺史。

汉国的杨洞潜奏请设立学校，开科取士，设立铨叙选拔的制度；汉主刘岩听从他的建议。

夏季，四月，乙亥日（疑误），后梁末帝朱友贞任命尚书左丞李琪为中书侍郎、同平章事。李琪，是李珽的弟弟，生性潇洒随便，仗恃赵岩、张汉杰的势力，到处收受贿赂。萧顷和李琪同时担任宰相，萧顷为人恭敬谨慎，暗地里察探李琪的短处。过了一段时间，有代理官职的人向李琪要求正式派任，李琪收了贿赂后就把代理改为正式派任。萧顷把这件事上奏给梁末帝。梁末帝十分生气，想把李琪流放到远方，经赵岩、张汉杰的帮助，才未流放，降为太子少保。

河中节度使冀王友谦以兵袭取同州，逐忠武节度使程全晖，全晖奔大梁。友谦以其子令德为忠武留后，表求节钺，帝怒，不许。既而惧友谦怨望，己酉，以友谦兼忠武节度使。制下，友谦

110

已求节钺于晋王，晋王以墨制除令德忠武节度使。

吴宣王重厚恭恪，徐温父子专政，王未尝有不平之意形于言色，温以是安之。及建国称制，尤非所乐，多沉饮鲜食，遂成寝疾。

【译文】河中节度使冀王朱友谦率兵袭取同州，赶走忠武节度使程全晖，程全晖逃回大梁。朱友谦让他的儿子朱令德担任忠武留后，并上表请求梁末帝朱友贞正式的任命，梁末帝发怒，不肯答应。又恐怕朱友谦怒恨，己酉日（十七日），任命朱友谦兼任忠武节度使。后梁末帝的命令下达时，朱友谦已向晋王请求符节和斧钺，归降晋王，于是晋王李存勖直接发出亲笔手令任命朱令德为忠武节度使。

吴宣王杨隆演性情厚道恭敬，徐温父子把持国政，未曾有不平的意思表现在言行举止上，徐温因此对他很放心。后来徐温主张建国称制，不是杨隆演所乐意的，他经常喝酒，很少吃饭，慢慢就卧病在床。

五月，温自金陵入朝，议当为嗣者。或希温意言曰："蜀先主谓武侯：'嗣子不才，君宜自取。'"温正色曰："吾果有意取之，当在诛张颢之初，岂至今日邪！使杨氏无男，有女亦当立之。敢妄言者斩！"乃以王命迎丹杨公溥监国，徙溥兄濛为舒州团练使。

己丑，宣王殂。六月，戊申，溥即吴王位。尊母王氏曰太妃。

丁巳，蜀以司徒兼门下侍郎、同平章事周庠同平章事，充永平节度使。

帝以泰宁节度使刘鄩为河东道招讨使，帅感化节度使尹皓、静胜节度使温昭图、庄宅使段凝攻同州。

【译文】五月，徐温从金陵入京朝见，参与商议谁可以为嗣君。有人迎合徐温的心思说:"蜀先主刘备对诸葛武侯说:'嗣子如果不成才的话,先生可以取而代之。'"徐温很严肃地说:"我如果有意取天下的话,在杀张颢的时候就做了,哪还要等到今天?就算杨氏没有儿子,如果有女儿也应该立她继位。今后再有敢胡言乱语的人一定处斩。"于是以宣王杨隆演之命迎接丹杨公杨溥回来代行处理政事,调任杨溥的哥哥杨濛任舒州团练使。

己丑日(二十八日),宣王杨隆演过世。六月,戊申日(十八日),杨溥即位为吴王,尊奉他的母亲王氏为太妃。

丁巳日(二十七日),蜀国任命司徒兼门下侍郎、同平章事周庠同平章事,并充任永平节度使。

后梁末帝朱友贞任命泰宁节度刘鄩为河东道招讨使,率领感化节度使尹皓、静胜节度使温昭图、庄宅使段凝等进攻同州。

闰月,庚申朔,蜀主作高祖原庙于万里桥,帅后妃、百官用褒味作鼓吹祭之。华阳尉张士乔上疏谏,以为非礼,蜀主怒,欲诛之,太后以为不可,乃削官流黎州,士乔感愤,赴水死。

刘鄩等围同州,朱友谦求救于晋。秋,七月,晋王遣李存审、李嗣昭、李建及、慈州刺史李存质将兵救之。

乙卯,蜀主下诏北巡,以礼部尚书兼成都尹长安韩昭为文思殿大学士,位在翰林承旨上。昭无文学,以便佞得幸,出入宫禁,就蜀主乞通、渠、巴、集数州刺史卖之以营居第,蜀主许之。识者知蜀之将亡。

八月,戊辰,蜀主发成都,被金甲,冠珠帽,执弓矢而行,旌旗兵甲,亘百馀里。雒令段融上言:"不宜远离都邑,当委大臣征讨。"不从。九月,次安远城。

【译文】闰月,庚申朔日(初一日),蜀主王衍在万里桥建高祖原庙(已立太庙又再立的庙叫原庙),率领后妃、百官用平日食用的美味并演奏音乐祭祀。华阳尉张士乔上表劝谏,认为不合于礼,蜀主很生气,要杀他,太后认为不能杀,于是免了他的官职,把他流放到黎州。张士乔感到愤怒,跳水自杀。

刘鄩等围攻同州,朱友谦向晋国求救;秋季,七月,晋王李存勖派遣李存审、李嗣昭、李建及和慈州刺史李存质等率兵前往救援。

乙卯日(二十六日),前蜀主王衍颁发诏书,准备到北边巡视。任命礼部尚书兼成都尹长安人韩昭为文思殿大学士,地位在翰林承旨之上。韩昭不学无术,因为会逢迎拍马而得到蜀主宠信,能随时出入宫禁,他向蜀主王衍请求拿通州、渠州、巴州、集州这几州刺史的官职卖钱,用来建造房子,蜀主答应他。有识之士都意识到蜀国快要灭亡。

八月,戊辰日(初十日),蜀主从成都出发,他身披金甲,头戴珠帽,手拿弓箭而行,部队的旌旗人马,连绵有一百多里。雒县县令段融启奏说:"大王实在不适宜远离京城,应该委派大臣前去征讨。"蜀主王衍不听他的。九月,军队驻扎在安远城。

李存审等至河中,即日济河。梁人素轻河中兵,每战必穷追不置。存审选精甲二百,杂河中兵,直压刘鄩垒,鄩出千骑逐之;知晋人已至,大惊,自是不敢轻出。晋人军于朝邑。

河中事梁久,将士皆持两端。诸军大集,刍粟踊贵,友谦诸子说友谦且归款于梁,以退其师,友谦曰:"昔晋王亲赴吾急,秉烛夜战。今方与梁相拒,又命将星行,分我资粮,岂可负邪!"

晋人分兵攻华州,坏其外城。李存审等按兵累旬,乃进逼刘鄩营,鄩等悉众出战,大败,收馀众退保罗文寨。又旬馀,存审谓李嗣昭曰:"兽穷则搏,不如开其走路,然后击之。"乃遣人牧马于沙苑。鄩等宵遁,追击至渭水,又破之,杀获甚众,存审等移檄告谕关右,引兵略地至下邽,谒唐帝陵,哭之而还。

【译文】李存审等人到达河中,当天就渡过黄河。梁军一向轻视河中的军队,每次交战都穷追不舍。李存审挑选两百名精锐士兵,混杂在河中的部队中,直逼刘鄩的营垒;刘鄩派出一千名骑兵追击他们,发现晋国的部队已经到了,大吃一惊,从此,刘鄩不敢轻易出动。晋军驻扎在朝邑。

河中归顺梁朝很久,将士们对归顺梁还是晋摇摆不定。诸路兵马会集后,粮草价格飞升,朱友谦的儿子们劝他暂时向梁朝归顺,好让梁军退走,朱友谦说:"过去和康怀贞作战时,晋王亲自来救援我们,甚至挑灯夜战。现在正和梁军相持,晋王又命令将帅披星戴月赶来援救,还给我们物资粮食,我们怎么能辜负他呢?"

晋军分兵去攻打华州,破坏华州的外城。李存审等按兵不动几十天以后,才出兵进逼刘鄩的营垒,刘鄩率众倾巢而出,大败,收拾剩余的部众退守罗文寨。又过了十几天,李存审对李嗣昭说:"野兽被逼急走投无路时会反过来和人拼命,不如放开一条路让他们逃走,再从后面追击他们。"于是派人在沙苑牧马。等刘鄩乘着黑夜逃去,晋军追击到渭水,又把他打败,斩杀虏获很多人。李存审等人张贴檄文,告示关右,同时率兵攻占很多地方,一直到下邽,谒拜唐帝的陵墓,在陵前痛哭一番后返回。

【乾隆御批】以私姻移谕,迁延贻误军计,正当明正显戮耳。密令行鸩,何为哉?昔"子舆氏引庾公之斯"之事,虽为取友者旁引曲证之端，已非正道。后世不知谋国者，辄沿袭之，以为公私交尽，何尝失之千里！

【译文】因为私人姻亲的原因，在讨伐之前先写了一封信陈说利害关系，因而延误了军计大事，就应当公开惩处，把他在明显的地方处死。密令用毒酒杀死他，是为了什么呢？当初"子舆氏引庾公之斯"的事，虽然成为选择朋友的人曲证旁引的一面，却已经不是正道。后世不懂为国家利益谋划的人，就沿袭这一说法，认为已经把公、私关系都处理得很好，这何止差之千里啊！

河中兵进攻崇州，静胜节度使温昭图甚惧。帝使供奉官窦维说之曰："公所有者华原、美原两县耳，虽名节度使，实一镇将，比之雄藩，岂可同日语也，公有意欲之乎？"昭图曰："然。"维曰："当为公图之。"即教昭图表求移镇，帝以汝州防御使华温琪权知静胜留后。

冬，十月，辛酉，蜀主如武定军，数日，复还安远。

【译文】河中兵进攻崇州，静胜节度使温昭图很害怕。梁末帝朱友贞的使者供奉官窦维游说他说："您所管辖的只不过华原、美原两个县，名义上是节度使，其实是一名镇将，比起人家大藩镇，哪能同日而语？您是否有意换个大藩镇呢？"温昭图说："是这样的！"窦维说："我来替您想个办法。"让温昭图上书请求换个地方；后梁末帝于是让汝州防御使华温琪暂为静胜留后。

冬季，十月，辛酉日（初三日），蜀主王衍前往武定军，几天后，又回到安远。

十一月，戊子朔，蜀主以兼侍中王宗俦为山南节度使、西北面都招讨、行营安抚使，天雄节度使、同平章事王宗昱、永宁军使王宗晏、左神勇军使王宗信为三招讨以副之，将兵伐岐，出故关，壁于咸宜，入良原。丁酉，王宗俦攻陇州，岐王自将万五千人屯汧阳。癸卯，蜀将陈彦威出散关，败岐兵于箭筈岭，蜀兵食尽，引还。宗昱屯秦州，宗俦屯上邽，宗晏、宗信屯威武城。庚戌，蜀主发安远城。十二月，庚申，至利州，阆州团练使林思谔来朝，请幸所治，从之。癸亥，泛江而下，龙舟画舸，辉映江渚，州县供办，民始愁怨。壬申，至阆州，州民何康女色美，将嫁，蜀主取之，赐其夫家帛百匹，夫一恸而卒。癸未，至梓州。

【译文】十一月，戊子朔日（初一日），蜀主王建任命兼侍中王宗俦为山南节度使、西北面都招讨、行营安抚使，任命天雄节度使、同平章事王宗昱，永宁军使王宗晏，左神勇军使王宗信为三名招讨作为副职，辅助王宗俦领兵伐岐。军队出故关，在咸宜建筑壁垒屯驻，又进入良原。丁酉日（初十日），王宗俦进攻陇州，岐王亲自率领一万五千人屯驻汧阳。癸卯日（十六日），蜀将陈彦威出散关，在箭筈岭击败岐国部队，蜀兵的粮食吃完，就撤退回去。王宗昱屯驻秦州，王宗俦屯驻上邽，王宗晏、王宗信屯驻威武城。庚戌日（二十三日），前蜀主王衍自安远城出发，十二月，庚申日（初三日），到达利州，阆州团练使林思谔前来朝见，请求临幸他的治所，蜀主答应了。癸亥日（初六日），蜀主乘船顺嘉陵江而下，龙舟彩船金碧辉煌，嘉陵江两岸交相辉映，所经州县操办供给劳民伤财，百姓愁苦抱怨。壬申日（十五日），蜀主到达阆州，州民何康的女儿非常漂亮，正要出嫁，蜀主把她强娶过来，赐给她夫家一百匹帛，她的丈夫悲恸过世。癸未日（二十六日），前蜀主王衍到梓州。

赵王镕自恃累世镇成德，得赵人心，生长富贵，雍容自逸，治府第园沼，极一时之盛，多事嬉游，不亲政事，事皆仰成于僚佐，深居府第，权移左右，行军司马李蔼、宦者李弘规用事于中外，宦者石希蒙尤以谄谀得幸。

初，刘仁恭使牙将张文礼从其子守文镇沧州，守文诣幽州省其父，文礼于后据城作乱，沧人讨之，奔镇州。文礼好夸诞，自言知兵，越王镕奇之，养以为子，更名德明，悉以军事委之。德明将行营兵从晋王，镕欲寄以腹心，使都指挥使符习代还，以为防城使。

【译文】赵王王镕依仗世代镇守成德，深得赵地人心，生长在富贵的环境中，仪态从容安逸，建造府第园池，极尽一时盛况，每天只知道到处游玩，不亲自处理政事，大小事情都依靠属僚们完成，深居在自己的府第，大权都移到左右臣子手中。行军司马李蔼、宦官李弘规在朝廷内外专权，宦官石希蒙尤其靠阿谀奉承得到赵王王镕的宠爱。

起初，刘仁恭派牙将张文礼随他的儿子刘守文镇守沧州，刘守文到幽州探望父亲刘仁恭时，张文礼在后头占据城池作乱，沧州的部队讨伐他，张文礼于是逃奔到镇州。张文礼好吹牛皮，自称通晓军事，赵王王镕很重视他，把他收为养子，改名为王德明，把军事都交给他掌理。王德明率领行营部队随从晋王李存勖征战，王镕想要用他为心腹，于是派都指挥使符习替代王德明，让他回来，任防城使。

镕晚年好事佛及求仙，专讲佛经，受符箓，广斋醮，合炼仙丹，盛饰馆宇于西山，每往游之，登山临水，数月方归，将佐士卒陪从者常不下万人，往来供顿，军民皆苦之。是月，自西山还，宿鹊营庄，石希蒙劝王复之它所。李弘规言于王曰："晋王夹河血战，栉风沐雨，亲冒矢石，而王专以供军之资奉不急之费，且时方艰难，人心难测，王久虚府第，远出游从，万一有奸人为变，闭关相距，将若之何？”王将归，希蒙密言于王曰：“弘规妄生猜间，出不逊语以劫胁王，专欲夸大于外，长威福耳。”王遂留，信宿无归志。弘规乃教内牙都将苏汉衡帅亲军，擐甲拔刃，诣帐前白王曰：“士卒暴露已久，愿从王归！”弘规因进言曰：“石希蒙劝王游从不已，且闻欲阴谋为逆，请诛之以谢众。”王不听，牙兵遂大噪，斩希蒙首，诉于前。王怒且惧，亟归府。是夕，遣其长子副大使昭祚与王德明将兵围弘规及李霭之第，族诛之，连坐者数十家。又杀苏汉衡，收其党与，穷治反状，亲军大恐。

【译文】王镕晚年信佛，喜欢求仙，专门讲习佛经，又学习道家符箓，广设斋醮向仙道祈祷，冶炼金丹。在西山建了一栋华丽的房子，常去游玩。每次出去游山玩水，往往几个月才回来，将士们随从的常常有上万人，来往供应吃的、用的，耗费巨大，军士和百姓都觉得吃不消。这个月，赵王王镕从西山回来，住宿在鹊营庄，石希蒙劝赵王再到别处去玩，李弘规对赵王说：“晋王正在黄河两岸和梁军血战，栉风沐雨，迎着箭石身先士卒，而大王您却把供应军需的物资挪用于不紧急的花费上面；眼下正处在艰难困苦时期，人心难测，王老是让府第空虚着而率领随从远游，万一有奸人乘机作乱，关起城门，拒绝您回去，那要怎么办？”赵王准备回去，石希蒙又偷偷和赵王说：“李弘规乱造离间人心的谣言，又说出不恭敬的话来胁迫大王，这是准备向外人夸耀来增加自己的威望。”赵王于是留了下来，住了两三天还不想回去。李弘规教内牙都将苏汉衡率领亲军，披上盔甲，拔出兵刃，到军帐前对赵王说：“士卒们离家在外风吹日晒已经很久，都想跟大王一起回去！”李弘规随即走上前来对赵王王镕建议说:"石希蒙老劝您不停出游,我听说他背地里要阴谋叛变,我们请求杀了他安抚大众。"赵王不听他的,牙兵于是起哄大闹,砍下石希蒙的脑袋,往前向赵王请求,赵王王镕又怒又怕,立刻赶回王府。当晚,派他的长子副大使王昭祚和王德明率兵包围李弘规及李蔼的家,把他们全族都诛杀,被牵连治罪的有十几家。又将苏汉衡杀掉,拘捕他的党羽,彻底追究他们反叛的情况,赵王的亲信部队感到十分惊恐。

吴金陵城成,隐彦谦上费用册籍,徐温曰:"吾既任公,不复会计!"悉焚之。

初,闽王审知承制加其从子泉州刺史延彬领平卢节度使。延彬治泉州十七年,吏民安之。会得白鹿及紫芝,僧浩源以为王者之符,延彬由是骄纵,密遣使浮海入贡,求为泉州节度使。事觉,审知诛浩源及其党,黜延彬归私第。

汉主岩遣使通好于蜀。

吴越王镠遣使为其子传瑛求婚于楚,楚王殷许之。

【译文】吴国的金陵城建成,陈彦谦呈上开销账册,徐温说:"我委任你办这件事,哪还须核计你的开销?"于是把账册通通烧了。

当初闽王王审知承照制书让他的侄儿泉州刺史王延彬兼任平卢节度使。王延彬治理泉州十七年,军民都能安居乐业。恰好王延彬得到了白鹿和紫芝,僧人浩源认为这是王者的符瑞,从此王延彬就骄傲放纵,秘密派遣使者从海路到梁朝入贡,请求封他为泉州节度使。事情败露后,王审知诛灭浩源及其同党,罢免了王延彬的官爵,打发他回家。

汉主刘岩派遣使者到蜀国,表示愿意彼此和好交往。

吴越王钱镠派遣使者到楚国为他的儿子钱传璙求婚，楚王马殷答应他的请求。

龙德元年（辛巳，公元九二一年）春，正月，甲午，蜀主还成都。

初，蜀主之为太子，高祖为聘兵部尚书高知言女为妃，无宠，及韦妃入宫，尤见疏薄，至是遣还家，知言惊仆，不食而卒。韦妃者，徐耕之孙也，有姝色，蜀主适徐氏，见而悦之，太后因纳于后宫，蜀主不欲娶于母族，托云韦昭度之孙。初为健伃，累加元妃。蜀主常列锦步障，击球其中，往往远适而外人不知，爇诸香，昼夜不绝。久而厌之，更爇皂荚以乱其气。结缯为山，及宫殿楼观于其上，或为风雨所败，则更以新者易之。或乐饮缯山，涉旬不下。山前穿渠通禁中，或乘船夜归，令宫女秉蜡炬千馀居前船，却立照之，水面如昼。或酣饫禁中，鼓吹沸腾，以至达旦。以是为常。

【译文】龙德元年（辛巳，公元 921 年，是年五月始改年号为龙德）春季，正月，甲午日（初七日），前蜀主王衍回到了成都。

起初，前蜀主王衍为太子时，高祖王建为他聘娶兵部尚书高知言的女儿为妃，太子妃不受宠信；后来韦妃入宫，蜀主对她更是疏远，这时候太子妃被遣送回娘家，高知言吓得病倒，从此吃不下东西，后来就病死。韦妃是徐耕的孙女，特别漂亮，蜀主到徐家去的时候，见到她而觉得喜爱，太后于是就把她纳进后宫，蜀主不愿意被批评说是娶了母亲家族的亲人，就假称她是韦昭度的孙女。开始任她为婕妤，后来逐渐升为正妃。前蜀主经常挂起锦缎围成屏障，在里面击球，往往到较远的地方而屏障外的人不知道。又喜欢日夜焚烧各种香料，时间久了觉得厌倦，又另外焚烧皂荚来冲淡原有的香气。用缯帛结成山形, 在山上结出宫殿楼阁等的形状, 缯帛如果被风吹雨打损坏, 就用新的换上。

有时在缯山上饮酒作乐, 一住十来天都不想下来。在缯山前面又挖了一条水渠直通宫中, 有时候在晚上乘船回去时, 命令宫女们在前面船上拿着千余支蜡烛, 面向后站立照着, 水面上光明得有如白昼。有时在宫禁里面畅饮, 乐声喧腾, 一直闹到天亮。这些情况经常发生。

甲辰, 徙静胜节度使温昭图为匡国节度使, 镇许昌。昭图素事赵岩, 故得名藩。

蜀主、吴主屡以书劝晋王称帝, 晋王以书示僚佐曰: "昔王太师亦尝遗先王书, 劝以唐室已亡, 宜自帝一方。先王语余云: '昔天子幸石门, 吾发兵诛贼臣, 当是之时, 威振天下, 吾若挟天子据关中, 自作九锡禅文, 谁能禁我! 顾吾家世忠孝, 立功帝室, 誓死不为耳。汝它日当务以复唐社稷为心, 慎勿效此曹所为!' 言犹在耳, 此议非所敢闻也。" 因泣。既而将佐及藩镇劝进不已, 乃令有司市玉造法物。黄巢之破长安也, 魏州僧传真之师得传国宝, 藏之四十年, 至是, 传真以为常玉, 将鬻之, 或识之, 曰: "传国宝也。" 传真乃诣行台献之, 将佐皆奉觞称贺。

【译文】 甲辰日(十七日), 后梁把静胜节度使温昭图改派为匡国节度使, 镇守许昌。温昭图一向事奉赵岩, 所以能得到有名的藩镇。

前蜀主、吴主曾多次写信劝晋王李存勖称帝, 晋王把这些书信让他的僚属们看, 并说: "过去王建王太师也曾经给先王写信, 劝说唐室灭亡, 大家应该各据一方称帝。先王对我说: '过去天子临幸石门, 我出兵讨伐贼臣, 那时, 声威振天下, 我如果挟持天子占据关中，自己起草赐封九锡和禅让的诏书，又有哪个人能阻止得了我？只是我们家世世代代忠孝，只知道为皇室效劳立功，篡逆的事情绝不能做，以后你也应当以努力恢复唐朝社稷为志向，千万不能学这些家伙的作为！'这话就好像还在耳边一样，所以他们这个说法我是想都不敢想。"晋王说完就哭了。不久，晋王的左右将佐以及藩镇官吏们不断劝他称帝，于是他让有关部门购买玉石制作传国宝物。黄巢攻破长安的时候，魏州僧人传真的师父得到传国宝物，收藏了四十年，这时候，传真以为传国宝物是普通的玉石，准备把它卖掉，有人认出这块玉，说："这是传国宝物啊！"传真于是带到行台献给晋王，晋王李存勖的左右将佐们都举杯祝贺。

张承业在晋阳闻之，诣魏州谏曰："吾王世世忠于唐室，救其患难，所以老奴三十馀年为王捃拾财赋，召补兵马，誓灭逆贼，复本朝宗社耳。今河北甫定，朱氏尚存，而王遽即大位，殊非从来征伐之意，天下其谁不解体乎！王何不先灭朱氏，复列圣之深仇，然后求唐后而立之，南取吴，西取蜀，汛扫宇内，合为一家，当是之时，虽使高宜、太宗复生，谁敢居王上者？让之愈久则得之愈坚矣。老奴之志无它，但以受先王大恩，欲为王立万年之基耳。"王曰："此非余所愿，奈群下意何。"承业知不可止，恸哭曰："诸侯血战，本为唐家，今王自取之，误老奴矣！"即归晋阳邑，成疾，不复起。

【译文】张承业在晋阳听说这件事，到魏州劝晋王李存勖说："我们先王世世代代都效忠唐朝，为国家的患难奔波，老奴三十多年来替大王筹措整理财税，征调补给兵马，是为了消灭叛逆的贼人，好恢复本朝的社稷啊！现在河北才刚刚平定，朱氏逆贼还存在，大王就要登上大位，这绝不是我们一向出兵征伐的本意，天下拥护我们的人不就一下子要解散了吗？大王何不先灭掉朱氏，报了历代圣王的深仇，然后寻到唐王室的后人拥立为帝，向南夺取吴国，向西夺取蜀国，横扫天下，合为一家，到那个时候，就算是高祖、太宗再活过来，又有谁敢居于比您高的地位？推让得越久，将来得到的也能保持得更稳固。老奴我没有别的意思，只是因为我曾经受过先王的大恩大德，想为大王建立万年不朽的基业而已。"晋王李存勖说："这本来也不是我要的，但是群臣们的意思我没办法拒绝啊！"张承业知道这事阻止不了，悲恸地哭着说："天下诸侯奋力血战，本来也都是为了恢复唐朝，现在大王自己攫取战果，这是误了老奴啊！"随即返回晋阳，忧劳成疾，再也没能起来。

二月，吴改元顺义。

赵王既杀李弘规、李蔼，委政于其子昭祚。昭祚性骄愎，既得大权，向时附弘规者皆族之。弘规部兵五百人欲逃，聚泣偶语，未知所之。会诸军有给赐，赵王仇亲军之杀石希蒙，独不时与，众益惧。王德明素蓄异志，因其惧而激之曰："王命我尽坑尔曹。吾念尔曹无罪并命，欲从王命则不忍，不然又获罪于王，奈何？"众皆感泣。是夕，亲军有宿于潭城西门者，相与饮酒而谋之。酒酣，其中骁健者曰："吾曹识王太保意，今夕富贵决矣！"即逾城入。赵王方焚香受箓，二人断其首而出，因焚府第。军校张友顺帅众诣德明第，请为留后，德明复姓名曰张文礼，尽灭王氏之族，独置昭祚之妻普宁公主以自托于梁。

【译文】二月，吴改年号为顺义。

赵王王镕杀掉李弘规、李蔼后，让他的儿子王昭祚掌管政权。王昭祚性情骄傲刚愎，掌握大权后，把凡是过去依附李弘规的人都杀灭全族。李弘规统率的五百士卒想要逃走，他们聚集在一处哭着商量，却不晓得该逃到哪里去。刚好各部都得到赏赐，赵王气恼亲军杀石希蒙，单独不发给他们赏赐，大家更感到害怕。王德明心里一向有谋叛的意思，于是就乘着他们害怕的时候用话激他们说："赵王命令我把你们这些人全部坑杀。我觉得你们没有罪却被杀死，想服从赵王的命令又不忍心杀你们，不杀你们我又得罪了赵王，我该怎么办呢？"大家都感动地哭出来。这天晚上，赵王亲军中有人住在潭城西门，他们在一起喝酒，相与谋划。酒喝到半醉，有个比较骁勇壮健的人说："我们都了解王太保（指王德明）的意思，将来的富贵，就决定在今天晚上！"说完他们就翻过城墙进到城内。这时赵王王镕正在府内烧香接受符箓，两个人进去砍下他的脑袋退了出来，放火烧了王府。军校张友顺率领众人到王德明家中，请求他担任留后，王德明就恢复原来的姓名张文礼，并且把王氏全族都杀灭，只留下王昭祚的妻子普宁公主，以此来托身后梁。

三月，吴人归吴越王镠从弟龙武统军镒于钱唐，镠亦归吴将李涛于广陵。徐温以涛为右雄武统军，镠以镒为镇海节度副使。

张文礼遣使告乱于晋王，且奉笺劝进，因求节钺。晋王方置酒作乐，闻之，投杯悲泣，欲讨之。僚佐以为文礼罪诚大，然吾方与梁争，不可更立敌于肘腋，宜且从其请以安之。王不得已，夏，四月，遣节度判官卢质承制授文礼成德留后。

陈州刺史惠王友能反，举兵趣大梁，诏陕州留后霍彦威、宣义节度使王彦章、控鹤指挥使张汉杰将兵讨之。友能至陈留，

资治通鉴

兵败，走还陈州，诸军围之。

【译文】三月，吴国把吴越王钱镠的堂弟龙武统军钱镒送回钱塘，钱镠也把吴国将领李涛送回广陵。徐温任命李涛为右雄武统军，钱镠任命钱镒为镇海节度副使。

张文礼派遣使者告诉晋王李存勖赵州已乱，奉表劝晋王登基，请求晋王授予他符节和斧钺。晋王正摆下酒宴畅饮作乐，一听到这消息，投下酒杯，悲哀得哭出来，准备出兵讨伐张文礼。左右属僚们都认为张文礼虽然犯了大罪，但是晋国正和梁朝对抗，不能再在自己的侧后方树立敌人，应该暂且依从他的请求好生安抚他。晋王不得已，夏季，四月，派节度判官卢质秉承旧制授张文礼为成德留后。

陈州刺史惠王朱友能造反，率军直逼大梁，梁末帝朱友贞下诏陕州留后霍彦威、宣义节度使王彦章、控鹤指挥使张汉杰等率兵前往讨伐。朱友能进军到陈留，部队被打败，逃回陈州，各路军队包围陈州。

五月，丙戌朔，改元。

初，刘鄩与朱友谦为婚。鄩之受诏讨友谦也，至陕州，先遣使移书，谕以祸福；待之月馀，友谦不从，然后进兵。尹皓、段凝素忌鄩，因谮之于帝曰："鄩逗遛养寇，俾俟援兵。"帝信之。鄩既败归，以疾请解兵柄，诏听于西都就医，密令留守张宗奭鸩之，丁亥，卒。

六月，乙卯朔，日有食之。

秋，七月，惠王友能降。庚子，诏赦其死，降封房陵侯。

【译文】五月，丙戌朔日（初一日），梁末帝朱友贞改年号为龙德。

起初，刘鄩与朱友谦有姻亲关系。刘鄩奉诏讨伐朱友谦时，部队到达陕州，先派遣使者带信给朱友谦，向他劝说利害关系；等了一个多月，朱友谦不听他的，刘鄩才率兵进攻。尹皓和段凝一向妒忌刘鄩，乘机向梁末帝朱友贞毁谤说："刘鄩逗留不进攻，这是给贼人喘息的机会，让他们能等到援军到达。"梁末帝相信他们的谗言。刘鄩被打败回来，以生病的理由请求解除兵权，梁末帝下诏准他到西都洛阳医治，秘密让洛阳留守张宗奭用毒酒害他，丁亥日（初二日），刘鄩去世。

六月，乙卯朔日（初一日），发生日食。

秋季，七月，惠王朱友能投降。庚子日（十七日），后梁末帝朱友贞下诏免去他的死罪，降他为房陵侯。

晋王既许藩镇之请，求唐旧臣，欲以备百官。朱友谦遣前礼部尚书苏循诣行台，循至魏州，入牙城，望府廨即拜，谓之拜殿。见王呼万岁舞蹈，泣而称臣。翌日，又献大笔三十枚，谓之"画日笔"。王大喜，即命循以本官为河东节度副使，张承业深恶之。

张文礼虽受晋命，内不自安，复遣间使因卢文进求援于契丹；又遣间使来告曰："王氏为乱兵所屠，公主无恙。臣已北召契丹，乞朝廷发精甲万人相助，自德、棣渡河，则晋人遁逃不暇矣。"帝疑未决。敬翔曰："陛下不乘此衅以复河北，则晋人不可复破矣。宜徇其请，不可失也。"赵、张辈皆曰："今强寇近在河上，尽吾兵力以拒之，犹惧不支，何暇分万人以救张文礼乎！且文礼坐持两端，欲以自固，于我何利焉！"帝乃止。

【译文】晋王李存勖答应各藩镇要他登基的请求，开始访求唐朝旧臣，以便充当朝廷百官。朱友谦派遣前礼部尚书苏循到晋王的行台，苏循到魏州，一进入牙城，看到行台官府就弯腰拜起来，说这是拜殿。看到晋王后又高呼万岁，行"舞蹈"之礼，激动得甚至掉下眼泪，自称臣。第二天，苏循又献上三十支大笔，自称是皇帝批诏书用的"画日笔"。晋王李存勖十分高兴，马上恢复苏循的官职，任命他为河东节度副使。

张承业特别反感苏循。张文礼虽然接受晋国任命，但是心里还是觉得不安稳，又派遣密使借着卢文进的关系向契丹求援；另外也派遣使者告诉梁朝说："王氏已经被乱兵杀了，普宁公主倒是安然无恙。现在臣已向北方召唤契丹，请求朝廷再派一万名精锐部队相助，从德州、棣州渡河，那么晋国人要逃都来不及了。"梁末帝朱友贞犹疑不能决定。敬翔说："陛下如果不乘这个机会收复黄河以北，那么晋人很难再被攻破。应当顺从他们的请求，机不可失啊！"赵岩、张汉杰这一班人却都说："现在强敌就迫近在黄河上，调动我们全部的军力来抵御，都还怕抵挡不住，哪还有闲暇分出一万军士去救张文礼呢？况且张文礼根本就是心怀贰志，想要靠此来巩固他的势力，对我们又有什么好处呢？"于是后梁末帝停止对张文礼的援救。

晋人屡于塞上及河津获文礼蜡丸绢书，晋王皆遣使归之，文礼惭惧。文礼忌赵故将，多所诛灭。符习将赵兵万人从晋王在德胜，文礼请召归，以它将代之，且以习子蒙为都督府参军，遣人赍钱帛劳行营将士以悦之。

习见晋王，泣涕请留，晋王曰："吾与赵王同盟讨贼，义犹骨肉，不意一旦祸生肘腋，吾诚痛之。汝苟不忘旧君，能为之复仇乎？吾以兵粮助汝。"习与部将三十馀人举身投地恸哭曰："故使授习等剑，使之攘除寇敌。自闻变故以来，冤愤无诉，欲引剑自刭，顾无益于死者，今大王念故使辅佐之勤，许之复冤，习等不敢烦霸府之兵，愿以所部径前搏取凶竖，以报王氏累世之恩，死不恨矣！"

【译文】晋人曾多次在边境和黄河渡口边抓获张文礼送给契丹和后梁国用蜡丸密封、用白绢书写的书信，晋王李存勖每次都派使者给张文礼送回去，张文礼感到惭愧惧怕。张文礼猜忌刻赵国的旧将，借故就把他们诛灭。符习率领一万赵国军士在德胜跟随晋王作战，张文礼请求把他召唤回去，改派其他将领代替他，又任命符习的儿子符蒙为都督府参军，还派人带着钱财布帛到行营慰劳将士取悦符习。

符习求见晋王李存勖，痛哭流泪请求让他留下来，晋王对他说："我和赵王曾经订立同盟要共同讨伐逆贼，我们的情义像骨肉手足一般，万没想到赵王身边出现祸端，我心里感到十分哀痛。你如果不忘旧君，能够替他报仇吗？我愿意资助你兵马粮饷。"符习和部将三十多人匍匐在地上哀恸地哭着说："故使（指王镕）授给我等每人一把剑，教我们要去驱逐敌寇，我们听到发生变故后，满腔的冤气愤怒无处投诉，想要举剑自刎，又想到这样对已死的人也没有什么益处。现在大王念在故使以前辅佐的辛勤，允许我们报仇，我们不敢劳烦军府的兵马，我们愿意率领部下前去捉拿凶手，来报答王氏对我们世世代代的恩情，即使死去也没什么悔恨的。"

八月，庚申，晋王以习为成德留后，又命天平节度使阎宝、相州刺史史建瑭将兵助之，自邢洺而北。文礼先病腹疽；甲子，晋兵拔赵州，刺史王铤降，晋王复以为刺史，文礼闻之，惊惧而卒。其子处瑾秘不发丧，与其党韩正时谋悉力拒晋。九月，晋兵渡滹沱，围镇州，决漕渠以灌之，获其深州刺史张友顺。壬辰，史建瑭中流矢卒。

【译文】八月，庚申日（初七日），晋王李存勖任命符习为成德节度留后，又命令天平节度使阎宝、相州刺史史建瑭率军帮助他，自邢州、洺州向北进发。张文礼肚子长疽病倒；甲子日（十一日），晋兵攻下赵州，刺史王铤投降，晋王李存勖又任命他为刺史，张文礼听到这个消息，又惊又怕，就过世了。他的儿子张处瑾隐瞒不发布死讯，和他的党羽韩正时计划倾全力抵御晋军。九月，晋军渡过滹沱河，围攻镇州，决开漕渠的水灌城，俘获深州刺史张友顺。壬辰日（初十日），史建瑭被流箭击中身亡。

晋王欲自分兵攻镇州，北面招讨使戴思远闻之，谋悉杨村之众袭德胜北城，晋王得梁降者，知之，冬，十月，己未，晋王命李嗣源伏兵于戚城，李存审屯德胜，先以骑兵诱之，伪示羸怯。梁兵竞进，晋王严中军以待之；梁兵至，晋王以铁骑三千奋击，梁兵大败，思远走趣杨村，士卒为晋兵所杀伤及自相蹈藉、坠河陷冰，失亡二万馀人。晋王以李嗣源为蕃汉内外马步副总管、同平章事。

【译文】晋王李存勖打算分出一部分兵力攻打镇州，后梁北面招讨使戴思远听说后，谋划用杨村的人马袭击德胜北城。晋王抓到投降的后梁兵后才知道这件事。冬季，十月，己未日（初七日），晋王李存勖命令李嗣源把军队埋伏在戚城，叫李存审屯驻在德胜，先派出骑兵引诱梁军，假装部队很弱又很胆怯。于是梁军争先恐后地进击，晋王率领中军在后头严阵以待；梁兵到达的时候，晋王李存勖派三千精锐铁骑奋力反击，梁军大败，戴思远逃回杨村，士卒被晋军杀伤以及自相践踏掉进河水、陷入冰中，损失两万多人。晋王李存勖任命李嗣源为蕃汉内外马步副总管、同平章事。

初，义武节度使兼中书令王处直未有子，妖人李应之得小儿刘云郎于陉邑，以遗处直曰："是儿有贵相。"使养为子，名之曰都。及壮，便佞多诈，处直爱之，置新军，使典之。处直有孽子郁，无宠，奔晋，晋王克用以女妻之，累迁至新州团练使。馀子皆幼；处直以都为节度副大使，欲以为嗣。

及晋王存勖讨张文礼，处直以平日镇、定相为唇齿，恐镇亡而定孤，固谏，以为方御梁寇，且宜赦文礼。晋王答以文礼弑君，义不可赦；又潜引梁兵，恐于易定亦不利。处直患之，以新州地邻契丹，乃潜遣人语郁，使赂契丹，召令犯塞，务以解镇州之围；其将佐多谏，不听。郁素疾都冒继其宗，乃邀处直求为嗣，处直许之。

【译文】起初，义武节度使兼中书令王处直没有儿子，妖人李应之在陉邑得到叫刘云郎的男孩，就把他送给了王处直，说："这个小孩有富贵相。"让王处直收为义子，取名叫王都。王都长大后，巧辩使诈，王处直很喜爱他，特别设置新军，让他掌管。王处直有个庶出的儿子王郁，得不到宠爱，就投奔晋国，晋王李克用把女儿嫁给他，他几次升迁，做到新州团练使。王处直的其他儿子都还幼少；后来王处直任命王都为节度副大使，准备把他立为继承人。

晋王李存勖讨伐张文礼的时候，王处直认为镇州、定州唇齿相依，怕镇州被灭亡后，定州就孤立无援，于是极力向晋王进谏，认为现在正在和梁朝对抗，应该暂且赦免张文礼的罪。晋王回答他说张文礼杀国君，照理绝对不能赦免；王处直又想暗中勾引梁军，但又怕对易州、定州不利。王处直觉得担忧，想到新州靠近契丹，就秘密派人去告诉王郁，要他们贿赂契丹，教契丹人入侵边境，好解救镇州之围；王处直的部将们都劝他不能这么做，王处直就是不听。王郁一向恨王都冒充继承他的本宗，就以此来请求王处直把自己立为继承人，王处直答应他的请求。

军府之人皆不欲召契丹，都亦虑郁夺其处，乃阴与书吏和昭训谋劫处直。会处直与张文礼使者宴于城东，暮归，都以新军数百伏于府第，大噪劫之，曰："将士不欲以城召契丹，请令公归西第。"乃并其妻妾幽之西第，尽杀处直子孙在中山及将佐之为处直腹心者。都自为留后，具以状白晋王。晋王因以都代处直。

【译文】军府的人们都不愿招致契丹人入侵，王都也忧虑王郁夺取他的地位，就偷偷地与书吏和昭训阴谋劫持王处直。刚好有一天王处直在城东设宴款待张文礼的使臣，傍晚回来的时候，王都率领几百名新军埋伏在王府中，起哄大吵大闹，劫持王处直，对他说："将士们都不愿意把契丹人召来，请令公您暂且住到西边的房。"于是把王处直的妻妾都一并幽禁在王府西边的房舍，又把王处直在中山的子孙以及平日引为心腹的部将通通杀了。王都自立为留后，又上书向晋王报告详情；晋王就让王都代替王处直的职位。

【乾隆御批】义武之事，论者多归罪处直，谓其召契丹而党逆贼，诚不为刻。然王都以处直养子，素为宠爱，一旦背恩反噬，囚其养父而殄其宗支，与文礼罪恶相去无几。存勖既仗义讨贼，不诛王都以谢镇人，转因而代其节使，岂足语于赏罚之正哉？

【译文】义武之事，讨论大多者都把罪过归于王处直，说他召来契丹并与逆贼联合，这样的人确实不该肯定。但是王都作为王处直的养子，一向被王处直疼爱，一旦背弃恩情就反过来恩将仇报，囚禁自己的养父并杀害宗族，这一罪恶与张文礼相差无几。李存勖既然仗义讨贼，却不诛杀王都来向镇州百姓谢罪，反而让王都代替王处直成为节度使，这怎么能说是赏罚分明呢？

吴徐温劝吴王祀南郊，或曰："礼乐未备且唐祀南郊，其费巨万，今未能办也。"温曰："安有王者而不事天乎! 吾闻事天贵诚，多费何为! 唐每郊祀，启南门，灌其枢用脂百斛。此乃季世奢泰之弊，又安足法乎!"甲子，吴王祀南郊，配以太祖。乙丑，大赦；加徐知诰同平章事，领江州观察使。寻以江州为奉化军，以知诰领节度使。徐温闻寿州团练使崔太初苛察失民心，欲征之，徐知诰曰："寿州边隅大镇，征之恐为变，不若使其入朝，因留之。"温怒曰："一崔太初不能制，如他人何!"征为右雄武大将军。

【译文】吴国徐温劝说吴王去南郊祭祀，有人说："国家新成立，礼乐还没有完备，过去唐朝祭祀上天的时候，开销有巨万之大，现在我们恐怕没有能力办到。"徐温说："哪有王者不事奉上天的! 我听说事奉上天，贵在诚心诚意，又何必要多花费呢? 唐朝每次在南郊祭祀上天，开启南门的时候，门枢上都要灌一百斛的油脂，这是末世过于奢侈骄泰的流弊，又哪值得效法呢?"甲子日(十二日)，吴王到京城南郊祭祀上天，以太祖配享。乙丑日(十三日)，实行大赦；加封徐知诰同平章事，兼领江州观察使。不久以后又改江州为奉化军，让徐知诰兼任节度使。徐温听说寿州团练使崔太初因苛刻烦琐失掉民心，想要征调他，徐知诰说："寿州是边疆大镇，征调他恐怕会发生变乱，不如教他入京朝见，把他留下来。"徐温很生气地说："一个崔太初都没办法节制，又能拿别人怎么办?"于是调他为右雄武大将军。

十一月，晋王使李存审、李嗣源守德胜，自将兵攻镇州。张处瑾遣其弟处琪、幕僚齐俭谢罪请服，晋王不许，尽锐攻之，旬日不克。处瑾使韩正时将千骑突围出，趣定州，欲求救于王处直。晋兵追至行唐，斩之。

契丹主既许卢文进出兵，王郁又说之曰："镇州美女如云，金帛如山，天皇王速往，则皆己物也，不然，为晋王所有矣。"契丹主以为然，悉发所有之众而南。述律后谏曰："吾有西楼羊马之富，其乐不可胜穷也，何必劳师远山以乘危徼利乎! 吾闻晋王用兵，天下莫敌，脱有危败，悔之何及!"契丹主不听，十二月，辛未，攻幽州，李绍宏婴城自守。契丹长驱而南，围涿州，旬日拔之，擒刺史李嗣弼。进攻定州，王都告急于晋，晋王自镇州将亲军五千救之，遣神武都指挥使王思同将兵戍狼山之南以拒之。

【译文】十一月，晋王派李存审、李嗣源驻守德胜，亲自率兵进攻镇州。张处瑾派遣他的弟弟张处琪和幕僚齐俭向晋王认罪请求归降，晋王不答应，倾全力进攻，十天还没攻下。张处瑾派韩正时率领千名骑兵突围而出，赶往定州，打算向王处直请求援救。晋军一直追到行唐，把韩正时俘获斩杀。

契丹主已经允许卢文进出兵援救张文礼，王郁又劝他说："镇州美女如云，金银布帛堆积如山，天皇王要赶紧前去，这些东西就都是你的，要不然，就要通通归晋王所有。"契丹主耶律阿保机觉得很有道理，就征调所有的部众南侵。述律皇后劝他说："我们拥有盛产羊马的富饶西楼，这里也算是其乐无穷，何必要劳师远征乘人之危占取便宜呢? 我听说过晋王用兵，天下无敌，我们如果有什么危险失败，后悔也来不及了!"契丹主耶律阿保机不听她的劝告。十二月，辛未日（二十日），契丹主率军进攻幽州，李绍宏据城防守。契丹军队长驱南下，围攻涿州，十天就攻下，活捉了刺史李嗣弼。然后进攻定州，王都向晋王告急，晋王从镇州率领五千亲军前往援救，并派遣神武都指挥使王思同率兵驻扎狼山以南抵御契丹人。

高季昌遣都指挥使倪可福以卒万人修江陵外郭，季昌行视，责功程之慢，杖之。季昌女为可福子知进妇，季昌谓其女曰："归语汝舅：吾欲威众办事耳。"以白金数百两遗之。

是岁，汉以尚书左丞倪曙同平章事。

辰、溆蛮侵楚，楚宁远节度副使姚彦章讨平之。

【译文】后梁高季昌派都指挥使倪可福带领一万多士卒修筑江陵外城，高季昌前去巡视，责备他进度太慢，就打了他一顿棍子。高季昌的女儿是倪可福儿子倪知进的媳妇，高季昌对他的女儿说："回去告诉你公公，我只是想树立威严，教众人都认真办事而已。"并将数百两银子送他。

这一年，汉国任命尚书左丞倪曙同平章事。

辰州、溆州的蛮族入侵楚国，楚宁远节度副使姚彦章率军击败他们。

龙德二年（壬午，公元九二二年）春，正月，壬午朔，王都省王处直于西第，处直奋拳殴其胸，曰："逆贼，我何负于汝！"既无兵刃，将噬其鼻，都掣袂获免。未几，处直忧愤而卒。

【译文】龙德二年（壬午，公元922年）春季，正月，壬午朔日（初一日），王都到西边房舍去看望王处直，王处直挥拳殴打他的胸部，说："逆贼！我哪一点对不起你！"四处没有兵刃，王处直就要咬王都的鼻子，王都把袖子都拉断，才得脱身。没过多久，王处直忧愤而死。

甲午，晋王至新城南，候骑白契丹前锋宿新乐，涉沙河而南；将士皆失色，士卒有亡去者，主将斩之不能止。诸将皆曰："虏倾国而来，吾众寡不敌；又闻梁寇内侵，宜且还师魏州以救根本，或请释镇州之围，西入井陉避之。"晋王犹豫未决，中门使郭崇韬曰："契丹为王郁所诱，本利货财而来，非能救镇州之急难也。王新破梁兵，威振夷、夏，契丹闻王至，心沮气索，苟挫其前锋，遁走必矣。"李嗣昭自潞州至，亦曰："今强敌在前，吾有进无退，不可轻动以摇人心。"晋王曰："帝王之兴，自有天命，契丹其如我何！吾以数万之众平定山东，今遇此小虏而避之，何面目以临四海！"乃自帅铁骑五千先进。至新城北，半出桑林，契丹万馀骑见之，惊走。晋王分军为二逐之，行数十里，获契丹主之子。时沙河桥狭冰薄，契丹陷溺死者甚众。是夕，晋王宿新乐。契丹主车帐在定州城下，败兵至，契丹举众退保望都。

【译文】甲午日（十三日），晋王李存勖到达新城南面，侦察的骑兵回来说契丹军的前锋驻扎在新乐，准备过沙河向南进军。晋国将士们听了都大惊失色，开始有士兵逃亡，主将把他们抓回后处斩，但还是没有办法阻止逃亡的发生。将领们都说："敌人出动全部兵力前来进犯，我们恐怕寡不敌众；听说梁军也入侵，我们最好把军队调回魏州解决最根本的问题，或者撤掉对镇州的包围，率军向西进入井陉来回避一下。"晋王李存勖听了犹豫不能决定。郭崇韬说："契丹人是被王郁引诱，本来是要夺取财货而来，并不是真能解救镇州危难。大王最近才大败梁军，声威震动夷、夏各国，契丹人一听到大王来了，一定心惊气丧，如果再能打败他们前锋的话，他们一定就会逃回去。"李嗣昭从潞州到达，也说："现在强敌在前，我们只能前进，不能后退，不能轻易动摇人心。"晋王李存勖于是说："帝王的兴起，自有天命，契丹还能拿我怎么样？我们率领数万人平定山东（指现在的河北一带，因为在太行山以东，所以叫山东），现在碰上这些小贼却要躲避他，将来还有什么脸威临四海？"于是亲自率领五千名精锐铁骑带头进发。到了新城北面，一半军队刚走出桑林，契丹一万多名骑兵看到他们，都吓得逃走。晋王李存勖于是兵分两路，分头追击，追了几十里，俘获契丹主耶律阿保机的儿子。当时沙河上桥很狭窄，河上结的冰又很薄，契丹士卒跌到水中溺死的很多。当晚，晋王停驻在新乐。契丹主随军带的车帐扎在定州城下，败兵到来，契丹军全部退到望都坚守。晋王李存勖来到定州，王都到马前迎接，请求把自己的爱女嫁给晋王的儿子李继岌。

晋王至定州，王都迎谒于马前，宴于府第，请以爱女妻王子继岌。

戊戌，晋王引兵趣望都，契丹逆战，晋王以亲军千骑先进，遇奚酋秃馁五千骑，为其所围。晋王力战，出入数四，自午至申不解。李嗣昭闻之，引三百骑横击之，虏退，王乃得出。因纵兵奋击，契丹大败，逐北至易州。会大雪弥旬，平地数尺，契丹人马无食，死者相属于道。契丹主举手指天，谓卢文进曰："天未令我至此。"乃北归。晋王引兵蹑之，随其行止，见其野宿之所，布藁于地，回环方正，皆如编剪，虽去，无一枝乱者，叹曰："虏用法严乃能如是，中国所不及也。"晋王至幽州，使二百骑蹑契丹之后，曰："虏出境即还。"骑恃勇追击之，悉为所擒，惟两骑自它道走免。

【译文】戊戌日（十七日），晋王李存勖率兵进逼望都，契丹兵迎战，晋王率领一千名亲军打前锋，碰上奚族酋长秃馁率领的五千名骑兵，被秃馁的军队包围，晋王奋力作战，出入敌阵好几次，从午时一直打到申时仍打得难分难解。李嗣昭听到晋王被围，赶紧率领三百名骑兵从侧面攻击敌军，敌人退走，晋王才得以冲出重围。晋军发动全面攻势，奋力进击，契丹兵大败，晋军一直追击到易州。碰巧下了近十天的大雪，地上积了好几尺雪，契丹人马都得不到粮草，沿路死了好多人。契丹主耶律阿保机举起手指着天，对卢文进说："老天没有让我到这里来。"于是就往北撤退回去。晋王李存勖率军从后追击，到契丹兵停留过的地方，观察他们宿营的场所，看到铺在地上的稻草，摆设得圆是圆，方是方，好像都经过编结剪裁一样，虽然已撤离，却连一根杂乱的都没有，晋王叹气说："胡虏执法竟然能这么严格，这是中原军队赶不上的。"晋王到达幽州，派遣两百名骑兵在契丹部队的后方追踪，交代他们说："敌人离开国境后就可以回来了。"骑兵仗恃着勇敢就往前追击，结果被契丹人全部抓获，只有两个骑兵从别的路上逃跑才得以逃脱。

契丹主责王郁，縶之以归，自是不听其谋。

晋代州刺史李嗣肱将兵定妫、儒、武等州，授山北都团练使。

晋王之北攻镇州也，李存审谓李嗣源曰："梁人闻我在南兵少，不攻德胜，必袭魏州。吾二人聚于此何为！不若分军备之。"遂分军屯澶州。戴思远果悉杨村之众趣魏州，嗣源引兵先之，军于狄公祠下，遣人告魏州，使为之备。思远至魏店，嗣源遣其将石万全将骑兵挑战。思远知有备，乃西渡洹水，拔成安，大掠而还。又将兵五万攻德胜北城，重堑复垒，断其出入，昼夜急攻之，李存审悉力拒守。晋王闻德胜势危，二月，自幽州赴之，五日至魏州。思远闻之，烧营遁还杨村。

【译文】契丹主耶律阿保机怪罪王郁，把他绑起来带回去，从此再也不听他的意见。

晋国代州刺史李嗣肱率兵平定妫州、儒州、武州等地，晋王任命他为山北都团练使。

晋王北攻镇州时，李存审对李嗣源说："梁国人听到我们在南方兵力减少，却还不进攻德胜，这一定是准备偷袭魏州。我们两人都聚在这里干什么？不如分出部队来防备他们。"于是就分出一部分兵力屯驻澶州。戴思远果然出动杨村全部的梁军直奔魏州，李嗣源率兵赶在梁军的前面，驻扎在狄公祠，又派人向魏州告警，让他们有所防备。戴思远的部队到达魏店，李嗣源就派遣他的部将石万全率领骑兵向梁军挑战。戴思远知道晋军在魏州已经有防备，于是往西渡过洹水，攻下成安，大肆劫掠一番撤退回去。又率领五万部队进攻德胜北城，设置好几道的壕沟、营垒，彻底截断城内外的联络，日夜发动猛攻，李存审倾全力防守。晋王李存勖听说德胜的形势危急，二月，从幽州出发，五天到达魏州。戴思远听说晋王率军将要到来，就烧毁军营逃回杨村。

蜀主好为微行，酒肆、倡家靡所不到，恶人识之，乃下令士民皆著大裁帽。

晋天平节度使兼侍中阎宝筑垒以围镇州，决滹沱水环之。内外断绝，城中食尽。丙午，遣五百馀人出求食。宝纵其出，欲伏兵取之；其人遂攻长围，宝轻之，不为备，俄数千人继至。诸军未集，镇人遂坏长围而出，纵火攻宝营，宝不能拒，退保赵州。镇人悉毁晋之营垒，取其刍粟，数日不尽。晋王闻之，以昭义节度使兼中书令李嗣昭为北面招讨使，以代宝。

【译文】蜀主王衍喜欢微服出游，酒家、妓院无处不到；后来他怕人们，就下令让士民们都戴大帽子。

晋国天平节度使兼侍中阁宝修筑墙垒把镇州包围起来，又决开滹沱河水淹镇州城，内外往来都被断绝，城中粮食被吃光，丙午日（二月无此日），城中派出五百多人到城外找食物。阁宝故意让他们出来，埋伏下兵马俘虏他们；但是这些人出来后就开始进攻围城营垒，阁宝轻视他们，没有加以防备，不大一会儿城中又有数千人相继拥过来。晋军各路人马还没会集，镇州部队于是破坏围城的营垒冲了出来，放火攻击阁宝的军营，阁宝抵挡不住，只好退守赵州。镇州部队就把晋军营垒全部毁掉，接收晋军留下来的粮草，搬了好几天都没有搬完。晋王听说此事，调昭义节度使兼中书令李嗣昭为北面招讨使，代替阁宝。

夏，四月，蜀军使王承纲女将嫁，蜀主取之入宫。承纲请之，蜀主怒，流于茂州。女闻父得罪，自杀。

甲戌，张处瑾遣兵千人迎粮于九门，李嗣昭设伏于故营，邀击之，杀获殆尽，馀五人匿于墙墟间，嗣昭环马而射之，镇兵发矢中其脑，嗣昭箙中矢尽，拔矢于脑以射之，一发而殪。会日暮，还营，创流血不止。是夕卒。晋王闻之，不御酒肉者累日。嗣昭遗命：悉以泽、潞兵授节度判官任圜，使督诸军攻镇州，号令如一，镇人不知嗣昭之死。圜，三原人也。

【译文】夏季，四月，蜀国的军使王承纲的女儿正要出嫁，蜀主就把她纳进宫里，王承纲向蜀主要人，蜀主王衍大发脾气，把他流放到茂州。王承纲的女儿听说父亲被治罪，自杀了。

甲戌日（二十四日），张处瑾派出一千多名士卒到九门外迎接夺取的晋军粮食，李嗣昭在旧营设下伏兵，阻击迎粮士卒，差不多把梁军全都杀掉或捕获。只剩下五个人躲在城墙角落，李嗣昭骑着马绕着他们，用箭射杀，镇州的士兵一箭射过来，刚好射中嗣昭的脑袋，李嗣昭箭囊中的箭用完，他拔出头上所中的箭，一箭就把对方射死。刚好天色晚了，李嗣昭回到营中，伤口流血不止，当晚就过世。晋王李存勖听说这件事，好几天都吃不下酒肉。李嗣昭遗命：把泽州、潞州的所有兵马通通交给判官任圜指挥，让他继续督导各路兵马进攻镇州。任圜发布命令和以前完全一样，镇州人不知道李嗣昭被射死。任圜是三原人。

晋王以天雄马步都指挥使、振武节度使李存进为北面招讨使。命嗣昭诸子护丧归葬晋阳；其子继能不受命，帅父牙兵数千，自行营拥丧归潞州。晋王遣母弟存渥驰骑追谕之，兄弟俱忿，欲杀存渥，存渥逃归。嗣昭七子、继俦、继韬、继达、继忠、继能、继袭、继远。继俦为泽州刺史，当袭爵，素懦弱。继韬凶狡，囚继俦于别室，诈令士卒劫己为留后，继韬阳让，以事白晋王。晋王以用兵方殷，不得已，改昭义军曰安义，以继韬为留后。

阎宝惭愤，疽发于背，甲戌卒。

【译文】晋王李存勖任命天雄马步都指挥、振武节度使李存进为北面招讨使。又命令李嗣昭的儿子们护送灵柩归葬晋阳；李嗣昭的儿子李继能不接受命令，率领父亲的牙兵几千人，从行营保护灵柩要回潞州。晋王李存勖派遣他的同母弟弟李存渥赶快骑马追上去劝说他们，李继能的兄弟们都感到气愤，想杀了李存渥，李存渥得知后急忙逃了回去。李嗣昭有七个儿子：李继俦、李继韬、李继达、李继忠、李继能、李继袭、李继远。其中李继俦担任泽州刺史，应当继承爵位，但他个性一向懦弱。李继韬则生性凶悍狡猾，把李继俦囚禁在别屋，然后假装士卒们强迫拥护他为留后，李继韬表面上假装推辞，又把这事情向晋王李存勖报告。晋王因为频频用兵，在不得已的情况下，改昭义军为安义军，任命李继韬为留后。

阎宝兵败后又被免职，很羞愤，背上又长了个疽，在甲戌日（二十四日）过世。

汉主岩用术者言，游梅口镇避灾。其地近闽之西鄙，闽将王延美将兵袭之，未至数十里，侦者告之，岩遁逃仅免。

五月，乙酉，晋李存进至镇州，营于东垣渡，夹滹沱水为垒。

晋卫州刺史李存儒，本姓杨，名婆儿，以俳优得幸于晋王。颇有膂力，晋王赐姓名，以为刺史；专事掊敛，防城卒皆征月课纵归。八月，庄宅使段凝与步军都指挥使张朗引兵夜渡河袭之，诘旦登城，执存儒，遂克卫州。戴思远又与凝攻陷淇门、共城、新乡，于是澶州之西，相州之南，皆为梁有；晋人失军储三之一，梁军复振。帝以张朗为卫州刺史。朗，徐州人也。

【译文】汉主刘岩相信术士的话，到梅口镇游玩以躲避灾祸。当地接近闽国的西方边境，闽国将领王延美率领军队偷袭他，走到离刘岩还有几十里的地方时，侦察的人告诉刘岩，刘岩赶紧逃跑，才免遭袭击。

五月，乙酉日（初六日），晋国李存进到达镇州，在东垣渡扎营，并在滹沱河两岸建造营垒。

晋国卫州刺史李存儒，本姓杨，名叫婆儿，因为会演戏而得到晋王宠爱。这个人力气相当大，晋王赐给他姓名，又派他担任刺史；他却专门敛财，守城士卒只要交月课钱，他都放他们回家。八月，梁朝庄宅使段凝和步军都指挥使张朗率兵乘着黑夜渡过黄河偷袭他，天亮的时候攻进城中，活捉李存儒，攻下卫州。戴思远又和段凝攻下淇门、共城、新乡，这时，澶州以西、相州以南的地区都归后梁所有。晋军失去三分之一的军用储备，后梁军又振作起来。后梁末帝朱友贞任命张朗为卫州刺史。张朗是徐州人。

九月，戊寅朔，张处瑾使其弟处球乘李存进无备，将兵七千人奄至东垣渡。时晋之骑兵亦向镇州城下，两不相遇。镇兵及存进营门，存进狼狈引十馀人斗于桥上，镇兵退，晋骑兵断其后，夹击之，镇兵殆尽，存进亦战没。晋王以蕃汉马步总管李存审为北面招讨使。镇州食竭力尽，处瑾遣使诣行台请降，未报，存审兵至城下。丙午夜，城中将李再丰为内应，密投絙以纳晋兵，比明毕登，执处瑾兄弟家人及其党高濛、李翥、齐俭送行台，赵人皆请而食之，磔张文礼尸于市。赵王故侍者得赵王遗骸于灰烬中，晋王命祭而葬之。以赵将符习为成德节度使，乌震为赵州刺史，赵仁贞为深州刺史，李再丰为冀州刺史。震，信都人也。

【译文】九月，戊寅朔日（初一日），张处瑾派他的弟弟张处球乘李存进没有准备，率领七千士兵迅速扑向东垣渡。当时晋军的骑兵也正在向镇州城进发，双方人马在路上都没有碰面。镇州部队攻到李存进的营门，李存进仓促之间率领十几人在桥上抵抗，镇州人马往后撤退，晋国骑兵正好截断他们的退路，前后夹击，镇州部队几乎全军覆没，李存进也战死。晋王任命蕃汉马步总管李存审为北面招讨使。镇州城内食尽力竭，张处瑾派出使者到行台请求投降，还没有得到回报，李存审的部队已兵临城下。丙午日（二十九日）的晚上，城内的领李再丰当内应，偷偷放下绳索让晋军攀上城头。天亮时，晋军已经全部攻进城里，活捉张处瑾的兄弟和家人，以及他们的党羽高濛、李翥、齐俭等人，押送到行台，赵国的人们都强烈要求杀了吃他们的肉，又把张文礼的尸体在街市上车裂示众。赵王过去的侍者在灰烬中找到赵王的遗骸，晋王李存勖命令用隆重祭礼好好安葬赵王。晋王李存勖任命赵国将领符习为成德节度使，乌震为赵州刺史，赵仁贞为深州刺史，李再丰为冀州刺史。乌震是信都人。

符习不敢当成德，辞曰："故使无后而未葬，习当斩衰以葬之，俟礼毕听命。"既葬，即诣行台。赵人请晋王兼领成德节度使，从之。晋王割相、卫二州置义宁军，以习为节度使。习辞曰："魏博霸府，不可分也，愿得河南一镇，习自取之。"乃以为天平节度使、东南面招讨使。加李存审兼侍中。

十一月，戊寅，晋特进、河东监军使张承业卒，曹太夫人诣其第，为之行服，如子侄之礼。晋王闻其丧，不食者累日。命河东留守判官何瓒代知河东军府事。

十二月，晋王以魏博观察判官晋阳张宪兼镇冀观察判官，权镇州军府事。

【译文】符习不敢接受成德节度使，他辞让说："故使赵王没有留下后代，又没安葬，符习应当服斩衰重服来安葬他，等事情办妥再听候大王的差遣。"把赵王安葬后，他马上就到行台。赵国人都请求晋王李存勖兼领成德节度使，晋王答应了。于是晋王划出相州、卫州两地设置了义宁军，任命符习为节度使。符习又推辞说："魏博是个霸府，不可以分割，我只希望能封我河南梁国的一个镇，我再自己去把它攻下。"于是晋王李存勖任命他为天平节度使、东南面招讨使。加任李存审兼侍中。

十一月，戊寅日（初二日），晋特进、河东监军使张承业去世，曹太夫人到张承业的府第为他服丧，和他的儿子、侄儿们服的丧礼一样。晋王李存勖听到张承业的死讯，好几天都吃不下饭。于是命令河东留守判官何瓒代理河东军府的事务。

十二月，晋王任命魏博观察判官晋阳人张宪兼任镇冀观察判官，并且暂时代理镇州军府的事务。

魏州税多逋负，晋王以让司录济阴赵季良，季良曰："殿下何时当平河南？"王怒曰："汝职在督税，职之不修，何敢预我军事！"季良对曰："殿下方谋攻取而不爱百姓，一旦百姓离心，恐河北亦非殿下之有，况河南乎！"王悦，谢之。自是重之，每预谋议。

是岁，契丹改元天赞。

大封王躬乂，性残忍，海军统帅王建杀之，自立，复称高丽王，以开州为东京，平壤为西京。建俭约宽厚，国人安之。

【译文】魏州赋税拖欠得很多，晋王李存勖因此责怪司录济阴人赵季良，赵季良说："殿下什么时候能够平定河南的梁人？"晋王大发脾气说："你的职务就是监督收税，自己的本分都做不好，还敢管我军事方面的事情？"赵季良回答说："殿下正在计划平定天下，却不爱护自己的百姓，一旦百姓有叛离的心意，恐怕殿下连河北都不能保有，何况是河南呢？"晋王听后很高兴，向他道歉。从此，晋王对赵季良很重视，每次商量大事都让他参与谋划。

这一年，契丹改年号为天赞。

朝鲜大封王躬乂，性情残忍，海军统帅王建把他杀了，自立为王，重新称高丽王，定开州为东京，平壤为西京。王建生活节俭，对人宽厚，国内人民生活安定。

资治通鉴卷第二百七十二　后唐纪一

昭阳协洽，一年。

【译文】起止癸未(公元 923 年)，共一年。

【题解】本卷记录了公元 923 年一年的史事，为后唐庄宗李存勖同光元年。晋王李存勖与梁末帝朱友贞大战数年，仍不分胜败。梁末帝听信谗言，任用宦官监军，妨碍良将用兵，导致梁军屡战屡败。晋王刚愎，谋略不当，先后发生张文礼、李继韬叛乱。九二三年二月，晋王在魏州即位，国号大唐。李嗣源用计夺取郓州，梁将王彦章在危机时刻出奇兵打败晋军，围困杨刘，形势发生逆转。生死存亡之际，梁末帝罢免王彦章起用庸才段凝，王彦章军败，唐军进军大梁，梁末帝自杀，后唐代后梁。后梁全境归服唐庄宗李存勖。楚王马殷、荆南高季昌相继归附。庄宗宠信伶官，宠爱刘夫人，游猎宴赏，拒谏敛财，吴、荆南离心。蜀主王衍荒淫，听到后梁灭亡，祈福求神，不思危。

庄宗光圣神闵孝皇帝上

同光元年(癸未，公元九二三年)春，二月，晋王下教置百官，于四镇判官中选前朝士族，欲以为相。河东节度判官卢质为之首，质固辞，请以义武节度判官豆卢革、河东观察判官卢程为之；王即召革、程拜行台左、右丞相，以质为礼部尚书。

梁主遣兵部侍郎崔协等册命吴越王镠为吴越国王。丁卯，镠始建国, 仪卫名称多如天子之制, 谓所居曰宫殿, 府署曰朝廷, 教令下统内曰制敕, 将吏皆称臣, 惟不改元, 表疏称吴越国而不言军。以清海节度使兼侍中传瓘为镇海、镇东留后, 总军府事。置百官, 有丞相、侍郎、郎中、员外郎、客省等使。

【译文】同光元年(癸未, 公元 923 年, 是年四月即位始改年号为同光)春季, 二月, 晋王李存勖下令设置百官, 在河东、魏博、易定、镇冀四镇判官选拔前朝士族, 任命为宰相。河东节度判官卢质的条件、资格最合适, 卢质却坚决推辞, 请求任命义武节度判官豆卢革和河东观察判官卢程; 晋王李存勖于是即刻征豆召革、卢程二人, 拜为行台左、右丞相, 任命卢质为礼部尚书。

后梁末帝朱友贞派遣兵部侍郎崔协等, 任命吴越王钱镠为吴越国王。丁卯日(二十二日), 钱镠建国, 仪仗侍卫的名称比照天子的制度, 称住的地方为宫殿, 府署为朝廷, 给部属的命令为制敕, 将领、官吏们对他都要自称臣, 只是不更改年号, 向梁朝上表的时候只自称吴越国而不称镇海、镇东军。任命清海节度使兼侍中钱传瓘为镇海、镇东留后, 总理军府事务。设置百官, 有丞相、侍郎、郎中、员外部、客省等使。

李继韬虽受晋王命为安义留后, 终不自安, 幕僚魏琢、牙将申蒙复从而间之曰: "晋朝无人, 终为梁所并耳。" 会晋王置百官, 三月, 召监军张居翰、节度判官任圜赴魏州, 琢、蒙复说继韬曰: "王急召二人, 情可知矣。" 继韬弟继远亦劝继韬自托于梁, 继韬乃使继远诣大梁, 请以泽潞为梁臣。梁主大喜, 更命安义军曰匡义, 以继韬为节度使、同平章事。继韬以二子为质。

安义旧将裴约戍泽州, 泣谕其众曰: "余事故使逾二纪, 见其分财享士，志灭仇雠。不幸捐馆，枢犹未葬，而郎君遽背君亲，吾宁死不能从也！”遂据州自守。梁主以其骁将董璋为泽州刺史，将兵攻之。

【译文】李继韬虽然接受晋王李存勖的命令为安义留后，但心里始终不安，他的幕僚魏琢、牙将申蒙又从中挑拨说：“晋国没有什么人才，将来终究要被梁国并吞。”刚好晋王李存勖正在设置百官，三月，征召监军张居翰、节度判官任圜赶赴魏州，魏琢、申蒙又向李继韬游说，说：“晋王急忙征召这两人，实情可想而知。”李继韬的弟弟李继远也劝继李韬归附梁国，李继韬于是派李继远出使前往大梁；请求以泽州、潞州向梁国归附称臣。梁末帝朱友贞大为高兴，把安义军改名叫匡义军，任命李继韬为节度使、同平章事。李继韬留下他的两个儿子作为人质。

安义军旧将裴约戍守泽州，边哭边对部下说：“我事奉故使已经有二十几年，看到他均分财货，犒赏士卒，只为一心一意要消灭仇敌。现在故使不幸过世，灵柩都还没有安葬，而郎君却马上就有背弃君亲的心志，我宁死也不愿意随从他们！”于是就占据州城防守。后梁末帝朱友贞任命勇将董璋为泽州刺史，并让他率兵攻打裴约。

继韬散财募士，尧山人郭威往应募。威使气杀人，系狱，继韬惜其才勇而逸之。

契丹寇幽州，晋王问帅子郭崇韬，崇韬荐横海节度使李存审。时存审卧病，己卯，徙存审为卢龙节度使，舆疾赴镇，以蕃汉马步副总管李嗣源领横海节度使。

晋王筑坛于魏州牙城之南，夏，四月，己巳，升坛，祭告上帝，遂即皇帝位，国号大唐，大赦，改元。尊母晋国太夫人曹氏为皇太后，嫡母秦国夫人刘氏为皇太妃。以豆卢革为门下侍郎，卢程为中书侍郎，并同平章事；郭崇韬、张居翰为枢密使，卢质、冯道为翰林学士，张宪为工部侍郎、租庸使，又以义武掌书记李德休为御史中丞。德林，绛之孙也。

【译文】李继韬散发钱财，招募军士，尧山人郭威前往应募。郭威醉酒后意气用事杀了人，被逮捕在监狱中，李继韬爱惜他有才干勇气，就放他逃走。

契丹侵略幽州，晋王李存勖问郭崇韬谁可以率兵作战，郭崇韬推荐横海节度使李存审。当时李存审正生病，己卯日（初五日），晋王下令改派李存审为卢龙节度使，带病登车上任。又任命蕃汉马步副总管李嗣源兼领横海节度使。

晋王李存勖在魏州牙城南面修筑祭祀用的坛宇，夏季，四月，己巳日（二十五日），登到坛上，祭告天帝，登上皇帝位，国号叫大唐，大赦天下，改年号为同光（原来用唐朝的年号天祐）。尊奉生母晋国太夫人曹氏为皇太后，嫡母秦国夫人刘氏为皇太妃。任命豆卢革为门下侍郎，卢程为中书侍郎，都同平章事；郭崇韬、张居翰为枢密使，卢质、冯道为翰林学士，张宪为工部侍郎、租庸使，又任命义武掌书记李德休为御史中丞。李德休是李绛的孙子。

诏卢程诣晋阳册太后、太妃。初，太妃无子，性贤，不妒忌；太后为武皇侍姬，太妃常劝武皇善待之，太后亦自谦退，由是相得甚欢。及受册，太妃诣太后宫贺，有喜色，太后忸怩不自安。太妃曰："愿吾儿享国久长，吾辈获没于地，园陵有主，馀何足言！"因相向歔欷。

豆卢革、卢程皆轻浅无它能，上以其衣冠之绪，霸府元僚，故用之。

初，李绍宏为中门使，郭崇韬副之。至是，自幽州召还，崇韬恶其旧人位在己上，乃荐张居翰为枢密使，以绍宏为宣徽使，绍宏由是恨之。居翰和谨畏事，军国机政皆崇韬掌之。支度务使孔谦自谓才能勤效，应为租庸使；众议以谦人微地寒，不当遽总重任，故崇韬荐张宪，以谦副之，谦亦不悦。

【译文】后唐庄宗李存勖下诏卢程到晋阳册封太后、太妃。起初，太妃没有儿子，却性情贤淑，不妒忌别人；太后原来是武皇李克用的侍姬，太妃常常劝武皇要对她好一点，太后自己也谦虚退让，因此两人相处得很欢洽。接受册封后，太妃到太后的宫中向她道贺，表现得很高兴，太后却有点儿不太好意思。太妃说："但愿我们的儿子享国能够长久一点，我们将来死了埋在地下，墓园还能够有人照顾，其他的还谈什么呢？"两个人因此又面对着面哭了一会儿。

豆卢革、卢程两人都轻佻浅薄，没有什么特殊才能，后唐庄宗李存勖因为他们是衣冠大族后代，又是霸府大镇的幕僚长，所以就起用他们。

起初，李绍宏担任中门使、郭崇韬担任中门副使。到这时，李绍宏从幽州被征召回朝，郭崇韬嫉恨原来的老同事地位在他之上，就推荐张居翰为枢密使，建议让李绍宏为宣徽使，李绍宏因此非常恨郭崇韬。张居翰为人温和谨慎而怕事，军国机密政事都由郭崇韬掌管。支度务使孔谦自认为才能勤敏出众，应该当上租庸使；可是大家都认为他出身低，背景差，不适宜一下子就主管重要的职位，所以郭崇韬另外推荐张宪，而让郭谦当他的副使，孔谦心中也不高兴。

以魏州为兴唐府，建东京。又于太原府建西京，又以镇州为真定府，建北都。以魏博节度判官王正言为礼部尚书，行兴唐尹；太原马步都虞候孟知祥为太原尹，充西京副留守；潞州观察判官任圜为工部尚书，兼真定尹，充北京副留守；皇子继岌为北都留守、兴圣宫使，判不军诸卫事。时唐国所有凡十三节度、五十州。

闰月，追尊皇曾祖执宜曰懿祖昭烈皇帝，祖国昌曰献祖文皇帝，考晋王曰太祖武皇帝。立宗庙于晋阳，以高祖、太宗、懿宗、昭宗洎懿祖以下为七室。

甲午，契丹寇幽州，至易定而还。

【译文】后唐把魏州升为兴唐府，在这里建东京，又在太原府建西京，同时把镇州升为真定府，建北都。任命魏博节度判官王正言为礼部尚书，兼任兴唐尹；任命太原马步都虞候孟知祥为太原尹，代理西京副留守；任命潞州观察判官任圜为工部尚书，兼任真定尹，并代理北京副留守；任命皇子李继岌为北都留守、兴圣宫使，兼判六军诸卫事务。当时唐国共有十三个节度、五十个州。

闰月，唐庄宗李存勖追尊皇曾祖李执宜为懿祖昭烈皇帝，祖父李国昌为献祖文皇帝，考（父死称考）晋王李克用为太祖武皇帝。在晋阳立宗庙，从高祖、太宗、懿宗、昭宗至懿祖以下，共七个庙宇。

甲午日（二十日），契丹入侵幽州，一直攻到易定才回去。

时契丹屡入寇，钞掠馈运，幽州食不支半年，卫州为梁所取，潞州内叛，人情岌岌，以为梁未可取，帝患之。会郓州将卢顺密来奔。先是，梁天平节度使戴思远屯杨村，留顺密与巡检使刘遂严、都指挥使燕颙守郓州。顺密言于帝曰："郓州守兵不满千人，遂严、颙皆失众心，可袭取也。"郭崇韬等皆以为"悬军远袭，万一不利，虚弃数千人，顺密不可从。"帝密召李嗣源于帐中谋之曰："梁人志在吞泽潞，不备东方，若得东平，则溃其心腹。东平果可取乎？"嗣源自胡柳有渡河之惭，常欲立奇功以补过，对曰："今用兵岁久，生民疲弊，苟非出奇取胜，大功何由可成！臣愿独当此役，必有以报。"帝悦。壬寅，遣嗣源将所部精兵五千自德胜趣郓州。比及杨刘，日已暮，阴雨道黑，将士皆不欲进，高行周曰："此天赞我也，彼必无备。"夜，渡河至城下，郓人不知，李从珂先登，杀守卒，启关纳外兵，进攻牙城，城中大扰。癸卯旦，嗣源兵尽入，遂拔牙城，刘遂严、燕颙奔大梁。嗣源禁焚掠，抚吏民，执知州事节度副使崔筜、判官赵凤送兴唐。帝大喜曰："总管真奇才，吾事集矣。"即以嗣源为天平节度使。

资治通鉴

【译文】这时契丹人经常入侵后唐，强夺他们的粮食，幽州一年的粮食不够半年用。卫州被后梁夺取，潞州内部也发生叛乱，人们都感到危险，认为不能消灭后梁，后唐庄宗李存勖也为此担忧。刚好梁国郓州将领卢顺密来归降。起先梁国天平节度使戴思远屯驻杨村，留下卢顺密和巡检使刘遂严、都指挥使燕颙防守郓州，所以卢顺密就对后唐庄宗说："驻守郓州的士兵不足一千人，刘遂严、燕颙都丧失民心，可以用偷袭的方法把它攻取下来。"郭崇韬等都认为："孤军远袭，万一作战失利，将白白损失几千人，卢顺密的建议不能采行。"后唐庄宗私下把李嗣源叫到他的帐中来商议说："梁人现在正打算并吞泽州、潞州，东方一定没有防备，如果能攻取东平，就等于击溃他们的心腹部位。东平你看有可能攻下吗？"李嗣源在上次胡柳战役时因为渡河往北撤退一直觉得惭愧，就一直想再建立奇功补过，于是回答说:"现在我们多年用兵,百姓都疲乏不堪,如果不出奇计来取胜,又有什么办法能完成我们的大功业呢?我希望一个人挑起这次战役的重担,一定会有好消息报告您。"后唐庄宗很高兴。壬寅日(二十八日),派遣李嗣源率领他所属的五千名精兵从德胜赶往郓州。到达杨刘镇的时候,天色已经晚了,又下着阴雨,道路上一片漆黑,将士们都不希望再前进,高行周说:"这是上天助我啊,敌人一定没有防备。"当天夜里,部队渡过黄河兵临郓州城下,城里的人却还不知道,李从珂首先登上城墙,杀掉守备的士卒,打开城门放进外头人马,进攻牙城,城中大乱。癸卯日(闰月无此日)早上,李嗣源的人马通通攻进城中,攻下牙城,刘遂严和燕颙逃回大梁。嗣源禁止部队放火抢劫,安抚当地官吏百姓,活捉知州事节度副使崔笆、判官赵凤,送往兴唐。后唐庄宗李存勖极为高兴,说:"总管你真是奇才,我们的事情成功了。"马上任命李嗣源为天平节度使。

梁主闻郓州失守,大惧,斩刘遂严、燕颙于市,罢戴思远招讨使,降授宣化留后,遣使诘让北面诸将段凝、王彦章等,趣令进战。敬翔知梁室已危,以绳内靴中,入见梁主曰:"先帝取天下,不以臣为不肖,所谋无不用。今敌势益强,而陛下弃忽臣言。臣身无用,不如死!"引绳将自经。梁主止之,问所欲言,翔曰:"事急矣,非用王彦章为大将,不可救也。"梁主从之,以彦章代思远为北面招讨使,仍以段凝为副。

帝闻之,自将亲军屯澶州,命蕃汉马步都虞候朱守殷守德胜,戒之曰:"王铁枪勇决,乘愤激之气,必来唐突,宜谨备之。"守殷,王幼时所役苍头也。

【译文】后梁末帝朱友贞听说郓州失守,十分害怕,在大街上把刘遂严、燕颢斩了，罢免戴思远招讨使的官职，降为宣化留后；派遣使者责备北面的各将领段凝、王彦章等人，催促他们赶快进兵作战。敬翔知道梁国已经很危急，把绳子放在靴子中，入宫觐见后梁末帝说："先帝夺取天下的时候，不认为臣没有才能，臣所提的建议没有不被采纳的。现在敌人的势力日益强大，而陛下又忽视臣的建言，臣活着也没有什么用，还不如死了算了。"于是取出绳子准备上吊自杀。梁末帝朱友贞立刻阻止他，问他到底想建议什么，敬翔说："事情已经很紧急了，不起用王彦章为大将的话，事情就没办法挽救。"后梁末帝听从他的建议，让王彦章代替戴思远为北面招讨使，仍然用段凝为副招讨使。

后唐庄宗李存勖听说这件事后，亲自率领亲军驻守澶州，命令蕃汉马步都虞候朱守殷防守德胜，告诫他说："王铁枪勇敢果决，现在又是满肚子的愤激之气，一定会来攻击你，你可得好好防备！"朱守殷是后唐庄宗小时候的奴仆。

又遣使遗吴王书，告以已克郓州，请同举兵击梁。五月，使者至吴，徐温欲持两端，将舟师循海而北，助其胜者。严可求曰："若梁人邀我登陆为援，何以拒之？"温乃止。

梁主召问王彦章以破敌之期，彦章对曰："三日。"左右皆失笑。彦章出，两日，驰至滑州。辛酉，置酒大会，阴遣人具舟于杨村；夜，命甲士六百，皆持巨斧，载冶者，具韝炭，乘流而下。会饮尚未散，彦章阳起更衣，引精兵数千循河南岸趋德胜。天微雨，朱安殷不为备，舟中兵举锁烧断之，因以巨斧斩浮桥，而彦章引兵急击南城。浮桥断，南城遂破，斩首数千级。时受命适三日矣。守殷以小舟载甲士济河救之，不及。彦章进攻潘张、麻家口、景店诸寨，皆拔之，声势大振。

【译文】后唐庄宗又派遣使者送信给吴王，告诉他唐国已攻下郓州，请求共同出兵攻击梁国。五月，使者到吴国，徐温想骑墙观望，派水师沿着海岸北上，看哪边打胜就帮助哪边。严可求说："如果梁国要求我们登陆去帮助他们，我们要用什么理由拒绝？"于是徐温停止行动。

梁末帝朱友贞召见王彦章，问他多长时间可以击败敌人，王彦章回答说："三天。"左右大臣们听了都哑然失笑。王彦章出了皇宫，两天之内，就赶到滑州。辛酉日（十八日），举行一个大规模酒宴，又暗中派人在杨村准备船只；当天夜里，命令六百名甲士，都拿着大斧，船上载运一些铁匠，准备鼓风的皮囊和火炭，顺流而下。宴会还没结束，王彦章假装起来上厕所，率领几千名精锐部队沿着黄河南岸进逼德胜。当时天正下着小雨，朱守殷没有防备，梁军在船上的士兵就把连接晋军船只的锁烧断，又把浮桥上的绳索用巨斧砍断，而王彦章同时率军猛攻南城。唐军在黄河上的浮桥断了，德胜南城也同时被攻破，数千人被斩首，距离彦章接受梁末帝朱友贞的命令刚好是三天。朱守殷用小船载着士卒渡过黄河援救，已来不及了。王彦章又向潘张、麻家口、景店诸寨发起进攻，都攻下来。王彦章声势大振。

帝遣宦者焦彦宾急趣杨刘，与镇使李周固守，命守殷弃德胜北城，撤屋为筏，载兵械浮河东下，助杨刘守备，徙其刍粮薪炭于澶州，所耗失殆半。王彦章亦撤南城屋材浮河而下，各行一岸，每遇湾曲，辄于中流交斗，飞矢雨集，或全舟覆没，一日百战，互有胜负。比及杨刘，殆亡士卒之半。己巳，王彦章、段凝以十万之众攻杨刘，百道俱进，昼夜不息，连巨舰九艘，横亘河津以绝援兵。城垂陷者数四，赖李周悉力拒之，与士卒同甘苦，彦章不能克，退屯城南，为连营以守之。

【译文】后唐庄宗李存勖派遣宦官焦彦宾迅速赶到杨刘，与杨刘镇使李周在那里坚守。又命令朱守殷放弃德胜北城，拆下屋子的木料做成大木筏，载运兵士和武器顺河东下，前往杨刘协助防守；又把德胜北城的粮草、柴火等都迁移到澶州，这样一来损失了一大半物资。王彦章也把德胜南城的房屋木料拆下做成木筏沿河东下，王彦章和朱守殷两军各靠一边行船，遇上黄河的弯曲之处，就要在河中流交战一番，满天的流箭像下雨一样，有时候整条船都翻覆，一天之内交战到百余次，两边互有胜负。到了杨刘后，两方差不多都损失一半士卒。

杨刘告急于帝，请日行百里以赴之；帝引兵救之，曰："李周在内，何忧！"日行六十里，不废畋猎，六月，乙亥，至杨刘。梁兵堑垒重复，严不可入，帝患之，问计于郭崇韬，对曰："今彦章据守津要，意谓可以坐取东平；苟大军不南，则东平不守矣。臣请筑垒于博州东岸以固河津，既得以应接东平，又可以分贼兵势。但虑彦章诇知，径来薄我，城不能就，愿陛下募敢死之士，日令挑战以缀之，苟彦章旬日不东，则城成矣。"时李嗣源守郓州，河北声问不通，人心渐离，不保朝夕。会梁右先锋指挥使康延孝密请降于嗣源，延孝者，太原胡人，有罪，亡奔梁，时隶段凝麾下。嗣源遣押牙临漳范延光送延孝蜡书诣帝，延光因言于帝曰："杨刘控扼已固，梁人必不能取，请筑垒马家口以通郓州之路。"帝从之，遣崇韬将万人夜发，倍道趣博州，至马家口渡河，筑城昼夜不息。帝在杨刘，与梁人昼夜苦战。崇韬筑新城凡六日，王彦章闻之，将兵数万人驰至，戊子，急攻新城，连巨舰十馀艘于中流以绝援路。时板筑仅毕，城犹卑下，沙土疏恶，未有楼橹及守备；崇韬慰劳士卒，以身先之，四面拒战，遣间使告急于帝。帝自杨刘引大军救之，陈于新城西岸，城中望之增气，大呼叱梁军，梁人断缤敛舰；帝舣舟将渡，彦章解围，退保邹家口。郓州奏报始通。

【译文】己巳日（二十六日），王彦章和段凝率领十万部众进攻杨刘，百路并进，日夜不停，又连接九艘巨舰，横在河上的渡口，以断绝唐军的援兵。杨刘城几次都要失陷，靠着李周全力防守，和士卒们同甘共苦，最后王彦章还是没办法攻下，于是率兵退到城南驻扎，把营寨连起来坚守。杨刘城向后唐庄宗李存勖告急，请求以每日行军百里的速度前去救援；后唐庄宗率兵前往援救，并且说：“有李周在那里，有什么忧虑的？”于是日行六十里，在路上还照常打猎。六月，乙亥日（初二日），后唐庄宗率军到达杨刘。梁兵设下的壕沟、营垒有好几重，布防得很严密，根本就攻不进去，后唐庄宗很头痛，问郭崇韬有什么好计策，郭崇韬回答说：“现在王彦章占据着河上渡口要地，认为这样就能毫不费力地攻下东平；实际情形是如果我们的援军不往南去救援，东平就确实守不住。臣请求在博州东岸修筑营垒巩固河上的渡口，这样既可以接应东平，又可以分散敌人的兵力。只是担心王彦章侦探到这一消息，直接逼近我们，那么城就建立不起来。希望陛下招募敢死的士卒，让他们每天都向后梁军挑战以牵制敌人，如果王彦章十天不向东开进，那么城就可以建起来。”当时李嗣源防守郓州，河北的消息不通，人心渐渐离散，眼看着早晚就要保不住。刚好梁国右先锋指挥使康延孝偷偷地向李嗣源请求投降，康延孝是太原的胡人，曾经犯罪，就逃亡投奔梁国，隶属于段凝的部属。李嗣源派遣押牙临漳人范延光送康延孝密封的蜡书到后唐庄宗李存勖所在地去，范延光向后唐庄宗报告说:"杨刘的防备已经很稳固,梁军一定攻不下来,请求在马家口修建营垒以打通通往郓州的道路。"后唐庄宗听从了他的建议,于是派遣郭崇韬率领一万人在晚上出发,加倍赶路前往博州,到达马家口后,渡过黄河,在南岸日夜不停地筑城。后唐庄宗在杨刘,和梁国的部队日夜不停地苦战。郭崇韬修筑新城共用六天,王彦章听到此事,率领数万大军直奔新城,戊子日(十五日),王彦章猛攻新城,连接十几艘巨舰横在黄河中流以阻断郭崇韬的援军通路。当时城墙才刚建好,高度不够,土石也不牢固,又没有城楼和其他的守备设施;崇韬慰劳士卒们,亲自带头,四面防御,又派遣秘密使者向后唐庄宗李存勖告急。后唐庄宗从杨刘亲率大军前来救援,在新城的西岸布阵。城内看到援军来了,士气大振,大声吆喝辱骂梁军,梁军把连接船只的绳索砍断,撤回战舰;后唐庄宗的船刚要渡河,王彦章撤除包围,退到邹家口坚守。郓州向后唐庄宗奏报的道路才打通。

李嗣源密表请正朱守殷覆军之罪,帝不从。

秋,七月,丁未,帝引兵循河而南,彦章等弃邹家口,复趣杨刘。甲寅,游弈将李绍兴败梁游兵于清丘驿南。段凝以为唐兵已自上流渡,惊骇失色,面数彦章,尤其深入。

乙卯,蜀侍中魏王宗侃卒。

戊午,帝遣骑将李绍荣直抵梁营,擒其斥候,梁人益恐,又以火筏焚其连舰。王彦章等闻帝引兵已至邹家口,己未,解杨刘围,走保杨村;唐兵追击之,复屯德胜。梁兵前后急攻诸城,士卒遭矢石、溺水、暍死者且万人,委弃资粮、铠仗、锅幕,动以千计。杨刘比至围解,城中无食已三日矣。

【译文】李嗣源秘密上表给后唐庄宗，请求究办朱守殷战败的罪责，庄宗不答应。

秋季，七月，丁未日（初五日），后唐庄宗李存勖率领军队沿着黄河向南开进，王彦章等放弃邹家口，又开赴杨刘。甲寅日（十二日），唐国游弈将李绍兴在清丘驿南方打败梁国游散部队，段凝以为唐国部队已经在黄河上游渡河，大惊失色，当面就责怪王彦章，怪他不应该深入敌境，以至于疏忽后方防务。

乙卯日（十三日），前蜀侍中魏王王宗侃去世。

戊午日（十六日），后唐庄宗李存勖派骑将李绍荣直抵后梁营，抓获后梁军哨兵，后梁军更加恐惧，李绍荣又用火点着木筏焚烧后梁军连在一起的战船。王彦章等听说后唐庄宗率兵已经到达邹家口，己未日（十七日），就解除对杨刘的包围，撤退到杨村防守；唐兵从后追击，梁兵又退守德胜。梁兵前后猛攻各城，士卒遭到流矢、飞石攻击，掉到河里溺死的和中暑而死的，将近有一万人，抛弃的粮草、盔甲兵器、锅子帐幕，往往数以千计。杨刘解围的时候，城内已经三天没东西吃了。

王彦章疾赵、张乱政，及为招讨使，谓所亲曰："待我成功还，当尽诛奸臣以谢天下！"赵、张闻之，私相谓曰："我辈宁死于沙陀，不可为彦章所杀。"相与协力倾之。段凝素疾彦章之能而谄附赵、张，在军中与彦章动相违戾，百方沮挠之，惟恐其有功，潜伺彦章过失以闻于梁主。每捷奏至，赵、张悉归功于凝，由是彦章功竟无成。及归杨村，梁主信谗，犹恐彦章旦夕成功难制，征还大梁。使将兵会董璋攻泽州。

甲子，帝至杨刘劳李周曰："微卿善守，吾事败矣。"

【译文】王彦章憎恨赵岩、张汉杰干扰国政，他当招讨使后，

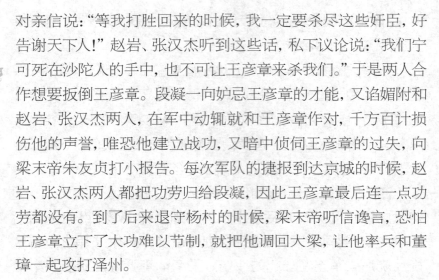

对亲信说："等我打胜回来的时候，我一定要杀尽这些奸臣，好告谢天下人！"赵岩、张汉杰听到这些话，私下议论说："我们宁可死在沙陀人的手中，也不可让王彦章来杀我们。"于是两人合作想要扳倒王彦章。段凝一向妒忌王彦章的才能，又谄媚附和赵岩、张汉杰两人，在军中动辄就和王彦章作对，千方百计损伤他的声誉，唯恐他建立战功，又暗中侦伺王彦章的过失，向梁末帝朱友贞打小报告。每次军队的捷报到达京城的时候，赵岩、张汉杰两人都把功劳归给段凝，因此王彦章最后连一点功劳都没有。到了后来退守杨村的时候，梁末帝听信谗言，恐怕王彦章立下了大功难以节制，就把他调回大梁，让他率兵和董璋一起攻打泽州。

甲子日（二十二日），后唐庄宗李存勖到达杨刘慰劳李周，说："要不是你善于防守，我的事业早失败了。"

中书侍郎、同平章事卢程以私事干兴唐府，府吏不能应，鞭吏背。光禄卿兼兴唐少尹任团，圜之弟，帝之从姊婿也，诣程诉之。程骂曰："公何等虫豸，欲倚妇力邪！"团诉于帝。帝怒曰："朕误相此痴物，乃敢辱吾九卿！"欲赐自尽；卢质力救之，乃贬右庶子。

裴约遣间使告急于帝，帝曰："吾兄不幸，乃生枭獍，裴约独能知逆顺。"顾谓北京内牙马步军都指挥使李绍斌曰："泽州弹丸之地，朕无所用，卿为我取裴约以来。"八月，壬申，绍斌将甲士五千救之，未至，城已陷，约死。帝深惜之。甲戌，帝自杨刘还兴唐。

【译文】中书侍郎、同平章事卢程因私事求于兴唐府，兴唐府的官吏们没有答应，他就用鞭子抽打府吏们的背。光禄卿兼兴唐少尹任团,是任圜的弟弟,也是皇帝堂姐的女婿,知道这事就跑去找卢程理论。卢程骂他说:"你是什么东西?你想依靠妇人的力量来压我不成?"任团只好跑去向后唐庄宗报告。庄宗大怒,说:"朕错任这个蠢物为宰相,他竟然敢侮辱朕的九卿!"打算命令卢程自杀。卢质全力解救,才将卢程贬为右庶子。

裴约派遣密使向后唐庄宗告急,庄宗说:"我哥哥李嗣昭不幸生了这个畜生,只有裴约还能知道是非、忠奸。"回头对北京内牙马步军都指挥使李绍斌说:"泽州是个弹丸小地方,对朕也没有什么用处,你替我去把裴约救回来。"八月,壬申日(初一日),李绍斌率领五千士卒前往援救裴约,还没有到达泽州,泽州城已被攻破,裴约也战死,后唐庄宗李存勖十分痛惜。甲戌日(初三日),庄宗李存勖从杨刘返回兴唐。

梁主命于滑州决河,东注曹、濮及郓以限唐兵。

初,梁主遣段凝监大军于河上,敬翔、李振屡请罢之,梁主曰:"凝未有过。"振曰:"俟其有过,则社稷危矣。"至是,凝厚赂赵、张求为招讨使,翔、振力争以为不可;赵、张主之,竟代王彦章为北面招讨使,于是宿将愤怒,士卒亦不服,天下兵马副元帅张宗奭言于梁主曰:"臣为副元帅,虽衰朽,犹足为陛下扞御北方。段凝晚进,功名未能服人,众议讻讻,恐贻国家深忧。"敬翔曰:"将帅系国安危,今国势已尔,陛下岂可尚不留意邪!"梁主皆不听。

【译文】梁末帝朱友贞命令滑州的梁军决开黄河河堤,让河水往东流注到曹州、濮州以及郓州一带,阻止晋军的进攻。

起初,后梁末帝曾派遣段凝在黄河上监督大军作战,敬翔、李振多次请求罢免他。梁末帝说:"段凝又没有什么过错。"

李振说:"如果等到他有过错,国家就危险了。"到这时,段凝重重地贿赂赵岩和张汉杰两个人,请他们设法让自己担任招讨使,敬翔和李振知道了,都极力反对;最后由于赵岩、张汉杰一手包办,段凝终于代替王彦章担任北面招讨使,于是军中老将们都愤恨不平,士卒们也不服气。天下兵马副元帅张宗奭对梁末帝朱友贞说:"臣担任天下兵马副元帅,虽然老朽,自信还能替陛下抵御北方的敌人。段凝是个晚辈,过去立下的功劳和声名都还不足以教人心服,现在大家对他的新职都议论纷纷,这样下去恐怕会给国家带来忧患。"敬翔也劝梁末帝说:"将帅的人选关系到整个国家的安危,现在国家的局势已经很危急,陛下怎能不特别谨慎小心呢?"后梁末帝朱友贞都没有听从。

【乾隆御批】决河本以拒敌,乃唐兵已入大梁,而凝军犹在河上,是欲限人,而适以自限,正与智伯谬策不谋而合。若明季闯贼围汴,汴人谋决河灌贼,贼即用其计以灌城,其祸尚可言哉。

【译文】挖决河堤原本是为了抵抗敌兵,然而唐兵已进入大梁,而段凝的军队还在河上,这是想阻断敌兵,却恰好阻隔了自家军队,这正与智伯的荒谬决策不谋而合。就像明朝时李自成包围汴梁,汴梁人谋划挖决黄河来灌淹李自成的军队,却被李自成反用其计灌淹汴梁城一样,这种灾祸难道还可以言说吗?

戊子,凝将全军五万营于王村,自高陵津济河,剽掠澶州诸县,至于顿丘。

梁主又命王彦章将保銮骑士及它兵合万人,屯兖、郓之境,谋复郓州,以张汉杰监其军。

庚寅,帝引兵屯朝城。

【译文】戊子日(十六日),段凝率领全军大约五万人在王村扎营,又从高陵津渡过黄河,在澶州各县剽掠,一直前进到顿丘。

梁末帝朱友贞命令王彦章率领保銮骑士和其他部队约一万人,屯驻在兖州、郓州的边境,准备收复郓州,并派张汉杰监督他的军队。

庚寅日(十九日),后唐庄宗李存勖率兵屯驻在朝城。

戊戌,康延孝帅百馀骑来奔,帝解所御锦袍玉带赐之,以为南面招讨都指挥使,领博州刺史。帝屏人问延孝以梁事,对曰:"梁朝地不为狭,兵不为少;然迹其行事,终必败亡。何则?主既暗懦,赵、张兄弟擅权,内结宫掖,外纳货赂,官之高下唯视赂之多少,不择才德,不校勋劳。段凝智勇俱无,一旦居王彦章、霍彦威之右,自将兵以来,专率敛行伍以奉权贵。梁主每出一军,不能专任将帅,常以近臣监之,进止可否动为所制。近又闻欲数道出兵,令董璋引陕虢、泽潞之兵自石会关趣太原,霍彦威以汝、洛之兵自相卫、邢洺寇镇定,王彦章、张汉杰以禁军攻郓州,段凝、杜晏球以大军当陛下,决以十月大举。臣窃观梁兵聚则不少,分则不多。愿陛下养勇蓄力以待其分兵,帅精骑五千自郓州直抵大梁,擒其伪主,旬月之间,天下定矣。"帝大悦。

【译文】戊戌日(二十七日),康延孝率领一百多骑兵来投奔后唐,后唐庄宗脱下锦袍玉带赏赐给他,任命他为南面招讨都指挥使,兼任博州刺史。庄宗李存勖屏退侍从,单独向康延孝询问梁国的状况,康延孝回答说:"梁国的辖地并不小,兵员也不算少;但是仔细考察他们的所作所为,将来一定会灭亡。为什么这么说呢?梁主本人昏庸懦弱,赵岩、张汉杰兄弟又专权跋扈，对内勾结后宫近侍，对外广收贿赂，任官职位的高低只看贿赂送的多少，根本不看人的才能和品行，也不考虑过去的功勋劳绩。段凝智慧勇气一样都没有，一旦得势，位居王彦章、霍彦威之上，他掌兵以后，只知道克扣军饷，好拿去事奉巴结朝中权贵。梁末帝每次出兵，不把军权交给将帅，经常用亲信监督军队，军队前进与否，常受这些人制约。最近又听说梁末帝准备数路出兵，命令董璋率领陕州、虢州、泽州、潞州等地的部队从石会关进逼太原，霍彦威率领汝州、洛州的部队从相州、卫州、邢州、洺州进攻镇州、定州，王彦章、张汉杰率领禁军进攻郓州，段凝、杜晏球则率领大军和陛下对抗，听说已经决定在十月大举进兵。依臣看，梁兵如果聚合在一起，可以说不算少，但是如果分成数路，那每一路的数量就不多了，陛下可以沉住气养精蓄锐，等到他们兵力分散以后，率领精锐骑兵五千人，从郓州直接攻到大梁，擒捉伪王朱友贞，不出十天到一个月时间，天下就可以平定。"后唐庄宗李存勖十分高兴。

蜀主以文思殿大学士韩昭、内皇城使潘在迎、武勇军使顾在珣为狎客，陪侍游宴，与宫女杂坐，或为艳歌相唱和，或谈嘲谑浪，鄙俚亵慢，无所不至，蜀主乐之。在珣，彦朗之子也。

时枢密使宋光嗣等专断国家，恣为威虐，务徇蜀主之欲以盗其权。宰相王锴、庾传素等各保宠禄，无敢规正。潘在迎每劝蜀主诛谏者，无使谤国。嘉州司马刘赞献陈后主三阁图，并作歌以讽；贤良方正蒲禹卿对策语极切直；蜀主虽不罪，亦不能用也。

九月，庚戌，蜀主以重阳宴近臣于宣华苑，酒酣，嘉王宗寿乘间极言社稷将危，流涕不已。韩昭、潘在迎曰："嘉王好酒悲。"因谐笑而罢。

【译文】前蜀主王衍把文思殿大学士韩昭、内皇城使潘在迎、武勇军使顾在珣当作陪伴嬉游饮宴的人，随从陪侍蜀主游玩、宴会，和宫女们相杂而坐，或者是互相唱和淫艳歌曲，或者是打情骂俏，极尽粗鄙淫乱，而蜀主王衍却很高兴。顾在珣是顾彦朗的儿子。

当时枢密使宋光嗣等专断国家大事，任意施威肆虐，专门顺从前蜀主王衍的欲望来盗用大权。宰相王锴和庾传素等只知道保全自己的地位，也没有人敢规劝谏正。潘在迎常劝蜀主王衍把进谏的人杀掉，以免他们毁谤国家。嘉州司马刘赞献上陈后主三阁图，并作歌讽劝蜀主；贤良方正蒲禹卿呈奏对策，所说的话也极为切要直爽；蜀主王衍虽然没怪罪他们，但是也不采用他们的意见。

九月，庚戌日（初九日），蜀主王衍因为当天是重阳节，就在宣华苑宴请近臣，喝到酒酣耳热的时候，嘉王王宗寿忽然利用机会痛言国家将会危险，并且激动得痛哭流泪。韩昭、潘在迎说："嘉王喜欢在喝酒后哭泣。"因此蜀主一笑了之。

帝在朝城，梁段凝进至临河之南，澶西、相南，日有寇掠。自德胜失利以来，丧刍粮数百万，租庸副使孔谦暴敛以供军，民多流亡，租税益少，仓廪之积不支半岁。泽潞未下。卢文进、王郁引契丹屡过瀛、涿之南，传闻俟草枯冰合，深入为寇。又闻梁人欲大举数道入寇，帝深以为忧，召诸将会议。宣徽使李绍宏等皆以为郓州城门之外皆为寇境，孤远难守，有之不如无之，请以易卫州及黎阳于梁，与之约和，以河为境，休兵息民，俟财力稍集，更图后举。帝不悦，曰："如此吾无葬地矣。"乃罢诸将，独召郭崇韬问之。对曰："陛下不栉沐，不解甲，十五馀年，其志欲以雪家国之仇耻也。今已正尊号，河北士庶日望升平，始得郓州尺寸之地，不能守而弃之，安能尽有中原乎！臣恐将士解体，将来食尽众散，虽画河为境，谁为陛下守之！臣尝细询康延孝以河南之事，度已料彼，日夜思之，成败之机决在今岁。梁今悉以精兵授段凝，据我南鄙，又决河自固，谓我猝不能渡，恃此不复为备。使王彦章侵逼郓州，其意冀有奸人动摇，变生于内耳。段凝本非将材，不能临机决策，无足可畏。降者皆言大梁无兵，陛下若留兵守魏，固保杨刘，自以精兵与郓州合势，长驱入汴，彼城中既空虚，必望风自溃。苟伪主授首，则诸将自降矣。不然，今秋谷不登，军粮将尽，若非陛下决志，大功何由可成！谚曰：‘当道筑室，三年不成。’帝王应运，必有天命，在陛下勿疑耳。"帝曰："此正合朕志。丈夫得则为王，失则为虏，吾行决矣！"司天奏："今岁天道不利，深入必无功。"帝不听。

【译文】后唐庄宗李存勖驻扎在朝城，后梁将段凝率兵进军临河县南面，澶州西面、相州南面每天都有敌人侵犯。唐国自从德胜之役失利后，损失的粮草有数百万之多，租庸副使孔谦就横征暴敛，以供应军需，老百姓多四散逃亡，因此租税的收入更加减少，仓库里的积蓄还不够半年的支出。泽州、潞州又攻不下。卢文进、王郁率领契丹兵多次侵入瀛州、涿州以南，传言秋冬草木凋枯河上结冰时，再深入唐境攻击。又听说梁军准备分兵数路大举入侵。后唐庄宗深觉忧愁，就召集将领们开会商量。宣徽使李绍宏等都认为郓州城门以外的地区都是敌人的地境，形势孤立，路途遥远，实在难以防守，有了还不如没有，建议拿来和梁国交换卫州和黎阳，然后双方订盟讲和，以黄河为界，这样就可以休养生息，等到财力稍微宽裕，再作打算。庄宗听了，很不高兴，说："这样下去，我就没有葬身之地了。"于是停止与诸位将领商议，单独召见郭崇韬。郭崇韬回答说："陛下不梳洗、不解甲，已经超过十五年了，原意也是希望洗刷国家的仇恨耻辱。现在已正式登基，定立尊号，河北的军民天天都在盼望天下能够早日太平，我们才刚刚取得郓州这么一点点地方，居然没办法守住而抛弃它，那么将来又怎么能够拥有整个中原呢？臣恐怕这样一来整个部队都会解体。将来粮食吃尽，部队也离散，就算能和梁国划河为界，又教谁替陛下来防守呢？ 臣曾经详细询问过康延孝黄河以南的情况，权衡双方的形势，日夜都在思考这个问题，认为成败的关键一定就在今年。梁朝现在把精锐部队全部交给段凝，占据着我国南部边地，又决开黄河河堤用来防备，认为我们短时间内不可能渡过黄河，他们就依仗这个有利条件不再设防；又派王彦章进攻郓州，意思是期待奸人在我们内部作乱。段凝本来也不是大将的材料，根本没办法临机应变，做出适当的决策，这个人不值得担心。来降的人都说大梁根本没有什么守军，陛下如果留一部分部队守住魏州，固守杨刘，另外亲自率领精锐部队会同郓州的部队长驱直入，进攻汴梁，他们城中空虚，一定是听到风吹草动就自行溃散。如果能砍下伪主朱友贞的脑袋，那么各将领自然就会投降。如果不这样，今年秋天作物收成不好，军粮已经快用尽，陛下不下定决心，大功如何能够完成？俗谚说：'在人来人往的路中间建房子，三年也建不成。'帝王应运而生，这一定有上天的旨意，关键就在陛下是不是能有自信。"后唐庄宗李存勖说："这些正合乎我的想法。大丈夫成则为王，败则为虏，我已经决定行动了。"司天上奏说："今年天道不利，深入敌境一定不会成功。"后唐庄宗没有听信。

王彦章引兵逾汶水，将攻郓州，李嗣源遣李从珂将骑兵逆战，败其前锋于递坊镇，获将士三百人，斩首二百级，彦章退保中都。戊辰，捷奏至朝城，帝大喜，谓郭崇韬曰："郓州告捷，足壮吾气！"己巳，命将士悉遣其家归兴唐。

冬，十月，辛未朔，日有食之。

帝遣魏国夫人刘氏、皇子继岌归兴唐，与之诀曰："事之成败，在此一决。若其不济，当聚吾家于魏宫而焚之！"仍命豆卢革、李绍宏、张宪、王正言同守东京。

【译文】王彦章率军渡过汶水，准备进攻郓州，李嗣源派李从珂率领骑兵部队前去迎战，在递坊镇打败梁军的前锋部队，俘虏了三百名将士，斩杀二百人，王彦章退守中都。戊辰日（二十七日），捷奏传到朝城，后唐庄宗大为高兴，对郭崇韬说："郓州已经传来捷报，这可以增强我们的士气。"己巳日（二十八日），庄宗命令将士们把全部家属送回兴唐府。

冬季，十月，辛未朔日（初一日），发生日食。

后唐庄宗李存勖派遣魏国夫人刘氏和皇子李继岌回兴唐，并且和他们诀别，说："事情的成败，就在这一次决战；如果不能成功，你们把家人都聚在魏宫，然后引火自焚！"仍然命令豆卢革、李绍宏、张宪、王正言共同坚守东京。

壬申，帝以大军自杨刘济河，癸酉，至郓州，中夜，进军逾汶，以李嗣源为前锋，甲戌旦，遇梁兵，一战败之，追至中都，围其城。城无守备，少顷，梁兵溃围出，追击，破之。王彦章以数十骑走，龙武大将军李绍奇单骑追之，识其声，曰："王铁枪也！"拔稍刺之，彦章重伤，马踬，遂擒之，并擒都监张汉杰、曹州刺史李知节、裨将赵廷隐、刘嗣彬等二百馀人，斩首数千级。廷隐, 开封人; 嗣彬, 知俊之族子也。

【译文】壬申日(初二日), 后唐庄宗率领大军从杨刘渡过黄河, 癸酉日(初三日), 到达郓州, 半夜的时候, 又率军渡过汶水, 任命李嗣源为先锋。甲戌日(初四日) 清晨, 遇上梁军, 一战打下来, 把对方打败, 乘胜追击到中都, 把中都城团团围住, 城中没有守备, 过了一会儿, 梁兵往外突围, 唐军从后追击, 又把他们打败。王彦章率领几十个骑兵逃跑, 龙武大将军李绍奇单人独马追击他, 李绍奇听出是王彦章的声音, 说:"这是王铁枪!"于是拔出长矛刺他, 彦章受了重伤, 马又跌倒, 于是被活捉;唐军另外也活捉都监张汉杰、曹州刺史李知节、副将赵廷隐、刘嗣彬等两百多人, 同时斩杀数千个首级。赵廷隐是开封人, 刘嗣彬是刘知俊族人的儿子。

彦章尝谓人曰:"李亚子斗鸡小儿, 何足畏!"至是, 帝谓彦章曰:"尔常谓我小儿, 今日服未?"又问:"尔名善将, 何不守兖州?中都无壁垒, 何以自固?"彦章对曰:"天命已去, 无足言者。"帝惜彦章之材, 欲用之, 赐药傅其创, 屡遣人诱谕之。彦章曰:"余本匹夫, 蒙梁恩, 位至上将, 与皇帝交战十五年;今兵败力穷, 死自其分, 纵皇帝怜而生我, 我何面目见天下之人乎! 岂有朝为梁将, 暮为唐臣! 此我所不为也。"帝复遣李嗣源自往谕之, 彦章卧谓嗣源曰:"汝非邈佶烈乎?"彦章素轻嗣源, 故以小名呼之。于是, 诸将称贺, 帝举酒属李嗣源曰:"今日之功, 公与崇韬之力也。向从绍宏辈语, 大事去矣。"

【译文】王彦章曾经对人说:"李存勖是个斗鸡小儿, 没有什么可怕的。"到这时候, 庄宗李存勖问他说:"你常常说我是小鬼头, 今天服气不服气?"又问他说, "你号称是出色的将领, 怎么不会守兖州？中都也没有壁垒城墙，你怎么防守呢？"王彦章回答他说："天命已去，没有什么好说的。"后唐庄宗很珍惜王彦章的才干，想起用他，赐药让他治疗创伤，并且多次派人去诱导他。王彦章说："我本来是一介平民，蒙受了梁国的恩泽，被升任为上将，和你唐国的皇帝交战十五年；现在战败被俘虏，死是我的本分，就算皇帝怜悯我要让我活下去，我又有什么面目去见天下的人呢？难道能早上还是梁国的大将，到了晚上就变成唐国的臣子？这是我所不肯做的事。"庄宗李存勖又派遣李嗣源亲自去游说他，王彦章躺着对李嗣源说："你不是邈佶烈吗？"王彦章一向轻视嗣源，所以叫他小名。诸将领们都向庄宗祝贺这次的胜利，庄宗举酒对李嗣源说："今日之功，全靠你和郭崇韬的力量。如果听了李绍宏等人的话，就耽误了我的大事了。"

资治通鉴

帝又谓诸将曰："向所患惟王彦章，今已就擒，是天意灭梁也。段凝犹在河上，进退之计，宜何向而可？"诸将以为；"传者虽云大梁无备，未知虚实。今东方诸镇兵皆在段凝麾下，所馀空城耳，以陛下天威临之，无不下者。若先广地，东傅于海，然后观衅而动，可以万全。"康延孝固请亟取大梁。李嗣源曰："兵贵神速。今彦章就擒，段凝必未之知；就使有人走告，疑信之间尚须三日。设若知吾所向，即发救兵，直路则阻决河，须自白马南渡，数万之众，舟楫亦难猝办。此去大梁至近，前无山险，方陈横行，昼夜兼程，信宿可至。段凝未离河上，友贞已为吾擒矣。延孝之言是也，请陛下以大军徐进，臣愿以千骑前驱。"帝从之。令下，诸军皆踊跃愿行。

【译文】后唐庄宗李存勖又对各位将领说："原来我所忧患的只有王彦章，今天他已被抓获，这是天意要消灭梁国。段凝目前还在黄河边上，是进是退，应该向哪个方向去才好呢?"诸将都认为："消息虽然传说大梁没有什么防备，但是真正的虚实我们却没有办法确定。现在梁国在东方的各城，原有的部队都被征调在段凝的手中，剩下的只是一座空城，如果以陛下的天威前去，没有攻不下的。如果能先扩大我们的领土，往东一直达到海边，然后伺机而动，这样就是万全之策了。"康延孝则极力建议立刻攻取大梁。李嗣源说："兵贵神速。现在王彦章已被抓获，段凝一定还不知道，即使有人跑去告诉他，段凝是信是疑也需要三天来决定。假使他们知道我们的动向，即刻派出救兵，要走直路，则会被自己决开的黄河阻挡，一定要从白马才能渡到黄河南岸，几万部队，渡河的船只恐怕一下子也没办法准备齐全。而我们这里距大梁最近，前面又没有山川险要，排着方阵也能横行无阻，如果昼夜兼程，两三天就可以到达。段凝还没有离开黄河边，朱友贞就会被我们活捉了。康延孝所说得极为正确，请陛下率领大军慢慢前进，臣愿意率领一千名骑兵打先锋。"后唐庄宗听从了他的建议。命令下达后，各路军队都踊跃希望出发。

是夕，嗣源帅前军倍道趣大梁。乙亥，帝发中都，舁王彦章自随，遣中使问彦章曰："吾此行克乎?"对曰："段凝有精兵六万，虽主将非材，亦未肯遽尔倒戈，殆难克也。"帝知其终不为用，遂斩之。

丁丑，至曹州，梁守将降。

【译文】当天晚上，李嗣源率领前锋部队兼程直奔大梁。乙亥日(初五日)，后唐庄宗李存勖从中都出发，带着王彦章随行，又派遣中使去问王彦章说："我这次出击能攻下大梁吗?"王彦章回答:"段凝手上还有六万精锐部队,虽然主将并不是适当的人才,但是也不至于一下子就背叛,我看你们恐怕攻不下。"庄宗知道他最终也不会为自己所用,于是就下令把他斩杀。

丁丑日(初七日),后唐军到达曹州,后梁军驻守在那里的将领投降后唐军。

王彦章败卒有先至大梁,告梁主以"彦章就擒,唐军长驱且至"者,梁主聚族哭曰:"运祚尽矣!"召群臣问策,皆莫能对。梁主谓敬翔曰:"朕居常忽卿所言,以至于此。今事急矣,卿勿以为怼。将若之何?"翔泣曰:"臣受先帝厚恩,殆将三纪,名为宰相,其实朱氏老奴,事陛下如郎君。臣前后献言,莫匪尽忠。陛下初用段凝,臣极言不可,小人朋比,致有今日。今唐兵且至,段凝限于水北,不能赴救。臣欲请取下出居避狄,陛下必不听从;欲请陛下出奇合战,陛下必不果决。虽使良、平更生,谁能为陛下计者!臣愿先赐死,不忍见宗庙之亡也。"因与梁主相向恸哭。

【译文】王彦章部队的败兵有先逃回大梁的,有人告诉梁末帝朱友贞说:"王彦章已经被活捉,唐军现在长驱直入,马上就要到了。"梁末帝聚集族人,痛哭说:"国家的运祚完了!"于是召集群臣,询问对策,群臣都没有办法回答。梁末帝对敬翔说:"朕过去常常忽视你的建议,才会有今天。现在事情已经很急迫,你千万不要再抱怨,现在的情形该怎么办?"敬翔边哭边说:"我蒙受先帝的厚恩,差不多三十多年,名为宰相,其实是朱家的老奴,如同儿子一般侍奉陛下。臣以前几次向陛下建议,无非是想竭尽奴才的忠心。陛下开始任用段凝的时候,臣曾经极力表示绝对不适宜,朝中小人朋比为奸,以至于有今天这个局面。现在唐兵马上就要攻到,段凝的大军又被阻隔在黄河以北,无法赶来救援。臣想建议陛下暂时出行避一下敌军势头，陛下一定不肯；如果要陛下出奇策和敌人决一死战，陛下也一定没有办法很果决地做成决定；就算张良、陈平再活过来，又有谁能替陛下出个好计策呢？臣请陛下先赐我死，臣实在不忍心看到宗庙灭亡。"于是和后梁末帝面对面痛哭一场。

梁主遣张汉伦驰骑追段凝军。汉伦至滑州，坠马伤足，复限水不能进。

时城中尚有控鹤军数千，朱珪请帅之出战。梁主不从，命开封尹王瓒驱市人乘城为备。

初，梁陕州节度使邵王友诲，全昱之子也，性颖悟，人心多向之。或言其诱致禁军欲为乱，梁主召还，与其兄友谅、友能并幽于别第。及唐师将至，梁主疑诸兄弟乘危谋乱，并皇弟贺王友雍、建王友徽尽杀之。

【译文】梁末帝派遣张汉伦快马赶往段凝的部队催促他们回来救援；张汉伦到滑州，从马上摔下来，摔断腿，又被河水阻隔，没有办法再前进。

当时城中还有几千控鹤军，朱珪请求率领这些军队出去迎战，梁末帝朱友贞没答应，下令开封尹王瓒驱使百姓登城防守。

起初，梁国陕州节度使邵王朱友诲，朱全昱的儿子，生性聪明颖悟，人心都归向他。有人向梁末帝报告说他和禁军勾结，想要作乱，梁末帝就把他召回大梁，和他的哥哥朱友谅、朱友能等一起幽禁在别第。到了唐国的军队快要到达的时候，梁末帝怀疑他的兄弟们会乘着危机作乱，于是把他们和皇弟贺王朱友雍、建王朱友徽全部杀掉。

梁主登建国楼，面择亲信厚赐之，使衣野服，赉蜡诏，促段凝军，既辞，皆亡匿。或请幸洛阳，收集诸军以拒唐，唐虽得都城，势不能久留。或请幸段凝军，控鹤都指挥使皇甫麟曰："凝本非将材，官由幸进，今危窘之际，望其临机制胜，转败为功，难矣。且凝闻彦章军败，其胆已破，安知能终为陛下尽节乎！"赵岩曰："事势如此，一下此楼，谁心可保！"梁主乃止。复召宰相谋之，郑珏请自怀传国宝诈降以纾国难，梁主曰："今日固不敢爱宝，但如卿此策，竟可了否？"珏俯首久之，曰："但恐未了。"左右皆缩颈而笑。梁主日夜涕泣，不知所为；置传国宝于卧内，忽失之，已为左右窃之迎唐军矣。

【译文】后梁末帝朱友贞登上大梁城建国楼，当面选择亲信，丰厚地赏赐他们，然后教他们穿上百姓的衣服，带着蜡封的诏书，前往催促段凝的部队，可是求救的人一离开京城，就私自逃命去了。有人请求梁末帝到洛阳，再召集各路人马抵御唐军，唐军就算取得都城，势必不能长久停留。又有人建议梁末帝到段凝的军中去，控鹤都指挥使皇甫麟说："段凝本来就不是将才，他的官位是因为得到陛下的宠幸才升任的，现在形势危急窘迫，指望他能临机应变，转败为胜，恐怕很难。况且段凝一得悉王彦章已被击败，胆子早已吓破，又怎能知道他一定会替陛下效死力呢？"赵岩说："局势已经如此，陛下如果下了此楼，又有哪个人是靠得住的？"梁主于是作罢。又召唤宰相来商议，郑珏建议由他带着传国宝向唐军诈降，以此来舒缓国家的灾难，梁末帝朱友贞问他："今天我当然不会再舍不得这宝物，但是照你这个计策，问题就能够解决吗？"郑珏低着头沉吟了好久，最后只好说："恐怕解决不了。"后梁末帝的左右大臣们都缩着脖子发笑。后梁末帝朱友贞日夜哭哭啼啼，不知道怎么办好。

他把传国之宝放在卧室里，有一天忽然不见了，后梁主以为是左右大臣们偷去迎接后唐军了。

戊寅，或告唐军已过曹州，尘埃涨天，赵岩谓从者曰："吾待温许州厚，必不负我。"遂奔许州。

梁主谓皇甫麟曰："李氏吾世仇，理难降首，不可俟彼刀锯。吾不能自裁，卿可断吾首。"麟泣曰："臣为陛下挥剑死唐军则可矣，不敢奉此诏。"梁主曰："卿欲卖我邪？"麟欲自刭，梁主持之曰："与卿俱死！"麟遂弑梁主，因自杀。梁主为人温恭俭约，无荒淫之失；但宠信赵、张，使擅威福，疏弃敬、李旧臣，不用其言，以至于亡。

【译文】戊寅日（初八日），有人来报告说唐军已经越过曹州，声势浩大，尘埃满天，赵岩对侍从们说："我过去对温许州一向很好，料他不至于背弃我。"于是跑到许州。

后梁末帝朱友贞对皇甫麟说："李氏是我世世代代的仇人，理难投降他们，不能等着让他们来杀害我。我又没有勇气自杀，你可帮我砍下脑袋。"皇甫麟哭着说："臣替陛下挥剑杀唐军，这个做得到，要杀陛下，臣不敢奉命。"梁末帝说："你难道想出卖我吗？"皇甫麟要先自杀，梁末帝拉住他说："朕和你一起死。"于是皇甫麟就先杀了梁末帝，然后自杀而死。梁末帝朱友贞，温恭俭约，没有什么荒淫的过失，只因为宠信赵岩、张汉杰等小人，让他们作威作福，又疏远敬翔、李振等旧臣，不听他们的意见，所以最终导致灭亡。

己卯旦，李嗣源军至大梁，攻封丘门，王瓒开门出降，嗣源入城，抚安军民。是日，帝入自梁门，百官迎谒于马首，拜伏请罪，帝慰劳之，使各复其位。李嗣源迎贺，帝喜不自胜，手引嗣源衣，以头触之曰："吾有天下，卿父子之功也，天下与尔共之。"帝命访求梁主，顷之，或以其首献。

李振谓敬翔曰："有诏洗涤吾辈，相与朝新君乎？"翔曰："吾二人为梁宰相，君昏不能谏，国亡不能救，新君若问，将何辞以对！"是夕未曙，或报翔曰："崇政李太保已入朝矣。"翔叹曰："李振谬为丈夫！朱氏与新君世为仇雠，今国亡君死，纵新君不诛，何面目入建国门乎！"乃缢而死。

【译文】己卯日（初九日）早晨，李嗣源的军队到达大梁城，向封丘门发起进攻，王瓒开门出来投降，李嗣源进城以后，就先安抚军民。当天，后唐庄宗李存勖从梁门入城，梁国的文武百官都到马前迎接，拜伏在地请罪，后唐庄宗慰劳他们，让他们先回到原有职位安顿。李嗣源来迎接并向庄宗恭贺，庄宗高兴得都有点按捺不住，手拉着李嗣源的衣服，用头碰它说："我能拥有天下，都是你们父子努力的功劳，将来这天下我就和你们共同分享。"后唐庄宗命令访求后梁末帝朱友贞，不一会儿，有人拿着后梁末帝的脑袋献给后唐庄宗李存勖。

李振对敬翔说："如果后唐庄宗下诏赦免我们，我们朝见新的君主吗？"敬翔回答说："我们两人是梁国的宰相，国君昏庸不能谏正，国家灭亡不能挽救，新君如果拿这事问我们，我们要怎么回答？"这夜天没亮，就有人来告诉敬翔说："崇政使李太保已经入宫朝见去了。"敬翔叹息地说："李振枉费他还是一个男子汉大丈夫！朱氏和新君世世代代都为仇敌，现在我们国家亡了，国君死了，就算新君不降罪诛杀我们，我们又有什么面目进入皇宫的建国门呢？"于是自缢而死。

【申涵煜评】翔始终为贼，不失为朱氏忠臣，桀之犬也。李振当赞成清流之祸时，已知其心术不端，屈身二姓，卒肆市朝，特小人中之小人耳，何以见翔于地下呢？

【译文】敬翔始终都是逆贼，不失为朱温忠臣，夏桀走狗。李振当赞成清流之祸，当时已经知道他的思想不端正，屈身于两姓之间，卒肆市朝，真是小人中的小人。怎么见敬翔于地下呢？

庚辰，梁百官复待罪于朝堂，帝宣敕赦之。

赵岩至许州，温昭图迎谒归第，斩首来献，尽没岩所赍之货。昭图复名韬。

辛巳，诏王瓒收朱友贞尸，殡于佛寺，漆其首，函之，藏于太社。

段凝自滑州济河入援，以诸军排陈使杜晏球为前锋；至封丘，遇李从珂，晏球先降。壬午，凝将其众五万至封丘，亦解甲请降。凝帅诸大将先诣阙待罪，帝劳赐之，慰谕士卒，使各复其所。凝出入公卿间，扬扬自得无愧色，梁之旧臣见者皆欲龁其面，抶其心。

【译文】庚辰日（初十日），梁国的百官又到朝堂上请罪，后唐庄宗李存勖下令赦免他们。

赵岩到达许州，温昭图迎接他回府第后，就斩下脑袋来向唐国呈献，并且把他所携带的财货吞没。温昭图恢复了原名温韬。

辛巳日（十一日），后唐庄宗下诏王瓒收梁末帝朱友贞的尸体，停灵在佛寺，又把他的脑袋上漆，用盒子装起来，藏在太社。

段凝从滑州渡过黄河前往增援，命令诸军排阵，使杜晏球为前锋。到封丘后，遇上李从珂的部队，杜晏球率先投降后唐军。壬午日（十二日），段凝率领五万名部众到达封丘，也解除武装，请求归降。段凝率领诸大将到后唐庄宗的宫阙外请罪，谢谢慰劳并赏赐他们，抚慰士卒，让他们各回驻地。段凝在公卿中间出入，扬扬得意，没有一点羞愧的意思，梁朝的旧臣们看到这一情景，都恨不得咬他的脸，挖他的心。

资治通鉴

丙戌，诏贬梁中书侍郎、同平章事郑珏为莱州司户，萧顷为登州司户，翰林学士刘岳为均州司马，任赞为房州司马，姚顗为复州司马，封翘为唐州司马，李怿为怀州司马，窦梦征为沂州司马，崇政学士刘光素为密州司户，陆崇为安州司户，御史中丞王权为随州司户；以其世受唐恩而仕梁贵显故也。岳，崇龟之从子；顗，万年人；翘，敖之孙；怿，亦兆人；权，龟之孙也。

段凝、杜晏球上言："伪梁要人赵岩、赵鹄、张希逸、张汉伦、张汉杰、张汉融、朱珪等，窃弄威福，残蠹群生，不可不诛。"诏："敬翔、李振首佐朱温，共倾唐祚；契丹撒剌阿拨叛兄弃母，负恩背国，宜与岩等并族诛于市；自馀文武将吏一切不问。"又诏追废朱温、朱友贞为庶人，毁其宗庙神主。

【译文】丙戌日（十六日），后唐庄宗李存勖下诏贬后梁中书侍郎同平章事郑珏为莱州司户、萧顷为登州司户、翰林学士刘岳为均州司马、任赞为房州司马、姚顗为复州司马、封翘为唐州司马、李怿为怀州司马、窦梦征为沂州司马，崇政学士刘光素贬为密州司户，陆崇贬为安州司户，御史中丞王权贬为随州司户；贬他们是因为这些人世代受过唐朝的恩泽，但是又担任梁国大官显宦的缘故。刘岳是刘崇龟的侄子；姚顗是万年人；封翘是封敖的孙子；李怿是京兆人；王权是王龟的孙子。

段凝、杜晏球上书后唐庄宗说:"伪梁的重要人物赵岩、赵鹄、张希逸、张汉伦、张汉杰、张汉融、朱珪等人,窃权作威作福,残害群臣百姓,不可不诛杀他们。"庄宗下诏说:"敬翔、李振带头辅佐朱温,共同颠覆唐朝社稷;契丹人撒剌阿拨背叛兄长抛弃母亲,辜负国家的大恩,这些人应该和赵岩等人全族都押到街市上诛杀;其余的文武将吏等一概不再追究。"又下诏追废朱温、朱友贞为平民,毁掉他们的宗庙神主。

帝之与梁战于河上也,梁拱宸左厢都指挥使陆思铎善射,常于笴上自镂姓名,射帝,中马鞍,帝拔箭藏之。至是,思铎从众俱降,帝出箭示之,思铎伏地待罪,帝慰而释之,寻授龙武右厢都指挥使。

以豆卢革尚在魏,命枢密使郭崇韬权行中书事。

梁诸藩镇稍稍入朝,或上表待罪,帝皆慰释之。宋州节度使袁象先首来入朝,陕州留后霍彦威次之。象先辇珍货数十万,遍赂刘夫人及权贵、伶官、宦者,旬日,中外争誉之,恩宠隆异。己丑,诏伪庭节度、观察、防御、团练使、刺史及诸将校,并不议改更,将校官吏先奔伪庭者一切不问。

【译文】后唐庄宗李存勖当初和梁军在黄河边作战时,梁军的拱宸左厢都指挥使陆思铎擅长射箭,常在箭杆上刻上自己的姓名,曾经放箭射庄宗,射中马鞍,庄宗李存勖把箭拔出收藏起来。到这时候,陆思铎随着大家投降,庄宗把箭拿出来给他看,陆思铎伏在地上请罪,庄宗抚慰他并且赦免他的罪。不久,后唐庄宗授他为龙武右厢都指挥使。

因为豆卢革还在魏州,后唐庄宗李存勖命令枢密使郭崇韬暂行中书事。

后梁的各藩镇都逐渐进朝投降，有的上表请求治罪，后唐庄宗都加以抚慰并赦免他们。宋州节度使袁象先首先入朝，陕州留后霍彦威也紧跟着入朝。袁象先带了珍奇的财货几十万，到了京中到处贿赂刘夫人和权贵、伶人、宦官等。十天后，朝廷内外的人都争相赞誉他，因此特别得到庄宗的恩宠。己丑日（十九日），庄宗下诏表示，伪朝的节度使、观察使、防御使、团练使、刺史和各将领，一律不更改，将校官吏中原先投奔后梁的人一律不追究。

庚寅，豆卢革至自魏。甲午，加崇韬守侍中，领成德节度使。崇韬权兼内外，谋猷规益，竭忠无隐，颇亦荐引人物，豆卢革受成而已，无所裁正。

丙申，赐滑州留后段凝姓名曰李绍钦，耀州刺史杜晏球曰李绍虔。

乙酉，梁西都留守河南尹张宗奭来朝，复名全义，献币马千计；帝命皇子继岌、皇弟存纪等兄事之。帝欲发梁太祖墓，斫棺焚其尸，全义上言："朱温虽国之深仇，然其人已死，刑无可加，屠灭其家，足以为报，乞免焚斫以存圣恩。"帝从之，但铲其阙室，削封树而已。

【译文】庚寅日（二十日），豆卢革从魏州来到大梁。甲午日（二十四日），加封郭崇韬守侍中，又兼领成德节度使。郭崇韬兼掌朝廷内外大小事务，向皇帝呈献谋划，规劝过失，都能竭尽忠心，毫无保留，也向庄宗推荐人才。豆卢革只是坐享其成，其实并没什么作为。

丙申日（二十六日），后唐庄宗李存勖赐滑州留后段凝姓名为李绍钦，赐耀州刺史杜晏球姓名为李绍虔。

乙酉日（十月无此日），后梁西都留守河南尹张宗奭来朝见，后唐庄宗恢复他的名字叫张全义，他向庄宗呈献的财物马匹数以千计，庄宗命令皇子李继岌和皇弟李存纪等以兄礼事奉张宗奭。庄宗李存勖本来要掘开梁太祖朱温的坟墓，劈开他的棺材，焚烧他的尸体，张全义上书说："朱温虽然是国家的深仇大敌，但是这人已死了，刑戮也没办法再加到他身上，杀灭他的族人，已足以报仇，臣请求不要毁棺焚尸，也算是表示陛下圣王的恩泽。"后唐庄宗听从他的意见，只是铲除他坟上的宗庙，砍掉他坟上的树木而已。

【乾隆御批】张宗奭屡易臣节，于李唐故主之思蔑，如何独眷眷贼温，曲为保护？真是别具肺肝！庄宗既倡义为唐复仇，则焚断冢尸，庶足以快人心而谢天下。乱臣贼子有何可贷？而信从邪说，仅予铲削，妄施泽及枯骨之仁乎。

【译文】张宗奭屡次改变为人臣子的节操，对李唐王朝旧主的思念可以说根本没有，为何偏偏对贼人朱温念念不忘、曲意为他保护呢？真是别有用心！庄宗既然宣扬大义要为李唐复仇，那么焚断朱温的墓冢、尸体，或许足以大快人心并对天下有个交代。乱臣贼子有什么值得宽恕的？却听信邪说，只是铲除了墓前的阙室，削除了坟墓上的树木，胡乱地显现将恩惠德泽施及枯尸朽骨的仁心。

戊戌，加天平节度使李嗣源兼中书令；以北京留守继岌为东京留守、同平章事。

帝遣使宣谕诸道，梁所除节度使五十馀人皆上表入贡。

楚王殷遣其子牙内马步都指挥使希范入见，纳洪、鄂行营都统印，上本道将吏籍。

【译文】戊戌日(二十八日)，后唐庄宗李存勖加封天平节度使李嗣源兼中书令；又任命北京留守李继岌为东京留守、同平章事。

后唐庄宗李存勖派遣使者去各道宣谕，后梁末帝朱友贞任命的五十多名节度使都已向后唐庄宗上表进贡。

楚王马殷派遣他的儿子牙内马步都指挥使马希范入京朝见，呈缴洪、鄂行营都统的印信，并且献上本道将领、官吏的名籍册。

荆南节度使高季昌闻帝灭梁，避唐庙讳，更名季兴，欲自入朝，梁震曰："唐有吞天下之志，严兵守险，犹恐不自保，况数千里入朝乎！且公朱氏旧将，安知彼不以仇敌相遇乎！"季兴不从。

帝遣使以灭梁告吴、蜀，二国皆惧。徐温尤严可求曰："公前沮吾计，今将奈何？"可求笑曰："闻唐主始得中原，志气骄满，御下无法，不出数年，将有内变，吾但当卑辞厚礼，保境安民以待之耳。"唐使称诏，吴人不受；帝易其书，用敌国之礼，曰："大唐皇帝致书于吴国主"，吴人复书称"大吴国主上大唐皇帝"，辞礼如笺表。

【译文】荆南节度使高季昌听说后唐庄宗消灭了后梁，为避唐庙讳，改名叫高季兴。他打算亲自入朝，梁震劝他说："唐国有并吞天下的野心，我们若整饬军队、据险防守，还怕没有办法自保，何况是离开几千里路前去入朝呢？而且您算来也是朱氏的旧将，我们怎能预料他们不会把你当仇敌看待呢？"高季兴不听他的劝告。

后唐庄宗派遣使者把消灭后梁的事告诉了吴、前蜀，两国都感到害怕。徐温怪严可求说："你前次阻止我的计谋，现在可

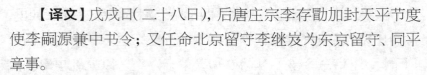

要怎么办?"严可求笑着说:"我听说后唐庄宗初得中原,意气骄傲自满,统御部下也没有什么原则法度,我看不出数年,他们内部一定会发生变乱,我们暂且用卑下的言辞、厚重的礼物敷衍他,守卫好我们的国土,安定百姓,再等待机会。"唐使带来的文书称为诏,吴国人不肯接受,后唐庄宗把它换了,用对等国的礼节,称"大唐皇帝致书于吴国主",吴国人回书称"大吴国主上大唐皇帝",信中的用词和礼节就像下级对待上级一样。

吴人有告寿州团练使钟泰章侵市官马者,徐知诰以吴王之命,遣滁州刺史王稔巡霍丘,因代为寿州团练使,以泰章为饶州刺史。徐温召至金陵,使陈彦谦诘之者三,皆不对。或问泰章:"可以不自辨?"泰章曰:"吾在扬州,十万军中号称壮士;寿州去淮数里,步骑不下五千,苟有它志,岂王稔单骑能代之乎!我义不负国,虽黜为县令亦行,况刺史乎!何为自辨以彰朝廷之失!"徐知诰欲以法绳诸将,请收泰章治罪。徐温曰:"吾非泰章,已死于张颢之手,今日富贵,安可负之!"命知诰为子景通娶其女以解之。

【译文】吴国有人上告寿州团练使钟泰章侵占官马,徐知诰用吴王的命令派遣滁州刺史王稔去巡察霍丘,代为寿州团练使,改钟泰章任饶州刺史。徐温把钟泰章召唤到金陵,派陈彦谦去责问了他好几次,钟泰章都不回答。有人问钟泰章说:"你为什么不肯自我表白?"钟泰章说:"我在扬州,十万大军中号称壮士,寿州离淮水只有几里远,我所掌握的步兵骑兵不下五千人,如果我有别的想法,难道王稔能靠他的单枪匹马代替我?我决不能对不起国家,就算贬为县令我都愿意上任,何况刺史呢?又何必自我表白来彰显朝廷的过失呢?"徐知诰想用法令整顿将领们,就请求收捕钟泰章治罪。徐温说:"如果不是钟泰章的话，我早已死在张颢的手中，今天富贵了，怎么可以背负他呢?"于是命令徐知诰为他的儿子徐景通娶钟泰章的女儿，并以此消解两人之间的间隙。

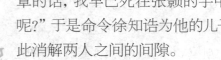

彗星见舆鬼，长丈馀，蜀司天监言国有大灾。蜀主诏于玉局化设道场，右补阙张云上疏，以为："百姓怨气上彻于天，故彗星见。此乃亡国之征，非祈禳可弭。"蜀主怒，流云黎州，卒于道。

郭崇韬上言："河南节度使、刺史上表者但称姓名，未除新官，恐负忧疑。"十一月，始降制以新官命之。

滑州留后李绍钦因伶人景进纳货于宫掖，除泰宁节度使。

【译文】舆鬼星附近出现彗星，有一丈多长，前蜀国的司天监说国家将会有大灾。蜀主王衍下令在玉局化设置道场，右补阙张云上疏，认为："这是百姓怨恨之气上达于天，所以彗星出现，这是亡国的征象，不是作法祈福就可以消除的。"前蜀主王衍非常生气，把张云流放到黎州，结果张云死在路上。

郭崇韬向后唐庄宗李存勖建议说："河南的节度使、刺史上表的时候都只自称姓名，如果不任命新官，他们免不了要忧虑猜疑。"十一月，庄宗才开始下诏任命他们新官。

滑州留后李昭钦通过伶人景进向皇宫贡献财货，被后唐庄宗任命为泰州节度使。

帝幼善音律，故伶人多有宠，常侍左右；帝或时自傅粉墨，与优人共戏于庭，以悦刘夫人，优名谓之"李天下!"尝因为优，自呼曰："李天下，李天下"，优人敬新磨遽前批其颊。帝失色，群优亦骇愕，新磨徐曰："理天下者只有一人，尚谁呼邪!"帝悦，厚赐之。帝尝畋于中牟，践民稼，中牟令当马前谏曰："陛下为民父母，奈何毁其所食，使转死沟壑乎！"帝怒，叱去，将杀之。敬新磨追擒至马前，责之曰："汝为县令，独不知吾天子好猎邪？奈何纵民耕种，以妨吾天子之驰骋乎！汝罪当死！"因请行刑，帝笑而释之。

【译文】后唐庄宗李存勖从小就擅长音律，所以伶人多得到宠幸，常常随侍左右；庄宗有时还自敷粉墨，与优人们在庭中嬉戏，来取悦刘夫人。其艺名叫作"李天下"，因为他在演戏时，自己喊自己"李天下，李天下"。有一个叫敬新磨的戏子突然上前打他的脸，后唐庄宗突然变了脸色，众戏子也感到害怕，敬新磨却慢慢地说："治理天下的只有一个人，还要叫谁呀？"庄宗一听非常高兴，就厚厚地赏赐他。后唐庄宗曾经在中牟打猎，践踏了老百姓的庄稼，中牟令挡在马前进谏说："陛下是天下百姓的父母，为何要毁掉他们的食粮，让他们流散而转死在沟壑中呢？"庄宗大怒，把他吓退下去，准备要杀他。敬新磨追上去把他捉回庄宗的马前，责备他说："你是县令，难道不知道我们天子好打猎吗？你为何放纵老百姓四处耕种，而妨害了天子驰骋打猎呢？你的罪真该死！"因此请求后唐庄宗李存勖把他杀掉，庄宗笑了笑就把他释放了。

诸伶出入宫掖，侮弄缙绅，群臣愤嫉，莫敢出气；亦反有相附托以希恩泽者，四方藩镇争以货赂结之。其尤蠹政害人者，景进为之首。进好采闾阎鄙细事闻于上，上亦欲知外间事，遂委进以耳目。进每奏事，常屏左右问之，由是进得施其谗慝，干预政事。自将相大臣皆惮之，孔岩常以兄事之。

壬寅，岐王遣使致书，贺帝灭梁，以季父自居，辞礼甚倨。

癸卯，河中节度使朱友谦入朝，帝与之宴，宠锡无算。

张全义请帝迁都洛阳，从之。

【译文】优伶们常出入皇宫，捉弄欺负士大夫，大臣们非常愤恨，但是没人敢吭声；也有大臣巴结依附他们，希望能因此得到皇帝的恩宠，各地的藩镇则争相以财货贿赂结交他们。优伶中最为败坏朝政、残害忠良的，要数景进。景进喜欢收集一些民间琐事向庄宗报告，庄宗也很想知道一些外面的事情，就把景进当作自己的耳目。景进每次入宫奏报，庄宗常常屏退左右近臣再问他，因此景进得以施其逸惑奸诈的伎俩，干预国家政事，从将相大臣往下的官员们都害怕他，孔谦常把他当作兄长来对待。

壬寅日(初二日)，岐王李茂贞派遣使者送来国书，向庄宗李存勖恭贺灭梁，书中李茂贞以叔父自居，文辞和礼节都很倨傲。

癸卯日(初三日)，河中节度使朱友谦入朝拜见后唐庄宗李存勖，庄宗设宴款待他，给他的赏赐无法计算。

张全义请后唐庄宗迁都到洛阳，庄宗答应了。

【申涵煜评】帝好与优伶戏，当时讥其轻脱。然前此临阵冲突，尚曰老子妨人戏，则是战亦戏也。沙陀健儿，少年英锐之气随事发洩，无足深怪。独入京日以头触人衣，则真儿戏矣。又况乎卒以社稷戏性命，戏耶。

【译文】后唐庄宗李存勖喜欢和优伶嬉戏，当时人讥笑他轻率。但在这之前在军阵前冲击，他还说老子妨碍别人开玩笑，如此则战斗也是嬉戏了。沙陀健儿，少年的英雄锐气随着事情而发泄，没有什么值得奇怪的。只有入京那天用头触人的衣服，那真是儿戏了。又何况始终拿国家社稷来戏性命，真是儿戏吗？

乙巳,赐朱友谦姓名曰李继麟,命继岌兄事之。

以康延孝为郑州防御使,赐姓名曰李绍琛。

废北都,复为成德军。

赐宣武节度使袁象先姓名曰李绍安。

匡国节度使温韬入朝,赐姓名曰李绍冲。绍冲多赍金帛赂刘夫人及权贵伶宦,旬日,复遣还镇。郭崇韬曰:"国家为唐雪耻,温韬发唐山陵殆遍,其罪与朱温相埒耳,何得复居方镇,天下义士其谓我何!"上曰:"入汴之初,已赦其罪。"竟遣之。

【译文】乙巳日(初五日),后唐庄宗赐给朱谦姓名为李继麟,让皇子李继岌把他当作兄长来对待。

后唐庄宗李存勖任命康延孝为郑州防御使,并且赐名为李绍琛。

后唐庄宗撤销北都,复称成德军。

后唐庄宗赐给宣武节度使袁象先姓名为李绍安。

匡国节度使温韬入朝拜见后唐庄宗,庄宗李存勖赐给他姓名为李绍冲。李绍冲带了很多金银布帛贿赂刘夫人及权贵、伶人、宦官等。十天后,皇帝又派遣他回驻守地。郭崇韬说:"国家替唐朝洗雪耻辱,温韬把唐朝天子的陵墓几乎挖遍,他的罪行可以说和朱温相等,怎么能再让他镇守藩镇呢?这样天下的义士会怎么样看我们?"庄宗说:"当初我们进入汴梁的时候,就已经赦免他的罪行。"最终还是派遣他回驻地。

戊申,中书奏以:"国用未充,请量留三省、寺、监官,馀并停,俟见任者满二十五月,以次代之;其西班上将军以下,令枢密院准此。"从之。人颇咨怨。

初，梁均王将祀南郊于洛阳，闻杨刘陷而止，其仪物具在。张全义请上亟幸洛阳，谒庙毕即祀南郊；从之。

丙辰，复以梁东京开封府为宣下军汴州。梁以宋州为宣武军，诏更名归德军。

诏文武官先诣洛阳。

【译文】戊申日（初八日），中书上奏认为："国家的财用还不充裕，请求酌量保留三省、寺、监官等官员，其余的一概停用，等现任的官员满二十五个月后，依次递补；西班武官从上将军以下，也请命令枢密院准此办理。"后唐庄宗批准，但官员们多叹息埋怨。

起初，梁均王朱友贞准备到洛阳南郊祭天，听说杨刘失陷只好作罢，原来准备的仪仗器物都还在。张全义敦请庄宗李存勖赶快临幸洛阳，拜谒过唐朝的太庙，就可以到南郊祭祀上天；后唐庄宗听从他的意见。

丙辰日（十六日），后唐庄宗把梁国东京开封府又改回宣武军汴州。梁国把宋州改为宣武军，庄宗下诏改名为归德军。

后唐庄宗下诏文武官员先到洛阳。

议者以郭崇韬勋臣为宰相，不能知朝廷典故，当用前朝名家以佐之。或荐礼部尚书薛廷珪，太子少保李琪，尝为太祖册礼使，皆著宿有文，宜为相。崇韬奏廷珪浮华无相业，琪倾险无士风；尚书左丞赵光胤廉洁方正，自梁未亡，北人皆称其有宰相器。豆卢革荐礼部侍郎韦说谙练朝章。丁巳，以光胤为中书侍郎，与说并同平章事。光胤，光逢之弟；说，岫之子；廷珪，逢之子也。光胤性轻率，喜自矜；说谨重守常而已。

赵光逢自梁朝罢相，杜门不交宾客，光胤时往见之，语及政事。他日，光逢署其户曰："请不言中书事。"

租庸副使孔谦畏张宪公正，欲专使务，言于郭崇韬曰："东京重地，须大臣镇之，非张公不可。"崇韬即奏以宪为东京副留守，知留守事。戊午，以豆卢革判租庸，兼诸道盐铁转运使。谦弥失望。

【译文】有人议论任命功臣郭崇韬为宰相，他不了解朝廷典章制度，应当用前朝名家来辅佐他。有人推荐礼部尚书薛廷珪、太子少保李琪，这两人曾经是册封太祖时的册礼使，年高德劭，又有文采，应该任命为宰相。郭崇韬却向庄宗启奏说薛廷珪为人浮华，没有宰相的才干；李琪则偏颇险恶，没有士君子的风度；反而是尚书左丞赵光胤为人廉洁方正，在梁国未亡之前，北人都称赞他有宰相器度。豆卢革则推荐礼部侍郎韦说熟悉朝廷典章制度。丁巳日（十七日），任命赵光胤为中书侍郎，与韦说都为同平章事。赵光胤是赵光逢的弟弟；韦说是韦岫的儿子；薛廷珪是薛逢的儿子。赵光胤性格轻率，喜欢自夸；韦说谨慎庄重，遵守常法。

赵光逢在梁国被罢相后，闭门不和宾客交往，赵光胤时常见他，不免谈到政事；后来，赵光逢在门上写道："请不要谈中书省的事。"

租庸副使孔谦畏惧张宪为人公正，想要独掌租庸使的事务，就对郭崇韬说："东京是重要的地方，一定要派大臣去镇守，这适当的人选非张公不可。"郭崇韬于是奏请庄宗任命张宪为东京副留守，掌理留守事务。戊午日（十八日），庄宗李存勖任命豆卢革判租庸使，兼任诸道盐铁转运使。孔谦大失所望。

【乾隆御批】以命相大事徒任众论纷纭，迄无断。制曰"议者"

曰"或"，皆不知为何等人。其事宁复可问？明代宰相，用廷推，正蹈此辙，所以酿成门户恶习。

【译文】把任命宰相这样的大事徒然地听任大家众说纷纭，始终不能决断。制称"议论的人"称"有人"，却都不知道是何等人。这样的大事怎可以问他们？明代选宰相，采用让朝廷大臣推选的方法，正是重蹈覆辙，所以酿成了门户之争的恶习。

己未，加张全义守尚书令，高季兴守中书令。时季兴入朝，上待之甚厚，从容问曰："朕欲用兵于吴、蜀，二国何先？"季兴以蜀道险难取，乃对曰："吴地薄民贫，克之无益，不如先伐蜀。蜀土富饶，又主荒民怨，伐之必克。克蜀之后，顺流而下，取吴如反掌耳。"上曰："善！"

辛酉，复以永平军大安府为西京京兆府。

甲子，帝发大梁；十二月，庚午，至洛阳。

吴越王镠以行军司马杜建徽为左丞相。

【译文】己未日（十九日），庄宗李存勖加封张全义为代理尚书令，高季兴为代理中书令。当时高季兴正好入朝，庄宗待他非常优厚，从容问他说："我计划向吴国和蜀国发起进攻，这两国应先打哪个呢？"高季兴觉得蜀国道路险阻，难以攻取，于是就回答说："吴国地方狭小，百姓穷困，就算攻下来，也没有什么用处，不如先进攻蜀国，蜀国土地富饶，国君荒淫，百姓怨恨，讨伐它的话，一定能攻下。攻下蜀国后，再顺流东下，攻取吴国就如反掌那么容易。"后唐庄宗说："很好！"

辛酉日（二十一日），后唐庄宗以永平军大安府为西京京兆府。

甲子日（二十四日），后唐庄宗从大梁出发。十二月，庚午日

（初一日），到达洛阳。

吴越王钱镠任命行军司马杜建徽为左丞相。

壬申，诏以汴州宫苑为行宫。

以耀州为顺义军，延州为彰武军，邓州为威胜军，晋州为建雄军，安州为安远军；自馀藩镇，皆复唐旧名。

庚辰，御史台奏："朱温篡逆，删改本朝《律令格式》，悉收旧本焚之，今台司及刑部、大理寺所用皆伪廷之法。闻定州敕库独有本朝《律令格式》具在，乞下本道录进。"从之。

【译文】 壬申日（初三日），后唐庄宗下诏把汴州的宫苑作为行宫。

后唐庄宗李存勖把耀州改称顺义军，延州改称彰武军，邓州改称威胜军，晋州改称建雄军，安州改称安远军；其余的藩镇，都恢复唐朝的名称。

庚辰日（十一日），御史台启奏说："朱温篡逆，删改本朝的《律令格式》，并且把本朝的旧本通通收集焚烧，现在台司和刑部、大理寺所用的都是伪朝的法令。听说定州收藏敕令的库房中还藏有本朝的《律令格式》，请求下令定州，让他们抄录一份送上。"后唐庄宗听从他的意见。

李继韬闻上灭梁，忧惧，不知所为，欲北走契丹，会有诏征诣阙；继韬将行，其弟继远曰："兄以反为名，何地自容！往与不往等耳，不若深沟高垒，坐食积粟，犹可延岁月；入朝，立死矣。"或谓继韬曰："先令公有大功于国，主上于公，季父也，往必无虞。"继韬母杨氏，善蓄财，家赀百万，乃与杨氏偕行，赍银四十万两，他货称是，大布赂遗。伶人宦官争为之言曰："继韬初无邪谋，为奸人所惑耳。嗣昭亲贤，不可无后。"杨氏复入宫见帝，泣请其死，以其先人为言；又求哀于刘夫人，刘夫人亦为之言。及继韬入见待罪，上释之，留月馀，屡从游畋，宠待如故。皇弟义成节度使、同平章事存渥深诋诃之，继韬心不自安，复赂左右求还镇，上不许。继韬潜遣人遗继远书，教军士纵火，冀天子复遣己抚安之，事泄，辛巳，贬登州长史，寻斩于天津桥南，并其二子。遣使斩继远于上党，以李继达充军城巡检。

【译文】李继韬听说后唐庄宗李存勖灭了梁国，又忧愁又害怕，不知道要怎么办，原来打算往北逃往契丹，刚好庄宗下诏征召他到京城；李继韬准备出发，他的弟弟李继远说："哥哥因反叛闻名，哪里容得下你？你去和不去一个样，不如挖沟修垒，坐吃存粮，这样还可以拖延一些时间。如果你入朝，立刻就会被杀死。"有人则劝李继韬说："先令公对国家有过大功，皇上对您又是叔父之亲，您去一定没事。"李继韬的母亲杨氏，很会攒积钱财，家产有百万之多，于是李继韬就和杨氏同行，所带的银子就有四十万两，其他的财货也差不多有这个价值，到了京城后就大肆贿赂、馈赠。于是伶人和宦官都争相替他说情，说："李继韬本来没有什么邪恶的阴谋，只是被奸人迷惑。李嗣昭是至亲，又很贤能，不能没有后嗣。"杨氏又亲自入宫朝见庄宗，哭着请求赦免李继韬的死罪，又抬出先人来说情；又另外向刘夫人哀求，刘夫人也帮着说情。到了李继韬入宫请罪，庄宗就赦免了他，李继韬留在京城有一个多月，几次都随从庄宗出游打猎，庄宗李存勖还是像过去一样宠幸他。皇弟义成节度使、同平章事李存渥痛斥李继韬，李继韬心里更觉得不安，又贿赂左右近臣请求回原来的藩镇，庄宗不许。李继韬偷偷派人给他弟弟李继远送信，教军士们放火作乱，希望天子能再派他前往安抚；但是事情泄露，辛巳日(十二日)，庄宗把他贬为登州长史，不久在天津桥南斩杀了他，同时还斩杀了他的两个儿子。后唐庄宗又派使者去上党斩杀李继远，让李继达任军城巡检。

召权知军州事李继俦诣阙，继俦据有继韬之室，料简妓妾，搜校货财，不时即路。继达怒曰："吾家兄弟父子同时诛死者四人，大兄曾无骨肉之情，贪淫如此；吾诚羞之，无面视人，生不如死！"甲申，继达衰服，帅麾下百骑坐戟门呼曰："谁与吾反者？"因攻牙宅，斩继俦。节度副使李继珂闻乱，募市人，得千馀，攻子城。继达知事不济，开东门，归私第，尽杀其妻子，将奔契丹，出城数里，从骑皆散，乃自刭。

甲申，吴王复遣司农卿洛阳卢蘋来奉使，严可求豫料帝所问，教蘋应对，既至，皆如可求所料。蘋还，言唐主荒于游畋，啬财拒谏，内外皆怨。

【译文】后唐庄宗又召代理知军州事李继俦到朝廷，李继韬被杀后，李继俦占据李继韬的家室，他挑选妓妾，搜寻钱财，不多时就准备上路。李继达非常愤怒，说："我们家兄弟父子同时有四个人被杀，大哥丝毫没有骨肉之情，竟然如此贪婪荒淫；我真是觉得可耻，没脸见人，活着还不如死了算了！"

甲申日(十五日)，李继达穿上孝服，率领所属的百名骑兵在戟门前叫喊："有谁愿和我一起造反？"接着就攻打李继俦的住宅，杀了李继俦。节度副使李继珂听到发生变乱，招募了千余名百姓，进攻子城。李继达知道大势已去，就开东门逃回家中，把妻子儿女杀了，准备投奔契丹，出城后数里，随从们都各自逃命，于是他也自杀。

甲申日(十五日)，吴王又派遣司农卿洛阳人卢蘋出使唐国；

严可求事先预料到后唐庄宗会问什么话，先教卢蘋该怎么回答。卢蘋到了唐国，一切竟然都如严可求所预料的一样。卢蘋回国后，报告说唐主沉迷出游打猎，吝惜钱财，拒绝忠谏，朝廷内外都有怨言。

高季兴在洛阳，帝左右伶宦求货无厌，季兴忿之。帝欲留季兴，郭崇韬谏曰："陛下新得天下，诸侯不过遣子弟将佐入贡，惟高季兴身自入朝，当褒赏以劝来者；乃羁留不遣，弃信亏义，沮四海之心，非计也。"乃遣之。季兴倍道而去，至许州，谓左右曰："此行有二失：来朝一失，纵我去一失。"过襄州，节度使孔勍留宴，中夜，斩关而去。丁酉，至江陵，握梁震手曰："不用君言，几不免虎口。"又谓将佐曰："新朝百战方得河南，乃对功臣举手去，'吾于十指上得天下，'矜伐如此，则他人皆无功矣，其谁不解体！又荒于禽色，何能久长！吾无忧矣。"乃缮城积粟，招纳梁旧兵，为战守之备。

【译文】高季兴在洛阳时，后唐庄宗左右的伶人宦官贪得无厌地向他索取财物，高季兴十分憎恨。庄宗李存勖想要把高季兴留下来，郭崇韬进谏说："陛下新近才得到天下，各地诸侯不过派遣子弟或将领们入贡，只有高季兴亲自入朝，应当特别褒奖他，以鼓励以后的人；如果硬把他留下来，不但背弃亏损信义，又将使天下人心都因此失望，这恐怕不是好办法。"于是庄宗就差遣高季兴回去。高季兴兼程赶路回去，到了许州，对左右随从说："这次行动有两个失误：我入朝是一个失误，朝廷把我放了又是一个失误。"经过襄州的时候，节度使孔勍留下他来宴请。半夜，高季兴一行打开关门，不告而别。丁酉日（二十八日），高季兴到达江陵，握着梁震的手说："没听你的话，差点儿逃不出虎口。"又对部将们说,"新朝经过百战才取得河南,皇帝居然举手对功臣们说'我在十指上得到天下',这么夸矜自己的本事,那别人岂不都是毫无功劳了? 属下怎会不离心呢? 他又沉溺打猎和女色,这样下去,如何能够长久呢? 我没有什么好担心的了。"于是高季兴修缮城池,积蓄粮食,招纳原来后梁国的士兵,做战斗的准备。

资治通鉴卷第二百七十三　后唐纪二

起阏逢涒滩，尽旃蒙作噩十月，凡一年有奇。

【译文】起甲申（公元 924 年），止乙酉（公元 925 年）十月，共一年十个月。

【题解】本卷记录了公元 924 年至 925 年十月的历史，共一年零十个月。为庄宗李存勖同光二年至同光三年十月。庄宗宠信伶人、宦官，宦官多达万人，宦官监军，唐朝弊政逐渐恢复。庄宗无治国才干，骄淫败政，毁魏州即位祭坛为临时毬场；随意践踏禾稼民田；大兴土木选美，拜妖僧祈雨；听信谗言，借故笞杀刚正大臣河南令罗贯，所为遭南汉主轻蔑。庄宗嫡母太妃、生母太后接连故去，庄宗尽孝哀丧。蜀主王衍败政，任命宦官为节镇，荒淫臣属妻女。庄宗派遣使打探蜀中虚实，蜀主不思戒备，后唐大军杀到，势如破竹，才兼程西逃。

庄宗光圣神闵孝皇帝中

同光二年（甲申，公元九二四年）春，正月，甲辰，幽州奏契丹入寇，至瓦桥。以天平军节度使李嗣源为北面行营都招讨使，陕州留后霍彦威副之，宣徽使李绍宏为监军，将兵救幽州。

孔谦复言于郭崇韬曰："首座相公万机事繁，居第且远，租庸簿书多留滞，宜更图之。"豆卢革尝以手书假省库钱数十万，谦以手书示崇韬，崇韬微以讽革。革惧，奏请崇韬专判租庸，崇韬固辞。上曰："然则谁可者？"崇韬曰："孔谦虽久典金谷，若遽委大任，恐不叶物望，请复用张宪。"帝即命召之。谦弥失望。

【译文】同光二年（甲申，公元 924 年）春季，正月，甲辰日（初五日），幽州上奏说契丹人入侵，到了瓦桥。后唐庄宗李存勖任命天平军节度使李嗣源为北面行营都招讨使，陕州留后霍彦威为他的副帅，宣徽使李绍宏为监军，率兵前往救援幽州。

孔谦又对郭崇韬说："首座相公豆卢革日理万机，事务繁忙，所住的地方又远，租庸的公文积压起来，应该另外想个办法解决。"豆卢革曾经打了借条向省库调用几十万钱，孔谦把借条拿给郭崇韬看，郭崇韬有一回就拿这事暗示豆卢革，豆卢革一想，心里害怕，就奏请后唐庄宗李存勖让郭崇韬掌理租庸，郭崇韬坚决推辞，庄宗问："那么谁能担任这个职务？"郭崇韬回答说："孔谦虽然多年掌管金钱粮谷，但是如果立刻委于重任，恐怕不能得到大家的好评，我想还是再用张宪比较好。"后唐庄宗立即下令召见张宪。孔谦更加失望。

岐王闻帝入洛，内不自安，遣其子行军司马彰义节度使兼侍中继曣入贡，始上表称臣。帝以其前朝耆旧，与太祖比肩，特加优礼，每赐诏但称岐王而不名。庚戌，加继曣兼中书令，遣还。

敕："内官不应居外，应前朝内官及诸道监军并私家先所畜者，不以贵贱，并遣诣阙。"时在上左右者已五百人，至是殆及千人，皆给赡优厚，委之事任，以为腹心。内诸司使，自天祐以来以士人代之，至是复用宦者，浸干政事。既而复置诸道监军，节度使出征或留阙下，军府之政皆监军决之，陵忽主帅，怙势争权，由是藩镇皆愤怒。

【译文】岐王李茂贞听说后唐庄宗进入洛阳，内心感到不安，派遣他的儿子行军司马彰义节度使兼侍中李继曤入贡，才开始上表称臣。庄宗因为岐王李茂贞是前朝老臣，又和先王是同辈，对他特别优遇，每回颁赐诏书的时候都只称岐王而不直呼他的名字。庚戌日（十一日），庄宗李存勖加封李继曤为中书令，并把他送回去。

后唐庄宗下敕："宦官不应在外面居留，前朝宦官以及各道监军和私人家里所养的人，不论贵贱，一律遣送回朝廷。"当时在庄宗左右的宦官已经有五百人，到这时候差不多达到一千人，庄宗都赐给他们优厚的俸禄，并且委以重任，把他们当作心腹。宫内的各司使，从前朝天祐年间以后都以一般士人代替，从这时候起又恢复使用宦官。不久，宦官又开始干预政事。后唐庄宗又在各道设置监军，节度使有的奉派出征，有的被留在京城，军府中的政事通通归监军处理，这些宦官欺凌主帅，仗势争权，因此各藩镇对他们都十分愤恨。

契丹出塞。召李嗣源旋师，命泰宁节度使李绍钦、泽州刺史董璋戍瓦桥。

李继曤见唐甲兵之盛，归，语岐王，岐王益惧。癸丑，表请正藩臣之礼，优诏不许。

孔谦恶张宪之来，言于豆卢革曰："钱谷细事，一健吏可办耳。魏都根本之地，顾不重乎！兴唐尹王正言操守有馀，智力不足，必不得已，使之居朝廷，众人辅之，犹愈于专委方面也。"革为之言于崇韬，崇韬乃奏留张宪于东京。甲寅，以正方为租庸使。正言昏懦，谦利其易制故也。

【译文】契丹军开出边境。后唐庄宗命令李嗣源率兵回师，命令泰宁节度使李绍钦、泽州刺史董璋戍守瓦桥。

李继曮看见唐国部队强盛，回去后对岐王李茂贞报告，岐王更加害怕；癸丑日（十四日），岐王上表请求以藩臣之礼对待自己，后唐庄宗下诏没有答应。

孔谦不满张宪到来，于是对豆卢革说："金钱粮谷这种小事，一个能干的官吏就足够办理。魏都是国家的根本之地，难道不更重要吗？兴唐尹王正言的操守有余，可惜智力不足，如果万不得已，让他居朝廷之上，大家一起辅佐他，这还比委派他独当一面合适。"豆卢革就替他把这意思告诉郭崇韬，郭崇韬于是奏请皇帝把张宪留在东京。甲寅日（十五日），庄宗李存勖任命王正言为租庸使。王正言糊涂软弱，孔谦贪图他容易被控制，才提名让他出任租庸使。

李存审奏契丹去，复得新州。

戊午，敕盐铁、度支、户部三司并隶租庸使。

上遣皇弟存渥、皇子继岌迎太后、太妃于晋阳，太妃曰："陵庙在此，若相与俱行，岁时何人奉祀！"遂留不来。太后至，庚申，上出迎于河阳；辛酉，从太后入洛阳。

二月，己巳朔，上祀南郊，大赦。孔谦欲聚敛以求媚，凡赦文所蠲者，谦复征之。自是每有诏令，人皆不信，百姓愁怨。

【译文】李存审启奏契丹人退去，唐国又得到新州。

戊午日（十九日），后唐庄宗李存勖下敕：盐铁、度支、户部三司一并隶属于租庸使管辖。

后唐庄宗派遣他的弟弟李存渥、他的儿子李继岌到晋阳迎接太后、太妃。太妃说："先王的陵墓、宗庙都在这里，如果我们都去，每年四时谁来祭祀呢？"于是就留在晋阳不去洛阳。太后到洛阳，庚申日（二十一日），后唐庄宗亲自在河阳出迎；辛酉日(二十二日)，庄宗随从太后进入洛阳城。

二月，己巳朔日(初一日)，后唐庄宗李存勖到南郊祭祀上天，大赦天下，孔谦想多聚敛财物博取宠信，于是大赦的诏书所免除的租税，孔谦又征收不误。从此，每次后唐庄宗下发诏令，人们都不相信，百姓忧愁怨恨。

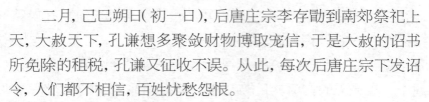

郭崇韬初至汴、洛，颇受藩镇馈遗，所亲或谏之，崇韬曰："吾位兼将相，禄赐巨万，岂藉外财！但以伪梁之季，贿赂成风，今河南藩镇，皆梁之旧臣，主上之仇雠也，若拒，其意能无惧乎！吾特为国家藏之私室耳。"及将祀南郊，崇韬首献劳军钱十万缗。先是，宦官劝帝分天下财赋为内外府，州县上供者入外府，充经费，方镇贡献者入内府，充宴游及给赐左右。于是，外府常虚竭无馀而内府山积。及有司办郊祀，乏劳军钱，崇韬言于上曰："臣已倾家所有以所助大礼，愿陛下亦出内府之财以赐有司。"上默然久之，曰："吾晋阳自有储积，可令租庸辇取以相助。"于是，取李崇韬私第金帛数十万以益之，军士皆不满望，始怨恨，有离心矣。

【译文】郭崇韬刚到汴梁、洛阳时，接受了很多藩镇给他的馈赠，他的亲信中有人规劝他，郭崇韬说："我的职位兼领将、相，俸禄和赏赐有巨万之多，难道还需依靠这些外来的钱财？但是伪梁末季，贿赂成了一种风气，现在河南的藩镇都是梁国的旧臣，过去主上的仇敌，如果拒绝他们的馈赠，他们的心里不是会觉得害怕吗？我只不过是替国家把这些钱贮藏在私室而已。"等到后唐庄宗李存勖快要到南郊祭天时，郭崇韬带头贡献钱十万缗慰劳军队。起初，宦官劝庄宗把天下的财赋分为内、外府，州县所缴来的归外府，充作政府的经费，而方镇所呈献的则拨入内府，充作皇帝宴游和赏赐左右所用。于是外府常常空虚、毫无节余，而内府钱财则堆积如山。到了有司要办理郊祀的时候，缺乏劳军钱，郭崇韬对庄宗说："臣已倾尽家财来帮助此次大典，希望陛下也能拿出内府的钱财来帮助有司。"庄宗李存勖听了沉默半天，最后才说："我在晋阳另有储积，可以命令租庸使去运来相助。"于是拿李继韬家中的金银布帛几十万来补助，军队士卒们对此很不满意，开始怨恨，并产生叛离的想法。

河中节度使李继麟请榷安邑、解县盐，每季输省课。己卯，以继麟充制置两池榷盐使。

辛巳，进岐王爵为秦王，仍不名、不拜。

郭崇韬知李绍宏怏怏，乃置内句使，掌句三司财赋，以绍宏为之，冀弭其意，而绍宏终不悦，徒使州县增移报之烦。

【译文】河中节度使李继麟奏请抽安邑和解县盐池的税，分季每三个月征收缴输送一次。己卯日（十一日），后唐庄宗李存勖任命继麟充任制置两池榷盐使。

辛巳日（十三日），后唐庄宗进封岐王李茂贞为秦王，并且允许他朝见时不称名，不下拜。

郭崇韬知道李绍宏心里不舒服，于是设置内句使，掌管查核三司的财赋，让李绍宏担任这个职务，希望以此消除他的恨意，但是李绍宏终究还是不高兴，结果只是使州县里增加移报手续的麻烦。

崇韬位兼将相，复领节旄，以天下为己任，权侔人主，且夕车马填门。性刚急，遇事辄发，嬖幸佞求，多所摧仰，宦官疾之，朝夕短之于上。崇韬扼腕，欲制之不能。豆卢革、韦说尝问之曰：

"汾阳王本太原人徙华阴，公世家雁门，岂其枝派邪？"崇韬因曰："遭乱，亡失谱谍，尝闻先人言，上距汾阳世四耳。"革曰："然则固从祖也。"崇韬由是以膏粱自处，多甄别流品，引拔浮华，鄙弃勋旧。有求官者，崇韬曰："深知公功能，然门地寒素，不敢相用，恐为名流所嗤。"由是嬖幸疾之于内，勋旧怨之于外。崇韬屡请以枢密使让李绍宏，上不许；又请分枢密院事归内诸司以轻其权，而宦官谤之不已。崇韬郁郁不得志，与所亲谋赴本镇以避之，其人曰："不可，蛟龙失水，蝼蚁足以制之。"

【译文】郭崇韬位兼将相，又兼任地方节度使，他以天下为己任，权力和庄宗李存勖相近，每天早晚门前的车马都是满满的。他生性刚强急躁，遇事就发作，宠臣们有所贪求，他就刻意压制他们，因此宦官们都很恨他，早晚都在庄宗面前说他的坏话；郭崇韬非常气愤，但是也无可奈何。豆卢革和韦说曾经问他说："汾阳王郭子仪本来是太原人，后来才迁居到华阴，您世代居住在雁门，是不是也是他的同宗呢？"郭崇韬说："因为遭到变乱，家里的族谱已经失去，不过曾经听先人讲过，我上距汾阳王不过四世。"豆卢革说："那汾阳王应该是您的同族祖先了。"郭崇韬因此就以贵族后裔自居，喜欢评判别人的流品，大量引用浮华无实的人，鄙弃有功劳的旧臣。有人向他求官职，他却说："我很了解你的功绩和才能，但因出身寒门，不敢起用，害怕名流们讥笑。"因此宫内嬖幸宠臣中伤他，外头功勋旧臣怨恨他。郭崇韬几次请求把枢密使的职位让给李绍宏，庄宗李存勖都不许；又请求把枢密院的事务分一部分归宫内诸司管辖，好减轻自己的权力，但是宦官却不停地毁谤他。郭崇韬郁郁不得志，和亲信部属商量，准备前往镇守地避一避风头。亲信劝他说："不可以。蛟龙离开了水，蝼蚁都可以制服它。"

先是，上欲以刘夫人为皇后，而有正妃韩夫人在，太后素恶刘夫人，崇韬亦屡谏，上以是不果。于是，所亲说崇韬曰："公若请立刘夫人为皇后，上必喜。内有皇后之助，则伶宦辈不能为患矣。"崇韬从之，与宰相帅百官共奏刘夫人宜正位中宫。癸未，立魏国夫人刘氏为皇后。皇后生于寒微，既贵，专务蓄财，其在魏州，至于薪苏果茹皆贩鬻之。及为后，四方贡献皆分为二，一上天子，一上中宫。以是宝货山积，惟用写佛经，施尼师而已。

【译文】在此以前，后唐庄宗李存勖打算把刘夫人立为皇后，因有正妃韩夫人在，皇太后平素又恨刘夫人，郭崇韬也曾多次劝说，因此庄宗没有把刘夫人立为皇后。这时崇韬的亲信建议说："您如果请求册立刘夫人为皇后，皇上一定非常高兴。宫内如果有皇后帮您，那么伶人、宦官们就不能对你有所不利了。"郭崇韬接纳了他的建议，就和宰相率领百官一起启奏说刘夫人应该正位中宫。癸未日（十五日），后唐庄宗李存勖册立魏国夫人刘氏为皇后。刘皇后出身微贱，尊贵以后，只知道积蓄钱财，在魏州的时候，连柴薪、蔬菜、水果等东西都卖。当了皇后，四方呈献来的财物都分为两份，一份送给皇帝，一份送给中宫。因此刘皇后的财宝堆积如山，只用来抄写佛经或馈赠尼师而已。

是时皇太后诰，皇后教，与制敕交行于藩镇，奉之如一。

诏蔡州刺史朱勍浚索水，通漕运。

三月，己亥朔，蜀主宴近臣于怡神亭，酒酣，君臣及宫人皆脱冠露髻，喧哗自恣。知制诰京兆李龟祯谏曰："君臣沉湎，不忧国政，臣恐启北敌之谋。"不听。

乙巳，镇州言契丹将犯塞，诏横海节度使李绍斌、北京左厢马军指挥使李从珂帅骑兵分道备之；天平节度使李嗣源屯邢州。绍斌本姓赵，名行实，幽州人也。

【译文】当时皇太后的诰命、皇后的教令和皇帝的制敕并行于藩镇之间，大家都同样奉行。

后唐庄宗李存勖下诏，命令蔡州刺史朱勍疏浚索水，使索水成为水上运输道路。

三月，己亥朔日（初一日），蜀主王衍在怡神亭宴请近臣，喝到酒酣的时候，君臣和宫女们都脱帽露出发髻，肆无忌惮地喧哗吵闹。知制诰京兆人李龟祯进谏说："君臣沉溺酒色，不忧劳国事，臣恐怕会引来北方敌人算计我们的阴谋。"前蜀主王衍不听他的规劝。

乙巳日（初七日），镇州报告说契丹人将要侵犯边境。后唐庄宗李存勖下诏让横海节度使李绍斌、北京左厢马军指挥使李从珂等率领骑兵分道前往边境防备；又命令天平节度使李嗣源屯驻邢州。李绍斌本姓赵，名行实，幽州人。

丙午，加高季兴兼尚书令，时封南平王。

李存审自以身为诸将之首，不得预克汴之功，感愤，疾益甚，屡表求入觐，郭崇韬抑而不许。存审疾亟，表乞生睹龙颜，乃许之。初，帝尝与右武卫上将军李存贤手搏，存贤不尽其技，帝曰："汝能胜我，我当授藩镇。"存贤乃奉诏，仅仆帝而止。及许存审入觐，帝以存贤为卢龙行军司马，旬日除节度使，曰："手搏之约，吾不食言矣。"

【译文】丙午日（初八日），庄宗李存勖加任高季兴兼尚书令，并且进封为南平王。

李存审自认身为诸将之首，没有得到参与攻克汴梁之功，感到激愤，病情加重，曾多次上表请求朝见庄宗，郭崇韬扣压住不许他入朝。李存审病得很严重，上表乞求能在活着时再见庄宗一面，才准许了他。起初，庄宗李存勖曾经与右武卫上将军李存贤角力，李存贤没尽全力，庄宗说："你如能赢我，我就派你当藩镇节度使。"李存贤于是奉命，只把庄宗挤倒就停止。到了这时准许李存审入朝，庄宗任命李存贤为卢龙行军司马，十天后又任命为节度使，庄宗李存勖还说："手搏之约，我不能说话不算数。"

庚戌，幽州奏契丹寇新城。

勋臣畏伶宦之谗，皆不自安，蕃汉内外马步副总管李嗣源求解兵柄，帝不许。

自唐末丧乱，搢绅之家或以告赤鬻于族姻，遂乱昭穆，至有舅叔拜甥、侄者，选人伪滥者众。郭崇韬欲革其弊，请令铨司精加考核。时南郊行事官千二百人，注官者才数十人，涂毁告身者十之九。选人或号哭道路，或馁死逆旅。

唐室诸陵先为温韬所发，庚申，以工部郎中李途为长安按视诸陵使。

皇子继岌代张全义判六军诸卫事。

【译文】庚戌日（十二日），幽州启奏说契丹的部队入侵新城。

有功之臣都害怕伶宦毁谤，内心都感到不安。蕃汉内外马步副总管李嗣源请求解除兵权；庄宗李存勖不允许。

自从唐末衰乱，士大夫家有人将做官凭证在同族亲戚中出卖，于是乱了礼教，甚至有舅舅和叔叔要拜外甥和侄儿的，候选的官吏假冒顶替的很多。郭崇韬想革除这种弊端，就下令吏部严加考核。当时南郊祀天的时候，参与执事的官吏有一千两百人，后来考核通过被登录的不过几十人，十分之九的人补官的文凭"告身"都被涂销。候选、候补官员有的在道路上号啕大哭，有的饿死在旅馆。唐朝各陵墓都被温韬挖掘，庚申日（二十二日），后唐庄宗任命工部郎中李途为长安按视诸陵使。

皇子李继岌代替张全义判六军诸卫事。

资治通鉴

【乾隆御批】屏除伪滥未始非铨司之职，然其所争特昭穆，族姻则仍沿门第官人陋习，初非澄清仕途正本之意。且以南郊行事辄议注官，更何政体？是选人之咨怨固妄，而革弊者之考核先谬也。

【译文】去除伪滥未尝不是铨司的职责，然而所争的只不过是宗族的辈分，族姻则仍延续门第授官的陋习，最初并不是澄清仕途正本清源之意。况且因为南郊祭祀就轻议拟授官职，成何政体？选人的嗟叹怨恨固然不应该，但革除弊端者的考核却是先错了。

夏，四月，己巳朔，群臣上尊号曰昭文睿武至德光孝皇帝。

帝遣客省使李严使于蜀，严盛称帝威德，有混一天下之志。且言朱氏篡窃，诸侯曾无勤王之举。王宗俦以其语侵蜀，请斩之，蜀主不从。宣徽北院使宋光葆上言："晋王有凭陵我国家之志，宜选将练兵，屯戍边鄙，积粮粮，治战舰以待之。"蜀主乃以光葆为梓州观察使，充武德节度留后。

乙亥，加楚王殷兼尚书令。

【译文】夏季，四月，己巳朔日（初一日），群臣给后唐庄宗上尊号叫昭文睿武至德光孝皇帝。

后唐庄宗李存勖派遣客省使李严出使前蜀，李严十分夸耀后唐庄宗的威德，有统一天下的志向；并且提到朱氏篡位窃国的时候，其他诸侯都没有勤王的行动。王宗俦认为他所说的话明明是在指责蜀国，请求把他斩首，蜀主王衍不许。宣徽北院使宋光葆建议说："晋王有侵略我们国家的意向，我们应该选任将领，训练士卒，屯驻在边境，储积粮食，整修战舰来防备他们。"于是前蜀主王衍任命李光葆为梓州观察使，充当武德节度留后。

乙亥日（初七日），后唐庄宗李存勖加封楚王马殷兼任尚书令。

庚辰，赐前保义留后霍彦威姓名李绍真。

秦忠敬王李茂贞卒，遣奏以其子继曘权知凤翔军府事。

初，安义牙将杨立有宠于李继韬，继韬诛，常邑邑思乱。会发安义兵三千戍涿州，立谓其众曰："前此潞兵未尝戍边，今朝廷驱我辈投之绝塞，盖不欲置之潞州耳。与其暴骨沙场，不若据城自守，事成富贵，不成为群盗耳。"因聚噪攻子城东门，焚掠市肆；节度副使李继珂、监军张弘祚弃城走，立自称留后，遣将士表求旌节。诏以天平节度使李嗣源为招讨使，武宁节度使李绍荣为部署，帐前都指挥使张廷蕴为马步都指挥使以讨之。

【译文】庚辰日（十二日），后唐庄宗赐给原保义留后霍彦威姓名为李绍真。

秦忠敬王李茂贞过世，遗书启奏让他的儿子李继曘代理凤翔军府事务。

起初，巡义牙将杨立很受李继韬宠爱，李继韬被杀后，杨立闷闷不乐，打算叛乱。刚好朝廷征调安义三千名士兵前往涿州戍守，杨立就对他的属下们说："以前潞州部队从来就没有去戍守边境，现在朝廷驱使我们，把我们投到绝塞蛮荒之地，这是不想留我们在潞州了。我们与其暴尸沙场，不如占据城池自立，如果事情成功，大家都能安享富贵；如果失败，大不了落草为寇。”因此聚众鼓噪，攻打子城的东门，烧掠街上的商店。节度副使李继珂、监军张弘祚两人丢下城池逃跑，于是杨立自称为留后，派遣将士向后唐庄宗上表请求任命为节度使。庄宗下诏任命天平节度使李嗣源为招讨使，武宁节度使李绍荣为部署，帐前都指挥使张廷蕴为马步都指挥使，前往讨伐。

孔谦贷民钱，使以贱估偿丝，屡檄州县督之。翰林学士承旨、权知汴州卢质上言：“梁赵岩为租庸使，举贷诛敛，结怨于人。陛下革故鼎新，为人除害，而有司未改其所为，是赵岩复生也。今春霜害桑，茧丝甚薄，但输正税，犹惧流移，况益以称贷，人何以堪！臣惟事天子，不事租庸，敕旨未颁，省牒频下，愿早降明命！”帝不报。

汉主引兵侵闽，屯于汀、漳境上；闽人击之，汉主败走。

【译文】孔谦将钱借贷给百姓，然后让百姓用低价的丝来偿还贷款，而且经常下发檄文让州县的官吏来督促。翰林学士承旨、权知汴州卢质建议说：“梁国的赵岩过去当租庸使的时候，利用贷款收敛百姓钱财，因此使百姓怨恨。陛下革故立新，替民除害，但是有司却还没把过去的做法改过来，这岂不是赵岩又活过来了吗？今年春天，霜雪为害作物，茧丝的收成很差，只缴纳原有的赋税，老百姓都怕要流离失散了，何况还用高利贷来加重他们的负担，老百姓怎么负担得了？臣只事奉天子，不事奉租庸使，现在圣旨还没颁下，租庸使的公文却一直在催促，希望能够及早颁发明确的命令。”但后唐庄宗李存勖没有答复他。

南汉国主率兵入侵闽国，屯驻在汀州、漳州的边境；闽国的军队进击，汉主战败逃走。

初，胡柳之役，伶人周匝为梁所得，帝每思之；入汴之日，匝谒见于马前，帝甚喜。匝涕泣言曰："臣所以得生全者，皆梁教坊使陈俊、内园栽接使储德源之力也，愿就陛下乞二州以报之。"帝许之。郭崇韬谏曰："陛下所与共取天下者，皆英豪忠勇之士。今大功始就，封赏未及一人，而先以伶人为刺史，恐失天下心。"以是不行。逾年，伶人屡以为言，帝谓崇韬曰："吾已许周匝矣，使吾惭见此三人。公言虽正，然当为我屈意行之。"五月，壬寅，以俊为景州刺史，德源为宪州刺史。时亲军有从帝百战未得刺史者，莫不愤叹。

【译文】当初在胡柳战役中，优伶周匝被梁人抓获，后唐庄宗李存勖经常思念他。进入汴梁那一天，周匝到马前谒见，庄宗非常高兴。周匝哭着向庄宗说："臣之所以还能够生还，完全是梁国教坊使陈俊和内园栽接使储德源的帮助，我向皇上乞求两个州来报答他们。"庄宗答应了他。郭崇韬进谏说："和陛下一起攻取天下的，都是英豪忠勇之士，现在大功刚刚完成，还没有封赏任何一个人，却先以伶人担任刺史，这样恐怕会失去天下人心。"因此周匝的建议没有实行。一年之后，优伶经常提起这件事，后唐庄宗对郭崇韬说："我已经答应过周匝，这一来我就愧见他们三个人了。你说得当然极有道理，但是就算为我变通一下，把这件事解决了吧！"五月，壬寅日(初五日)，任命陈俊为景州刺史，储德源为宪州刺史。当时亲军中有跟从后唐庄宗转战南北而没有封得刺史的人无不愤怒叹息。

乙巳，右谏议大夫薛昭文上疏，以为："诸道僭窃者尚多，征伐之谋，未可遽息。又，士卒久从征伐，赏给未丰，贫乏者多，宜以四方贡献及南郊羡馀，更加颁赉。又，河南诸军皆梁之精锐，恐僭窃之国潜以厚利诱之，宜加收抚。又，户口流亡者，宜宽徭薄赋以安集之。又，土木不急之役，宜加裁省。又请择隙地牧马，勿使践京畿民田。”皆不从。

戊申，蜀主遣李严还。初，帝因严入蜀，令以马市宫中珍玩，而蜀法禁锦绮珍奇不得入中国，其粗恶者乃听入中国，谓之“入草物”。严还，以闻，帝怒曰：“王衍宁免为入草之人乎！”严因言于帝曰：“衍童騃荒纵，不亲政务，斥远故老，昵比小人。其用事之臣王宗弼、宋光嗣等，谄谀专恣，黩货无厌，贤愚易位，刑赏紊乱，君臣上下专以奢淫相尚。以臣观之，大兵一临，瓦解土崩，可翘足而待也。”帝深以为然。

【译文】乙巳日（初八日），右谏议大夫薛昭文给后唐庄宗上疏，认为：“各藩镇僭窃名号的还很多，讨伐的谋划不可停止。此外，士卒长久以来随众征战，赏赐给他们的并不丰裕，大多都还很穷困，应该把四方呈献及南郊祀天所剩余的财货再一次颁赏。再者，黄河以南的各路军队都是从前梁朝的精锐，恐怕那些僭窃名号的各国会偷偷用厚利引诱他们，应该加以收抚。还有，户口流亡四散在外的，应该宽省徭役、薄收赋税来安定抚集他们。再者，土木不急的工役，应该加以裁减。还有，请求另选空隙的地方牧马，不要让它们践踏京畿附近百姓的田园。”后唐庄宗都没有听从他的意见。

戊申日（十一日），前蜀主王衍派李严回归后唐。起初，后唐庄宗李存勖因为李严要到蜀国去，命令他用马去买蜀国宫中的珍奇玩物，而蜀国的法令禁止把锦绮珍奇的东西传入中原，比较粗糙低劣的才准流入中原，叫作“入草物”。李严回国后，把这事向庄宗报告，庄宗听了非常生气，说："王衍难道可以免为入草之人吗?"李严于是向庄宗报告说："王衍非常幼稚荒淫，不亲理政事，又斥退旧臣，只亲近小人。那些掌权的大臣如王宗弼、宋光嗣等人，只知道一味讨好主上，对于财货贪得无厌，朝廷上贤愚颠倒，刑赏混乱，君臣上下只知道骄奢淫侈相互攀比。依臣看来，只要大兵一到，立刻就会土崩瓦解，这是可以翘起脚来等待的。"后唐庄宗认为他讲得对。

【乾隆御批】城池乃卫民保障，杨立之叛由于疑惧思乱，并非因有坚城可据也。庄宗以一叛将之故，夷及潞城，且悉毁州镇守具，正所谓"因噎废食"。

【译文】城池乃是保卫百姓的屏障，杨立的叛乱是由于怀疑恐惧而思谋作乱，并非因为有坚固的城池可以凭依。庄宗因一个叛将的缘故就夷平了潞州城墙，并且把各州镇的守城之具全都销毁，正是所说的"因噎废食"。

帝以潞州叛故，庚戌，诏天下州镇无得修城浚隍，悉毁防城之具。

壬子，新宣武节度使兼中书令、蕃汉马步总管李存审卒于幽州。存审出于寒微，常戒诸子曰："尔父少提一剑去乡里，四十年间，位极将相，其间出万死获一生者非一，破骨出镞者凡百馀。"因授以所出镞，命藏之，曰："尔曹生于膏梁，当知尔父起家如此也。"

幽州言契丹将入寇，甲寅，以横海节度使李绍斌充东北面行营招讨使，将大军渡河而北。契丹屯幽州东南城门之外，虏骑充斥，馈运多为所掠。

【译文】后唐庄宗因为潞州背叛的缘故，庚戌日(十三日)，下诏命令天下州镇不准再修筑城墙、挖浚城沟，并且把守城的器具通通毁掉。

壬子日（十五日），新上任的宣武节度使兼中书令、蕃汉马步总管李存审在幽州去世。李存审出身微贱，常常告诫他的儿子们说："你们父亲年轻的时候，提着一把剑离开故乡，四十年来，地位做到将相，但是这中间出于万死而侥幸得到一生的场合也不止一次，从骨中挖出箭头也有一百多枚。"于是把挖出的箭头拿出，让他们收藏起来，说，"你们生活在富裕的家庭里，应当知道你们的父亲起家是很不容易的。"

幽州报告说契丹人将要入侵，甲寅日（十七日），后唐庄宗任命横海节度使李绍斌充任东北面行营招讨使，率领大军渡过黄河往北进军。契丹的部队屯驻在幽州东南城门之外，到处都是敌人的骑兵，他们所用的粮草大多是从当地抢夺来的。

壬戌，以李继曮为凤翔节度使。

乙丑，以权知归义留后曹义金为节度使。时瓜、沙与吐蕃杂居，义金遣使间道入贡，故命之。

李嗣源大军前锋至潞州，日已暝；泊军方定，张廷蕴帅麾下壮士百馀辈逾堑坎城而上，守者不能御，即斩关延诸军入。比明，嗣源及李绍荣至，城已下矣，嗣源等不悦。丙寅，嗣源奏潞州平。六月，丙子，磔杨立及其党于镇国桥。潞州城池高深，帝命夷之。

【译文】壬戌日（二十五日），后唐庄宗任命李继曮为凤翔节度使。

乙丑日（二十八日），后唐庄宗任命代理归义留后曹义金为归义节度使。当时瓜州、沙州和吐蕃杂居，曹义金派遣使者绕道入贡，所以庄宗特意任命他。

李嗣源率领部队的前锋到达潞州时已经夕阳西下。部队刚刚安顿下来，张廷蕴就率领部属百余名壮士越过壕沟、城墙攻上去，守军不能抵御，张廷蕴就斩开关门，引导各部队进城。到了天亮的时候，李嗣源和李绍荣率领大军到达，这时潞州城已经攻下来，李嗣源等很不高兴。丙寅日（二十九日），李嗣源启奏说潞州已经平定。六月，丙子日（初九日），在镇国桥磔杀了杨立和他的党羽。潞州城高池深，后唐帝庄宗李存勖命令夷平。

丙戌，以武宁节度使李绍荣为归德节度使、同平章事，留宿卫，宠遇甚厚。帝或时与太后，皇后同至其家。帝有幸姬，色美，尝生子矣，刘后妒之。会绍荣丧妻，一日，侍禁中，帝问绍荣："汝复娶乎？为汝求婚。"后因指幸姬曰："大家怜绍荣，何不以此赐之！"帝难言不可，微许之。后趣绍荣拜谢，比起，顾幸姬，已肩舆出宫矣。帝为之托疾不食者累日。

壬辰，以天平节度使李嗣源为宣武节度使，代李存审为蕃汉内外马步总管。

【译文】丙戌日（十九日），后唐庄宗任命武宁节度使李绍荣为归德节度使、同平章事，并留他在宫中，担任警卫，给他的待遇十分丰厚。庄宗有时甚至和太后、皇后一起到他家中去。庄宗有个宠姬，生得很漂亮，曾经生了儿子，刘后嫉妒她。刚好李绍荣的妻子过世，有一天，李绍荣在宫禁中侍卫，庄宗问他："你要再娶吗？我替你求婚。"刘皇后于是就指着宠姬说："皇上如果可怜李绍荣，何不就把她赐给他！"庄宗不便说不好，只好含糊表示答应；刘皇后赶快让李绍荣拜谢庄宗。第二天一早，后唐庄宗去看他的宠姬时，已经被轿子抬出皇宫。庄宗李存勖因为这件事情托病，好几天都没吃饭。

壬辰日（二十五日），后唐庄宗李存勖任命天平节度使李嗣源为宣武节度使，代替李存审为蕃汉内外马步总管。

秋，七月，壬寅，蜀以礼部尚书许寂为中书侍郎、同平章事。

孔谦复短王正言于郭崇韬，又厚赂伶宦，求租庸使，终不获，意怏怏，癸卯，表求解职。帝怒，以为避事，将置于法，景进救之，得免。

梁所决河连年为曹、濮患，甲辰，命右监门上将军娄继英督汴、滑兵塞之。未几，复坏。

庚申，置威塞军于新州。

契丹恃其强盛，遣使就帝求幽州以处卢文进。时东北诸夷皆役属契丹，惟渤海未服；契丹主谋入寇，恐渤海掎其后，乃先举兵击渤海之辽东，遣其将秃馁及卢文进据营、平等州以扰燕地。

【译文】秋季，七月，壬寅日（初五日），前蜀主王衍任命礼部尚书许寂为中书侍郎、同平章事。

孔谦又向郭崇韬说王正言的坏话，同时用丰厚的礼物贿赂伶人宦官，希望能得到租庸使，最后还是不能如愿，内心非常不快。癸卯日（初六日），就上表请求解职；庄宗很生气，认为他想逃避事务，准备以法处理他，景进到后唐庄宗面前求情解救，才使他免于处分。

梁国所决开的黄河年年成为曹州、濮州的大患，甲辰日（初七日），后唐庄宗李存勖命令右监门上将军娄继英督导汴州、滑州的部队把决口补起来。但是没过多久，河堤又崩坏了。

庚申日（二十三日），后唐庄宗李存勖在新州设置了威武军。

契丹仗恃国势强盛，派遣使者向后唐庄宗李存勖索要幽州，安置卢文进。当时东北方的各夷族都归属契丹，只有渤海国还没有臣服；契丹主打算入侵中原，又恐怕渤海国偷袭他的后方，于是就先发兵进攻渤海国的辽东，并派遣将领秃馁和卢文进占据营州、平州等地干扰后唐的燕地。

八月，戊辰，蜀主以右定远军使王宗锷为招讨马步使，帅二十一军屯洋州；乙亥，以长直马军使林思谔为昭武节度使，戍利州以备唐。

租庸使王正言病风，恍惚不能治事，景进屡以为言。癸酉，以副使、卫尉卿孔谦为租庸使，右威卫大将军孔循为副使。循即赵殷衡也，梁亡，复其姓名。谦自是得行其志，重敛急征以充帝欲，民不聊生。癸未，赐谦号丰财赡国功臣。

帝复遣使者李彦稠入蜀，九月，己亥，至成都。

【译文】八月，戊辰日（初二日），蜀主王衍任命右定远军使王宗锷为招讨马步使，率领二十一路大军屯驻洋州；乙亥日（初九日），又任命长直马军使林思锷为昭武节度使，戍守利州，防备唐国。

后唐租庸使王正言中风得病，神志恍惚，不能处理政事，景进在后唐庄宗面前反复说这件事情。癸酉日（初七日），后唐庄宗任命副使、卫尉卿孔谦为租庸使，右威卫大将军孔循为副使。孔循就是赵殷衡，梁国亡了以后恢复本来的姓名。孔谦从此就能遂行他的心志，横征暴敛来满足庄宗李存勖的需求，百姓几乎活不下去。癸未日（十七日），庄宗赐给孔谦封号为丰财赡国功臣。

后唐庄宗又派遣使者李彦稠入前蜀国，九月，己亥日（初三日），李彦稠到达成都。

癸卯，帝猎于近郊。时帝屡出游猎，从骑伤民禾稼，洛阳令何泽付于丛薄，俟帝至，遮马谏曰："陛下赋敛既急，今稼穑将成，复蹂践之，使吏何以为理，民何以为生！臣愿先赐死。"帝慰而遣之。泽，广州人也。

契丹攻渤海，无功而还。

蜀前山南节度使兼中书令王宗俦以蜀主失德，与王宗弼谋废立，宗弼犹豫未决。庚戌，宗俦忧愤而卒。宗弼谓枢密使宋光嗣、景润澄等曰："宗俦教我杀尔曹，今日无患矣。"光嗣辈俯伏泣谢。宗弼子承班闻之，谓人曰："吾家难乎免矣。"

【译文】癸卯日（初七日），后唐庄宗在京城近郊打猎。当时庄宗经常出外游玩打猎，随从的骑兵践踏了百姓的庄稼，洛阳令何泽躲在草丛中，等到庄宗到了，拦住马进谏说："陛下征收赋税一向急迫，现在作物要长成，又带一大堆人来把它践踏，这一来，教官吏们如何处理呢？百姓又要靠什么活下去呢？臣下希望皇上先赐我死。"后唐庄宗安慰他并把他送走。何泽是广州人。

契丹进攻渤海，无功而回。

蜀国前山南节度使兼中书令王宗俦认为蜀主王建已经丧失为主的品德，就找王宗弼商量把蜀主废掉，王宗弼还在犹豫不定。庚戌日（十四日），王宗俦因为忧愤过世。王宗弼对枢密使宋光嗣、景润澄等说："王宗俦以前教我要杀你们，现在没事了。"宋光嗣等伏地哭着向他道谢。王宗弼的儿子王承班听说后，对人们说："我家难免一场灾难。"

【乾隆御批】庄宗籍始终为唐之名，能灭朱梁，乃方欲戮尸，旋命拜墓，颠倒无据。若或褫其魄者，尚何足观其后乎？

【译文】庄宗借着始终一心为唐的名义，才能灭掉朱梁，正要斩辱梁的尸主神位，反过来又命官员参拜坟墓，行事颠倒没有根据。如果有人夺去了他的魂魄，他的后事还有什么值得一观的呢？

乙卯，蜀主以前镇江军节度使张武为峡路应援招讨使。

丁巳，幽州言契丹入寇。

冬，十月，辛未，天平节度使李存霸、平卢节度使符习言："属州多称直奉租庸使贴指挥公事，使司殊不知，有紊规程。"租庸使奏，近例皆直下。敕："朝廷故事，制敕不下支郡，牧守不专奏陈。今两道所奏，乃本朝旧规；租庸所陈，是伪廷近事。自今支郡自非进奉，皆须本道腾奏，租庸征催亦须牒观察使。"虽有此敕，竟不行。

易定言契丹入寇。

【译文】乙卯日（十九日），蜀主王衍任命前镇江军节度使张武为峡路应援招讨使。

丁巳（二十一日），幽州方面报告契丹入侵。

冬季，十月，辛未日（初六日），天平节度使李存霸、平卢节度使符习上奏说："所属州县多反映租庸使往往直下公文指挥公事，而节度使都不知道，这样实在不合规程。"租庸使则辩称："近年惯例，公事都是直下州县。"后唐庄宗裁断说："朝廷的惯例，中央的公文不直接下发到州县，州县的官吏也不能直接上奏。现在天平、平卢两道所讲的事情，是本朝过去的规定；而租庸使所陈述的，是伪朝梁国最近的做法。从今天起，州县不准自行上奏，凡事一定要由本道转呈，租庸使催缴各地的赋税也要经过观察使转达。"虽然庄宗下达这道命令，实际上并没有执行。

易州、定州报告契丹入侵。

蜀宣徽北院使王承休请择诸军骁勇者万二千人，置驾下左、右龙武步骑四十军，兵械给赐皆优异于它军，以承休为龙武军马步都指挥使，以裨将安重霸副之，旧将无不愤耻。重霸，去州人，以狡佞贿赂事承休，故承休悦之。

吴越王镠复修本朝职贡，壬午，帝因梁官爵而命之。镠厚贡献，并赂权要，求金印、玉册、赐诏不名、称国王。有司言："故事惟天子用玉册，王公皆用竹册；又，非四夷无封国王者。"帝皆曲从镠意。

【译文】前蜀国宣徽北院使王承休请准在各军中选择一万两千勇敢善战的士卒，安置在属于国主管辖的左、右龙武步骑四十军里，武器及供给都要优于其他军队，并任命王承休为龙武军马步都指挥使，又任命副将安重霸为副使，旧将领们听了没有不觉得愤怒耻辱的。安重霸是云州人，事奉王承休，因为狡黠诡媚，又会送礼巴结，所以王承休很喜欢他。

吴越王钱镠又开始向唐朝进贡物品，壬午日（十七日），后唐庄宗就用原来梁国所封的旧官爵封他。钱镠的贡礼很丰厚，又贿赂权臣，请求赐金印、玉册，赐诏的时候不称名，封号称国王等事。有司启奏说："惯例只有天子能用玉册，王公都只能用竹册；此外，不是四方夷族，一律不封国王。"但庄宗还是委曲顺从了钱镠的意思。

吴王如白沙观楼船，更命白沙曰迎銮镇。徐温自金陵来朝，先是，温以亲吏翟虔为阁门、宫城、武备等使，使察王起居，虔防制王甚急。至是，王对温名雨为水，温请其故。王曰："翟虔父名，吾讳之熟矣。"因谓温曰："公之忠诚，我所知也，然翟虔无礼，宫中及宗室所须多不获。"温顿首谢罪，请斩之，王曰："斩则太过，远徙可也。"乃徙抚州。

十一月，蜀主遣其翰林学士欧阳彬来聘。彬，衡山人也。又遣李彦稠东还。

【译文】吴王到白沙观看叠层的大船，下命令把白沙改名叫迎銮镇。徐温从金陵前来朝见。起初，徐温命令亲信官吏翟虔担任阁门、宫城、武备等使的职务，好就近监视吴王的举动，翟虔对吴王的防范十分严苛。到这时候，吴王对徐温称雨为水，徐温请问是什么缘故。吴王说："雨是翟虔父亲的名字，我一向避讳惯了。"于是又对徐温说："您的忠诚，我是知道的，但是翟虔太无礼，宫中和宗室想做什么事都不行。"徐温赶快磕头请罪，并且请求把翟虔处斩。吴王说："杀他太过分了，把他迁徙到很远的地方就可以了。"于是把翟虔流放到抚州。

十一月，蜀主王衍派遣蜀国翰林学士欧阳彬来唐国聘问。欧阳彬是衡山人。蜀主王衍又差遣李彦稠东返唐国。

癸卯，帝帅亲军猎于伊阙，命从官拜梁太祖墓。涉历山险，连日不止，或夜合围；士卒坠崖谷死及折伤者甚众。丙午，还宫。

蜀以唐修好，罢威武城戍，召关宏业等二十四军还成都。戊申，又罢武定、武兴招讨刘潜等三十七军。

丁巳，赐护国节度使李继麟铁券，以其子令德、令锡皆为节度使，诸子胜衣者即拜官，宠冠列藩。

庚申，蔚州言契丹入寇。

辛酉，蜀主罢天雄军招讨，命王承骞等二十九军还成都。

【译文】癸卯日(初九日),后唐庄宗李存勖率领亲军在伊阙打猎,命令跟随他的官吏们谒拜后梁太祖朱温的坟墓。部队经历山川险阻的地方,几天不停,有时又在晚上合围野兽;士卒跌到悬崖谷底,摔死或摔伤的很多。丙午日(十二日),庄宗李存勖才回到皇宫。

蜀国因为和唐国修好,就罢去威武城的戍守,把关宏业等二十四军召唤回成都。戊申日(十四日),又撤了武定、武兴招讨刘潜等三十七军。

丁巳日(二十三日),后唐庄宗李存勖赐给护国节度使李继麟铁券,并且任命他的儿子李令德、李令锡为节度使,其他的儿子只要稍微大一点也都派任官职,他家受到的宠爱在所有藩镇中是居于首位的。

庚申日(二十六日),蔚州报告契丹入侵。

辛酉日(二十七日),蜀主王衍罢去天雄军招讨使,命令王承骞等二十九军回成都。

十二月,乙丑朔,蜀主以右仆射张格兼中书侍郎、同平章事。初,格之得罪,中书吏王鲁柔乘危窘之;及再为相用事,杖杀之。许寂谓人曰:"张公才高而识浅,戮一鲁柔,他人谁敢自保!此取祸之端也。"

蜀主罢金州屯戍,命王承勋等七军还成都。

己巳,命宣武节度使李嗣源将宿卫兵三万七千人赴汴州,遂如幽州御契丹。

【译文】十二月,乙丑朔日(初一日),蜀主王衍任命右仆射张格为中书侍郎、同平章事。起初,张格被降罪贬官的时候,中书吏王鲁柔乘危落井下石;到了张格再拜相掌权的时候,就把王鲁柔活活打死。许寂对人们说："张公才能虽高但见识短浅，杀死一个王鲁柔，其他人谁能保全自己？这是他自取祸难的开始。"

蜀主王衍罢去金州的屯戍，命令王承勋等七军回成都。

己巳日（初五日），后唐庄宗李存勖命令宣武节度使李嗣源率领宿卫兵三万七千人前往汴州，不久又去幽州抵御契丹人的侵略。

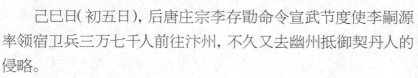

庚午，帝及皇后如张全义第，全义大陈贡献；酒酣，皇后奏称："妾幼失父母，见老者辄思之，请父事全义。"帝许之。全义惶恐固辞，再三强之，竟受皇后拜，复贡献谢恩。明日，后命翰林学士赵凤草书谢全义，凤密奏："自古无天下之母拜人臣为父者。"帝嘉其直，然卒行之。自是后与全义日遣使往来问遗不绝。

初，唐僖、昭之世，宦官虽盛，未尝有建节者。蜀安重霸劝王承休求秦州节度使，承休言于蜀主曰："秦州多美妇人，请为陛下采择以献。"蜀主许之，庚午，以承休为天雄节度使，封鲁国公；以龙武军为承休牙兵。

【译文】庚午日（初六日），后唐庄宗和刘皇后到张全义的住处，张全义把贡献给庄宗的物品全部摆出来。酒喝得正高兴的时候，刘皇后奏请后唐庄宗说："妾从小就失去父母，看到老者就想起自己的亲人，请求让我以父礼事奉张全义。"庄宗答应了她。张全义诚惶诚恐，再三推辞，经不住刘皇后的一再坚持，最后还是接受了刘皇后的参拜，张全义于是又呈献财物表示感谢恩宠。第二天，刘皇后命令翰林学士赵凤拟书向张全义致谢，赵凤秘密地向庄宗启奏说："自古没有说为天下之母而竟拜人臣为父母的。"庄宗嘉许他的正直，但是终于还是教他照着做了。从此，刘皇后和张全义每天都派遣使者往来问候、馈赠东西，从来没有间断过。

起初，唐朝僖宗李儇、昭宗李晔的时候，宦官的势力虽大，还没有担任节度使的。蜀国的安重霸劝王承休求取秦州节度使，王承休于是向蜀主王衍说：“秦州多美妇人，臣请求替陛下到那里去采选，好呈献进宫。”蜀主王衍答应了他，庚午日（初八日），任命王承休为天雄节度使，封鲁国公。把龙武军作为王承休的卫队。

乙亥，蜀主以前武德节度使兼中书令徐延琼为京城内外马步都指挥使。延琼以外戚代王宗弼居旧将之右，众皆不平。

壬午，北京言契丹寇岚州。

辛卯，蜀主改明年元曰咸康。

卢龙节度使李存贤卒。

是岁，蜀主徙普王宗仁为卫王。雅王宗辂为幽王，褒王宗纪为赵王，荣王宗智为韩王，兴王宗泽为宋王，彭王宗鼎为鲁王，忠王宗平为薛王，资王宗特为莒王；宗辂、宗智、宗平皆罢军使。

【译文】乙亥日（十一日），蜀主王衍任命前武德节度使兼中书令徐延琼为京城内外马步都指挥使。徐延琼以外戚的身份代替王宗弼位列旧将领的上面，大家都感到不平。

壬午日（十八日），镇州报告契丹部队入侵岚州。

辛卯日（二十七日），前蜀主王衍改明年的年号为咸康。

卢龙节度使李存贤过世。

这一年，蜀主王衍把普王王宗仁改封为卫王，雅王王宗辂改封为幽王，褒王王宗纪改封为赵王，荣王王宗智改封为韩王，兴王王宗泽改封为宋王，彭王王宗鼎改封为鲁王，忠王王宗平改封为薛王，资王王宗特改封为莒王；同时撤了王宗辂、王宗智、王宗平三人的军队职务。

同光三年（乙酉，公元九二五年）春，正月，甲午朔，蜀大赦。

丙申，敕有司改葬昭宗及少帝，竟以用度不足而止。

契丹寇幽州。

庚子，帝发洛阳；庚戌，至兴唐。

诏平卢节度使符习治酸枣遥堤以御决河。

【译文】同光三年（乙酉，公元925年）春季，正月，甲午朔日（初一日），前蜀国实行大赦。

丙申日（初三日），后唐庄宗李存勖下令有司改葬唐朝的昭宗和少帝，后来因为财政困难而作罢。

契丹人入侵幽州。

庚子日（初七日），后唐庄宗李存勖从洛阳出发；庚戌日（十七日），到达兴唐。

后唐庄宗下诏，命令平卢节度使符习在离酸枣较远的地方修筑河堤以防御黄河决口。

初，李嗣源北征，过兴唐，东京库有供御细铠，嗣源牒副留守张宪取五百领，宪以军兴，不暇奏而给之；帝怒曰："宪不奉诏，擅以吾铠给嗣源，何意也！"罚宪俸一月，令自往军中取之。帝以义武节度使王都将入朝，欲辟球场，宪曰："此以行宫阙廷为球场，前年陛下即位于此。其坛不可毁，请辟球场于宫西。"数日，未成，帝命毁即位坛。宪谓郭崇韬曰："此坛，主上所以礼上帝，始受命之地也，若之何毁之！"崇韬从容言于帝，帝立命两虞候毁之。宪私于崇韬曰："忘天背本，不祥莫大焉。"

【译文】起初，李嗣源北征的时候，经过兴唐，东京府库中有供御用的细铠，李嗣源就行文交给副留守张宪，请求拨付五百领；张宪因为军队行动迅速，来不及先向庄宗启奏，就先拨付给李嗣源。庄宗知道后非常生气，说："张宪没奉到我的旨意，就擅自把我的铠甲交给李嗣源，这是什么意思？"于是罚了张宪一个月的俸禄，并命令他亲自去军中把铠甲取回。后唐庄宗因为义武节度使王都即将来朝拜，打算开辟一块球场，张宪说："过去都把行宫的廷中开辟为球场，前年陛下在这里即帝位，原建的坛不能毁掉，臣请求在行宫的西边另外开辟球场。"过了几天，新球场还没建成，庄宗李存勖就下令毁去即位的坛。张宪对郭崇韬说："这坛是主上祭祀上帝，最初接受天命的地方，怎么能够毁掉呢？"郭崇韬就找机会向庄宗进谏，庄宗李存勖反而下令马军和步军两个虞候立即把坛毁掉。张宪私下里对郭崇韬说："忘天背本，再没有比这更不吉祥的事了。"

【乾隆御批】庄宗为晋王时，身视行阵，艰险备尝，及基业甫定，即纵意肆志，顿改前辙。毁坛之举，岂帷背本不祥？盖侈心既萌，无复知有敬畏，宜其忽马而亡之！

【译文】庄宗为晋王时，亲自视察行军阵列，备尝艰险，等到刚创下基业，马上放纵自己，毫无节制，以前的行事风格顿时改变。毁掉即位坛的举动，难道仅是背叛根本的不祥之兆吗？大概是奢侈之心已经萌生，不再知道应存敬畏之心，他的迅速亡国也是正常的啊！

二月，甲戌，以横海节度使李绍斌为卢龙节度使。

丙子，李嗣源奏败契丹于涿州。

上以契丹为忧，与郭崇韬谋，以威名宿将零落殆尽，李绍斌位望素轻，欲徙李嗣源镇真定，为绍斌声援，崇韬深以为便。时崇韬领真定，上欲徙崇韬镇汴州，崇韬辞曰："臣内典枢机，外预大政，富贵极矣，何必更领藩方？且群臣或从陛下岁久，身经百战，所得不过一州。臣无汗马之劳，徒以侍从左右，时赞圣谟，致位至此，常不自安；今因委任勋贤，使臣得解旄节，乃大愿也。且汴州关东冲要，地富人繁，臣既不至治所，徒令他人摄职，何异空城！非所以固国基也。"上曰："深知卿忠尽，然卿为朕画策，袭取汶阳，保固河津，既而自此路乘虚直趋大梁，成朕帝业，岂百战之功可比乎！今朕贵为天子，岂可使卿曾无尺寸之地乎！"崇韬固辞不已，上乃许之。庚辰，徙李嗣源为成德节度使。汉主闻帝灭梁而惧，遣宫苑使何词入贡，且觇中国强弱。甲申，词至魏。及还，言帝骄淫无政，不足畏也。汉主大悦，自是不复通中国。

【译文】二月，甲戌日（十一日），后唐庄宗李存勖任命横海节度使李绍斌为卢龙节度使。

丙子日（十三日），李嗣源启奏说在涿州打败契丹的部队。

后唐庄宗认为契丹的存在是个忧患，和郭崇韬谋划，因有名望的老将们差不多都不在了，李绍斌的威望素来不高，想要把李嗣源转去镇守真定，好替李绍斌声援，郭崇韬觉得这个办法很好。当时郭崇韬兼领真定，庄宗就想把郭崇韬移去镇守汴州，郭崇韬推辞说："臣在宫内掌理要职，在朝廷上又参与军国大事，这已是极端的富贵，又何必要兼领藩镇呢？况且群臣中还有人跟随陛下多年，身经百战，所得到的赏赐不过一个州。臣毫无功劳，只是因为随侍皇上身边，偶尔参赞皇上圣明的决断，就得到这样的地位，我心里常常感到不安；现在另外委派有功勋的贤臣，使臣能够解除节度使的职务，这是臣最大的愿望呀！而且汴州是关东的要地，土地广，人口多，臣又不能亲自前往治所，只是委派他人代理职务，这样不等于是空城吗？恐怕不是巩固国家根基的做法。"庄宗李存勖说："我深知你对我一片忠心，然而你为我出谋划策，夺取汶阳，保住并且巩固黄河渡口，以后又从这条路乘虚直捣大梁，成全我的帝业，难道百战之功可以和你相比吗？现在朕贵为天子，怎可以让卿没有尺寸的土地呢？"但是郭崇韬还是坚决地一再推辞，庄宗后来就答应了他。庚辰日（十七日），移李嗣源为成德节度使。南汉主听到后唐帝消灭了后梁感到很害怕，就派遣宫苑使何词入贡，同时窥探中原的强弱。甲申日（二十一日），何词到达魏州。回去以后，向汉主报告说唐国皇帝骄奢淫逸，没有什么作为，不值得害怕。汉主听了大为高兴，从此断绝了和中原的来往。

帝性刚好胜，不欲权在臣下，入洛之后，信伶宦之谗，颇疏忌宿将。李嗣源家在太原，三月，丁酉，表卫州刺史李从珂为北京内牙马步都指挥使以便其家，帝怒曰："嗣源握兵权，居大镇，军政在吾，安得为其子奏请！"乃黜从珂为突骑指挥使，帅数百人戍石门镇。嗣源忧恐，上章申理，久之方解。辛丑，嗣源乞至东京朝觐，不许。郭崇韬以嗣源功高位重，亦忌之，私谓人曰："总管令公非久为人下者，皇家子弟皆不及也。"密劝帝召之宿卫，罢其兵权，又劝帝除之，帝皆不从。

【译文】后唐庄宗李存勖性情刚愎好胜，不愿意权归臣下，到了洛阳后，听信伶人宦官的谗言，对过去那些老将疏远忌恨。李嗣源的家在太原，三月，丁酉日（初五日），上表请求改派卫州刺史李从珂为北京内牙马步都指挥使，好就近照顾家中，庄宗大怒说："李嗣源虽然掌握兵权，驻守大镇，但是军职任免的权力还是在朕的手中，他怎能擅自替他的儿子请求？"于是贬李从珂为突骑指挥使，让他率领数百人戍守石门镇。李嗣源对这件事又忧虑又害怕，于是就上书表白，过了好久才停止。辛丑日（初九日），李嗣源请求到东京朝见庄宗，庄宗没答应。郭崇韬认为李嗣源的功勋高，地位重要，心里也妒忌他，私下对人说："总管令公李嗣源不是久居人下的人，我看皇家的子弟都比不上他。"于是偷偷劝后唐庄宗把李嗣源召来，让他任警卫官，罢免他的军权，以后又劝庄宗把李嗣源除掉，庄宗都没有听从他的意见。

【乾隆御批】崇韬尔时深为庄宗倚任，陈谋定策，多见信从。使果虑嗣源之终为国患，则杜渐防微应有剀切之论，而徒以私忌后言咕哜，岂忠正腹心之臣所宜为哉？

【译文】崇韬当时深为庄宗倚赖信任，出谋划策大多都被采纳。假使果真担心嗣源最终会成为国家的祸患，就要防微杜渐、应该有切中事理的观点，却只是因私人间的猜忌、怨恨而在背后耳语议论，这难道是忠正的心腹之臣所应做的吗？

己酉，帝发兴唐，自德胜济河，历杨村、戚城，观昔时战处，指示群臣以为乐。

洛阳宫殿宏邃，宦者欲上增广嫔御，诈言宫中夜见鬼物。上欲使符咒者攘之，宦者曰："臣昔逮事咸通、乾符天子，当是时，六宫贵贱不减万人。今掖庭太半空虚，故鬼物游之耳。"上乃命宦者王允平、伶人景进采择民间女子，远至太原、幽、镇，以充后庭，不啻三千人，不问所从来。上还自兴唐，载以牛车，累累盈路。张宪奏："诸营妇女亡逸者千馀人，虑扈从诸军挟匿以行。"其实皆入宫矣。

【译文】己酉日（十七日），后唐庄宗从兴唐出发，从德胜渡过黄河，经过杨村、戚城，看到过去的战场，指示给群臣们看，显得很高兴得意。

洛阳的宫殿修建得宏伟深邃，宦官们打算让后唐庄宗增加侍妾和宫女，于是就假装说宫中黑夜里发现鬼物。后唐庄宗打算让巫觋们来驱逐这些鬼物，宦官说："臣过去事奉唐朝的咸通和乾符天子（指唐懿宗和僖宗），那时，六宫的人数，贵贱合计不下万人，现在宫廷里面大半都空虚着，所以鬼物出来四处游荡。"庄宗李存勖于是命令宦官王允平、伶人景进去民间挑选女子，远的地方到了太原、幽州、镇州，好充实后宫，所选来的不下三千人，也不问她们的来历。庄宗李存勖从兴唐回来的时候，就用牛车把她们载走，挤满道路。张宪启奏说："各营的妇女失散了一千多名，恐怕是随从的各部队偷偷地把她们带去。"其实是都进入宫内。

庚辰，帝至洛阳；辛酉，诏复以洛阳为东都，兴唐府为邺都。

夏，四月，癸亥朔，日有食之。

初，五台僧诚惠以妖妄惑人，自言能降伏天龙，命风召雨；帝尊信之，亲帅后妃及皇弟、皇子拜之，诚惠安坐不起，群臣莫敢不拜，独郭崇韬不拜。时大旱，帝自邺都迎诚惠至洛阳，使祈雨，士民朝夕瞻仰，数旬不雨。或谓诚惠："官以师祈雨无验，将焚之。"诚惠逃去，惭惧而卒。

【译文】庚辰日（三月无此日），后唐庄宗到达洛阳；辛酉日（二十九日），下诏又恢复称洛阳为东都，兴唐府为邺都。

夏季，四月，癸亥朔日（初一日），发生日食。

起初，五台山的僧人诚惠用虚妄的邪术来迷惑人，自称能降服天龙，呼风唤雨；庄宗李存勖很尊崇信仰他，亲自率领后妃和皇弟、皇子参拜他，诚惠也安然坐着受礼不起来，于是群臣没有人敢不拜。当时，正好天大旱，庄宗从邺城迎接诚惠到洛阳，让他祈雨。军民们早晚盼望，但是过了几十天就是不下雨。有人对诚惠说："皇上认为大师祈雨无效，准备把你烧死。"诚惠听后就逃跑了，因感到惭愧害怕而死。

庚寅，中书侍郎、同平章事赵光胤卒。

太后自与太妃别，常忽忽不乐，虽娱玩盈前，未尝解颜；太妃既别太后，亦邑邑成疾。太后遣中使医药相继于道，闻疾稍加，辄不食，又谓帝曰："吾与太妃恩如兄弟，欲自往省之。"帝以天暑道远，苦谏，久之乃止，但遣皇弟存渥等往迎侍。五月，丁酉，北都奏太妃薨。太后悲哀不食者累日，帝宽譬不离左右。太后自是得疾，又欲自往会太妃葬，帝力谏而止。

闽王审知寝疾，命其子节度副使延翰权知军府事。

自春夏大旱，六月，壬申，始雨。

【译文】庚寅日（二十八日），中书侍郎、同平章事赵光胤过世。

太后自从和太妃分别，经常恍恍惚惚不高兴，虽然娱乐玩耍的东西在她面前到处都是，但也不能使她开颜而笑。太妃与太后分开后，也心情郁闷，最后病倒。太后派遣宫中的使者送药，使者相续于道路，太后一听到太妃的病加重，往往吃不下饭，又对庄宗李存勖说："我和太妃情同姐妹，想亲自去探望她。"庄宗借口天气暑热，路途又远，苦苦地劝阻她，劝了很久太后才作罢。于是只派遣皇弟李存渥等前往侍候。五月，丁酉日（初六日），北都启奏太妃过世。太后听了，悲哀得好几天都吃不下饭，庄宗一直劝慰，不离左右。太后因此得病，又想亲自去给太妃送葬，后唐庄宗极力劝阻，她才没有去。

闽王王审知病得很严重，命令他的儿子节度副使王延翰暂时代理军府的事务。

从春天到夏天一直天旱，六月，壬申日（十一日），才开始下雨。

【乾隆御批】秦玺久经煨烬，不足置议。向尝详论及之，至如宋白之说，玺当有二。如李心传之说，玺更当有三。其真赝又何从而辨？乃晋得之而存勖据为受命之符，梁失之而欧阳修特书曰盗窃传国宝。夫存勖躁妄，固无足责。欧阳修尚称有识者，而亦斤斤于此，何邪？

【译文】秦玺早已被烧成灰烬，不足以再对它进行讨论了。向来有人对其进行详细论述，如宋白的说法，玺当有两件。又如李心传的说法，玺更应该有三件。但真假又从何分辨呢？晋得到的李存勖作为受命的符玺，梁失去的而被欧阳修特别记录为盗窃传国宝。李存勖急躁轻率，固然不足以谴责。欧阳修尚被称为有识之士，在这上面竟然也是斤斤计较，这是为什么呢？

【乾隆御批】李唐宦寺之恶，为从来所未有。独张承业乃心唐室，始终不渝，洵为铮铮佼佼！且其始佐晋王创业，欲为昭宗复仇，及存勖称帝，则邑邑以殁，其志诚亦可悯。曾不思晋王父子虽以忠孝自期，方为藩镇时，已不能克于跋扈。即存勖与朱温力战，亦自利之心为多。迨大业将定，岂肯复居人下，而欲望其求立唐后复延李宗，安可得哉？承业盖笃于效忠，而绌于料事者，正所谓宦寺之见耳！

【译文】李唐宦官的恶劣是历史上从未有过的。只有张承业仍心系唐室始终不渝，实在是出类拔萃之人！他开始辅佐晋王创业，想要为昭宗复仇，到李存勖称帝，则邑邑而死，他的志诚也是让人感动的。但他却不曾想到晋王父子虽然以忠孝自我标榜，但当割据一方时，已经不免于跋扈。到李存勖与朱温大战时，自利之心就更重了。等到大业将定，怎肯再居于人下，而先求立唐再继承李氏宗祠，怎么可能呢？张承业一心效忠，但他没有预料事情发展的能力。这正是所谓宦官的见识啊！

　　帝苦溽暑，于禁中择高凉之所，皆不称旨。宦者因言：“臣见长安全盛时，大明、兴庆宫楼观以百数。今日宅家曾无避暑之所，宫殿之盛曾不及当时公卿第舍耳。”帝乃命宫苑使王允平别建一楼以清暑。宦者曰：“郭崇韬常不伸眉，为孔谦论用度不足，恐陛下虽欲营缮，终不可得。”帝曰：“吾自用内府钱，无关经费。”然犹虑崇韬谏，遣中使语之曰：“今岁盛暑异常，朕昔在河上，与梁人相拒，行营卑湿，被甲乘马，亲当矢石，犹无此暑。今居深宫之中而暑不可度，奈何？”对曰：“陛下昔在河上，勍敌未灭，深念仇耻，虽有盛暑，不介圣怀。今外患已除，海内宾服，故虽珍台闲馆犹觉郁蒸也。陛下傥不忘艰难之时，则暑气自消矣。”帝默然。宦者曰：“崇韬之第，无异皇居，宜其不知至尊之热也。”帝卒命允平营楼，日役万人，所费巨万。崇韬谏曰：“今两河水旱，军食不充，愿且息役，以俟丰年。”帝不听。

　　【译文】后唐庄宗李存勖受不了盛夏的湿热，想在宫中挑选一块高敞凉爽的地方，结果都不满意。宦官于是乘机进言说：“臣看见过去长安全盛的时候，大明、兴庆两宫的楼观都数以百计。现在皇上却找不到避暑的地方，恐怕宫殿的规模还比不上当时公卿的房舍。”庄宗于是任命宫苑使王允平另外建一栋高楼避暑。宦官们说：“郭崇韬经常愁眉不展，是因为孔谦老议论费用不足，虽然陛下想修建一座楼来避暑，恐怕最后怕建不成。"庄宗说："朕用内府里的钱，不必动用国家的经费。"但还是担心郭崇韬会劝谏，于是派遣宫中的使者去告诉他说："今年特别炎热，朕过去在黄河之上，和梁国的军队对抗，行营又低又湿，当时还穿着盔甲，骑着战马，亲犯矢石，都没有觉得这么热，现在住在深宫中，而这大热天还是度不过去，这可怎么办？"郭崇韬回答说："陛下过去在黄河边时，强敌还没有消灭，深深思念的是洗除耻辱和杀敌报仇，那时虽然也有酷暑，但您也不在意。现在外患已经消除，四海之内都臣服归顺，所以虽然有舒适华丽的楼台，还是会觉得闷热。陛下如果能不忘过去艰难的时候，那么暑气自然就会消去。"庄宗李存勖听了默不作声。宦官们说："郭崇韬的住处，和皇宫不同，当然他就不知道皇上热得受不了。"庄宗最终还是命令王允平修筑楼阁，每天动用一万名工人，所耗费的经费有巨万之多。郭崇韬劝谏说："现在两河一带又有水灾，又有旱灾，军粮也不充裕，盼望能够暂时停止工程，等来年丰收了以后再说。"后唐庄宗没有听从他的规劝。

帝将伐蜀，辛卯，诏天下括市战马。

吴镇海节度判官、楚州团练使陈彦谦有疾，徐知诰恐其遗言及继嗣事，遗之医药金帛，相属于道。彦谦临终，密留中遗徐温，请以所生子为嗣。

太后疾甚。秋，七月，甲午，成德节度使李嗣源以边事稍弭，表求入朝省太后，帝不许。壬寅，太后殂。帝毁过甚，五日方食。

【译文】后唐庄宗李存勖准备讨伐蜀国，辛卯日（三十日），下诏命令各镇收买战马。

吴镇海节度判官、楚州团练使陈彦谦身体有病，徐知诰恐怕他会有遗言提到继嗣的事情，就派人馈赠他医药和金银布帛，使者相继于路上。陈彦谦临终的时候，秘密地留下一封信给徐温，请他任命自己的亲生儿子为后嗣。

太后病得很厉害。秋季，七月，甲午日（初三日），成德节度使李嗣源认为边境战争稍停，上表请求入京朝见太后，庄宗李存勖不准。壬寅日（十一日），太后过世，庄宗过分哀伤，五天以后才开始吃饭。

八月，癸未，杖杀河南令罗贯。初，贯为礼部员外郎，性强直，为郭崇韬所知，用为河南令。为政不避权豪，伶宦请托，书积几案，一不报，皆以示崇韬，崇韬奏之，由是伶宦切齿。河南尹张全义亦以贯高亢，恶之，遣婢诉于皇后，后与伶宦共毁之，帝含怒未发。会帝自往寿安视坤陵役者，道路泥泞，桥多坏。帝问主者为谁，宦官对属河南。帝怒，下贯狱；狱吏榜掠，体无完肤，明日，传诏杀之。崇韬谏曰：“贯坐桥道不修，法不至死。”帝怒曰：“太后灵驾将发，天子朝夕往来，桥道不修，卿言无罪，是党也！”崇韬曰：“陛下以万乘之尊，怒一县令，使天下谓陛下用法不平，臣之罪也。”帝曰：“既公所爱，任公裁之。”拂衣起入宫，崇韬随之，论奏不已；帝自阖殿门，崇韬不得入。贯竟死，暴尸府门，远近冤之。

【译文】八月，癸未日（二十三日），河南令罗贯被杖打而死。起初，罗贯任礼部员外郎，性情刚直，被郭崇韬赏识，任用他去当河南令。罗贯办理政事一向不怕权贵豪族，伶人、宦官向他请托事情，书函堆了一桌子，罗贯也不答复他们，而都拿去给郭崇韬看，郭崇韬就向庄宗报告，因此伶人、宦官们对他都恨得咬牙切齿。河南府尹张全义也认为罗贯高傲，心里对他非常不满，就派奴婢去向刘皇后诉苦，刘皇后和伶人、宦官们一起在庄宗面前诋毁罗贯，庄宗李存勖听了很生气，但是表面上没发作。刚好庄宗亲自前往寿安视察坤陵的工事，一路上道路泥泞不堪，桥梁也多有损坏，庄宗就问这事该谁主管，宦官回答说是河南令。庄宗大怒，把罗贯抓到监狱，狱吏动刑，打得他体无完肤，第二天，庄宗下诏把罗贯杀了。郭崇韬劝后唐庄宗李存勖说："罗贯犯了桥路不修的罪，但按照法律也不应该定死罪。"庄宗生气地说："太后的灵驾就要出发，天子早晚都在这条路上往来，桥梁道路却没整修好，你说他没罪，分明是包庇袒护他。"郭崇韬说："陛下以万乘的至尊，却对一个县令发怒，将来让天下人议论说陛下用法不平允，这是臣的罪过。"庄宗说："他既然是你喜爱的人，该怎么处置由你看着办吧！"于是拂袖而起，回宫去了，郭崇韬跟在后面，一再劝解不止；庄宗干脆把殿门关上，郭崇韬就进不去了。最后罗贯还是被处死，在府门前把他的尸体示众，远近的人都认为他死得冤枉。

丁亥，遣吏部侍郎李德休等赐吴越国王玉册、金印，红袍御衣。

九月，蜀主与太后、太妃游青城山，历丈人观、上清宫，遂至彭州阳平化、汉州三学山而还。

乙未，立皇子继岌为魏王。

【译文】丁亥日（二十七日），后唐庄宗派遣吏部侍郎李德休等赐给吴越国王玉册、金印和红袍御衣等物。

九月，蜀主和太后、太妃到青城山游玩，经过丈人观、上清宫，又到彭州阳平化、汉州三学山，后来才回去。

乙未日（初五日），后唐庄宗李存勖册封皇子李继岌为魏王。

丁酉，帝与宰相议伐蜀，威胜节度使李绍钦素谄事宣徽使李绍宏，绍宏荐"绍钦有盖世奇才，虽孙、吴不如，可以大任。"郭崇韬曰："段凝亡国之将，奸谄绝伦，不可信也。"众举李嗣源，崇韬曰："契丹方炽，总管不可离河朔。魏王地当储副，未立殊功，请依故事，以为伐蜀都统，成其威名。"帝曰："儿幼，岂能独往，当求其副。"既而曰："无以易卿。"庚子，以魏王继岌充西川四面行营都统，崇韬充东北面行营都招讨制置等使，军事悉以委之。又以荆南节度使高季兴充东南面行营都招讨使，凤翔节度使李继曮充都供军转运应接等使，同州节度使李令德充行营副招讨使，陕州节度使李绍琛充蕃汉马步军都排陈斩斫使兼马步军都指挥使，西京留守张筠充西川管内安抚应接使，华州节度使毛璋充左厢马步都虞候，邠州节度使董璋充右厢马步都虞候，客省使李严充西川管内招抚使，将兵六万伐蜀，仍诏季兴自取夔、忠、万三州为巡属。都统置中军，以供奉官李从袭充中军马步都指挥监押，高品李廷安、吕知柔充魏王府通谒。

【译文】丁酉日(初七日)，后唐庄宗与宰相商议讨伐前蜀，威胜节度使李绍钦平时巴结讨好宣徽使李绍宏，李绍宏推荐说："李绍钦有盖世奇才，就算孙武和吴起也赶不上他，可以派他担当大任。"郭崇韬说："段凝(李绍钦投降唐国以前的姓名)是亡国将领，非常奸邪谄媚，绝对不能信任。"大家就一致推举李嗣源，郭崇韬说："契丹的气焰正嚣张，总管李嗣源不能离开河朔。魏王是君位的继承人，但他没有立过什么特殊功劳，请按照过去的惯例，应该任命他为讨伐蜀国的统帅，成全他的威名。"庄宗李存勖说："我儿子还小，哪有办法独担大任，应该再替他找个副帅。"不久又说："再没有人比你更合适了。"庚子日(初十日)，庄宗任命魏王李继岌充任西川四面行营都统，郭崇韬充任东北面行营都招讨制置等使，军事方面的事务都委任他全权处理。又任命荆南节度使高季兴充任东南面行营都招讨使，凤翔节度使李继曤充任都供军转运应接等使，同州节度使李令德充任行营副招讨使，陕州节度使李绍琛充任蕃汉马步军都排阵斩斫使兼马步军都指挥使，西京留守张筠充任西川管内安抚应接使，华州节度使毛璋充任左厢马步都虞候，邠州节度使董璋充任右厢马步都虞候，客省使李严充任西川管内招抚使，率兵六万前往讨伐蜀国。同时下诏让高季兴率兵夺取夔、忠、万三州作为荆南巡属。都统设置中军，任命供奉官李从袭充任中军马步都指挥使监押，高品李廷安、吕知柔充任魏王府通谒。

辛丑，以工部尚书任圜、翰林学士李愚并参预都统军机。

自六月甲午雨，罕见日星，江河百川皆溢，凡七十五日乃霁。

郭崇韬以北都留守孟知祥有荐引旧恩，将行，言于上曰："孟知祥信厚有谋，若得西川而求帅，无逾此人者。"又荐邺都副留守张宪谨重有识，可为相，戊申，大军西行。

【译文】辛丑日(十一日)，任命工部尚书任圜、翰林学士李愚参与都统的军机事务。

自从六月甲午日(疑误)下雨以来，很少能看见太阳和星星，江河百川到处溢流，雨下了七十五天才停下来。

郭崇韬因为北都留守孟知祥过去对他有推荐引进的恩情，要出发的时候，对后唐庄宗李存勖说："孟知祥这个人诚信忠厚，又有谋略，如果攻下西川想找个军帅的话，没有人比他更合适了。"又推荐说邺都副留守张宪为人恭谨庄重，又有见识，可以任命为宰相。戊申日（十八日），大军向西出发。

【乾隆御批】崇韬以旧恩荐知祥，卒使全蜀归于孟氏，人臣挟私病国，固势所必至，不得以事非意料贷之。

【译文】崇韬因为旧恩而推荐知祥，终于使整个蜀都归于孟氏，为人臣子却挟有私心而使国家遭受祸害，这本是情势所必有的结果，不能因为事情不在意料之中就宽恕了他。

蜀安重霸劝王承休请蜀主东游秦州。承休到官，即毁府署，作行宫，大兴力役，强取民间女子教歌舞，图形遗韩昭，使言于蜀主；又献花木图，盛称秦州山川土风之美。蜀主将如秦州，群臣谏者甚众，皆不听；王宗弼上表谏，蜀主投其表于地；太后涕泣不食，止之，亦不能得。前秦州节度判官蒲禹卿上表几二千言，其略曰："先帝艰难创业，欲传之万世。陛下少长富贵，荒色惑酒。秦州人杂羌、胡，地多瘴疠，万众困于奔驰，郡县罢于供亿。凤翔久为仇雠，必生衅隙；唐国方通欢好，恐怀疑贰。先皇未尝无故盘游，陛下率意频离宫阙。秦皇东狩，銮驾不还；炀帝南巡，龙舟不返。蜀都强盛，雄视邻邦，边亭无烽火之虞，境内有腹心之疾，百姓失业，盗贼公行。昔李势屈于桓温，刘禅降于邓艾，山河险固，不足凭恃。"韩昭谓禹卿曰："吾收汝表，俟主上西归，当使狱吏字字问汝！"王承休妻严氏美，蜀主私焉，故锐意欲行。

【译文】前蜀国安重霸劝王承休请求前蜀主王衍到东面的秦州去游玩。王承休到任以后，立刻毁掉府署，开始建造行宫，征调大批民工，又强取民间女子，教她们唱歌跳舞，然后画成图送给韩昭，让他向蜀主王衍进言；又呈献花木图，夸赞秦州山水风土的美妙。蜀主王衍就准备前往秦州，群臣劝谏，蜀主都不听；王宗弼上表劝谏，蜀主王衍把他的奏章扔在地上；太后哭哭啼啼地不吃饭，极力劝阻，也没有效果。前秦州节度判官蒲禹卿上了个几乎有两千字的奏章，大意是说："先帝创业时十分艰难，打算流传万世。陛下从小生长在富贵人家，迷恋酒色。秦州是羌、胡人杂居的地方，经常流行恶性疟疾等传染病，百姓困于力役，郡县为了供应官府所需，疲惫不堪。而凤翔长久以来就与我们结仇，一定又会因此挑起怨隙，唐国刚和我们建立友好关系，因为这次大军出动，怕也会引起疑心。先皇从来就没有无故出游的，陛下却随意地经常离开皇宫。过去秦始皇嬴政东游，后来銮驾就再没回京，隋炀帝杨广南巡，龙舟也再没有北返。我们蜀国一向国力强盛，足以雄视邻国，边境没有烽火战乱的忧虑，但是国家内部却有心腹之患，一方面老百姓流离失业，一方面盗贼公然横行。过去历史上成汉国君李势向桓温屈服，蜀汉国君刘禅也向邓艾投降，可见山河的险固，也不是十分可靠的。"韩昭对蒲禹卿说："我暂时把你这奏章收下，等到主上从秦州回来，再命令狱吏一个字一个字问你！"王承休的妻子严氏长得很美丽，前蜀主王衍曾经与她私通，所以蜀主王衍坚决想去。

冬，十月，排陈斩斫使李绍琛与李严将骁骑三千、步兵万人为前锋，招讨判官陈乂至宝鸡，称疾乞留。李严厉声曰："陈乂见利则进，惧难则止。今大军涉险，人心易摇，宜斩以徇！"由是军中无敢顾望者。乂，蓟州人也。

癸亥，蜀主引兵数万发成都，甲子，至汉州。武兴节度使王承捷告唐兵西上，蜀主以为群臣同谋沮己，犹不信，大言曰："吾方欲耀武。"遂东行。在道与群臣赋诗，殊不为意。

【译文】冬季，十月，排阵斩斫使李绍琛和李严率领三千名骁勇的骑兵和万名步兵当前锋，招讨判官陈乂到了宝鸡，推称生病请求留下来。李愚怒骂他说："陈乂见到容易的场合就敢进军，害怕困难的环境就要停下来。现在大军已经进入险境，人心易于动摇，应该把他斩首示众，以儆效尤！"因此，军中再没有敢踌躇不前进的。陈乂是蓟州人。

癸亥日（初四日），前蜀主王衍率领数万大军从成都出发。甲子日（初五日），到达汉州。武兴节度使王承捷报告说唐国的部队已经往西挺进，蜀主王衍认为这是臣下们共谋要阻碍他出游，不肯相信，并且夸口说："我正想耀武扬威一番！"于是向东前进。在路上还和大臣们吟诗赋歌，根本不在意。

丁丑，李绍琛攻蜀威武城，蜀指挥使唐景思将兵出降；城使周彦裡等知不能守，亦降。景思，秦州人也。得城中粮二十万斛。绍琛纵其败兵万馀人逸去，因倍道趣凤州，李严飞书以谕王承捷。李继曮竭凤翔蓄积以馈军，不能充，人情忧恐。郭崇韬入散关，指其山曰："吾辈进无成功，不复得还此矣。当尽力一决。今馈运将竭，宜先取凤州，因其粮。"诸将皆言蜀地险固，未可长驱，宜按兵观衅。崇韬以问李愚，愚曰："蜀人苦其主荒淫，莫为之用。宜乘其人情崩离，风驱霆击，彼皆破胆，虽有险阻，谁与守之！兵势不可缓也。"是日李绍琛告秉，崇韬喜，谓李愚曰："公料敌如此，吾复何忧！"乃倍道而进。戊寅，王承捷以凤、兴、文、扶四州印节迎降，得兵八千，粮四十万斛。崇韬曰："平蜀必矣！"即以都统牒命承捷摄武兴节度使。

【译文】丁丑日(十八日),李绍琛率军向前蜀威武城进攻,前蜀指挥使唐景思率兵投降。城使周彦等知道难以坚守,也投降了。唐景思是秦州人。唐军得到城中的二十万斛粮食。李绍琛放蜀国的败兵一万多人逃去,然后兼程赶往凤州。李严迅速传书向王承捷招降。李继曭散尽凤翔所储积的粮草补给各路部队,还是不够,于是人心都有点忧虑恐惧。郭崇韬进入散关,指着当地的山说:"我们如果进攻不能成功,就不能再回到这里来。应当尽力决一死战。现在运来的粮食快要吃完,应当首先夺取凤州,那里有粮食。"将领们都说蜀国地势险要坚固,没有办法长驱直入,应该先按兵不动,再等待机会。郭崇韬就问李愚的意见,李愚说:"蜀人对于他们主上的荒淫都觉得苦不堪言,没有人肯替他效力。我们应该趁着他们人心分崩离析的时候,用迅雷不及掩耳的方式进击,那么他们吓都吓破胆,就算有险阻的地势,又有谁能防守呢? 用兵的形势绝对不可缓下来。"当天李绍琛的捷报也传到,郭崇韬非常高兴,对李愚说:"您料敌如此准确,我还有什么好担忧的?"于是就兼程向前挺进。戊寅日(十九日),王承捷持凤、兴、文、扶四州的印节投降,得到八千多降兵,四十万斛粮食。郭崇韬说:"平定蜀国是必定无疑了。"因此以都统的命令让王承捷代理武兴节度使。

己卯,蜀主至利州,威武败卒奔还,始信唐兵之来。王宗弼、宋光嗣言于蜀主曰:"东川、山南兵力尚完,陛下但以大军扼利州,唐人安敢悬兵深入!"从之。庚辰,以随驾清道指挥使王宗勋、王宗俨、兼侍中王宗昱为三招讨,将兵三万逆战。从驾兵自绵、汉至深渡,千里相属,皆怨愤,曰:"龙武军粮赐倍于它军,它军安能御敌!"

李绍琛等过长举，兴州都指挥使程奉琏将所部兵五百来降，且请先治桥栈以俟唐军，由是军行无险阻之虞。辛巳，兴州刺史王承鉴弃城走，绍琛等克兴州，郭崇韬以唐景思摄兴州刺史。乙酉，成州刺史王承朴弃城走。李绍琛等与蜀三招讨战于三泉，蜀兵大败，斩首五千级，馀众溃走。又得粮十五万斛于三泉，由是军食优足。

【译文】己卯日（二十日），蜀主王衍到达利州，威武的败兵逃回来，蜀主才相信唐兵真的来了。王宗弼、宋光嗣对前蜀主王衍说："我们东川、山南的兵力还很完整，陛下只要以大军扼守利州，唐国的军队又怎么敢孤军深入呢？"蜀主王衍听从他们的建议。庚辰日（二十一日），蜀主王衍任命随驾清道指挥使王宗勋、王宗俨、兼侍中王宗昱三人为三招讨，率领三万部队迎战唐军。从驾的部队从绵州、汉州一直到深渡，前后连绵有千里之远，士卒们都很怨恨，说："皇帝赏赐给龙武军的粮草有其他军的好几倍，其他军队怎么能来抵御敌军呢？"

李绍琛等率军经过长举，兴州都指挥使程奉琏率领他的所属部队五百人前来投降，并且请求先修筑桥梁栈道来等候唐军，于是唐军的前进就不必担心道路的险阻。辛巳日（二十二日），兴州刺史王承鉴抛弃城池逃走，李绍琛等就攻下兴州，郭崇韬任命唐景思暂代兴州刺史。乙酉日（二十六日），成州刺史王承朴弃城逃走。李绍琛等和前蜀国三个招讨在三泉作战，前蜀军大败，五千余人被斩首，其余的士卒都溃逃。唐军又在三泉得到十五万斛粮食，从此军用粮草就很充足。

戊子，葬贞简太后于坤陵。

蜀主闻王宗勋等败，自利州倍道西走，断桔柏津浮梁；使中书令、判六军诸卫事王宗弼将大军守利州，且令斩王宗勋等三招讨。

李绍琛昼夜兼行趣利州。蜀武德留后宋光葆遗郭崇韬书，"请唐兵不入境，当举巡属内附；苟不如约，则背城决战以报本朝。"崇韬复书抚纳之。己丑，魏王继岌至兴州，光葆以梓、绵、剑、龙、普五州，武定节度使王承肇以洋、蓬、壁三州，山南节度使兼侍中王宗威以梁、开、通、渠、麟五州，阶州刺史王承岳以阶州，皆降。承肇，宗侃之子也。自馀城镇皆望风款附。

【译文】戊子日（二十九日），后唐在坤陵埋葬了贞简太后。

蜀主王衍听说王宗勋等人战败，就从利州兼程往西逃去，并且砍断桔柏津的浮桥；下令中书令、判六军诸卫事王宗弼率领大军防守利州，又下令将王宗勋等三个招讨斩杀。

李绍琛昼夜兼程直奔利州。蜀国的武德留后宋光葆写信给郭崇韬，说："请求唐兵不要进入我们管辖的地境，我们愿意率领所属的辖地归降，如果不能按约定办，我就背城一战，以此来报答蜀主。"郭崇韬回信表示愿如约接纳他们。己丑日（三十日），魏王李继岌到达兴州，宋光葆率领所属的梓、绵、剑、龙、普五州，武定节度使王承肇率领所属的洋、蓬、壁三州，山南节度使王宗威率领所属的梁、开、通、渠、麟五州，阶州刺史王承岳率所属阶州，都向唐国归降。王承肇是王宗侃的儿子。其余城镇都望风归附后唐军。

天雄节度使王承休与副使安重霸谋掩击唐军，重霸曰："击之不胜，则大事去矣。蜀中精兵十万，天下险固，唐兵虽勇，安能直度剑门邪！然公受国恩，闻难不可不赴，愿与公俱西。"承休素亲信之，以为然。重霸请赂羌人买文、扶州路以归；承休从之，使重霸将龙武军及所募兵万二千人以从。将行，州人饯于城外。承休上道，重霸拜于马前曰："国家竭力以得秦、陇，若从开府还朝，谁当守之！开府行矣，重霸请为公留守。"承休业已上道，无如之何，遂与招讨副使王宗汭自文、扶而南。其地皆不毛，羌人抄之，且战且行，士卒冻馁，比至茂州，馀众二千而已。重霸遂以秦、陇来降。

【译文】天雄节度使王承休和副使安重霸谋划伏击后唐军，安重霸说："如果突袭他们不能够得胜，那么大势就去了，蜀中有十万精锐的部队，形势又险固，唐兵就算再英勇，又怎能直渡剑门天险呢？您身受国家的厚恩，听到国家有难，不能不去救援，我愿意和您一起率兵西进。"王承休一向很信任他，就听从他的建议。安重霸又建议用钱财买通羌人，走文州、扶州这条路回去；王承休也听从了，于是让安重霸率领龙武军和招募来的兵士一万两千人随行。将出发的时候，州里的人在城外饯行。王承休已经上路了，安重霸在马前向他参拜说："国家用全部力量夺得秦、陇二州，如果我也跟随你回朝，谁来坚守这里呢？开府您可以安心出发，重霸愿意替您留守。"当时王承休已经上路，没有办法，只好和招讨副使王宗汭从扶州、文州这一条路往南前进；当地都是不毛之地，羌人又随时出来抄掠他们，只好一边作战一边行进，士卒受冻挨饿，到达茂州的时候，只剩下两千人而已。于是安重霸就率秦、陇二州投降后唐军。

高季兴常欲取三峡，畏蜀峡路招讨使张武威名，不敢进。至是，乘唐兵势，使其子行军司马从诲权军府事，自将水军上峡取施州。张武以铁锁断江路，季兴遣勇士乘舟斫之。会风大起，舟絓于锁，不能进退，矢石交下，坏其战舰，季兴轻舟遁去。既而闻北路陷败，以夔、忠、万三州遣使诣魏王降。

郭崇韬遗王宗弼等书，为陈利害；李绍琛未至利州，宗弼弃城引兵西归。王宗勋等三招讨追及宗弼于白芀，宗弼怀中探诏书示之曰："宋光嗣令我杀尔曹。"因相持而泣，遂合谋送款于唐。

【译文】高季兴经常想夺取三峡，只是害怕前蜀峡路招讨使张武的威名，不敢前进。到这时候，乘着唐国的兵势，就让他的儿子行军司马高从诲暂时代理军府的事务，他亲自率领水军上溯三峡，要攻取施州。张武用铁锁截断江上的通路，高季兴派遣勇士乘着船前往砍断铁锁，刚好碰上起了大风，船被风一吹，绊在铁锁上，既不能进，又不能退，旁边张武的军队矢、石纷纷打下来，把高季兴的战船都打坏，高季兴只好乘了一只小船逃走。后来张武听说北路陷落战败，因此让夔、忠、万三州派使者到后唐魏王李继岌那里请求投降。

崇韬送信给王宗弼等，向他们陈说利害关系，李绍琛的部队还没到达利州，王宗弼就抛弃城池，率领部队往西逃去。王宗勋等三招讨从后追赶，在白芀追上王宗弼，王宗弼从怀中把诏书拿出来给他们看，说："宋光嗣教我要杀你们。"三个招讨使和王宗弼一起哭了起来，最后他们合谋准备与唐军议和。

资治通鉴卷第二百七十四　后唐纪三

起旃蒙作噩十一月，尽柔兆阉茂三月，不满一年。

【译文】起乙酉（公元925年）十一月，止丙戌（公元926年）三月，共五个月。

【题解】本卷记录了公元925年十一月至926年三月的历史，共记录五个月史事。为后唐庄宗李存勖同光三年末至同光四年三月。这一年大旱民饥，军粮不继，唐庄宗不知体恤，依然游猎玩赏，践踏苗稼。唐庄宗晚年昏暴，郭崇韬独掌军权，与太子李继岌产生间隙，唐庄宗听信谗言，对郭崇韬起杀心。刘皇后赐李继岌手札诛杀郭崇韬。唐庄宗竟置之不理，反而把郭崇韬灭族，祸及朱友谦，逼反李继琛和魏州戍兵。庄宗命将平叛，不肯赏赐，将士心寒，军心不振。李绍荣讨伐邺都不胜，李嗣源前往时被乱兵挟持，反叛进军大梁，诸军镇闻风影从。唐庄宗御驾亲征，刘皇后吝财不赏，遭将士唾弃。庄宗东征，士兵未战先散，被迫返回洛阳。

庄宗光圣神闵孝皇帝下

同光三年（乙酉，公元九二五年）十一月，丙申，蜀主至成都，百官及后宫迎于七里亭。蜀主入妃嫔中作回鹘队入宫。丁酉，出见群臣于文明殿，泣下沾襟，君臣相视，竟无一言以救国患。

戊戌，李绍琛至利州，修桔柏浮梁。昭武节度使林思谔先弃城奔阆州，遣使请降。甲辰，魏王继岌至剑州，蜀武信节度使兼中书令王宗寿以遂、合、渝、泸、昌五州降。

王宗弼至成都，登大玄门，严兵自卫。蜀主及太后自往劳之，宗弼骄慢无复臣礼。乙巳，劫迁蜀主及太后後宫诸王于西宫，收其玺绶，使亲吏于义兴门邀取内库金帛，悉归其家。其子承涓杖剑入宫，取蜀主宠姬数人以归。丙午，宗弼自称权西川兵马留后。

【译文】同光三年（乙酉，公元 925 年）十一月，丙申日（初七日），前蜀主王衍回到成都，朝廷百官和宫中妃嫔们到七里亭迎接。蜀主王衍就到妃嫔群中效仿回鹘队率领她们入宫。丁酉日（初八日），蜀主王衍出来在文明殿会见群臣，哭得衣襟都沾湿，君臣相向，竟然没有一句拯救国家危难的话。

戊戌日（初九日），李绍琛到达利州，修好桔柏的浮桥。昭武节度使林思谔原先抛弃城池逃到阆州，这时又派遣使者前来请求归降。甲辰日（十五日），魏王李继岌到达剑州，蜀国武信节度使兼中书令王宗寿率领所属遂、合、渝、泸、昌五个州投降。

王宗弼到成都后，登上大玄门，严兵自卫。蜀主王衍和太后亲自前往慰劳他，王宗弼骄傲怠慢，完全没有人臣的礼节。乙巳日（十六日），王宗弼劫持蜀主王衍及太后、后宫和诸王，把他们迁到西宫，并且收取传国玉玺，又派遣亲信到义兴门搬取内库的金银布帛，通通搬回自己家中。王宗弼的儿子王承涓持剑进入宫中，领着几个前蜀主王衍宠爱的姬妾回到家中。丙午日（十七日），王宗弼自称西川兵马留后。

李绍琛进至绵州，仓库民居已为蜀兵所燔，又断绵江浮梁，水深，无舟楫可渡，绍琛谓李严曰："吾悬军深入，利在速战。乘蜀人破胆之时，但得百骑过鹿头关，彼且迎降不暇；若俟修缮桥梁，必留数日，或教王衍坚闭近关，折吾兵势，倘延旬浃，则胜负未可知矣。"乃与严乘马浮渡江，从兵得济者仅千人，溺死者亦千馀人，遂入鹿关头；丁未，进据汉州；居三日，后军始至。

王宗弼遣使以币马牛酒劳军，且以蜀主书遗李严曰："公来吾即降。"或谓严："公首建伐蜀之策，蜀人怨公深入骨髓，不可往。"严不从，欣然驰入成都，抚谕吏民，告以大军继至，蜀君臣后宫皆恸哭。蜀主引严见太后，以母妻为托。宗弼犹乘城为守备，严悉命撤去楼橹。

【译文】李绍琛进兵到达绵州，仓库和民房等都被蜀兵放火焚烧，蜀兵又砍断绵江上的浮桥，江水很深，没有船只渡江，李绍琛对李严说："我们孤军深入敌境，只有速战才对我们有利。乘蜀军心惊胆战时，只需要一百个骑兵速过鹿头关，他们连出来投降的时间都没有。假如把浮桥修好再进攻，那一定会停留好几天，如果让王衍把鹿头关巩固住，那就会顿挫我们的攻势；如果再拖延十来天，胜负就不可知了。"于是就和李严乘着马浮水渡江，随后的部队能渡过对岸的只一千多人，溺死在河中的也有一千多人，于是就攻进鹿头关；丁未日（十八日），占据汉州，在那里驻扎了三天，后面的部队才到达。

王宗弼派遣使者拿着钱财、马牛、酒肉去慰劳后唐军，并把前蜀主王衍的信送给李严，说："您来我就投降。"有人劝李严说："您第一个提出讨伐蜀国的计划，蜀国人对您恨入骨髓，您千万不能去。"李严不听劝阻，欣然快马进入成都，抚慰当地的军民，告诉他们唐国的大军马上就要到了。蜀国君臣和后宫都恸哭失声，蜀主王衍带着李严去见太后，把他的母亲、妻子托付给李严，请他照顾。王宗弼仍然坚守在城上，李严命令他撤除所有高台。

己酉，魏王继岌至绵州，蜀主命翰林学士李昊草降表，又命中书待郎、同平章事王锴草降书，遣兵部侍郎欧阳彬奉之以迎继岌及郭崇韬。

王宗弼称蜀君臣久欲归命，而内枢密使宋光嗣、景润澄、宣徽使李周辂、欧阳晃炭惑蜀主；皆斩之，函首送继岌。又责文思殿大学士、礼部尚书、成都尹韩昭佞谀，枭于金马坊门。内外马步都指挥使兼中书令徐延琼、果州团练使潘在迎、嘉州刺史顾在珣及诸贵戚皆惶恐，倾其家金帛妓妾以赂宗弼，仅得免死。凡素所不快者，宗弼皆杀之。

【译文】己酉日（二十日），魏王李继岌到达绵州，蜀主王衍命令翰林学士李昊起草上呈唐国庄宗李存勖的降表，又命令中书侍郎、同平章事王锴起草致唐军的降书，派遣兵部侍郎欧阳彬拿着这些表章、书信迎接李继岌和郭崇韬。

王宗弼说前蜀国的君主大臣们早就想归服于后唐，只是因为内枢密使宋光嗣、景润澄和宣徽使李周辂、欧阳晃等迷惑了蜀主王衍；于是把他们都斩首，用箱函装了首级送给李继岌。又责备文思殿大学士、礼部尚书、成都尹韩昭谄佞阿谀，在金马坊门枭首示众。内外马步都指挥使兼中书令徐延琼、果州团练使潘在迎、嘉州刺史顾在珣和贵戚们都惶恐不安，倾尽家中的金帛妓妾贿赂王宗弼，仅能免于一死。凡是王宗弼平素不喜欢的人，王宗弼都把他们杀了。

辛亥，继岌至德阳。宗弼遣使奉笺；称已迁蜀主于西第，安抚军城，以俟王师。又使其子承班以蜀主后宫及珍玩赂继岌及郭崇韬，求西川节度使，继岌曰："此皆我家物，奚以献为！"留其物而遣之。

李绍琛留汉州八日以俟都统，甲寅，继岌至汉州，王宗弼迎谒；乙卯，至成都。丙辰，李严引蜀主及百官仪卫出降于升迁桥，蜀主白衣、衔璧、牵羊，草绳萦首，百官衰绖、徒跣、舆榇，号哭俟命。继岌受璧，崇韬解缚，焚榇，承制释罪；君臣东北向拜谢。丁巳，大军入成都。崇韬禁军士侵掠，市不改肆。自出师至克蜀，凡七十日。得节度十，州六十四，县二百四十九，兵三万，铠仗、钱粮、金银、缯锦共以千万计。

【译文】辛亥日（二十二日），李继岌到达德阳。王宗弼派遣使者奉笺表，报告已把蜀主王衍迁移到西第，并且安抚城中军民，上表等待王师。又让他的儿子王承班带着蜀主王衍的后宫和珍玩贿赂李继岌和郭崇韬，请求任命他为西川节度使，李继岌说："这些都是我家的东西，怎么用这些东西作为贡献呢？"把王宗弼送来的东西留下而把来人送走。

李绍琛在汉州住了八天等待李继岌的到来，甲寅日（二十五日），李继岌到达汉州，王宗弼前来迎接；乙卯日（二十六日），李继岌到达成都。丙辰日（二十七日），李严带领蜀主王衍和百官仪卫等到升迁桥投降，蜀主王衍穿着白衣，衔着璧，牵着羊，用草绳绕着脖子，百官都穿着衰绖丧服，赤着脚，载着空棺木，号啕大哭，等候处置。李继岌接受前蜀主王衍的玉璧，郭崇韬解开前蜀主脖子上的草绳，并把那些空棺都烧掉，按照后唐庄宗李存勖的旨意，免除他们的罪过，并释放他们。蜀国的君臣都向着东北拜谢。丁巳日（二十八日），唐国的大军进入成都。郭崇韬严禁军士侵扰百姓，所以市面上都安然无事。从唐军出师到攻下蜀国，共七十天；得到十个节度，六十四个州，二百四十九个县，三万名军队，铠仗、钱粮、金银、缯帛等数以千万计。

高季兴闻蜀亡，方食，失匕箸，曰："是老夫之过也。"梁震曰："不足忧也。唐主得蜀益骄，亡无日矣，安知其不为吾福！"

楚王殷闻蜀亡，上表称："臣已营衡麓之间为菟裘之地，愿上印绶以保馀龄。"上优诏慰谕之。

【译文】高季兴听到蜀国灭亡，当时正在吃饭，吃惊得汤匙、筷子都掉了，说："这是老夫的过错！"梁震说："不必担心，唐庄宗李存勖得到蜀国后，会更加骄傲，不久就要灭亡，哪里能知道他不是为我们谋福呢？"

楚王马殷听说蜀国灭亡，就上表声称："臣已经在衡山的山麓准备好告老退隐的地方，愿意呈上印信，请求让臣终老余年。"后唐庄宗下了一道诏书安慰了他一番。

【乾隆御批】王衍荒淫纵恣，民不聊生，众叛亲离，已非一日。李严伐蜀之策，不独机有可乘，亦且拯民水火。观其入蜀驰谕，人心帖然，蜀中情势，固可概见，劝其避怨弗往者，直不违事理耳！迨后西川都监之请知祥，方蓄志保聚，无隙可乘。重以任圜之横征，众皆疑怨，严因遇害。论者并其前事而非之，且讥其乐祸，肇谋殊，乖平恕，不可为蜀事定评也。

【译文】王衍荒淫无度、恣意放纵，致使民不聊生，众叛亲离，已经不是一两天的事了。李严伐蜀的策略，不仅因为有机可乘，也是拯救百姓于水火之中。看他入蜀后，开释罪犯、晓谕百姓，人心服帖的样子，蜀中的形势，本就可以看出来了，那些劝他躲避怨民而不往蜀地的人，实在是有违事理啊！等到后来西川都监上请知祥，才蓄志聚合群众，共同保卫守护，让这些人没有可乘之机。又因任圜横征暴敛，百姓都惊疑怨恨，李严因而遇害。议论者把以前的事一起找出来指责他，并且讥讽他的幸灾乐祸，代蜀之策肇始，违背持平宽仁之意，不能作为蜀事的定评。

平蜀之功，李绍琛为多，位在董璋上。而璋素与郭崇韬善，崇韬数召璋与议军事。绍琛心不平，谓璋曰："吾有平蜀之功，公等朴樕相从，反呫嗫于郭公之门，谋相倾害。吾为都将，独不能以军法斩公邪！"璋诉于崇韬。十二月，崇韬表璋为东川节度使，解其军职。绍琛愈怒，曰："吾冒白刃，陵险阻，定两川，璋乃坐有之邪！"乃见崇韬言："东川重地，任尚书有文武才。宜表为帅。"崇韬怒曰："绍琛反邪，何敢违吾节度！"绍琛惧而退。

【译文】平定前蜀国的功劳，李绍琛最多，爵位也在董璋之上。但是董璋一向和郭崇韬交情很好，所以郭崇韬屡次召唤董璋商议军事。李绍琛心中不平，对董璋说："我有平定蜀国的功劳，你不过是个跟班的小角色，却天天在郭公的门下进谗言出馊主意，想要害我。我身为都将，难道不能根据军法杀了你吗？"董璋跑去告诉郭崇韬。十二月，郭崇韬上表给庄宗李存勖，任命董璋为东川节度使，并且解除他的军职。李绍琛知道了更加愤怒，说："我亲冒白刃，历经危险，才平定两川，现在董璋却坐享其成！"于是跑去见郭崇韬，对他说："东川是个重要的地方，尚书任圜文武双才，应当上表皇上任他为帅。"郭崇韬听后很生气地说："李绍琛想造反吗？怎么敢违犯我的指挥。"李绍琛感到害怕而退了回去。

初，帝遣宦者李从袭等从魏王继岌伐蜀；继岌虽为都统，军中制置补署一出郭崇韬，崇韬终日决事，将吏宾客趋走盈庭，而都统府惟大将晨谒外，牙门索然，从袭等固耻之。及破蜀，蜀之贵臣大将争以宝货、妓乐遗崇韬及其子廷诲，魏王所得，不过匹马、束帛、唾壶、麈柄而已，从袭等益不平。

【译文】起初，后唐庄宗李存勖派遣宦官李从袭等人随从魏王李继岌征伐蜀国；李继岌虽然名为都统，但是军中的一切人事安排都出于郭崇韬之手，郭崇韬整天处理事务，将领官吏等宾客满门，而都统府除了大将们早晨前来拜见请安外，牙门里冷冷清清，李从袭等人感到羞辱。到了攻取蜀国后，蜀国的贵臣大将争相以宝货、妓乐贿赂郭崇韬和他的儿子郭廷诲，魏王李继岌得到的，只不过是一些马匹、束帛、唾壶、麈柄而已，李从袭等人心里更加愤恨不平。

王宗弼之自为西川留后也，赂崇韬求为节度使，崇韬阳许之。既而久未得，乃帅蜀人列状见继岌，请留崇韬镇蜀。从袭等因谓继岌曰："郭公父子专横，今又使蜀人请己为帅，其志难测，王不可不为备。"继岌谓崇韬曰："主上倚侍中如山岳，不可离庙堂，岂肯弃元臣于蛮夷之域乎！且此非余之所敢知也，请诸人诣阙自陈。"由是继岌与崇韬互相疑。会宋光葆自梓州来，诉王宗弼诬杀宋光嗣等。又，崇韬征犒军钱数万缗于宗弼，宗弼靳之，士卒怨怒，夜，纵火喧噪。崇韬欲诛宗弼以自明，己巳，白继岌收宗弼及王宗勋、王宗渥，皆数其不忠之罪，族诛之，籍没其家。蜀人争食宗弼之肉。

【译文】王宗弼当西川留后时，贿赂郭崇韬请求做西川节度使，郭崇韬表面上答应，但过了很久王宗弼还没有得到这个官，王宗弼于是率领蜀国的将吏们呈文求见李继岌，请求他留下郭崇韬镇守蜀国，李从袭等人于是对李继岌说："郭公父子都很专横，现在又让蜀人来请求让他当统帅，他的心思恐怕难以预测，大王你不能不做点防备。"李继岌于是对郭崇韬说："皇上依靠侍中你如同山岳，不会让你离开庙堂，难道还肯把元老大臣弃置在蛮荒之地吗？而且这事不是我敢做主的，请让他们自己到京城陈情。"从此李继岌和郭崇韬之间就产生了猜疑。这时正好宋光葆从梓州来，他诉说王宗弼诬杀宋光嗣等的情况。又赶上郭崇韬曾向王宗弼征用几万缗的劳军钱，王宗弼不给，于是士兵们都埋怨愤怒，在夜晚放火喧闹。郭崇韬想杀王宗弼表白自己的立场，己巳日（初十），郭崇韬向李继岌报告，收捕王宗弼和王宗勋、王宗渥等人，责备他们不忠的罪状，把他们全族都杀灭，没收所有的家产。前蜀人争抢着吃王宗弼的肉。

辛未，闽忠懿王审知卒，子延翰自称威武留后。汀州民陈本聚众三万围汀州，延翰遣右军都监柳邕等将兵二万讨之。

癸酉，王承休、王宗沂至成都，魏王继岌诘之曰："居大镇，拥强兵，何以不拒战？"对曰："畏大王神武。"曰："然则何不降？"对曰："王师不入境。"曰："所俱入羌者几人？"对曰："万二千人。"曰："今归者几人？"对曰："二千人。"曰："可以偿万人之死矣。"皆斩之，并其子。

【译文】辛未日（十二日），闽忠懿王王审知过世，他的儿子王延翰自称威武留后。汀州的百姓陈本聚集三万名部众围攻汀州，王延翰派遣右军都监柳邕等率领二万士卒前去讨伐。

癸酉日（十四日），王承休、王宗沂到达成都，魏王李继岌责问他们说："你们位居大镇，拥有强兵，为什么不抵抗？"回答道："害怕大王的神明威武。"李继岌问："那么为什么不投降？"

回答说:"王师并没进入我的辖境。"李继岌说:"你率领多少人进入羌人的地境?"回答说:"一万两千人。"李继岌又问:"现在回来的有几人?"回答说:"两千人。"李继岌最后说:"那好,你们可以为这一万人的死偿命了。"于是把两人都杀了,同时被杀的还有他们的儿子。

资治通鉴

丙子,以知北都留守事孟知祥为西川节度使、同平章事,促召赴洛阳。帝议选北都留守,枢密承旨段徊等恶邺都留守张宪,不欲其在朝廷,皆曰:"北都非张宪不可。宪虽有宰相器,今国家新得中原,宰相在天子目前,事有得失,可以改更,比之此都独系一方安危,不为重也。"乃徙宪为太原尹,知北都留守事。以户部尚书王正言为兴唐尹,知邺都留守事。正言昏耄,帝以武德使史彦琼为邺都监军。彦琼,本伶人也,有宠于帝。魏、博等六州军旅金谷之政皆决于彦琼,威福自恣,陵忽将佐,自正言以下皆谄事之。

【译文】丙子日(十七日),任命知北都留守事孟知祥为西川节度使、同平章事,并催促他去洛阳。庄宗李存勖和群臣商议另外挑选北都留守,枢密承旨段徊等讨厌邺都留守张宪,不希望他留在朝廷,于是都建议说:"北都留守非张宪不可。张宪虽然有宰相的器度,但是现在国家新近得到中原,宰相就在天子眼前,如果什么事情办得不妥当,还有皇上纠正他,和北都单独维系一方的安危比起来,就显得没那么重要了。"于是调张宪出任太原尹,主持北都留守事务。任命户部尚书王正言为兴唐尹,主持邺都留守事务。王正言年纪已大,有点昏聩,庄宗就派武德使史彦琼为邺都监军。史彦琼本来是个伶人,得到庄宗的宠爱,魏、博等六州的军队钱粮事务通通归他管理,所以就作威作福起来，欺凌忽视将帅们，自王正言以下的人，都巴结事奉他。

初，帝得魏州银枪效节都近八千人，以为亲军，皆恚悍无敌。夹河之战，实赖其用，屡立殊功，常许以灭梁之日大加赏赉。既而河南平，虽赏赉非一，而士卒恃功，骄恣无厌，更成怨望。是岁大饥民多流亡，租赋不充，道路涂潦，漕辇艰涩，东都仓廪空竭，无以给军士。租唐使孔谦日于上东门外望诸州漕运，至者随以给之。军士乏食，有雇妻鬻子者，老弱采蔬于野，百十为群，往往馁死，流言怨嗟，而帝游畋不息。己卯，猎于白沙，皇后，皇子、后宫毕从。庚辰，宿伊阙；辛巳，宿潭泊；壬午，宿龛涧；癸未，还宫。时大雪，吏座有僵仆于道路者。伊、汝间饥尤甚，卫兵所过，责其供饷，不得，则坏其什器，撤其室庐以为薪，甚于寇盗，县吏皆窜匿山谷。

【译文】起初，后唐庄宗李存勖得到魏州禁卫军近八千人，把他们当作自己的亲信部队，这些人作战十分勇敢，天下无敌。在黄河两岸战役的时候，庄宗常依赖他们，他们也屡建奇功，于是庄宗李存勖答应他们，等平定梁国以后要大大地赏赐他们。在平定了黄河以南后，虽然对他们也不止一次地进行赏赐，但这些人却自恃有功，骄傲贪婪，更加抱怨。这一年发生大饥荒，百姓流散逃亡，租税征收不足，加上久雨，路上泥泞难行，水陆的粮运都有困难，东都的仓库都空了，没有东西发给士兵们。租庸使孔谦每天在上东门外盼望诸州从水上运来粮食，只要粮食一到，随时就发给他们。军士们没粮食可吃，有的把妻子典押给别人做工，有的甚至卖子女，老弱在荒野采食野菜，百十成群，往往就在野外饿死。到处谣言流传，怨叹不已，而庄宗却照常游玩田猎。己卯日（二十日），后唐庄宗李存勖到白沙打猎，皇后和皇子、后宫等都随行。庚辰日（二十一日），停宿在伊阙；辛巳日（二十二日），停宿在潭泊；壬午日（二十三日），停宿在龛涧；癸未日（二十四日），才回皇宫。当时天正下着大雪，随行的官吏士卒们有人冻死在路上。伊州、汝州一带饥荒情形尤其严重，卫兵经过的地方，就责问地方官吏，要他们供给所需的东西；如果得不到，就破坏他们的日常用具，把他们的房屋拆掉当柴，比盗贼敌人都厉害，甚至县里的官吏们都逃到山谷之间躲藏起来。

有白龙见于汉宫；汉主改元白龙，更名曰龑。

长和骠信郑旻遣其布燮郑昭淳求婚于汉，汉主以女增城公主妻之。长和即唐之南诏也。

成德节度使李嗣源入朝。

闰月，己丑朔，孟知祥至洛阳，帝宠待甚厚。

帝以军储不足，谋于群臣，豆卢革以下皆莫知为计。吏部尚书李琪上疏，以为："古者量入以为出，计农而发兵，故虽有水旱之灾而无匮乏之忧。近代税农以养兵，未有农富给而兵不足，农捐瘠而兵丰饱者也。今纵未能蠲省租税，苟除折纳、纽配之法，农亦可以小休矣。"帝即敕有司如琪所言，然竟不能行。

【译文】有一条白龙出现在汉宫，南汉主刘岩就改年号为白龙，并改名为龑。

长和的骠信郑旻派遣布燮郑昭淳向南汉国求婚，汉主把女儿增城公主嫁给他。长和就是唐朝时的南诏国。

成德节度使李嗣源入京朝见庄宗李存勖。

闰十二月，己丑朔日（初一日），孟知祥到达洛阳，后唐庄宗对待他十分优厚。

因为军队的储备不充足，后唐庄宗与大臣商议，豆卢革以下的大臣们都想不出办法。吏部尚书李琪上奏章向庄宗建议说："古时候都是衡量收入，然后再决定开销，先计算农业的收成，然后再征调军队，所以纵使有水、旱灾，而没有缺乏军粮的忧虑。近代以来都是靠向农民征税来供养军队，从来都没有过农民富足而兵用不足，或者农民贫困而军队却能丰衣足食的情况。现在纵使不能减免租税，假使能先把折纳、纽配这些苛捐杂税等名目除去，农人就可以稍微喘一口气了。"后唐庄宗马上按照李琪所讲的，敕令主管官吏照办，然而终究没能执行。

丁酉，诏蜀朝所署官四品以上降授有差，五品以下才地无取者悉纵归田里；其先降及有功者，委崇韬随事奖任。又赐王衍诏，略曰："固当袭土而封，必不薄人于险。三辰在上，一言不欺。"

庚子，彰武、保大节度使兼史书令高万兴卒，以其子保大留后允韬为彰武留后。

帝以军储不充，欲如汴州，谏官上言："不如节俭以足用，自古无就食天子。今杨氏未灭，不宜示以虚实。"乃止。

辛亥，立皇弟存美为邠王，存霸为永王，存礼为薛王，存渥为申王，存又为睦王，存确为通王，存纪为雅王。

【译文】丁酉日（初九日），后唐庄宗李存勖下诏，凡前蜀四品以上的官员按不同情况降职安排，五品以下的，如果才能或门第都没有什么特殊的，就放他们回田里；唐军入蜀时率先投降或有功劳的，则交代郭崇韬有机会就优先奖励、任用他们。又赐给蜀主王衍诏书，大略是说："一定会分封你一块土地，绝不会把你逼上绝路，日、月、星三辰在上做证，一句话也不欺骗你。"

庚子日(十三日),彰武、保大节度使兼中书令高万兴过世,任命他的儿子保大留后高允韬为彰武留后。

后唐庄宗李存勖因为洛阳军粮不充裕,准备前往汴州,谏官劝谏说:"节俭开销,自然就够用,自古以来没有去迁就粮食的天子。现在淮南的杨氏还没有消灭,不应让他们看出虚实。"后唐庄宗便打消去汴州的行动。

辛亥日(二十三日),后唐庄宗李存勖封皇弟李存美为邕王,李存霸为永王,李存礼为薛王,李存渥为申王,李存乂为睦王,李存确为通王,李存纪为雅王。

郭崇韬素疾宦官,尝密谓魏王继岌曰:"大王他日得天下,骣马亦不可乘,况任宦官!宜尽去之,专用士人。"吕知柔窃听,闻之,由是宦官皆切齿。

时成都虽下,而蜀中盗贼群起,布满山林。崇韬恐大军既去,更为后患,命任圜、张筠分道招讨,以是淹留未还。帝遣宦者向延嗣促之,崇韬不出郊迎,及见,礼节又倨,延嗣怒。李从袭谓延嗣曰:"魏王,太子也;主上万福,而郭公专权如是。郭廷诲拥徒出入,日与军中饶将、蜀土豪杰狎饮,指天画地,近闻白其父请表己为蜀帅;又言'蜀地富饶,大人宜善自为谋。'今诸军将校皆郭氏之党,王寄身于虎狼之口,一委有变,吾属不知委骨何地矣。"因相向垂涕。延嗣归,具以语刘后。后泣诉于帝,请早救继岌之死。

【译文】郭崇韬一向痛恨宦官,曾经秘密地对魏王李继岌说:"大王他日得到天下,骟了的马都不能骑,更何况任用宦官?应当把他们全部辞去,专门起用士人。"吕知柔躲在外头偷听,听到了他这一番话，从此宦官们都对郭崇韬切齿痛恨。

　　当时成都虽被攻取，但蜀中盗贼四起，布满山林。郭崇韬恐怕唐国大军离去，这些盗贼更会成为后患，于是命令任圜、张筠等分头率领部队讨伐，因此停留很久还是没有办法班师回朝。庄宗李存勖派遣宦官向延嗣前来催促，郭崇韬不肯到城外迎接；接见的时候，礼节又很倨傲，向延嗣非常生气。李从袭对向延嗣说："魏王是太子，主上多福，而郭公如此独裁，郭廷诲和他的同党们经常往来，每天和军队中勇敢的将领们、蜀地的豪杰们喝酒胡混，指天画地、胡吹乱捧。最近听说请求他父亲上表皇上派他为蜀帅；又对他父亲说：'蜀国这地方非常富饶，大人应该好自打算。'现在各军的将领都是郭氏的同党，魏王等于是寄身在虎狼之口，一旦有什么变化，我们都不知道要埋骨在什么地方了。"于是就相对哭泣。向延嗣回京后，就把这情形一五一十地向刘皇后报告，刘皇后哭着向庄宗李存勖投诉，并请求及早挽救李继岌，使他免于一死。

　　前此帝闻蜀人请崇韬为帅，已不平，至是闻延嗣之言，不能无疑。帝阅蜀府库之籍，曰："人言蜀中珍货无算，何如是之微也？"延嗣曰："臣闻蜀破，其珍货皆入于崇韬父子，崇韬有金万两，银四十万两，钱百万缗，名马千匹，他物称是，廷诲所取，复在其外；故县官所得不多耳。"帝遂怒形于色。及孟知祥将行，帝语之曰："闻郭崇韬有异志，卿到，为朕诛之。"知祥曰："崇韬，国之勋旧，不宜有此。俟臣至蜀察之，苟无他志则遣还。"帝许之。

　　【译文】在此以前，后唐庄宗听到蜀人请求郭崇韬做他们的统帅，心中已经愤愤不平，这时又听到向延嗣的这番话，不能不表示怀疑。庄宗查阅蜀国府库的账册，怀疑说："人家都传说蜀国的珍宝不计其数，怎么这上面只登载这么少呢？"向延嗣说：
"臣听说蜀国被攻破之后，那里的珍宝财物都到了郭崇韬父子
手中，郭崇韬现有黄金一万两，白银四十万两，钱币百万缗，名
贵的马上千匹，其他的东西价值也与此相当，他的儿子郭廷诲
搜刮到的，又在这些数目之外，所以皇上所得到的就不多了。"
庄宗于是气得脸上都变了色。到了孟知祥要去上任的时候，庄
宗对他说："听说郭崇韬有谋反的意思，你到了那儿，替朕把他
杀了。"孟知祥说："郭崇韬是国家有功勋的元老重臣，不应该会
这样，等臣到达蜀国后仔细观察，如果没有异心就送他回来。"
后唐庄宗李存勖答应了。

　　壬子，知祥发洛阳。帝寻复遣衣甲库使马彦珪驰诣成都观崇
韬去就，如奉诏班师则已，若有迁延跋扈之状，则与继岌图之。
彦珪见皇后，说之曰："臣见向延嗣言蜀中事势忧在朝夕，今上当
断不断，夫成败之机，间不容发，安能缓急禀命于三千里外乎！"
皇后复言于帝，帝曰："传闻之言，未知虚实，岂可遽尔果决？"皇
后不得请，退，自为教与继岌，令杀崇韬。知祥行至石壕，彦珪夜
叩门宣诏，促知祥赴镇，知祥窃叹曰："乱将作矣！"乃昼夜兼行。

　　【译文】壬子日(二十四日)，孟知祥从洛阳出发。不久，又
派遣衣甲库使马彦珪赶往成都观察郭崇韬的举动，如果他遵奉
皇帝的旨意班师回朝就算了，如果有稍为迟延或跋扈的样子，
就和李继岌把他解决。马彦珪私下跑去见刘皇后，劝她说："我
看如果像向延嗣所说蜀中形势，忧患就在朝夕，现在皇上当断
不断，成败的时机，间不容发，怎么能够在三千里之外不顾缓
急请示呢？"刘皇后于是劝庄宗，庄宗说："传闻的话，一下子也
没有办法分辨真假，怎么可以立刻就下判断呢？"刘皇后得不

到要领，退下来后就自己下教令给李继岌，教他把郭崇韬杀了。孟知祥走到石壕，马彦珪在晚上来敲他的门，宣读诏书，催促孟知祥赶快前往镇地，孟知祥私下叹气说："灾乱又要开始了。"于是日夜兼程，赶赴成都。

　　初，楚王殷既得湖南，不征商旅，由是四方商旅辐湊。湖南地多铅铁，殷用军都判官高郁策，铸铅铁为钱，商旅出境，无所用之，皆易他货而去，故能以境内所馀之物易天下百货，国以富饶。湖南民不事桑蚕，郁命民输税者皆以帛代钱，未几，民间机杼大盛。

　　吴越王镠遣使者沈韬致书，以受玉册，封吴越国王告于吴。吴人以其国名与己同，不受书，遣韬还。仍戒境上无得通吴越使者及商旅。

　　【译文】 起初，楚王马殷得到湖南时，不征收商人的税，因此四面八方的商人都聚集在这里。湖南出产铅和铁，马殷采用军都判官高郁的建议，用铅、铁铸钱，这样一来商旅如果离境，这种钱到别的地方就不能用，只好再买其他的货物带走，所以楚国就能以国境内多余的货物交易天下百货，国家因此富饶起来，湖南的百姓原来都不种桑养蚕，高郁命令百姓缴税的时候都要用布帛代替金钱，不久，民间的织布业盛行起来。

　　吴越王钱镠派遣使者沈韬给吴国送来一封信，把接受玉册、被封为吴越国王的事告诉了吴国。吴国人认为他们的国名和自己相同，就不肯接受国书，并且把沈韬遣送回去；仍然命令国境保持警戒，不准和吴越通使、通商。

明宗圣德和武钦孝皇帝上之上

天成元年(丙戌,公元九二六年)春,正月,庚申,魏王继岌遣李继曮、李严部送王衍及其宗族百官数千人诣洛阳。

河中节度使、尚书令李继麟自恃与帝故旧,且有功,帝待之厚,苦诸伶宦求丐无厌,遂拒不与。大军之征蜀也,继麟阅兵,遣其子令德将之以从。景进与宦官谮之曰:"继麟闻大军起,以为讨己,故惊惧,阅兵自卫。"又曰:"崇韬所以敢倔强于蜀者,与河中阴谋,内外相应故也。"继麟闻之惧,欲身入朝以自明,其所亲止之,继麟曰:"郭侍中功高于我。今事势将危,吾得见主上,面陈至诚,则谗人获罪矣。"癸亥,继麟入朝。

【译文】天成元年(丙戌,公元 926 年,是年四月方改年号为天成)春季,正月,庚申日(初三日),魏王李继岌派遣李继曮、李严带领人马把王衍及其家族、百官数千人送到洛阳。

河中节度使、尚书令李继麟依仗自己和后唐庄宗是老朋友,有战功,后唐庄宗给他的待遇也很丰厚,但苦于伶人宦官经常向他求乞而且贪得无厌,于是就拒绝不给。唐国大军征伐蜀国的时候,李继麟大阅部队,派遣他的儿子李令德率军随从出征。景进和宦官们就毁谤他说:"李继麟听说朝廷调动大军,以为要讨伐他,吃惊害怕,就赶快校阅部队,准备抵抗。"又说,"郭崇韬所以敢在蜀中跋扈,是因为和河中暗中勾结,内外互相呼应的缘故。"李继麟听到这些话后感到很害怕,准备亲自到朝廷说明情况,他的亲信们都阻止他,李继麟说:"郭崇韬侍中的功劳比我高。现在的情势十分危急,如果我能见到皇上,当面陈述我们效忠的诚心,那些谗佞的人就有罪了。"癸亥日(初六日),李继麟到了朝廷。

魏王继岌将发成都，令任圜权知留事，以俟孟知祥。诸军部署已定，是日，马彦珪至，以皇后教示继岌，继岌曰：“大军垂发，彼无衅端，安可为此负心事！公辈勿复言。且主上无敕，独以皇后教杀招讨使，可乎？”李从袭等泣曰：“既有此迹，万一崇韬闻之，中涂为变，益不可救矣。”相与巧陈利害，继岌不得已从之。甲子旦，从袭以继岌之命召崇韬计事，继岌登楼避之。崇韬方升阶，继岌从者李环挝碎其首，并杀其子廷诲、廷信。外人犹未之知。都统推官饶阳李崧谓继岌曰：“今行军三千里外，初无敕旨，擅杀大将，大王奈何行此危事！独不能忍之至洛阳邪？”继岌曰：“公言是也，悔之无及。”崧乃召书吏数人，登楼去梯，矫为敕书，用蜡印宣之，军中粗定。崇韬左右皆窜匿，独掌书记滏阳张砺诣魏王府恸哭久之。继岌命任圜代崇韬总军政。

【译文】魏王李继岌将要从成都出发，命令任圜暂时代理留守，以等待孟知祥。各部队的去留都已经安排妥当，当天，马彦珪到达成都，把刘皇后的教令拿给李继岌看，李继岌说：“大军将要出发，郭崇韬也没有什么迹象，怎么可以做这种对不起人的事呢？你们不能再说这种话了。而且主上没有诏书，只凭刘皇后的教令就杀了招讨使，这事能这么做吗？”李从袭等哭着劝他说：“既然已经有这回事，如果让郭崇韬知道，半路上再发生什么变故，那就没有办法收拾了。”马彦珪和李从袭一起对他详细陈说利害关系，李继岌不得已，只好答应。甲子日（初七日）早上，李从袭以李继岌的命令召唤郭崇韬前来商议事情，李继岌到楼上回避。郭崇韬正上台阶的时候，李继岌的侍从李环用大铁槌把郭崇韬的脑袋打碎，并且杀了他的儿子郭廷诲、郭廷信。而外头的人还不知道这件事。都统推官饶阳人李崧对李继岌说：“现在部队远在三千里之外，一开始就没有皇上的命令而擅自杀死大将，大王怎么可以做出这种危险的事情？难道不能忍一忍到洛阳再说吗？"李继岌说："公所说得极是，我后悔都来不及了。"李嵩于是召唤了几个书吏，教他们上楼，然后撤去梯子，让他们伪造庄宗的诏书，用蜡假造中书的印章，然后再向外宣布，部队稍微安定下来。郭崇韬的左右随从都四处逃窜，只有掌书记滏阳人张砺跑到魏王府抚尸痛哭了很久。李继岌任命任圜代替郭崇韬总管军政。

【乾隆御批】崇韬之死不由王命，继岌实不能辞过。至其不书官爵，友益谓病其请立刘后，起莘谓以其轻犯近习，二说皆不得其正。崇韬立后之请，因为可鄙，然不应责于此时，若其不礼宦官，更无可罪。惟是继岌都统之命，崇韬实请之，而佐以西行者，虽军事悉以委付，乃于国储统帅视之蔑，如使宵小得乘间而构其短，则取祸实有由矣。且其在蜀也，将吏奔走其门，宝赂悉充其囊，擅权黩货，丛积怨尤，而于宗弼之非分干求，始则纳其贿以阳许，继乃灭其族以自明，是则崇韬罪之大者。虽杀不以正，而死不为枉。则书法交贬之也固宜！

【译文】崇韬被杀不是由于王命，继岌确实不能推掉责任。至于不写他的官爵，友益说是因他请求唐主立刘后的过错，起莘说是因他轻易冒犯了君主宠爱亲信的人，这两种说法都没有抓住本质。崇韬请立刘后一事，固然可鄙，却不应在此时责备他；如果他对宦官无礼，更是没什么罪过。只有继岌被任命为都统这件事，确实是崇韬为他向唐主请求的，并且自己还辅佐他西行，虽然全部的军事都委托崇韬处理，继岌凭借国家王位继承人和统帅的身份还是很蔑视他，使得小人乘机编排他的短处，那么他招致祸端也是有缘由的了。并且他在蜀地时，将官们在他的府门奔走，宝物贿赂都落入他的私囊，他还擅用专权、贪污受贿、罪行丛积。而在宗弼对官职的非分求取这件事上，开始接受宗弼的贿赂时表面上假意答应，而后又诛灭他的亲族以表自己清白，这是崇韬的罪大恶极之处。虽然杀崇韬没依凭正当律法，但是他死有余辜。那么史书和法律一起贬斥他固然也是应该的！

【申涵煜评】崇韬既摧抑权倖，又援立刘后以弭怨。以刚急之人忽变为诡随之举，立身不正何以服人，所以终碎首于蜀也。至于附籍汾阳，尤愧狄青远甚。

【译文】郭崇韬既然已经消除了奸佞之人，又拥立刘后以消除他们的怨恨。以刚直的人突然变得不顾是非而妄随人意，自身不正如何服人，所以他最终在蜀地粉身碎骨。至于他附籍汾阳，尤其惭愧比狄青差很远啊。

魏王通谒李廷安献蜀乐工二百馀人，有严旭者，王衍用为蓬州刺史，帝问曰：“汝何以得刺史？”对曰：“以歌。”帝使歌而善之，许复故任。

戊辰，孟知祥至成都。时新杀郭崇韬，人情未安，知祥慰抚吏民，犒赐将卒，去留帖然。

闽人破陈本，斩之。

【译文】魏王通谒李廷安献上前蜀国的乐工二百余人，其中有个叫严旭的，过去王衍任用他为蓬州刺史，庄宗李存勖问他说：“你怎么能得到刺史？”回答说：“因为我会唱歌。”庄宗教他唱唱看，觉得还真不错，答应恢复他过去的职务。

戊辰日（十一日），孟知祥到达成都。因为当时杀了郭崇韬，人心还没安定下来，孟知祥抚慰官吏人民，犒赏将领士卒，所以不论班师或留守的，都顺从孟知祥的意愿。

闽人攻破陈本的领地，把他斩杀。

契丹主击女真及勃海，恐唐乘虚袭之，戊寅，遣梅老鞋里来修好。

马彦珪还洛阳，乃下诏暴郭崇韬之罪，并杀其子廷说、廷让、廷议，于是朝野骇愕，群议纷然，帝使宦者潜察之。保大节度使睦王存乂，崇韬之婿也；宦官欲尽去崇韬之党，言"存乂对诸将攘臂垂泣，为崇韬称冤，言辞怨望。"庚辰，幽存乂于第，寻杀之。

【译文】契丹主耶律阿保机向女真和勃海国发起进攻，但又害怕后唐乘虚而入。戊寅日(二十一日)，派遣梅老鞋里来后唐互通友好。

马彦珪回到洛阳，庄宗下诏公布郭崇韬的罪状，并且杀了他在洛阳的儿子郭廷说、郭廷让、郭廷议等，朝野上下有的骇异，有的惋惜，大家都议论纷纷，庄宗就派遣宦官暗中侦察。保大节度使睦王李存乂是崇韬的女婿；宦官们想要全部除去崇韬的党羽，于是报告说："李存乂对着诸位将领捋衣出臂，痛哭流涕，为郭崇韬申冤，他的言辞对朝廷很不满。"庚辰日(二十三日)，庄宗下令把李存乂幽禁在家中，不久又把他杀了。

景进言："河中人有告变，言李继麟与郭崇韬谋反；崇韬死，又与存乂连谋。"宦官因共劝帝速除之，帝乃徙继麟为义成节度使，是夜，遣蕃汉马步使朱守殷以兵围其第，驱继麟出徽安门外杀之，复其姓名曰朱友谦。友谦二子，令德为武信节度使，令锡为忠武节度使；诏魏王继岌诛令德于遂州，郑州刺史王思同诛令锡于许州，河阳节度使李绍奇诛其家人于河中。绍奇至其家，友谦妻张氏帅家人二百馀口见绍奇曰："朱氏宗族当死，愿无滥及平人。"乃别其婢仆百人，以其族百口就刑。张氏又取铁券以示绍奇曰："此皇帝去年所赐也，我妇人，不识书，不知其何等语也。"绍奇亦为之惭。友谦旧将史武等七人，时为刺史，皆坐族诛。

【译文】景进说："河中有人来告说，李继麟和郭崇韬阴谋反叛。现在郭崇韬死了，又和李存乂共谋。"宦官们于是都劝庄宗迅速把李继麟除去，庄宗就把李继麟迁为义成节度使。当夜，派遣蕃汉马步使朱守殷率军包围他的府第，把李继麟赶到徽安门外杀了，又恢复他原来的姓名朱友谦。朱友谦有两个儿子，朱令德担任武信节度使，朱令锡担任忠武节度使。庄宗李存勖下诏让魏王李继岌在遂州杀掉朱令德，又下令郑州刺史王思同在许州诛杀朱令锡，另外派河阳节度使李绍奇到河中诛杀朱友谦的家人。李绍奇到了朱友谦家中，朱友谦的妻子张氏率领家人二百多口出来见李绍奇，对他说："朱氏宗族该死，但希望不要错误地把平民也杀掉。"于是把她家一百多名奴仆分出来，另外一百多口族人就走了刑场。张氏又取出铁券给李绍奇看，说："这是去年皇帝赐给我们家的，我是个妇道人家，不认得字，不知道里面写些什么。"李绍奇看了以后也觉得惭愧。朱友谦旧日的部将史武等七人，当时担任刺史，也被连坐诛杀全族。

时洛中诸军饥窘，妄为谣言，伶官采之以闻于帝，故郭崇韬、朱友谦皆及于祸。成都节度使兼中书令李嗣源亦为谣言所属，帝遣朱守殷察之；守殷私谓嗣源曰："令公勋业振主，宜自图归藩以远祸。"嗣源曰："吾心不负天地，祸福之来，无所可避，皆委之于命耳。"时伶宦用事，勋旧人不自保，嗣源危殆者数四，赖宣徽使李绍宏左右营护，以是得全。

魏王继岌留马步都指挥使陈留李仁罕、马军都指挥使东光潘仁嗣、左厢都指挥使赵廷隐、右厢都指挥使浚仪张业、牙内指挥使文水武漳、骁锐指挥使平恩李廷厚戍成都。甲申,继岌发成都,命李绍琛帅万二千人为后军,行止常差中军一舍。

【译文】当时洛中各军饥饿困迫,编造谣言,伶官们收集起来告诉后唐庄宗,所以朱友谦、郭崇韬因此遭祸。成德节度使兼中书令李嗣源也被谣言波及,庄宗李存勖就派遣朱守殷去侦察他。朱守殷私下对李嗣源说:"令公的勋劳功业已经震动主上,应该赶快想办法回藩镇,好远离灾祸。"李嗣源说:"我的良心上对得起天,下对得起地,是祸是福都没有什么好躲避的,一切都听从命运的安排。"当时伶人、宦官得势,功臣和旧将无法自保,李嗣源有多次处境非常危险,全靠宣徽使李绍宏及其左右的保护营救才得以保全。

魏王李继岌留下马步都指挥使陈留人李仁罕、马军都指挥使东光人潘仁嗣、左厢都指挥使赵廷隐、右厢都指挥使浚仪人张业、牙内指挥使文水人武漳、骁锐指挥使平恩人李延厚等戍守成都。甲申日(二十七日),李继岌从成都出发,命令李绍琛率领一万两千人为他的后援部队,在路上行进或休息时,经常和中军相距三十里远。

二月,己丑朔,以宣徽南院使李绍宏为枢密使。

魏博指挥使杨仁晸,将所部兵戍瓦桥,逾年代归,至贝州,以邺都空虚,恐兵至为变,敕留屯贝州。

时天下莫知郭崇韬之罪,民间讹言云:"崇韬杀继岌,自王于蜀,故族其家。"朱友谦子建徽为澶州刺史,帝密敕邺都监军史彦琼杀之。门者白留守王正言曰:"史武德夜半驰马出城,不言何往。"又讹言云:"皇后以继岌之死归咎于帝,已弑帝矣,故急召彦琼计事。"人情愈骇。

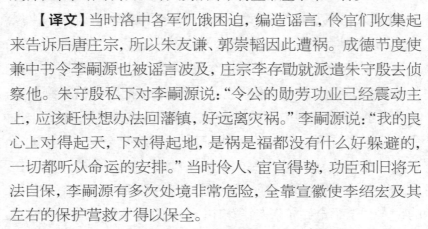

【译文】二月，己丑朔日（二月朔日是戊子日，己丑日是初二日），庄宗李存勖任命宣徽南院使李绍宏为枢密使。

魏博指挥使杨仁晸率领他所属的部队戍守在瓦桥，一年以后换他回来，到达贝州，朝廷认为邺都空虚，怕军队到了发生变乱，下令他们屯驻在贝州。

当时天下人都不大清楚郭崇韬的罪状，民间谣传说："郭崇韬杀了李继岌，在蜀自立为王，所以族灭了他的家人。"朱友谦的儿子朱建徽当时担任澶州刺史，后唐庄宗李存勖密令邺都监军史彦琼去杀他。门吏向邺都留守王正言报告说："史彦琼半夜骑着马出城，没有说他向哪里去。"又有人传讹说："刘皇后把李继岌的死归咎于皇帝，已弑杀皇帝，所以赶忙召唤史彦琼前去商量。"于是人们更加惊慌。

杨仁晸部兵皇甫晖与其徒夜博不胜，因人情不安，遂作乱，劫仁晸曰："主上所以有天下者，吾魏军力也；魏军甲不去体，马不解鞍者十馀年，今天下已定，天子不念旧劳，更加猜忌。远戍逾年，方喜代归，去家咫尺，不使相见。今闻皇后弑逆，京师已乱，将士愿与公俱归，仍表闻朝廷。若天子万福，兴兵致讨，以吾魏博兵力足以拒之，安知不更为富贵之资乎？"仁晸不从，晖杀之；又劫小校，不从，又杀之。效节指挥使赵在礼闻乱，衣不及带，逾垣而走，晖追及，曳其足而下之，示以二首，在礼惧而从之。乱兵遂奉以为帅，焚掠贝州。晖，魏州人；在礼，涿州人也。诘旦，晖等拥在礼南趣临清、永济、馆陶，所过剽掠。

【译文】杨仁晸的部下皇甫晖和他的朋友夜里赌博没赢，因为人心不安，于是乘机作乱，劫持杨仁晸说："主上所以能取得天下，完全是靠我们魏军的效力；魏军人不解甲、马不解鞍，也已经有十余年了，现在天下已经平定，天子不但不体念我们过去的功劳，反而对我们更加猜忌。我们远离家乡在外戍守已有一年多了，正高高兴兴地要轮换回家，谁想到离家只有咫尺远的时候，却不让我们和家人相见。现在听说刘皇后已弑杀皇帝，京师发生动乱，将士们都盼望能随您回去，我们仍然向朝廷上表报告。如果天子万福，仍然无恙，而发兵讨伐我们，凭我们魏博的兵力足以抵御他们，怎么能知道这不是重新获得富贵的机会呢?"杨仁晸不从，皇甫晖就把他杀了；又劫持小校，小校也不依从他，皇甫晖又把小校杀了。效节指挥使赵在礼听说发生变乱，衣服的带子都来不及系上，翻墙就要逃走，被皇甫晖追上，拉住他的脚，把他拉下来，然后拿杨仁晸和小校两个人的脑袋给他看，赵在礼一看害怕了，只好依从。乱兵于是公推赵在礼为主帅，在贝州烧杀抢夺。皇甫晖是魏州人；赵在礼是涿州人。第二天早晨，皇甫晖等保护着赵在礼向南直奔临清、永济、馆陶，他们所经过的地方都被抢劫一空。

壬辰晚，有自贝州来告军乱将犯邺都者，都巡检使孙铎等亟诣史彦琼，请授甲乘城为备。彦琼疑铎等有异志，曰："告者云今日贼至临清，计程须六日晚方至，为备未晚。"孙铎曰："贼既作乱，必乘吾未备，昼夜倍道，安肯计程而行! 请仆射帅众乘城，铎募劲兵千人伏于王莽河逆击之，贼既势挫，必当离散，然后可扑讨也。必俟其至城下，万一有奸人为内应，则事危矣。"彦琼曰："但严兵守城，何必逆战!"是夜，贼前锋攻北门，弓弩乱发。时彦琼将部兵宿北门楼，闻贼呼声，即时掠溃。彦琼单骑奔洛阳。

【译文】壬辰日(初五)晚上，有人从贝州跑来通报说军队发生叛变，正要进犯邺都，都巡检使孙铎等赶忙跑去见史彦琼，请求他发下盔甲，好登城守备。史彦琼怀疑孙铎等人有叛变的心意，就说："报告的人说乱贼今天到了临清，按照里程计算，六日晚才能到这里，到时再做防备也不晚。"孙铎说："贼兵既然作乱，一定会乘着我们没有防备的时候偷袭，所以一定会日夜赶路，怎么会按照一般的行程前进呢？请仆射率领部众登城防守，铎另外招募一千名劲兵埋伏在王莽河迎击他们，贼兵的攻势如果顿挫，一定会溃散，那时就可以把他们消灭。如果一定要等他们攻到城下再防守，万一有奸人做内应，事情就危险了。"史彦琼说："只需用严兵守城，何必出去迎战？"当晚，贼兵的前锋进攻北门，弓箭乱发。当时史彦琼率领所属的部队防守北门城楼，听到乱兵的呼喊声，当时就被吓散。史彦琼单人匹马逃奔到洛阳。

癸巳，贼入邺都，孙铎等拒战不胜，亡去。赵在礼据宫城，署皇甫晖及军校赵进为马步都指挥使，纵兵大掠。进，定州人也。

王正言方据按召吏草奏，无至者，正言怒，其家人曰："贼已入城，杀掠于市，吏皆逃散，公尚谁呼！"正言惊曰："吾初不知也。"又索马，不能得，乃帅僚佐步出门谒在礼，再拜请罪。在礼亦拜，曰："士座思归耳，尚书重德，勿自卑屈。"慰谕遣之。

众推在礼为魏博留后，具奏其状。北京留守张宪家在邺都，在礼厚抚之，遣使以书诱宪，宪不发封，斩其使以闻。

【译文】癸巳日（初六日），贼兵进入邺都，孙铎等防守不住，也逃走了。赵在礼占据宫城，任命皇甫晖和军校赵进两人为马步都指挥使，放纵士卒大肆抢掠。赵进是定州人。

王正言正伏案准备召集官吏起草奏书，没有人来，王正言很生气，家人对他说："贼兵已经进城，在街市上烧杀抢夺，官吏们都四处逃散，您还叫谁呀？"王正言大吃一惊，说："我原先还不知道呢！"又下令备马，马也找不到，只好亲率属僚们步行出府门前往拜见赵在礼，一再叩拜请罪。赵在礼也回拜，说："只是士卒们想回家，尚书重德，不要自己卑躬屈膝！"安慰他们一番就把他们送走了。

大家公推赵在礼为魏博留后，并且把这情形向庄宗李存勖启奏。北京留守张宪的家人在邺都，赵在礼很优遇他们，又派遣使者送信去招降张宪；张宪连信都不拆，把来使斩杀，然后向庄宗报告。

甲午，以景进为银青光禄大夫、检校右散骑常侍兼御吏大夫、上柱国。

丙申，史彦琼至洛阳。帝问可为大将者于枢密使李绍宏，绍宏复请用李绍钦，帝许之，令条上方略。绍钦所请偏裨，皆梁旧将，己所善者，帝疑之而止。皇后曰："此小事，不足烦大将，绍荣可办也。"帝乃命归德节度使李绍荣将骑三千诣邺都招抚，亦征诸道兵，备其不服。

【译文】甲午日（初七日），后唐庄宗李存勖任命景进为银青光禄大夫、检校右散骑常侍兼御史大夫、上柱国。

丙申日（初八日），史彦琼到达洛阳。后唐庄宗问枢密使李绍宏谁可以任为大将，李绍宏再次请求起用李绍钦，后唐庄宗答应了他的请求，并命令李绍钦逐条送上他的计谋策略。李绍钦所提出的副将人选，都是过去梁国的旧将，和他交情好的，庄宗一看，起了疑心，这事就作罢。刘皇后说："这是小事，还不必劳动大将，只要李绍荣就能办好了。"庄宗于是命令归德节度使李绍荣率领三千名骑兵前往邺都招抚，同时也征调各道的兵马，防备乱兵不服招抚。

郭崇韬之死也，李绍琛谓董璋曰："公复欲呫嗫谁门乎？"璋惧，谢罪。魏王继岌军还至武连，遇敕使，谕以朱友谦已伏诛，令董璋将兵之遂州诛朱令德。时绍琛将后军魏城，闻之，以帝不委己杀令德而委璋，大惊。俄而璋过绍琛军，不谒。绍琛怒，乘酒谓诸将曰："国家南取大梁，西定巴、蜀，皆郭公之谋而吾之战功也；至于去逆效顺，与国家掎角以破梁，则朱公也。今朱、郭皆无罪族灭，归朝之后，行及我矣。冤哉，天乎！奈何！"绍琛所将多河中兵，河中将焦武等号哭于军门曰："西平王何罪，阖门屠脍！我属归则与史武等同诛，决不复东矣。"是日，魏王继岌至泥溪，绍琛至剑州遣人白继岌云："河中将士号哭不止，欲为乱。"丁酉，绍琛自剑州拥兵西还，自称西川节度、三川制置等使，移檄成都，称奉诏代孟知祥，招谕蜀人，三日间众至五万。

【译文】郭崇韬被杀时，李绍琛曾经对董璋说："你又准备到谁家门上去窃窃私语呢？"董璋非常害怕，赶快赔罪。魏王李继岌率军回到武连，碰到宣诏的使者，告诉他们朱友谦已伏罪被诛杀，又命令董璋率兵前往遂州诛杀朱令德。当时李绍琛率领后军在魏城，听到这件事，认为庄宗不委任自己而竟委任董璋去杀朱令德，大为吃惊。不久董璋率军经过李绍琛的部队，也不前来拜谒。李绍琛大怒，就乘着喝酒的时候对部将们说："皇上南面夺取大梁，西面平定巴、蜀，都是郭崇韬的计谋，我的战功。至于弃离伪朝，归顺我朝，和我们掎角呼应而终于攻破梁国的，则是朱有谦公。现在朱、郭两人都是无罪而被杀灭全族，我看归朝以后，大概也要轮到我了，天哪，冤枉啊！又能怎么办呢！"李绍琛率领的多是河中的部队，河中的将领焦武等在军门号哭说："西平王朱友谦有什么罪过，而全族被杀灭，我们如果回去，也一定会像史武等一样被诛杀，我们绝不再往东回去了。"当天，魏李王继岌到达泥溪，李绍琛到达剑州，派人对继李岌说："河中的将士号哭不停，好像要作乱。"丁酉日（初九日），李绍琛从剑州率兵回到西边，自称西川节度、三川制置等使，并向成都发出檄文，声称已奉诏代替孟知祥，并招告蜀中百姓，三天之内招来了五万人。

戊戌，李继曮至凤翔，监军使柴重厚不以符印与之，促令诣阙。

己亥，魏王继岌至利州，李绍琛遣人断桔柏津。继岌闻之，以任圜为副招讨使，将步骑七千，与都指挥使梁汉颙、监军李延安追讨之。

庚子，邢州左右步直兵赵太等四百人据城自称安国留后；诏东北面招讨副使李绍真讨之。

辛丑，任圜先令别将何建崇击剑门关，下之。

【译文】戊戌日（十一日），李继曮到达凤翔，监军使柴重厚不把印信交给他，只催促他前往京城。

己亥日（十二日），魏王李继岌到达利州，李绍琛派人砍断桔柏津的浮桥。李继岌听说后，任命任圜为副招讨使，率领七千名步兵骑兵，和都指挥使梁汉、监军李延安追击讨伐他。

庚子日（十三日），邢州左右步直兵赵太等四百人，占据城池，自称安国留后；庄宗下诏命令东北面招讨副使李绍真讨伐他们。

辛丑（十三日），任圜首先命令别将何建崇攻下剑门关。

李绍荣至邺都，攻其南门，遣人以敕招谕之，赵在礼以羊酒犒师，拜于城上曰："将士思家擅归，相公诚善为敷奏，得免于死，敢不自新！"遂以敕遍谕军士。史彦琼戟手大骂曰："群死贼，城破万段！"皇甫晖胃其众曰："观史武德之言，上不赦我矣。"因聚噪，掠敕书，手坏之，守陴拒战，绍荣攻之不利，以状闻，帝怒曰："克城之日，勿遗噍类！"大发诸军讨之。壬寅，绍荣退屯澶州。

【译文】李绍荣到达邺都，攻打邺都南门，并派人以皇帝的诏书宣谕赵在礼等。赵在礼用羊和酒来慰劳士卒，在城上礼拜他们说："将士们想家，擅自回来，相公如果能为我们向皇上求情，使我们得以免死，我们怎能不改过自新呢？"于是就以庄宗李存勖的赦令通告军士们。史彦琼在城外叉着手大骂说："你们这帮该死的乱贼，攻破城后把你们碎尸万段！"皇甫晖对大家说："听史武德这话的口气，皇上好像并没有要赦免我们。"于是又聚众鼓噪，抢了敕书，亲手把它撕坏，然后据城防守。李绍荣进攻不利，就把这情形向庄宗报告，庄宗李存勖大怒说："城攻破的时候，一个活口也别给我留下！"于是调集各路军队讨伐。壬寅日（十四日），李绍荣撤退驻扎在澶州。

甲辰夜，从马直军士王温等五人杀军使，谋作乱，擒斩之。从马直指挥使郭从谦，本优人也，优名郭门高。帝与梁相拒于得胜，募勇士挑战，从谦应募，俘斩而还，由是益有宠。帝选诸军骁勇者为亲军，分置四指挥，号从马直，从谦自军使积功至指挥使。郭崇韬方用事，从谦以叔父事之，睦王存乂以从谦为假子。及崇韬、存乂得罪，从谦数以私财飨从马直诸校，对之流涕，言崇韬之冤。及王温作乱，帝戏之曰："汝既负我附崇韬、存乂，又教王温反，欲何为也？"从谦益惧。既退，阴谓诸校曰："主上以王温之故，俟邺都平定，尽坑若曹。家之所有宜尽市酒肉，勿为久计也。"由是亲军皆不自安。

【译文】甲辰日（十七日）晚上，从马直军士王温等五人杀死军使，阴谋作乱，抓住被杀了。从马直指挥使郭从谦本来是个优人，艺名叫郭门高。庄宗和梁军在得胜相对抗的时候，招募勇士前往梁营挑战，郭从谦去应募，居然能够斩杀并俘虏敌人回来，因此更加得到庄宗的宠信。庄宗挑选各部队骁勇善战的兵士编成亲军，分别设置四个指挥使，号称从马直，郭从谦从军使一直累积功绩升到指挥使。当初郭崇韬刚掌权时，郭从谦把他当作叔父来事奉他，睦王李存乂把郭从谦当作养子。到了郭崇韬、李存乂获罪被杀后，郭从谦常以私人的钱财犒赏从马直的将校们，对着他们流泪，辩称郭崇韬是冤枉的。王温作乱以后，庄宗李存勖开玩笑地对他说："你已经背负过我去归附郭崇韬和李存乂，现在又教王温造反，你到底想怎么样？"郭从谦更加害怕，退下来后，私下对将校们说："皇上因为王温的缘故，准备等邺都平定以后，把你们通通坑杀，家中所有的财产应当全部买成酒肉，不要做长远打算。"因此，后唐庄宗的亲军士卒们都感到心里不安。

乙巳，王衍至长安，有诏止之。

先是，帝诸弟虽领节度使，皆留京师，但食其俸。戊申，始命护国节度使永王存霸至河中。

丁未，李绍荣以诸道兵再攻邺都。庚戌，裨将杨重霸帅众数百登城，后无继者，重霸等皆死。贼知不赦，坚守无降意。朝廷患之，日发中使促魏王继岌东还。继岌以中军精兵皆从任圜讨李绍琛，留利州待之，未得还。

【译文】乙巳日(十八日),王衍到达长安,庄宗李存勖下诏把他留在那里。

起先,后唐庄宗李存勖的各位兄弟虽然任节度使,但都留在京师,只依靠他们的俸禄生活。戊申日(二十日),庄宗开始命令护国节度使永王李存霸到河中。

丁未日(二十日),李绍荣率领各道兵马再度攻打邺都。庚戌日(二十三日),副将杨重霸率领数百名士卒登上城头,但是没有后继的部队,杨重霸等人都战死。贼兵知道朝廷不赦免他们,就坚守城池毫无投降的意思。朝廷很担忧,就天天派出宫中使者前去催促魏王李继岌东还。李继岌让中军精锐的部队都跟随任圜讨伐李绍琛去了,他留在利州等待他们,所以未能东回。

李绍荣讨赵在礼久无功,赵太据邢州未下。沧州军乱,小校王景戡讨定之,因自为留后;河朔州县告乱者相继。帝欲自征邺都,宰相、枢密使皆言京师根本,车驾不可轻动,帝曰:"诸将无可使者。"皆曰:"李嗣源最为勋旧。"帝心忌嗣源,曰:"吾惜嗣源,欲留宿卫。"皆曰:"他人无可者。"忠武节度使张全义亦言:"河朔多事,久则患深,宜令总管进讨;若倚绍荣辈,未见成功之期。"李绍宏亦屡言之,帝以内外所荐,久乃许之,甲寅,命嗣源将亲军讨邺都。

延州言绥、银军乱,剽州城。

【译文】李绍荣讨伐赵在礼长时间没有战功,赵太占据邢州,李绍荣也未能攻下。沧州的部队发生动乱,小校王景戡把他们讨平后,自称留后;河朔的各州县也相继报告说发生变乱。庄宗就想亲自出征邺都,宰相和枢密使说京师是根本重地,皇帝的车驾不能轻易出动，庄宗李存勖说："将领们都没有一个能用的。"群臣都回答说："李嗣源是最有功劳的旧将。"后唐庄宗心中忌恨李嗣源，于是说："我爱惜李嗣源，准备留在身边宿卫。"大家都说："别人没有再合适的了。"忠武节度使张全义也说："河朔最近多事，如果拖久了，恐怕麻烦就大了，应该赶快命令总管李嗣源进兵前往讨伐，如果依靠李绍荣这些人，恐怕成功会遥遥无期。"李绍宏也一再建议。庄宗因为朝廷内外都互相推荐，甲寅日（二十六日）命令李嗣源率领皇帝的亲军前去讨伐邺都。

延州报告说绥州、银州的部队作乱，劫掠州城。

董璋将兵二万屯绵州，会任圜讨李绍琛。帝遣中使崔延琛至成都，遇绍琛军，绍之曰："吾奉诏召孟郎，公若缓兵，自当得蜀。"既至成都，劝孟知祥为战守备。知祥浚壕树栅，遣马步都指挥使李仁罕将四万人，骁锐指挥使李延厚将二千人讨绍琛。延厚集其众询之曰："有少壮勇锐，欲立功求富贵者东！衰疾畏懦，厌行陈者西！"得选兵七百人以行。

【译文】董璋率领二万士卒驻扎在绵州，正遇上任圜讨伐李绍琛。庄宗李存勖派遣宫中的使者崔延琛前往成都，碰上了李绍琛的军队，就欺骗他说："我奉皇上的命令前去征召孟知祥回朝，您如果稍微慢一点前去，自然能够得到蜀地。"崔延琛到了成都后，就劝孟知祥赶快防备。孟知祥下令浚深壕沟，修建栅栏，以备防守之用，并且派遣马步都指挥使李仁罕率领四万人，骁锐指挥使李延厚率领二千人，前往讨伐李绍琛。李延厚召集他的部队告诉他们说："年轻力壮，又勇敢善战，想要建立功名、求取富贵的人往东！衰老生病，又害怕懦弱、厌恶出征打仗的人往西!"最后率领选出的七百士卒出发。

是日，任圜军追及绍琛于汉州，绍琛出兵逆战；招讨掌书记张砺请伏精兵于后，以羸兵诱之，圜从之，使董璋以东川羸兵先战而却。绍琛轻圜书生，又见其兵羸，极力追之，伏兵发，大破之，斩首数千级。自是绍琛入汉州，闭城不出。

三月，丁巳朔，李绍真奏克邢州，擒赵太等。庚申，绍真引兵至邺都，营于城西北，以太等徇于邺都城下而杀之。

辛酉，以威武节度副使王廷翰为威武节度使。

【译文】这天，任圜的军队在汉州追到李绍琛，李绍琛出兵迎战。招讨掌书记张砺请求把精锐部队埋伏在后面，用体弱的士卒去引诱他们，任圜听从了他的意见，命令董璋率领东川的老弱残兵先接战，然后退却。李绍琛轻视任圜是书生出身，又看到他的部队都是老弱，于是极力追击；埋伏的部队出击，把李绍琛的部队打得大败，斩杀几千个首级。从此李绍琛躲进汉州城，紧闭城门，不肯出战。

三月，丁巳朔日(初一日)，李绍真启奏说克复邢州，擒捉赵太等人。庚申日(初四日)，李绍真率兵到达邺都，扎营在城的西北方，把赵太等在邺都城下示众杀死。

辛酉日(初五日)，任命威武节度副使王廷翰为威武节度使。

壬戌，李嗣源至邺都，营于城西南；甲子，嗣源下令军中，诘旦攻城。是夜，从马直军士张破败作乱，帅众大噪，杀都将，焚营舍。诘旦，乱兵逼中军，嗣源帅亲军拒战，不能敌，乱兵益炽。嗣源叱而问之曰："尔曹欲何为？"对曰："将士从主上十年，百战以得天下。今主上弃恩任威，贝州戍卒思归，主上不赦，云'克城之后，当尽坑魏博之军'；近从马直数卒喧竞，遽欲尽诛其众。我辈初无叛心，但畏死耳。今众议欲与城中合势击退诸道之军，请主上帝河南，令公帝河北，为军民之主。"嗣源泣谕之，不从。嗣源曰："尔不用吾言，任尔所为，我自归京师。"乱兵拔白刃环之，曰："此辈虎狼也，不识尊卑，令公去欲何之！"因拥嗣源及李绍真等入城，城中不受外兵，皇甫晖逆击张破败，斩之，外兵皆溃。赵在礼帅诸校迎拜嗣源，泣谢曰："将士辈负令公，敢不惟命是听！"嗣源诡说在礼曰："凡举大事，须藉兵力，今外兵流散无所归，我为公出收之。"在礼乃听嗣源、绍真俱出城，宿魏县，散兵稍有至者。

【译文】壬戌日(初六日)，李嗣源到达邺都，在城西南安下营寨。甲子日(初八日)，李嗣源下令军中第二天一早攻城。当天夜里，从马直军士张破败发动叛乱，带领很多人大声喧闹，杀死都将，焚烧营寨。第二天一早，乱兵逼到中军，李嗣源率领亲军迎战，没办法抵挡，乱兵的声势更盛。李嗣源叱骂他们，问他们说："你们究竟想干什么？"回答说："将士们随从皇上十年，身经百战，才得到天下。现在皇上背弃恩情，一味立威，贝州的戍卒想家，皇上却不赦免他们，说'城破了以后，要把魏博的部队全部坑杀'；近来从马直少数士卒争逐喧闹，便想很快把这些士卒杀掉。现在大家商量想和城里的人联合起来，击退各路军队，请皇上在河南称帝，您李嗣源在河北称帝，成为这里军民的主上。"李嗣源哭着劝告他们，乱兵不听。李嗣源说："你们不听我的话，那就让你们去胡作非为好了，我自己回京师去。"乱兵拔出刀来把他围住，说："这些人都是虎狼，也不识尊卑，令公要到哪里去呢？"于是就簇拥着李嗣源和李绍真要进城，结果城里的人不让外面的军队进去，皇甫晖率兵迎击张破败，把他斩杀，城外的军队都溃散。赵在礼率领将校们前来迎接拜见李嗣源，哭着谢罪说："将士们都辜负了令公，我们怎敢不听从令公的命令？"李嗣源骗赵在礼说："凡是要成就大事，一定要依靠兵力，现在城外的部队流散无所归属，我出去替你们收集起来。"赵在礼同意李嗣源和李绍真一起出城，他们住在魏县，被击散的士卒有一些又回来了。

汉州无城堑，树木为栅。乙丑，任圜进攻其栅，纵火焚之，李绍琛引兵出战于金雁桥，兵败，与十馀骑奔绵竹，追擒之。孟知祥自至汉州犒军，与任圜、董璋置酒高会，引李绍琛槛车至座中，知祥自酌大卮饮之，谓曰："公已拥节旄，又有平蜀之功，何患不富贵，而求入此槛车邪！"绍琛曰："郭侍中佐命功第一，兵不血刃取两川，一旦无罪族诛；如绍琛辈安保首领！以此不敢归朝耳。"魏王继岌既获绍琛，乃引兵倍道而东。

孟知祥获陕虢都指挥使汝阴李肇、河中都指挥使千乘侯弘实，以肇为牙内马步都指挥使，弘实副之。蜀中群盗犹未息，知祥择廉吏使治州县，蠲除横赋，安集流散，下宽大之令，与民更始。遣左厢都指挥使赵廷隐、右厢都指挥使张业将兵分讨群盗，悉诛之。

【译文】汉州城没有防御用的壕沟，只是竖立起一些木头作为栅垒。乙丑日（初九日），任圜进攻栅栏，放火焚烧，李绍琛就率兵出战于金雁桥，战败，率领十余名随从逃奔绵竹，被追上活捉。孟知祥亲自到汉州犒赏部队，和任圜、董璋等设置酒宴欢饮，并且下令把李绍琛的槛车拉到酒席中，孟知祥亲自倒一大杯酒给李绍琛，对他说："你已经拿着皇上给你的符节，又有平定蜀国的功劳，为什么还忧患你不能富贵，而寻求坐这种槛车呢？"李绍琛说："郭侍中郭崇韬辅佐皇上，功劳第一，几乎兵不血刃，就攻下两川，没罪却一下子全族被诛杀。像绍琛这样的人又怎敢说一定能够保住脑袋，我就是因为这样不敢再回朝去。"魏王李继岌抓获李绍琛之后，就率兵日夜兼程向东进发。

孟知祥得到陕虢都指挥使汝阴人李肇和河中都指挥使千乘人侯弘实，就任命李肇为牙内马步都指挥使，任命侯弘实为副使。蜀中的盗贼还没平定，孟知祥就选任廉能的官吏，让他们治理州县，去除苛捐杂税，安集失散的百姓，颁下宽大的政令，对百姓明示革新的决心。同时又派遣左厢都指挥使赵廷隐、右厢都指挥使张业率军分别去讨伐盗贼，最后盗贼被全部消灭。

李嗣源之为乱兵所逼也，李绍荣有众万人，营于城南，嗣源遣牙将张虔钊、高行周等七人相继召之，欲与共诛乱者。绍荣疑嗣源之诈，留使者，闭壁不应。及嗣源入邺都，遂引兵去。嗣源在魏县，众不满百，又无兵仗；李绍真所将镇兵五千，闻嗣源得出，相帅归之，由是嗣源兵稍振。嗣源泣谓诸将曰："吾明日当归藩，上章待罪，听主上所裁。"李绍真及中门使安重诲曰："此策非宜。公为元帅，不幸为凶人所劫；李绍荣不战而退，归朝必以公藉口。公若归藩，则为据地邀君，适足以实谗慝之言耳。不若星行诣阙，面见天子，庶可自明。"嗣源曰："善！"丁卯，自魏县南趣相州，遇马坊使康福，得马数千匹，始能成军。福，蔚州人也。

【译文】李嗣源被乱兵逼迫的时候，李绍荣有一万士卒驻扎在邺都城南，李嗣源相继派遣牙将张虔钊、高行周等七人通知他，想和他联合起来消灭乱兵。李绍荣怀疑李嗣源有诈，就留下使者，关闭营垒，不肯出兵。到了李嗣源被乱兵拥进城中去的时候，李绍荣就率军退走。李嗣源出城到魏县，部众不满百人，也没有兵器，李绍真所率领的五千名镇州兵，听到李嗣源出城，就前去归附他，于是李嗣源统率的部队声势逐渐振作起来。李嗣源哭着对诸将们说："我明天就回藩镇，上奏皇上请求治罪，听从皇上的裁决。"李绍真和中门使安重海都劝他说："这个办法不好。您是大军的元帅，不幸被凶人劫持；李绍荣不战而退，回朝后一定拿您当借口，您如果回藩镇，那便变成据地要挟国君，这样不就刚好印证谗佞的人毁谤您的话了吗？不如连夜赶往京城，亲自面见天子，这样或许能够表明自己的心志。"嗣源说："对！"丁卯日（十一日），从魏县出发向南直奔相州，遇到马坊使康福，得到几千匹马，才组成军队。康福是蔚州人。

平卢节度使符习将本军攻邺都，闻李嗣源军溃，引兵归。至淄州，监军使杨希望遣兵逆击之，习惧，复引兵而西。青州指挥使王公俨攻希望，杀之，因据其城。

时近侍为诸道监军者，皆恃恩与节度使争权，及邺都军变，所在多杀之。安义监军杨继源谋杀节度使孔勍，勍先诱而杀之。武宁监军以李绍真从李嗣源，谋杀其元从，据城拒之；权知留后淳于晏帅诸将先杀之。晏，登州人也。

戊辰，以军食不足，敕河南尹豫借夏秋税；民不聊生。

忠武节度使、尚书令齐王张全义闻李嗣源入邺都，忧惧不食，辛未，卒于洛阳。

【译文】平卢节度使符习率领所属的部队要前往围攻邺都，听说李嗣源的部队溃散，就率军回去；到达淄州的时候，监军使杨希望派兵迎击他，符习害怕，又率军往西前行。青州指挥使王公俨向杨希望进攻，并杀死他，占据淄州城。

当时近侍中担任诸道监军的人，都依仗着庄宗李存勖的恩宠和节度使们争夺权力，到了邺都发生兵变，各地多发生杀监军的事。安义监军杨继源阴谋要杀害节度使孔勍，孔勍就先引诱他前来把他杀了。武宁监军认为李绍真跟随李嗣源，阴谋杀害原来跟从李绍真的将士，占据彭城抗拒李绍真。权知留后淳于晏就先率领将领们把武宁监军杀了。淳于晏是登州人。

戊辰日（十二日），因为军粮不足，庄宗李存勖下令河南尹先向百姓预借夏秋的租税；结果民不聊生。

忠武节度使、尚书令齐王张全义得知李嗣源被劫进邺都，又担心，又害怕，吃不下饭；辛未日（十五日），在洛阳去世。

租庸使以仓储不足，颇朘刻军粮，军士流言益甚。宰相惧，帅百官上表言："今租庸已竭，内库有馀，诸军室家不能相保，傥不赈救，惧有离心。俟过凶年，其财复集。"上即欲从之，刘后曰："吾夫妇君临万国，虽藉武功，亦由天命。命既在天，人如我何！"宰相又于便殿论之，后属耳于屏风后，须臾，出妆具及三银盆、皇幼子三人于外曰："人言宫中蓄积多，四方贡献随以给赐，所馀止此耳，请鬻以赡军！"宰相惶惧而退。

【译文】租庸使因仓库储备不足，极力压缩削减军粮，军士的流言更加厉害。宰相害怕，就率领百官上表说："现在租庸的财力已经竭困，而宫内的府库却还有结余。各部队的军士们都没有办法养活家属，如果再不加以救济，恐怕会有叛离的心意。等过了荒年，财物还是会聚集回宫内。"庄宗本要答应，刘皇后说："我们夫妇以君主身份面临万国，虽然借助武力的功劳，也是由天命安排。命运既然由天掌握，人们能把我们怎么样？"宰相又在偏殿向庄宗劝说，刘皇后在屏风后偷听，不久，就派人带了妆具和三个银盆，还有三个年幼皇子出来说："大家都说宫中的蓄积很多，但是四方所呈献上来的宝物都随手赏赐给臣下，剩下的只有这些，请拿去卖了，好补助军用的不足！"宰相听后十分害怕地退出宫。

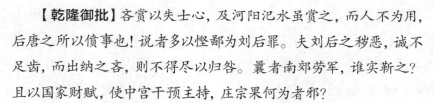

【乾隆御批】吝赏以失士心，及河阳氾水虽赏之，而人不为用，后唐之所以偾事也！说者多以悭鄙为刘后罪。夫刘后之秽恶，诚不足齿，而出纳之吝，则不得尽以归咎。曩者南郊劳军，谁实靳之？且以国家财赋，使中宫干预主持，庄宗果何为者邪？

【译文】吝啬赏赐因而失掉了将士的信任，到了河阳氾水虽然进行了赏赐，人却不能被其所用，这是后唐之所以败事的原因！评论者大多把悭吝粗鄙作为刘后的罪过。那刘后的肮脏污秽诚然不足挂齿，而出纳的吝啬也不能全部归咎于她。以前南郊犒劳军队，是谁吝惜不愿出资？并且把国家的资财赋税都让中宫来干预主持，庄宗究竟是做什么的呢？

李绍荣自邺都退保卫州，奏李嗣源已叛，与贼合。嗣源遣使上章自理，一日数辈。嗣源长子从审为金枪指挥使，帝谓从审曰："吾深知尔父忠厚，尔往谕朕意，勿使自疑。"从审至卫州，绍荣囚，欲杀之。从审曰："公等既不亮吾父，吾亦不能至父所，请复还宿卫。"乃释之。帝怜从审，赐名继璟，待之如子。是后嗣源所奏，皆为绍荣所遏，不得通，嗣源由是疑惧。石敬瑭曰："夫事成于果决而败于犹豫，安有上将与叛卒入贼城，而他日得保无恙乎！大梁，天下之要会也，愿假三百骑先往取之；若幸而得之，公宜引大军亟进，如此始可自全。"突骑都指挥使康义诚曰："主上无道，军民怨怒，公从众则生，守节必死。"嗣源乃令安重诲移檄会兵。义诚，代北胡人也。

【译文】李绍荣从邺都退到卫州坚守，上奏后唐庄宗说李嗣源已经叛变，与乱兵合伙。李嗣源派遣使者上表向庄宗辩白，一天中派去好几人。李嗣源的长子李从审当时担任金枪指挥使，庄宗李存勖对李从审说："我深深知道你父亲忠厚，你前去告诉他朕的意思，不要让他起了疑心。"李从审到达卫州，李绍荣把他囚禁起来，要杀他，李从审说："你们既不相信我的父亲，我又不回到我父亲的驻地，那么请求再把我放还禁卫军去。"李绍荣才放了他。庄宗怜惜李从审，赐给他名字叫李继璟，对待他像自己的儿子一样。此后李嗣源上给庄宗的奏章，都被李绍荣拦截，没有办法送到京城，李嗣源因此更加猜疑恐惧。石敬瑭说："事情都是因为果决而成功，因为犹豫而失败，哪有上将和叛兵进入贼城，而将来却能安然无事的？大梁是天下的要会，我请求率领三百名骑兵先前去攻取，如果幸运地能攻下，公再率领大军赶来，如此才能保全生命。"突骑指挥使康义诚说："主上没有德政，军民们怨恨愤怒，您顺从大家就会活下来，如果坚守节操就会死去。"于是李嗣源下令安重诲发出檄文集中部队。康义诚是代北的胡人。

时齐州防御使李绍虔、泰宁节度使李绍钦、贝州刺史李绍英屯瓦桥，北京右厢马军都指挥使安审通屯奉化军，嗣源皆遣使召之。绍英，瑕丘人，本姓房，名知温；审通，金全之侄也。嗣源家在真定，虞候将王建立先杀其监军，由是获全。建立，辽州人也。李从珂自横水将所部兵由盂县趣镇州，与王建立军合，倍道从嗣源。嗣源以李绍荣在卫州，谋自白皋济河，分三百骑使石敬瑭将之前驱，李从珂为殿，于是军势大盛。嗣源从子从璋自镇州引军而南，过邢州，邢人奉为留后。

【译文】当时齐州防御使李绍虔、泰宁节度使李绍钦、贝州刺史李绍英都驻守在瓦桥，北京右厢马军都指挥使安审通驻守在奉化军，李嗣源派遣使者召唤他们。李绍英是瑕丘人，本来姓房，名叫知温；安审通是安金全的侄子。李嗣源的家在真定，虞候将王建立先杀了监军，因此李嗣源的家属才得以保全。王建立是辽州人。李从珂从横水率领所属的部队由盂县赶往镇州，和王建立的部队会合，兼程赶去归附李嗣源。李嗣源因为李绍荣在卫州，就计划从白皋渡过黄河，分出三百名骑兵由石敬瑭率领作为前锋，又命令李从珂殿后，于是军队声势大盛。李嗣源的侄子李从璋从镇州率兵往南，经过邢州时，邢州人拥立他为邢州留后。

癸酉，诏怀远指挥使白从晖将骑兵扼河阳桥，帝乃出金帛给赐诸军，枢密宣徽使及供奉内使景进等皆献金帛以助给赐。军士负物而诉曰：“吾妻子已殍死，得此何为！”甲戌，李绍荣自卫州至洛阳，帝如鹗店劳之。绍荣曰：“邺都乱兵已遣其党翟建白据博州，欲济河袭晖、汴，愿陛下幸关东招抚之。”帝从之。

景进等言于帝曰：“魏王未至，康延孝初平，西南犹未安；王衍族党不少，闻车驾东征，恐其为变，不若除之。”帝乃遣中使向延嗣赍敕往诛之，敕曰：“王衍一行，并从杀戮。”已印画，枢密使张居翰覆视，就殿柱揩去“行”字，改为“家”字，由是蜀百官及衍仆役获免者千馀人。延嗣至长安，尽杀衍宗族于秦川驿。衍母徐氏且死，呼曰：“吾儿以一国迎降，不免族诛，信义俱弃，吾知汝行亦受祸矣！”

【译文】癸酉日(十七日)，后唐庄宗下诏让怀远指挥使白从晖率领骑兵扼守河阳桥，拿出一些金帛赏赐给各路军队，枢密宣徽使及供奉内使景进等也都呈献金银布帛以赞助皇帝的赏赐。军士们背着东西，一边走还一边骂说："我的妻子儿女都饿死了，现在才拿到这些东西又有什么用？"甲戌日(十八日)，李绍荣从卫州到达洛阳，庄宗李存勖到鹞店慰劳他，李绍荣说："邺都的乱兵已经派遣他们的党羽翟建白占据博州，打算渡过黄河来袭击郓、汴，希望陛下巡幸关东来招抚他们。"后唐庄宗听从了他的意见。

景进等向庄宗李存勖建议说："魏王李继岌还没有到来，康延孝刚刚平定，西南方面还不很安定。王衍的同党不少，如果他们听说您东征，恐怕会发生变化，不如消灭他们。"庄宗于是派遣宫中的使者向延嗣带着诏书前去诛杀他们。诏书上写着："王衍一行，通通杀戮。"已经中书用过印并且由皇帝画可了。枢密使张居翰再检视一遍时，就在殿堂的柱子上把"行"字擦去，改写成"家"字，因此蜀国的百官和王衍的仆役得以免于被杀的有千余人。向延嗣到达长安，在秦川驿把王衍的宗族通通杀了。王衍的母亲徐氏将死的时候，呼叫着说："我的儿子以一个国家迎降还免不了被诛灭全家，你们背信弃义，我知道你们也要遭受这种灾难。"

乙亥，帝发洛阳；丁丑，次氾水；戊寅，遣李绍荣将骑兵循河而东。李嗣源亲党从帝者多亡去；或劝李继璟宜早自脱，继璟终无行意。帝屡遣继璟诣嗣源，继璟固辞，愿死于帝前以明赤诚。帝闻嗣源在黎阳，强遣继璟渡河召之，道遇李绍荣，绍荣杀之。

吴越王镠有疾，如衣锦军，命镇海、镇东节度使留后传瓘监国。吴徐温遣使来问疾，左右劝镠勿见，镠曰："温阴狡，此名问疾，实使之觇我也。"强出见之。温果聚兵欲袭吴越，闻镠疾瘳而止。镠寻还钱塘。

【译文】乙亥日（十九日），庄宗李存勖从洛阳出发；丁丑日（二十一日），暂时驻留汜水；戊寅日（二十二日），派遣李绍荣率骑兵沿着黄河向东进军。李嗣源的亲信同伙中追随后唐庄宗的人大多逃跑。有人劝李继璟应该早一点逃走脱身，但是继璟终究还是没有逃走的意思。庄宗屡次派遣李继璟到李嗣源那里去，李继璟都坚决推辞，表示愿意以死在皇帝的面前来表明赤诚。庄宗听说李嗣源在黎阳，就强行派遣李继璟渡过黄河去召唤他，李继璟在半路上遇到李绍荣，被李绍荣所杀。

吴越王钱镠有病，他到衣锦军那里，命令镇海、镇东节度使留后钱传瓘监国。吴国徐温派遣使者前来探病，左右劝钱镠不要接见，钱镠说："徐温阴险狡猾，这回名义上是探病，实际上派人来窥探我。"于是强打起精神出来会见使者。徐温果然聚集兵马准备攻击吴越，听到钱镠病好，才作罢。钱镠不久自临安东还钱塘。

吴以右仆射、同平章事徐知诰为侍中，右仆射严可求兼门下侍郎、同平章事。

庚辰，帝发汜水。

辛巳，李嗣源至白皋，遇山东上供绢数船，取以赏军。安重诲从者争舟，行营马步使陶玘斩以徇，由是军中肃然。玘，许州人也。嗣源济河，至滑洲，遣人招符习，习与嗣源会于胙城，安审通亦引兵来会。知汴州孔循遣使奉表西迎帝，亦遣使北输密款于嗣源，曰："先至者得之。"先是，帝遣骑将满城西方邺守汴州；石敬瑭使裨将李琼以劲兵突入封丘门，敬瑭蹑其后，自西门入，遂据其城，西方邺请降。敬瑭使人趣嗣源；壬午，嗣源入大梁。

【译文】吴国任命左仆射、同平章事徐知诰为侍中，右仆射严可求兼门下侍郎、同平章事。

庚辰日（二十四日），后唐庄宗李存勖从汜水出发。

辛巳日（二十五日），李嗣源到达白皋，遇到好几船来自山东上供的绢帛，于是拿这些东西赏给军队。安重诲的随从们抢船，行营马步使陶玘就把他们斩杀，然后传观各部队，因此军中纪律肃然。陶玘是许州人。李嗣源渡过黄河，到达滑州，派人去招抚符习，符习和李嗣源在胙城相会，安审通也率兵前来会合。知汴州孔循派遣使者奉表往西迎接庄宗，同时也派遣使者秘密地向李嗣源投诚，说："谁先到谁将得到汴州。"在此以前，后唐庄宗李存勖派遣骑将满城人西方邺镇守汴州。石敬瑭派遣副将李琼率领劲兵攻入封丘门，石敬瑭再亲自率兵随后赶到，从西门进入大梁，于是占据城池，西方邺投降了。石敬瑭派人通知李嗣源，催促他入城；壬午日（二十六日），李嗣源进入大梁。

是日，帝至荥泽东，命龙骧指挥使姚彦温将三千骑为前军，曰："汝曹汴人也，吾入汝境，不欲使它军前驱，恐扰汝室家。"厚赐而遣之。彦温即以其众叛归嗣源，谓嗣源曰："京师危迫，主上为元行钦所惑，事势已离，不可复事矣。"嗣源曰："汝自不忠，何言之悖也！"即夺其兵。指挥使潘环守王村寨，有刍粟数万，帝遣骑视之，环亦奔大梁。

【译文】这一天，后唐庄宗李存勖到达荥泽东面，命令龙骧指挥使姚彦温率领三千骑兵为前锋，并说："你们都是汴州人，我进入你们的地境，不愿意让其他部队在前，怕骚扰你们的家室。"于是优厚地赏赐他们，然后派他们出发。姚彦温却马上率领他的部队叛变前去投降嗣源，对李嗣源说："京师危险紧迫，主上被赐名李绍荣的元行钦所迷惑，大势已去，不可再侍奉皇上。"李嗣源说："你自己不忠，还说这种悖乱的话！"于是立刻夺去姚彦温的部队。指挥使潘环戍守王村寨，囤积有几万石粮草，庄宗派人前去观察，潘环也逃奔到大梁。

　　帝至万胜镇，闻嗣源已据大梁，诸军离叛，神色沮丧，登高叹曰："吾不济矣！"即命旋师，是夜复至汜水。帝之出关也，扈从兵二万五千，及还，已失万馀人，乃留秦州都指挥使张唐以步骑三千守关。癸未，帝还过罂子谷，道狭，每遇卫士执兵仗者，辄以善言抚之曰："适报魏王又进西川金银五十万，到京当尽给尔曹。"对曰："陛下赐已晚矣，人亦不感圣恩！"帝流涕而已。又索袍带赐从官，内库使张容哥称颁给已尽，卫士叱容哥曰："致吾君失社稷，皆此阉竖辈也。"抽刀逐之；或救之，获免。容哥谓同类曰："皇后吝财致此，今乃归咎于吾辈；事若不测，吾辈万段，吾不忍待也！"因赴河死。

　　【译文】后唐庄宗到达万胜镇，听说李嗣源已经占据大梁城，诸军离叛，神色沮丧，他登上高处叹息地说："我不行了！"于是下令班师回朝。庄宗出关的时候，随从的兵马有两万五千人，到了回来的时候，又失去了万余人，于是留下秦州都指挥使张唐率领三千名步兵、骑兵守关。癸未日（二十七日），庄宗回来经过罂子谷，道路狭窄，每碰到卫士执持着兵器的，都好话抚慰他们说："刚刚有报告说魏王李继岌又呈献西川的金银

五十万，到达京城后，一定全部分给你们。"卫士回答说："陛下
的赏赐已经晚了，人们也不会感谢圣恩了。"庄宗李存勖只是流
泪。又索取袍带赐给随从的官吏，内库使张容哥报告说已经赏
赐光了，卫士们骂张容哥说："让我们国君失去社稷的，都是这
一班阉宦！"于是抽出刀子追他；有人营救，张容才免于被杀。
张容哥对他的同僚们说："刘皇后吝惜钱财，才会有今天这种情
形，现在却把过错通通归到我们身上；假如事情有什么变化，
我们都会被碎尸万段，我不忍心等到那个时候。"因此，他跳进
黄河淹死。

甲申，帝至石桥西，置酒悲涕，谓李绍荣等诸将曰："卿辈事
吾以来，急难富贵靡不同之；今致吾至此，皆无一策以相救乎！"
诸将百馀人，皆截发置地，誓以死报，因相与号泣。是日晚，入
洛城。李嗣源命石敬瑭将前军趣汜水收抚散兵，嗣源继之；李
绍虔、李绍英引兵来会。

丙戌，宰相、枢密使共奉："魏王西军将至，车驾宜且控扼汜
水，收抚散兵以俟之。"帝从之，自出上东门阅骑兵，戒以诘旦东
行。

【译文】甲申日（二十八日），后唐庄宗李存勖到达石桥的西
面，摆开酒宴，悲痛地对李绍荣等诸位将领说："你们事奉我以
来，急难、富贵无不和你们同当同享，现在你们让我落到这种
地步，难道就没有什么办法可以挽救吗？"将领们一百多人，都
割断头发放在地上，发誓要以死来报答庄宗，于是君臣相向大
哭。当天晚上，进入洛城。李嗣源命令石敬瑭率领前军赶往汜
水收抚流散的部队，李嗣源率军从后跟进；李绍虔、李绍英率
领部队也来相会。

丙戌日(三十日)，宰相和枢密使共同启奏说："魏王李继岌率领的西征部队即将回来，皇上应该控制汜水，收抚流散的士卒，等候西征部队的到达。"后唐庄宗李存勖听从他们的建议，亲自到上东门外检阅骑兵，告诫他们明天早晨向东进军。

资治通鉴卷第二百七十五　后唐纪四

起柔兆阉茂四月，尽强圉大渊献六月，凡一年有奇。

【译文】起丙戌（公元 926 年）四月，止丁亥（公元 927 年）六月，共一年三个月。

【题解】本卷记录了公元 926 年四月至 927 年六月的历史，共一年零三个月。为后唐明宗李嗣源天成元年四月至天成二年六月。唐庄宗李存勖众叛亲离被乱兵杀害，李嗣源入主洛阳，等到北都安定，李继岌败亡，西路军归服，才即位称帝。明宗大杀宦官，整肃纲纪，仍有汴滑兵变。明宗大杀芦台乱军，血染永济渠。明宗不善治国，滥赐告身，三路大军征讨荆南，竟不能剿灭。姚坤奉命向契丹告哀，拒绝契丹割地的阴谋。契丹主耶律阿保机死，述律后立次子耶律德光，计谋诛杀不服大臣，掌控政局。闽国政变，王延钧杀兄王延翰。孟知祥杀监军李严整军备战，图谋割据西川。

明宗圣德和武钦孝皇帝上之下

天成元年（丙戌，公元九二六年）夏，四月，丁亥朔，严办将发，骑兵陈于宣仁门外，步兵陈于五凤门外。从马直指挥使郭从谦不知睦王存乂已死，欲奉之以作乱，帅所部兵自营中露刃大呼，与黄甲两军攻兴教门。帝方食，闻变，帅诸王及近卫骑兵击之，逐乱兵出门，时蕃汉马步使朱守殷将骑兵在外，帝遣中使急召之，欲与同击贼；守殷不至，引兵憩于北邙茂林之下。乱兵焚兴教门，缘城而入，近臣宿将皆释甲潜遁，独散员都指挥使李彦卿及宿卫军校何福进、王全斌等十馀人力战。俄而帝为流矢所中，鹰坊人善友扶帝自门楼下，至绛霄庑下，抽矢，渴懑求水，皇后不自省视，遣宦者进酪，须臾，帝殂。李彦卿等恸哭而去，左右皆散，善友敛庑下乐器覆帝尸而焚之。彦卿，存审之子；福进、全斌皆太原人也。刘后囊金宝系马鞍，与申王存渥及李绍荣引七百骑，焚喜庆殿，自师子门出走。通王存确、雅王存纪奔南山。宫人多逃散，朱守殷入宫，选宫人三十馀人，各令自取乐器珍玩，内于其家。于是，诸军大掠都城。

【译文】天成元年（丙戌，公元 926 年）夏季，四月，丁亥朔日（初一日），后唐庄宗李存勗出行前的戒严等都已办好准备出发，骑兵陈列在宣仁门外，步兵陈列在五凤门外。从马直指挥使郭从谦不知道睦王存乂已经死了，想拥戴他作乱，于是率领所属的部队，在营中拔出剑来，大叫起哄，和黄甲两军一起进攻兴教门。当时庄宗正在吃饭，得知外面发生叛乱，就率领诸王和近卫骑兵前去迎击，把乱兵赶出门外。当时蕃汉马步使朱守殷率领骑兵驻守在门外，庄宗派遣宫中的使者紧急征召他，想要和他一同夹击贼兵；朱守殷不来，领兵在北邙茂密的树林中休息。乱兵焚烧兴教门，攀过城墙进入城内，庄宗李存勗身边的近臣和宿卫的将领都脱下盔甲逃跑，只有散员都指挥使李彦卿和宿卫军校何福进、王全斌等十几人奋力抵抗。不一会儿，庄宗被流箭射中，鹰坊人善友扶着庄宗从门楼上走下来，来到绛霄殿的屋檐下把箭拔下来，庄宗口渴闷躁要喝水。刘皇后没有亲自来探视，教宦官呈上酪浆。不久，后唐庄宗李存勗就去世了。李彦卿等恸哭一阵后也都离去，左右侍卫都四散，善友收拾了一些檐下陈列的乐器，盖覆在庄宗李存勖的尸体上，放火把他火化。李彦卿是李存审的儿子；何福进、王全斌都是太原人。刘皇后用袋子装满金银财宝，系在马鞍上，与申王李存渥和李绍荣等人率领七百余名随从，放火焚烧嘉庆殿，从师子门逃走；通王李存确、雅王李存纪都逃奔到南山。宫里的人也都四处逃散，朱守殷进入宫中，挑选三十多个宫女，让她们各自拿了些乐器和珍贵的玩物，放在他家。此时各路军队把都城洗劫一空。

资治通鉴

是日，李嗣源至罂子谷，闻之，恸哭，谓诸将曰："主上素得士心，正为群小蔽惑至此，今吾将安归乎！"

戊子，朱守殷遣使驰白嗣源，以"京城大乱，诸军焚掠不已，愿亟来救之！"乙丑，嗣源入洛阳，止于私第，禁焚掠，拾庄宗骨于灰烬之中而殡之。

嗣源之入邺也，前直指挥使平遥侯益脱身归洛阳，庄宗抚之流涕。至是，益自缚请罪；嗣源曰："乐为臣尽节，又何罪也！"使复其职。

嗣源谓朱守殷曰："公善巡徼，以待魏王。淑妃、德妃在宫，供给尤宜丰备。吾俟山陵毕，社稷有奉，则归藩为国家扞御北方耳。"

【译文】当天，李嗣源到达罂子谷，听到京城变乱，哭得非常悲恸，对部将们说："皇上一向得到军士们的拥戴，正是被这群小人蒙蔽迷惑才到了这种地步，现在我将到哪里去呢？"

戊子日（初二日），朱守殷派遣使者赶来告诉李嗣源，说："京城发生变乱，各部队烧杀抢夺，希望您赶快前来援救！"乙丑日（初三日），李嗣源进入洛阳，住在自己的宅里，禁止焚烧抢掠，在灰烬中拾取庄宗李存勖的遗骨，然后把他安葬。

李嗣源进入邺都的时候，前直指挥使平遥人侯益摆脱李嗣源回到洛阳，庄宗抚摩着他痛哭流涕。到这时候，侯益自行捆绑起来，前来向李嗣源请罪；李嗣源说："你做人的臣下能够尽节，又有什么罪过呢？"于是还让他担任原职。

李嗣源对朱守殷说："你好好地巡回检查，以待魏王李继岌到来。淑妃、德妃还在皇宫中，尤其要特别优厚供给她们所需要的东西。我等先皇的陵墓建成，国家大统也有人继承，就回藩镇去替国家捍卫北方。"

是日，豆卢革帅百官上笺劝进，嗣源面谕之曰："吾奉诏讨贼，不幸部曲叛散；欲入朝自诉，又为绍荣所隔，披猖至此。吾本无他心，诸群遽尔见推，殊非相悉，愿勿言也！"革等固请，嗣源不许。

李绍荣欲奔河中就永王存霸，从兵稍散；庚寅，至平陆，止馀数骑，为人所执，折足送洛阳。存霸亦帅众千人弃镇奔晋阳。

辛卯，魏王继岌至兴平，闻洛阳乱，复引兵而西，谋保据凤翔。

向延嗣至凤翔，以庄宗之命诛李绍琛。

【译文】这一天，豆卢革率领百官送上书札劝李嗣源即皇帝位，李嗣源当面告诉他们说："我奉皇帝的旨意前去讨贼，不幸部属发生叛变，军队失散；想要回朝向皇上报告，又被李绍荣阻隔，狼狈到今天这个局面。我本来也没有什么其他的意思，各位却突然要推举我，简直是太不了解我了，希望这样的事情再也不要提了！"豆卢革等人坚决请求，李嗣源就是不答应。

李绍荣想投奔河中去靠拢永王李存霸，跟从他的部队渐渐逃散。庚寅日(初四日),李绍荣到达平陆,只剩下几名随从,被人活捉,打断腿后解送到洛阳。李存霸也率领几千名部属抛弃镇地逃奔到晋阳。

辛卯日(初五日),魏王李继岌到达兴平,听到洛阳发生动乱,又率军西行,准备退保凤翔。

向延嗣到凤翔,以庄宗李存勖的命令杀死李绍琛。

【乾隆御批】嗣源自从珂见黜之后,即心怀疑惧,其忘庄宗恩义非一日矣。邺都之拥逼入城,虽迫于不得已,而事后之移檄会众,进据大梁,果无利之之心邪?至墨子谷闻变恸哭,特籍以饰其逆迹,而慨欢于群小蔽惑,筹度于吾将安归,则已肺肝如见,且乱贼在侧而不讨,魏王在外而不迎,浸假而翦其宗支,窃据神器,非篡而何其心?既无可谅,非罪亦无可恕也!

【译文】嗣源自从从珂被罢免后就心怀疑虑恐惧,他忘掉庄宗的恩义已不是一天两天了。在邺都时被挟迫入城,虽说出于迫不得已,但是事后发布檄文声讨会兵,进据大梁,果真是没有利己的私心吗?至于墨子谷听闻兵变痛哭失声,只不过借此来掩饰他叛逆的痕迹,而慨叹周围小人对君主的蒙蔽迷惑,筹划着自己的归处,他心里在想些什么,人们已经看得清清楚楚了,并且乱贼在旁却不讨伐,魏王在外却不迎接,找借口来剪灭他的宗族,私下占有神器,不是篡位那他又是安的什么心呢?既然没什么可以谅解的,那他的罪过也是不可饶恕的了!

初,庄宗命吕、郑二内养在晋阳,一监兵,一监仓库,自留守张宪以下皆承应不暇。

及邺都有变,又命汾州刺史李彦超为北都巡检。彦超,彦卿之兄也。

庄宗既殂，推官河间张昭远劝张宪奉表劝进，宪曰："吾一书生，自布衣至服金紫，皆出先帝之恩，岂可偷生而不自愧乎！"昭远泣曰："此古人所行，公能行之，忠义不朽矣。"

【译文】起初，庄宗李存勖命令吕、郑两个内侍留在晋阳，一个监管军队，一个监管仓库，自留守张宪以下的官吏都尽力奉承他们。

后来邺都发生变乱，庄宗又任命汾州刺史李彦超为北都巡检。李彦超是李彦卿的哥哥。

庄宗死后，推官河间人张昭远劝张宪奉表拥李嗣源为帝，张宪说："我一个书生，从平民布衣的身份升到今天佩戴金印紫绶朝服的大臣，都是先帝的恩典，我怎么可以苟且偷生而不觉得惭愧呢？"张昭远哭着说："这些都是古人的事迹，而您却能亲身实行，您的忠义可以千古不朽了。"

有李存沼者，庄宗之近属，自洛阳奔晋阳，矫传庄宗之命，阴与二内养谋杀宪及彦超，据晋阳拒守。彦超知之，密告宪，欲先图之。宪曰："仆受先帝厚恩，不忍为此。徇义而不免于祸，乃天也。"彦超谋未决，壬辰夜，军士共杀二内养及存沼于牙城，因大掠达旦。宪闻变，出奔忻州。会嗣源移书至，彦超号令士卒，城中始安，遂权知太原军府。

百官三笺请嗣源监国，嗣源乃许之。甲午，入居兴圣宫，始受百官班见。下令称教，百官称之曰殿下。庄宗后宫存者犹千馀人，宣徽使选其美少者数百献于监国，监国曰："奚用此为！"对曰："宫中职掌不可阙也。"监国曰："宫中职掌宜谙故事，此辈安知！"乃悉用老旧之人补之，其少年者皆出归其亲戚，无亲戚者任其所适。蜀中所送宫人亦准此。

【译文】有一个叫李存沼的人，是庄宗的近亲，他从洛阳跑到晋阳，假传庄宗的命令，暗地计划要和两个内侍杀了张宪和李彦超，占据城池防守。李彦超知道这件事，偷偷地报告张宪，想先发制人。张宪说："我受了先皇的厚恩，不忍心做这种事情。我知道坚守信义到头来都免不了遭到灾祸，这也是天命吧。"李彦超正计谋，还没做最后的决定。壬辰日（初六日）的晚上，军士们一起在牙城杀了两名内侍和李存沼，然后到处抢劫，一直闹到天亮。张宪一听说发生变乱，赶快逃奔到忻州去。正好李嗣源的信送到这里，李彦超给士卒下命令，城里才安定下来，于是他就代理太原军府。

百官第三次送上书札请求李嗣源监国，李嗣源答应了他们的请求。甲午日（初八日），李嗣源住进兴圣宫内，开始接受百官的列班朝见。所下的命令称作教，百官称呼他为殿下。庄宗李存勖后宫的妃嫔还留下一千多人，宣徽使挑选其中几百名年轻美貌的呈献给监国李嗣源，监国说："要这些人干什么？"宣徽使回答说："宫中的职务不能没有人掌理。"监国说："要掌理宫中的职务必须熟悉过去的事例，这些人怎么知道呢？"于是全部用老旧的宫人派补宫中职务，让那些年轻人都出宫回亲戚家，没有亲戚的任凭他们随便去哪里。蜀中所送来的宫人也照此办理。

乙未，以中门使安重诲为枢密使，镇州别驾张延朗为副使。延朗，开封人也，仕梁为租庸吏，性纤巧，善事权要，以女妻重诲之子，故重诲引之。

监国令所在访求诸王。通王存确、雅王存纪匿民间，或密告安重诲，重诲与李绍真谋曰："今殿下既监国典丧，诸王宜早为之所，以壹人心。殿下性慈，不可以闻。"乃密遣人就田舍杀之。

后月馀，监国乃闻之，切责重诲，伤惜久之。

【译文】乙未日（初九日），任命中门使安重诲为枢密使，镇州别驾张延朗为副使。张延朗是开封人，在梁国当过租庸使，他工于心计，善事权贵，把女儿嫁给了安重诲的儿子，所以安重诲引荐了他。

监国李嗣源令各地访求诸王。通王李存确、雅王李存纪藏匿在民间，有人向安重诲告密，安重诲和李绍真商议说："现在殿下已经在国家危亡的时候监国，对诸王也应该早做处置，好统一人心。殿下性情慈善，不能告诉他。"于是秘密派人到农舍杀了他们。一个多月以后监国李嗣源才听说这件事，严厉地谴责了安重诲，伤心惋惜了很久。

刘皇后与申王存渥奔晋阳，在道与存渥私通。存渥至晋阳，李彦超不纳，走至凤谷，为其下所杀。明日，永王存霸亦至晋阳，从兵逃散俱尽，存霸削发、僧服谒李彦超，"愿为山僧，幸垂庇护。"军士争欲杀之，彦超曰："六相公来，当奏取进止。"军士不听，杀之于府门碑下。刘皇后为尼于晋阳，监国使人就杀之。薛王存礼及庄宗幼子继嵩、继潼、继蟾，继峣，遭乱皆不知所终。惟邕王存美以病风偏枯得免，居于晋阳。

徐温、高季兴闻庄宗遇弑，益重严可求、梁震。

【译文】刘皇后和申王李存渥逃到晋阳，在路上和李存渥通奸。李存渥到晋阳，李彦超不接纳，他又跑到凤谷，被部下杀死。第二天，永王李存霸也来到晋阳，随从的士卒都四散逃光，李存霸于是削去头发，穿上佣人的衣服，前往拜见李彦超，对李彦超说："我情愿当一个荒山野僧，希望能得到您的庇护。"军士们争着想杀李存霸，李彦超说："六相公到我们这里来，我们当向朝廷报告，听候指示。"军士们不听他的，就在府门的碑下把李存霸杀了。刘皇后躲在晋阳当尼姑，监国李嗣源派人前来把她杀了。薛王李存礼和庄宗的幼子李继嵩、李继潼、李继蟾、李继峣等人，遭到变乱以后，都不知下落。只有邕王李存美中风得病，半身不遂，才免于一死，住在晋阳。

徐温、高季兴听说庄宗李存勖被杀，更加器重严可求、梁震。

梁震荐前陵州判官贵平孙光宪于季兴，使掌书记。季兴大治战舰，欲攻楚，光宪谏曰："荆南乱离之后，赖公休息士民，始有生意。若又与楚国交恶，他国乘吾之弊，良可忧也。"季兴乃止。

戊戌，李绍荣至洛阳，监国责之曰："吾何负于尔，而杀吾儿！"绍荣瞋目直视曰："先帝何负于尔？"遂斩之，复其姓名曰元行钦。

监国恐征蜀军还为变，以石敬瑭为陕州留后；己亥，以李从珂为河中留后。

【译文】梁震向高季兴推荐前陵州判官贵平人孙光宪，让他掌管书牍记录。高季兴大修战船，准备进攻楚国，孙光宪劝他说："荆南经过战乱，靠着您的治理，休养军士、人民，慢慢地才开始有一点复苏的迹象，如果还要和楚国交战，其他国家可能趁着我们国力衰竭的时候算计我们，那这事就很叫人担心。"高季兴于是停止与楚国交战的准备。

戊戌日（十二日），李绍荣到达洛阳，监国李嗣源责备他说："我有什么地方对不起你，你竟杀了我的儿子？"李绍荣也怒目瞪着他说："先帝又有什么地方对不起你？"于是监国就下令把

资治通鉴

他斩杀,恢复他原来的姓名元行钦。

监国李嗣源怕征讨前蜀的军队回来发生变故,于是任命石敬瑭为陕州留后;己亥日(十三日),又任命李从珂为河中留后。

枢密使张居翰乞归田里,许之。李绍真屡荐孔循之才,庚子,以循为枢密副使。李强宏请复姓马。

监国下教,数租庸使孔谦奸佞侵刻穷困军民之罪而斩之,凡谦所立苛敛之法皆罢之,因废租庸使及内勾司,依旧为盐铁、户部、度支三司,委宰相一人专判。又罢诸道监军使;以庄宗由宦官亡国,命诸道尽杀之。

魏王继岌自兴平退至武功,宦者李从袭曰:"祸福未可知,退不如进,请王亟东行以救内难。"继岌从之。还,至渭水,权西都留守张篯已断浮梁;循水浮渡,是日至渭南,腹心吕知柔等皆已窜匿。从袭谓继岌曰:"时事已去,王宜自图。"继岌徘徊流涕,乃自伏于床,命仆夫李环缢杀之。任圜代将其众而东。监国命石敬瑭慰抚之,军士皆无异言。

【译文】枢密使张居翰乞求告老归田,监国李嗣源答应了。李绍真屡次推荐孔循的才干,庚子日(十四日),任命孔循为枢密副使。李绍宏请求恢复他姓马。

监国李嗣源下发教令,谴责租庸使孔谦奸巧谄谀、侵占剥夺,使军民贫困的罪行,并将他处死。凡是孔谦所立的苛刻聚敛的法律,通通废除,又废除了租庸使和内勾司,依旧设置盐铁、户部、度支三个司,并且委任宰相一人管理。又罢去各道的监军使;同时认为庄宗李存勖是因为宦官的缘故才亡国,所以命令各道把宦官全部杀掉。

魏王李继岌从兴平退到武功,宦官李从袭说:"是福是祸,虽然还不能确定，但是与其退却，不如前进，请您赶快往东前去平定京城的灾乱。"李继岌接纳了他的建议，回师东进。到了渭水之滨，代理西都留守的张篯已经把河上的浮桥砍断，他们只好顺流泅渡过河，当天到达渭南，心腹吕知柔等人都已逃跑躲起来。李从袭就对李继岌说："时机已经失去，您要自己做个了断。"李继岌彷徨不知所措，不禁流下眼泪，就伏在床上，命令仆人李环把他勒死。于是任圜代他率领部队继续往东前进。监国李嗣源命令石敬瑭去安抚他们，士卒们没有不同意见，都归顺李嗣源。

先是，监国命所亲李冲为华州都监，应接西师。冲擅逼华州节度使史彦镕入朝；同州节度使李存敬过华州，冲杀之，并屠其家；又杀西川行营都监李从袭。彦镕泣诉于安重诲，重诲遣彦镕还镇，召冲归朝。

自监国入洛，内外机事皆决于李绍真。绍真擅收威胜节度使李绍钦、太子少保李绍冲下狱，欲杀之。安重诲谓绍真曰："温、段罪恶皆在梁朝，今殿下新平内难，冀安万国，岂专为公报仇邪！"绍真由是稍沮。辛丑，监国教，李绍冲、绍钦复姓名为温韬、段凝，并放归田里。

【译文】在此之前，监国命令他的亲信李冲为华州都监，来接应魏王李继岌的部队。李冲擅自逼迫华州节度使史彦镕入朝；同州节度使李存敬经过华州的时候，李冲又把他杀了，并且屠杀他的全家；又杀西川行营都监李从袭。史彦镕去向安重诲哭诉，安重诲就派遣史彦镕再回镇地，召李冲回朝。

自从监国李嗣源进入洛阳，内外重要的事情都由李绍真决定。李绍真擅自把威胜节度使李绍钦和太子少保李绍冲两人收押到狱中，准备要把他们杀了。安重诲对李绍真说："温韬（李绍冲）和段凝（李绍钦）两人所犯的罪恶都是在梁国的时候，现在殿下新近平定内乱，正期望安定万国，难道是专为您报仇的？"李绍真因此才稍微收敛一些。辛丑日（十五日），监国李嗣源下令，恢复了李绍冲、李绍钦的姓名温韬、段凝，并放他们回归家乡。

壬寅，以孔循为枢密使。

有司议即位礼。李绍真、孔循以为唐运已尽，宜自建国号。监国问左右："何谓国号？"对曰："先帝赐姓于唐，为唐复仇，继昭宗后，故称唐。今梁朝之人不欲殿下称唐耳。"监国曰："吾年十三事献祖，献祖以吾宗属，视吾犹子。又事武皇垂三十年，先帝垂二十年，经纶攻战，未尝不预；武皇之基业则吾之基业也，先帝之天下则吾之天下也，安有同家而异国乎！"令执政更议。吏部尚书李琪曰："若改国号，则先帝遂为路人，梓宫安所托乎！不惟殿下忘三世旧君，吾曹为人臣者能自安乎！前代以旁支入继多矣，宜用嗣子枢前即位之礼。"众从之。丙午，监国自兴圣宫赴西宫，服斩衰，于枢前即皇帝位，百官缟素。既而御衮冕受册，百官吉服称贺。

【译文】壬寅日（十六日），任命孔循为枢密使。

主管官吏商议监国李嗣源即皇帝位的礼仪。李绍真、孔循认为唐朝的世运已经完了，应当自己建立国号。监国李嗣源问左右近臣说："什么叫国号？"回答说："先帝曾经由唐朝赐姓，后来又灭了梁国为唐朝复仇，算是直接承继唐朝昭宗之后，所以国号叫唐，现在曾经在梁国做过官的人都不愿意殿下也称唐国。"监国李嗣源于是说："我十三岁时事奉献祖李国昌，献祖把我看作同一宗族，对我就像对待儿子一样。后来又侍奉武皇李克用近三十年，侍奉先帝李存勖近二十年，每次筹划治理国家的大事和攻伐征战，我没有不参与的。武皇李克用的基业就是我的基业，先帝李存勖的天下就是我的天下，哪有同一个家而称两个国号的？"于是下令执政大臣，再仔细商议。吏部尚书李琪说："如果更改国号，那么先帝就等于是陌生的路人，他的灵柩又托付谁来料理呢？不只是殿下忘记三世旧君的恩情，就是我们当臣子的也不能心安，前代由旁支入继大统的情形也很多，应该用嗣子在先帝灵柩前即位的礼仪。"大家都赞成他的意见。丙午日(二十日)，监国李嗣源从兴圣宫前往西宫，穿着斩衰的丧服，在庄宗李存勖的灵柩前即皇帝位，在场的百官都穿着缟素的孝服。不一会儿，监国李嗣源穿上皇帝的礼服和礼帽，接受册书，百官们穿着吉祥的服装祝贺。

【乾隆御批】孔循以人奴得典方州，其受庄宗恩遇不薄，乃闻嗣源初叛即首鼠两端，望风输款，至是并欲改其国号，忘情故主若此，岂直犬马之不如哉？其后安重诲以亲昵见绐，尤为小人常技。不知有君，何恤于友，更不足责矣。

【译文】孔循从一个奴隶到得以主管方州，他受庄宗的恩遇不薄，但听说嗣源开始叛乱就犹疑不决，闻风投诚，到现在又想改国号，对旧主忘情到这种地步，难道真是犬马不如吗？之后安重诲又因亲近孔循而被其欺骗，更是小人常用的伎俩。不知有君，又怎能怜惜朋友，就更不值得责备了。

【申涵煜评】帝为乱兵所逼，既入洛阳，宜一面讨贼，一面表迎。继岌虚位以待之，如不肯，则封以大藩以报晋先王豢养之德，乃自贪大位，使朱邪氏子孙无遗，恐后世难谅其非得已也。

【译文】后唐明宗李嗣源被乱军所逼迫，已经进入洛阳，应该一面讨伐逆贼，一面表示迎立。对于李继岌可以以虚位来对待他，如果不肯，那就封给他大藩镇来报答晋先王的养育之德，然而他自己贪图高位，使朱邪氏子孙全部被杀，恐怕后世人难以原谅他是情非不得已吧。

戊申，敕中外之臣毋得献鹰犬奇玩之类。

有司劾奏太原尹张宪委城之罪；庚戌，赐宪死。

任圜将征蜀兵二万六千人至洛阳，明宗慰抚之，各令还营。

甲寅，大赦，改元。量留后宫百人，宦官三十人，教坊百人，鹰坊二十人，御厨五十人，自馀任从所适。诸司使务有名无实者皆废之。分遣诸军就食近畿，以省馈运。除夏、秋税省耗。节度、防御等使，正、至、端午、降诞四节听贡奉，毋得敛百姓；刺史以下不得贡奉。选人先遭涂毁文书者，令三铨止除诈伪，馀复旧规。

【译文】戊申日(二十二日)，明宗李嗣源下令朝廷内外臣子都不准进献鹰犬等珍奇玩物。

有司弹劾太原尹张宪委弃城池的罪状；庚戌日(二十四日)，后唐明宗李嗣源赐张宪死。

任圜率领征蜀的部队两万六千人回到洛阳，明宗李嗣源慰劳安抚他们，命令他们各自回到军营。

甲寅日(二十八日)，大赦天下，更改年号。酌情留下后宫一百人，宦官三十人，教坊一百人，鹰坊二十人，御厨五十人，其余的人愿到哪里就到哪里。宫内的各司使务有名无实的，通通裁撤。又分别差遣部队前往邻近京城的地区接受粮食补给，以节省来往运输的麻烦。并且下令免除夏、秋税的省耗(苛捐杂税的一种名目)，节度、防御等使，在每年元旦、冬至、端午和皇帝圣诞四个节日准许进贡，但不得借此向百姓征敛财物；刺史以下则不准向皇帝进贡。候选官吏先前告身文书人，命令三铨制止他们欺诈伪造，其余按旧的规定办理。

五月，丙辰朔，以太子宾客郑珏、工部尚书任圜并为中书侍郎、同平章事；圜仍判三司。圜忧公如家，简拔贤俊，杜绝侥幸，期年之间，府库充实，军民皆足，朝纲粗立。圜每以天下为己任，由是安重诲忌之。

武宁节度使李绍真、忠武节度使李绍琼、贝州刺史李绍英、齐州防御使李绍虔、河阳节度使李绍奇、洺州刺史李绍能，各请复旧姓名为霍彦威、苌从简、房知温、王晏球、夏鲁奇、米君立，许之。从简，陈州人也。晏球本王氏子，畜于杜氏，故请复姓王。

【译文】五月，丙辰朔日（初一日），任命太子宾客郑珏、工部尚书任圜为中书侍郎、同平章事。任圜仍判管三司。任圜忧劳公务就如同他自己的事一般，拔选贤能才俊的君子，斥退投机幸进的小人。一年之后，府库充实，军民富足，朝廷的纲纪稍微建立起来。任圜常常把致天下太平当作自己的责任，因此安重诲很忌刻他。武宁节度使李绍真、忠武节度使李绍琼、贝州刺史李绍英、齐州防御使李绍虔、河阳节度使李绍奇、洺州刺史李绍能，分别请求恢复原来的姓名霍彦威、苌从简、房知温、王晏球、夏鲁奇、米君立，被明宗李嗣源批准。苌从简是陈州人。王晏球本来是王氏的儿子，被杜姓人家所收养，所以请求恢复王姓。

丁巳，初令百官正衙常朝外，五日一赴内殿起居。

宦官数百人窜匿山林，或落发为僧，至晋阳者七十馀人，诏北都指挥使李从温悉诛之。从温，帝之侄也。

帝以前相州刺史安金全有功于晋阳，壬戌，以金全为振武节度使、同平章事。

丙寅，赵在礼请帝幸邺都。戊辰，以在礼为义成节度使；辞以军情未听，不赴镇。

李彦超入朝，帝曰："河东无虞，尔之力也。"庚午，以为建雄留后。

【译文】丁巳日（初二日），开始命令百官除平常朝廷的朝见以外，每隔五天进内殿问安。

几百个宦官都逃藏在山林之中，有人干脆削发出家当和尚，有七十几个逃到晋阳，明宗李嗣源下诏北都指挥使李从温把他们全杀了。李从温是后唐明宗的侄儿。

后唐明宗李嗣源认为前相州刺史安金全对晋阳有功，壬戌日（初七日），任命金全为振武节度使、同平章事。

丙寅日（十一日），赵在礼请求明宗李嗣源前往邺都。戊辰日（十三日），明宗任命赵在礼为义成节度使，赵在礼以军情未安为由，没有到义成节度使镇所。

李彦超入朝，明宗说："河东能够安然无恙，都是你的功劳。"庚午日（十五日），任命他为建雄留后。

甲戌，加王延翰同平章事。

帝目不知书，四方奏事皆令安重诲读之，重诲亦不能尽通，乃奏称："臣徒以忠实之心事陛下，得典枢机，今事粗能晓知，至于古事，非臣所及。愿仿前朝侍讲、侍读、近代直崇政、枢密院，选文学之臣与之共事，以备应对。"乃置端明殿学士，乙亥，以翰林学士冯道、赵凤为之。

丙子，听郭崇韬归葬，复朱友谦官爵；两家货财田宅，前籍没者皆归之。

戊寅，以安重诲领山南东道节度使。重诲以襄阳要地，不可乏帅，无宜兼领，固辞；许之。

【译文】甲戌日（十九日），加封王延翰为同平章事。

后唐明宗李嗣源不识字，四面八方的奏书都让安重诲读给他听，安重诲也不能全部通晓，于是上奏说："臣只是以忠实的心事奉陛下，得以位居要职，当代的事务还能稍微晓得一点，至于古代的事情，那就不是臣所能知道的了。盼望能仿效前朝侍讲、侍读和近代直崇政、枢密院等制度，挑选通晓文学的大臣和臣一同办事，以供陛下询问。"于是设置端明殿学士。乙亥日（二十日），任命翰林学士冯道、赵凤为端明殿学士。

丙子日（二十一目），准许郭崇韬归葬故乡，并恢复朱友谦的官职爵位；两家被没收了的财货田宅，全部归还给他们。

戊寅日（二十三日），任命安重诲兼领山南东道节度使。安重诲认为襄阳是重要的地方，不能没有主帅，不适宜用兼领的方式，于是坚决推辞；后唐明宗帝答应他的请求。

诏发汴州控鹤指挥使张谏等三千人戍瓦桥。六月，丁酉，出城，复还，作乱，焚掠坊市，杀权知州、推官高逖。逼马步都指挥使、曹州刺史李彦饶为帅，彦饶曰："汝欲吾为帅，当用吾命，禁止焚掠。"众从之。己亥旦，彦饶伏甲于室，诸将入贺，彦饶曰："前日唱乱者数人而已。"遂执张谏等四人，斩之。其党张审琼帅众大噪于建国门，彦饶勒兵击之，尽诛其众四百人，军、州始定。即日，以军、州事牒节度推官韦俨权知，具以状闻。庚子，诏以枢密使孔循知汴州，收为乱者三千家，悉诛之。彦饶，彦超之弟也。

蜀百官至洛阳，永平节度使兼侍中马全曰："国亡至此，生不如死！"不食而卒。以平章事王锴等为诸州府刺史、少尹、判官、司马，亦有复归蜀者。

【译文】后唐明宗李嗣源下诏调汴州控鹤指挥使张谏等三千人去戍守瓦桥。六月，丁酉日（十二日），部队出城后，又回来作乱，在街市上烧杀抢夺，并且杀了权知州、推官高逊。又逼迫马步都指挥使、曹州刺史李彦饶当他们的主帅，李彦饶说："你们要我当你们的主帅，就要听从我的命令，从现在起不可以再烧杀抢夺。"众人答应了。己亥日（十四日）的早晨，李彦饶在室内埋伏甲士，诸位将领进来祝贺，李彦饶说："前日鼓动叛乱的只有几个人而已。"于是就抓张谏的同党四人，把他们斩杀。张谏的党羽张审琼率领部众在建国门又鼓噪作乱，李彦饶就调派军队攻击他们，把这批四百人的乱兵通通杀了，军队和州县才安定下来。当天，就任命节度推官韦俨暂时代理军队和州县的事务，并且上表向明宗报告。庚子日（十五日），明宗下诏任命枢密使孔循掌理汴州，并且逮捕作乱的士卒三千家，把他们全都杀了。李彦饶是李彦超的弟弟。

前蜀百官到达洛阳，蜀永平节度使兼侍中马全说："国家已经灭亡到这种地步，活着还不如死了算了。"于是绝食而死。明宗李嗣源任命前蜀国平章事王锴等担任诸州府的刺史、少尹、判官、司马等职务，也有些人又回到蜀中。

辛丑，滑州都指挥使于可洪等纵火作乱，攻魏博戍兵三指挥，逐出之。

乙巳，敕："朕二名，但不连称，皆无所避。"

戊申，加西川节度使孟知祥兼侍中。

李继曮至华州，闻洛中乱，复归凤翔；帝为之诛柴重厚。

高季兴表求夔、忠、万三州为属郡，诏许之。

【译文】辛丑日（十六日），滑州都指挥使于可洪等放火作乱，进攻魏博戍守部队的三指挥，把他们赶走。

乙巳日（二十日），后唐明宗李嗣源敕命："朕的名字有两个字，但只要不连称，都不需避讳。"

戊申日（二十三日），加封西川节度使孟知祥兼侍中。

李继曮到达华州，听说洛中叛乱，又回到凤翔。后唐明宗为他诛杀了柴重厚。

高季兴上表请求把夔、忠、万三州划归他的属郡，后唐明宗李嗣源下诏批准。

安重诲恃恩骄横，殿直马延误冲前导，斩之于马前，御史大夫李琪以闻。秋，七月，重诲白帝下诏，称延陵突重臣，戒谕中外

于可洪与魏博戍将互相奏云作乱，帝遣使按验得实，辛酉，斩可洪于都市，其首谋滑州左崇牙全营族诛，助乱者右崇牙两长剑建平将校百人亦族诛。

壬申，初令百官每五日起居，转对奏事。

契丹主攻勃海，拔其夫馀城，更命曰东丹国。命其长子突欲镇东丹，号人皇王，以次子德光守西楼，号元帅太子。

【译文】安重诲仗恃着明宗对他的恩宠，骄傲横行，殿直马延有一回不小心冲撞了他的前导侍从，安重诲立刻就在马前把他斩杀，御史大夫李琪把这事向明宗报告。秋季，七月，安重诲告知后唐明宗，要求下诏，说马延侵侮冲撞身居要职的大臣，

要告诫全国。

于可洪和戍守在魏博的将领互相上奏说对方作乱，后唐明宗派遣使者去查验落实。辛酉日（初七），把于可洪押到街市上斩杀，首谋的滑州左崇牙全营的士卒都被全族诛杀，帮助作乱的右崇牙两长剑建平将领约一百人也被诛杀全族。

壬申日（十八日），开始命令百官每隔五天入朝问一次安，并依次上奏本部门公事。

契丹主耶律阿保机进攻渤海，攻下夫馀城，改名叫东丹国。命令长子耶律突欲镇守东丹，号称人皇王；又任命他的次子耶律德光镇守西楼，号称元帅太子。

帝遣供奉官姚坤告哀于契丹。契丹主闻庄宗为乱兵所害，恸哭曰：“我朝定儿也。吾方欲救之，以勃海未下，不果往，致吾儿及此。”哭不已。虏言“朝定”，犹华言朋友也。又谓坤曰：“今天子闻洛阳有急，何不救？”对曰：“地远不能及。”曰：“何故自立？”坤为言帝所以即位之由，契丹主曰：“汉儿喜饰说，毋多谈！”突欲侍侧，曰：“牵牛以蹊人之田而夺之牛可乎？”坤曰：“中国无主，唐天子不得已而立；亦由天皇王初有国，岂强取之乎！”契丹主曰：“理当然。”又曰：“闻吾儿专好声色游畋，不恤军民，宜其及此。我自闻之，举家不饮酒，散遣伶人，解纵鹰犬。若亦效吾儿所为，行自亡矣。”又曰：“吾儿与我虽世旧，然屡与我战急，于今天子则无怨，足以修好。若与我大河之北，吾不复南侵矣。”坤曰：“此非使臣之所得专也。”契丹主怒，囚之，旬馀，复召之，曰：“河北恐难得，得镇、定、幽州亦可也。”给纸笔趣令为状，坤不可，欲杀之，韩延徽谏，乃复囚之。

【译文】后唐明宗李嗣源派遣供奉官姚坤告诉契丹主耶律

阿保机庄宗李存勖去世。契丹主听说庄宗被乱兵所害，痛哭地说："这是我们的朝定儿啊（朝定儿即胡语'朋友的小孩'）！我正想要去援救他，只因为渤海还没有攻下，不能前往，以至于我儿竟遭此灾祸。"胡人说"朝定"，就等于中国话说"朋友"，契丹主耶律阿保机又对姚坤说："现在的天子当时听说洛阳危急，怎么不去援救呢？"姚坤回答说："因为道路太远去不了。"契丹主说："那么为什么自立为皇帝？"姚坤于是向他解释明宗李嗣源登基的前后缘由，契丹主说："汉人老喜欢说些冠冕堂皇的话，你不必再多说。"耶律突欲当时服侍在契丹主耶律阿保机的身旁，插了一句话说："牵牛践踏人家的田，田主就把牛抢下来，这样可以吗？"（引《左传》成语比喻李嗣源得天子不当）姚坤说："中国当时无君主，后唐天子不得已才即位的；就好比当年天皇王拥有国家一样，难道也是强行夺取的吗？"契丹主耶律阿保机只好说："你说得也有道理。"又说，"听说我儿李存勖喜欢声伎女色，游玩田猎，难怪会有今天这种结局。我从听到这事以后，全家都不喝酒，并且遣散伶人，放走犬鹰。如果还像他一样的话，我们也会很快灭亡。"又说，"我儿李存勖和我虽然是世代交谊，然而曾多次和我战争。我和现在的天子没有什么怨恨，足以和好。如果能够给我黄河以北的地方，我就不会再向南侵犯。"姚坤说："这事不是使臣能够决定的。"契丹主耶律阿保机大怒，把他囚禁起来。过了十几天，又把他召唤来，说："要黄河以北的土地恐怕不容易，这样好了，只给我镇、定、幽这几州也可以。"于是教人拿纸笔给他，逼他写同意书，姚坤不肯写，契丹主耶律阿保机要杀他，因为韩延徽劝谏，又把姚坤关起来。

丙子，葬光圣神闵孝皇帝于雍陵，庙号庄宗。

丁丑，镇州留后王建立奏涿州刺史刘殷肇不受代，谋作乱，已讨擒之。

己卯，置彰国军于应州。

门下侍郎、同平章事豆卢革、韦说奏事帝前，或时礼貌不尽恭；百官俸钱皆折估，而革父子独受实钱；百官自五月给，而革父子自正月给；由是众论沸腾。说以孙为子，奏官；受选人王傪赂，除近官。中旨以库部郎中萧希甫为谏议大夫，革、说覆奏。希甫恨之，上疏言"革、说不忠前朝，阿庚取容"；因诬"革强夺民田，纵田客杀人；说夺邻家井，取宿藏物。"制贬革辰州刺史，说溆州刺史。庚辰，赐希甫金帛，擢为散骑常侍。

【译文】丙子日（二十二日），在雍陵安葬光圣神闵孝皇帝李存勖，庙号为庄宗。

丁丑日（二十三日），镇州留后王建立启奏说涿州刺史刘殷肇不肯把职位交给继任的官吏，企图作乱，已经讨伐抓获了他。

己卯日（二十五日），在应州设置彰国军。

门下侍郎、同平章事豆卢革、韦说在后唐明宗李嗣源面前奏请事情时，有时没礼貌不恭敬。当时百官的俸禄都要打一点折扣，唯独豆卢革父子领的是全额；百官从五月领起，而豆卢革父子从正月就开始领；因此大家议论纷纷。韦说又把孙子假冒成儿子，奏请任官，又接受候补官吏王傪的贿赂，把他派在京城附近的州县。李嗣源下令任命库部郎中萧希甫为谏议大夫，豆卢革、韦说表示反对。萧希甫因此痛恨他们，就上奏章说"豆卢革、韦说不忠于前朝，看脸色阿谀奉承"；因此又诬陷他们说："豆卢革强占百姓的田地，又纵容佃户杀人；韦说夺取邻家的水井，为的是拾取井中收藏的宝物。"于是明宗下令贬豆卢革为辰州刺史；贬韦说为溆州刺史。庚辰日（二十六日），后唐明宗赏赐萧希甫金帛，提拔他为散骑常侍。

辛巳，契丹主阿保机卒于夫馀城，述律后召诸将及酋长难制者之妻，谓曰："我今寡居，汝不可不效我。"又集其夫泣问曰："汝思先帝乎？"对曰："受先帝恩，岂得不思！"曰："果思之，宜往见之。"遂杀之。

癸未，再贬豆卢革费州司户，韦说夷州司户。甲申，革流陵州，说流合州。

孟知祥阴有据蜀之志，阅库中，得铠甲二十万，置左右牙等兵十六营，凡万六千人，营于牙城内外。

【译文】辛巳日(二十七日)，契丹主耶律阿保机在夫馀城过世，述律皇后把难以节制的将领和酋长们的妻子找来，说："我现在一人独居，你们不可不效法我。"又把他们的丈夫召集来，哭着问他们说，"你们想念先帝吗？"大家都回答说："我们受先帝的厚恩，怎么会不想他？"述律皇后说："果然思念他，就应该去见他。"于是就把他们都杀死。

癸未日(二十九日)，明宗李嗣源把豆卢革贬为费州司户，韦说贬为夷州司户。甲申日(三十日)，将豆卢革流放陵州，把韦说流放合州。

孟知祥私下有占据蜀中自立的意思，于是整理仓库，得到二十万具铠甲，设置左右牙等兵十六个营，一共有一万六千人，驻扎在牙城内外。

八月，乙酉朔，日有食之。

丁亥，契丹述律后使少子安端少君守东丹，与长子突欲奉契丹主之丧，将其众发夫馀城。

初，郭崇韬以蜀骑兵分左、右骁卫等六营，凡三千人；步兵分左、右宁远等二十营，凡二万四千人。庚寅，孟知祥增置左、右冲山等六营，凡六千人，营于罗城内外；又置义宁等二十营，凡万六千人，分戍管内州县就食；又置左、右牢城四营，凡四千人，分戍成都境内。

【译文】八月，乙酉朔日（初一日），发生日食。

丁亥日（初三日），契丹述律皇后命令她的小儿子安端少君驻守东丹，她和长子耶律突欲奉侍着契丹主耶律阿保机的丧事，率领大家从夫馀城出发。

起初郭崇韬把前蜀的骑兵分为左、右骁卫等六个营，共三千人；步兵分为左、右宁远等二十个营，共有二万四千人。庚寅日（初六日），孟知祥又增设左、右冲山等六个营，共六千人，驻扎在罗城内外；又设置义宁等二十个营，共一万六千人，分别戍守在管辖的州县，好就近取得粮饷补给；又设置左、右牢城四个营，共四千人，分别戍守在成都境内。

王公俨既杀杨希望，欲邀节钺，扬言符习为治严急，军府众情不愿其还。习还，至齐州，公俨拒之，习不改前。公俨又令将士上表请己为帅，诏除登州刺史。

公俨不时之官，托云军情所留，帝乃徙天平节度使霍彦威为平卢节度使，聚兵淄州，以图攻取，公俨惧，乙未，始之官。

丁酉，彦威至青州，追擒之，并其族党悉斩之，支使北海韩叔嗣预焉。其子熙载将奔吴，密告其友汝阴进士李谷，谷送至正阳，痛饮而别。熙载谓谷曰：“吴若用吾为相，当长驱以定中原。”谷笑曰：“中原若用吾为相，取吴如囊中物耳。”

【译文】王公俨杀死杨希望后，打算求得后唐明宗李嗣源颁给他节钺，就宣称符习治理部属过于苛刻，军府官兵的意思都不愿意他回来。符习要回青州，到达齐州，王公俨派兵阻止他，符习不敢再前进。王公俨又教将士们上表给明宗李嗣源，请求任命他为军帅，后唐明宗下诏，任命他为登州刺史。

王公俨并不马上去赴任，而是借口说被军队的事情延留；明宗于是调天平节度使霍彦威任平卢节度使，在淄州聚集大军，准备要发兵进攻；王公俨一看害怕了，乙未日（十一日），才去上任。

丁酉日（十三日），霍彦威到达青州，追上并活捉王公俨，把他的家族和同党全部斩杀，支使北海人韩叔嗣也牵涉到这件案子，他的儿子韩熙载将要投奔吴国，偷偷告诉他的朋友汝阴进士李谷，李谷送他到正阳，畅饮一番后分手。韩熙载对李谷说："吴国如果起用我为宰相，我就长驱直入平定中原。"李谷笑着说："中原如果用我为宰相，夺取吴国如同取囊中之物。"

庚子，幽州言契丹寇边，命齐州防御使安审通将兵御之。

九月，壬戌，孟知祥置左、右飞棹兵六营，凡六千人，分戍滨江诸州，习水战以备夔、峡。

癸酉，卢龙节度使李绍斌请复姓赵，从之，仍赐名德钧。德钧养子延寿尚帝女兴平公主，故德钧成蒙亲任。延寿本蓨令刘邧之子也。

加楚王殷守尚书令。

【译文】庚子日（十六日），幽州报告说契丹人入侵边境，后唐明宗李嗣源命令齐州防御使安审通率兵抵御。

九月，壬戌日（初八日），孟知祥设置左、右飞棹兵六营，共六千人，分别戍守在靠着长江的各州，使他们熟悉水战，防备夔、峡。

癸酉日(十九日)，卢龙节度使李绍斌请求恢复原姓赵，明宗李嗣源批准，还赐给他名字为德钧。赵德钧的养子赵延寿娶了明宗的女儿兴平公主，所以赵德钧更加蒙受宠任。赵延寿本来是蓚县县令刘邟的儿子。

　　加封楚王马殷署理尚书令。

　　契丹述律后爱中子德光，欲立之，至西楼，命与突欲俱乘马立帐前，谓诸酋长曰："二子吾皆爱之，莫知所立，汝曹择可立者执其辔。"酋长知其意，争执德光辔欢跃曰："愿事元帅太子。"后曰："众之所欲，吾安敢违?"遂立之为天皇王，突欲愠，帅数百骑欲奔唐，为逻者所遏；述律后不罪，遣归东丹。天皇王尊述律后为太后，国事皆决焉。太后复纳其侄为天皇王后。天皇王性孝谨，母病不食亦不食，侍于母前应对或不称旨，母扬眉视之，辄惧而趋避，非复召不敢见也。以韩延徽为政事令。听姚坤归复命，遣其臣阿思没骨馁来告哀。

　　【译文】契丹述律后喜欢中子耶律德光，想立他为契丹主。到了西楼，让他和耶律突欲一起骑着马立在帐前，然后她对各位酋长说："这两个儿子我都很喜爱，也不知道该立谁好，你们可以选出你们认为该立的抓住他的缰绳。"酋长们都知道她的意思了，于是争着向前抓住耶律德光的马缰绳，欢欣雀跃地说："我们都愿意事奉元帅太子。"述律皇后就说："既然是大家要立他，我怎敢违背大家的意思?"于是就立耶律德光为天皇王。耶律突欲心中不平，率几百骑兵投奔后唐，被巡逻的人阻止。述律后没有治他罪，只是把他遣送回东丹。天皇王耶律德光尊奉述律皇后为太后，国家的大小事情都由她裁决。述律太后又迎娶她的侄女当天皇王后。天皇王耶律德光生性孝顺恭谨，母亲生病吃不下饭，他也吃不下饭；陪侍在母亲身旁，对答如果有不合母亲心意的，母亲只要扬起眉毛，不高兴地瞪他一眼，他立刻就害怕地赶快退下，不是母亲再召唤他不敢求见。耶律德光任命韩延徽为政事令。同意姚坤回归后唐复命，并派遣大臣阿思没骨馁来后唐国告诉契丹主耶律阿保机去世的消息。

壬午，赐李继曦名从曦。

冬，十月，甲申朔，初赐文武官春冬衣。

昭武节度使、同平章事王延翰，骄淫残暴，己丑，自称大闽国王。立宫殿，置百官，威仪文物皆仿天子之制，群下称之曰殿下。赦境内，追尊其父审知曰昭武王。

静难节度使毛璋，骄僭不法，训卒缮兵，有跋扈之志，诏以颍州团练使李承约为节度副使以察之。壬辰，徙璋为昭义节度使。璋欲不奉诏，承约与观察判官长安边蔚从容说谕，久之，乃肯受代。

【译文】壬午日（二十八日），明宗李嗣源赐李继曦名字为从曦。

冬季，十月，甲申朔日（初一日），首次赏赐文武官员春天和冬天穿的衣服。

昭武（当作威武）节度使、同平章事王延翰骄奢淫逸，残忍凶暴，己丑日（初六日），自称为大闽国王。建造宫殿，设置百官，朝中的威仪和文物都仿照天子的制度，臣下们称他为殿下。赦免境内的罪犯，追尊其父亲王审知为昭武王。

静难节度使毛璋骄横不遵守法度，训练士卒，修缮武器，专横跋扈，欺上压下。明宗李嗣源下诏颍州团练使李承约担任节度副使，就近监视他。壬辰日（初九日），又把毛璋迁为昭义节度使。毛璋不准备接受命令，李承约和观察判官长安人边蔚反复劝说，过了很久，毛璋才答应交出原来的职务。

庚子，幽州奏契丹卢龙节度使卢文时来奔。初，文进为契丹守平州，帝即位，遣间使说之，以易代之后，无复嫌怨。文进所部皆华人，思归，乃杀契丹戍平州者，帅其众十馀万、车帐八千乘来奔。

初，魏王继岌、郭崇韬率蜀中富民输犒赏钱五百万缗，听以金银缯帛充，昼夜督责，有自杀者，给军之馀，犹二百万缗。至是，任圜判三司，知成都富饶，遣盐铁判官、太仆卿赵季良为孟知祥官告国信兼三川都制置转运使。甲辰，季良至成都。蜀人欲皆不与，知祥曰："府库他人所聚，输之可也。州县租税，以赡镇兵十万，决不可得。"季良但发库物，不敢复言制置转运职事矣。

【译文】庚子日（十七日），幽州奏告契丹卢龙节度使卢文进投奔。起初，卢文进替契丹镇守平州，明宗李嗣源登基后，就派遣密使向他游说，告诉他改朝换代，再也不计较过去的仇怨。卢文进的部属都是中原人，都想回家，于是就杀戍守平州的契丹人，率领他的十多万士卒、八千多辆车帐来投奔。

当初，魏王李继岌、郭崇韬计算蜀中富裕的百姓应当交纳犒赏钱五百万缗，任凭他们用金银缯帛充当，昼夜督促他们上交，有的人被逼自杀。这些钱犒赏部队后，剩下两百万缗。到这时候，任圜判理三司，知道成都府库非常富饶，于是派遣盐铁判官、太仆卿赵季良为致送孟知祥兼任侍中任官令的使者，并让他留在那里兼任三川都制置转运使。甲辰日（二十一日），赵季良到达成都。蜀人打算一点东西都不给他，孟知祥说："府库里剩余的钱是别人聚集的，要解送到朝廷，还可以答应。至于州县的租税，这是拿来赡养十万卫戍部队的，绝对不能转送到朝廷。"因此赵季良只拿走府库里的东西，不敢再说制置转运的事。

安重诲以知祥及东川节度使董璋皆据险要，拥强兵，恐久而难制；又知祥乃庄宗近姻，阴欲图之。客省使、泗州防御使李严自请为西川监军，必能制知祥；己酉，以严为西川都监，文思使太原朱弘昭为东川副使。李严母贤明，谓严曰："汝前启灭蜀之谋，今日再往，必以死报蜀人矣。"

【译文】安重诲认为孟知祥和东川节度使董璋都占据险要的地方，并且拥有强大的军队，时间久了，怕没有办法节制；又知道孟知祥是庄宗李存勖的近亲，于是私下想算计他。客省使、泗州防御使李严请求担任西川监军，认为一定能制服孟知祥；己酉日（二十六日），任命李严为西川都监，文思使太原人朱弘昭为东川副使。李严的母亲非常贤明，对他说："你先前出谋划策消灭蜀国，今日再去那里，一定会被蜀人杀死作为报答。"

旧制，吏部给告身，先责其人输朱胶绫轴钱。丧乱以来，贫者但受敕牒，多不取告身。十一月，甲戌，吏部侍郎刘岳上言："告身有褒贬训戒之辞，岂可使其人初不之睹！"敕文班丞、郎、给、谏，武班大将军以上，宜赐告身。其后执政议，以为朱胶绫轴，厥费无多，朝廷授以官禄，何惜小费！乃奏："凡除官者更不输钱，皆赐告身。"当是时，所除正员官之外，其馀试衔、帖号止以宠激军中将校而已，及长兴以后，所除浸多，乃至军中卒伍，使、州、镇、戍胥史，皆得银青阶及宪官，岁赐告身以万数矣。

【译文】过去的惯例，吏部要发给任官证书"告身"的时候，先责令当事人缴交朱胶、缕轴的工本费。动乱以后，贫穷的人只领取派官令，大多不再交钱领取告身。十一月，甲戌日（二十一日），吏部侍郎刘岳建议说："任职凭证上有褒贬训诫的话，哪里能让人初任职就不看呢？"于是明宗李嗣源下令文班的丞、郎、给、谏和武班的大将军以上的官职，都赐给告身。后来执政大臣们建议，认为朱胶、缕轴的花费不多，朝廷既然派任官职，发给俸禄，何必还计较这些小钱，于是向明宗启奏说："以后凡是任官不必再交钱，都赐给告身。"当时，派任的官吏除了正员官以外，其他的试衔、帖号等都只是拿来宠赐激励军中的将校，到了长兴年间，授予的官越来越多，甚至军中卒伍、使、州、镇、戍中的小吏，都得到了银印青绶，级别接近御史台官，每年赐给的任职凭证数以万计。

闽王延翰蔑弃兄弟，袭位才逾月，出其弟延钧为泉州刺史。延翰多取民女以充后庭，采择不已。延钧上书极谏，延翰怒，由是有隙。父审知养子延禀为建州刺史，延翰与书使之采择，延禀复书不逊，亦有隙。十二月，延禀、延钧合兵袭福州。延禀顺流先至，福州指挥使陈陶帅众拒之，兵败，陶自杀。是夜，延禀帅壮士百馀人趣西门，梯城而入，执守门者，发库取兵仗。及寝门，延翰惊匿别室；辛卯旦，延禀执之，暴其罪恶，且称延翰与妻崔氏共弑先王，告谕吏民，斩于紫宸门外。是日，延钧至成南，延禀开门纳之，推延钧为威武留后。

【译文】闽王王延翰轻视欺侮他的兄弟，继承王位才一个多月，让他的弟弟王延钧任泉州刺史。王延翰多次强取民间的女子充作他的后宫，而且不停地选取。王延钧就上书极力劝谏，王延翰非常生气，因此两人之间就有了猜疑。他们父亲王审知的养子王延禀当时担任建州刺史，王延翰下令教他选取民间女子，王延禀回报的时候词语不恭逊，因此两人也互相有了猜忌。十二月，王延禀、王延钧联合袭击福州。王延禀顺流而下先到福州，福州指挥使陈陶率兵抵抗，战败自杀。当晚，王延禀率领一百多名壮士进逼福州西门，爬墙进入城中，捉住守门的官吏，打开仓库，取得武器。攻到王府寝门的时候，王延翰大惊，逃到别室躲起来；辛卯日（初八日）早上，王延禀把他抓到，公布他的罪行，声称王延翰和他的妻子崔氏共同弑杀先王王审知，通告军民百姓，就在紫宸门外把他们斩首。这一天，王延钧到达城南，王延禀打开城门让他进去，尊崇王延钧为威武留后。

癸巳，以卢文进为义成节度使、同平章事。

庚子，以皇子从荣为天雄节度使、同平章事。

赵季良等运蜀金帛十亿至洛阳，时朝廷方匮乏，赖此以济。

是岁，吴越王镠以中国丧乱，朝命不通，改元宝正；其后复通中国，乃讳而不称。

【译文】 癸巳日（初十日），任命卢文进为义成节度使、同平章事。

庚子日（十七日），任命皇子李从荣为天雄节度使、同平章事。

赵季良等运回蜀国的金银布帛价值有十亿之多，到达洛阳，当时朝廷财政匮乏，靠着这些钱财，才得以渡过难关。

这一年，吴越王钱镠认为中原动乱，朝廷的命令也不能到达，于是改年号为宝正；其后又和中原来往，避讳不用这个年号。

天成二年（丁亥，公元九二七年）春，正月，癸丑朔，帝更名宣。

　　孟知祥闻李严来监其军，恶之；或请奏止之，知祥曰："何必然，吾有以待之。"遣吏至绵、剑迎候。会武信节度使李绍文卒，知祥自言尝受密诏许便宜从事，壬戌，以西川节度副使、内外马步军都指挥使李敬周为遂州留后，趣之上道，然后表闻。严先遣使至成都，知祥自以于严有旧恩，冀其惧而自回，乃盛陈甲兵以示之，严不以为意。

　　【译文】天成二年（丁亥，公元 927 年）春季，正月，癸丑朔日（初一日），后唐明宗李嗣源改名叫李亶。

　　孟知祥听说李严来监督他的军队，因此憎恨他。有人建议他向明宗李亶请求废止这件事，孟知祥说："何必如此？我自然有办法应付他。"于是派遣官吏到绵州、剑州去迎接李严。碰巧武信节度使李绍文去世，孟知祥就宣称说曾经接受过庄宗李存勖的密诏，允许他权宜处理事情，于是在壬戌日（初十日），任命西川节度副使、内外马步军都指挥使李敬周为遂州留后，催促他前去上任，然后再向明宗李亶上表启奏。李严先派使者到达成都；孟知祥认为过去他对李严有恩，希望他惧怕而自己返回，于是陈列重兵给李严看，李严却不介意。

　　安重海以孔循少侍宫禁，谓其谙练故事，知朝士行能，多听其言。豆卢革、韦说既得罪，朝廷议置相，循意不欲用河北人，先已荐郑珏，又荐太常卿崔协。任圜欲用御史大夫李琪；郑珏素恶琪，故循力沮之，谓重海曰："李琪非无文学，但不廉耳。宰相但得端重有器度者，足以仪刑多士矣。"它日议于上前，上问谁可相者，重海以协对。圜曰："重海未悉朝中人物，为人所卖。协虽名家，识字甚少。臣既以不学忝相位，奈何更益以协，为天下笑乎！"上曰："宰相重任，卿辈更审议之。吾在河东时见冯书记多才博学，与物无竞，此可相矣。"既退，孔循不揖，拂衣径去，曰："天下事一则任圜，二则任圜，圜何者！使崔协暴死则已，不死会须相之。"因称疾不朝者数日，上使重诲谕之，方入。重诲私谓圜曰："今方乏人，协且备员，可乎？"圜曰："明公舍李琪而相崔协，是犹弃苏合之丸，取蜣蜋之转也。"循与重诲共事，日短琪而誉协，癸亥，竟以端明殿学士冯道及崔协并为中书侍郎、同平章事。协，邠之曾孙也。

【译文】安重诲认为孔循从小在宫廷里事奉，熟悉朝廷里过去的典章制度，也知道朝廷官员的品行才能，很多事情都听他的话。豆卢革和韦说获罪被削职后，朝中商议要另外设置宰相，孔循的意思是不用河北人，原先他已推荐郑珏，这时他又推荐太常卿崔协。任圜想用御史大夫李琪；郑珏一向厌恶李琪，于是孔循就极力阻挠这件事，他对安重诲说："李琪这个人不是没有文才，而是不廉洁。宰相要求端正庄重有器度，这样才能够成为朝廷百官的典范。"后来有一天在明宗李嗣源面前商议，明宗问谁可以当宰相，安重诲推荐崔协。任圜说："安重诲并不熟悉朝中人物，这是被别人蒙骗。崔协虽然出身世族名家，但是却认不得几个字。臣已经是以不学无术玷辱相位了，为何又要再加上一个崔协，让天下的人取笑呢？"后唐明宗说："宰相是个重要的职位，你们再重新商议一下。我在河东时见书记冯道多才博学，与世无争，这个人可以任宰相。"退朝以后，孔循也不打揖告别，径自拂袖而去，一边还抱怨说："天下的事情一也要听任圜的，二也要听任圜的，任圜是什么东西？如果崔协暴毙，那也就算了；如果崔协不死，我一定要让他当宰相。"于是好几天托病不肯上朝，明宗教安重诲劝他，才又入朝。安重诲私下对任圜说:"现在正缺乏人才,就让崔协补个职位,好不好?"任圜说:"明公您舍弃李琪而让崔协当宰相,就好比抛弃苏合香丸,而取用屎壳螂推转的臭粪球。"孔循和安重诲在一起公干,两人每天都说李琪的坏话并吹嘘崔协。癸亥日(十一日),明宗李嗣源终于任命端明殿学士冯道和崔协一起为中书侍郎、同平章事。崔协是崔邠的曾孙。

戊辰,王延禀还建州,王延钧送之,将别,谓延钧曰:"善守先人基业,勿烦老兄再下!"延钧逊谢甚恭而色变。

庚午,初令天下长吏每旬亲引虑系囚。

孟知祥礼遇李严甚厚,一日谒知祥,知祥谓曰:"公前奉使王衍,归而请兵伐蜀,庄宗用公言,遂致两国俱亡。今公复来,蜀人惧矣。且天下皆废监军,公独来监吾军,何也?"严惶怖求哀,知祥曰:"众怒不可遏也。"遂揖下,斩之。又召左厢马步都虞候丁知俊,知俊大惧,知祥指严尸谓曰:"昔严奉使,汝为之副,然则故人也,为我瘗之。"因诬奏:"严诈宣口敕,云代臣赴阙,又擅许将士优赏,臣辄已诛之。"内八作使杨令芝以事入蜀,至鹿头关,闻严死,奔还。朱弘昭在东川,闻之,亦惧,谋归洛;会有军事,董璋使之入奏,弘照伪辞然后行,由是得免。

【译文】戊辰日(十六日),王延禀要回建州,王延钧送他,将要分别的时候,王延禀对王延钧说:"好好守住先人传留下来的基业,以后不要再来麻烦你老哥了!"王延钧虽然恭敬地道谢,但是脸色变了。

庚午日(十八日),首次下令天下的长吏每十天一定要亲自讯问囚犯。

孟知祥对李严的礼节待遇都十分优厚,有一天,李严去拜见孟知祥，孟知祥对他说："你以前奉派出使到王衍这里，回去后却建议派兵来讨伐蜀国，庄宗李存勖听信你的话，后来使得两国都因此灭亡，现在你又来了，蜀国的人都觉得害怕。而且天下各地都已废除监军，只有你偏要来监督我的军队，这是什么意思呢？"李严听后感到害怕，苦苦哀求，孟知祥说："众怒我是没办法阻止的啊！"于是把他押下去斩杀。孟知祥又召来左厢马步都虞候丁知俊，丁知俊吓得半死，孟知祥指着李严的尸体对他说："过去李严奉令出使的时候，你是他的副使，那么可算是他的故人了，你替我把他埋了。"于是捏造事实向明宗李嗣源启奏说："李严假宣陛下的口头敕令，说是代替我，让我到陛下那里。他又擅自允许将士优待奖赏，我已经把他诛杀。"内八作使杨令芝因事去蜀中，到达鹿头关的时候，听到李严被杀，赶快逃回去。朱弘昭在东川，听到这消息，心里害怕，计划要赶快回洛阳；刚好有军务，董璋派他入朝奏报，朱弘昭先假装推辞，然后才受命出发，因此得以免死。

　　癸酉，以皇子从厚同平章事，充河南尹，判六军诸卫事。从厚，从荣之母弟也。从荣闻之，不悦。

　　己卯，加枢密使安重诲兼侍中，孔循同平章事。

　　吴马军都指挥使柴再用戎服入朝，御史弹之，再用恃功不服。侍中徐知诰阳于便殿误通起居，退而自劾，吴王优诏不问。知诰固请夺一月俸；由是中外肃然。

　　【译文】癸酉日（二十一日），后唐明宗李嗣源任命皇子李从厚为同平章事，并充任河南尹，掌理六军诸卫的事务。李从厚是李从荣的母弟。李从荣听到这消息，非常不高兴。

　　己卯日（二十七日），加封枢密使安重诲兼任侍中，孔循为同平章事。

吴国马军都指挥使柴再用全副武装进入朝廷，御史弹劾他，柴再用仗恃着功劳大，不服气。侍中徐知诰佯装在便殿冒犯吴王的起居，退下来后自己上表弹劾请罪，吴王颁下优渥的诏书不加追究，徐知诰却坚决请求罚减一个月的俸禄。因此朝廷内外得到整肃。

契丹改元天显，葬其主阿保机于木叶山。述律太后左右有桀黠者，后辄谓曰："为我达语于先帝！"至墓所则杀之，前后所杀以百数。最后，平州人赵思温当往，思温不行，后曰："汝事先帝尝亲近，何为不行？"对曰："亲近莫如后，后行，臣则继之。"后曰："吾非不欲从先帝于地下也，顾嗣子幼弱，国家无主，不得往耳。"乃断一腕，令置墓中。思温亦得免。

帝以冀州刺史乌震三将兵运粮入幽州，二月，戊子，以震为河北道副招讨，领宁国节度使，屯卢台军。代泰宁节度使、同平章事房知温归兖州。

【译文】契丹改年号为天显，在木叶山安葬了契丹主耶律阿保机。述律太后的左右近臣有比较凶恶奸诈的，述律太后往往命令他说："替我传话给先帝！"到了墓前就把他杀了，前后杀了几百人。最后，轮到平州人赵思温，赵思温不肯去，述律太后说："你过去事奉先帝时很受宠信，为什么不肯去？"赵思温回答说："和先帝最亲近的没有人比得上太后了，太后如果先去，臣一定跟从。"述律太后说："我不是不肯随从先帝到地下去，只是因为嗣子还幼弱，国家无主，我暂时还不能去。"于是砍下一只手腕，命令他放在墓中。赵思温也因此免于一死。

后唐明宗李嗣源下令冀州刺史乌震三次率兵运粮前往幽

州。二月，戊子日（初十日），任命乌震为河北道副招讨，遥领宁国节度使，屯驻在卢台军，接替泰宁节度使、同平章事房知温，好让房知温回兖州。

庚寅，以保义节度使石敬瑭兼六军诸卫副使。

丙申，以从马直指挥使郭从谦为景州刺史，既至，遣使族诛之。

高季兴既得三州，请朝廷不除刺史，自以子弟为之，不许。及夔州刺史潘炕罢官，季兴辄遣兵突入州城，杀戍兵而据之。朝廷除奉圣指挥使西方邺为刺史，不受；又遣兵袭涪州，不克。魏王继岌遣押牙韩珙等部送蜀珍货金帛四十万，浮江而下，季兴杀珙等于峡口，尽掠取之。朝廷诘之，对曰："珙等舟行下峡，涉数千里，欲知覆溺之故，自宜按问水神。"

【译文】庚寅日（初九日），任命保义节度使石敬瑭兼任六军诸卫副使。

丙申日（十五日），任命从马直指挥使郭从谦为景州刺史，等他到任，派遣使者把他全家诛杀。

高季兴得到三州，请求朝廷不要任命刺史，自己派子弟充当，后唐明宗李嗣源没有答应。到了夔州刺史潘炕被罢职，高季兴就派兵攻进夔州城，杀卫戍军队占据夔州。朝廷新派奉圣指挥使西方邺为刺史，高季兴也不接受；又派兵进攻涪州，没攻下。先前魏王李继岌派遣押牙韩珙等押送蜀国珍货金帛四十万，顺江而下。高季兴在峡口把韩珙等杀了，抢走全部东西。朝廷责问他这件事，高季兴答复说："韩珙等率领的船队下行到峡口时，已经在水上行走了数千里，要想知道翻船淹死的缘故，应该自己去询问水神。"

【乾隆御批】《春秋》以赵盾不讨贼则直笔书之，嗣源之于从谦，抑又甚矣。方其入洛阳也，军威甚盛，于诛一从谦何有？必迟之十月之久，始诱而族之乎？盖其初固无杀之之心，久而审己度世，知为清议所不容，姑藉此以塞谤耳。不然。乱兵虽法所必惩，然渠魁胁从自当稍分轻、重。况九指挥之变由于知温诱致，按其笺使。众噪之罪亦惟部及身而止，何至孥戮万人，而于首乱之知温转置不问？失刑甚矣。

【译文】《春秋》因赵盾不讨逆贼而直接写"赵盾弑其君"，嗣源对于从谦，抑或比这更甚。他进入洛阳的时候，军威正盛，对于杀一个从谦又有什么难的呢？为什么一定要迟了十月之久才诱他上当并进而诛灭其族呢？大概起初本没有杀他之心，时间一长，审己度势，知道被公正的议论所不容，姑且借此来堵塞讽谏之人的言论罢了。不然的话，乱兵虽依法应惩，然而首领和被迫相从的人在判罪上理当稍分轻、重，更何况九指挥之变是由于知温引诱所致，是依照知温的指使。聚众喧闹的罪行也不过处理当事人本人罢了，何至于杀戮万人，而对于主谋知温却置之不问？刑罚失当太厉害了。

帝怒，壬寅，制削夺季兴官爵，以山南东道节度使刘训为南面招讨使、知荆南行府事，忠武节度使夏鲁奇为副招讨使，将步骑四万讨之。东川节度使董璋充东南面招讨使，新夔州刺史西方邺副之，将蜀兵下峡，仍会湖南军三面进攻。

三月，甲寅，以李敬周为武信留后。

丙辰，初置监牧，蕃息国马。

【译文】后唐明宗李嗣源一听大怒，壬寅日（二十一日），下令削去高季兴的官职和爵位，任命山南东道节度使刘训为南面招讨使、知荆南行府事，忠武节度使夏鲁奇为副招讨使，率领步兵、骑兵共四万人前往讨伐。又任命东川节度使董璋充任东南面招讨使，新夔州刺史西方邺为他的副使，率领蜀兵下三峡；并且会合湖南军队，三面向高季兴发起进攻。

三月，甲寅日（初三日），任命李敬周为武信留后。

丙辰日（初五日），后唐开始设置监牧，饲养繁殖马匹。

初，庄宗之克梁也，以魏州牙兵之力；及其亡也，皇甫晖、张破败之乱亦由之。赵在礼之徙滑州，不之官，亦实为其下所制。在礼欲自谋脱祸，阴遣腹心诣阙求移镇，帝乃为之除皇甫晖陈州刺史，赵进贝州刺史，赵在礼为横海节度使；以皇子从荣镇邺都，命宣徽北院使范延光将兵送之，且制置邺都军事。乃出奉节等九指挥三千五百人，使军校龙晊部之，戍卢台军以备契丹，不给铠仗，但系帜于长竿以别队伍，由是皆俛首而去。中涂闻孟知祥杀李严，军中籍籍，已有讹言；既至，会朝延不次擢乌震为副招讨使，讹言益甚。

【译文】起初，庄宗李存勖攻克后梁时，依靠的是魏州牙兵之力。但是后来庄宗李存勖灭亡的时候，皇甫晖和张破败的作乱也是由于牙兵。赵在礼被迁往滑州，不去上任，也是被部下挟制。赵在礼计划脱祸，就秘密地派遣心腹前往京城，向明宗李嗣源请求移守镇地，明宗于是任命皇甫晖为陈州刺史，赵进为贝州刺史，把赵在礼改派为横海节度使；又任命皇子李从荣镇守邺都，命令宣徽北院使范延光率领军队护送他上任，同时掌理邺都军事。于是调出奉节等九指挥三千五百人，派军校龙晊率领他们，戍守在卢台军，以防备契丹人侵略；但不发给铠甲兵仗，只是在长竿上系着旗帜来分别队伍，因此部队都垂头丧气出发。半路上听到孟知祥杀李严的消息，大家都骚动不安，谣言纷纷；到了卢台，刚好朝廷不依顺序擢升乌震为副招讨使，军中更是谣言满天飞。

房知温怨震骤来代己，震至，未交印。壬申，震召知温及诸道先锋马军都指挥使、齐州防御使安神博于东寨，知温诱龙晊所部兵杀震于席上，其众噪于营外，安审通脱身走，夺舟济河，将骑兵按甲不动。知温恐事不济，亦上马出门，军士揽其辔曰："公当为士卒主，去欲何之？"知温绐之曰："骑兵皆在河西，不收取之，独有步兵，何能集事！"遂跃马登舟济河，与审通合谋击乱兵，乱兵遂南行。骑兵徐踵其后，部伍甚整。乱者相顾失色，列炬宵行，疲于荒泽，诘朝，骑兵四合击之，乱兵殆尽，馀众复趣故寨，审通已焚之，乱兵进退失据，遂溃。其匿于丛薄沟塍得免者什无一二。范延光还至淇门，闻卢台乱，发滑州兵复如邺都，以备奔逸。

【译文】房知温怨恨乌震突然来代替自己，乌震来到以后，房知温没有交出印信符节。壬申日（二十一日），乌震在东寨召唤房知温和诸道先锋马军都指挥使、齐州防御使安审通两人一起赌博，房知温就趁机鼓动龙晊的部队在席上把乌震杀了。乌震的部下在营外大吵大闹，安审通脱身逃跑，抢了一条船渡过黄河，率领着骑兵在对岸按兵不动。房知温怕事情不能成功，也骑上马就要出营门，兵士们抓住他的缰绳说："您应当统率士卒，又要到哪里去呢？"房知温骗他们说："骑兵们都在黄河以西，不去收取他们，只靠步兵，怎么能成就事业？"于是就跃马上船，渡过黄河，到安审通那里，和他商议一起攻击乱兵，乱兵于是就往南逃。骑兵慢慢地跟在后头，队伍非常整齐。乱兵们相互看着吓得脸色都变了，只好排好队举着火炬在夜间行走，在荒滩水泽中走得很疲乏。第二天一早，骑兵从四面八方一起进攻，乱兵死伤殆尽，剩下的人又逃回原来的营寨，但是营寨已被安审通放火烧了，乱兵进退失据，于是就溃散了。逃藏在草丛、壕沟中而脱身的，不到十分之一二。范延光回到淇门，听说卢台兵乱，就又派滑州部队回到邺都，准备逃跑。

帝遣客省使李仁矩如西川，传诏安谕孟知祥及吏民；甲戌，至成都。

刘训兵至荆南，楚王殷遣都指挥使许德勋等将水军屯岳州。高秀兴坚壁不战，求救于吴，吴人遣水军援之。

夏，四月，庚寅，敕卢台乱兵在营家属并全门处斩。敕至邺都，阖九指挥之门，驱三千五百家凡万馀人于石灰窑，悉斩之，永济渠为之变赤。

朝廷虽知房知温首乱，欲安反仄，癸巳，加知温兼侍中。

【译文】后唐明宗李嗣源派遣客省使李仁矩去西川传达诏令，安抚孟知祥以及那里的官民，甲戌日（二十三日），李仁矩到达成都。

刘训的部队到了荆南，楚王马殷派遣都指挥使许德勋等人率领水军屯驻在岳州。高季兴坚守在营寨里不出来应战，同时请求吴国援救，吴国派出水军援助他。

夏季，四月，庚寅日（初十日），明宗李嗣源下令把卢台乱兵在营的家属满门处斩。命令到达邺都，把九指挥的门关起来，驱赶三千五百家共一万多人到石灰窑，全部斩杀，永济渠的水都被染成红色。

朝廷虽然知道房知温是这次变乱的主谋，但为了安抚他，怕他叛变，癸巳日（十三日），加派房知温兼任侍中。

先是，孟知祥遣牙内指挥使文水武漳迎其妻琼华长公主及子仁赞于晋阳，及凤翔，李从曮闻知祥杀李严，止之，以闻，帝听其归蜀；丙申，至成都。

盐铁判官赵季良与孟知祥有旧，知祥奏留季良为副使。朝廷不得已，丁酉，以季良为西川节度副使。李昊归蜀，知祥以为观察推官。

江陵卑湿，复值久雨，粮道不继，将士疾疫，刘训亦寝疾；癸卯，帝遣枢密使孔循往视之，且审攻战之宜。

【译文】此前，孟知祥派遣牙内指挥使文水人武漳到晋阳去迎接孟知祥的妻子琼华长公主和儿子孟仁赞。经过凤翔时，李从曮听说孟知祥杀了李严，就把他们留住，然后报告后唐明宗，明宗同意他们回蜀中。丙申日（十六日），一行人到达成都。

盐铁判官赵季良和孟知祥是旧相识，孟知祥奏请留赵季良为副使，朝廷不得已，在丁酉日（十七日），任命赵季良为西川节度副使。李昊回到蜀中，孟知祥任命他为观察推官。

江陵地势卑下，气候潮湿，又碰上接连下雨，粮食补给不上，将士们也染上疾病，尤其是主帅刘训病得非常严重。癸卯日（二十三日），后唐明宗李嗣源派遣枢密使孔循前往观察，同时权衡攻防事宜。

五月，癸丑，以威武留后王延钧为本道节度使、守中书令、琅邪王。

孔循至江陵，攻之不克，遣人入城说高季兴；季兴不逊。丙寅，遣使赐湖南行营夏衣万袭；丁卯，又遣使赐楚王殷鞍马玉带，督馈粮于行营，竟不能得。庚午，诏刘训等引兵还。

楚王殷遣中军使史光宪入贡，帝赐之骏马十，美女二。过江陵，高季兴执光宪而夺之，且请举镇自附于吴。徐温曰："为国者当务实效而去虚名。高氏事唐久矣，洛阳去江陵不远，唐人步骑袭之甚易，我以舟师溯流救之甚难。夫臣人而弗能救，使之危亡，能无愧乎！"乃受其贡物，辞其称臣，听其自附于唐。

【译文】五月，癸丑日（初三日），任命福建威武留后王延钧为本道节度使、琅邪王。

孔循到达江陵，进攻没有攻下，派人进城去劝说高季兴，高季兴理都不理他。丙寅日（初六日），明宗李嗣源派遣使者赐给湖南行营一万套夏衣；丁卯日（十七日），又派遣使者赐给楚王马殷鞍马玉带，要求他运送粮草给行营的部队，但是楚国终究没有送来。庚午日（二十日），后唐明宗李嗣源下令刘训率兵返回。

楚王马殷派遣中军使史光宪进朝入贡，后唐明宗赏赐给史光宪骏马十匹，美女两人。经过江陵的时候，高季兴抓住史光宪把骏马、美女都抢了下来，然后向吴国请求归附。徐温说："真正治国的人应当务求实效而抛弃虚名。高氏臣服唐朝已经很久，洛阳与江陵也相距不远，唐朝的步兵和骑兵要攻击江陵非常容易，我们用水师逆流前去救援则很难。如果接受人家的归附，而不能救援，让他们陷入危险，我们能不觉得惭愧吗？"于是接受高氏的贡物，推辞他向吴称臣，听任他归附后唐。

任圜性刚直，且恃与帝有旧，勇于敢为，权幸多疾之。旧制，馆券出于户部，安重诲请从内出，与圜争于上前，往复数四，声色俱厉。上退朝，宫人问上："适与重诲论事为谁？"上曰："宰相。"宫人曰："妾在长安宫中，未尝见宰相、枢密奏事敢如是者，盖轻大家耳。"上愈不悦，卒从重诲议。圜因求罢三司，诏以枢密承旨孟鹄充三司副使权判。鹄，魏州人也。

六月，庚辰，太子詹事温韬请立太子。

丙戌，门下侍郎、同平章事任圜罢守太子少保。

己丑，以宣徽北院使张延朗判三司。

壬辰，贬刘训为檀州刺史。

丙申，封楚王殷为楚国王。

西方邺败荆南水旱于峡中，复取夔、忠、万三州。

【译文】任圜情性刚直，依仗自己和后唐明宗李嗣源有旧交，做事敢做敢当，有权势但后唐明宗宠幸的人们都嫉妒他。根据过去的制度，使者所用的馆券都是由户部所发，安重诲请求由宫中核发，和任圜两人在明宗面前争论不休，甚至吵到声色俱厉。退朝后，宫人问明宗说："刚刚和安重诲争论的是谁？"后唐明宗李嗣源说："宰相。"宫人说："妾过去在长安的宫中，没见过宰相、枢密向皇上奏事的态度敢这样的，这样是轻视皇上呀！"明宗更加不高兴，后来就用了安重诲的建议。任圜因此请求罢去三司之职，后唐明宗下诏，命枢密承旨孟鹄暂判三司副使。孟鹄是魏州人。

六月，庚辰日（初一日），太子詹事温韬请求后唐明宗李嗣源册立太子。

丙戌日（初七日），门下侍郎、同平章事任圜被罢去太子少保。

己丑日（初十日），任命宣徽北院使张延朗掌理三司。

壬辰日（十三日），贬刘训为檀州刺史。

丙申日（十七日），封楚王马殷为楚国王。

西方邺在三峡中击败荆南水师，又取得夔、忠、万三州。

资治通鉴卷第二百七十六　后唐纪五

　　起强圉大渊献七月，尽屠维赤奋若，凡二年有奇。

　　【译文】起丁亥(公元 927 年)七月，止己丑(公元 929 年)，共二年六个月。

　　【题解】本卷记录了公元 927 年七月至 929 年的历史，共二年零六个月。为后唐明宗李嗣源天成二年七月至天成四年。马殷即王位，国吴杨溥称帝。马殷率军击败犯境吴军，并多次战胜荆南。马殷年老，其子马希声掌政，马希声听信流言，冤杀谋士高郁。吴国徐知诰独掌大权，险些毒杀徐知询。明宗在黄河以北用兵，王晏球平定义武王都叛乱，契丹两次南犯，全军覆没而逃。明宗李嗣源与赵凤论不死铁券，他能听善言而不采取行动，使安重海独断专权。西川孟知祥、董璋联姻不听朝廷命令。

明宗圣德和武钦孝皇帝中之上

　　天成二年(丁亥，公元九二七年)秋，七月，以归德节度使王晏球为北面副招讨使。

　　丙寅，升夔州为宁江军，以西方邺为节度使。

　　癸酉，以与高季兴夔、忠、万三州为豆卢革、韦说之罪，皆赐死。

　　流段凝于辽州，温韬于德州，刘训于濮州。

任圜请致仕居磁州，许之。

【译文】天成二年(丁亥，公元927年)秋季，七月，任命归德节度使王晏球为北面副招讨使。

丙寅日(十七日)，升夔州为宁江军，任命西方邺为节度使。

癸酉日(二十四日)，以给高季兴夔、忠、万三州一事定为豆卢革、韦说的罪行，把他们赐死。

把段凝流放到辽州，把温韬流放到德州，把刘训流放到濮州。

任圜请求退休居住磁州，后唐明宗李嗣源答应了他的请求。

八月，己卯朔，日有食之。

册礼使至长沙，楚王殷始建国，立宫殿，置百官，皆如天子，或微更其名：翰林学士曰文苑学士，知制诰曰知辞制，枢密院曰左右机要司，群下称之曰殿下，令曰教。以姚彦章为左丞相，许德勋为右丞相，李铎为司徒，崔颖为司空，拓跋恒为仆射，张彦瑶、张迎判机要司。然管内官属皆称摄，惟朗、桂节度使先除后请命。恒本姓元，避殷父讯改焉。

九月，帝谓安重诲曰："从荣左右有矫宣朕旨，令勿接儒生，恐弱人志气者。朕以从荣年少临大藩，故择名儒使辅导之，今奸人所言乃如此！"欲斩之；重诲请严戒而已。

北都留守李彦超请复姓符，从之。

【译文】八月，己卯朔日(初一日)，发生日食。

册礼使到达长沙，楚王马殷开始建国，他建立宫殿，设置百官，都和天子一样，只有少数官名稍微更改：翰林学士改称文苑学士，知制诰改称知辞制，枢密院改称左右机要司，群臣称马殷为殿下，他所下的命令称作教。任命姚彦章为左丞相，许德勋为右丞相，李铎为司徒，崔颖为司空，拓跋恒为仆射，张彦瑶、张迎掌理机要司。但是管内官属通通称摄，唯有朗州武平军、桂州静江军的节度使都是先任命然后再呈报朝廷核准。拔跋恒本姓元，为避马殷父亲名讳才改为拓跋。

九月，后唐明宗李嗣源对安重诲说："李从荣的左右有人假传朕的旨意，要他不要接近儒生，认为这样会减弱人的志气。朕因为李从荣年纪轻轻地就镇守大藩，所以选择名儒辅佐他，现在奸人竟然敢讲这样的话！"明宗打算要斩杀这些人；安重诲只是请求对这些人严加防备。

北都留守李彦超请求恢复原来的姓氏符，明宗李嗣源批准了。

丙寅，以枢密使孔循兼东都留守。

壬申，契丹来请修好，遣使报之。

冬，十月，乙酉，帝发洛阳，将如汴州；丁亥，至荥阳。

民间讹言帝欲自击吴，又云欲制置东方诸侯。宣武节度使、检校侍中朱守殷疑惧，判官高密孙晨劝守殷反，守殷遂乘城拒守。帝遣宣徽使范延光往谕之，延光曰："不早击之，则汴城坚矣；愿得五百骑与俱。"帝从之。延光暮发，未明行二百里，抵大梁城下，与汴人战，汴人大惊。戊子，帝至京水，遣御营使石敬瑭将亲兵倍道继之。或谓安重诲曰："失职在外之人，乘贼未破，或能为患，不如除之。"重诲以为然，奏遣使赐任圜死。端明殿学士赵凤哭胃重诲曰："任圜义士，安肯为逆！公滥刑如此，何以赞国！"使者至磁州，圜聚其族酣饮，然后死，神情不挠。

【译文】丙寅日（十八日），任命枢密使孔循兼任东都留守。

壬申日(二十四日),契丹派遣使者前来敦睦邦交,唐国也派遣使者回聘。

冬季,十月,乙酉日(初七日),后唐明宗李嗣源从洛阳出发去汴州。丁亥日(初九日),到达荥阳。

民间谣传后唐明宗打算亲自率兵攻打吴国,又传说要制服东方诸侯。宣武节度使、检校侍中朱守殷听了,又怀疑又害怕,判官高密人孙晟劝朱守殷造反,于是朱守殷就登城防守。明宗李嗣源派遣宣徽使范延光前去劝慰,范延光说:"如不及早攻打他们,汴州就会越来越坚固。我希望率领五百骑兵一起前往。"明宗答应了。范延光在黄昏的时候出发,天还没亮时已走了二百里路,抵达大梁城下,和汴州的守军交战,汴州部队大吃一惊。戊子日(初十日),明宗李嗣源到达京水,派遣御营使石敬瑭率领亲兵兼程赶去支援。有人对安重诲说:"那些被免除官职而在外面的人,乘乱贼还未被击败,或许能成为祸患,不如把他们消灭了。"安重诲认为很有道理,于是奏请明宗派遣使者赐任圜死。端明殿学士赵凤哭着对安重诲说:"任圜是位义士,怎么会造反呢?你如此滥用刑戮,怎么能够辅佐国家!"明宗的使者到达磁州,任圜聚集他的族人开怀畅饮,然后就死,神色不变。

己丑,帝至大梁,四面进攻,吏民缒城出降者甚众。守殷知事不济,尽杀其族,引颈命左右斩之。乘城者望见乘舆,相帅开门降。孙晟奔吴,徐知诰客之。

戊戌,诏免三司逋负近二百万缗。

辛丑,吴大丞相、都督中外诸军事、诸道都统、镇海、宁国节度使兼中书令东海王徐温卒。

【译文】己丑日(十一日),明宗李嗣源到达大梁,四面进攻,城中官吏百姓缒绳逃出来投降的很多。朱守殷知道大势已去,就杀光他的族人,然后伸长脖子命令左右把他斩杀。登上城的人们望见后唐明宗圣驾,都争着打开城门出来投降。孙晟逃奔到吴国,徐知诰以客相待。

戊戌日(二十日),下诏免除三司拖欠的赋税约二百万缗。

辛丑日(二十三日),吴国大丞相、都督中外诸军事、诸道都统、镇海与宁国节度使兼中书令东海王徐温去世。

初,温子行军司马、忠义节度使、同平章事知询以其兄知诰非徐氏子,数请代之执吴政,温曰:"汝曹皆不如也。"严可求及行军副使徐玠屡劝温以知询代知诰,温以知诰孝谨,不忍也。陈夫人曰:"知诰自我家贫贱时养之,奈何富贵而弃之!"可求等言之不已。温欲帅诸藩镇入朝,劝吴王称帝,将行,有疾,乃遣知询奉表劝进,因留代知诰执政。知诰草表欲求洪州节度使,俟旦上之,是夕,温凶问至,乃止。知询驰归金陵。吴主赠温齐王,谥曰忠武。

山南西道节度使张筠久疾,将佐请见,不许。副使苻彦琳等疑其已死,恐左右有奸谋,请权交符印;筠怒,收彦琳及判官都指挥使下狱,诬以谋反。诏取彦琳等诣阙,按之无状,释之;徙筠为西都留守。

【译文】起初,徐温的儿子行军司马、忠义节度使、同平章事徐知询认为他的哥哥徐知诰不是徐氏的儿子,多次请求代替他执掌吴国国政,徐温说:"你们的能力都比不上他。"严可求和行军副使徐玠也几次劝徐温要以徐知询代替徐知诰,徐温因为徐知诰非常孝顺恭谨,一直不忍心这样做,徐知诰的养母陈夫人说："徐知诰是我们家贫穷时就收养了的，为什么我们富贵了以后要抛弃他呢？"但是严可求等还是一再劝说。徐温想率领各地藩镇入京朝见，劝吴王即位称帝，将要出发时，生病了，于是派遣徐知询带着奏章前去向皇帝劝进，趁此机会留下来代替徐知诰掌政。徐知诰也草拟好奏章，请求出任洪州节度使，本来预备第二天一早就呈上去，这天晚上，徐温的死讯传来，才没有上表。徐知询很快回到金陵。吴主赠徐温为齐王，谥号忠武。

　　山南西道节度使张筠病了很久，将领们求见都不接见。副使苻彦琳等怀疑他已经死了，怕左右的近臣有奸谋，于是要求暂时交出兵符、印信；张筠一听非常生气，就把苻彦琳和判官、都指挥使一起逮捕下狱，诬指他们谋反。明宗李嗣源下诏把苻彦琳他们都押送到京城，经过核查后发现苻彦琳没有谋反的证据，就把他们释放。调张筠为西都留守。

　　癸卯，以保义节度使石敬瑭为宣武节度使，兼侍卫亲军马步都指挥使。

　　十一月，庚戌，吴王即皇帝位，追尊孝武王曰武皇帝，景王曰景皇帝，宣王曰宣皇帝。

　　安重诲议伐吴，帝不从。

　　甲子，吴大赦，改元乾贞。

　　丙子，吴主尊太妃王氏曰皇太后，以徐知询为诸道副都统、镇海宁国节度使兼侍中，加徐知诰都督中外诸军事。

　　【译文】癸卯日（二十五日），任命保义节度使石敬瑭为宣武节度使，兼任侍卫亲军马步都指挥使。

　　十一月，庚戌日（初三日），吴王杨溥即皇帝位，追尊孝武王杨行密为武皇帝，景王杨渥为景皇帝，宣王杨隆演为宣皇帝。

安重诲建议讨伐吴国，明宗李嗣源不答应。

甲子日（十七日），吴国实行大赦，改年号为乾贞。

丙子日（二十九日），吴主杨溥尊奉太妃王氏为皇太后，任命徐知询为诸道副都统、镇海宁国节度使兼侍中，加徐知诰都督中外诸军事。

十二月，戊寅朔，孟知祥发民丁二十万修成都城。

吴主立兄庐江公濛为常山王，弟鄱阳公澈为平原王，兄子南昌公珙为建安王。

初，晋阳相者周玄豹尝言帝贵不可言，帝即位，欲召诣阙。赵凤曰：“玄豹言陛下当为天子，今已验矣，无所复询。若置之京师，则轻躁狂险之人必辐辏其门，争问吉凶。自古术士妄言，致人族灭者多矣，非所以靖国家也。”帝乃就除光禄卿致仕，厚赐金帛而已。

【译文】十二月，戊寅朔日（初一日），孟知祥征发二十万民丁修建成都城。

吴主杨溥封他的哥哥庐江公杨濛为常山王，弟弟鄱阳公杨澈为平原王，哥哥的儿子南昌公杨珙为建安王。

起初，晋阳有个会相面的人叫周玄豹，他曾经说后唐明宗李嗣源的相貌贵不可言，后唐明宗即位后，打算把他召到朝廷里来。赵凤说：“周玄豹说陛下应当会成为天子，现在已经应验，陛下再也没有什么好问他的了。如果把他安置在京城里，那些轻浮狂荡的危险人物就一定会聚集到他的门下，争相去为自己问吉凶。自古以来，术士胡言乱语，使人灭族的事迹很多，这样恐怕不是使国家安定的做法。”后唐明宗任命周玄豹为光禄卿，并以此职退休，赏给他很多金帛。

中书舍人马缟请用汉光武故事，七庙之外别立亲庙；中书门下奏请如汉孝德、孝仁皇例，称皇不称帝。帝欲兼称帝，群臣乃引德明、玄元、兴圣皇帝例，皆立庙京师；帝令立于应州旧宅，自高祖考妣以下皆追谥曰皇帝、皇后，墓曰陵。

汉主如康州。

是岁，蔚、代缘边粟斗不过十钱。

【译文】中书舍人马缟请求用汉光武帝刘彻时的典章制度，在七庙之外另立亲庙；中书门下则建议用汉孝德、孝仁皇的例子，先祖称皇不称帝。明宗想让先祖兼称帝，群臣于是援引德明、玄元、兴圣皇帝等的例子，建议都在京师立庙；明宗下令立在应州的旧宅，从高祖考妣以下都追谥为皇帝、皇后，他们的墓都称为陵。

汉主前往康州。

这一年，蔚、代沿边境的地方一斗粮食的价钱不到十钱。

天成三年(戊子，公元九二八年)春，正月，丁巳，吴主立子琏为江都王，璘为江夏王，璆为宜春王，宣帝子庐陵公玢为南阳王。

昭义节度使毛璋所为骄僭，时报赭袍，纵酒为戏，左右有谏者，剖其心而视之。帝闻之，征为右金吾卫上将军。

契丹陷平州。

二月，丁丑朔，日有食之。

帝将如邺都，时扈驾诸军家属甫迁大梁，又闻将如邺都，皆不悦，讻讻有流言。帝闻之，不果行。

【译文】天成三年(戊子,公元 928 年)春季,正月,丁巳日(初十日),吴主杨溥封他的儿子杨琏为江都王,杨璘为江夏王,杨璙为宜春王,宣帝杨隆演的儿子庐陵公杨玢为南阳王。

昭义节度使毛璋非常骄奢僭越,常常穿着天子的赭色袍子,纵情饮酒玩乐,左右官吏有胆敢劝谏的,毛璋就把他的心剖开来看看。后唐明宗李嗣源听说此事,征调他为右金吾卫上将军。

契丹人攻陷平州。

二月,丁丑朔日(初一日),出现日食。

后唐明宗李嗣源预备前往邺都,当时随从的各部队家属才刚迁到大梁,一听说又要前往邺都,大家都很不高兴,到处胡乱流传谣言;明宗知道后,就不去了。

吴自庄宗灭梁以来,使者往来不绝。庚辰,吴使者至,安重诲以为杨溥敢与朝廷抗礼,遣使窥觎,拒而不受,自是遂与吴绝。

张筠至长安,守兵闭门拒之;筠单骑入朝,以为左卫上将军。

壬辰,宁江节度使西方邺攻拔归州;未几,荆南复取之。

【译文】吴国自从后唐庄宗李存勖消灭后梁以来,使者往来不断。庚辰日(初四日),吴国使者到达唐国,安重诲认为杨溥居然敢称帝,和唐国分庭抗礼,又敢派遣使者前来窥探虚实,于是就拒绝不肯接受,从此以后后唐就和吴国断绝关系。

张筠到达长安,守兵关起城门,拒绝接纳他;张筠只好单骑入京,明宗李嗣源任命他为左卫上将军。

壬辰日(十六日),宁江节度使西方邺攻下归州。没过多久,荆南又夺了回去。

枢密使、同平章事孔循，性狡佞，安重诲亲信之。帝欲为皇子娶重诲女，循谓重诲曰："公职居近密，不宜复与皇子为婚。"重诲辞之。久之，或谓重诲曰："循善离间人，不可置之密地。"循知之，阴遣人结王德妃，求纳其女；德妃请娶循女为从厚妇，帝许之。重诲大怒，乙未，以循同平章事，充忠武节度使兼东都留守。

重诲性强愎。秦州节度使华温琪入朝，请留阙下，帝嘉之，除左骁卫上将军，月别赐钱谷。岁馀，帝谓重诲曰："温琪旧人，宜择一重镇处之。"重诲对以无阙。他日，帝屡言之，重诲愠曰："臣累奏无阙，惟枢密使可代耳。"帝曰："亦可。"重诲无以对。温琪闻之惧，数月不出。

【译文】枢密使、同平章事孔循性情狡猾，善于花言巧语，安重诲很亲信他。明宗李嗣源原要替皇子迎娶安重诲的女儿，孔循对安重诲说："明所居的是近密的职务，不宜再和皇子联婚。"于是安重诲就向明宗推辞。过了一段时间，有人对安重诲说："孔循善于挑拨离间，不能把他安排在可以和皇上密切接触的职务上。"孔循知道了，就私下派人去结交王德妃，请求皇家收纳他的女儿；德妃于是向明宗请求迎娶孔循的女儿为李从厚的妃子，明宗答应了。安重诲知道后非常愤怒。乙未日（十九日），后唐明宗任命孔循为同平章事、忠武节度使兼东都留守。

安重诲性情刚愎。秦州节度使华温琪入朝，请求留在朝廷，后唐明宗表彰了他，任他为左骁卫上将军，每月除俸禄外还赏赐他些钱谷。过了一年多，明宗对安重诲说："华温琪也算是元老大臣，应该选一处重镇来安置他。"安重诲回奏说没有缺额。后来，明宗李嗣源又屡次提到这件事，安重诲不高兴地说："臣已经屡次报告说没缺额，现在只有枢密使可让他代替。"明宗说："那也可以。"安重诲就没话可回答。华温琪听说这件事后非常害怕，好几个月不敢出门。

重诲恶成德节度使、同平章事王建立，奏建立与王都交结，有异志。建立亦奏重诲专权，求入朝面言其状，帝召之。既至，言重诲与宣徽使判三司张延朗结婚，相表里，弄威福。三月，辛亥，帝见重诲，气色甚怒，谓曰："今与卿一镇自休息，以王建立代卿，张延朗亦除外官。"重诲曰："臣披荆棘事陛下数十年，值陛下龙飞，承乏机密，数年间天下幸无事。今一旦弃之外镇，臣愿闻其罪！"帝不怿而起，以语宣徽使朱弘昭，弘昭曰："陛下平日待重诲如左右手，奈何以小忿弃之！愿垂三思。"帝寻召重诲慰抚之。明日，建立辞归镇，帝曰："卿比奏欲入分朕忧，今复去何之！"会门下侍郎兼刑部尚书、同平章事郑珏请致仕；己未，以珏为左仆射致仕，癸亥，以建立为右仆射兼中书侍郎、同平章事、判三司。

【译文】安重诲很厌恶成德节度使、同平章事王建立，于是向明宗李嗣源上奏说王建立和王都相互勾结，有谋反的意思。王建立也向明宗启奏说安重诲专权，请求入朝当面报告，明宗于是召唤他入朝；王建立到了京城后，向明宗报告安重诲和宣徽使判三司张延朗结交婚姻，里外勾结，作威作福。三月，辛亥日（初五日），后唐明宗接见安重诲，满脸怒气，对他说："现在给你一镇自己休息，用王建立代替你，张延朗也放为外任。"安重诲说："臣辛勤地事奉陛下几十年，正值陛下龙飞，臣也受命参赞机密，幸好几年来天下还能太平无事，现在一下子要把臣贬斥到外镇去，臣很愿意知道到底是犯了什么罪！"明宗李嗣源很不高兴地起身走了，后来又把这件事告诉了宣徽使朱弘昭，朱弘昭说："陛下平日对待安重诲如同左右手，为何却因为小事生气就要贬退他? 请再慎重考虑。" 明宗不久就又召唤安重海前来, 好言慰抚他。第二天, 王建立向明宗辞别, 准备回镇地去, 明宗说: "卿不是才启奏说要入京替朕担劳分忧吗? 现在又要到哪里去?" 刚好门下侍郎兼刑部尚书、同平章事郑珏请求退休, 己未日(十三日), 命郑珏为左仆射退休; 癸亥(十七日), 任命王建立为右仆射兼中书侍郎、同平章事、判三司。

孟知祥屡与董璋争盐利, 璋诱商旅贩东川盐入西川, 知祥患之, 乃于汉州置三场重征之, 岁得钱七万缗, 商旅不复之东川。

楚王殷如岳州, 遣六军使袁诠、副使王环、监军马希瞻将水军击荆南, 高季兴以水军逆战。至刘郎洑, 希瞻夜匿战舰数十艘于港中; 诘旦, 两军合战, 希瞻出战舰横击之, 季兴大败, 俘斩以千数, 进逼江陵。季兴请和, 归史光宪于楚。军还, 楚王殷让环不遂取荆南, 环曰: "江陵在中朝及吴、蜀之间, 四战之地也, 宜存之以为吾扞蔽。" 殷说。环每战, 身先士卒, 与从同甘苦; 常置针药于座右, 战罢, 索伤者于帐前, 自傅治之。士卒隶环麾下者相贺曰: "吾属得死所矣。" 故所向有功。

【译文】孟知祥屡次和董璋争夺卖盐的利益, 董璋鼓励商人们把东川的盐卖到西川, 孟知祥觉得很头痛, 后来就在汉州设置三场课征重税, 一年可以得到税钱七万缗, 从此商贩们不再到东川贩盐了。

楚王马殷到达岳州, 派遣六军使袁诠、副使王环、监军马希瞻等率领水军攻打荆南, 高季兴也用水军迎战。到了刘郎洑, 马希瞻在晚上把几十艘战舰埋伏在港中; 第二天一早, 两军交战, 马希瞻率领埋伏的战舰拦腰截击高季兴的舰队, 高季兴大败, 楚军俘虏斩杀几千名敌军, 进逼江陵。高季兴请求讲和，并把史光宪送还楚国。楚军撤回去后，楚王马殷责备王环为什么不乘胜拿下荆南，王环说："江陵位在唐国和吴、蜀之间，这是四面交战受敌的地方，最好是把它留下来，作为我们的屏障。"马殷听后很高兴。王环每次出战，身先士卒，能和众人同甘共苦；他常在座位旁放置针药，每次出战回来，就在帐前把伤兵找来，亲自替他们敷药治疗。所以士卒一分配到他的部队，都互相道贺说："我们得到死后的归所了。"所以每次作战，都会建立功勋。

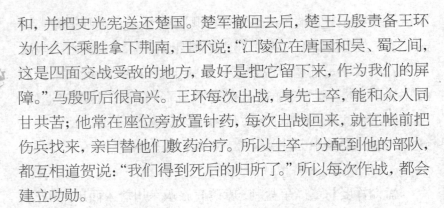

楚大举水军击汉，围封州。汉主以《周易》筮之，遇《大有》，于是大赦，改元大有；命左右街使苏章将神弩三千、战舰百艘救封州。章至贺江，沉铁絙于水，两岸作巨轮挽絙，筑长堤以隐之，伏壮士于堤中。章以轻舟逆战，阳不利，楚人逐之，入堤中；挽轮举絙，楚舰不能进退，以强弩夹水射之，楚兵大败，解围遁去。汉主以章为封州团练使。

夏，四月，以邺都留守从荣为河东节度使、北都留守，以客省使太原冯赟为副留守，夹马指挥使新平杨思权为步军都指挥使以佐之。戊寅，以宣武节度使石敬瑭为邺都留守、天雄节度使，加同平章事；以枢密使范延光为成德节度使。丙戌，以枢密使安重诲兼河南尹，以河南尹从厚为宣武节度使，仍判六军诸卫事。

【译文】楚国发动所有水军向南汉发起攻击，包围南汉的封州。汉主以《周易》来卜问吉凶，得到"大有"卦，于是实行大赦，并且把年号改为大有；汉主又命令左右街使苏章率领三千名神箭手、一百艘战舰前往封州救援。苏章到达贺江，把大铁链沉到江中，然后在两岸设置巨轮，控制铁链，又建筑长堤把巨轮隐蔽起来，在堤后埋伏壮士。苏章乘轻舟去迎战，假装战败，楚人追击，进入堤坝；南汉士兵把轮子上的铁链拉开，楚军的战船进退不得，汉兵就从两岸用强弩射击，楚军大败，解除了对封州的包围，逃了回去。汉主任命苏章为封州团练使。

夏季，四月，后唐明宗李嗣源任命邺都留守李从荣为河东节度使、北都留守，又任命客省使太原人冯赟为北都副留守、夹马指挥使新平人杨思权为步军都指挥使来辅佐李从荣。戊寅日（初三日），任命宣武节度使石敬瑭为邺都留守、天雄节度使，加同平章事；任命枢密使范延光为成德节度使。丙戌日（十一日），任命枢密使安重诲兼任河南尹，任命河南尹李从厚为宣武节度使，仍旧掌理六军诸卫事。

吴右雄武军使苗璘、静江统军王彦章将水军万人攻楚岳州，至君山，楚王殷遣右丞相许德勋将战舰千艘御之。德勋曰：“吴人掩吾不备，见大军，必惧而走。”乃潜军角子湖，使王环夜帅战舰三百，屯杨林浦，绝吴归路。迟明，吴人进军荆江口，将会荆南兵攻岳州，丁亥，至道人矶。德勋命战棹都虞候詹信以轻舟三百出吴军后，德勋以大军当其前，夹击之，吴军大败，虏璘及彦章以归。

【译文】吴国右雄武军使苗璘、静江统军王彦章率领一万水军向楚国的岳州发起进攻，到了君山。楚王马殷派遣右丞相许德勋率领一千多艘战船去抵御吴军，许德勋说：“吴人是想趁我们没有防备的时候攻击我们，如果看到我们的大军，一定会害怕逃走。”于是就在角子湖埋伏部队，又派王环趁夜率领三百艘战舰断绝吴军的退路。第二天黎明，吴国部队进军到荆江口，准备会合荆南的军队进攻岳州，丁亥日（十二日），到达道人矶。许德勋命令战棹都虞候詹信率领三百艘轻舟攻击吴军的后方，许德勋亲自率领大军从正面攻击，前后一夹击，将吴军打得大败，俘虏苗璘、王彦章，把他们带回楚国。

初，义武节度使兼中书令王都镇易定十馀年，自除刺史以下官，租赋皆赡本军。及安重诲用事，稍以法制裁之；帝亦以都篡父位，恶之。时契丹数犯塞，朝廷多屯兵于幽、易间，大将往来，都阴为之备，浸成猜阻。都恐朝迁移之它镇，腹心和昭训劝都为自全之计，都乃求婚于卢龙节度使赵德钧。又知成德节度使王建立与安重诲有隙，遣使结为兄弟，阴与之谋复河北故事，建立阳许而密奏之。都又以蜡书遗青、徐、潞、益、梓五帅，离间之。又遣人说北面副招讨使归德节度使王晏球，晏球不从；乃以金遗晏球帐下，使图之，不克；癸巳，晏球以都反状闻，诏宣徽使张延朗与北面诸将议讨之。

【译文】起初，义武节度使兼中书令王都在易定镇守了十多年，自己任命刺史以下的官吏，所交的租赋都用来供养本地军队。安重诲掌权以后，稍微用法制裁压抑他；后唐明宗李存勖也因为王都是篡夺父亲的职位，非常厌恶他。当时契丹屡次进犯边境，朝廷在幽州、易州一带大量屯驻军队，大将来来去去，王都暗中加以防备，久而久之，和朝廷之间就产生猜疑。王都担心朝廷会把他调到其他藩镇，他的心腹和昭训劝他要有保全自己的办法，王都于是向卢龙节度使赵德钧求婚。又知道成德节度使王建立和安重诲之间有怨隙，于是派遣使者前去和王建立结交为兄弟，暗中计划恢复过去唐朝末年河北藩镇割据的局面，王建立假装答应，暗中却向明宗李嗣源报告。王都又把用蜡封好的密信送给青、徐、潞、益、梓五个统帅，挑拨离间他们。王都还派人去劝说北面副招讨使归德节度使王晏球，王晏球没

资治通鉴

有听从他；于是又用金钱收买王晏球帐下的将领，要他们暗算王晏球，但也不能成功。癸巳日（十八日），王晏球把王都阴谋造反的情形报告明宗，明宗下诏宣徽使张延朗和北面的将领们商议讨伐王都。

戊戌，吴徙常山王濛为临川王。

庚子，诏削夺王都官爵。壬寅，以王晏球为北面讨使，权知定州行州事，以横海节度使安审通为副招讨使，以郑州防御使张虔钊为都监，发诸道兵会讨定州。是日，晏球攻定州，拔其北关城。都以重赂求救于奚酋秃馁，五月，秃馁以万骑突入定州，晏球退保曲阳，都与秃馁就攻之。晏球与战于嘉山下，大破之。秃馁以二千骑奔还定州。晏球追至城门，因进攻之，得其西关城。定州城坚，不可攻，晏球增修西关城以为行府，使三州民输税供军食而守之。

【译文】戊戌日（二十三日），吴国调常山王杨濛为临川王。

庚子日（二十五日），后唐明宗李嗣源下诏罢免王都官爵。壬寅日（二十七日），任命王晏球为北面招讨使，暂时主持定州事务。又任命横河节度使安审通为副招讨使，任命郑州防御使张虔钊为都监，发动各道兵马，会集讨伐定州。当天，王晏球进攻定州，攻下定州的北关城。王都用重金贿赂奚酋秃馁，向他求救。五月，秃馁率领一万名骑兵闯入定州境内；王晏球撤退到曲阳防守，王都和秃馁一道前来攻打。王晏球在嘉山下迎战，大破敌军，秃馁率领二千名骑兵逃回定州。王晏球一路追击到定州城下，攻下西关城。定州城非常坚固，无法攻下，王晏球扩建西关城，并设置行府，使定州、祁州、易州三州的百姓交纳税赋供给这里的军队，让他们在这里防守阵地。

辛酉，以天雄节度副使赵敬怡为枢密使。

王晏球闻契丹发兵救定州，将大军趣望都，遣张延朗分兵退保新乐，延朗遂之真定，留赵州刺史朱建丰将兵修新乐城。契丹已自他道入定州，与王都夜袭新乐，破之，杀建丰。乙丑，王晏球、张延朗会于行唐，丙寅，至曲阳。王都乘胜，悉其众与契丹五千骑合万馀人，邀晏球等于曲阳，丁卯，战于城南。晏球集诸将校令之曰："王都轻而骄，可一战擒也。今日，诸君报国之时也。悉去弓矢，以短兵击之，回顾者斩！"于是，骑兵先进，奋，槯挥剑，直冲其陈，大破之，僵尸蔽野；契丹死者过半，馀众北走；都与秃馁得数骑，仅免。卢龙节度使赵德钧邀击契丹，北走者殆无孑遗。

【译文】辛酉日（十七日），任命天雄节度副使赵敬怡为枢密使。

王晏球听说契丹人出兵援救定州，就率领大军直奔望都，派遣张延朗分一部分兵力退守新乐。张延朗于是赶往真定，留下赵州刺史朱建丰率领部队修筑新乐城。契丹人已经由别的路线进入定州，和王都联合趁夜进攻新乐，攻破新乐，把朱建丰杀了。乙丑日（二十一日），王晏球和张延朗在行唐会合，丙寅日（二十二日），到达曲阳。王都乘着新胜的余威，发动所有的部队，和契丹五千名骑兵会合，总计一万多人，在曲阳截击王晏球，丁卯日（二十三日），两军在城南交战。王晏球召集将领们，下令说："王都轻薄骄傲，一战就能把他抓获。今天是诸位报效国家的时候。都扔掉弓箭，用短兵器进攻，回头观望的斩首。"于是骑兵先进击，挥舞着铁鞭短剑，一直冲进敌人的阵地，把敌军打得大败，横尸遍野；契丹的部队死伤过半，其余生还的都向北逃去；王都和秃馁靠着几名近卫的保护才勉强脱身。卢龙节度使赵德钧又在半路截击契丹兵，逃走的人几乎没有一个活下来。

吴遣使求和于楚，请苗璘、王彦章；楚王殷归之，使许德勋饯之。德勋谓二人曰：“楚国虽小，旧臣宿将犹在，愿吴朝勿以措怀。必俟众驹争皁栈，然后可图也。”时殷多内宠，嫡庶无别，诸子骄奢，故德勋语及之。

六月，辛巳，高季兴复请称籓于吴，吴进季兴爵秦王，帝诏楚王殷讨之。殷遣许德勋将兵攻荆南，以其子希范为监军，次沙头。季兴从子云猛指挥使从嗣单骑造楚壁，请与希范挑战决胜，副指挥使廖匡齐出与之斗，拉杀之。季兴惧，明日，请和，德勋还。匡齐，赣人也。

【译文】吴国派遣使者向楚国请求和好，并请求归还苗璘、王彦章。楚王马殷把他们送回去，并派许德勋为他们饯行。许德勋对两人说：“楚国地方虽小，但是旧臣、宿将都还在，希望吴国以后不要再打我们的主意了。一定要等到这些少壮的驹马互争马槽的时候（比喻楚王的儿子们互相争位），才可能算计我们。”当时马殷有很多宠妾，嫡庶之间没有分别，儿子们也都骄纵奢侈，所以许德勋才特地讲了这番话。

六月，辛巳日（初八日），高季兴又请求向吴国称臣，吴国给高季兴进爵为秦王，后唐明宗李嗣源诏令楚王马殷讨伐高季兴。马殷派遣许德勋率兵进攻荆南，并任命他的儿子马希范为监军，部队进驻到沙头；高季兴的侄子云猛指挥使高从嗣单枪匹马进逼到楚国的营寨前，要求单独和马希范一决雌雄，楚国副指挥使廖匡齐出营和他决斗，当场就把他拉住两脚撕开。高季兴害怕了，第二天，就派人来讲和，许德勋于是率军回去。廖匡齐是赣县人。

【乾隆御批】德勋身为楚臣，应正辞以寝吴谋，乃为隐语，输情于敌，不谓之卖国可乎？左氏多采列国使臣词令。此更非失言之咎，所可竟其责者。

【译文】许德勋身为楚臣，应该义正辞严地平息吴国妄图谋楚的念头，却反而用隐语暗示，把楚国国情传递给敌方，这难道不是卖国吗？左丘明多采用列国使臣的辞令。这里更不是失言之错，就可以为他推卸掉责任的。

王晏球知定州有备，未易急攻，朱弘昭、张虔钊宣言大将畏怯，有诏促令攻城。晏球不得已，乙未，攻之，杀伤将士三千人。

先是，诏发西川兵戍夔州，孟知祥遣左肃边指挥使毛重威将三千人往。顷之，知祥奏"夔、忠、万三州已平，请召戍兵还，以省馈运。"帝不许。知祥阴使人诱之，重威帅其众鼓噪逃归；帝命按其罪，知祥请而免之。

陕州行军司马王宗寿请葬故蜀主王衍，秋，七月，乙巳，赠衍顺正公，以诸侯礼葬之。

北面招讨使安审通卒。

【译文】王晏球知道定州有防备，不容易在急切之间攻下来，但是朱弘昭、张虔钊却宣称大将害怕了；明宗李嗣源下诏书催促他赶快攻城。王晏球不得已，乙未日（二十二日），只好下令攻城，死伤了三千名将士。

在此之前，后唐明宗下诏调西川的军队去戍守夔州，孟知祥派遣左肃边指挥使毛重威率领三千人前往夔州。不久，孟知祥启奏说："夔、忠、万三州已经平定，请求把戍守的部队召回去,以节省运补粮食的开销。"明宗不准。孟知祥于是私下派人去策动,毛重威率领部属们鼓噪起哄,逃回西川;明宗李嗣源下令追究毛重威的罪责,经过孟知祥的求情才赦免他。

陕州行军司马王宗寿请求埋葬故蜀主王衍。秋季,七月,追封王衍为顺正公,用诸侯的礼仪把他埋葬。

北面招讨使安审通过世。

东都民有犯私麹者,留守孔循族之。或请听民造麹,而于秋税亩收五钱;己未,敕从之。

壬戌,契丹复遣其酋长惕隐将七千骑救定州,王晏球逆战于唐河北,大破之;甲子,追至易州,时久雨水涨,契丹为唐所俘斩及陷溺死者,不可胜数。

戊辰,北威武节度使王延钧为闽王。

契丹北走,道路泥泞,人马饥疲,入幽州境。八月,甲戌,赵德钧遣牙将武从谏将精骑邀击之,分兵扼险要,生擒惕隐等数百人;馀众散投村落,村民以白梃击之,其得脱归国者不过数十人。自是契丹沮气,不敢轻犯塞。

【译文】东都百姓中违犯法律私自造酒曲的人,东都留守孔循将其全家诛灭。有人建议百姓自由造酒,在秋天收税的时候每亩再加收五钱;己未日(十六日),明宗李嗣源下令批准。

壬戌日(十九日),契丹又派遣酋长惕隐率领七千名骑兵前来解救定州,王晏球在唐河北面迎战,把契丹的部队打得大败;甲子日(二十一日),王晏球追击到易州,当时下了很久的雨,河水都上涨,契丹人被后唐军所俘获斩杀以及掉入河中淹死的不计其数。

戊辰日(二十五日),后唐明宗任命威武节度使王延钧为闽王。

契丹人败走，道路泥泞，人马饥饿疲乏，进入幽州境内。八月，壬戌日（初一日），赵德钧派遣牙将武从谏率领精锐的骑兵截击他们，并且分出部队扼守在险要的通道，活捉惕隐等几百人；剩下的败兵残将逃散到村落，村民们都抓起木杖追击，最后能逃回契丹的不过几十人。从此以后，契丹人灰心丧气，不敢轻易来侵犯边塞。

初，庄宗徇地河北，获小儿，畜之宫中，及长，赐姓名曰李继陶；帝即位，纵遣之。王都得之，使衣黄袍坐堞间，谓王晏球曰："此庄宗皇帝子也，已即帝位。公受先朝厚恩，曾不念乎！"晏球曰："此公作小数竟何益！吾今教公二策，不悉众决战，则束手出降耳，自馀无以求生也。"

王建立以目不知书，请罢判三司，不许。

乙未，吴大赦。

吴越王镠欲立中子传瓘为嗣，谓诸子曰："各言汝功，吾择多者而立之。"传瓘兄传璹、传瓘、传璟皆推传瓘，乃奏请以两镇授传瓘。闰月，丁未，诏以传瓘为镇海、镇东节度使。

【译文】起初，庄宗李存勖在黄河以北地区攻城略地时，拣到一个小孩，把他养在宫中，等他长大以后，赐给他姓名叫李继陶；明宗李嗣源即位以后，就把他放出宫。王都得到他后，教他穿上黄袍，坐在城墙上，然后就对王晏球说："这是庄宗皇帝的儿子，已经登上帝位。你受过先朝的厚恩，难道就一点都不顾念吗？"王晏球说："你玩这些小把戏有什么用？我现在教你两个办法：如果不率领全军出来决战，那么就束手投降，除此之外没有什么活路。"

王建立因为不识字，请求罢免掌理三司，明宗李嗣源不准。

乙未日（二十三日），吴国实行大赦。

吴越王钱镠想立他中间的儿子钱传瓘为嗣子，就对他的儿子们说："你们都说说看立过什么功劳，我选一个功劳最多的立为嗣子。"钱传瓘的哥哥钱传璙、钱传璟、钱传璟等都公推钱传瓘功劳最大，于是上奏请求后唐明宗授给钱传瓘两个镇。闰八月，丁未日（初五日），后唐明宗李嗣源下诏任命钱传瓘为镇海、镇东节度使。

戊申，赵德钧献契丹俘惕隐等，诸将皆请诛之，帝曰："此曹皆虏中之骁将，杀之则虏绝望，不若存之以纾边患。"乃赦惕隐等酋长五十人，置之亲卫，馀六百人悉斩之。

契丹遣梅老季素等入贡。

初，卢文进来降，契丹以藩汉都提举使张希崇代之为卢龙节度使，守平州，遣亲将以三百骑监之。希崇本书生，为幽州牙将，没于契丹，性和易，契丹将稍亲信之，因与其部曲谋南归。部曲泣曰："归固寝食所不忘也，然虏众我寡，奈何？"希崇曰："吾诱其将杀之，兵必溃去。此去虏帐千馀里，比其知而征兵，吾属去远矣。"众曰："善！"乃先为阱，实以石灰，明日，召虏将饮，醉，并从者杀之，投诸阱中。其营在城北，亟发兵攻之，契丹众皆溃去。希崇悉举其所部二万馀口来奔，诏以为汝州刺史。

【译文】 戊申日（初六），赵德钧把契丹的俘虏惕隐等呈献给明宗李嗣源，将领们都请求把他们杀了，明宗说："这些人都是敌人的骁勇战将，如果把他们杀了，敌人就绝望了，不如暂时把他们留着，好和缓边境的祸患。"于是赦免惕隐等酋长五十人，把他们安排在亲卫中，其余六百多人全部斩杀。

契丹派遣梅老季素等人来朝进贡。

起初，卢文进投降，契丹任命蕃汉都提举使张希崇代替他为卢龙节度使，驻守平州，并派遣亲信将领率三百骑兵去监督他。张希崇本来是个书生，原担任幽州牙将，后来陷身契丹，生性平和简易，契丹将领慢慢地对他信任，于是他就和部属们计划要南返祖国。部属们都哭着说："回家本来就是我们时时刻刻不能忘记的事，可是敌人那么多，我们人数又这么少，要怎么办？"张希崇说："我把他们的将领骗来杀了，他们的士兵一定会溃散逃走。这里离契丹人的大本营有一千多里路，等到他们知道消息再调兵前来，我们已经离开这里很远了。"大家都说："这个办法好！"于是就先挖了些陷阱，又给里面放了石灰。第二天，把敌将们都召集来饮酒，喝到酒醉以后，把他们连同随从们一齐杀了，然后再丢到坑中。契丹的兵营设在城北，张希崇于是急速征调部队进攻，契丹的部众都四散逃逸；张希崇于是率领所属的两万多人前来投奔后唐，后唐明宗李嗣源下诏任命他为汝州刺史。

吴王太后殂。

九月，辛巳，荆南败楚兵于白田，执楚岳州刺史李廷规，归于吴。

乙未，敕以温韬发诸陵，段凝反覆，令所在赐死。

己亥，以武宁节度使房知温兼荆南行营招讨使，知荆南行府事；分遣中使发诸道兵赴襄阳，以讨高季兴。

辛丑，徙庆州防御使窦廷琬为金州刺史；冬，十月，廷琬据庆州拒命。

丙午，以横海节度使李从敏兼北面行营副招讨使。从敏，帝之从子也。

【译文】吴国的王太后去世。

九月，辛巳日(初九日)，荆南在白田击败楚国的部队，活捉楚国的岳州刺史李廷规，解送到吴国。

乙未日(二十三日)，后唐明宗李嗣源下令，因为温韬盗挖唐朝帝王的陵墓，段凝反叛，就在他们所在地赐死他们。

己亥日(二十七日)，任命武宁节度使房知温兼任荆南行营招讨使，掌理荆南行府事；又分别派遣宫中的使者征调各道的军队前往襄阳，讨伐高季兴。

辛丑日(二十九日)，调庆州防御使窦廷琬为金州刺史。冬季，十月，窦廷琬占据庆州拒绝执行调令。

丙午日(初五日)，任命横海节度使李从敏兼任北面行营副招讨使。李从敏是皇帝的侄子。

戊申，诏静难节度使李敬周发兵讨窦廷琬。

王都据定州，守备固，伺察严，诸将屡有谋翻城应官军者，皆不果。帝遣使者促王晏球攻城，晏球与使者联骑巡城，指之曰："城高峻如此，借使主人听外兵登城，亦非梯冲所及。徒多杀精兵，无损于贼，如此何为！不若食三州之租，爱民养兵以俟之，彼必内溃。"帝从之。

十一月，有司请为哀帝位庙，诏立庙于曹州。

平卢节度使晋忠武公霍彦威卒。

忠州刺史王雅取归州。

【译文】戊申日(初七日)，后唐明宗李嗣源下诏，命令静难节度使李敬通出兵讨伐窦廷琬。

王都占据定州，守备坚固，四周巡察很严，他部下有些将领曾多次想翻城出来响应官军，但都没有成功。后唐明宗李嗣源派遣使者去催促王晏球攻城，王晏球和使者一齐骑马绕着城观察，指着城对使者说："这城这么高峻，就算是城里的人任由外头的军队进攻，恐怕也不是靠着云梯、冲车就能攻得上去。只是徒然地丧失精锐的士卒，对贼人一点损害也没有，如此又为的是什么呢？不如收用三州的租税，爱民养兵，等待时机，他们一定从内部崩溃。"后唐明宗听从了他的意见。

十一月，有司建议为唐哀帝李柷立宗庙，明宗李嗣源下诏命令在曹州立庙。

平卢节度使晋忠武公霍彦威去世。

忠州刺史王雅攻下归州。

庚寅，皇子从厚纳孔循女为妃，循因之得之大梁，厚结王德妃之党，乞留。安重海具奏其事，力排之，礼毕，促令归镇。

甲午，以中书侍郎、同平章事王建立同平章事，充平卢节度使。

丙申，上问赵凤："帝王赐人铁券，何也？"对曰："与之立誓，令其子孙长享爵禄耳。"上曰："先朝受此赐者让三人，崇韬、继麟寻皆族灭，朕得脱如毫厘耳。"因叹息久之。赵凤曰："帝王心存大信，固不必刻之金石也。"

【译文】庚寅日（十九日），皇子李从厚娶孔循的女儿为妃，孔循因此有机会前往大梁，就极力结交王德妃这一帮人，又向明宗请求留在大梁。安重海把他的情况全部上奏给后唐明宗，极力排斥他留在大梁，婚礼办完，就催促他回到自己的镇所。

甲午日（二十三日），任命中书侍郎、同平章事王建立为同平章事，充任平卢节度使。

丙申日(二十五日)，后唐明宗问赵凤："帝王赏赐给人们铁券，这是为什么呢？"赵凤回答说："和他立誓，要让他的子孙都能永久享有爵位俸禄。"明宗说："先朝得到这个赏赐的只有三个人，郭崇韬和李继麟不久都是全族被杀灭，朕也几乎不能免祸。"于是就叹息了很久。赵凤说："帝王的心中存有大的信义，本来就不必刻在金石上。"

十二月，甲辰，李敬周奏拔庆州，族窦廷琬。

荆南节度使高季兴寝疾，命其子行军司马、忠义节度使、同平章事从诲权知军府事；丙辰，季兴卒。吴主以从诲为荆南节度使兼侍中。

史馆修撰张昭远上言："臣窃见先朝时，皇弟、皇子皆喜俳优，入则饰姬妾，出则夸仆马；习尚如此，何道能贤！诸皇子宜精择师傅，令皇子屈身师事之，讲礼义之经，论安危之理。古者人君即位则建太子，所以明嫡庶之分，塞祸乱之源。今卜嗣建储，臣未敢轻议。至于恩泽赐与之间，婚姻省侍之际，嫡庶长幼，宜有所分，示以等威，绝其侥冀。"帝赏叹其言而不能用。

闽王延钧度民二万为僧，由是闽中多僧。

【译文】十二月，甲辰日(初三日)，李敬周启奏说攻下庆州，杀灭窦廷琬全族。

荆南节度使高季兴得病卧床，命令他的儿子行军司马、忠义节度使、同平章事高从诲暂管军府事。丙辰日(十五日)，高季兴过世。吴主杨溥任命高从诲为荆南节度使兼侍中。

史馆修撰张昭远上书说："我见先朝时，皇弟、皇子都喜欢乐舞及艺人，进门就给姬妾装饰打扮，出门就夸耀自己有仆人骏马。这些人的风气尚且如此，怎么能成为贤人呢？皇上的皇子们应当审慎地选择好的老师，命令皇子们谦恭地向他们学习，讲习圣人礼义的经典，讨论国家安危的道理。古时候人君即位以后就册立太子，这是为了显明嫡、庶的分别，阻塞祸乱发生的根源。现在通过占卜来确立储君这件事，臣不敢轻率地议论。至于在降恩赏赐、婚姻、觐见、侍养等方面，对于嫡庶和长幼，应该要有所分别，这是明示他们之间的等差地位，并且可以杜绝侥幸非分的想法。"后唐明宗李嗣源很赞赏他的说法，但没有能付诸实施。

闽王王延钧批准二万名百姓出家为僧，因此闽中的僧人很多。

河东节度使、北都留守从荣，年少骄很，不亲政务，帝遣左右素与从荣善者往与之处，使从容讽导之。其人私谓从荣曰："河南相公恭谨好善，亲礼端士，有老成之风；相公齿长，宜自策励，勿令声问出河南之下。"从荣不悦，退，告步军都指挥使杨思权曰："朝廷之人皆推从厚而短我，我其废乎！"思权曰："相公手握强兵，且有思权在，何忧？"因劝从荣多募部曲，缮甲兵，阴为自固之备。又谓帝左右曰："君每誉弟而抑其兄，我辈岂不能助之邪！"其人惧，以告副留守冯赟，赟密奏之。帝召思权诣阙，以从荣故，亦弗之罪也。

【译文】河东节度使、北都留守李从荣，年轻骄傲，不亲自处理政务，后唐明宗李嗣源派遣平时和李从荣相处比较好的亲信和他住在一起，让这个人心平气和地劝说和引导李从荣。这人私下对李从荣说："河南相公（指李从荣的弟弟李从厚）恭敬谨慎，喜好善行，又对品行端正的贤士非常亲近礼敬，颇有少年老成的风范；相公年纪比他大，应该自我勉励，别让声名屈居在河南相公之下。"李从荣很不高兴，等他告退后，就把这件事告诉步军都指挥使杨思权说："朝廷的人都推崇李从厚而说我的坏话，看来我要被废掉了吧?"杨思权说："相公手中握有强大的部队，而且还有我效忠您，有什么好担心的?"于是就劝李从荣多招募部属，修整盔甲兵器，暗中做充实自己力量的打算。杨思权又跑去对明宗左右的近臣说："你老是称赞弟弟贬抑哥哥，我们难道就不能帮助他吗?"这个人感到害怕，于是就把这些情况告诉了北都副留守冯赟，冯赟又秘密上奏给后唐明宗。后唐明宗李嗣源召杨思权到朝廷，因为李从荣的缘故，没有治他的罪。

【乾隆御批】从荣以刚狠之姿，亲见篡夺之事，习与性成已，难望其迁善。劝讽导者徒知以弟兄衡胜，使阋墙之衅愈深，而不轨者并劝以缮兵自固，致破镜之恶益稔。异日，天津桥之躬行悖逆显蹈刑诛，皆此数小人阶之厉也。

【译文】李从荣以刚愎凶狠的姿态，亲见篡夺之事，习性已然形成，难以指望他再弃恶从善。况且讽导者只知拿他们弟兄权衡胜败，使他们因兄弟相争而使感情上产生的裂痕越来越深，加上不法之徒劝他缮兵自固，致使破镜的恶果愈加成熟。他日，天津桥亲行悖逆之事，恶迹昭彰地踏上被诛之路，都是这几个小人一步步地引导他陷落的啊。

天成四年(己丑，公元九二九年)春，正月，冯赟入为宣徽使，谓执政曰："从荣刚僻而轻易，宜选重德辅之。"

王都、秃馁欲突围走，不得出。二月，癸丑，定州都指挥使马让能开门纳官军，都举族自焚，擒秃馁及契丹二千人。辛亥，以王晏球为天平节度使，与赵德钧并加兼侍中。秃馁至大梁，斩于市。

枢密使赵敬怡卒。

甲子，帝发大梁。

丁卯，门下侍郎、同平章事崔协卒于须水。

【译文】天成四年（己丑，公元929年）春季，正月，冯赟调入朝中担任宣徽使，他对执政说："李从荣性情刚愎而且轻举妄动，应当选择德高望重的人去辅佐他。"

王都、秃馁打算突破包围逃出去，但没有成功。二月，癸丑日（十三日），定州都指挥使马让能打开城门接纳官军，王都全族放火自焚，唐军活捉秃馁和二千名契丹士兵。

辛亥日（十一日），任命王晏球为天平节度使，和赵德钧两人都加任兼侍中的职务。秃馁被送到大梁，在街市上被当众斩杀。

枢密使赵敬怡过世。

甲子日（二十四日），后唐明宗李嗣源从大梁出发。

丁卯日（二十七日），门下侍郎、同平章事崔协在须水县过世。

庚午，帝至洛阳。

王晏球在定州城下，日以私财飨士，自始攻至克城未尝戮一卒。三月，辛巳，晏球入朝，帝美其功；晏球谢久烦馈运而已。

皇子右卫大将军从璨性刚，安重诲用事，从璨不为之屈。帝东巡，以从璨为皇城使。从璨与客宴于会节园，酒酣，戏登御榻，重诲奏请诛之；丙戌，赐从璨死。

横山蛮寇邵州。

楚王殷命其子武安节度副使、判长沙府希声知政事，总录内外诸军事，自是国政先历希声，乃闻于殷。

【译文】庚午日(三十日),后唐明宗到达洛阳。

王晏球在定州城下,每天用自己的财物慰劳士卒,从开始攻城到攻下城,从来没有杀过一个士卒。三月,辛巳日(十一日),王晏球入朝,后唐明宗李嗣源称赞他的功劳;王晏球只是谦称说长久以来劳烦后方运补粮食而已。

皇子右卫大将军李从璨性情刚愎,安重诲掌权后,李从璨不服从他。明宗东巡,任命李从璨为皇城使,李从璨和客人在会节园宴饮,喝到酒酣耳热时,开玩笑地坐到皇帝的御榻上,安重诲于是向明宗李嗣源启奏应该诛杀他;丙戌日(十六日),李嗣源赐李从璨死。

横山地区的蛮族侵扰邵州。

楚王马殷命令他的儿子武安节度副使、判长沙府马希声掌理政事,并且总管内外诸军事,从此国家的政事都是经过马希声,然后才报告马殷。

夏,四月,庚子朔,禁铁锡钱。时湖南专用锡钱,铜钱一直锡钱百,流入中国,法不能禁。

丙午,楚六军副使王环败荆南兵于石首。

初令缘边置场市党项马,不令诣阙。先是,党项皆诣阙,以贡马为名,国家约其直酬之,加以馆谷赐与,岁费五十馀万缗。有司苦其耗蠹,故止之。

壬子,以皇子从荣为河南尹、判六军诸卫事,从厚为河东节度使、北都留守。

契丹寇云州。

【译文】夏季,四月,庚子朔日(初一日),下令禁止铁锡钱的流通。当时湖南专用锡钱,一个铜钱值一百个锡钱,锡钱充入中原，法令难以禁止这些钱实行流通。

丙午日（初七日），楚国的六军副使王环在石首击败荆南军队。

后唐开始命令沿边境的地方设置市场买党项的良马，不让他们送到洛阳。此前，党项人到京城，以进贡马匹为名义，朝廷只好估算马的价值算钱给他们，再加上馆驿的招待和另外的赏赐，每年要开销五十多万缗；有司吃不消这样的耗费，所以下令禁止。

壬子日（十三日），后唐明宗李嗣源任命皇子李从荣为河南尹、判六军诸卫事；任命李从厚为河东节度使、北都留守。

契丹入侵云州。

甲寅，以端明殿学士、兵部侍郎赵凤为门下侍郎、同平章事。

五月，乙酉，中书言："太常改谥哀帝曰昭宣光烈孝皇帝，庙号景宗。既称宗则应入太庙，在别庙则不应称宗。"乃去庙号。

帝将祀南郊，遣客省使李仁矩以诏谕两川，令西川献钱一百万缗，东川五十万缗；皆辞以军用不足，西川献五十万缗，东川献十万缗。仁矩，帝在藩镇时客将也，为安重诲所厚，恃恩骄慢。至梓州，董璋置宴召之，日中不往，方拥妓酣饮。璋怒，从卒徒执兵入驿，立仁矩于阶下而诟之曰："公但闻西川斩李客省，谓我独不能邪！"仁矩流涕拜请，仅而得免；既而厚赂仁矩以谢之。仁矩还，言璋不法。未几，帝复遣退事舍人李彦珣诣东川，入境，失小礼，璋拘其从者，彦珣奔还。

【译文】甲寅日（十五日），任命端明殿学士、兵部侍郎赵凤为门下侍郎、同平章事。

五月，乙酉日(十七日)，中书启奏说："太常改谥哀帝为昭宣光烈孝皇帝，庙号景宗。既然已经称宗，就应该入祀太庙，在别庙就不应该称宗。"于是下令除去庙号。

后唐明宗李嗣源将去南郊祭祀，派遣客省使李仁矩用皇帝的诏令告示两川，命令西川贡献钱一百万缗，东川贡献钱五十万缗。两川都推说军用不足，西川只献五十万缗，东川则献十万缗。李仁矩是明宗在藩镇时的客将(指在外地调来的将领，不是原来的部属)，安重诲对他也很好，于是仗恃着恩宠，骄傲怠慢。到达梓州的时候，董璋设酒宴招待他，到了正午他还不去赴宴，拥着妓女喝酒。董璋非常生气，就带了随从带着兵器进入驿站，教李仁矩站在台阶下，骂他说："你只听说西川斩杀李严，难道说我们不能杀人吗？"李仁矩吓得一把眼泪一把鼻涕，一再地赔罪哀求，总算免于一死；后来东璋又送了许多财货向李仁矩谢罪。李仁矩回朝后，报告说董璋不守法度，不久明宗李嗣源又派遣通事舍人李彦珣往东川。李彦珣入境后，在小节方面失礼，董璋就拘捕了跟从他的人，李彦珣逃了回去。

高季兴之叛也，其子从诲节谏，不听。从诲既袭位，谓僚佐曰："唐近而吴远，舍近臣远，非计也。"乃因楚王殷以谢罪于唐。又遗山南东道节度使安元信书，求保奏，复修职贡。丙申，元信以从诲书闻，帝许之。

契丹寇云州。

六月，戊申，复以邺都为魏州，留守、皇城使并停。

【译文】高季兴背叛之后，他的儿子高从诲直言规劝，高季兴不听。高从诲承袭爵位后，对幕僚们说："唐国近而吴国远，舍弃近的而去归附远的，这不是好办法。"于是就通过楚王马殷

的关系向唐国请罪。又写信给山南东道节度使安元信，请求他
向明宗李嗣源保奏，愿意再称臣纳贡。丙申日（二十八日），安元
信把高从诲的信呈报给明宗，后唐明宗答应了他的请求。

契丹入侵云州。

六月，戊申日（十一日），又将邺都恢复为魏州，留守、皇城
使一并停置。

庚申，高从诲自称前荆南行军司马、归州刺史，上表求内附。
秋，七月，甲申，以从诲为荆南节度使兼侍中。己丑，罢荆南招讨
使。

八月，吴武昌节度使兼侍中李简以疾求还江都，癸丑，卒于
采石。徐知询，简婿也，擅留简亲兵二千人于金陵，表荐简子彦
忠代父镇鄂州，徐知诰以龙武统军柴再用为武昌节度使；知询怒
曰："刘崇俊，兄之亲，三世为濠州；彦忠吾妻族，独不得邪！"

【译文】庚申日（二十三日），高从诲自称前荆南行军司马、归
州刺史，上表给后唐明宗请求归附。秋季，七月，甲申日（十七
日），明宗任命高从诲为荆南节度使兼侍中。己丑日（二十二日），
撤销荆南招讨使。

八月，吴国武昌节度使兼侍中李简因病请求回到江都。癸
丑日（十七日），在采石过世。徐知询是李简的女婿，就擅自把
李简的两千亲兵留在金陵，并推荐李简的儿子李彦忠代替他父
亲镇守鄂州，徐知诰却任命龙武统军柴再用为武昌节度使；徐
知询非常生气，说："刘崇俊是哥哥的亲戚，他家三世为濠州刺
史。李彦忠是我妻子的家族，难道不能任职吗？"

初，楚王殷用都军判官高郁为谋主，国赖以富强，邻国皆疾

之。庄宗入洛，殷贵其子希范入贡，庄宗爱其警敏，曰："比闻马氏当为高郁所夺，今有子如此，郁安能得之！"高季兴亦以流言间郁于殷，殷不听；乃遣使遗节度副使、知政事希声书，盛称郁功名，愿为兄弟。使者言于希声曰："高公常云'马氏政事皆出高郁'，此子孙之忧也。"希声信之。行军司马杨昭遂，希声之妻族也，谋代郁任，日谮之于希声。希声屡言于殷，称郁奢僭，且外交邻藩，请诛之。殷曰："成吾功业，皆郁力也；汝勿为此言！"希声固请罢其兵柄，乃左迁郁行军司马。郁谓所亲曰："呕营西山，吾将归老。猘子渐大，能咋人矣。"希声闻之，益怒，明日，矫以殷命杀郁于府舍，榜谕中外，诬郁谋叛，并诛其族党。至暮，殷尚未知，是日，大雾，殷谓左右曰："吾昔从孙儒渡淮，每杀不辜，多致兹异。马步院岂有冤死者乎？"明日，吏以郁死告，殷拊膺大恸曰："吾老耄，政非己出，使我勋旧横罹冤酷！"既而顾左右曰："吾亦何可久处此乎！"

【译文】起初，楚王马殷用都军判官高郁为主要谋臣，国家依靠他富强起来，邻国都嫉妒他。庄宗李存勖入主洛阳后，马殷派遣他的儿子马希范入贡，庄宗很喜欢马希范的机智敏捷，说："最近听人传说马氏会被高郁霸占，现在看马殷有这么出色的儿子，高郁又怎么能够霸占他的国家呢？"高季兴也故意造谣离间高郁和马殷的关系，但是马殷不理会。于是高季兴就派遣使者送信给节度副使、知政事马希声，故意夸赞高郁的功劳声名，表示愿意和他结为兄弟。使者对马希声说："高公季兴经常说'马氏政事都出于高郁'，这是子孙们的忧患啊！"马希声竟相信这些话。行军司马杨昭遂，是马希声妻子娘家的人，有夺取高郁职位的野心，于是天天在马希声面前进谗言。马希声几次对马殷报告，说高郁奢侈僭越，私下和邻国来往，请求把高郁诛杀。马殷说："成就我功业的，全靠高郁出力；你不要再说这样的话了！"马希声又一再请求罢除高郁的兵权，于是马殷只好把高郁降职为行军司马。高郁对他的亲信们说："赶快给我营造好西山，我要退休了。小狗慢慢大了，能咬人了。"马希声听了这话，更加生气，第二天，就假借马殷的命令在军府署舍中把高郁杀了，榜示内外，诬指高郁要阴谋叛变，并且把他的同党们都杀了。到了傍晚，马殷还不知道，当天，起了大雾，马殷对左右侍从们说："我过去随从孙儒渡过淮河，每次杀了无辜的人，都会碰上奇异的征候，监狱难道又有人冤死了吗？"第二天，官吏们报告高郁的死讯，马殷捶胸大哭说："我已经老了，政事也不是我自己说了算，致使我过去的有功之臣横遭这些冤酷。"一会儿又回过头来对他左右的人说："我怎么可以长久地居住在这里呢？"

九月，上与冯道从容语及年谷屡登，四方无事。道曰："臣常记昔在先皇幕府，奉使中山，历井陉之险，臣忧马蹶，执辔甚谨，幸而无失；逮至平路，放辔自逸，俄至颠陨。凡为天下者亦犹是也。"上深以为然。上又问道："今岁虽丰，百姓赡足否？"道曰："农家岁凶则死于流殍，岁丰则伤于谷贱，丰凶皆病者，惟农家为然。臣记进士聂夷中诗云：'二月卖新丝，五月粜新谷；医得眼下疮，剜却心头肉。'语虽鄙俚，曲尽田家之情状。农于四人之中最为勤苦，人主不可不知也。"上悦，命左右录其诗，常讽诵之。

【译文】九月，后唐明宗李嗣源和冯道从容地聊起近年来五谷丰登，四方无事。冯道说："臣常记得过去在先皇幕府的时候，奉命出使中山，经过井陉险道的时候，臣害怕马跌倒，所以很谨慎地拉着缰绳，幸好没有什么差错；到了平路的时候，就放开缰绳驰骋，不久却摔倒了。凡是治理国家也是这个道理。"
明宗深以为然。明宗又问道："今年虽然收成很好，老百姓过得
可富足？"冯道说："种庄稼的人遇上灾年就饿殍满道，遇上丰年
又为粮食价格便宜而发愁，无论是丰年还是灾年，都有困苦，只
有庄稼人是这样啊！臣记得进士聂夷中的诗说：'二月卖新丝，
五月粜新谷；医得眼下疮，剜却心头肉。'（二月就把新丝卖掉，
五月就把新谷卖掉，这是因为先行向人借贷，要赶快还债，农
民的生活捉襟见肘，就好像刚医好了眼下的疮，却挖下了心头
的肉来补的呀！）他的词语虽然鄙俚，却能道尽田家困苦的情
形。农人在士、农、工、商四民之中最为辛苦，作为人主不能不
了解这些情况。"明宗听了很高兴，命令身边的人把这首诗抄录
下来，自己时常讽诵。

　　【康熙御批】粤稽史册，国家当蒙休袭庆之后，率以丰亨豫大
弛其兢业之心，渐致废坠者，往往有之。所以古昔圣贤，每于持盈
保泰之际三致意焉。冯道以明宗喜有年而设譬以对，犹得古人遗
意。虽道之生平不足比数，而其言固自可采也。

　　【译文】考察史册，国家到了兴盛美好的时代，大多因为太平安乐
而放松了小心谨慎的心，逐渐导致政事废弛，历史往往如此。所以古代
圣贤，每在持盈保泰之际格外留心。冯道因明宗喜欢丰收之年而设比
喻来回答，可以说得到了古人的遗意。虽然冯道的生平不足以和古人相
提并论，但他的话还是值得采纳的。

　　鄜州兵戍东川者归本道，董璋擅留其壮者，选羸老归之，
仍收其甲兵。

　　癸巳，西川右都押牙孟容弟为资州税官，坐自盗抵死，观察

判官冯璋、中门副使王处回为之请，孟知祥曰："虽吾弟犯法，亦不可贷，况他人乎！"

吴越王镠居其国好自大，朝廷使者曲意奉之则赠遗丰厚，不然则礼遇疏薄。尝遗安重诲书，辞礼颇倨。帝遣供奉官乌昭遇、韩玫使吴越，昭遇与玫有隙，使还，玫奏："昭遇见镠，称臣拜舞，谓镠为殿下，及私以国事告镠。"安重诲奏赐昭遇死。癸巳，制镠以太师致仕，自馀官爵皆削之，凡吴越进奏官、使者、纲吏，令所在系治之。镠令子传瓘等上表讼冤，皆不省。

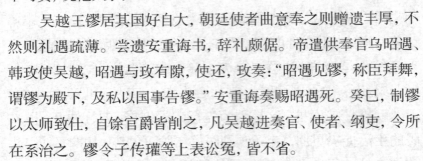

【译文】戍守在东川的鄜州士卒要回本道的时候，董璋擅自把年轻力壮的留下，挑选一些老弱的让他们回去，同时还收了他们的武器。

癸巳日（二十七日），西川右都押牙孟容的弟弟担任资州的税官，因为监守自盗被判死罪，观察判官冯豫和中门副使王处回为他求情，孟知祥说："即使是我的弟弟犯了法也不能饶恕，何况是别人呢？"

吴越王钱镠喜欢在他的国内自夸，朝廷派去的使者违心地奉承他，他就会赠送给一批丰厚的礼物，不然的话接待的礼节就很疏落。曾经写信给安重诲，文辞和礼节都很倨傲。明宗李嗣源派遣供奉官乌昭遇和韩玫出使吴越，乌昭遇和韩玫两人之间有过节，出使回来后，韩玫启奏说："乌昭遇见到钱镠后，自称是臣，以大礼拜见，称镠为殿下，又私下把朝廷的事情告诉钱镠。"安重诲奏请赐乌昭遇死。癸巳日（二十七日），后唐明宗下令钱镠以太师的身份退休，其余的官爵都被罢免，凡是吴越国的进奏官、使者、纲吏等，由所在地方官把他们抓起来治罪。钱镠命他的儿子钱传瓘等上表明宗帝，辩称受到冤枉，明宗李嗣源都没有答复。

初，朔方节度使韩洙卒，弟澄为留后。未几，定远军使李匡宾聚党据保静镇作乱，朔方不安；冬，十月，丁酉，韩澄遣使赍绢表乞朝廷命帅。

前磁州刺史康福，善胡语，上退朝，多召入便殿，访以时事，福以胡语对；安重诲恶之，常戒之曰："康福，汝但妄奏事，会当斩汝！"福惧，求外补。重诲以灵州深入胡境，为帅者多遇害，戊戌，以福为朔方、河西节度使。福见上，涕泣辞之；上命重诲为福更他镇，重诲曰："福自刺史无功建节，尚复何求！且成命已行，难以复改。"上不得已，谓福曰："重诲不肯，非朕意也。"福辞行，上遣将军牛知柔、河中都指挥使卫审崚等将兵万人卫送之。审崚，徐州人也。

【译文】起初朔方节度使韩洙死后，他的弟弟韩澄被任命为留后。不久，定远军使李匡宾聚集党徒占据保静镇作乱，朔方就不太安定；冬季，十月，丁酉日（初二日），韩澄派遣使者带着绢表前来请求朝廷正式任命他为节度使。

原来的磁州刺史康福，精通胡语，后唐明宗退朝后，经常把他叫进便殿，咨询当时的一些事情，康福用胡语回答后唐明宗的提问。安重诲因无法探知内容，很厌恶他，常常警告他说："康福，你如果在皇帝面前乱讲话，小心我砍了你的脑袋！"康福心里害怕，就请求外放。安重诲认为灵州深入胡人的地境，主帅大多遇害，戊戌日（初三日），任命康福为朔方、河西节度使。康福求见明宗，痛哭流涕地想辞去这个职务；明宗李嗣源命令安重诲再为康福换一个镇所，安重诲说："康福以刺史的资历，没有建立什么特别的功勋就升为节度使，他还想要求什么？而且也正式发布命令，很难再更改！"明宗不得已，只好对康福说："安重诲不肯更改，这不是朕的意思。"康福就告辞出发，明宗派遣将军牛知柔和河中都指挥使卫审崚等率领一万部队护送他上任。卫审崚是徐州人。

辛亥，割阆、果二州置保宁军，壬子，以内客省使李仁矩为节度使。

先是，西川常发刍粮馈峡路，孟知祥辞以本道兵自多，难以奉它镇，诏不许，屡督之；甲寅，知祥奏称财力乏，不奉诏。

【译文】辛亥日（十六日），划出阆、果两州设置保宁军，壬子日（十七日），任命内客省使李仁矩为节度使。

在此之前，西川经常调拨一些粮草送给峡路，孟知祥推辞说本道兵多，难以供奉别的藩镇，后唐明宗李嗣源下诏不允许停止调拨，而且多次催促他。甲寅日（十九日），孟知祥启奏说财力困乏，不肯奉行诏命。

吴诸道副都统、镇海宁国节使兼侍中徐知询自以握兵据上流，意轻徐知诰，数与知诰争权，内相猜忌，知诰患之，内枢密使王令谋曰："公辅政日久，挟天子以令境内，谁敢不从！知询年少，恩信未洽于人，无能为也。"知询待诸弟薄，诸弟皆怨之。徐玠知知询不可辅，反持其短以附知诰。吴越王镠遗知询金玉鞍勒、器皿，皆饰以龙凤；知询不以为嫌，乘用之。知询典客周廷望说知询曰："公诚能捐宝华以结朝中勋旧，使皆归心于公，则彼谁与处！"知询从之，使廷望如江都谕意。廷望与知诰亲吏周宗善，密输款于知诰，亦以知诰阴谋告知询。知询召知诰诣金陵除父温丧，知诰称吴主之命不许，周宗谓廷望曰："人言侍中有不臣七事，宜亟入谢！"廷望还，以告知询。十一月，知询入朝，知诰留知询为统军，领镇海节度使，遣右雄武都指挥使柯厚征金陵兵还江都，知诰自是始专吴政。知询责知诰曰："先王违世，兄为人子，初不临丧，可乎？"知诰曰："尔挺剑待我，我何敢往！尔为人臣，畜乘舆服御物，亦可乎！"知询又以廷望所言诟知诰，知诰曰："以尔所为告我者，亦廷望也。"遂斩廷望。

【译文】吴国诸道副都统、镇海宁国节度使兼侍中徐知询自以为手握兵权，占据金陵上游，心中轻视徐知诰，曾多次和徐知诰争权夺利，在内部互相猜忌，徐知诰很忧患。内枢密使王令谋说："公辅政这么久，又挟天子以令境内，哪一个敢不听你的，徐知询年纪轻轻，又对人没有恩信，他又能怎么样？"徐知询对待他的弟弟们很刻薄，弟弟们都埋怨他。徐玠知道徐知询是无法辅佐的料子，于是私下归附徐知诰，把他的短处都告诉徐知诰。吴越王钱镠派遣使者送给徐知询金玉鞍勒、器皿等东西，上面都装饰着龙凤；徐知询也不避嫌，就拿来使用。徐知询的典客周廷望劝徐知询说："你如果能真心诚意把这些宝货捐献出来交结朝中有功劳的勋旧大臣，使他们都和你同心同意，还有谁还和徐知诰在一起呢？"徐知询接受了他的建议，就派周廷望到江都去进行这件事。周廷望和徐知诰的亲信周宗交情很好，就秘密地通过他的关系向徐知诰投诚，并且把徐知询的阴谋通通告诉徐知诰。徐知询叫徐知诰到金陵去参加父亲徐温的除丧仪式，徐知诰推说吴主不准他的假，周宗对周廷望说："大家都传言侍中（指徐知询）有七件事不遵守人臣的本分，有僭越谋反的嫌疑，应该教他赶快入京谢罪。"周廷望回到金陵，把这话告诉徐知询。十一月，徐知询入京朝见，徐知诰把他留下来担任统军，兼领镇海节度使，同时又派遣右雄武都指挥使柯厚征调金陵的守军回镇江都，徐知诰从此开始独揽吴国政权。徐知询责备徐知诰说:"先王(指徐温)去世,哥哥也是他的儿子,办丧事的时候却不去参加,这样做可以吗?"徐知诰回答他说:"你拔着剑等我,我怎么敢去,你是为人臣下的,竟敢拥有和使用国君的车驾袍服,你这么做也可以吗?"徐知询又把周廷望的话拿来质问徐知诰,徐知诰说:"把你的所作所为告诉我的,也是周廷望。"于是斩杀周廷望。

壬辰,吴主加尊号曰睿圣文明光孝皇帝,大赦,改元大和。

康福行至方渠,羌胡出兵邀福,福击走之;至青刚峡,遇吐蕃野利、大虫二族数千帐,皆不觉唐兵至,福遣卫审峻掩击,大破之,杀获殆尽。由是威声大振,遂进至灵州,自是朔方始受代。

十二月,吴加徐知诰兼中书令,领宁国节度使。知诰召徐知询饮,以金钟酌酒赐之,曰:"愿弟寿千岁。"知询疑有毒,引他器均之,跽献知诰曰:"愿与兄各享五百岁。"知诰变色,左右顾,不肯受,知询捧酒不退。左右莫知所为,伶人申渐高径前为诙谐语,掠二酒合饮之,怀金钟趋出,知诰密遣人以良药解之,已脑溃而卒。

【译文】壬辰日(二十七日),吴主杨溥加尊号为睿圣文明光孝皇帝,实行大赦,改年号为大和。

康福走到方渠,羌族人出兵阻截他,康福把他们打跑。到了青刚峡,碰上吐蕃野利、大虫两个族,有几千帐那么多的人,他们都不知道唐国的军队来了,于是康福派遣卫审峻乘其不备立刻发动攻击,把他们打得大败,几乎全部都斩杀或俘虏。从此声威大振。于是进军到灵州,从此朔方才开始接受康福代替为朔州节度使。

十二月,吴国加封徐知诰兼任中书令,并领宁国节度使。

徐知诰请徐知询来喝酒，用金子做的酒杯酌酒给他喝，并说："祝弟弟长寿到一千岁。"徐知询怀疑酒中下毒，就拿另外一个杯子把酒分成两半，长跪呈献给徐知诰说："希望和哥哥每人分享五百岁。"徐知诰的脸色都变了，只是来回地看着左右，就是不肯接杯子，徐知询捧着酒坚持要他喝。左右侍从们都不知道要怎么办，伶人申渐高赶快向前说些风趣话，想缓和一下紧张的气氛，同时抢过两杯酒就一起都喝下去，然后怀揣金盅就急忙往外走，徐知诰偷偷派人用良药去给申渐高解酒毒，但他已因脑子溃烂而死。

【乾隆御批】廷望处人骨肉之间，往来交构，其倾险实法所不容。知诰执而诛之，颇似能释嫌。杜衅者未几，而金钟酌赐，又谁为之谋？而掠饮者立见脑溃尔，时其何颜以对知询乎。

【译文】周廷望处在他人兄弟骨肉之间往来离间，使他们走入互相倾轧的险地，礼法难容。知诰拘捕并诛杀了他，看起来颇似能捐弃前嫌。杜绝了这种争端不久，就金钟赐毒酒，这又是谁谋划的呢？而抢走喝下的人立刻脑烂而死，这时知诰又以何颜面对知询呢？

奉国节度使、知建州王廷禀称疾退居里第，请以建州授其子继雄；庚子，诏以继雄为建州刺史。

安重诲既以李仁矩镇阆州，使与绵州刺史武虔裕皆将兵赴治。虔裕，帝之故吏，重诲之外兄也。重诲使仁矩诇董璋反状，仁矩增饰而奏之。朝廷又使武信节度使夏鲁奇治遂州城隍，缮甲兵，益兵戍之。璋大惧。时道路传言，又将割绵、龙为节镇，孟知祥亦惧。璋素与知祥有隙，未尝通问，至是，璋遣使诣成都，请为其子娶知祥女；知祥许之，谋并力以拒朝廷。

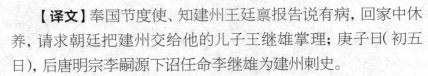

【译文】奉国节度使、知建州王廷禀报告说有病，回家中休养，请求朝廷把建州交给他的儿子王继雄掌理；庚子日（初五日），后唐明宗李嗣源下诏任命李继雄为建州刺史。

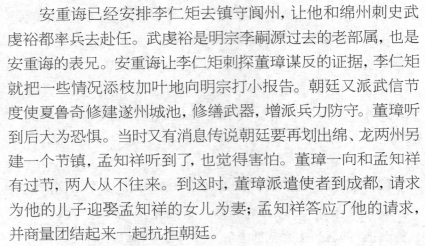

安重诲已经安排李仁矩去镇守阆州，让他和绵州刺史武虔裕都率兵去赴任。武虔裕是明宗李嗣源过去的老部属，也是安重诲的表兄。安重诲让李仁矩刺探董璋谋反的证据，李仁矩就把一些情况添枝加叶地向明宗打小报告。朝廷又派武信节度使夏鲁奇修建遂州城池，修缮武器，增派兵力防守。董璋听到后大为恐惧。当时又有消息传说朝廷要再划出绵、龙两州另建一个节镇，孟知祥听到了，也觉得害怕。董璋一向和孟知祥有过节，两人从不往来。到这时，董璋派遣使者到成都，请求为他的儿子迎娶孟知祥的女儿为妻；孟知祥答应了他的请求，并商量团结起来一起抗拒朝廷。

资治通鉴

资治通鉴卷第二百七十七　后唐纪六

起上章摄提格，尽玄黓执徐六月，凡二年有奇。

【译文】起庚寅（公元 930 年），止壬辰（公元 932 年）六月，共二年六个月。

【题解】本卷记录了公元 930 年至 932 年六月的历史，共二年零六个月。为后唐明宗李嗣源长兴元年至长兴三年六月。后唐权臣安重诲气量狭小，想杀明宗养子李从珂，被明宗忌恨。安重诲逼反东川节度使董璋，西川节度使孟知祥与董璋联手反叛朝廷。官军作战失利，众臣乘安重诲督战之机发动弹劾，明宗杀死安重诲父子。官军退出西川，明宗推责安重诲。孟知祥三请董璋联名谢罪，董璋不愿，发兵讨伐成都，孟知祥得胜占据全蜀。楚王马希声去除国号，恢复藩镇名号。吴国执政徐知诰让儿子徐景通留守江都，自己镇守金陵。闽主王延钧诛杀王延禀。吴越王钱镠薨，其子钱传瓘继位，善处政理，上下同心。

明宗圣德和武钦孝皇帝中之下

长兴元年（庚寅，公元九三〇年）春，正月，董璋遣兵筑七寨于剑门。辛巳，孟知祥遣赵季良如梓州修好。

鸿胪少卿郭在徽奏请铸当五千、三千、一千大钱；朝廷以其指虚为实，无识妄言，左迁卫尉少卿、同正。

吴徙平原王濛为德化王。

二月，乙未朔，赵季良还成都，谓孟知祥曰："董公贪残好胜，志大谋短，终为西川之患。"

都指挥使李仁罕、张业欲置宴召知祥；先二日，有尼告二将谋以宴日害知祥；知祥诘之，无状，丁酉，推始言者军校都延昌、王行本，腰斩之。戊戌，就宴，尽去左右，独诣仁罕第；仁罕叩头流涕曰："老兵惟尽死以报德。"由是诸将皆亲附而服之。

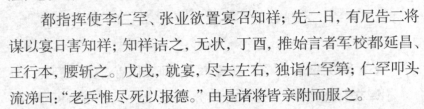

【译文】长兴元年（庚寅，公元 930 年，是年二月始改年号为长兴）春季，正月，董璋派遣部队在剑门修筑七个营寨。辛巳日（十六日），西川节度使孟知祥派其副使赵季良到梓州来与董璋修好结交。

鸿胪少卿郭在徽奏请铸造面值五千、三千、一千的大钱；朝廷认为他指虚为实，胡说八道，就把他降为卫尉少卿、同正。

吴国调迁平原王杨澈为德化王。

二月，乙未朔日（初一日），赵季良回到成都，对孟知祥报告说："董璋这个人贪残好胜，野心大，谋略短，终究是我们西川的祸害。"孟知祥的部属都指挥使李仁罕、张业打算设酒席宴请他；此前二日，有尼姑密告说，这两个属将阴谋在宴请时谋害孟知祥；孟知祥下令追查，但是却没有什么实据，丁酉日（初三日），孟知祥下令把首先造谣的军校都延昌和王行本两人推出去腰斩。戊戌日（初四日），孟知祥赴宴的时候，左右侍从都不带，只单独一人前往李仁罕家中；李仁罕跪地磕头，痛哭流涕说："老兵只有效死命来报答主公的恩德。"从此，孟知祥所部诸将都心悦诚服地亲近和依附于他。

壬子，孟知祥、董璋同上表言："两川闻朝廷于阆中建节，绵、遂益兵，无不忧恐。"上以诏书慰谕之。

乙卯，上祀圆丘，大赦，改元。凤翔节度使兼中书令李从曘入朝陪祀，三月，壬申，制徙从曘为宣武节度使。

癸酉，吴主立江都王琏为太子。

丙子，以宣徽使朱弘照为凤翔节度使。

康福奏克保静镇，斩李匡宾。

复以安义为昭义军。

【译文】壬子日（十八日），孟知祥、董璋一起上表给明宗李嗣源，说："两川听说朝廷在阆中设立节度使，又在绵州、遂州增强兵力，心里觉得惶恐担忧。"明宗颁下诏书抚慰他们。

乙卯日（二十一日），后唐明宗李嗣源祭祀圜丘，大赦天下，改年号为长兴。凤翔节度使兼中书令李从曘入朝陪祭。三月，壬申日（初八日），明宗下令把李从曘调迁为宣武节度使。

癸酉日（初九日），吴主杨溥立江都王杨琏为太子。

丙子日（十二日），后唐任命宣徽使朱弘昭为凤翔节度使。

康福启奏说攻下保静镇，斩杀李匡宾。

后唐恢复安义军的旧名，仍称昭义军。

帝将立曹淑妃为后，淑妃谓王德妃曰："吾素病中烦，倦于接对，妹代我为之。"德妃曰："中宫敌偶至尊，谁敢干之！"庚寅，立淑妃为皇后。德妃事后恭谨，后亦怜之。

初，王德妃因安重诲得进，常德之。帝性俭约，及在位久，宫中用度稍侈，重诲每规谏。妃取外库锦造地衣，重诲切谏，引刘后为戒；妃由是怨之。

高从诲遣使奉表诣吴，告以坟墓在中国，恐为唐所讨，吴兵援之不及，谢绝之。吴遣兵击之，不克。

董璋恐绵州刺史武虔裕窥其所为，夏，四月，甲午朔，表兼行军司马，囚之府廷。

宣武节度使符习，自恃宿将，论议多抗安重诲，重诲求其过失，奏之，丁酉，诏习以太子太师致仕。

【译文】后唐明宗李嗣源准备册立曹淑妃为皇后，曹淑妃对王德妃说："我一向有胸中烦热的毛病，实在不愿意参加交接应对的场合，妹妹就请你代我去做吧！"王德妃说："中宫的地位和皇上相当，谁敢代理？"庚寅日（二十六日），立曹淑妃为皇后。王德妃对待皇后恭顺谨慎，皇后也怜爱她。

起初，王德妃因为安重诲的推荐才能够进宫，所以对他非常感激。明宗李嗣源生性节俭，但是在位久了以后，宫中的花费渐渐地奢侈起来，安重诲每每加以规劝，曹德妃取用外库的锦缎做地毯，重诲极力劝谏，并且引庄宗李存勖的刘皇后做鉴戒，曹德妃从此就怨恨他。

荆南高从诲派使者奉呈表章来到吴国，表示高氏祖坟在北方，害怕被后唐朝廷讨伐，吴兵会来不及援助他，所以准备和吴国断绝往来。吴国派遣部队讨伐他，没有取胜。

董璋怕绵州刺史武虔裕窥探他的所作所为，夏季，四月，甲午朔日（初一日），就上表请求明宗李嗣源任命虔裕兼任他的行军司马，然后在府廷把他囚禁起来。

宣武节度使符习，仗恃着是老将领，在议论的时候老和安重诲作对，安重诲于是探求他的过失，向明宗李嗣源报告；丁酉日（初四日），下诏命令符习以太子太师的名衔告老去官。

戊戌，加孟知祥兼中书令，夏鲁奇同平章事。

初，帝在真定，李从珂与安重诲饮酒争言，从珂殴重诲，重海走免；既醒，悔谢，重诲终衔之。至是，重诲用事，自皇子从

荣、从厚皆敬事不暇。时从珂为河中节度使、同平章事，重诲屡
短之于帝，帝不听。重诲乃矫以帝命谕河东牙内指挥使杨彦温
使逐之。是日，从珂出城阅马，彦温勒兵闭门拒之，从珂使人扣
门诘之曰："吾将汝厚，何为如是？"对曰："彦温非敢负恩，受枢
密院宣耳。请公入朝。"从珂止于虞乡，遣使以状闻。使者至，壬
寅，帝问重诲曰："彦温安得此言？"对曰："此奸人妄言耳，宜速
讨之。"帝疑之，欲诱致彦温讯其事，除彦温绛州刺史。重诲固
请发兵击之，乃命西都留守索自通、步军都指挥使药彦稠将兵讨
之。帝令彦稠必生致彦温，吾欲面讯之。召从珂诣洛阳。从珂
知为重诲所构，驰入自明。

【译文】戊戌日（初五），加任孟知祥兼中书令，夏鲁奇同平
章事。

以前，后唐明宗李嗣源镇守真定时，其养子李从珂与安重
诲曾在饮酒时争吵，李从珂殴打安重诲，安重诲躲避，才得以
免遭殴打；酒醒之后，李从珂很后悔，向安重诲谢罪，但是安重
诲心中老是记恨这件事。到这时，安重诲掌握大权，从皇子李
从荣、李从厚以下都忙着巴结他。当时李从珂担任河中节度使、
同平章事，安重诲多次在明宗李嗣源面前说他的坏话，明宗没
有听信。安重诲于是假托明宗的命令，要河东牙内指挥使杨彦
温驱逐李从珂。这一天，李从珂到城外去视察战马，杨彦温就
部署军队关起城门不接纳他，李从珂派人去叩门责问他说："我
一向厚待你，你为何要这样做？"杨彦温回答说："我杨彦温不敢
对您负恩，我是受枢密院的宣示，请您入朝。"李从珂于是就停
留在虞乡，派人把这情形向明宗报告。使者到达京城后，壬寅
日（初九日），明宗向安重诲说："杨彦温怎么会这么说呢？"安重
诲回答说："这是奸人胡说八道，应该立即派兵讨伐他。"明宗怀

疑这件事，想把杨彦温抓来查问详情，于是就任命他为绛州刺史。安重诲坚决请求派遣军队前去讨伐，于是任命西都留守索自通、步军都指挥使药彦稠率兵前往讨伐。明宗命令药彦稠一定要活捉杨彦温，好当面询问他。又召唤李从珂到京城洛阳。李从珂知道是被安重诲陷害，赶快入朝进行表白。

加安重诲兼中书令。

李从珂至洛阳，上责之使归第，绝朝请。

辛亥，索自通等拔河中，斩杨彦温，癸丑，传首来献。上怒药彦稠不生致，深责之。

安重诲讽冯道、赵凤奏从珂失守，宜加罪。上曰："吾儿为奸党所倾，未明曲直，公辈何为发此言，意不欲置之人间邪? 此皆非公辈之意也。"二人惶恐而退。它日，赵凤又言之，上不应。明日，重诲自言之，上曰："朕昔为小校，家贫，赖此小儿拾马粪自赡，以至今日为天子，曾不能庇之邪! 卿欲如何处之于卿为便?"重诲曰："陛下父子之间，臣何敢言! 惟陛下裁之!"上曰："使闲居私第亦可矣，何复言!"

【译文】加任安重诲兼任中书令。

李从珂来到洛阳，明宗李嗣源责令他回自己的府第，断绝入朝请见。辛亥日(十八日)，索自通等人攻下河中，斩杀了杨彦温，癸丑日(二十日)，把首级传送到京城呈献给明宗，明宗对药彦稠没有活捉杨彦温觉得非常生气，严厉地责备药彦稠。安重诲指使冯道、杨凤表奏李从珂失于职守，应该加罪。明宗李嗣源说："我儿被奸人陷害，真相还没调查清楚，你们为何讲这种话，难道是不要教他活在这个世上了吗? 我看这绝不是你们自己的意思。"两人吓出一身冷汗，赶快告辞退出。过了几天，赵凤又对明宗谈起此事，明宗没表态。第二天，安重诲亲自向明宗提这件事，明宗说："朕昔日还当小校的时候，家里很贫穷，靠这个小孩捡拾马粪，帮忙家计，现在我是天子，难道连他也不能庇荫吗？你想怎么处置他对你比较方便？"安重诲说："陛下父子之间的事，为臣何敢乱说！只能听凭陛下裁夺！"明宗李嗣源说："让他闲居在自己家里也就可以了，何必再多谈此事！"

丙辰，以索自通为河中节度使。自通至镇，承重诲旨，籍军府甲仗数上之，以为从珂私造，赖王德妃居中保护，从珂由是得免。士大夫不敢与从珂往来；惟礼部郎中史馆修撰吕琦居相近，时往见之，从珂每月奏请，皆咨琦而后行。

戊午，帝加尊号曰圣明神武文德恭孝皇帝。

安重诲言昭义节度使王建立过魏州有摇众之语，五月，丙寅，制以太傅致仕。

董璋阅集民兵，皆剪发黥面，复于剑门北置永定关，布列烽火。

孟知祥累表请割云安等十三盐监隶西川，以盐直赡宁江屯兵，辛卯，许之。

【译文】丙辰日（二十三日），任命索自通为河中节度使。索自通到了镇地，秉承安重诲的意思，收检军府中的盔甲兵器，几次呈报给朝廷，说是李从珂私造的；靠着王德妃在中间保护，李从珂才免于被治罪。士大夫不敢与李从珂往来，只有礼部郎中、史馆修撰吕琦和他居住相近，有时去看他，李从珂遇到有事奏请时，都是问了吕琦之后才办。

戊午日（二十五日），明宗李嗣源加尊号为圣明神武文德恭孝皇帝。

安重诲奏言昭义节度使王建立经过魏州时有动摇人心之语，五月，丙寅日（初三日），明宗李嗣源下令王建立以太傅的职位退休。

董璋召集民兵校阅，让他们剪发，在他们脸上刺字，以资识别，防止逃亡，又在剑门之北设置永定关，布列烽火。

孟知祥屡次上表要求划出云安等十三个盐监隶属西川，以卖盐的收入来供给宁江的屯戍部队。辛卯日（二十八日），明宗李嗣源批准。

六月，癸巳朔，日有食之。

辛亥，敕防御、团练使、刺史、行军司马、节度副使，自今皆自朝廷除之，诸道无得奏荐。

董璋遣兵掠遂、阆镇戍，秋，七月，戊辰，两川以朝廷继遣兵屯遂、阆，复有论奏，自是东北商旅少敢入蜀。

八月，乙未，捧圣军使李行德、十将张俭引告密人边彦温告"安重诲发兵，云欲自讨淮南；又引占相者问命。"帝以问侍卫都指挥使安从进、药彦稠，二人曰："此奸人欲离间陛下勋旧耳。重诲事陛下三十年，幸而富贵，何苦谋反！臣等请以宗族保之。"帝乃斩彦温，召重诲慰抚之，君臣相泣。

以前忠武节度使张延朗行工部尚书，充三司使。三司使之名自此始。

【译文】六月，癸巳朔日（初一日），出现日食。

辛亥日（十九日），后唐明宗下令凡是防御使、团练使、刺史、行军司马、节度副使等官职，今后一律由朝廷委派，各道不准自行推荐。

董璋派兵劫掠守卫在遂州、阆州的官军。秋季，七月，戊辰日（初七日），两川因为朝廷陆续增兵屯驻遂州、阆州，再次上书反对，从此东北方中原一带的商旅很少有人敢再进入蜀地。

八月，乙未日（初四日），捧圣军使李行德、十将张俭引领告密人边彦温向明宗李嗣源奏告："安重诲发动军队，号称要亲自讨伐淮南的吴国；又找占卦相命的人来替他算命。"明宗李嗣源把这事问侍卫都指挥使安众进和药彦稠，两人回答说："这是奸人要离间陛下和有功勋的旧臣之间的关系。安重诲事奉陛下三十年了，现在能幸运地安享富贵，怎么会再去谋反呢？臣等愿意以全宗族的性命为他保证。"明宗便把边彦温杀了，召见安重诲慰抚，君臣相对哭泣。

任命前忠武节度使张延朗兼任工部尚书，充任三司使。三司使的名称从这时开始。

吴徐知诰以海州都指挥使王传拯有威名，得士心，值团练使陈宣罢归，知诰许以传拯代之；既而复遣宣还海州，征传拯还江都。传拯怒，以为宣毁之，己亥，帅麾下入辞宣。因斩宣，焚掠城郭，帅其众五千来奔。知诰曰："是吾过也。"免其妻子。涟水制置使王岩将兵入海州，以岩为威卫大将军，知海州。

传拯，绾之子也，其季父舆为光州刺史。传拯遣间使持书至光州，舆执之以闻，因求罢归；知诰以舆为控鹤都虞候。时政在徐氏，典兵宿卫者尤难其人，知诰以舆重厚慎密，故用之。

【译文】吴国中书令徐知诰因为海州都指挥使王传拯有威名，得人心，正赶上团练使陈宣罢官归家，徐知诰许诺由王传拯代替他；但不久又派遣陈宣回海州，反而征调王传拯到江都去。王传拯非常愤怒，认为被陈宣谗言毁谤，己亥日（初八日），率领部属到府署向陈宣辞行，趁机把陈宣杀了，抢劫州城，然后率领五千名部众投奔唐朝。徐知诰知道了，说："这是我的过错啊！"于是免除王传拯妻子、儿女的罪。涟水制置使王岩率兵进入海州，便任用王岩为威卫大将军，主持海州政事。

王传拯是王绾的儿子，他的叔叔王舆是光州刺史。王传拯派遣密使带信到光州，王舆把使者抓起来，呈报到朝廷，并且请求免职回京；徐知诰任命王舆为控鹤都虞候。当时吴国政权掌握在徐氏手中，领兵宿卫者尤其难得，徐知诰因为王舆为人厚重慎密，所以用他。

壬寅，赵凤奏："切闻近有奸人，诬陷大臣，摇国柱石，行之未尽。"帝乃收李行德、张俭，皆族之。

立皇子从荣为秦王；丙辰，立从厚为宋王。

董璋之子光业为宫苑使，在洛阳，璋与书曰："朝廷割吾支郡为节镇，屯兵三千，是杀我必矣。汝见枢要为吾言：如朝廷更发一骑入斜谷，吾必反！与汝诀矣。"光业以书示枢密承旨李虔徽。未几，朝廷又遣别将荀咸乂将兵戍阆州，光业谓虔徽曰："此兵未至，吾父必反。吾不敢自爱，恐烦朝廷调发，愿止此兵，吾父保无他。"虔徽以告安重诲，重诲不从。璋闻之，遂反。利、阆、遂三镇以闻，且言已聚兵将攻三镇。重诲曰："臣久知其如此，陛下含容不讨耳。"帝曰："我不负人，人负我则讨之！"

【译文】壬寅日（十一日），赵凤启奏说："听说近日有奸人诬陷大臣，动摇国家的柱石，还没有被全部治罪。"明宗李嗣源于是收押李行德和张俭，都把他们全族诛杀。

立皇子李从荣为秦王；丙辰日（二十五日），立李从厚为宋王。

董璋之子董光业任宫苑使，在洛阳，董璋给他写信说："朝廷把我的支郡划出另外建立节镇，并且屯驻三千士兵，看来是非要杀我不可。你去见枢要大臣，替我告诉他：朝廷如果再派一名士卒进入斜谷，我一定造反！我就在此地和你诀别。"董光业把这封信拿给枢密承旨李虔徽看了。没过多久，朝廷又派遣别将荀咸义率兵前去戍守阆州，董光业对李虔徽说："不等这支部队到达，我的父亲就会造反。我不敢爱惜自己的生命，但是怕这么一来还得劳烦朝廷调兵遣将，希望能阻止派出这支军队，我保证我父亲绝不会怎样。"李虔徽把这话转告安重诲，安重诲不听。董璋听到这件事，就干脆造反。利州、阆州、遂州三州的守将都向朝廷报告，说董璋已经聚集三万部队要进攻三镇。安重诲说："我早就知道董璋要这样，陛下太容忍他，不肯讨伐啊。"明宗说："我不亏负于人，人亏负于我便要讨伐他。"

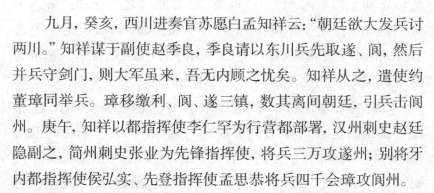

九月，癸亥，西川进奏官苏愿白孟知祥云："朝廷欲大发兵讨两川。"知祥谋于副使赵季良，季良请以东川兵先取遂、阆，然后并兵守剑门，则大军虽来，吾无内顾之忧矣。知祥从之，遣使约董璋同举兵。璋移缴利、阆、遂三镇，数其离间朝廷，引兵击阆州。庚午，知祥以都指挥使李仁罕为行营都部署，汉州刺史赵廷隐副之，简州刺史张业为先锋指挥使，将兵三万攻遂州；别将牙内都指挥使侯弘实、先登指挥使孟思恭将兵四千会璋攻阆州。

【译文】九月，癸亥日（初三日），西川进奏官苏愿向孟知祥禀告："朝廷要派大军讨伐两川。"知祥和副使赵季良商议，季良建议先让东川的部队攻下遂州、阆州，然后两川再合力防守剑门，就算朝廷派来大军，也不会有内顾之忧。孟知祥采纳他的意见，派遣使者和董璋约定，共同举兵反抗朝廷。董璋移送讨伐的檄文到利、阆、遂三镇，责备他们离间朝廷和两川关系的罪过，并且亲自率兵进击阆州。庚午日（初十日），孟知祥任用都指挥使李仁罕为行营都部署，汉州刺史赵廷隐做他的副手，简州刺史张业为先锋指挥使，率领三万部队进攻遂州；另外派遣别将牙内都指挥使侯弘实和先登指挥使孟思恭两人率领四千部队会同董璋进攻阆州。

安重诲久专大权，中外恶之者众；王德妃及武德使孟汉琼浸用事，数短重诲于上。重诲内忧惧，表解机务，上曰："朕无间于卿，诬罔者朕既诛之矣，卿何为尔？"甲戌，重诲复面奏曰："臣以寒贱，致位至此，忽为人诬以反，非陛下至明，臣无种矣。由臣才薄任重，恐终不能镇浮言，愿赐一镇以全馀生。"上不许；重诲求之不已，上怒曰："听卿去，朕不患无人！"前成德节度使范延光劝上留重诲，且曰："重诲去，谁能代之？"上曰："卿岂不可？"延光曰："臣受驱策日浅，且才不逮重诲，何敢当此？"上遣孟汉琼诣中书议重诲事，冯道曰："诸公果爱安令，宜解其枢务为便。"赵凤曰："公失言。"乃奏大臣不可轻动。

【译文】安重诲长期掌握大权，内外怨恨他的人很多；王德妃和武德使孟汉琼渐渐拥有势力，几次在明宗李嗣源面前说他的坏话。安重诲心里又担心又害怕，上表给明宗请求解除机要职务，明宗说："朕对你没有什么怀疑，以前诬告你的人，朕也都把他们诛杀，你为何还要这样？"甲戌日（十四日），安重诲又当面向皇帝启奏说："我出身贫寒卑贱，得到如此高位，现在被人诬告说我要谋反，假若不是陛下极度圣明，我就灭门无后了。但是臣终究是才能微薄而担当重任，恐怕还是不能阻止别人的议论纷纷，盼望陛下能赐给我一镇，让臣安享余年。"明宗李嗣源不许，安重诲又一再地要求，明宗发脾气说："要去你去好了，我还怕找不到人!"前成德节度使范延光劝明宗挽留安重诲,并且说:"安重诲如果辞职了,谁能代替他?"明宗说:"你难道就不可以?"范延光说:"臣受陛下差遣的时间很短,而且才能也赶不上安重诲,怎敢担当这样的重任呢?"明宗派孟汉琼到中书去,命群臣商量安重诲要辞职的事,冯道说:"诸位果真爱惜安令公,解除他的枢要任务为宜。"赵凤说:"您失言了!"于是回奏认为大臣不可轻易变动。

东川兵至阆州,诸将皆曰:"重璋久蓄反谋,以金帛啖其士卒,锐气不可当,宜深沟高垒以挫之,不过旬日,大军至,贼自走矣。"李仁矩曰:"蜀兵懦弱,安能当我精卒!"遂出战,兵未交而溃归。董璋昼夜攻之,庚辰,城陷,杀仁矩,灭其族。初,璋为梁将,指挥使姚洪尝隶麾下,至是,将兵千人戍阆州;璋密以书诱之,洪投诸厕。

【译文】东川的兵马进到阆州,戍守的诸将都说:"董璋早就存有反叛的野心,用金银财帛讨好他的士卒,他的部队锐气勇不可挡,我们应该构筑深沟高垒来挫挫他的锐气,不要十天,朝廷的救援大军一到,贼人自然就会逃散了。"李仁矩说:"蜀兵懦弱没有战斗力,怎能抵挡我军的精兵强卒!"于是就调兵出战,还没有接战就溃不成军逃了回来。于是董璋日夜进攻,庚辰日(二十日),阆州城陷落,董璋杀了李仁矩,并且灭了他全族。过去,董璋在后梁为将时,指挥使姚洪曾经隶属于他的部下,此时正领兵千人戍守阆州;董璋事先秘密地写信向他招降,姚洪把信扔到厕所。

城陷,璋执洪而让之曰:"吾自行间奖拔汝,今日何相负?"

洪曰："老贼！汝昔为李氏奴，扫马粪，得胾炙，感恩无穷。今天子用汝为节度使，何负于汝而反邪？汝犹负天子，吾受汝何恩，而云相负哉！汝奴材，固无耻；吾义士，岂忍为汝所为乎！吾宁为天子死，不能与人奴并生！"璋怒，然镬于前，令壮士十人刲其肉自啖之，洪至死骂不绝声。帝置洪二子于近卫，厚给其家。

甲申，以范延光为枢密使，安重诲如故。

【译文】城被攻陷后，董璋把姚洪抓起来责问说："我过去在行伍间提拔你，你今天怎么负我？"姚洪骂说："老贼！你从前在李姓富人家当奴才，给人扫马粪，得到一丁点肉吃，你就觉得感恩不尽。现在天子任用你当节度使，有哪点对不起你而你却要造反？你自己负天子，我又受过你什么恩，竟然说我负你？你是个奴才胚子，本来就无耻；我是个义士，难道还肯跟你一样？我宁愿为天子死，也不能和你这个奴才并生！"董璋大怒，就在面前烧起一个大锅，命令十名壮士把他的肉煮来吃，姚洪到死前还一直不停地大骂。明宗李嗣源把姚洪的两个儿子·安置在侍卫中，优厚地抚恤他的家属。

甲申日（二十四日），任命范延光为枢密使，安重诲任职如故。

丙戌，下制削董璋官爵，兴兵讨之。丁亥，以孟知祥兼西南面供馈使。以天雄节度石敬瑭为东川行营都招讨使，以夏鲁奇为之副。

璋使孟思恭分兵攻集州，思恭轻进，败归；璋怒，遣还成都，知祥免其官。

戊子，以石敬瑭权知东川事。庚寅，以右武卫上将军王思同为西都留守兼行营马步都虞候，为伐蜀前锋。

汉主遣其将梁克贞、李守鄘攻交州，拔之，执静海节度使曲承美以归，以其将李进守交州。

【译文】丙戌日（二十六日），明宗下令削去董璋的官职爵位，并且派兵前往讨伐。丁亥日（二十七日），任命孟知祥兼任西南供馈使，任用天雄节度使石敬瑭为东川行营都招讨使，夏鲁奇为他的副手。

董璋派孟思恭分领一部分军队进攻集州，孟思恭轻躁进军，大败逃回；董璋很生气，就把他遣回成都，孟知祥免去他的官职。

戊子日（二十八日），任命石敬瑭暂时主持东川的事务。庚寅日（三十日），任用右武卫上将军王思同为西都留守兼行营马步都虞候，做伐蜀前锋。

汉主派遣将领梁克贞、李守鄘进攻交州，攻下了，活捉静海节度使曲承美回去，又任命将领李进驻守交州。

冬，十月，癸巳，李仁罕围遂州，夏鲁奇婴城固守；孟知祥命都押牙高敬柔帅资州义军二万人筑长城环之。鲁奇遣马军都指挥使康文通出战，文通闻阆州陷，遂以其众降于仁罕。

戊戌，董璋引兵趣利州，遇雨，粮运不继，还阆州。知祥闻之，惊曰："比破阆中，正欲径取利州，其帅不武，必望风遁去。吾获其仓廪，据漫天之险，北军终不能西救武信。今董公僻处阆州，远弃剑阁，非计也。"欲遣兵三千助守剑门；璋固辞曰："此已有备。"

【译文】冬季，十月，癸巳日（初三日），李仁罕包围遂州，夏鲁奇依城抵御固守；孟知祥命令都押牙高敬柔率领资州的义军两万人，建筑一道长城把遂州团团围住。夏鲁奇派遣马军都指挥使康文通出城作战，康文通一听说阆州已经陷落，便带领他的部众投降李仁罕。

戊戌日（初八日），董璋带领人马攻向利州，途中遇到大雨，粮秣运输跟不上，又回阆州。孟知祥听到这消息，大吃一惊，说："刚攻破阆中，正应该直取利州，利州的守将胆怯，一定会望风逃去，我们获得利州的储粮，然后据守漫天寨的险要，北方的援军就没有办法往西救援武信。现在董公局促在阆州，抛了剑阁，这不是好办法。"准备派兵三千帮助守卫剑门；董璋坚决拒辞说："此事已经有了准备。"

钱镠因朝廷册闽王使都裴羽还，附表引咎；其子传瓘及将佐屡为镠上表自诉。癸卯，敕听两浙纲使自便。

以宣徽北院使冯赟为左卫上将军、北都留守。

丁未，族诛董光业。

楚王殷寝疾，遣使诣阙，请传位于其子希声。朝廷疑殷已死，辛亥，以希声为起复武安节度使兼侍中。

孟知祥以故蜀镇江节度使张武为峡路行营招收讨伐使，将水军趣夔州，以左飞棹指挥使袁彦超副之。癸丑，东川兵陷征、合、巴、蓬、果五州。

【译文】钱镠趁着朝廷册封闽王的使者裴羽还朝的机会，附呈一张奏表向明宗李嗣源请罪；他的儿子钱传瓘和将帅们也屡次上表给明宗为他辩解。癸卯日（十三日），明宗下敕文，释放两浙纲使，听其自便。

任命宣徽北院使冯赟为左卫上将军、北都留守。

丁未日（十七日），诛杀董璋全族。

楚王马殷病得很严重，派遣使者到京城，请求朝廷允许他传位给儿子马希声。朝廷怀疑马殷已死，辛亥日（二十一日），便把马希声起用复职为武安节度使兼侍中。

孟知祥任命故蜀镇江节度使张武为峡路行营招收讨伐使，率领水军进逼夔州，并且任命左飞棹指挥使袁彦超为他的副帅。癸丑日（二十三日），东川兵攻陷征、合、巴、蓬、果五州。

丙辰，吴左仆射、同平章事严可求卒。徐知诰以其长子大将军景通为兵部尚书、参政事，知诰将出镇金陵故也。

汉将梁克贞入占城，取其宝货以归。

十一月，戊辰，张武至渝州，刺史张环降之，遂取泸州，遣先锋将朱偓分兵趣黔、涪。

己巳，楚王殷卒，遗命诸子，兄弟相继；置剑于祠堂，曰："违吾命者戮之！"诸将议遣兵守四境，然后发丧，兵部侍郎黄损曰："吾丧君有君，何备之有！宜遣使诣邻道告终称嗣而已。"

【译文】丙辰日（二十六日），吴国左仆射、同平章事严可求过世。徐知诰任命他的长子大将军徐景通为兵部尚书、参政事，这是因为徐知诰要亲自出镇金陵的缘故。

南汉大将梁克贞攻入占城，掠取占城的财宝货物而归。

十一月，戊辰日（初九日），张武到达渝州，渝州刺史张环向他投降，于是张武攻下泸州，派遣先锋将朱偓分领部队进逼黔州、涪州。

己巳日（初十日），楚王马殷去世，遗命给几个儿子，要兄死弟续；并且在祠堂安置了一把宝剑，说："如果有人违背我的遗命就斩杀他。"将领们原商议要派兵把守四方国境，然后再发布死讯，兵部侍郎黄损说："我们死了国君，但是另有新君，何必要事先防备，应该派遣使者到各个邻郡去说明先君去世、后君嗣位。"

石敬瑭入散关，阶州刺史王经贽、泸州刺史冯晖与前锋马步都虞候王思同、步军都指挥使赵在礼引兵出人头山后，过剑门之南，还袭剑门，壬申，克之，杀东川兵三千人，获都指挥使齐彦温，据而守之。晖，魏州人也。甲戌，弘贽等破剑州，而大军不继，乃焚其庐舍，取其资粮，还保剑门。

乙亥，诏削孟知祥官爵。

己卯，董璋遣使至成都告急。知祥闻剑门失守，大惧，曰："董公果误我!"庚辰，遣牙内都指挥使李肇将兵五千赴之，戒之曰："尔倍道兼行，先据剑州，北军无能为也。"又遣使诣遂州，令赵廷隐将万人会屯剑州。又遣故蜀永平节度使李筠将兵四千趣龙州，守要害。时天寒，士卒恐惧，观望不进，廷隐流涕谕之曰："今北军势盛，汝曹不力战却敌，则妻子皆为人有矣。"众心乃奋。

【译文】后唐石敬瑭进入散关，阶州刺史王弘贽、泸州刺史冯晖与前锋马步都虞候王思同、步兵都指挥使赵在礼带领军队出人头山后，经过剑门的南边，再回头攻击剑门，壬申日（十三日）攻下了，斩杀三千名东川的兵士，俘虏都指挥使齐彦温，于是就占据该地防守。冯晖是魏州人。甲戌日（十五日），弘贽等攻破剑州，后续大军接继不上，于是就放火把房子烧了，运走粮草，又退回剑门防守。

乙亥日（十六日），明宗李嗣源下诏免去孟知祥的官职爵位。

己卯日（二十日），董璋派使者到成都告急。孟知祥听说剑门失守，大为恐惧，并说："董璋果然贻误于我!"庚辰日（二十一日），派遣牙内都指挥使李肇率领五千名士兵赶去救援，并且告诫他说："你要日夜兼程赶路，先占据剑州，北面的官军就无可

资治通鉴

奈何了。"又派遣使者前往遂州，命令赵廷隐率领一万名士卒赶往剑州会师。又派遣故蜀永平节度使李筠率领四千名士卒赶往龙州，守住要害。当时天气寒冷，士卒们都害怕，观望徘徊，不肯前进，赵廷隐流着眼泪告诉他们说："现在北军气势强盛，你们如不竭尽全力去抵挡敌军，那样老婆孩子就都要为别人所有！"兵众的心情才激奋起来。

　　董璋自阆州将两川兵屯木马寨。

　　先是，西川牙内指挥使太谷庞福诚、昭信指挥使谢锽屯来苏村，闻剑门失守，相谓曰："使北军更得剑州，则二蜀势危矣。"遂引部兵千馀人间道趣剑州。始至，官军万馀人自北山大下，会日暮，二人谋曰："众寡不敌，逮明则吾属无遗矣。"福诚夜引兵数百升北山，大噪于官军营后，锽帅馀众操短兵自其前急击之；官军大惊，空营遁去，复保剑门，十馀日不出。孟知祥闻之，喜曰："吾始谓弘赟等克剑门，径据剑州，坚守其城，或引兵直趣梓州，董公必弃阆州奔还；我军失援，亦须解遂州之围。如此则内外受敌，两川震动，势可忧危；今乃焚毁剑州，运粮东归剑门，顿兵不进，吾事济矣。"

　　官军分道趣文州，将袭龙州，为西川定远指挥使潘福超、义胜都头太原沙延祚所败。

　　【译文】董璋从阆州率领两川的部队屯驻在木马寨。

　　起先，西川牙内指挥使太谷人庞福诚、昭信指挥使谢锽屯驻来苏村，听到剑门失守，相互说道："如果北军再攻下剑州，那么两蜀的局势就危险了。"于是立刻率领所属的部队一千余人抄近路赶往剑州。这时朝廷派来的官军有一万多人，正从北山大批南下，当时已是黄昏，庞福诚、谢锽商议说："我们寡不敌众，要是等到天明，我们的人就没有存活的了。"于是庞福诚趁着黑夜率领几百名部属登上北山，在官军的营后大声鼓噪，谢锽率领其余部队持着短刀从正面猛烈进攻，官军大吃一惊，全营的人都逃光，又退回到剑门防守，十多天不敢出来。孟知祥听到这一消息，十分高兴地说："我原来认为王弘贽等人攻下剑门后，会直接攻取剑州，坚守剑州城，或者率兵直逼梓州，这一来董公一定要丢弃阆州逃回去；我们的部队失去援助，也势必要解除对遂州的包围。如此一来，就内外受敌，两川震动，形势令人担心；现在，他们焚毁剑州，掠运粮食东归剑门，屯扎兵马不再前进，我的事情就好办了。"

官军分路赶往文州，将要攻击龙州，被西川定远指挥使潘福超、义胜都头太原人沙延祚击败。

甲申，张武卒于渝州；知祥命袁彦超代将其兵。

朱瑰将至涪州，武泰节度使杨汉宾弃黔南，奔忠州；瑰追至丰都，还取涪州。知祥以成都支使崔善权武泰留后。董璋遣前陵州刺史王晖将兵三千会李肇等分屯剑州南山。

丙戌，马希声袭位，称遗命去建国之制，复藩镇之旧。

契丹东丹王突欲自以失职，帅部曲四十人越海自登州来奔。

【译文】甲申日（二十五日），张武在渝州去世；孟知祥命令袁彦超代替他统率军队。

朱瑰将要到达涪州的时候，武泰节度使杨汉宾抛弃黔南，逃奔忠州；朱瑰追击到丰都，然后回师占领涪州。孟知祥任命成都支使崔善暂时代理武泰留后。董璋派前陵州刺史王晖领兵三千会合李肇等分别屯驻剑州南山。

丙戌日（二十七日），马希声继承楚王爵位，并且声称先王遗命废去先前建国的制度，恢复节度使藩镇的旧制。

契丹的东丹王突欲认为失去继承王位的地位，于是率领亲信四十人渡过渤海，从登州来投奔后唐。

十二月，壬辰，石敬瑭至剑门。乙未，进屯剑州北山；赵廷隐陈于牙城后山，李肇、王晖陈于河桥。敬瑭引步兵进击廷隐，廷隐择善射者五百人伏敬瑭归路，按甲待之，矛稍欲相及，乃扬旗鼓噪击之，北军退走，颠坠下山，俘斩百馀人。敬瑭又使骑兵冲河桥，李肇以强弩射之，骑兵不能进。薄暮，敬瑭引去，廷隐引兵蹑之，与伏兵合击，败之。敬瑭还屯剑门。

癸卯，夔州奏复取开州。

庚戌，以武安节度使马希声为武安、静江节度使，加兼中书令。

【译文】十二月，壬辰日（初三日），石敬瑭率军到剑门；乙未日（初六日），进军屯驻剑州北山。赵廷隐的部队部署在牙城的后山，李肇、王晖的部队则部署在河桥。石敬瑭率领步兵进攻赵廷隐，赵廷隐选五百名神箭手埋伏在石敬瑭的归路上，悄然无声地等待他的来临；到了双方的部队接近兵矛都快要碰到一起的时候，才扬旗击鼓呐喊出击，北军败退逃走，跌落到山谷底下，被俘虏和斩杀的有一百多人。石敬瑭又派出骑兵向河桥冲锋，李肇下令用强弩射击，骑兵没有办法前进。傍晚，石敬瑭引兵退去，赵廷隐领兵潜随其后，与伏兵联合进击，打败石敬瑭的兵众。石敬瑭还军屯扎在剑门。

癸卯日（十四日），夔州启奏说又收复开州。

庚戌日（二十一日），任命武安节度使马希声为武安、静江节度使，加任兼中书令。

石敬瑭征蜀未有功，使者自军前来，多言道险狭，进兵甚难，关右之人疲于转饷，往往窜匿山谷，聚为盗贼。上忧之，壬子，谓近臣曰："谁能办吾事者！吾当自行耳。"安重诲曰："臣职忝机密，军威不振，臣之罪也，臣请自往督战。"上许之。重诲即拜辞，癸丑，遂行，日驰数百里。西方藩镇闻之，无不惶骇。钱帛、刍粮昼夜辇运赴利州，人畜毙踣于山谷者不可胜纪。时上已疏重诲，石敬瑭本不欲西征，及重诲离上侧，乃敢累表奏论，以为蜀不可伐，上颇然之。

西川兵先戍夔州者千五百人，上悉纵归。

【译文】石敬瑭征蜀未能取得功效，使者从前线来到朝廷，大多诉说道路艰险狭窄，进兵极为困难，函谷关以西的人为军队转运粮饷，搞得很疲惫，往往逃窜躲藏到山谷中，聚合当盗贼。明宗李嗣源很忧虑，壬子日（二十三日），对亲近大臣们说："有谁能替我办事？看来我必须亲自出征了。"安重诲说："臣的职位忝为参与机密，军威不振，这是臣的罪过，臣请求亲自前往前线督战。"明宗批准了。重诲立即拜辞明宗，癸丑日（二十四日），便上路，每天奔驰数百里。西方关中一带的藩镇听到这件事，没有不惊惶害怕的。于是钱帛、粮草日夜运往利州，人马倒毙在山谷中的不知道有多少。当时明宗李嗣源已经疏远安重诲，石敬瑭本来就不愿意西征，这时重诲离开明宗身边，于是才敢几次上表向明宗报告，认为蜀地实在不适宜出兵讨伐，明宗深以为然。

西川士卒原先有一千五百人戍守夔州，明宗李嗣源下令都放他们回去。

长兴二年（辛卯，公元九三一年）春，正月，壬戌，孟知祥奉表谢。

庚午，李仁罕陷遂州，夏鲁奇自杀。

癸酉，石敬瑭复引兵至剑州，屯于北山。孟知祥枭夏鲁奇首以示之。鲁奇二子从敬瑭在军中，泣请往取其首葬之，敬瑭曰："知祥长者，必葬而父，岂不逾于身首异处乎！"既而知祥果收葬之。敬瑭与赵廷隐战不利，复还剑门。

丙戌，加高从诲兼中书令。

东川归合州于武信军。

【译文】长兴二年（辛卯，公元931年）春季，正月，壬戌日（初三日），孟知祥上表感谢朝廷遣还戍兵。

庚午日（十一日），川军李仁罕攻陷遂州，官军守将夏鲁奇自杀。

癸酉日（十四日），石敬瑭再次引兵到剑州，屯驻北山。孟知祥斩下夏鲁奇的脑袋，挂在长竿上警示北军。夏鲁奇的两个儿子随从石敬瑭在军中，哭着请求要前去夺取他们父亲的脑袋回来安葬，石敬瑭说："孟知祥是一个长者，他一定会安葬你们的父亲，这难道不比你们取回脑袋让你们父亲身首异处要好吗？"后来孟知祥果然收了夏鲁奇的尸体安葬。石敬瑭同赵廷隐交战不能取得胜利，又还军剑门。

丙戌日（二十七日），加任高从诲兼任中书令。

东川把原先占领的合州归还给武信军。

初，凤翔节度使朱弘昭诣事安重海，连得大镇。重海过凤翔，弘昭迎拜马首，馆于府舍，延入寝室，妻子罗拜，奉进酒食，礼甚谨。重海为弘昭泣言："谗人交构，几不免，赖主上明察，得保宗族。"重诲既去，弘昭即奏"重诲怨望，有恶言，不可令至行营，恐夺石敬瑭兵柄。"又遗敬瑭书，言"重诲举措孟浪，若至军前，恐将士疑骇，不战自溃，宜逆止之。"敬瑭大惧，即上言：重诲至，恐人情有变，宜急征还。"宣徽使孟汉琼自西方还，亦言重诲过恶，有诏召重诲还。

【译文】起初，凤翔节度使朱弘昭讨好安重诲，连连得以领治大的节镇。安重诲经过凤翔的时候，朱弘昭到马前来迎接，接待到府舍中，延请安重诲到他寝室，叫妻子儿女都出来拜见，又进奉酒食，对他执礼非常恭谨。安重诲流泪对朱弘昭说："小人用逸言构陷我，几乎得罪不能免死，幸亏仰赖君主洞察明透，才得以保全我的宗族。"安重诲离去以后，朱弘昭就向明宗李嗣源启奏说："安重诲说坏话，埋怨皇上，绝不能让他到行营，不然恐怕会抢夺石敬瑭的兵权。"又写信告诉石敬瑭说："安重诲的行为非常乖张，如果到了前线，恐怕将士们会惊疑害怕，这一来部队不必等到交战就会自行溃散，最好能阻止他。"石敬瑭非常害怕，立刻向明宗启奏说："安重诲如果前来，恐怕军士们的情绪会有变化，最好赶快把他征召回去。"此时，宣徽使孟汉琼从西面前线回朝，也奏说安重诲的过失和罪行，于是明宗下诏召唤安重诲还京。

二月，己丑朔，石敬瑭以遂、阆既陷，粮运不继，烧营北归。军前以告孟知祥，知祥匿其书，谓赵季良曰："北军渐进，奈何？"季良曰："不过绵州，必遁。"知祥问其故，曰："我逸彼劳，彼悬军千里，粮尽，能无遁乎！"知祥大笑，以书示之。

安重诲至三泉，得诏亟归；过凤翔，朱弘昭不内，重诲惧，驰骑而东。

两川兵追石敬瑭至利州，壬辰，昭武节度使李彦琦弃城走；甲午，两川兵入利州。孟知祥以赵廷隐为昭武留后，廷隐遣使密言于知祥曰："董璋多诈，可与同忧，不可与共乐，他日必为公患。因其至剑州劳军，请图之，并两川之众，可以得志于天下。"知祥不许。璋入廷隐营，留宿而去。廷隐叹曰："不从吾谋，祸难未已！"

【译文】二月，己丑朔日（初一日），石敬瑭认为遂州、阆州已经陷落，粮草运输接继不上，于是放火烧了军营，率军北返。西川的前线部队立刻把这情形报告给孟知祥，孟知祥把报告的文书藏起来，故意问赵季良说："北军一直进逼，要怎么办？"赵季良说："他们到不了绵州，必然要退回去。"孟知祥问是什么原因，赵季良说："论形势我们安逸，他们疲劳，他们又孤军深入千里，粮草若吃尽，还能不撤回去吗？"孟知祥听了哈哈大笑，把前线传回的文书拿给他看。

安重诲到达三泉的时候，得到明宗李嗣源的诏书，要他立即回朝廷；回程经过凤翔的时候，朱弘昭不接纳他进城，安重诲害怕，快马驰奔向东续进。

两川兵马追赶石敬瑭到利州，壬辰日（初四日），昭武节度使李彦琦抛弃城池逃走；甲午日（初六日），两川的部队进入利州。孟知祥任命赵廷隐为昭武留后，赵廷隐派遣使者秘密地向孟知祥建议说："董璋这个人生性多诈，只能和他同忧患，不能和他共享乐，以后一定会成为您的祸患。不如趁着他到剑州劳军的时候解决他，然后合并两川的部众，您将来就可以取得天下了。"孟知祥不答应。董璋来到赵廷隐的军营，留住一夜而去。赵廷隐叹息说："不依我的计谋，祸害难以制止了。"

庚子，孟知祥以武信留后李仁罕为峡路行营招讨使，使将水军东略地。

辛丑，以枢密使兼中书令安重诲为护国节度使。赵凤言于上曰："重诲陛下家臣，其心终不叛主，但以不能周防，为人所谮；陛下不察其心，重诲死无日矣。"上以为朋党，不悦。

乙巳，赵廷隐、李肇自剑州引还，留兵五千戍利州。丙午，董璋亦还东川，留兵三千戍果、阆。

【译文】庚子日(十二日)，孟知祥任命武信留后李仁罕为峡路行营招讨使，让他率领水军往东攻占地盘。

辛丑日(十三日)，任用枢密使兼中书令安重诲为护国节度使。赵凤向明宗李嗣源启奏说："安重诲是陛下的家臣；他的内心是绝对不会背叛陛下的，只是因为做人做事不够周密，被别人谗言陷害；陛下如果不能明察他的心迹，安重诲恐怕就活不久了。"明宗认为赵凤与安重诲结为朋党，不高兴。

乙巳日(十七日)，赵廷隐、李肇从剑州率兵回成都，留下五千名部队戍守利州。丙午日(十八日)，董璋也回东川，只留下三千士卒戍守果州、阆州。

丁巳，李仁罕陷忠州。

吴徐知诰欲以中书侍郎、内枢使宋齐丘为相，齐丘自以资望素浅，欲以退让为高，谒归洪州葬父，因入九华山，止于应天寺，启求隐居；吴主下诏征之，知诰亦以书招之，皆不至。知诰遣其子景通自入山敦谕，齐丘始还朝，除右仆射致仕，更命应天寺曰征贤寺。

三月，己未朔，李仁罕陷万州；庚申，陷云安监。

辛酉，赐契丹东丹王突欲姓东丹，名慕华，以为怀化节度使，瑞、慎等州观察使；其部曲及先所俘契丹将惕隐等，皆赐姓名。

惕隐姓狄，名怀惠。

【译文】丁巳日(二十七日)，李仁罕攻陷忠州。

吴国的徐知诰准备任命中书侍郎、内枢密使宋齐丘为宰相，宋齐丘认为自己的资历、声望都很浅，想用谦让的姿态来显示清高，于是报请回洪州安葬父亲，趁机进入九华山，停留在应天寺，然后上表请求朝廷准许他隐居；吴主杨溥下诏征召他，徐知诰也亲自写信招请他，他都不回来。徐知诰派其子徐景通亲自入山敦促劝说，宋齐丘才回朝，封为右仆射，让他告老退休，把应天寺改名为"征贤寺"。

三月，己未朔日(初一日)，李仁罕攻陷万州；庚申日(初二日)，又攻陷云安监。

辛酉日(初三日)，赐给契丹东丹王突欲姓东丹，名慕华，并且任命他为怀化节度使、瑞慎等州观察使；他的家兵和以前俘获的契丹酋长惕隐等人都赐姓名。惕隐姓狄，名怀惠。

李仁罕至夔州，宁江节度使安崇阮弃镇，与杨汉宾自均、房逃归；壬戌，仁罕陷夔州。

帝既解安重诲枢务，乃召李从珂，泣谓曰："如重诲意，汝安得复见吾！"丙寅，以从珂为左卫大将军。

壬申，横海节度使、同平章事孔循卒。

乙酉，复以钱镠为天下兵马都元帅、尚父、吴越国王，遣监门上将军张篯往谕旨，以向日致仕，安重诲矫制也。

丁亥，以太常卿李愚为中书侍郎、同平章事。

【译文】李仁罕到达夔州，宁江节度使安崇阮抛弃镇地，和杨汉宾从均州、房州逃回去；壬戌日(初四日)，李仁罕攻陷夔州。

后唐明宗李嗣源解除安重诲的枢机职务后，召见李从珂，流着泪对他说："如果先前按照安重诲的意思，你现在怎么还能见到我？"丙寅日（初八日），任命李从珂为左卫大将军。

壬申日（十四日），横海节度使、同平章事孔循去世。

乙酉日（二十七日），又任命钱镠为天下兵马都元帅、尚父、吴越国王，并派遣监门上将军张篯前去宣谕明宗的旨意，告诉钱镠过去朝廷强迫他退休，是安重诲假托诏命所为。

丁亥日（二十九日），任命太常卿李愚为中书侍郎、同平章事。

夏，四月，辛卯，以王德妃为淑妃。

闽奉国节度使兼中书令王延禀闻闽王延钧有疾，以次子继升知建州留后，帅建州刺史继雄将水军袭福州。癸卯，延禀攻西门，继雄攻东门；延钧遣楼船指挥使王仁达将水军拒之。仁达伏甲舟中，伪立白帜请降，继雄喜，屏左右，登仁达舟慰抚之；仁达斩继雄，枭首于西门。延禀方纵火攻城，见之，恸哭，仁达因纵兵击之，众溃，左右以斛舁延禀而走，甲辰，追擒之。延钧见之曰："果烦老史再下！"延禀惭不能对。延钧因于别室，遣使者如建州招抚其党；其党杀使者，奉继升及弟继伦奔吴越。仁达，延钧从子也。

以宣徽北院使赵延寿为枢密使。

【译文】夏季，四月，辛卯日（初三日），把王德妃升为淑妃。

闽国奉国节度使兼中书令王延禀听说闽王王延钧有病，委任他的次子王继升为建州留后，自己带领建州刺史王继雄统率水军进袭福州。癸卯日（十五日），王延禀进攻西门，王继雄进攻东门。王延钧派遣楼船指挥使王仁达率领水军抵御。王仁达在船上埋伏甲士，然后竖白旗假装投降，王继雄一看，十分高兴，连身边的侍卫也不带，一个人登上王仁达的船来慰抚他；王仁达斩杀王继雄，把他的脑袋挂在竿上，竖在西门。王延禀正放火攻城，看到王继雄的脑袋，大哭，王仁达于是派兵进击，王延禀的部队就溃散，左右亲信用斛抬着他逃走，甲辰日（十六日），王仁达追上抓获了王延禀。王延钧见到他说："果然麻烦你老兄再下福州！"王延禀惭愧得无话可答。王延钧把他囚禁在别室，派遣使者到建州招抚他的党羽，不料王延禀的党羽杀了使者，拥护着王继升和他的弟弟王继伦投奔吴越去了。王仁达是王延钧的侄儿。

任用宣徽北院使赵延寿为枢密使。

己酉，天雄节度使、同平章事石敬瑭兼六军诸卫副使。

辛亥，以朱弘照为宣徽南院使。

五月，闽王延钧斩王延禀于市，复其姓名曰周彦琛，遣其弟都教练使延政如建州抚慰吏民。

丁卯，罢亩税麹钱，城中官造麹减旧半价，乡村听百姓自造；民甚便之。

【译文】己酉日（二十一日），天雄节度使、同平章事石敬瑭兼任六军诸卫副使。

辛亥日（二十三日），任用朱弘照为宣徽南院使。

五月，闽王王延钧下令把王延禀押到街市上斩杀，恢复其原姓名周彦琛，派遣他的弟弟都教练使王延政到建州去抚慰官吏、百姓。

丁卯日（初十日），停止计亩收酒税钱，城内官造按旧价减半，乡村听由百姓自己制造；民众觉得很方便。

己卯，以孟汉琼知内侍省事，充宣徽北院使。汉琼，本赵王镕奴也。时范延光、赵延寿虽为枢密使，惩安重诲以刚愎得罪，每于政事不敢可否；独汉琼与王淑妃居中用事，人皆惮之。先是，宫中须索稍逾常度，重诲辄执奏，由是非分之求殆绝。至是，汉琼直以中宫之命取府库物，不复关由枢密院及三司，亦无语文书，所取不可胜纪。

辛巳，以相州刺史孟鹄为左骁卫大将军，充三司使。

昭武留后赵廷隐自成都赴利州，逾月，请兵进取兴元及秦、凤；孟知祥以兵疲民困，不许。

【译文】己卯日（二十二日），任命孟汉琼掌理内侍省的事务，充任宣徽北院使。孟汉琼本来是赵王王镕的家奴。当时范延光、赵延寿虽然名为枢密使，但是鉴于安重诲刚愎自用而获罪，所以对于朝廷的政事往往都不敢表示明确的意见；只有孟汉琼和王淑妃在宫中掌权，得到明宗李嗣源的信任，所以大家都很害怕他们。起初，宫中需要和索取稍有超越正常用度，安重诲就抓住上奏后唐明宗李嗣源，因此非分的求取几乎断绝。到了这时候，孟汉琼干脆就以中宫的命令直接取用府库的东西，不再经由枢密院和三司，也没有正式的文书，因此取用的东西就不晓得有多少。

辛巳日（二十四日），任用相州刺史孟鹄为左骁卫大将军，充任三司使。

昭武留后赵廷隐从成都前往利州，过了一个月，就请求增派部队，进攻兴元和秦州、凤州；孟知祥认为士卒疲乏，百姓困顿，没有答应他。

护国节度使兼中书令安重诲内不自安，表请致仕；闰月，庚寅，制以太子太师致仕。是日，其子崇赞、崇绪逃奔河中。

壬辰，以保义节度使李从璋为护国节度使。甲午，遣步军指挥使药彦稠将兵趣河中。

安崇赞等至河中，重诲惊曰："汝安得来？"既而曰："吾知之矣，此非渠意，为人所使耳。吾以死徇国，夫复何言！"乃执二子表送诣阙。

【译文】护国节度使兼中书令安重诲内心觉得不安，就上表向明宗李嗣源请求告老退休；闰月，庚寅日（初三日），后唐明宗李嗣源下诏让他以太子太师衔告老退休。就在这一天，他的儿子安崇赞、安崇绪逃奔河中。

壬辰日（初五日），明宗任命保义节度使李从璋为护国节度使。甲午日（初七日），又派遣步军指挥使药彦稠率兵前往河中。

安崇赞等人到了河中，安重诲吃惊地说："你们为什么来这里？"停了一下子，又说，"我知道了，这不是你们的本意，这是别人要你们来的。我以死殉国，还有什么话说呢？"于是就把两个儿子抓起来，然后附了奏表一起送往京城去。

明日，有中使至，见重诲，恸哭久之；重诲问其故，中使曰："人言令公有异志，朝廷已遣药彦稠将兵至矣。"重诲曰："吾受国恩，死不足报，敢有异志，更烦国家发兵，贻主上之忧，罪益重矣。"崇赞等至陕，有诏系狱。皇城使翟光邺素恶重诲，帝遣诣河中察之，曰："重诲果有异志则诛之。"光邺至河中，李从璋以甲士围其第，自入见重诲，拜于庭下。重诲惊，降阶答拜，从璋奋挝击其首；妻张氏惊救，亦挝杀之。

奏至，己亥，下诏，以重诲离间孟知祥、董璋、钱镠为重诲罪，又诬其欲自击淮南以图兵柄，遣元随窃二子归本道；并二子诛之。

【译文】第二天，有内廷使者到来，见到安重诲，悲痛啼哭不止；安重诲问是什么缘故，宫中的使者说："大家都传言令公有反叛的野心，朝廷已派遣药彦稠率兵前来，就快到这里了。"安重诲说："我受到国家的大恩，就算死了也不足以报答，怎敢有反叛的野心呢？又劳烦国家兴师动众，给皇上添忧愁，这样我的罪过就更重了。"安崇赞兄弟二人被押解到陕州的时候，明宗李嗣源传来诏书命令把他们囚禁在监狱里。皇城使翟光邺平时很厌恶安重诲，明宗派遣他前往河中察看，并且交代说："安重诲如果有反叛的野心就把他杀了。"翟光邺到达河中后，李从璋就率领甲士包围了安重诲的府第，然后自己进去见安重诲，在庭中就拜了下去。安重诲大惊，走下台阶答拜，李从璋猛然奋起用锤挝击碎他的头部；安妻张氏惊慌援救，也被击毙。

河中的报告到达京城，己亥日（十二日），明宗下诏，宣布安重诲的罪状为离间孟知祥、董璋、钱镠等和朝廷的关系，并且诬指他想亲自率兵进攻淮南，好夺取兵权，又派人偷偷地把两个儿子带往他镇守的本道；于是连安重诲两个儿子也一并诛杀。

【乾隆御批】重诲性愎，擅权久，为中外侧目。其因从珂杯酒小嫌，构难泄忿，阴险尤不可测，而祸机亦伏于此，且于庄宗亲属，密谋而尽杀之，尤为神人所愤。使声罪，以正其诛，天下非惟不以为冤，而且以为快。顾举知祥、钱镠诸事以实之，则非其罪矣。刘、尹诸家不于此持论，而斤斤于既致仕则可以无罚，并惜其不相时，而仕乱世，皆不免拘墟之见也。

【译文】安重诲生性刚愎，专权已久，朝廷内外都对他侧目而视。

他因与李从珂有杯酒的小嫌隙，便构难泄忿，他的阴险更加深不可测，而且也由此伏下祸机，况且和庄宗的亲属密谋而把他们全部杀掉，更使神、人共愤。假使声讨他的罪行，正之以诛，天下人不但不会认为他冤枉，而且会认为这是一件大快人心之事。回过头来再例举孟知祥、钱镠这些事作为他犯罪的事实依据，就不是他的罪过了。刘、尹诸家不在这一点上特别评论，而是斤斤计较于做官就可以不受责罚，并可惜安重诲不相时而动，而在乱世为仕，这些都不免拘泥于鄙陋之见了。

【申涵煜评】重诲甚类崇韬，以藩邸旧人，刚愎使气，虽有取祸之道，实无悖主之心，乃谗毁交，至身首不保。至以专命，兴兵为词，则非其罪矣，总是一班不识字君臣，全不知上下之体。

【译文】安重诲非常类似郭崇韬，以藩王府的旧人，刚愎自用任性使气，虽然有取祸之道，实在没有违背君主的心，于是诬陷诋毁所交，直到性命不保。至于他不顺上命，发兵为词，就不是他的过错了，总是这一班不认识字的君臣，完全不知道君臣之体造成的。

丙午，帝遣西川进奏官苏愿、东川军将刘澄各还本道，谕以安重诲专命，兴兵致讨，今已伏辜。

六月，乙丑，复以李从珂同平章事，充西都留守。

丙子，命诸道均民田税。

闽王延钧好神仙之术，道士陈守元、巫者徐彦林、兴盛韬共诱之作宝皇宫，极土木之盛，以守元为宫主。

【译文】丙午日（十九日），后唐明宗李嗣源派西川进奏官苏愿、东川军将领刘澄各自回到本军镇所，告谕两川说因安重诲专权，朝廷对他兴兵讨伐两川，现在安重诲已经伏罪死亡。

六月，乙丑日（初九日），重新任命李从珂同平章事，充任西都留守。

丙子日(二十日),后唐朝廷命令所辖诸道均衡民众的田税。

闽王王延钧喜好神仙之术,道士陈守元、巫者徐彦林和盛韬等一起劝他建宝皇宫,规模盛大,王延钧就任命陈守元为宫主。

秋,九月,己亥,更赐东凡慕华姓名曰李赞华。

吴镇南节度使、同平章事徐知谏卒;以诸道副都统、镇海节度使、守中收令徐知询代之,赐爵东海郡王。徐知诰之召知询入朝也,知谏豫其谋。知询遇其丧于涂,抚棺泣曰:"弟用心如此,我亦无憾,然何面见先王于地下乎!"

辛丑,加枢密使范延光同平章事。

辛亥,敕解纵五坊鹰隼,内外无得更进。冯道曰:"陛下可谓仁及禽兽。"上曰:"不然。朕昔尝从武皇猎,时秋稼方熟,有兽逸入田中,遣骑取之,比及得兽,馀稼无几。以是思之,猎有损无益,故不为耳。"

【译文】秋季,九月,己亥日(十五日),重新赐予东丹慕华的姓名为李赞华。

吴国的镇南节度使、同平章事徐知谏去世;任命诸道副都统、镇海节度使、守中书令徐知询接替他的职务,并且赐爵号为东海郡王。徐知诰召徐知询入朝的时候,徐知谏也参与这件事的谋划。徐知询上任的时候,在路上遇见他的归葬行列,就抚着棺木哭着说:"老弟对我如此用心,我也不怨恨你,然而你有何面目见先王于地下呢?"

辛丑日(十七日),加任枢密使范延光同平章事。

辛亥日(二十七日),后唐明宗李嗣源敕令把内廷五坊豢养的鹰隼都放回山林,以后朝廷内外都不得进献。冯道说:"陛下可以称得上仁德广及禽兽了。"明宗说："不是这样。朕过去曾经随从武皇打猎，当时秋天的庄稼已经成熟，有一只野兽逃进田里，武皇派遣骑士抓回来，等到抓着野兽的时候，田里的庄稼已经所剩无几，从这件事考虑起来，打猎实在是有损无益，所以我不干那种事情。"

冬，十月，丁卯，洋州指挥使李进唐攻通州，拔之。

壬午，以王延政为建州刺史。

十一月，甲申朔，日有食之。

癸巳，苏愿至成都，孟知祥闻甥姪在朝廷者皆无恙，遣使告董璋，欲与之俱上表谢罪。璋怒曰："孟公亲戚皆完，固宜归附；璋已族灭，尚何谢为！诏书皆在苏愿腹中，刘澄安得豫闻，璋岂不知邪！"由是复为怨敌。

【译文】冬季，十月，丁卯日（十三日），洋州指挥使李进唐进攻通州，攻下了。

壬午日（二十九日），后唐任用王延政为建州刺史。

十一月，甲申朔日（十一月朔日是甲申日，甲寅是十二月朔日），出现日食。

癸巳日（初十日），苏愿到达成都，孟知祥听说他的亲戚在后唐朝廷做官的都安然无事，就派使者告诉董璋，想要和董璋一同上表谢罪。董璋大怒说："孟公的亲戚都还平安，当然应该归附朝廷，我的亲人已被灭族，还谢个什么东西！诏书都在苏愿的肚子里，刘澄怎么能够知道，难道我连这些都闹不清吗？"从此两人重新成为怨敌。

乙未，李仁罕自夔州引兵还成都。

吴中书令徐知诰表称辅政岁久，请归老金陵；乃以知诰为镇海、宁国节度使，镇金陵，馀官如故，总录朝政如徐温故事。以其子兵部尚书、参政事景通为司徒、同平章事，知中外左右诸军事，留江都辅政；以内枢使、同平章事王令谋为右仆射，兼门下侍郎；以宋齐丘为右仆射，兼中书侍郎。并同平章事，兼内枢使，以佐景通。

　　赐德胜节度使张崇爵清河王。崇在庐州贪暴，州人苦之，屡尝入朝，厚以货结权要，由是常得还镇，为庐州患者二十馀年。

　　【译文】乙未日(十二日)，李仁罕从夔州领兵返还成都。

　　吴国中书令徐知诰向吴主杨溥上表说，自己辅政时间长了，请求告老回金陵；吴主杨溥于是任命徐知诰为镇海、宁国节度使，镇守金陵，其余的官职照旧，像过去徐温的时候一样，仍然总揽朝政。又任命他的儿子兵部尚书、参政事徐景通为司徒、同平章事，掌理中外左右诸军事，留在江都辅佐朝政；又任命内枢使、同平章事王令谋为左仆射，兼门下侍郎，任命宋齐丘为右仆射，兼中书侍郎，二人并同平章事，兼内枢使，以协助徐景通。

　　赐给德胜节度使张崇爵位为清河王。张崇在庐州贪婪残暴，庐州百姓都觉得苦不堪言，张崇曾经几次入朝，用优厚的财货结交权贵，因此常又能回到镇地，成为庐州二十多年的祸害。

　　十二月，甲寅朔，初听百姓自铸农器并杂铁器，每田二亩，夏秋输农具三钱。

　　武安、静江节度使马希声闻梁太祖嗜食鸡，慕之，既袭位，日杀五十鸡为膳；居丧无戚容。庚申，葬武穆王于衡阳，将发引，顿食鸡雕数盘，前吏部侍郎潘起讥之曰："昔阮籍居丧食蒸豚；何代无贤！"

癸亥，徐知诰至金陵。

昭武留后赵廷隐白孟知祥以利州城堑已完，顷在剑州与牙内都指挥使李肇同功，愿以昭武让肇，知祥褒谕，不许；廷隐三让，癸酉，知祥召廷隐还成都，以肇代之。

【译文】十二月，甲寅朔日（初一日），首次准许老百姓自行铸造农器和杂铁器，每两亩田在夏秋收成的时候征收农具税三钱。

武安、静江节度使马希声听说后梁太祖朱温嗜好吃鸡，很羡慕，承袭王位以后，就每天杀五十只鸡来吃；居丧期间也没有哀戚的表情。庚申日（初七日），在衡阳安葬武穆王马殷，出殡行列正要出发的时候，他一口气吃了好几盘鸡羹，前吏部侍郎潘起讥刺他说："从前阮籍居丧吃蒸小猪；哪一代没有'贤人'啊！"

癸亥日（初十日），徐知诰到达金陵。

昭武留后赵廷隐向孟知祥报告说利州的城堑已经修建完毕，前一次在剑州作战的时候，牙内都指挥使李肇和他的功劳相等，愿意把昭武的职位让给李肇。孟知祥褒奖他的谦让，但是不允许；赵廷隐三次表示让位，癸酉日（二十日），孟知祥把赵廷隐召回成都，让李肇去代替他。

闽陈守元等称宝皇之命，谓闽王延钧曰："苟能避位受道，当为天子六十年。"延钧信之，丙子，命其子节度使继鹏权军府事。延钧避位受箓，道名玄锡。

爱州将杨廷艺养假子三千人，图复交州；汉交州守将李进知之，受其赂，不以闻。是岁，廷艺举兵围交州，汉主遣承旨程宝将兵救之，未至，城陷。进逃归，汉主杀之。宝围交州，廷艺出战，宝败死。

【译文】闽国陈守元等人假称奉宝皇的命令，对闽王王延钧说："您如果能暂时避开王位，接受道术，那么就可以当六十年的天子。"王延钧相信了，丙子日（二十三日），命令他的儿子节度副使王继鹏暂时代理军府的事务；王延钧则避开王位，接受符篆，取道名玄锡。

爱州的将领杨廷艺养了三千名义子，计划收复交州；南汉交州守将李进知道这情形，却因为接受贿赂，不向汉主报告。这一年，杨廷艺发动军队围攻交州，汉主派遣承旨程宝前去救援，援军还没到的时候，交州城就陷落。李进逃归，南汉主把他杀了。程宝围攻交州，杨廷艺出城迎战，程宝战败而死。

长兴三年（壬辰，公元九三二年）春，正月，枢密使范延光言："自灵州至邠州方渠镇，使臣及外国入贡者多为党项所掠，请发兵击之。"己丑，遣静难节度使药彦稠、前朔方节度使康福将步骑七千讨党项。

乙未，孟知祥妻福庆长公主卒。

孟知祥以朝廷恩意优厚，而董璋塞绵州路，不听遣使入谢，与节度副使赵季良等谋，欲发使自峡江上表，掌书记李昊曰："公不与东川谋而独遣使，则异日负约之责在我矣。"乃复遣使语之，璋不从。

【译文】长兴三年（壬辰，公元 932 年）春季，正月，枢密使范延光上奏："从灵州到邠州的方渠镇，使臣和外国前来入贡的人多被党项掠夺，请皇上派兵前往讨伐。"己丑日（初七日），明宗李嗣源派遣静难节度使药彦稠、前朔方节度使康福等率领七千名步兵、骑兵前往讨伐党项。

乙未日(十三日),孟知祥妻福庆长公主去世。

孟知祥因为朝廷对他恩宠优厚,而董璋挡住绵州的道路,不肯让他派遣使者前往朝廷致谢,于是和节度副使赵季良等人商议,想派使者从峡江这一条路线进京上表,掌书记李昊说:"您如果不和东川商量而独自派遣使者进京,那么将来负约的责任就在我们身上了。"因而又派人告诉董璋,董璋不听从。

二月,赵季良与诸将议遣昭武都监太原高彦俦将兵攻取壁州,以绝山南兵转入山后诸州者;孟知祥谋于僚佐,李昊曰:"朝廷遣苏愿等西归,未尝报谢,今遣兵侵轶,公若不顾坟墓、甥姪,则不若传檄举兵直取梁、洋,安用壁州乎!"知祥乃止。季良由是恶昊。

辛未,初令国子监校定《九经》,雕印卖之。

药彦稠等奏破党项十九族,俘二千七百人。

赐高从诲爵勃海王。

吴徐知诰作礼贤院于府舍,聚图书,延士大夫,与孙晟及海陵陈觉谈议时事。

【译文】二月,赵季良和诸位将领商量要派遣昭武都监太原人高彦俦率兵攻取壁州,好阻止山南的部队转入山后各州;孟知祥和僚佐们商议,李昊说:"朝廷派遣苏愿等回来,我们都还没有上书表示谢意,现在又要派兵侵犯朝廷辖地,您如果不顾在中原的祖坟和甥侄辈们,干脆就传送檄文,派兵直接攻取梁州、洋州,何必还顾到小小的壁州呢!"孟知祥便停止攻取壁州。赵季良从此厌恶李昊。

辛未日(十九日),初次命令国子监校定《九经》,并且刻板印刷出卖。

药彦稠等奏报攻破党项十九个部族,俘虏二千七百人。

赐给高从诲渤海王的爵位。

吴国的徐知诰在府舍中建造礼贤院,聚集图书,延揽士大夫,与孙晟及海陵陈觉议论时事。

孟知祥三遣使说董璋,以主上加礼于两川,苟不奉表谢罪,恐复致讨;璋不从。三月,辛丑,遣李昊诣梓州,极论利害,璋见昊,诟怒,不许。昊还,言于知祥曰:"璋不通谋议,且有窥西川之志,公宜备之。"

甲辰,闽王延钧复位。

吴越武肃王钱镠疾,谓将吏曰:"吾疾必不起,诸儿皆愚懦,谁可为帅者?"众泣曰:"两镇令公仁孝有功,孰不爱戴!"镠乃悉出印钥授传瓘,曰:"将吏推尔,宜善守之。"又曰:"子孙善事中国,勿以易姓废事大之礼。"庚戌卒,年八十一。

【译文】孟知祥再三地派遣使者去劝说董璋,认为皇上对两川优礼有加,如果不上表谢罪的话,恐怕又会遭到讨伐;董璋还是不听他的。三月,辛丑日(十九日),孟知祥派李昊到梓州,详细向董璋分析利害形势。董璋见到李昊后,破口大骂,非常愤怒,最后还是不听孟知祥的劝告。李昊回来,对孟知祥说:"董璋不容商量,而且有袭取西川的意图,您可要戒备他。"

甲辰日(二十二日),闽王王延钧复位。

吴越武肃王钱镠患病,对所属文官武将说:"我这一病一定好不了,儿子们又都愚笨懦弱,有谁能够继承我当主帅的?"大家都哭着说:"两镇令公钱传瓘性情仁孝,又有功劳,谁不爱戴他!"钱镠于是把所有的印信、钥匙都拿出来交给了钱传瓘,对他说:"将领、官吏们都拥戴你,你可得好好地守住这份家业。"又对他说,"今后,子孙们要亲善地对待中原,不要因为中原统治者易姓而放弃侍奉大国的礼节。"庚戌日(二十八日)钱镠去世,终年八十一岁。

传瓘与兄弟同幄行丧,内牙指挥使击仁章曰:"令公嗣先王霸业,将吏旦幕趋谒,当与诸公子异处。"乃命主者更设一幄,扶传瓘居之,告将吏曰:"自今惟谒令公,禁诸公子从者无得妄入。"昼夜警卫,未尝休息。镠末年左右皆附传瓘,独仁章数以事犯之。至是,传瓘劳之,仁章曰:"先王在位,仁章不知事令公,今日尽节,犹事先王也。"传瓘嘉叹久之。

传瓘既袭位,更名元瓘,兄弟名"传"者皆更为"元"。以遗命去国仪,用藩镇法;除民田荒绝者租税。命处州刺史曹仲达权知政事。置择能院,掌选举殿最,以浙西营田副使沈崧领之。

【译文】钱传瓘和兄弟们在同一个幄帐中守丧,内牙指挥使陆仁章说:"令公继承先王的霸业,文武官员们早晚都要前来拜见,应该和诸位公子们分开住。"于是命令主事者另外设一个幄帐,扶钱传瓘住到里头,然后对将领、官吏们宣布,"从今以后只需到这里觐见令公,这个幄帐中禁止诸公子和随从们随便进入。"并且亲自日夜不停地在帐外警戒守卫,几乎没有休息过。钱镠在世的最后几年,左右大臣们都争相归附钱传瓘,只有陆仁章数次因其他事冒犯他。到这个时候,钱传瓘慰勉他,陆仁章说:"先王在位时,仁章不知侍奉令公,现在为您尽力,犹如侍奉先王啊。"钱传瓘很嘉许他,称叹不已。

钱传瓘继承爵位后,改名叫元瓘,兄弟们名字中有"传"字的都改为"元"。并且宣称遵先王钱镠的遗命,除去建国的仪制,用藩镇的礼法；又免除百姓田地荒废者的租税。任命处州刺史曹仲达暂时代为掌理政事。设置择能院，掌管选拔评定优劣之事，派浙西营田副使沈崧领导此事。

内牙指挥使富阳刘仁玘及陆仁章久事，仁章性刚，仁玘好毁短人，皆为众所恶。一日，诸将共诣府门请诛之；元瓘使从子仁俊谕之曰："二将事先王久，吾方图其功，汝曹乃欲逞私憾而杀之，可乎，吾为汝王，汝当禀吾命；不然，吾当归临安以避贤路！"众惧而退。乃以仁章为衢州刺史，仁玘为湖州刺史。中外有上书告讦者，元瓘皆置不问，由是将吏辑睦。

【译文】内牙指挥使富阳人刘仁玘及陆仁章长时间当权，陆仁章性刚直，刘仁玘喜欢贬低人，二人都被众人厌恶。有一天，将领们一起到府门去向钱元瓘请求杀他们两个人；钱元瓘派他的侄子钱仁俊出来告诉他们说："这两位将军侍奉先王已经很久了，我正指望他们能为我效力，你们竟然想逞私人恩怨而杀掉他们，这怎么能行呢？我是你们的王，你们应当听我的命令，不然的话，我回临安归隐，避开贤者出头的路。"众人一听都害怕，赶快告退。于是钱元瓘任命陆仁章为衢州刺史，刘仁玘为湖州刺史。内外有上书进行私人攻讦的，钱元瓘都搁置不理，因此将吏和睦。

初，契丹舍利苪剌与惕隐皆为赵德钧所擒，契丹屡遣使请之。上谋于群臣，德钧等皆曰："契丹所以数年不犯边，数求和者，以此辈在南故也，纵之则边患复生。"上以问冀州刺史杨檀，对曰："苪剌，契丹之骁将，向助王都谋危社稷，幸而擒之，陛下免其死，为赐已多。契丹失之如丧手足。彼在朝廷数年，知中国

虚实，若得归，为患必深，彼才出塞，则南向发矢矣，恐悔之无
及。"上乃止。檀，沙陀人也。

【译文】起初，契丹的舍利苪剌和惕隐都被赵德钧俘虏，契
丹几次派遣使者前来请求遣送两人回去。明宗李嗣源和群臣商
议，赵德钧等人都说："契丹人所以几年来都不敢侵犯边境，反
而派遣使者前来求和，就是因为这两个人在我们这里的缘故。
如果放他们回去，那么边境的麻烦马上就会发生。"明宗把这
意见拿去问冀州刺史杨檀，杨檀回答说："苪剌是契丹的勇将，
过去帮助王都阴谋危害社稷，幸而擒住他，陛下免他一死，赐给
他的恩惠已经很多。契丹丢掉他如同断了手足。而且他们在我
们朝廷中这么些年，已经了解中国的虚实，如果放他们回去，对
我们的危害一定很大，他们只要一出边塞，就会向南边发矢进
攻，到那时要后悔恐怕也来不及了。"于是明宗才作罢。杨檀是
沙陀人。

上欲授李赞华以河南藩镇，群臣皆以为不可，上曰："吾与其
父约为昆弟，故赞华归我。吾老矣，后世继体之君，虽欲招之，
其可致乎！"夏，四月，癸亥，以赞华为义成节度使，为选朝士为
僚属辅之。赞华但优游自奉，不豫政事；上嘉之，虽时有不法亦
不问，以庄宗后宫夏氏妻之。赞华好饮人血，姬妾多刺臂以吮之；
婢仆小过，或抉目，或刀刲火灼；夏氏不忍其残，奏离婚为尼。

【译文】明宗要授予李赞华河南藩镇，群臣都认为不可，后
唐明宗李嗣源说："我和他的父亲相约为兄弟，所以李赞华来投
靠我。我老了，后代继位的国君，就算招抚他，难道就一定招
得来吗？"夏季，四月，癸亥日(十一日)，任命李赞华为义成节度
使，并且为他选派朝中的官吏做幕僚辅佐他。李赞华只是优游

享受，不参与政事；明宗很喜欢他，虽然他偶尔有不法的行为，也不追究，并且把庄宗李存勖的昭容夏氏嫁给他。赞华喜欢喝人血，姬妾们多刺破手臂，好让他吸吮人血；婢仆者有些小过失，或者挖目，或者刀割、火灼；夏氏无法忍受他的残酷，奏请离婚去当尼姑。

乙丑，加宋王从厚兼中书令。

东川节度使董璋会诸将谋袭成都，皆曰必克；前陵州刺史王晖曰："剑南万里，成都为大，时方盛夏，师出无名，必无成功。"璋不从。孟知祥闻之，遣马军都指挥使潘仁嗣将三千人诣汉州诇之。

璋入境，破白杨林镇，执戍将武弘礼，声势甚盛，知祥忧之。赵季良曰："璋为人勇而无恩，士卒不附，城守则难克，野战则成擒矣。今不过巢穴，公之利也。璋用兵精锐皆在前锋，公宜以羸兵诱之，以劲兵待之，始虽小衄，后必大捷。璋素有威名，今举兵暴至，人心危惧。公当自出御之，以强众心。"赵廷隐以季良言为然，曰："璋轻而无谋，举兵必败，当为公擒之。"辛巳，以廷隐为行营马步军都部署，将三万人拒之。

【译文】乙丑日（十三日），加任宋王李从厚兼中书令。

东川节度使董璋聚会众将谋议袭击成都，众将都说一定能够攻克；只有前陵州刺史王晖说："剑南万里的幅员，数成都的势力最强大，现在正是大热天，又师出无名，恐怕不会成功。"孟知祥知道了，派马军都指挥使潘仁嗣统领三千人马到汉州侦察。

董璋进入西川境内，攻破白杨林镇，抓住守将武弘礼，声势很盛，孟知祥很担忧，赵季良说："董璋的为人，虽然作战勇猛，但是对待部属们没有恩情，兵士们不会真心拥护他。如果他坚守城池，我们还难以攻下，但是如果在野外作战，他一定会被我们俘虏，现在他不守着巢穴，对您是有利的。董璋用兵的习惯总是把精锐部队摆在前锋，您最好用老弱残兵在前面引诱他们深入，然后再用精兵强将以逸待劳，这样在开始阶段我们会受到小的损失，但最后一定会取得大的胜利。董璋一向有威名，现在一下子率兵攻来，我们的人心一定都浮动害怕，您最好亲自率兵前去抵御，好加强大家的信心。"赵廷隐也赞成赵季良所说的，也说："董璋轻躁而没有谋略，这一回率兵前来，一定要失败，我替您去把他俘虏来。"辛巳日（二十九日），任赵廷隐为行营马步军都部署，统领三万人抗拒董璋。

五月，壬午朔，廷隐入辞。董璋檄书至，又有遗季良、廷隐及李肇书，诬之云，季良、廷隐与己通谋，召己令来。知祥以书授廷隐，廷隐不视，投之于地，曰："不过为反间，欲令公杀副使与廷隐耳。"再拜而行。

知祥曰："事必济矣。"肇素不知书，视之，曰："璋教我反耳。"囚其使者，然亦拥众为自全计。

璋兵至汉州，潘仁嗣与战于赤水，大败，为璋所擒，璋遂克汉州。

【译文】五月，壬午朔日（初一日），赵廷隐来辞别孟知祥。董璋的兴兵文书送到成都，还有给赵季良、赵廷隐及李肇的信，信里诬指赵季良、赵廷隐和他勾结，要他带兵前来。

孟知祥把信拿给赵廷隐，赵廷隐看都不看，就扔在地上，说："这不过是他的反间计，要令公杀副使和我罢了。"再拜然后出发。

孟知祥说："事情一定能顺利成功。"李肇一向不大认得字，看了后说:"董璋大概是要我造反。"把董璋派来的使者囚禁起来,也调集兵马做自我保全的准备。

　　董璋的部队到达汉州,潘仁嗣和他在赤水大战,大败,被董璋俘虏,董璋于是攻下汉州。

　　癸未,知祥留赵季良、高敬柔守成都,自将兵八千趣汉州,至弥牟镇,赵廷隐陈于镇北。甲申,迟明,廷隐陈于鸡踪桥,义胜定元都知兵马使张公铎陈于其后。俄而璋望西川兵盛,退陈于武侯庙下,璋帐下骁卒大噪曰:"日中曝我辈何为,何不速战!"璋乃上马。前锋始交,东川右厢马步都指挥使张守进降于知祥,言"璋兵尽此,无复后继,当急击之。"知祥登高冢督战,左明义指挥使毛重威、左冲山指挥使李瑭守鸡踪桥,皆为东川兵所杀。赵廷隐三战不利,牙内都指挥副使侯弘实兵亦却,知祥惧,以马策指后陈。张公铎帅众大呼而进,东川兵大败,死者数千人,擒东川中都指挥使元瓌、牙内副指挥使董光演等八十馀人。璋拊膺曰:"亲兵皆尽,吾何依乎!"与数骑遁去,馀众七千人降,复得潘仁嗣。知祥引兵追璋至五侯津,东川马步都指挥使元瑰降。西川兵入汉州府第,求璋不得,士卒争璋军资,故璋走得免。赵廷隐追至赤水,又降其卒三千人。是夕,知祥宿雒县,命李昊草榜谕东川吏民,及草书劳问璋,且言将如梓州询负约之由,请见伐之罪。乙酉,知祥会廷隐于赤水,遂西还,命廷隐将兵攻梓州。

　　【译文】癸未日(初二日),孟知祥留下赵季良、高敬柔守卫成都,自己带领八千兵马奔向汉州。到达弥牟镇,赵廷隐把部队部署在镇北。甲申日(初三日),天快亮的时候,赵廷隐把部队推进到鸡踪桥,义胜定远都知兵马使张公铎把军队部署在他后头。不久，董璋远远望见西川部队的声势很盛，就把部队撤退到武侯庙下，董璋帐下的骁勇士卒们都起哄说："日正当中，让我们在这里晒太阳是干什么？"董璋于是就上马挥兵前进。两军的前锋刚交战，东川的右厢马步都指挥使张守进就向孟知祥投降，并且提供情报说："董璋的兵马全部在这里，再没有后继部队，应该快速出击。"孟知祥登上一座土堆指挥作战，左明义指挥使毛重威、左冲山指挥使李瑭两人把守鸡踪桥，都被东川的部队所杀；赵廷隐三次交战都吃了亏，牙内指挥副使侯弘实的部队也往后撤退，孟知祥害怕了，就用马鞭指着后头的预备部队。张公铎于是率领他的部众大声呼喊着向前冲锋，东川的部队大败，死了几千人，俘虏东川中都指挥使元瓒、牙内副指挥使董光演等八十余名大小将领。董璋捶打着胸脯说："亲近兵士都丧失了，我还依靠谁啊！"只同几个骑兵逃遁而去，其余兵众七千多人投降，把潘仁嗣也救了回来。孟知祥率兵追击董璋，一直追到五侯津，东川马步都指挥使元瑰也投降。西川的士卒攻进汉州的府第，找不到董璋，于是争着搜取董璋留下来的财宝，也顾不得再追了，董璋最终能够逃掉。赵廷隐一直追击到赤水，又招降董璋的三千士卒。当晚，孟知祥停留在雒县；命令李昊撰写榜示，告谕安抚东川军民，又写信慰问董璋，告诉他自己将前往梓州，亲自询问他为何负约，并且想了解所以被讨伐的罪状。乙酉日（初四日），孟知祥和赵廷隐在赤水会师，往西回去了，命令赵廷隐统兵进攻梓州。

璋至梓州，肩舆而入，王晖迎问曰："太尉全军出征，今还者无十人，何也？"璋涕泣不能对。至府第，方食，晖与璋从子牙内都虞候延浩帅兵三百大噪而入。璋引妻子登城，子光嗣自杀。璋至北门楼，呼指挥使潘稠使讨乱兵，稠引十卒登城，斩璋首，乃取光嗣首以授王晖，晖举城迎降。赵廷隐入梓州，封府库以待知祥。李肇闻璋败，始斩其使以闻。

丙戌，知祥入成都，丁亥，复将兵八千如梓州，至新都。赵廷隐献董璋首。己丑，发玄武，赵廷隐帅东川将吏来迎。

【译文】董璋退至梓州，坐着肩舆回来，王晖迎接时问道："太尉率领全军出征，现在回来的不到十个人，是什么缘故？"董璋痛哭流涕，没法回答。到了府第，吃饭的时候，王晖和董璋的侄子牙内都虞候董延浩率领了三百名士兵大声鼓噪，就要冲进来。董璋带着妻子儿女登上城垣，儿子董光嗣自杀身亡。董璋到了北门城楼，呼叫指挥使潘稠，要他去讨伐乱兵。潘稠带着十名士卒登城，砍下董璋的脑袋，又取了董光嗣的脑袋，一并交给王晖，王晖于是率领全城的军民迎接赵廷隐，向他投降。赵廷隐进入梓州，封闭府库财物等待孟知祥到来。李肇听说董璋失败，才把原来囚禁的董璋派来的使者杀了，并报告孟知祥。

丙戌日（初五日），孟知祥回到成都；丁亥日（初六日），又率领八千士兵前往梓州。到达新都，赵廷隐呈献董璋的脑袋。己丑日（初八日），从玄武出发，赵廷隐率领东川的将领、官吏们前来迎接。

康福奏党项钞盗者已伏诛，馀皆降附。

壬辰，孟知祥有疾，癸巳，疾甚，中门副使王处回侍左右，庖人进食，必空器而出，以安众心。李仁罕自遂州来，赵廷隐迎于板桥；仁罕不称东川之功，侵侮廷隐，廷隐大怒。乙未，知祥疾瘳；丁酉，入梓州。戊戌，犒赏将士，既罢，知祥谓李仁罕、赵廷隐曰："二将谁当镇此?"仁罕曰："令公再与蜀州，亦行耳。"廷隐不对。知祥愕然，退，命李昊草牒，俟二将有所推则命一人为留后，昊曰："昔梁祖、庄宗皆兼领四镇，今二将不让，惟公自领之为便耳。公宜亟还府，更与赵仆射议之。"

【译文】朔方节度使康福向后唐朝廷奏报，党项掠劫者已经伏诛，其余都已降附。

壬辰日(十一日)，孟知祥生病；癸巳日(十二日)，病得很厉害，中门副使王处回在左右服侍，每回厨师进奉饮食，王处回一定把碗中的东西吃光才叫人端出来，这样做是要安定众人的心。李仁罕从遂州回来，赵廷隐在板桥迎接他，李仁罕也不称赞赵廷隐在东川立下的功劳，反而当面侵侮赵廷隐，赵廷隐非常生气。乙未日(十四日)，孟知祥病好了；丁酉日(十六日)，进入梓州。戊戌日(十七日)，犒赏战士，饮宴之后，孟知祥对李仁罕和赵廷隐说："两位将军谁要留下来镇守这个地方?"李仁罕说："令公如果一定要再让我回蜀州去，那我也只好去。"赵廷隐则闷不作声。孟知祥有一点惊愕，回头散会后，命令李昊撰写命令，等两个将领有一人退让，就任命另一人为留后。李昊说："以前梁朝太祖朱温、我朝庄宗李存勖都一身而兼领四镇，现在二将不肯相让，只有令公自己领管为宜。您最好赶快回成都，同赵季良仆射商量。"

己亥，契丹使者迭罗卿辞归国，上曰："朕志在安边，不可不少副其求。"乃遣荆骨舍利与之俱归。契丹以不得荆刺，自是数寇云州及振武。

孟知祥命李仁罕归遂州，留赵廷隐东川巡检，以李昊行梓州军府事。昊曰："二虎方争，仆不敢受命，愿从公还。"乃以都押牙王彦铢为东川监押。癸卯，知祥至成都，赵廷隐寻亦引兵西还。

【译文】己亥日(十八日)，契丹使者迭罗卿向明宗李嗣源告辞要回国，明宗说："朕一向想安定边境，恐怕不能不稍微应付他们的请求。"便把茜骨舍利遣返，与使者同归。契丹因为茜剌没有遣回，从此屡次侵犯云州及振武。

孟知祥命令李仁罕回遂州，留下赵廷隐担任东川巡检，命令李昊暂时代理梓州军府事物。李昊说："两虎相争，在下可不敢奉命夹在中间，我情愿和您一齐回去。"于是任命都押牙王彦铢为东川监押。癸卯日(二十二日)，孟知祥到达成都，赵廷隐不久也领兵向西还军。

【译文】契丹休兵数年，互通使者请求和解。就他们请求放回被俘虏的将领这件事来说，如果唐仔细思考自己的国力可以倚仗，不放他们回去是完全可以的。可是却瞻前顾后，顾虑重重，拘禁他们请求放回的勇将，想借此机会来杜绝边患；而又把别人放回去，想稍稍符合他们的要求，哪知反而激怒了他们，致使敌军抢掠日益频繁。石晋于是依靠他们的势力，变换了后唐的天下，这就是所说的"进退无据，差之毫厘，谬以千里"啊！

知祥谓李昊曰："吾得东川，为患益深。"昊请其故，知祥曰："自吾发梓州，得仁罕七状，皆云'公宜自领东川，不然诸将不服。'廷隐言'本不敢当东川,因仁罕不让,遂有争心耳。'君为我晓廷隐,复以阆州为保宁军,益以果、蓬、渠、开四州,往镇之。吾自领东川,以绝仁罕之望。"廷隐犹不平,请与仁罕斗,胜者为东川;昊深解之,乃受命。六月,以廷隐为保宁留后。戊午,赵季良帅将吏请知祥兼镇东川,许之。季良等又请知祥称王,权行制书,赏功臣,不许。

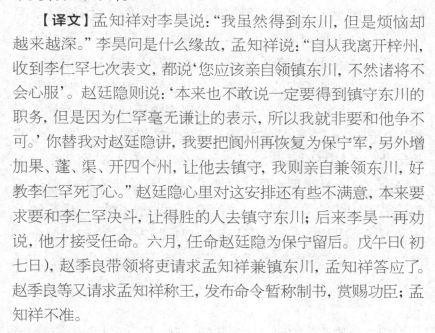

【译文】孟知祥对李昊说:"我虽然得到东川,但是烦恼却越来越深。"李昊问是什么缘故,孟知祥说:"自从我离开梓州,收到李仁罕七次表文,都说'您应该亲自领镇东川,不然诸将不会心服'。赵廷隐则说:'本来也不敢说一定要得到镇守东川的职务,但是因为仁罕毫无谦让的表示,所以我就非要和他争不可。'你替我对赵廷隐讲,我要把阆州再恢复为保宁军,另外增加果、蓬、渠、开四个州,让他去镇守,我则亲自兼领东川,好教李仁罕死了心。"赵廷隐心里对这安排还有些不满意,本来要求要和李仁罕决斗,让得胜的人去镇守东川;后来李昊一再劝说,他才接受任命。六月,任命赵廷隐为保宁留后。戊午日(初七日),赵季良带领将吏请求孟知祥兼镇东川,孟知祥答应了。赵季良等又请求孟知祥称王,发布命令暂称制书,赏赐功臣;孟知祥不准。

董璋之起兵攻知祥也,山南西道节度使王思同以闻,范延光言于上曰:"若两川并于一贼,抚众守险,则取之益难,宜及其交争,早图之。"上命思同以兴元之兵密规进取。未几,闻璋败死,延光曰:"知祥虽据全蜀,然士卒皆东方人,知祥恐其思归为变,亦欲倚朝廷之重以威其众。陛下不屈意抚之,彼则无从自新。"上曰:"知祥吾故人,为人离间至此,何屈意之有!"乃遣供奉官李存瑰赐知祥诏曰："董璋狐狼，自贻族灭。卿丘园亲戚皆保安全，所宜成家世之美名，守君臣之大节。"存瑰，克宁之子，知祥之甥也。

资治通鉴

【译文】董璋发兵进攻孟知祥的时候，山南西道节度使王思同把这一情况向朝廷做了报告，范延光对明宗李嗣源说："如果两川被其中一个贼人合并，然后占据险要，安抚部众，我们要再攻取就困难了，不如趁他们相争的时候，早点收拾他们。"明宗李嗣源命王思同用兴元之兵暗中规划准备进取西蜀。不久，听到董璋失败死亡，范延光又对明宗报告说："孟知祥虽然占据全部蜀地，但是手下的士卒都是东方人，孟知祥怕他们想家，发生叛变，本来也希望倚靠朝廷威望来镇压他们，陛下如果不能委屈包容一点，好好安抚他，那么他就没有自新的机会了。"明宗说："孟知祥原是我的旧识，因为被人离间，才造成今天这个局面，安抚他哪算委屈了朕呢？"于是派遣供奉官李存瑰带着诏书去颁赐给孟知祥，说："董璋因为狐狼成性，自己招致灭族的下场，爱卿的祖宗墓园和亲戚都保障安全，你应该保全家世的美名，遵守君臣的大节。"李存瑰是李克宁的儿子，孟知祥的外甥。

闽王延钧谓陈守元曰："为我问宝皇：既为六十年天子，后当何如？"明日，守元入曰："昨夕奏章，得宝皇旨，当为大罗仙主。"徐彦等亦曰："北庙崇顺王尝见宝皇，其言与守元同。"延钧益自负，始谋称帝。表朝廷云："钱镠卒，请以臣为吴越王；马殷卒，请以臣为尚书令。"朝廷不报，自是职贡遂绝。

【译文】闽王王延钧对陈守元说："你为我问问宝皇：既然能当天子六十年，以后又将怎么样？"第二天，陈守元进宫报告说：

432

"昨晚我替您上了奏章，得到宝皇的圣旨，说您六十年后会成为大罗仙主。"徐彦等人也说："北庙的崇顺王曾经见过宝皇，所说的也和陈守元相同。"于是延钧更加自负，开始计划称帝自立，就向朝廷上表启奏说："钱镠死了，请封臣为吴越王；马殷死了，请任命臣为尚书令。"后唐朝廷不理他，他从此便断绝朝贡。

资治通鉴卷第二百七十八　后唐纪七

起玄黓执徐七月，尽阏逢敦牂闰正月，凡一年有奇。

【译文】起壬辰（公元 932 年）七月，止甲午（公元 934 年）闰正月，共一年八个月。

【题解】本卷记录了公元 932 年七月至 934 年闰正月的历史，共一年零八个月。为后唐明宗李嗣源长兴三年七月至后唐末帝李从珂清泰元年闰正月。大理寺少卿康澄上奏五不足惧、六深可畏，唐明宗下令褒奖。夏州守将李彝超不听朝命，官军讨伐失利。秦王李从荣轻佻峻急，骄纵不法，明宗知其人而不加以裁制，李从容反叛被杀。明宗驾崩，第五子宋王李从厚即位，李从厚仁弱，致使小人专权，妒能忌贤，朝廷尽失威严。孟知祥在蜀地称帝。石敬瑭得机为北京留守。

明宗圣德和武钦孝皇帝下

长兴三年（壬辰，公元九三二年）秋，七月，辛巳，朔方奏夏州党项入寇，击败之，追至贺兰山。

己丑，加镇海、镇东军节度使钱元瓘守中书令。

庚寅，李存瑰至成都，孟知祥拜泣受诏。

武安、静江节度使马希声以湖南比年大旱，命闭南岳及境内诸神祠门，竟不雨。辛卯，希声卒，六军使袁诠、潘约等迎镇南节度使希范于朗州而立之。

乙未，孟知祥遣李存瓌还，上表谢罪，且告福庆公主之丧。自是复称藩，然益骄倨矣。

庚子，以西京留守、同平章事李从珂为凤翔节度使。

废武兴军，复以凤、兴、文三州隶山南西道。

丁未，以门下侍郎，同平章事赵凤同平章事，充安国节度使。

八月，庚申，马希范至长沙；辛酉，袭位。

【译文】长兴三年（壬辰，公元 932 年）秋季，七月，辛巳朔日（初一日），朔方守军启奏说夏州的党项入侵，已经把他们击退，追击到贺兰山。

己丑日（初九日），加封镇海、镇东节度使钱元瓘守中书令。

庚寅日（初十日），李存瓌到达成都，孟知祥感激涕零拜受诏书。

武安、静江节度使马希声因为湖南连年发生大旱灾，就下令关闭南岳和辖内各神祠的庙门，但还是没下雨。辛卯日（十一日），马希声去世，六军使袁诠、潘约等迎在朗州请镇南节度使马希范拥立他为主。

乙未日（十五日），孟知祥派遣李存瓌回京城，上奏章向明宗李嗣源谢罪，并报告福庆公主的丧事。从此又向后唐朝廷自称藩属。

庚子日（二十日），任命西京留守、同平章事李从珂为凤翔节度使。

废除武兴军，恢复凤、兴、文三州隶属于山南西道。

丁未日（二十七日），任命门下侍郎、同平章事赵凤同平章事，充任安国节度使。

八月，庚申日（十一日），荆南马希范到达长沙；辛酉日（十二日），承袭其兄马希声的职位。

甲子，孟知祥令李昊为武泰赵季良等五留后草表，请以知祥为蜀王，行墨制，仍自求旌节，昊曰："比者诸将攻取方镇，即有其地，今又自求朝廷节钺及明公封爵，然则轻重之权皆在群下矣；借使明公自请，岂不可邪！"知祥大悟，更令昊为己草表，请行墨制，补两川刺史已下；又表请以季良等五留后为节度使。

初，安重诲欲图两川，自知祥杀李严，每除刺史，皆以东兵卫送之，小州不减五百人，夏鲁奇、李仁矩、武虔裕各数千人，皆以牙队为名。及知祥克遂、阆、利、夔、黔、梓六镇，得东兵无虑三万人，恐朝廷征还，表请其妻子。

吴徐知诰广金陵城周围二十里。

资治通鉴

【译文】甲子日（十五日），孟知祥让李昊替武泰留后赵季良等五位留后起草奏章，请求朝廷册封孟知祥为蜀王，允许他行使墨制诏书的权力，并且赵季良等五人也向朝廷请求赐给自己节度使的旌节，李昊说："过去将领们攻取方镇以后，就可以获得镇守该地的权力，现在又让他们自己向朝廷请求节钺，而且还替您请求封爵，这一来大小的权力通通在属下们的手上了；如果您自己向皇帝请求这些事，难道不可以吗？"孟知祥恍然大悟，于是命令李昊替他草拟奏章，向明宗请求代行墨制诏书，自行派补两川刺史以下的官吏；又上表请求朝廷任命赵季良等五个留后为节度使。

起初，安重诲图谋占取两川，自从孟知祥杀死李严，每回任命刺史，都派东方的军队护送上任，小州不少于五百人，夏鲁奇、李仁矩、武虔裕等人上任的时候则各有几千人，都是用牙队的名义。等到孟知祥攻取遂、阆、利、夔、黔、梓六个军镇以后，得到的东方士卒不下三万人，孟知祥恐怕朝廷会征召他们回去，就上表请求允许他们的妻子到驻地来。

吴国徐知诰扩建金陵城，周围有二十里。

初，契丹既强，寇抄卢龙诸州皆遍，幽州城门之外，虏骑充斥。每自涿州运粮入幽州，虏多伏兵于阎沟，掠取之。及赵德钧为节度使，城阎沟而戍之，为良乡县，粮道稍通。幽州东十里之外，人不敢樵牧；德钧于州东五十里城潞县而戍之，近州之民始得稼穑。至是，又于州东北百馀里城三河县以通蓟州运路，虏骑来争，德钧击却之。九月，庚辰朔，奏城三河毕。边人赖之。

壬午，以镇南节度使马希范为武安节度使，兼侍中。

孟知祥命其子仁赞摄行军司马，兼都总辖两川牙内马步都军事。

【译文】起初，契丹已经强大，把卢龙诸州抢掠遍了，幽州城门以外，到处是契丹的骑兵。每回从涿州运送粮食前往幽州，敌人多在阎沟埋伏兵马，趁机抢夺。到了赵德钧担任节度使后，就在阎沟建城，派兵防守，命名为良乡县，于是运粮的道路才渐渐打通。幽州城东十里外，百姓不敢去打柴放牧；赵德钧在州城之东五十里修建潞县城，派兵驻防，于是靠近州城的百姓才得以耕种。到这时候，又在离州城东北一百多里的地方建三河县城，好打通到蓟州的运输道路，敌人的骑兵前来攻击，赵德钧都把他们击退。九月，庚辰朔日（初一日），奏报三河县城建设完毕。边民赖以生存。

壬午日（初三日），任命镇南节度使马希范为武安节度使，兼侍中。

孟知祥命令他的儿子孟仁赞代理行军司马，兼任都总辖两川牙内马步都军事。

冬，十月，己酉朔，帝复遣李存瑰如成都，凡剑南自节度使、刺史以下官，听知祥差罢讫奏闻，朝廷更不除人；唯不遣戍兵妻子，然其兵亦不复征也。

秦王从荣喜为诗，聚浮华之士高辇等于幕府，与相唱和，颇自矜伐。每置酒，辄令僚属赋诗，有不如意者面毁裂抵弃。壬子，从荣入谒，帝语之曰："吾虽不知书，然喜闻儒生讲经义，开益人智思。吾见庄宗好为诗，将家子文非素习，徒取人窃笑，汝勿效也。"

资治通鉴

【译文】冬季，十月，己酉朔日（初一日），明宗李嗣源又派遣李存瑰前往成都，告诉孟知祥：凡是剑门以南，从节度使、刺史以下的官吏，都由孟知祥派任完毕后再向朝廷报备，朝廷从此不再派任；只是不让戍兵的妻子去戍所，对那些兵众也不再征召东还。

秦王李从荣喜欢作诗，聚集浮华放荡的文士高辇等人在幕府中，同他们相与唱和，标榜自夸。每有宴饮的时候，常常命令属下们当场作诗，如果作得不合他的意，当面就撕裂了丢到地上。壬子日（初四日），李从荣入宫觐见明宗，明宗对他说："我虽然不认得字，但是却喜欢听儒生们讲论经文的意义，可以启发人的智慧和思考。我过去看见庄宗李存勖喜欢作诗，但是武将的子弟们，本来文章的事就不在行，只是白白让人背地笑话，你不要效法那个。"

【申涵煜评】从荣喜为诗，帝谓其不如经义有益，又曰文非素习，恐取人笑。此语为读书人所不能道，彼陈隋亡国之主，非能诗者哉？士君于亦当三复斯言，不独帝王家也。

【译文】从荣喜欢作诗，明宗认为作诗不如经义有好处，又说文章不是一直写的话，写出来怕惹人笑。这句话是读书人所讲不出来的，他陈述隋亡国的君主，不是都能作诗的人吗？士人君子应当反复思考这句话，不只是帝王家该如此。

丙辰，幽州奏契丹屯捺剌泊。

前彰义节度使李金全屡献马，上不受，曰："卿在镇为治何如？勿但以献马为事！"金全，吐谷浑人也。

壬申，大理少卿康澄上疏曰："臣闻童谣非祸福之本，妖祥岂隆替之源！故雊雉升鼎而桑谷生朝，不能止殷宗之盛；神马长嘶而玉龟告兆，不能延晋祚之长。是知国家有不足惧者五，有深可畏者六：阴阳不调不足惧，三辰失行不足惧，小人讹言不足惧，山崩川涸不足惧，孟贼伤稼不足惧；贤人藏匿深可畏，四民迁业深可畏，上下相徇深可畏，廉耻道消深可畏，毁誉乱真深可畏，直言蔑闻深可畏。不足惧者，愿陛下存而勿论；深可畏者，愿陛下修而靡忒。"优诏奖之。

【译文】丙辰日（初八日），幽州守军启奏说契丹人在捺剌泊屯驻军队。

前彰义节度使李金全屡次呈献马匹给明宗，明宗不接受，对他说："你在镇地的治绩怎么样啊？可别老是只会呈献马匹给朕。"李金全是吐谷浑人。

壬申日（二十四日），大理少卿康澄上书启奏："臣听说童谣不是祸福的根本，妖祥也不是兴衰的原因，所以殷王武丁的时候，有一只雊雉飞到鼎的上头鸣叫，太戊时桑、谷一起生在朝廷之上，这两件大家认为不祥的事，并不能影响殷朝这两位君主把国家复兴起来；晋怀帝司马炽的时候，神马在南城门嘶叫，魏明帝曹叡的时候，张掖水中涌出石马、五牛、石龟，这两件大家认为吉祥的事，也不能延长魏晋的国运。由此悟出国家有不足惧的事情五件，有深可畏的事情六条：寒暑的变化不规则，这不值得害怕；日月星辰的运行乱了次序，这也不值得害怕；小人乱造谣言不值得害怕；山岳崩落，川河干涸，不值得害怕；害虫损害作物，这也不值得害怕。而贤人隐居不出值得担心；士农工商不安居乐业值得担心；上下通同作弊值得担心；社会上人们都寡廉鲜耻值得担心；是非毁誉，淆乱真相，这值得担心；听不到臣下对皇上的直言劝谏，这值得担心。不需要害怕的，希望陛下把它摆在一边，不要理会；值得担心的，希望陛下能注意，不要有所差失。"明宗李嗣源用嘉许的诏书奖励他。

【乾隆御批】康澄抗疏似是而非，所云六可畏，即有未尽切当者。如以四民迁业为虑，而于蟊贼伤稼谓可存而不论，则轻重倒置实甚。夫年谷不登，民食安赖？不为扶绥而赈恤之，将有嗷野泽而转沟壑者，岂直迁业之患而已哉？至以祲沴为不足惧，则尤害于理。宋王安石之说盖本于此论者。徒以其言明快而亟许之，亦昧乎立言之本末矣！

【译文】康澄的上书直言好像是对的，实际上并不对，他所说的六个可以畏惧的情况就有不完全恰当的。比如为四民改变行业而忧虑，而对害虫伤害庄稼来说可以存在心里不用计较，这样一来实在是轻重倒置得太过分了。若收成不好，百姓靠什么为生呢？如果不去安抚、救济他们，那么将会有哀鸣于山野荒泽，死于山沟的人，哪里只是改变行业的忧虑呢？至于说到不祥之气完全不用害怕，尤其于理有害，宋王安石的说法大概从此论来的。只因这些话语明白流畅就急忙认同，也实在是对立言的本来之道很糊涂啊！

秦王从荣为人鹰视，轻佻峻急；既判六军诸卫事，复参朝政，多骄纵不法。初，安重诲为枢密使，上专属任之。从荣及宋王从厚自襁褓与之亲狎，虽典兵，常为重诲所制，畏事之。重诲死，王淑妃与宣徽使孟汉琼宣传帝命，范延光、赵延寿为枢密使，从荣皆轻侮之。河阳节度使、同平章事石敬瑭兼六军诸卫副使，其妻永宁公主与从荣异母，素相憎疾。从荣以从厚声名出己右，尤忌之；从厚善以卑弱奉之，故嫌隙不外见。石敬瑭不欲与从荣共事，常思外补以避之。范延光、赵延寿亦虑及祸，屡辞机要，请与旧臣迭为之，上不许。会契丹欲入寇，上命择帅臣镇河东，延光、延寿皆曰："当今帅臣可往者，独石敬瑭、康义诚耳。"敬瑭亦愿行，上即命除之。既受诏，不落六军副使，敬瑭复辞，上乃以宣徽使朱弘昭知山南东道，代义诚诣阙。

【译文】秦王李从荣像鹰眼一样常常侧目看人，既轻薄又尖刻；他被任用为判理六军诸卫事务后，参与朝政，往往骄纵不守法纪。起初，安重诲担任枢密使，明宗李嗣源对他非常信任，李从荣和宋王李从厚自小孩子起就和他非常熟，所以虽然掌握兵权，但是常常被安重诲所节制，对他非常敬畏。到了安重诲死了以后，王淑妃和宣徽使孟汉琼以明宗的命令派范延光和赵延寿两人担任枢密使，李从荣都轻视侮辱他们。河阳节度使、同平章事石敬瑭兼任六军诸卫副使，他的妻子永宁公主和李从荣是异母所生，平时相互憎恨看不起。李从荣又认为李从厚的声望超过自己，于是就特别嫉恨他；李从荣又因为李从厚的声望超过自己，对他尤其忌刻；李从厚则一向用谦卑的态度事奉他，所以两人之间的嫌隙，旁人看不大出来。石敬瑭不想和李从荣共事，常想补外官避开他。范延光、赵延寿也担心遭殃，几次请辞机要的职务，并且请求由勋旧大臣们轮流担任，明宗李嗣源都不批准。刚好这时契丹入侵，明宗命令大家推举一个元帅大臣前去镇守河东，范延光和赵延寿都说："当今的元帅大臣够资格前往的只有石敬瑭和康义诚两人。"石敬瑭本人也愿意去，于是明宗立刻命令派他担任这个职务。等到诏书下来，不落六军副使的职位名款，石敬瑭又辞谢不受，明宗便任用宣徽使朱弘昭主持山南东道的事务，代替康义诚的职位，让康义诚到朝廷来。

十一月，辛巳，以三司使孟鹄为忠武节度使，以忠武节度使冯赟充宣徽南院使，判三司。鹄本刀笔吏，与范延光乡里厚善，数年间引擢至节度使；上虽知其太速，然不能违也。

乙酉，上以胡寇浸逼北边，命趣议河东帅；石敬瑭欲之，而范延光、赵延寿欲用康义诚，议久不决。枢密直学士李崧以为非石太尉不可。延光曰："仆亦累奏用之，上欲留之宿卫耳。"会上遣中使趣之，众乃从崧议。丁亥，以石敬瑭为北京留守、河东节度使，兼大同、振武、彰国、威塞等军蕃汉马步总管，加兼侍中。

【译文】十一月，辛巳日（初三日），任命三司使孟鹄为忠武节度使，任命原忠武节度使冯赟充任宣徽南院使，判三司。孟鹄本来是个掌案牍的书吏，与范延光是同乡，友谊深厚，几年之间被荐引提拔到节度使；明宗虽然晓得提拔太快，然而不能不认可。

乙酉日（初七日），明宗李嗣源因为胡寇渐渐进逼北方边境，派人催促大臣们迅速决定河东元帅的人选；石敬瑭希望能得到这个职务，但是范延光、赵延寿两人想用康义诚，于是大家商议很久，一直不能决定。枢密直学士李崧认为非石太尉前去不可，范延光说："我也几次奏请用他，但是皇上想把他留在身边统领宿卫军。"刚好明宗派遣宫中的使者又来催促，于是大家才采用李崧的意见。丁亥日(初九日),任命石敬瑭为北京留守、河东节度使,兼大同、振武、彰国、威塞等军蕃汉马步总管,加兼侍中。

己丑,加枢密使赵延寿同平章事。

吴以诸道都统徐知诰为大丞相、太师,加领德胜节度使;知诰矢丞相、太师。

大同节度使张敬达聚兵要害,契丹竟不敢南下而还。敬达,代州人也。

蔚州刺史张彦超本沙陀人,尝为帝养子,与石敬瑭有隙;闻敬瑭为总管,举城附于契丹,契丹以为大同节度使。

石敬瑭至晋阳,以部将刘知远、周瑰为都押衙,委以心腹;军事委知远,帑藏委瑰。瑰,晋阳人也。

【译文】己丑日(十一日),加封枢密使赵延寿同平章事。

吴国任命诸道都统徐知诰为大丞相、太师,加领得胜节度使;徐知诰谦辞丞相、太师的职位。

大同节度使张敬达集中兵力防守要害关塞,契丹兵不敢南下而退还本地。张敬达是代州人。

蔚州刺史张彦超本来是沙陀人,曾经是李嗣源的养子,因为和石敬瑭有过节,他一听说石敬瑭兼任北方各军镇的马步总管,就带领全城军民降附契丹,契丹任命他为大同节度使。

石敬瑭到达晋阳,任命部将刘知远、周瑰两人为都押衙,把他们当作心腹亲信;军事委托刘知远,财政收入委托周瑰。周瑰是晋阳人。

十二月,戊午,以康义诚为河阳节度使,兼侍卫亲军马步都指挥使；以朱弘昭为山南东道节度使。

是岁，汉主立其子耀枢为雍正，龟图为康王，弘度为宾王，弘熙为晋王，弘昌为越王，弘弼为齐王，弘雅为韶王，弘泽为镇王，弘操为万王，弘杲为循王，弘暐为思王，弘邈为高王，弘简为同王，弘建为益王，弘济为辩王，弘道为贵王，弘昭为宜王，弘政为通王，弘益为定王；未几，徙弘度为秦王。

【译文】十二月，戊午日（十一日），任命康义诚为河阳节度使，兼侍卫亲军马步都指挥使；又任命朱弘昭为山南东道节度使。

这一年，南汉国主刘龚立他的儿子刘耀枢为雍王，刘龟图为康王，刘弘度为宾王，刘弘熙为晋王，刘弘昌为越王，刘弘弼为齐王，刘弘雅为韶王，刘弘泽为镇王，刘弘操为万王，刘弘杲为循王，刘弘为思王，刘弘邈为高王，刘弘简为同王，刘弘建为益王，刘弘济为辩王，刘弘道为贵王，刘弘昭为宜王，刘弘政为通王，刘弘益为定王；不久，又把刘弘度改封为秦王。

长兴四年（癸巳，公元九三三年）春，正月，戊子，加秦王从荣守尚书令，兼侍中。庚寅，以端明殿学士归义刘昫为中书侍郎、同平章事。

闽人有言真封宅龙见者，闽王延钧更命其宅曰龙跃宫。遂诣宝皇宫受册，备仪卫，入府，即皇帝位，国号大闽，大赦，改元龙启；更名璘。追尊父祖，立五庙。以其僚属李敏为左仆射、门下侍郎，其子节度使继鹏为右仆射、中书侍郎，并同平章事；以亲吏吴勖为枢密使。唐册礼使裴杰、程侃适至海门，闽主以杰为如京使；侃固求北还，不许。闽主自以国小地僻，常谨事四邻，由是境内差安。

【译文】长兴四年（癸巳，公元 933 年）春季，正月，戊子日（十一日），加封秦王李从荣为尚书令，兼任侍中。庚寅日（十三日），任命端明殿学士归义人刘昫为中书侍郎、同平章事。

闽国有人说，闽王王延钧未成国主之前所住的真封宅有龙出现，便把这所宅第改名为龙跃宫。接着就谒拜宝皇宫受其册封，设置仪仗军卫，进入府中后，登上皇帝位，国号大闽，实行大赦，改年号为龙启；又把自己的名字改为璘。追尊父亲王审知、祖父王恁，立五庙。任命幕僚李敏为左仆射、门下侍郎，他的儿子节度副使王继鹏为右仆射、中书侍郎，两人都为同平章事；又任命亲信部属吴勖为枢密使。唐朝的册礼使裴杰和程侃两人刚好在这时到达海门，闽主王延钧就任命裴杰为如京使；程侃坚持要求北返，闽主不答应。闽主王延钧知道国家幅员小，地点又偏僻，经常注意和四面邻境搞好关系，因此闽地境内还算安定。

二月，戊申，孟知祥墨制以赵季良等为五镇节度使。

凉州大将拓跋承谦及耆老上表，请以权知留后孙超为节度使。上问使者："超为何人？"对曰："张义潮在河西，朝廷以天平军二千五百人戍凉州。自黄巢之乱，凉州为党项所隔，郓人稍稍物故皆尽，超及城中之人皆其子孙也。"

乙卯，以马希范为武安、武平节度使，兼中书令。

戊午，定难节度使李仁福卒；庚申，军中立其子彝超为留后。

癸亥，以孟知祥为东西川节度使、蜀王。

【译文】二月，戊申日（初二日），孟知祥以代行墨制诏书的方式任命赵季良等五名留后为五镇的节度使。

凉州大将拓跋承谦及当地父老上表，请求后唐朝廷任命暂为留后的孙超为节度使。明宗李嗣源问使者说："孙超是什么人啊?"使者回答说:"张义潮在河西的时候,朝廷派出二千五百名天平军戍守凉州,黄巢之乱后,凉州和朝廷的来往被党项人所隔绝,戍守在当地的郓州人也渐渐死光,孙超和城中的人都是他们的子孙。"

乙卯日(初九日),任用马希范为武安、武平节度使,兼任中书令。

戊午日(十二日),定难节度使李仁福过世;庚申日(十四日),军队拥立他的儿子李彝超为留后。

癸亥日(十七日),后唐任用孟知祥为东西川节度使、封蜀王。

先是,河西诸镇皆言李仁福潜通契丹,朝廷恐其与契丹连兵,并吞河右,南侵关中,会仁福卒,三月,癸未,以其子彝超为彰武留后,徙彰武节度使安从进为定难留后,仍命静难节度使药彦稠将兵五万,以宫苑使安重益为监军,送从进赴镇。从进,索葛人也。

乙酉,始下制除赵季良等为五镇节度使。

丁亥,敕谕夏、银、绥、宥将士吏民,以"夏州穷边,李彝超年少,未能扞御,故徙之延安,从命则有李从曬、高允韬富贵之福,违命则有王都、李匡宾覆族之祸。"夏,四月,彝超上言,为军士百姓拥留,未得赴镇,诏遣使趣之。

【译文】起初,河西各藩镇都报告说李仁福私下和契丹人有勾结,朝廷怕他和契丹人联合起来,并吞河右,再往南侵逼关中,刚好这时李仁福过世,三月,癸未日(初七日),朝廷就任命他的儿子李彝超为彰武留后,把原彰武节度使安从进改派为定难留后，仍然命令静难节度使药彦稠带兵五万，由宫苑使安重益为监军，护送安从进赴镇所上任。安从进是振武军索葛人。

乙酉日（初九日），朝廷才正式下令任命赵季良等人为五镇的节度使。

丁亥日（十一日），明宗李嗣源下敕文告谕夏州、银州、绥州、宥州的将士吏民，说："夏州是偏远的边境，李彝超年纪太轻，没有办法镇守该地，防御外夷，所以把他改派到延安去，如果遵旨的话，就能享有像李从曮、高允韬一样富贵的福分；如果抗命，就会遭到像王都、李匡宾一样灭族的惨祸。"夏季，四月，李彝超启奏说，被当地的军士百姓拥护挽留，没法前往朝廷新派任的镇地，明宗下诏派使者去催促他。

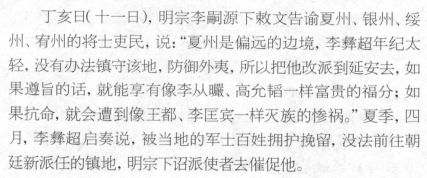

言事者请为亲王置师傅，宰相畏秦王从荣，不敢除人，请令王自择。秦王府判官、太子詹事王居敏荐兵部侍郎刘瓒于从荣，从荣表请之。癸丑，以瓒为秘书监、秦王傅，前襄州支使山阳鱼崇远为记室。瓒自以左迁，泣诉，不得免。王府参佐皆新进少年，轻脱谄谀，瓒独从容规讽，从荣不悦。瓒虽为傅，从荣一概以僚属待之，瓒有难色；从荣觉之，自是戒门者勿为通，月听一至府，或竟日不召，亦不得食。

李彝超不奉诏，遣共兄阿啰王守青岭门，集境内党项诸胡以自救。药彦稠等进屯芦关，彝超遣党项抄粮运及攻具，官军自芦关退保金明。

闽王璘立子继鹏为福王，充宝皇宫使。

【译文】奏事的人建议给亲王们设立师傅，宰相惧怕秦王李从荣，不敢派人，请求让秦王自己选择师傅。秦王府判官、太子詹事王居敏向李从荣推荐兵部侍郎刘瓒，李从荣就上表请求任命刘赞为师傅。癸丑日（初七日），明宗任命刘赞为秘书监、秦王傅，又任命前襄州支使山阳人鱼崇远为记室。刘赞自认是被贬官，就向明宗哭诉，但还是没有办法推辞。秦王府里的幕僚们都是一些新进少年之辈，为人轻躁而又以巴结为能事，只有刘赞能从容冷静地进行规劝，李从荣非常不喜欢他。刘赞虽然名义上是秦王傅，李从荣却一向把他当属下看待，刘赞觉得委屈；李从荣觉察到了，从此告诫守门人不要给他通报，每月听凭他到一次府内，或者一天也不召见他，也不供膳。

　　李彝超不奉行诏书命令，派遣他的哥哥阿啰王防守青岭门，并且聚集辖境内党项的各族胡人图谋自保。药彦稠等进驻芦关，李彝超派遣党项人抄掠他的粮食补给和攻城器具，官军从芦关退守金明。

　　闽国主王璘立他的儿子王继鹏为福王，充任宝皇宫使。

　　五月，戊寅，立皇子从珂为潞王，从益为许王，从子天平节度使从温为兖王，护国节度使从璋为洋王，成德节度使从敏为泾王。

　　庚辰，闽地震，闽主璘避位修道，命福王继鹏权总万机。初，闽王审知性节俭，府舍皆庳陋；至是，大作宫殿，极土木之盛。

　　甲申，帝暴得风疾；庚寅，小愈，见群臣于文明殿。

　　壬辰夜，夏州城上举火，比明，杂虏数千骑救之，安从进遣先锋使宋温击走之。

　　吴宋齐丘劝徐知诰徙吴主都金陵，知诰乃营宫城于金陵。

　　帝旬日不见群臣，都人恼惧，或潜窜山野，或寓止军营。秋，七月，庚辰，帝力疾御广寿殿，人情始安。

【译文】五月，戊寅日（初三日），封皇子李从珂为潞王，李从益为许王，皇侄天平节度使李从温为兖王，护国节度使李从璋为洋王，成德节度使李从敏为泾王。

庚辰日（初五日），闽国发生地震，闽主王璘避开王位，潜心修道，命令福王王继鹏暂时代理国政。起初，第一任闽王王审知性情节俭，府舍都比较简陋；到此时，大肆兴建宫殿，极尽土木豪华。

甲申日（初九日），明宗李嗣源忽然患了风疾；庚寅日（十五日），稍微好一点，就在文明殿接见群臣。

壬辰日（十七日）晚上，夏州城上升起火作为信号，天一亮，就有几千名胡人骑兵前来救援，安从进派遣先锋使宋温把他们击退。

吴国宋齐丘劝徐知诰把吴主杨溥迁到金陵，徐知诰便在金陵营建宫城。

明宗李嗣源十几天没接见群臣，京城里人心惶惶，有人跑到山野中躲起来，有人则藏身在军营中。秋季，七月，庚辰日（初六日），明宗勉强带病上广寿殿，人心才安定下来。

安从进攻夏州。州城赫连勃勃所筑，坚如铁石，斫凿不能入。又党项万馀骑徜徉四野，抄掠粮饷，官军无所刍牧。山路险狭，关中民输斗粟束藁费钱数缗，民间困竭不能供。李彝超兄弟登城谓从进曰："夏州贫瘠，非有珍宝蓄积可以充朝廷贡赋也；但以祖父世守此土，不欲失之。蕞尔孤城，胜之不武，何足烦国家劳费如此！幸为表闻，若许其自新，或使之征伐，愿为众先。"上闻之，壬午，命从进引兵还。

其后有知李仁福阴事者，云："仁福畏朝廷除移，扬言结契丹为援，契丹实不与之通也；致朝廷误兴是役，无功而还。"自是夏州轻朝廷，每有叛臣，必阴与之连以邀赂遗。上疾久未平，征夏州无功，军士颇有流言，乙酉，赐在京诸军优给有差；既赏赉无名，士卒由是益骄。

【译文】安从进攻打夏州。夏州的城垣是赫连勃勃所筑，坚固得像铁石一般，斫凿不能使它破毁。城外四郊又有党项的万余名骑兵在那里游动，随时会抄掠官军的粮饷，官军也没地方割草牧马。通往中原的山路险要狭窄，关中的百姓往那里运输一斗粟、一捆柴草都要耗费好几缗钱，民间都困乏不堪，无力再继续供应。李彝超兄弟登上城墙对城外的安从进说："夏州是贫瘠的地方，也没有珍宝蓄积可以供给朝廷赋税；只是因为祖父、父亲历代守住这片土地，不愿意到我们手上把它失去了而已。这么小的一个城，就算你们打胜，也没有什么光荣，又何必让国家劳动人马、耗费钱财呢？希望你替我们上表向皇帝报告，如果朝廷能准许我们改过自新，或者派遣我们去征伐异城，我愿意去打先锋。"明宗李嗣源听说这种情况，壬午日(初八日)，命令安从进带兵返回。

后来，知道李仁福阴事的人，说："李仁福怕朝廷调动他的人马，便放风说要联合契丹相互支援，其实契丹并未与他勾结；致使朝廷错误地兴兵讨伐，结果无功而还。"从此夏州就轻视朝廷，每回有人叛变，就私下和他联络交通，好邀取贿赂。明宗的病老不好，征讨夏州又没有结果，军士们都谣言纷纷。乙酉日(十一日)，明宗对京城军队都按等级颁给优厚的赏赐；因为无功行赏，从此士卒更加骄纵。

【乾隆御批】据城拒命，显言不欲失祖宗世守。彝超之叛非复

资治通鉴

可以轻宥者，乃从进信其自新之诡说，遽为表请，诏遂从而罢兵，纪纲安在？夏州从此益轻朝廷而肆阴谋。皆养虎之遗患耳。

【译文】据城的险要抗拒朝命，表面上是说不想失去祖宗世代守护的基业。彝超的叛国不是可以轻易原谅的，然而安从进相信他改过自新的谎骗之辞，急忙为他上表请求宽恕，于是便有诏令，停战返回，国家的法纪哪里去了？夏州从此更加轻视朝廷，肆无忌惮地进行阴谋活动。这都是纵容敌人，自留后患啊。

丁亥，赐钱元瓘爵吴王。元瓘于兄弟甚厚，其兄中吴、建武节度使元璙自苏州入见，元瓘以家人礼事之，奉觞为寿，曰："此兄之位也，而小子居之，兄之赐也。"元璙曰："先王择贤而立之，君臣位定，元璙知忠顺而已。"因相与对泣。

戊子，闽主璘复位。初，福建中军使薛文杰，性巧佞，璘喜奢侈，文杰以聚敛使用求媚，璘以为国计使，亲任之。文杰阴求富民之罪，籍没其财，被榜捶者胸背分受，仍以铜斗火熨之。建州土豪吴光入朝，文杰利其财，求其罪，将治之；光怨怒，帅其众且万人叛奔吴。

【译文】丁亥日（十三日），赐予钱元瓘爵位吴王。钱元瓘对待兄弟很优厚，他的哥哥中吴、建武节度使钱元璙从苏州入京朝见，钱元瓘用家人的礼节接待他，举酒祝贺他，并且说："这里本来是哥哥的王位，而现在却被小弟我占据，这都是哥哥赐给我的。"钱元璙说："先王是选择贤德的人册立，现在君臣的名分已经定了，元璙只知道对主上忠顺而已。"于是两兄弟感动得相对哭泣。

戊子日（十四日），闽主王璘复位。起初，福建中军使薛文杰，为人乖巧谄媚，闽主王璘喜爱奢侈，薛文杰便用搜刮民财的手段来迎会他，王璘于是任命他为国计使，非常信任他。薛文杰私底下探求有钱人的罪状，常借故抄没他们的家财，被治罪的人胸背都被拷打，还用铜斗火烫他们。建州土豪吴光到京城朝见，薛文杰看上他的家财，就找他的罪过，准备治他的罪；吴光怨恨愤怒，就率领他的部众将近一万人反叛投奔吴国去了。

帝以工部尚书卢文纪、礼部郎中吕琦为蜀王册礼使，并赐蜀王一品朝服。知祥自作九旒冕、九章衣，车服旌旗皆拟王者。八月，乙巳朔，文纪等至成都。戊申，知祥服痛冕，备仪卫诣驿，降阶北面受册，升玉辂。至府门，乘步輦而归。文纪，简求之孙也。

戊申，群臣上尊号曰圣明神武广道法天文德恭孝皇帝，大赦。在京及诸道将士各等第优给。时一月之间再行优给，由是月度益窘。

【译文】明宗李嗣源任命工部尚书卢文纪、礼部郎中吕琦为蜀王册礼使，并赐蜀王一品朝服。孟知祥自己制作九旒冕，九章衣，车服旌旗的样式都模拟天子。八月，乙巳朔日（初一日），卢文纪一行到成都。戊申日（初四日），孟知祥穿上衮服、冠冕，准备仪仗卫队，来到驿馆，下到台阶下，面向北，接受明宗李嗣源的册封，然后坐上玉辂；回到府门，再坐着步輦进府。卢文纪是卢简求的孙子。

戊申日（初四日），群臣为明宗李嗣源上尊号为圣明神武广道法天文德恭孝皇帝，实行大赦。在京城和各道的将士们各按等级给予优厚赏赐。一月之内两次颁发优厚赏赐，因此朝廷的用度更加窘困。

太仆少卿致仕何泽见上寝疾，秦王从荣权势方盛，冀己复进用，表请立从荣为太子。上览表泣下，私谓左右曰："群臣请立太子，朕当归老太原旧第耳。"不得已，丙戌，诏宰相枢密使议之。丁卯，从荣见上，言曰："窃闻有奸人请立臣为太子；臣幼小，且愿学治军民，不愿当此名。"上曰："群臣所欲也。"从荣退，见范延光、赵延寿曰："执政欲以吾为太子，是欲夺我兵柄，幽之东宫耳。"延光等知上意，且惧从荣之言，即具以白上；辛未，制以从荣为天下兵马大元帅。

【译文】太仆少卿何泽看到明宗李嗣源卧病，秦王李从荣权势正在发展，他希望自己能重新得到起用，便上表请求立李从荣为太子。明宗看到奏表，眼泪都掉下来，私底下对左右的近臣们说："群臣请我册立太子，朕只好回太原的旧宅去养老了。"不得已，只好在壬戌日（十八日），下诏命令宰相和枢密使商议。丁卯日（二十三日），李从荣觐见明宗李嗣源，说："臣私下听说有奸人请求皇上册立臣为太子；臣年纪还轻，而且还想学习如何治理军民，不愿意当这个名位。"明宗说："这是大臣们一致要求的。"李从荣退下来后，就去见范延光和赵延寿，说："你们各位执政的要让我当太子，是想夺我的兵权，把我幽禁在东宫而已。"范延光等知道明宗李嗣源的意思，而且对于李从荣的话也觉得害怕，于是就详细地向明宗报告；辛未日（二十七日），明宗李嗣源任命李从荣为天下兵马大元帅。

【乾隆御批】"归老太原旧第"与遂为间人语如一口吻；而览表泣下，卑鄙更甚夫。以从荣之恶，其不堪付托，亦明矣。乃唐主和欲，犹豫不早自断制，致奸臣得窥测意，指为调停之计，转假之兵柄，以召祸机，并矣其惑也。

【译文】"到太原旧府第归老"这话和常人闲话如出一辙；又在阅

表时流下眼泪，唐主举动的低微鄙陋更可明见。很显然，李从荣为人恶而不仁，国家是不能托付给他的。然而这只是唐主私下所想，事实上他很犹豫不能早点儿做出决断，导致奸臣窥探揣测他的心意，借提供调停的计策之机，转而让李从荣掌握兵权而给朝廷招来灾祸。唐主实在是糊涂得很啊！

　　九月，甲戌朔，吴主立德妃王氏为皇后。

　　戊寅，加范延光、赵延寿兼侍中。

　　癸未，中书奏节度使见元帅仪，虽带平章事，亦以军礼廷参，从之。

　　帝欲加宣徽使、判三司冯赟同平章事；赟父名章。执政误引故事，庚寅，加赟同中书门下二品，充三司使。

　　【译文】九月，甲戌朔日（初一日），吴主杨溥立德妃王氏为皇后。

　　戊寅日（初五日），明宗李嗣源加范延光、赵延寿兼侍中。

　　癸未日（初十日），中书启奏：节度使见元帅的礼仪，虽然带衔平章事，仍要用军人礼节进见和参拜；后唐明宗李嗣源听从了。

　　明宗李嗣源要加宣徽使、判三司冯赟同平章事；冯赟的父亲名叫冯章，执政大臣误引用过去的旧制，庚寅日（十七日），加封冯赟同中书门下二品，充当三司使。

　　秦王从荣请严卫、捧圣步骑两指挥为牙兵。每入朝，从数百骑，张弓挟矢，驰骋衢路；令文士试草《檄淮南书》，陈己将廓清海内之意。从荣不快于执政，私谓所亲曰："吾一旦南面，必族之！"范延光、赵延寿惧，屡求外补以避之。以上为见己病而求去，甚怒，曰："欲去自去，奚用表为！"齐国公主复为延寿言于禁中，云"延寿实有疾，不堪机务。"丙申，二人复言于上曰："臣等非敢惮劳，愿与勋旧迭为之。亦不敢俱去，愿听一人先出。若新人不称职，复召臣，臣即至矣。"上乃许之。戊戌，以延寿为宣武节度使；以山南节道节度使朱弘昭为枢密使、同平章事。制下，弘昭复辞，上叱之曰："汝辈皆不欲在吾侧，吾蓄养汝辈何为！"弘昭乃不敢言。

【译文】秦王李从荣请求把严卫、捧圣步骑两指挥作为自己的牙兵。每次入朝，他随从的骑兵有好几百名，都张着弓，带着箭，在大路上奔驰；命令文士试替他草拟讨伐淮南的檄文，文中表示自己将要平定天下。李从荣对执政大臣不满，私底下对亲信们说："我一旦南面为帝，一定要把他们全族杀灭。"范延光、赵延寿两人知道后，心里害怕，几次请求补外官，好避开他。明宗李嗣源认为他们是看到自己生病，才想离开朝中，非常生气，说："要走就走好了，还上表干什么！"赵延寿的妻子齐国公主替赵延寿在内宫说情，她说："赵延寿确实有病，不能胜任机要职务。"丙申日（二十三日），两人又向明宗请求，说："臣等并不是害怕辛劳，只是想和勋旧大臣们轮流担任。臣等也不敢一下子就都离开，请先让一个人补外官，如果新继任的人不称职，再召唤臣，臣就立刻回来。"明宗才答应。戊戌日（二十五日），任命赵延寿为宣武节度使；又任命山南东道节度使朱弘昭为枢密使、同平章事。明宗制命下来，朱弘昭又推辞不受，明宗斥责他说："你们这些人都不想在我身边，我供养你们干什么？"朱弘昭才不敢再说。

吏部侍郎张文宝泛海使杭州，船坏，水工以小舟济之，风飘至天长；从者二百人，所存者五人。吴主厚礼之，资以从者仪服钱币数万，仍为之牒钱氏，使于境上迎候。文宝独受饮食，馀皆辞之，曰："本朝与吴久不通问，今既非君臣，又非宾主，若受兹物，何辞以谢！"吴主嘉之，竟达命于杭州而还。

庚子，以前义成节度使李赞化为昭信节度使，留洛阳食其俸。

辛丑，诏大元帅从荣位在宰相上。

吴徐知诰以国中水火屡为灾，曰："兵民困苦，吾安可独乐！"悉纵遣侍妓，取乐器焚之。

闽内枢密使薛文杰说闽王抑挫诸宗室；从子继图不胜忿，谋反，坐诛，连坐者千馀人。

【译文】吏部侍郎张文宝从海路出使吴越国的杭州。途中船坏了，水手们用小船载着他，被风吹着，漂流到吴国的天长；随行的两百人，只有五个人活着。吴主杨溥很优厚地礼遇他，赠送给他和随从们仪仗衣服和钱币，有好几万，并且还为他通知吴越的钱氏，让他们来边境上迎接。张文宝只接受饮食，其余的都辞谢，说："本朝与吴国很长时间不通问讯，现在既不是君臣关系，又不是宾主关系，如果接受这些东西，用什么言辞来致谢？"吴主杨溥很赞赏他。他居然完成朝廷委派的任务，到杭州而还。

庚子日（二十七日），任命前义成节度使李赞华为昭信节度使，把他留在洛阳，只接受俸禄，不前往镇地。

辛丑日（二十八日），明宗下诏：大元帅李从荣地位在宰相之上。

吴国的徐知诰因为国内接连发生水灾、火灾，就说："军民都非常困苦，我怎么可以独自一人享乐？"便把所有的侍妓全部打发出去，把歌舞演奏的乐器都焚烧。

闽国内枢密使薛文杰劝闽王王璘压制宗室们；闽王的侄子王继图气不过，就要阴谋造反，因此被治罪诛杀，牵连一千多人。

冬，十月，乙卯，范延光、冯赟奏："西北诸胡卖马者往来如织，日月绢无虑五千匹，计耗国用什之七，请委缘边镇戍择诸胡所卖马良者给券，具数以闻。"从之。

戊午，以前武兴节度使孙岳为三司使。

范延光屡因孟汉琼、王淑妃以求出。庚申，以延光为成德节度使，以冯赟为枢密使。帝以亲军都指挥使、同平章事康义诚为朴忠，亲任之。时要近之官多求出以避秦王之祸，义诚度不能自脱，乃令其子事秦王，务以恭顺持两端，冀得自全。

权知夏州事李彝超上表谢罪，求昭雪；壬戌，以彝超为定难军节充使。

【译文】冬季，十月，乙卯日（十二日），后唐范延光、冯赟奏称："西北胡人前来京城卖马，往来如织，每天公家要使用的绢不下五千匹，总计耗费国家费用的十分之七，请求朝廷委托沿边各处镇所，选择胡人所卖马中优良的发给凭证，然后再把数量呈报给朝廷。"明宗批准了。

戊午日（十五日），任用前武兴节度使孙岳为三司使。

范延光几次托孟汉琼、王淑妃向明宗李嗣源请求派任外官；庚申日（十七日），任命范延光为成德节度使，另外任命冯赟为枢密使。明宗认为亲军都指挥使、河阳节度使、同平章事康义诚为人淳朴忠实，亲近和信任他。当时亲近的大臣大都请求派任外官，好避开秦王李从荣的祸害，康义诚估计自己难以脱身，于是就让他的儿子去事奉秦王，遇事力求用恭敬顺从、模棱两可的态度去对待，希望能够获得保全。

权知夏州事李彝超上奏章向明宗李嗣源谢罪，请求洗清他的罪状；壬戌日（十九日），朝廷任命李彝超为定难军节度使。

十一月，甲戌，上饯范延光，酒罢，上曰："卿今远去，事宜尽言。"对曰："朝廷大事，愿陛下与内久辅臣参决，勿听群小之言。"遂相泣而别。时孟汉琼用事，附之者共为朋党以蔽惑上听，故延光言及之。

庚辰，改慎州怀化军。置保顺军于洮州，领洮、鄯等州。

戊子，帝疾复作，己丑，大渐，秦王从荣入问疾，帝俯首不能举。王淑妃曰："从荣在此。"帝不应。从荣出，闻宫中皆哭，从荣意帝已殂，明旦，称疾不入。是夕，帝实小愈，而从荣不知。

【译文】十一月，甲戌日（初二日），明宗李嗣源给范延光饯行，喝完酒，明宗说："卿现在要远离了，有什么事要毫不保留地说。"范延光回答说："朝廷大事，盼望陛下能和内外的辅佐大臣们商量决定，不要听小人们的话。"于是相对哭泣而后分别。当时孟汉琼得到重用掌权，与私附他的人结为朋党，蒙蔽迷惑明宗的听闻，所以范延光才这么说。

庚辰日（初八日），更改慎州为怀化军。设置保顺军于洮州，领有洮州、鄯州等地。

戊子日（十六日），明宗李嗣源的病又发作，己丑日（十七日），病情加重。秦王李从荣进宫探病，明宗低着头，抬不起来。王淑妃说："李从荣在这里。"明宗没有应声。李从荣出宫，听到宫内的人都在哭，以为明宗已经死了，第二天早上，自称有病不进宫省问。这天晚上，明宗稍见好转，李从荣却不知道。

从荣自知不为时论所与，恐不得为嗣，与其党谋，欲以兵入侍，先制权臣。辛卯，从荣遣都押牙马处钧谓朱弘昭、冯赟曰：
"吾欲帅牙兵入宫中侍疾，且备非常，当止于何所？"二人曰："王
自择之。"既而私于处钧曰："主上万福，王宜竭心忠孝，不可妄
信人浮言。"从荣怒，复遣处钧谓二人曰："公辈殊不爱家族邪？
何敢拒我！"二人患之，入告王淑妃及宣徽使孟汉琼，咸曰："兹
事不得康义诚不可济。"乃召义诚谋之，义诚竟无言，但曰："义
诚，将校耳，不敢预议，惟相公所使。"弘昭疑义诚不欲众中言
之，夜，邀至私第问之，其对如初。

【译文】李从荣知道当时人心舆论对他不利，害怕继承不了
皇帝大位，便同他的党羽策划，要用武力入宫侍卫，先制服权
臣。辛卯日（十九日），李从荣派遣都押牙马处钧去对朱弘昭和
冯赟说："我想率领牙兵进入宫中侍候皇上，防备非常情况，我
应当要住在哪里？"两人回答说："王可以自己选择。"回头两人
又私下对马处钧说："皇上平安无事，秦王应该竭尽心力实行忠
孝之道，不可乱信坏人的胡说。"李从荣知道了，非常生气，又
派马处钧去对两人说："你们两个难道不爱你们的家族了吗？要
不然怎么敢拒绝我呢？"两人很忧愁，就进宫把这事告诉王淑妃
和宣徽使孟汉琼，大家商议后，都认为："现在这情形，非康义
诚来没有办法解决。"于是召唤康义诚前来商议，康义诚竟然不
表示意见，只说："我只是一个军人，不敢参加什么意见，我只
听相公们的指挥。"朱弘昭怀疑康义诚不想当着众人表态，夜
间，把他邀请到家里再次问他，康义诚回答得和原来一样。

壬辰，从荣自河南府常服将步骑千人陈于天津桥。是日黎
明，从荣遣马处钧至冯赟第，语之曰："吾今日决入，且居兴圣
宫。公辈各有宗族，处事亦宜详允，祸福在须臾耳。"又遣处钧

诣康义诚，义诚曰："王为则奉迎。"

赟驰入右掖门，见弘昭、义诚、汉琼及三司使孙岳方聚谋于中兴殿门外，赟具道处钧之言，因让义诚曰："秦王言'祸福在须臾'，其事可知，公勿以儿在秦府，左右顾望! 主上拔擢吾辈，自布衣至将相，苟使秦王兵得入此门，置主上何地? 吾辈尚有遗种乎?"义诚未及对，监门白秦王已将兵至端门外。汉琼拂衣起曰："今日之事，危及君父，公犹顾望择利邪? 吾何爱馀生，当自帅兵拒之耳!"即入殿门，弘照、赟随之，义诚不得已，亦随之入。

【译文】壬辰日(二十日)，李从荣穿着常服，从河南府带领一千名士卒，部署在天津桥。当天黎明的时候，李从荣派遣马处钧到冯赟家里，对他说："我今天决定要入宫，暂时要住在兴圣宫。你们都是有家有眷的人，做事可得好好考虑，祸福的决定是只在须臾之间。"又派马处钧去见康义诚，康义诚答复说："只要秦王来到，我必奉迎。"

冯赟快马奔入右掖门，见到朱弘昭、康义诚、孟汉琼及三司使孙岳，他们正聚集在中兴殿门外会商，冯赟便把马处钧的传语告诉他们，并因而责难康义诚说："秦王讲'祸福的决定，只在须臾之间'，那么他想干什么可想而知了，你不要因为儿子在秦王府，就左右观望啊! 皇上提拔我们，从平民布衣，一直升到将相，如果让秦王李从荣的军队进入端门，把皇上往哪里摆? 我们这些人的家族中难道还有人能活命吗?"康义诚还没来得及答话，守门的官吏来报告说秦王李从荣已经带兵到了端门之外。孟汉琼拂袖而起，说："今天的事情，已经危及君父的安全，而你还在观望着投靠哪边比较有利吗? 我绝不爱惜剩余的生命，我自己带兵去抵抗!"于是就进入殿门，朱弘昭、冯赟也跟随着，康义诚不得已，也只好跟他们进去。

汉琼见帝曰："从荣反，兵已攻端门，须臾入宫，则大乱矣！"宫中相顾号哭，帝曰："从荣何苦乃尔！"问弘昭等："有诸？"对曰："有之，适已令门者阖门矣。"帝指天泣下，谓义诚曰："卿自处置，勿惊百姓！"控鹤指挥使李重吉，从珂之子也，时侍侧，帝曰："吾与尔父，冒矢石定天下，数脱吾于厄；从荣辈得何力，今乃为人所教，为此悖逆！我固知此曹不足付大事，当呼尔父授以兵柄耳。汝为我部闭诸门。"重吉即帅控鹤兵守宫门。孟汉琼被甲乘马，召马军都指挥使朱洪实，使将五百骑讨从荣。

【译文】孟汉琼见了明宗李嗣源，奏报说："秦王从荣造反，他的兵众已攻到端门，马上要打进宫内来，可要大乱了。"宫中的人都相对大声号哭，明宗说："李从荣何苦要这样呢？"就问朱弘昭说，"真有这回事吗？"朱弘昭回答："有，刚刚已命令守门的人把宫门关上了。"明宗指着天，掉下眼泪，对康义诚说："卿自己去做主处理吧。只是不要惊扰百姓！"控鹤指挥使李重吉，是李从珂的儿子，当时正侍卫在明宗身边，明宗对他说："我和你的父亲，冒着战场矢石的危险平定天下，你父亲几次在危急的时候救过我；李从荣这些人又干过些什么事？今天居然被人煽动，敢做出这种叛逆的事情，我本来就知道这些人不足以托付大事，应该叫你父亲来，把兵权交给他。你替我部署把宫门都封闭起来。"李重吉立刻率领控鹤兵把守宫门。孟汉琼披上盔甲，骑上战马，召唤马军都指挥使朱洪实，让他带领五百骑兵去讨伐李从荣。

从荣方据胡床，坐桥上，遣左右召康义诚。端门已闭，叩左掖门，从门隙中窥之，见朱洪实引骑兵北来，走白从荣。从荣大惊，命取铁掩心擐之，坐调弓矢。俄而骑兵大至，从荣走归府，僚佐皆窜匿，牙兵掠嘉善坊溃去。从荣与妃刘氏匿床下，皇城使安从益就斩之，并杀其子，以其首献。初，孙岳颇得豫内廷密谋，冯、朱患从荣狼伉，岳尝为之极言祸福之归；康义诚恨之，至是，乘乱密遣骑士射杀之。帝闻从荣死，悲骇，几落御榻，绝而复苏者再，由是疾复剧。从荣一子尚幼，养宫中，诸将请除之，帝泣曰："此何罪！"不得已，竟与之。癸巳，冯道帅群臣入见帝于雍和殿，帝雨泣呜咽，曰："吾家事至此，惭见卿等！"

【译文】此时，李从荣正倚踞着胡床，坐在桥上，让左右侍从召唤康义诚来。当时端门已经封闭，使者就想叫开左掖门，在门缝中一窥探，看到朱洪实正率领骑兵从北前来，于是赶快跑回去向李从荣报告。李从荣大吃一惊，立刻下令拿护胸的铁掩心穿戴起来，然后坐在那里调理弓箭。一会儿朱洪实的骑兵掩击过来，李从荣逃回河南府，他的幕僚们都逃散躲起来，牙兵们则在嘉善坊一带抢掠一番后也都溃散。李从荣和他的妃子刘氏躲在床底下，皇城使安从益前来把他们斩杀，并且杀了他的儿子，把首级呈献上来。起初，孙岳也能够参与内廷的秘密谋议，冯赟、朱弘昭两人担忧李从荣乖戾，孙岳曾经为他们分析祸福关系；康义诚很痛恨他，到这时，就趁着大乱秘密派骑士把孙岳射杀。明宗李嗣源听说李从荣死，悲痛惊骇，几乎从御榻上跌下来，几次昏死后才又苏醒过来，因此病情就更严重了。李从荣有一个儿子还很幼小，养于宫中，众将要求把他杀掉，明宗涕泣着说："这孩子有什么罪？"但是最后不得已，还是把孩子交给他们。癸巳日（二十一日），冯道率领群臣，在雍和殿觐见明宗李嗣源，明宗泪如雨下，说："我家里的事演变到这种地步，实在没有脸见各位。"

宋王从厚为天雄节度使；甲午，遣孟汉琼征从厚，且权知天雄军府事。

丙申，追废从荣为庶人。执政共议从荣官属之罪，冯道曰："从荣所亲者高辇、刘陟、王说而已，任赞到官才半月，王居敏、司徒诩在病告已半年，岂豫其谋！居敏尤为从荣所恶，昨举兵向阙之际，与辇、陟并辔而行，指日景曰：'来日及今，已诛王詹事矣。'自非与之同谋者，岂得一切诛之乎！"朱弘昭曰："使从荣得入光政门，赞等当如何任使，而吾辈犹有利乎！且首从差一等耳，今首已孥戮而从皆不问，主上能不以吾辈为庇奸人乎！"冯赟力争之，始议流贬。时咨议高辇已伏诛。丁酉，元帅府判官、兵部侍郎任赞、秘书监兼王傅刘瓒、友苏瓒、记室鱼崇远、河南少尹刘陟、判官司徒诩、推官王说等八人并长流，河南巡官李瀚、江文蔚等六人勒归田里，六军判官、太子詹事王居敏、推官郭晙并贬官。瀚，回之族曾孙也；诩，贝州人；文蔚，建安人也。文蔚奔吴，徐知诰厚礼之。

【译文】宋王李从厚当时担任天雄节度使；甲午日（二十二日），明宗派遣孟汉琼前去征召李从厚，派他暂时掌理天雄军府的事务。

丙申日（二十四日），追废李从荣为平民。执政诸人共同评议李从荣所属官吏的罪名，冯道说："李从荣所亲信的是高辇、刘陟、王说而已，任赞在秦王府到官才半个月，王居敏、司徒诩有病告假已经半年，这些人怎么会参与其事呢？王居敏尤其受到李从荣的厌恶，昨日李从荣率兵攻向宫中的时候，和高辇、刘陟等人并马而行，指着日影说：'明天这时候，已经把王詹事杀了。'这些人自然不是和他同谋的人，怎可以全部都诛杀呢？"朱弘昭说："如果李从荣能够打进光政门，任赞那一伙人会怎样行事，那时我们这些人还能留下遗族吗？而且首、从的罪只是差一等而已，现在首犯已经被杀戮，而从犯如果都不追究，皇上难道不会认为我们包庇奸人吗？”冯赟极力反对，才商议用流放和贬官的方式治罪。当时谘议高辇已经伏罪被杀。丁酉日（二十五日），元帅府判官、兵部侍郎任赞，秘书监兼王傅刘瓒、友苏瓒、记室鱼崇远、河南少尹刘陟、判官司徒诩、推官王说八个人都被流放远方；河南巡官李瀚、江文蔚等六个人被勒令免职，回归乡里；六军判官、太子詹事王居敏、推官郭晙等都被贬官。李瀚是唐武宗朝宰相李回的同族曾孙；司徒诩是贝州人；江文蔚是建安人。江文蔚投奔吴国，徐知诰给他很隆重的礼遇。

初，从荣失道，六军判官、司谏郎中赵远谏曰：“大王地居上嗣，当勤修令德，奈何所为如是！勿谓父子至亲为可恃，独不见恭世子、戾太子乎！”从荣怒，出为泾州判官；及从荣败，远以是知名。远，字上交，幽州人也。

戊戌，帝殂。帝性不猜忌，与物无竞，登极之年已逾六十，每夕于宫中焚香祝天曰：“某胡人，因乱为众所推；愿天早生圣人，为生民主。”在位年谷屡丰，兵革罕用，校于五代，粗为小康。

【译文】起初，李从荣所作所为失道，六军判官、司谏郎中赵远劝谏他说：“大王身居嗣子的地位，应当勤修德业，为何所作所为却是如此呢？您别认为父子至亲的关系是绝对可靠的，难道没看到恭世子和戾太子的往事吗？”（晋献公的世子和汉武帝的太子都是被父亲所杀）李从荣听了很生气，就把他贬为泾州判官；待到李从荣失败，赵远因为讲过这些话而声名流播。赵远字上交，是幽州人。

戊戌日（二十六日），后唐明宗李嗣源过世。明宗生性不猜疑忌刻，与人无争，登基的时候已经超过六十岁，每晚都在宫中焚香向上天祷告说："我是胡人，因为动乱，被大家所推举出来，盼望上天早一天降生圣人，好当百姓的君王。"他在位时粮谷多次丰收，兵戈战乱少见，从五代时期来衡量，稍称小康。

【乾隆御批】后唐天成、长兴之治，不特尽革庄宗弊政，而克己自励，亦五季中之佼佼者，其长诚不可没。然推原得位之始，其叛且篡，则固无能隐讳。论者狃于善善，欲长之，见曲为褒美过矣。即如焚香祝天之事，谁则见之，而胡寅深信不疑，遂谓其发于诚心，试思为众所推，果足信否？若谓监国时之群臣固请，不过沿六朝劝进故辙，岂晋宋以还之禅代，亦真可比之唐虞揖让乎？尚论贵于持平，况有关于世道人心？尤不可以不辨。

【译文】后唐天成、长兴年间的统治，不只是全部改革庄宗时腐败不清明的政治，他也能克制自己、勉励自己，这也是五代时期突出的人物，他的长处不可抹灭。然而推究到他获得王位的初期，也是叛离和篡夺。这本来也没有可隐瞒的。但评论的人，总是把好的说得更好，想要滋长它，看见不好的也要为了赞扬而美化过失。也就像烧香祈天这件事，谁见到了，然而胡寅却深信不疑，于是说他是发自真心诚意，试着想一想，是大家推举的，果真能相信吗？如果监国时大臣们都坚决地请求，也不过是沿袭了六朝时劝登帝位的旧习，难道晋宋时的禅让换代，也真能和唐虞揖让相比吗？评论贵在公平，何况有关于世道人心的？更不可以不仔细分辨。

辛丑，宋王至洛阳。

闽主尊鲁国太夫人黄氏为皇太后。

闽主好鬼神，巫盛韬等皆有宠。薛文杰言于闽主曰："陛下左右多奸臣，非质诸鬼神，不能知也。盛韬善视鬼，宜使察之。"闽主从之。文杰恶枢密使吴勖，勖在疾，文杰省之，曰："主上以公久疾，欲罢公近密，仆言公但小苦头痛耳，将愈矣。主上或遣使来问，慎勿以它疾对也。"勖许诺。明日，文杰使韬言于闽主曰："适见北庙崇顺王讯吴勖谋反，以铜钉钉其脑，金椎击之。"闽主以告文杰，文杰曰："未可信也，宜遣使问之。"果以头痛对，即收下狱，遣文杰及狱吏杂治之，勖自诬服，并其妻子诛之。由是国人益怒。

【译文】辛丑日（二十九日），宋王李从厚到达洛阳。

闽主王璘尊鲁国太夫人黄氏为皇太后。

闽主喜好崇拜鬼神，巫人盛韬等都受到宠信。薛文杰对闽主说："陛下的左右有很多奸臣，不由鬼神来判别，没办法知道。盛韬很会看鬼，应该让他来侦察。"闽主王璘接纳他的建议。薛文杰厌恶枢密使吴勖，当时吴勖正卧病在家，薛文杰前去探视，对他说："主上因为您久病不愈，想免除您的近密职务，在下报告说您只是头痛的小毛病，已经快要好了。主上如果派遣使者来探病，您千万别说是其他的病。"吴勖答应了。第二天，薛文杰教盛韬对闽主说："刚才我见到北庙崇顺王审讯吴勖谋反的事，用铜钉钉他的脑顶，并用金椎锤击。"闽主王璘把这事告诉薛文杰，薛文杰说："不一定可信，应该派个使者去探问。"使者去了，吴勖果然答称头痛，于是立即把吴勖收捕下到狱中，闽主王璘派薛文杰和狱吏拷问他，吴勖只好胡乱认罪，和他的妻子儿女一并被诛杀。闽国的百姓因此更加愤恨不平。

吴光请兵于吴，吴信州刺史将延徽不俟朝命，引兵会光攻建州，闽主遣使求救于吴越。

十二月，癸卯朔，始发明宗丧，宋王即皇帝位。

秦王从荣既死，朱洪实妻入宫，司衣王氏与之语及秦王，王氏曰："秦王为人子，不在左右侍疾，致人归祸，是其罪也；若云大逆，则厚诬矣。朱司徒最受王恩，当时不为之辨，惜哉！"洪实闻之，大惧，与康义诚以其语白闵帝，且言王氏私于从荣，为之诇宫中事，辛亥，赐王氏死。事连王淑妃，淑妃素厚于从荣，帝由是疑之。

【译文】吴光请求吴国派兵攻闽，吴国信州刺史蒋延徽不等朝廷正式命令到达，就率兵会同吴光进攻建州。闽主王璘派遣使者向吴越求救。

十二月，癸卯朔日（初一日），才开始为明宗李嗣源发丧，宋王李从厚即后唐皇帝之位，是为闵帝。

秦王李从荣死了后，朱洪实的妻子入宫，司衣王氏和她谈到秦王，王氏说："秦王作为人子，不在皇帝身边侍候疾病，以致被人归加罪名，这是他自找的；但如果说是谋反，这恐怕是严重的诬赖了。司徒朱洪实承受秦王恩惠最多，当时没为他辩明，真是可惜！"朱洪实听到了，大为害怕，于是和康义诚一起把这话报告给闵帝李从厚，并且说王氏私附李从荣，替他侦察宫中的事情，辛亥日（初九日），闵帝梁朝赐王氏死。事情还牵连王淑妃，王淑妃平素对李从荣很厚待，闵帝从此便对王淑妃产生怀疑。

丙辰，以天雄左都押牙宋令询为磁州刺史。朱弘昭以诛秦王立帝为己功，欲专朝政；令询侍帝左右最久，雅为帝所亲信，弘昭不欲旧人在帝侧，故出之。帝不悦而无如之何。

孟知祥闻明宗殂，谓僚佐曰："宋王幼弱，为政者皆胥史小人，其乱可坐俟也。”

辛未，帝始御中兴殿。帝自终易月之制，即召学士读《贞观政要》、《太宗实录》，有致治之志；然不知其要，宽柔少断。李愚私谓同列曰：“吾君延访，鲜及吾辈，位高责重，事亦堪忧。”众慑息不敢应。顺化节度使、同平章事、判明州钱元珦骄纵不法，每请事于王府不获，辄上书悖慢。尝怒一吏，置铁床炙之，臭满城郭。吴王元瓘遣牙将仰仁诠诣明州召之，仁诠左右虑元珦难制，劝为之备，仁诠不从，常服径造听事。元珦见仁诠至，股栗，遂还钱塘，幽于别第。仁诠，湖州人也。

【译文】丙辰日（十四日），任命天雄左都押牙宋令询为磁州刺史。朱弘昭认为诛杀秦王李从荣、迎立闵帝李从厚是他的功劳，想要把持朝政；宋令询过去跟随闵帝李从厚左右的时间最久，一向得到闵帝的信任，朱弘昭不愿闵帝的旧人在闵帝身边，所以把他外放。闵帝李从厚不愉快，但也无可奈何。

孟知祥听说明宗李嗣源过世，对他的属下们说：“宋王李从厚年幼懦弱，把持朝政的都是一些小吏出身的小人，这样一定会发生动乱，不信可等着看。”

辛未日（二十八日），闵帝李从厚开始驾临中兴殿处理朝政。闵帝自从服完以日代月的丧制后，就召学士来读讲《贞观政要》《太宗实录》等书，有励精图治的意思；但是掌握不到要点，又生性宽柔，缺乏决断。李愚私下对同僚们说：“我们皇上有事找人商议的时候，很少找到我们，我们地位高，责任重，这事也真教人担心。”大家屏住气息不敢回答。顺化节度使、同平章事、判明州钱元珦，骄横放纵，不守法度，每当有事请求王府而得不到满足时，就上书侮慢顶抗发泄不满。曾对一名小吏生气，就设置铁床烧他，臭味充满全城。吴王钱元瓘派遣牙将仰仁诠到明州征召他入京，仰仁诠的左右亲信怕钱元珦难以制服，劝他事先防备，仰仁诠不听他们，只穿着常服就直接到钱元珦的厅事去，钱元珦看见仰仁诠来了，吓得两腿发抖，接着就跟着他回到钱塘，被幽禁在别第。仰仁诠是湖州人。

闽主改福州为长乐府。

亲从都指挥使王仁达有擒王延禀之功，性慷慨，言事无所避。闽主恶之，尝私谓左右曰："仁达智有馀，吾犹能御之，非少主臣也。"至是，竟诬以叛，族诛之。

初，马希声、希范同日生。希声母曰袁德妃，希范母曰陈氏。希范怨希声先立不止，及嗣位，不礼于袁德妃。希声母弟希旺为亲从都指挥使，希范多谴责之。袁德妃请纳希旦官为道士，不许，解其军职，使居竹屋草门，不得预兄弟燕集。德妃卒，希旦忧愤而卒。

【译文】闽主王璘把福州改为长乐府。

亲从都指挥使王仁达有擒捉王延禀的功劳，生性慷慨，启奏事情的时候毫不避讳。闽主王璘厌恶他，曾私下对左右近臣说："王仁达智谋太多，我还能够驾驭他，但他不会臣服少主。"到这时，竟诬陷他要叛乱，把他全族诛杀。

起初，马希声和马希范同一天出生，马希声的母亲是袁德妃，马希范的母亲是陈氏。马希范怨恨马希声先被立为世子而不让给他，等到继承王位以后，马希范对袁德妃不加以礼遇。马希声的同母弟弟马希旺担任亲从都指挥使，马希范每次借故责骂他，袁德妃请求准许马希旺把官职交还，出家当道士，马希范也不准，把他解除军职后，让他居住在竹屋草门之中，不得参与兄弟间的饮宴聚会。袁德妃死后，马希旺也忧愤而死。

清泰元年（甲午，公元九三四年）春，正月，戊寅，闵帝大赦，改元应顺。

壬午，加河阳节度使兼侍卫都指挥使康义诚兼侍中，判六军诸卫事。

朱弘昭、冯赟忌侍卫马军都指挥使、宁国节度使安彦威、侍卫步军都指挥使、忠正节度使张从宾，甲申，出彦威为护国节度使，以捧圣马军都指挥使朱洪实代之；出从宾为彰义节度使，以严卫步军都指挥使皇甫遇代之。彦威，崞人；遇，真定人也。

戊子，枢密使、同平章事朱弘昭、同中书门下二品冯赟、河东节度使兼侍中石敬瑭并兼中书令。赟以超迁太过，坚辞不受；己丑，改兼侍中。

【译文】清泰元年（甲午，公元934年，是年四月入立，始改年号为清泰）春季，正月，戊寅日（初七日），闵帝李从厚实行大赦，更改年号为应顺。

壬午日（十一日），加河阳节度使兼侍卫都指挥使康义诚兼侍中，判六军诸卫事。

朱弘昭、冯赟嫉妒侍卫马军都指挥使、宁国节度使安彦威和侍卫步军都指挥使、忠正节度使张从宾，甲申日（十三日），就把安彦威派出去当护国节度使，另外任命捧圣马军都指挥使朱洪实接替他；把从张宾派出去当彰义节度使，另外任命严卫步军都指挥使皇甫遇代替他。安彦威是崞县人；皇甫遇是真定人。

戊子日（十七日），任命枢密使、同平章事朱弘昭和同中书门下二品冯赟、河东节度使兼侍中石敬瑭三人都兼中书令。冯赟自认为升迁得太快，坚辞不肯接受；己丑日（十八日），改兼侍中。

壬辰，以荆南节度使高从诲为南平王，武安、武平节度使马希范为楚王。

甲午，以镇海、镇东节度使吴王元瓘为吴越王。

吴徐知诰别治私第于金陵，乙未，迁居私第，虚府舍以待吴主。

凤翔节度使兼侍中潞王从珂，与石敬瑭少从明帝征伐，有功名，得众心。朱弘昭、冯赟位望素出二人下远甚，一旦执朝政，皆忌之。明宗有疾，潞王屡遣其夫人入省侍；及明宗殂，潞王辞疾不来，使臣至凤翔者或自言伺得潞王阴事。时潞王长子重吉为控鹤都指挥使，朱、冯不欲其典禁兵，己亥，出为亳州团练使。潞王有女惠明为尼，在洛阳，亦召入禁中。潞王由是疑惧。

【译文】壬辰日（二十一日），封荆南节度使高从诲为南平王，封武安、武平节度使马希范为楚王。

甲午日（二十三日），封镇海、镇东节度使吴王钱元瓘为吴越王。

吴国的徐知诰在金陵另外营建私第，乙未日（二十四日），自己迁居到私第，把府舍空出来，以等待吴主杨溥前来。

后唐凤翔节度使兼侍中潞王李从珂，年轻时与石敬瑭跟从明宗李嗣源征伐，立过功，有声望，又得人心；朱弘昭和冯赟两人的地位名望一向都差他们很远，一旦执掌朝政，对他们两人就很忌刻。明宗李嗣源生病的时候，潞王李从珂多次派他的夫人进宫看望事奉；到明宗李嗣源病逝的时候，潞王李从珂却推说有病不肯前来，使臣到凤翔去，回来后有人就报告说侦察到潞王不为人知的私事。当时潞王的长子李重吉担任控鹤指挥使，朱弘昭、冯赟两人不愿意让他掌理禁兵，己亥日(二十八日)，调李重吉出任亳州团练使。潞王李从珂有个女儿李惠明出家为尼，住在洛阳，也被召入禁中。潞王李从珂由此产生疑惧。

吴蒋延徽败闽兵于浦城，遂围建州，闽主璘遣上军张彦柔、票骑大将军王延宗将兵万人救建州。延宗军及中涂，士卒不进，曰："不得薛文杰，不能讨贼。"延宗驰使以闻，国人震恐。太后及福王继鹏泣谓璘曰："文杰盗弄国权，枉害无辜，上下怨怒久矣。今吴兵深入，士卒不进，社稷一旦倾覆，留文杰何益！"文杰亦在侧，互陈利害。璘曰："吾无如卿何，卿自为谋。"文杰出，继鹏伺之于启圣门外，以笏击之仆地，槛车送军前，市人争持瓦砾击之。文杰善术数，自云过三日则无患。部送者闻之，倍道兼行，二日而至，士卒见之踊跃，脔食之；闽主亟遣赦之，不及。初，文杰以为古制槛车疏阔，更为之，形如木匮，攒以铁铓，内向，动辄触之。车成，文杰首自入焉。并诛盛韬。

【译文】吴将蒋延徽在浦城打败闽兵，接着包围建州。闽主王璘派遣上军使张彦柔、骠骑大将军王延宗统兵万人救援建州。王延宗的部队走到半路，士卒们都不肯前进，说："如果不能得到薛文杰，没有办法前去讨贼。"王延宗派使者赶回京城报告，国人都震惊了。太后和福王王继鹏哭着对闽主王璘说："薛文杰盗取玩弄国家的大权，冤枉害死很多无辜的人，全国上下都痛恨他已经很久了。现在吴兵深入国境，我们的士兵不愿前进，国家一旦被颠覆，还留着薛文杰干什么？"薛文杰当时也在旁边，就争着和他们陈说利害关系。闽主王璘说："我不想把你怎么样，你自己考虑怎么办吧。"薛文杰出宫，王继鹏在启圣门外等他，用笏把他打倒在地，然后用槛车押送到前方的军中，街上的百姓都争着用瓦砾扔他。薛文杰会术数，自己说只要过了三天就会没事。押送的人听到，就兼程赶路，两天就到达，士卒们见到他都欢喜跳跃，割下他的肉来吃；闽主王璘很快派出使者要来赦免他，已经来不及了。起初，薛文杰认为过去的槛车太宽阔，于是下令改造，新槛车形状像木柜，四面攒插铁钉，锋尖朝内，人一活动便要触碰它。这种槛车刚制成，薛文杰就首先被装进去。与此同时，党附薛文杰的盛韬也被杀。

蒋延徽攻建州垂克，徐知诰以延徽吴太祖之婿，与临川王濛素善，恐其克建州奉濛以图兴复，遣使召之。延徽亦闻闽兵及吴越兵将至，引兵归；闽人追击，败之，士卒死亡甚众，归罪于都虞候张重进，斩之。知诰贬延徽为右威卫将军，遣使求好于闽。

闰月，以左谏议大夫唐泐、膳部郎中、知制诰陈乂皆为给事中，充枢密直学士。泐以文学从帝，历三镇在幕府。及即位，将佐之有才者，朱、冯皆斥逐之。泐性过疏，朱、冯恐帝含怒有时而发，乃引泐于密近，以其党陈乂监之。

【译文】蒋延徽攻建州即将攻克，徐知诰因为蒋延徽是吴太祖杨行密的女婿，和临川王杨濛一向交情很好，怕他攻下建州后会奉杨濛自立，图谋恢复吴国，于是派遣使者前来召唤他回去。蒋延徽也听说闽国和吴越的军队都快到了，于是把部队撤退回去；闽兵从后追击，把他们打得大败，士卒死伤很多，蒋延徽就归罪都虞候张重进，把他杀了。徐知诰把蒋延徽贬降为右威卫将军，遣派使者到闽国以求和好。

闰正月，后唐闵帝李从厚把左谏议大夫唐泐和膳部郎中、知制诰陈乂同时任命为给事中，充当枢密直学士。唐泐以有文学才能随从闵帝李从厚，经历三镇都在幕府中。等到闵帝即位, 将领和官吏有才干的, 都被朱弘昭、冯赟逐斥。唐汭生性迂疏, 朱弘昭、冯赟怕闵帝李从厚心中的怒气不时发作, 便把唐汭引入枢密近侍, 而用他们的党羽陈乂监视他。

丙午, 尊皇后为皇太后。

安远节度使符彦超奴王希全、任贺儿见朝廷多事, 谋杀彦超, 据安州附于吴, 夜, 叩门称有急递, 彦超出至听事, 二奴杀之, 因以彦超之命召诸将, 有不从己者辄杀之。己酉旦, 副使李端帅州兵讨诛之, 并其党。

甲寅, 以王淑妃为太妃。

蜀将吏劝蜀王知祥称帝; 己巳, 知祥即皇帝位于成都。

【译文】丙午日(初五日), 尊奉明宗李嗣源的曹皇后为皇太后。

安远节度使符彦超的奴仆王希全、任贺儿看到朝廷多事, 很不安定, 阴谋杀害符彦超, 占据安州依附吴国。晚上, 两人敲门假称有紧急文书到达, 符彦超出门到厅堂, 两个奴才就把他杀了, 用符彦超的名义召集将领, 有不肯听话的就杀。己酉日(初八日) 早上, 副使李端率领州兵讨伐诛杀他们和他们的同党。

甲寅日(十三日), 封王淑妃为太妃。

蜀国将领官吏们都劝蜀王孟知祥称帝; 己巳日(二十八日), 孟知祥在成都即皇帝位。

资治通鉴卷第二百七十九　后唐纪八

　　起阏逢敦牂二月，尽旃蒙协洽，凡一年有奇。

　　【译文】起甲午（公元 934 年）二月，止乙未（公元 935 年），共一年十一个月。

　　【题解】本卷记录了公元 934 年二月至 935 年的历史，共一年零十一个月。为后唐潞王李从珂清泰元年二月至清泰二年。闵帝李从厚猜疑石敬瑭、李从珂，政权未稳而下诏换镇，潞王抗命，闵帝派兵征讨，官军在凤翔城溃败。潞王一路东进，各地望风而降，闵帝出奔，竟无将相相随。潞王兵不血刃进入洛阳，即位称帝，在卫州弑杀闵帝，后唐全境归服。末帝李从珂无识人之明，竟然抓阄选宰相，臣辅不敢进言。石敬瑭返归北都，以契丹犯边为名，储蓄兵马粮草。吴国徐知诰加紧禅代脚步。闵主王继鹏杀父自立。荆南大臣孙光宪见微知谏，荆南主高从诲知过能改。

潞王下

　　清泰元年（甲午，公元九三四年）二月，癸酉，蜀主以武泰节度使赵季良为司空兼门下侍郎、同平章事，领节度使如故。

　　吴人多不欲迁都者，都押牙周宗言于徐知诰曰："主上西迁，公复须东行，不惟劳费甚大，且违众心。"丙子，吴主遣宋齐丘如金陵，谕知诰罢迁都。

先是，知诰久有传禅之志，以吴主无失德，恐众心不悦，欲待嗣君；宋齐丘亦以为然。一旦，知诰临镜镊白髭，叹曰："国家安而吾老矣，奈何？"周宗知其意，请如江都，微以传禅讽吴主，且告齐丘。齐丘以宗先己，心疾之，遣使驰诣金陵，手书切谏，以为天时人事未可；知诰愕然。后数日，齐丘至，请斩宗以谢吴主，乃黜宗为池州副使。久之，节度副使李建勋、行军司马徐玠等屡陈知诰功业，宜早从民望，召宗复为都押牙。知诰由是疏齐丘。

【译文】清泰元年（甲午，公元 934 年）二月，癸酉日（初三日），蜀主孟知祥任用武泰节度使赵季良为司空兼门下侍郎、同平章事，领节度使名衔如故。

吴国人大都不愿意迁都，都押牙周宗对徐知诰说："主上如果西迁金陵，公又须东行，不但花费太大，而且违背大家的意愿。"丙子，吴主杨溥遣宋齐丘前往金陵，告诉徐知诰迁都之事作罢。

此前，徐知诰很早就有让吴主杨溥把皇位传给自己的意图，因为吴主杨溥没有什么失德之处，怕逼他禅位会引起众人不服，所以就想等待继位的国君再说；宋齐丘也赞成这样做。有一天，徐知诰对着镜子夹白须，叹气说："国家安定，但是我却老了，可有什么办法呢？"周宗了解徐知诰的意图，就请求前往江都，把禅位的意思向吴主杨溥暗示一下，并且把这件事告诉了宋齐丘。宋齐丘认为周宗抢了他的先，心里很忌妒他，于是派遣使者赶往金陵，带着他的亲笔信极力劝阻徐知诰，认为天时、人事都还不到最恰当的时机；徐知诰有点吃惊。几天后，宋齐丘本人也到了，就向徐知诰请求斩周宗向吴主杨溥谢罪，后来把周宗贬为池州副使。过了一段时间，节度副使李建勋、行军司马徐玠等人屡次陈述徐知诰的功业，应该早日依从民众的期望，召回周宗恢复他都押牙的职务。徐知诰从此便疏远宋齐丘。

朱弘昭、冯赟不欲石敬瑭久在太原，且欲召孟汉琼，己卯，徙成德节度使范延光为天雄节度使，代汉琼；徙潞王从珂为河东节度使，兼北都留守；徙石敬瑭为成德节度使。皆不降制书，但各遣使臣持宣监送赴镇。

吴主诏徐知诰还府舍。甲申，金陵大火；乙酉，又火。知诰疑有变，勒兵自卫。己丑，复入府舍。

【译文】后唐朱弘昭、冯赟不想让石敬瑭久居太原，想召回权知天雄军府的孟汉琼。己卯日（初九日），就把成德节度使范延光改派为天雄节度使，好代替孟汉琼；把潞王李从珂改派为河东节度使，兼北都留守；把石敬瑭改任为成德节度使。一律不颁发正式诏书，只是分别派遣使者带着枢密院的文书护送着前往各个军镇。

吴主杨溥下诏要徐知诰搬回府舍。甲申日（十四日），金陵发生大火；乙酉日（十五日），又发生大火。徐知诰怀疑发生事变，集中兵力以自卫。己丑日（十九日），回到原来的府舍。

潞王既与朝廷猜阻，朝廷又命洋王从璋权知凤翔。从璋性粗率乐祸，前代安重诲镇河中，欲杀之；潞王闻其来，尤恶之，欲拒命则兵弱粮少，不知所为，谋于将佐，皆曰："主上富于春秋，政事出于朱、冯，大王功名震主，离镇必无全理，不可受也。"王问观察判官滴河马胤孙曰："今道过京师，当何向为便？"对曰："君命召，不俟驾。临丧赴镇，又何疑焉！诸人凶谋，不可从也。"众哂之。王乃移檄邻道，言"朱弘昭等乘先帝疾亟，杀长立少，专制朝权，别疏骨肉，动摇藩垣，惧倾覆社稷。今从珂将入朝以清君侧之恶，而力不能独办，愿乞灵邻藩以济之。"

【译文】后唐潞王李从珂已经与朝廷猜忌疏远，朝廷又任命洋王李从璋暂主凤翔事务。李从璋生性粗率、幸灾乐祸，以前代替安重诲镇守河中，就亲自把安重诲杀了；潞王李从珂一听说他要来，更加厌恶，想抗命，又考虑到军力薄弱，粮草不足，不知道该怎么办。于是就和将领们商议，大家都说："闵帝李从厚年轻，国家政事都操纵在朱弘昭、冯赟手中，大王您功高名大，震慑君主，离开镇所必然不能保全自己。不能接受别人的替代。"潞王又问观察判官滴河人马胤孙说："现在如果奉命调职，要路过京师，该怎么办才比较好？"马胤孙回答说："国君有召唤，不等车驾准备好就该前往，这回前去，参加先皇的葬礼，然后再出发前往镇地，有什么好犹豫的呢？这些人出的都是坏主意，不可听他们的。"大家都笑他。潞王于是移送檄文到邻近各道，檄文上说："朱弘昭等趁着先帝病重的时候，杀了长子李从荣，拥立少子李从厚，把持朝廷大权，疏离骨肉至亲，动摇各地藩镇，怕他们会把国家弄得灭亡。现在，我即将入朝清除君主身边的坏人，如此大事又不是我独力所能办到，愿意请求邻藩各道支援，合力达到这个目的。"

潞王以西都留守王思同当东出之道，尤欲与之相结，遣推官郝诩、押牙朱廷义等相继诣长安，说以利害，饵以美妓，不从则令就图之。思同谓将吏曰："吾受明宗大恩，今与凤翔同反，借使事成而荣，犹为一时之叛臣，况事败而辱，流千古之丑迹乎！"遂执诩等，以状闻。时潞王使者多为邻道所执，不则依阿操两端，惟陇州防御使相里金倾心附之，遣判官薛文遇往来计事。金，并州人也。

【译文】潞王李从珂因为西都留守王思同正扼守在从凤翔往东到洛阳的必经之路上，所以特别想和他搞联合，就派推官赦诩、押牙朱廷乂等人相继来到长安，向他陈述利害关系，并且用美貌的女妓引诱他，如果他不肯听从，就命两人就近解决他。王思同对他属下的将领官吏说："我受到明宗李嗣源的大恩，现在如果和凤翔一起造反，就算事情成功享受荣华富贵，仍然是一个叛逆的臣子，更何况事情失败受辱，将会流为千古的丑事呢！"于是就把赦诩等抓起来，上书向朝廷报告。当时邻近各道多把潞王李从珂的使者拘捕起来，不然的话就是不置可否，心存观望，只有陇州防御使相里金全心全意地依附顺从于李从珂，派判官薛文遇往来商议联络。相里金是并州人。

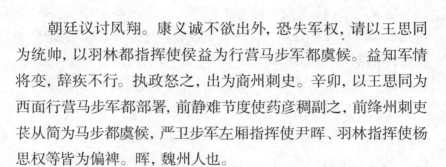

朝廷议讨凤翔。康义诚不欲出外，恐失军权，请以王思同为统帅，以羽林都指挥使侯益为行营马步军都虞候。益知军情将变，辞疾不行。执政怒之，出为商州刺史。辛卯，以王思同为西面行营马步军都部署，前静难节度使药彦稠副之，前绛州刺史苌从简为马步都虞候，严卫步军左厢指挥使尹晖、羽林指挥使杨思权等皆为偏裨。晖，魏州人也。

蜀主以中门使王处回为枢密使。

【译文】朝廷研究讨伐凤翔的事。康义诚不想调派在外边，害怕丢了兵权，于是建议任命王思同为统帅，任命羽林都指挥使侯益为行营马步军都虞候。侯益知道军队的状况，恐怕会发生变乱，就推辞不肯出征；执政大臣很生气，就把他贬为商州刺史。辛卯日（二十一日），任用王思同为西面行营马步军都部署，前静难节度使药彦稠做他的副手，前绛州刺史苌从简为马步都虞候，其余严卫步军左厢指挥使尹晖、羽林指挥使杨思权等担任副将。尹晖是魏州人。

蜀主孟知祥任命中门使王处回为枢密使。

丁酉，加王思同同平章事，知凤翔行府；以护国节度使安彦威为西面行营都监。思同虽有忠义之志，而御军无法；潞王老于行阵，将士徼幸富贵者心皆向之。诏遣殿直楚匡祚执亳州团练使李重吉，幽于宋州。洋王从璋行至关西，闻凤翔拒命而还。

三月，安彦威与山南西道张虔钊、武定孙汉韶、彰义张从宾、静难康福等五节度使奏合兵讨凤翔。汉韶，李存进之子也。

【译文】丁酉日（二十七日），加封王思同为同平章事，主持凤翔行府；又任命护国节度使安彦威为西面行营都监。王思同虽然有忠义之心，但是没有能力统御军队；潞王李从珂熟悉军事，将士们期盼能享受富贵的，都心向着他。闵帝李从厚派遣殿直楚匡祚捉亳州团练使李重吉，把他囚禁在宋州。洋王李从璋受命赴任，行至函谷关西，听说凤翔抗拒朝廷命令，便回来了。

三月，安彦威和山南西道节度使张虔钊、武定节度使孙汉韶、彰义节度使张从宾、静难节度使康福等五人向闵帝李从厚启奏说要会师进讨凤翔。孙汉韶是李存进的儿子，李存进是李克用义子，本姓孙。

乙卯，诸道兵大集于凤翔城下攻之，克东西关城，城中死者甚众。丙辰，复进攻城，期于必取。凤翔城堑卑浅，守备俱乏，众心危急，潞王登城泣谓外军曰：“吾未冠从先帝百战，出入生死，全创满身，以立今日之社稷；汝曹从我，目睹其事。今朝廷信任谗臣，猜忌骨肉，我何罪而受诛乎！”因恸哭。闻者哀之。

【译文】乙卯日（十五日），各道兵马汇集在凤翔城外，开始攻城，攻下了东、西关城，城中战死很多人。丙辰日（十六日），继续进兵攻打城垣，一定要把城池攻取下来。凤翔的城墙低，壕沟浅，一切守备都很缺乏，大家心中都觉得危急。潞王李从珂登上城墙哭着对城外的军队说："我还没有成年的时候，就随着先帝身经百战，出生入死，全身都是刀伤，才建立今天的国家；你们跟随过我，都是亲眼看见过这些事的。现在朝廷信任谗臣，猜忌骨肉至亲，我有什么罪而受到诛伐啊？"因而痛哭不已，听到的人都哀伤而同情他。

张虔钊性褊急，主攻城西南，以白刃驱士卒登城，士卒怒，大诟，反攻之，虔钊跃马走免，杨思权因大呼曰："大相公，吾主也。"遂帅诸军解甲投兵，请降于潞王，自西门入，以幅纸进潞王曰："愿王克京城日，以臣为节度使，勿以为防、团。"潞王即书"思权可邠宁节度使"授之。王思同犹未之知，趣士卒登城，尹晖大呼曰："城西军已入城受赏矣。"众争弃甲投兵而降，其声震地。日中，乱兵悉入，外军亦溃，思同等六节度使皆遁去。潞王悉敛城中将吏士民之财以犒军，至于鼎釜皆估直以给之。丁巳，王思同、药彦稠等走至长安，西京副留守刘遂雍闭门不内，乃趣潼关。遂雍，鄩之子也。

【译文】张虔钊性情偏激急躁，他负责主攻城西南，用刀驱逼士兵登城，士兵发怒，大骂他，反而回过头来攻击他，张虔钊骑上马赶快逃掉，杨思权于是大声呼叫："大相公（指潞王）才是我们的主公。"然后率领军士们解下盔甲，丢下兵器，向潞王李从珂请求归降，从西门进入城中，杨思权写了一张纸送给潞王说："盼望潞王攻下京城以后，任命臣为节度使，别再派臣当防御、团练使。"李从珂立即写了个"杨思权可任邠宁节度使"的字条给他。王思同还不知道这些情况，还在督促士卒们攻城，尹晖大叫说："城西的部队已经入城接受赏赐了。"于是大家都抛弃盔甲兵器投降，呼声惊天动地。到了中午，乱兵已经全部入城，外头的军队也四散溃退，王思同等六名节度使都逃走。潞王李从珂把城中将领官吏百姓等人的钱财全征集犒赏军队，连鼎、釜都估算价值赏给他们。丁巳日（十七日），王思同、药彦稠等败退到长安，西京副留守刘遂雍关上城门不接纳他们，只得奔向潼关。刘遂雍是刘鄩的儿子。

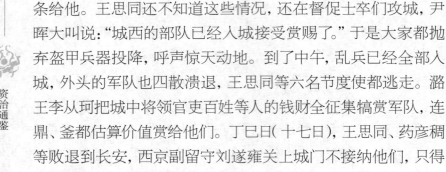

【乾隆御批】思同确守大节，词气凛然。虽其御军无法，不足为累。凤翔之讨，使非杨思权之释甲乞恩，尹晖之投戈邀赏，则六节度合志并攻，未见其必不能制胜也。至思同后此被执不屈，复为两奸媾谋遇害，无不为之切齿。然思同徇义以死，视杨尹之蒙垢幸生者，相去奚啻霄壤哉。

【译文】王思同的确很守气节，说话大义凛然。虽然他治军没有合适的办法，完全不能委以重任。但凤翔之战，假使不是杨思权脱下战衣乞求施恩，尹晖丢掉兵器求取赏赐，那么六节度使联合一致攻打未见得他们一定不能制服。王思同后来被抓不屈服，到被两奸佞之人谋害而死，没有人不切齿痛恨的。王思同舍生而取义，与杨思权、尹晖受到污辱侥幸偷生相差甚远，有着天壤之别。

潞王建大将旗鼓，整众而东，以孔目官虞城刘延朗为腹心。潞王始忧王思同等并力据长安拒守，至岐山，闻刘遂雍不内思同，甚喜，遣使慰抚之，遂雍悉出府库之财于外，军士前至者即给赏令过；比潞王到，前军赏遍，皆不入城。

庚申，潞王至长安，遂雍迎谒，率民财以充赏。

【译文】潞王李从珂于是建立大将的旗鼓，整顿部队后，往东方推进，把孔目官虞城人刘延朗当作心腹。潞王李从珂开始还担心王思同等人会联合力量据守长安进行抵抗，到了岐山，得知刘遂雍不让王思同进城，十分高兴，就派使者前去慰问安抚刘遂雍。刘遂雍把府库中的钱财全部搬到外头来，军士们到的，就给赏，叫他们通过；到了潞王李从珂到达的时候，前头的部队已经全部赏赐完毕，都没有进城骚扰。

庚申日（二十日），潞王李从珂来到长安，刘遂雍迎接拜见他，聚敛民间资财来充当赏金。

是日，西面步军都监王景从等自军前奔还，中外大骇。帝不知所为，谓康义诚等曰："先帝弃万国，朕外守藩方，当是之时，为嗣者在诸公所取耳，朕实无心与人争国。既承大业，年在幼冲，国事皆委诸公。朕于兄弟间不至榛梗，诸公以社稷大计见告，朕何敢违！军兴之初，皆自夸大，以为寇不足平；今事至于此，何方可以转祸？朕欲自迎潞王，以大位让之，若不免于罪，亦所甘心。"朱弘昭、冯赟大惧，不敢对。义诚欲悉以宿卫兵迎降为己功，乃曰："西师惊溃，盖主将失策耳。今侍卫诸军尚多，臣请自往扼其冲要，招集离散以图后效，幸陛下勿为过忧！"帝遣使召石敬瑭，欲令将兵拒之。义诚固请自行，帝乃召将士慰谕，空府库以劳之，许以平凤翔，人更赏二百缗，府库不足，当以宫中服玩继之。军士益骄，无所畏忌，负赐物，扬言于路曰："至凤翔更请一分。"遣楚匡祚杀李重吉于宋州；匡祚榜棰重吉，责其家财。又杀尼惠明。

【译文】这一天，西面步军都监王景从等人从前线奔逃回洛阳，朝廷内外都很震惊。闵帝李从厚不知该怎么办，对康义诚等人说:"先帝去世的时候,朕正在外头镇守方镇,当时由谁来继位,完全由各位决定,朕实在没有野心要和人争夺国家的大权。朕在继承大业后,因为年纪还轻,把国事都委任给诸位。朕对兄弟并没有什么猜忌,只是诸位以国家的大计告诉朕,朕又怎好违背大家的决定呢? 兴兵讨伐凤翔之初,各位都夸大其词,认为凤翔乱寇很容易讨平;现在可好,事情到了这种地步,有什么办法可以免去祸患呢?朕想亲自去迎接潞王,把帝位让给他,如果还不免被治罪,那也是心甘情愿的了。"朱弘昭、冯赟一听,大为害怕,不敢回答。康义诚想带着全部宿卫部队迎降潞王李从珂作为自己的功劳,就说:"西征部队惊散溃退,是由于主将指挥失误造成。现在侍卫部队还有很多,臣请求亲自率领前去扼守住要害,然后着急流散的部队,再慢慢另作打算,请陛下不要过分忧虑!"闵帝李从厚派遣使者去征召石敬瑭,想要让他率兵前去抵御。康义诚坚决请求自己带兵前去,闵帝于是召集将士们加以抚慰,并且搬空府库,把财物全拿来赏赐他们,还答应平定凤翔后,每人再赏两百缗钱,如果府库中的钱不够,就拿宫中的珍玩宝物补足。因此,军士更加骄横,肆无忌惮,背负着赏赐的东西,在路上张扬说:"到了凤翔,还要再弄一份。"闵帝李从厚派遣楚匡祚到宋州把李重吉杀了;楚匡祚对李重吉严刑拷打,逼他交出家财。又把在宫中的惠明尼姑杀掉。

初,马军都指挥使朱洪实为秦王从荣所厚,及朱弘昭为枢密使,洪实以宗史事之;从荣勒兵天津桥,洪实首为孟汉琼击从荣,康义诚由是恨之。辛酉,帝亲至左藏,给将士金帛。义诚、洪实共论用兵利害,洪实欲以禁军固守洛阳,曰:"如此,彼亦未敢径前，然后徐图进取，可以万全。"义诚怒曰："洪实为此言，欲反邪！"洪实曰："公自欲反，乃谓谁反！"其声渐厉。帝闻，召而讯之，二人讼于帝前，帝不能辨其是非，遂斩洪实，军士益愤怒。

【译文】起初，马军都指挥使朱洪实很受秦王李从荣厚爱，待到朱弘昭当了枢密使，朱洪实把他当作同宗兄长；李从荣把军队部署在天津桥的时候，朱洪实第一个替孟汉琼攻击李从荣，康义诚因此怀恨他。辛酉日（二十一日），闵帝李从厚亲自到左藏，赏给军士们金银布帛。康义诚、朱洪实一起议论这次用兵的利与弊，朱洪实因为主张用禁军固守洛阳，就说："如果这样，他们就不敢直接进攻洛阳，我们可以慢慢计划反攻，可以万无一失。"康义诚很生气，说："朱洪实讲这话，是准备要造反吗？"洪实反驳说："你自己要造反，还说谁造反？"两个人越骂声音越大。闵帝李从厚听到，召唤二人来询问，二人各把自己的意见向闵帝诉说，闵帝不能明辨二人争辩的是非，便把朱洪实斩杀，军士更加愤怒。

【乾隆御批】从厚柔懦无能，群小满朝，无足与图国是。当从珂举兵犯关，义诚辈早蓄异心，逝将他边。所可稍恃以支持者，惟朱洪实耳。虽其固守徐图之计，未必果能济事，而其心嚼然不滓，从厚所宜知也。乃不辨黑白，枉杀忠良，譬之木将槁而复披其枝叶，能无立见倾覆乎？

【译文】李从厚优柔懦弱而又没有才能，加之周围一群小人，不能与他商议国家大事。当李从珂发动兵变进犯朝城之时，康义诚等人早就有二心，准备投靠别人。李从厚可以稍微依赖的支持他的人只有朱洪实。虽然他的坚守慢议之计不一定能成事，但是他的内心非常纯粹而忠诚，没有一点掺杂，这是李从厚应该知道的，但李从厚仍不辨黑白，滥杀忠良，好像树木快要枯死而又把它的枝叶全劈下来，这样能不很快被覆灭吗？

壬戌，潞王至昭应，闻前军获王思同，王曰："思同虽失计，然尽心所奉，亦可嘉也。"癸亥，至灵口，前军执思同以至，王责让之，对曰："思同起行间，先帝擢之，位至节将，常愧无功以报大恩。非不知附在王立得富贵，助朝廷自取祸殃，但恐死之日无面目见先帝于泉下耳。败而衅鼓，固其所也。请早就死！"王为之改容，曰："公且休矣。"王欲宥之，而杨思权之徒耻见其面。王之过长安，尹晖尽取思同家资及妓妾，屡言于刘延朗曰："若留思同，虑失士心。"属王醉，不待报，擅杀思同及其妻子。王醒，怒延朗，嗟惜者累日。

癸亥，制以康义诚为凤翔行营都招讨使，以王思同副之。

甲子，潞王至华州，获药彦稠，囚之。乙丑，至阌乡。朝廷前后所发诸军，遇西军皆迎降，无一人战者。丙寅，康义诚引侍卫兵发洛阳，诏以侍卫马军指挥使安从进为京城巡检；从进已受潞王书，潜布腹心矣。

【译文】壬戌日（二十二日），潞王李从珂到达昭应，听说前军抓获王思同，潞王说："虽然王思同的谋划有所失误，然而他为其奉侍的主上竭尽心力，也是可以嘉许的。"癸亥日（二十三日），到达灵口，前锋部队把王思同送到，潞王李从珂责备他，王思同回答说："我出身行伍，受到先帝的提拔，升到节度使大将的地位，常因无法建功报答大恩感到惭愧。我并不是不知道归附大王马上就能够得到富贵，帮助朝廷反而会自取祸殃，但只是担心死了以后没脸在九泉之下见到先帝。现在失败了，要被抓去杀头，也算是死得其所，请早一点把我杀了吧！"潞王不禁被他感动，说："你去休息休息吧！"潞王本来想赦免他，但是杨思权这一帮人都不愿意再和他见面。潞王带军经过长安的时候，尹晖霸占王思同所有的家产和妓妾，几次对刘延朗说："如果留下王思同，怕会失去士卒的心。"趁着潞王李从珂酒醉，不等向上报告，擅自杀了王思同和他的妻子。潞王酒醒之后，恼怒刘延朗，叹息了许多天。

癸亥日（二十三日），闵帝李从厚任命康义诚为凤翔行营都招讨使，王思同为副帅。

甲子日（二十四日），潞王李从珂攻到华州，俘获药彦稠，把他囚禁起来。乙丑日（二十五日），到达阌乡。朝廷前后派出的军队，碰上西方的叛军就投降，没有一人作过战。丙寅日（二十六日），康义诚率领侍卫兵从洛阳出发，闵帝李从厚下诏任命侍卫马军指挥使安从进为京城巡检，安从进已经接到潞王李从珂的密信，暗中布置心腹之人。

【申涵煜评】思同被执，正言侃侃，潞王亦为改容。杨思权等耻见其面，遂乘醉擅害。从来叛逆之徒见忠臣义士，未有不痛心疾首者，皆一耻心为之。予以为其耻心即无耻之心也。

【译文】王思同被捕，口里义正之言侃侃而谈，连潞王也为之动容。杨思权等羞于和他见面，趁着潞王李从珂酒醉擅自杀害了他。从来叛逆之徒见忠臣义士，没有不痛心疾首的，都是一个羞耻之心为之。我认为他们的羞耻之心就是无耻之心。

是日，潞王至灵宝，护国节度使安彦威、匡国节度使安重霸皆降，惟保义节度使康思立谋固守陕城以俟康义诚。先是，捧圣五百骑戍陕西，为潞王前锋，至城下，呼城上人曰："禁军十万已奉新帝，尔辈数人奚为！徒累一城人涂地耳。"于是，捧圣卒争出迎，思立不能禁，不得已亦出迎。

丁卯，潞王至陕，僚佐说王曰："今大王将及京畿，传闻乘舆已播迁，大王宜少留于此，先移书慰安京城士庶。"王从之，移书谕洛阳文武士庶，惟朱弘昭、冯赟两族不赦外，自馀勿有忧疑。

【译文】这一天，潞王到达灵宝，护国节度使安彦威、匡国节度使安重霸都投降，只有保义节度使康思立还打算坚守陕城以等待康义诚的救援。在此以前，捧圣军有五百名骑兵戍守在陕西，这时担当潞王的先头部队，到了陕州城下的时候，对城上的守军呼叫说："十万名禁军已经拥立新皇帝，你们这几个人还想干什么？再不归降就只会使一城的人都肝脑涂地而已。"于是，捧圣军兵卒争着出城迎降，康思立不能阻挡，不得已自己也出来迎降。

丁卯日（二十七日），潞王李从珂到达陕州，属僚们劝李从珂说："现在大王已经快到京城，听说皇帝的车驾已经离开，大王应该暂时在这里停留一下，先移送檄文慰抚京城军民。"潞王李从珂采纳了这意见，移送檄文去告诉洛阳的文武军民，除了朱弘昭、冯赟两个家族不赦免之外，其余人等都不要有忧疑。

康义诚军至新安，所部将士自相结，百什为群，弃甲兵，争先诣陕降，累累不绝。义诚至干壕，麾下才数十人；遇潞王侯骑十馀人，义诚解所佩弓剑为信，因候骑请降于潞王。

戊辰，闵帝闻潞王至陕，义诚军溃，忧骇不知所为，急遣中使召朱弘昭谋所向，弘昭曰："急召我，欲罪之也。"赴井死。安从进闻弘昭死，杀冯赟于第，灭其族，传弘昭、赟首于潞王。帝欲奔魏州，召孟汉琼使诣魏州为先置；汉琼不应召，单骑奔陕。

【译文】康义诚的军队到达新安，所部将士自己结合，百八十人为一群，丢弃盔甲兵器，争先恐后地前往陕州向潞王李从珂投降，一路上络绎不绝。康义诚到了干壕，手底下只剩几十个人；这时碰上潞王李从珂的前锋斥候骑兵十多人，于是康义诚解下所佩带的弓、剑作为信物，随着候骑请求向潞王投降。

戊辰日（二十八日），闵帝李从厚听说潞王李从珂的军队已经到达陕州，康义诚的军队溃散，忧悲害怕，不知道该怎么办，于是急忙派出宫中使者召唤朱弘昭前来商议对策，朱弘昭说："急切召见我，是要加罪于我啊。"于是就自己跳井自杀。安从进听说朱弘昭死了，就把冯赟杀死在他家中，并且杀灭他全族的人，然后把朱弘昭和冯赟的脑袋传送呈献给潞王李从珂。闵帝李从厚想逃奔魏州，就征召孟汉琼，让他先去魏州安置，孟汉琼不应召命，自己单骑奔向陕州。

初，帝在藩镇，爱信牙将慕容迁，及即位，以为控鹤指挥使；帝将北渡河，密与之谋，使帅部兵守玄武门。是夕，帝以五十骑出玄武门，谓迁曰："朕且幸魏州，徐图兴复，汝帅有马控鹤从我。"迁曰："生死从大家。"乃阳为团结；帝既出，即阖门不行。

【译文】起初，闵帝李从厚在藩镇的时候，很宠幸牙将慕容迁，即位以后，任命他为控鹤指挥使；闵帝打算向北渡过黄河，就秘密和他商议，教他率领属下的士卒守住玄武门。当晚，闵帝带着五十名随从出玄武门，对慕容迁说："朕要暂时前往魏州，再慢慢计划兴复，你带着有马的控鹤军随朕来。"慕容迁说："生死都追随皇上。"表面上团结在闵帝周围；等到闵帝出了宫城后，他就关了城门不跟随。

己巳，冯道等入朝，及端门，闻朱、冯死，帝已北走。道及刘昫欲归，李愚曰："天子之出，吾辈不预谋。今太后在宫，吾辈当至中书，遣小黄门取太后进止，然后归第，人臣之义也。"道曰："主上失守社稷，人臣惟君是奉，无君而入宫城，恐非所宜。潞王已处处张榜，不若归俟教令。"乃归。至天宫寺，安从进遣人语之曰："潞王倍道而来，且至矣，相公宜帅百官至谷水奉迎。"乃止于寺中，召百官。中书舍人卢导至，冯道曰："俟舍人久矣，所急者劝进文书，宜速具草。"导曰："潞王入朝，百官班迎可也；设有废立，当俟太后教令，岂可遽议劝进乎？"道曰："事当务实。"导曰："安有天子在外，人臣遽以大位劝人者邪！若潞王守节北面，以大义见责，将何辞以对！公不如帅百官诣宫门，进名问安，取太后进止，则去就善矣。"道未及对，从进屡遣人趣之曰："潞王至矣，太后、太妃已遣中使迎劳矣，安得百官无班！"道等即纷然而去。既而潞王未至，三相息于上阳门外，卢导过于前，道复召而语之，导对如初。李愚曰："舍人之言是也。吾辈之罪，擢发不足数。"

【译文】己巳日（二十九日），冯道等入宫朝见，到了端门，听说朱弘昭和冯赟死了，闵帝李从厚也向北逃逸；冯道和刘昫就准备回去，李愚说："天子出走，我们这些人未能参与谋划。现在，太后还在宫中，我们应当到中书省去，派小黄门太监听取太后如何进止，然后再回自己的宅第，这是人臣的大义啊！"冯道说："皇上已经无法守住社稷，为人臣子的只知道事奉国君，现在已经没有国君，还要进宫，这样恐怕不太好吧？潞王李从珂已经到处在张贴榜示，我们不如回去等他的教令。"于是大家就往回走。刚走到天宫寺，安从进派人来告诉他说："潞王正在兼程前来，就快要到了，相公应该率领百官到谷水去迎接。"于是冯道就停留在寺中，派人去召集百官。中书舍人卢导到了，冯道说："等舍人好久了，现在最急需的是向潞王劝进的文书，应该赶快草拟。"卢导说："潞王入京，百官列队去欢迎也就可以，如果真要废立国君，也应当等太后的教令，怎么可以立刻商议劝进呢？"冯道说："我们做事只求实在，不要拘泥形式。"卢导说："哪有天子在外，人臣却突然拿皇帝大位劝人进据的啊！如果潞王坚持在北面守臣节，用君臣大义来责备我们，将用什么话来回对？公不如率领百官到皇宫门口，进呈名字，向太后请安，然后请示太后的决定，那么进退之间，就没有什么问题了。"冯道还来不及回答他，从进已经几次派人来催促了，说："潞王到了，太后和太妃都派遣宫中的使者去迎接，百官怎么可以不去呢？"冯道等人就纷纷前往。过了一会儿，潞王还是没到，三个宰相停留在上阳门外头等候，卢导从前面走过，冯道又把他叫来商量，卢导的回答还是和先前一样。李愚说："舍人的话是对的。我们这些人的罪过是拔下头发也数不尽了。"

康义诚至陕等罪，潞王责之曰："先帝晏驾，立嗣在诸公；今上亮阴，政事出诸公，何为不能终始，陷吾弟至此乎？"义诚大惧，叩头请死。王素恶其为人，未欲遽诛，且宥之。马步都虞候苌从简、左龙武统军王景戡皆为部下所执，降于潞王，东军尽降。潞王上笺于太后取进止，遂自陕而东。

【译文】康义诚到陕州来等待罪处，潞王李从珂责备他说："先帝过世以后，拥立嗣君由你们决定，当今皇帝在居丧期间，国家的政事也是由你们安排，为什么就不能好好地尽心尽力，而把我的弟弟陷害到这种地步呢？"康义诚一听，大为恐惧，伏在地上叩头请求死罪。潞王李从珂一向厌恶他的为人，但一下子还不想把他杀了，就暂时赦免他的罪。马步都虞候苌从简和左龙武统军王景戡都被部下们捉起来，向潞王投降，于是洛阳派来的军队全部都投降。潞王李从珂上书给太后听从进止，于是率军从陕州向东进发。

夏，四月，庚午朔，未明，闵帝至卫州东数里，遇石敬瑭；帝大喜，问以社稷大计，敬瑭曰："闻康义诚西讨，何如？陛下何为至此？"帝曰："义诚亦叛去矣。"敬瑭俯首长叹数四，曰："卫州刺史王弘贽，宿将习事，请与图之。"乃往见弘贽问之，弘贽曰："前代天子播迁多矣，然皆有将相、侍卫、府库、法物，使群下有所瞻仰；今皆无之，独以五十骑自随，虽有忠义之心，将若之何？"敬瑭还，见帝于卫州驿，以弘贽之言告。弓箭库使沙守荣、奔洪进前责敬瑭曰："公明宗爱婿，富贵相与共之，忧患亦宜相恤。今天子播越，委计于公，冀图兴复，乃以此四者为辞，是直欲附贼卖天子耳！"守荣抽佩刀欲刺之，敬瑭亲将陈晖救之，守荣与晖斗死，洪进亦自刭。敬瑭牙内指挥使刘知远引兵入，尽杀帝左右及从骑，独置帝而去。敬瑭遂趣洛阳。

是日，太后令内诸司至干壕迎潞王，王亟遣还洛阳。

【译文】夏季，四月，庚午朔日（初一日），天还没有亮，闵帝李从厚到达卫州以东几里的地方，遇到石敬瑭；闵帝大喜，便向他询问如何保存社稷的大计，石敬瑭说："听说康义诚已经率兵西征，结果如何呢？陛下怎么会跑到这里来？"闵帝李从厚说："康义诚也叛变了。"石敬瑭低头一再长叹，说："卫州刺史王弘贽，是宿将，又熟悉军国大事，我请求前去和他商议。"于是石敬瑭就前去会见王弘贽，征求他的意见，王弘贽说："前代天子出奔的情况很多，但是却都带有将相、侍卫、府库、法物随行，使臣下们有所瞻仰；现在什么都没有，只带着五十名随从，就算我们有忠义之心，又能够怎么样呢？"石敬瑭回去后，到卫州驿去见闵帝，把王弘贽的话告诉了闵帝。弓箭库使沙守荣、奔洪进上前责备石敬瑭说："您是明宗的爱婿，富贵相互共有，忧患也应该相互体谅、承担。现在，天子奔波在外，把希望寄托给您，以图复兴，你竟然拿这四样来做托词，这简直是要依附叛贼而出卖天子呀！"沙守荣就抽出佩刀要刺杀石敬瑭，石敬瑭的亲将陈晖上前救援，沙守荣和陈晖格斗，战死，奔洪进也拔剑自刎。石敬瑭的牙内指挥使刘知远率领军队冲进来，把闵帝身边的左右侍卫和随从人员都杀光，只留下闵帝李从厚，然后离去。石敬瑭赶往洛阳。

这一天，太后命宫内诸司的人到干壕迎接潞王，潞王李从珂赶忙把来使遣回洛阳。

【乾隆御批】敬瑭于从厚，分则君臣，谊则懿戚，所当与共安危者。方其相遇问计，敬瑭与知远正拥重兵，乃忍反戈相向尽戕从骑，其心欲何为乎？虽以弑逆之从珂，他日亦举卫州之事相诟责，则其罪恶固早著于天下矣。

【译文】石敬瑭对于唐主李从厚，名分上是君臣关系，情义上是姻亲关系，应和他共同享受安乐，共同承担危难。当唐主和石敬瑭相遇问他计策，石敬瑭和刘知远正拥有强大的兵力，他仍忍心反过来杀光了唐主的随从，他的心里想要做什么呢？虽然石敬瑭以弑君迎接李从珂，李从珂在往后也还拿卫州这件事责骂他，那么他的罪过本来早就公诸于天下了。

初，潞王罢河中，归私第，王淑妃数遣孟汉琼存抚之。汉琼自谓于王有旧恩，至渑池西，见王大哭，欲有所陈，王曰："诸事不言可知。"仍自预从臣之列，王即命斩于路隅。

山南西道节度使张虔钊之讨凤翔也，留武定节度使孙汉韶守兴元。虔钊既败，奔归兴元，与汉韶举两镇之地降于蜀；蜀主命奉銮肃卫马步都指挥使、昭武节度使李肇将兵五千还利州，右匡圣马步都指挥使、宁江节度使张业将兵一万屯大漫天以迎之。

【译文】起初，潞王李从珂从河中罢官，回到洛阳家中，王淑妃几次派遣孟汉琼去慰问他。孟汉琼就自认为对潞王有旧恩，到渑池西边的时候，见到潞王，大哭，想向潞王解释。潞王李从珂说："任何事都不必说，我都知道了。"孟汉琼到了随从臣吏之中，潞王下令把他斩首在路边。

山南西道节度使张虔钊讨伐凤翔的时候，留下武定节度使孙汉韶防守兴元。张虔钊打了败仗后，逃回兴元，和孙汉韶带着两镇的土地投降蜀国；蜀主孟知祥命令奉銮肃卫马步都指挥使、昭武节度使李肇率领五千名部队回利州，右匡圣马步都指挥使、宁江节度使张业领兵一万人屯驻大漫天迎接他们。

壬申，潞王至蒋桥，百官班迎于路，传教以未拜梓宫，未可相见。冯道等皆上笺劝进。王入谒太后、太妃，诣西宫，伏梓宫恸哭，自陈诣阙之由。冯道帅百官班见，王答拜。道等复上笺劝进，王立谓道等曰："予之此行，事非获已。俟皇帝归阙，园寝礼终，当还守藩服，群公遽言及此，甚无谓也！"

癸酉，太后下令废少帝为鄂王，以潞王知军国事，权以书诏印施行。百官诣至德宫门待罪，王命各复其位。甲戌，太后令潞王宜即皇帝位；乙亥，即位于柩前。

【译文】壬申日（初三日），潞王李从珂到达蒋桥，百官在路上列班迎接，潞王传命，因尚未拜谒明宗李嗣源的灵柩，还不能接见大家。冯道等人都上书劝进。潞王李从珂入宫觐见太后、太妃，然后到西宫，伏在先皇的灵柩上恸哭，自己陈述所以到京城来的原因。冯道率领百官列班拜见，潞王也答拜。冯道等又上书劝进，潞王立刻告诉冯道等人说：“我这次前来，完全是不得已，等闵帝李从厚回京，先皇安葬完毕后，我还要回去镇守藩镇；各位明公突然讲到这样的事，很没有意思啊！”

癸酉日（初四日），太后下令把少帝李从厚废为鄂王，又任命潞王李从珂掌理军国大事，并且暂时使用书诏印。百官都到至德宫门前请罪，潞王命令他们都各复原职。甲戌日（初五日），太后命令潞王即皇帝位；乙亥日（初六日），潞王李从珂在明宗李嗣源灵柩前即位。

帝之发凤翔也，许军士以入洛人赏钱百缗。既至，问三司使王玫以府库之实，对有数百万在。既而阅实，金、帛不过三万两、匹；而赏军之费计应用五十万缗。帝怒，玫请率京城民财以足之，数日，仅得数万缗，帝谓执政曰：“军不可不赏，人不可不恤，今将奈何？”执政请据屋为率，无问士庶自居及僦者，预借五月僦直，从之。

王弘贽迁闵帝于州廨，帝遣弘贽之子殿直峦往鸩之。戊寅，峦至卫州谒见，闵帝问来故，不对。弘贽数进酒，闵帝知其有毒，不饮，峦缢杀之。

【译文】后唐末帝李从珂从凤翔出发时，答应入洛阳以后给军士每人赏钱一百缗。到了洛阳后，就问三司使王玫府库中钱财的存量，王玫回答说有几百万。后来实际检查的结果是金、帛的数量不过三万；而赏赐军士们的钱算起来总共要用到五十万缗钱。末帝非常生气，王玫就建议征收京城百姓的钱财来补足，过了几天，也只征到几万缗，末帝对执政的大臣们说："军队不能不赏，百姓不能不体恤，这事怎么办为好？"执政的人建议，按房子再收税，不论官民，自己居住或者向人租的，一律预交五个月的房屋税，末帝李从珂批准。

王弘贽把闵帝李从厚迁到州舍住下，末帝李从珂派遣王弘贽的儿子殿直王峦前去用毒酒把闵帝毒死。戊寅日（初九日），王峦到达卫州，拜见闵帝李从厚，闵帝问他为什么前来，王峦不回答。王弘贽几次进酒，闵帝知道其中有毒，不肯喝，王峦把他勒死。

闵帝性仁厚，于兄弟敦睦，虽遭秦王忌疾，闵帝坦怀待之，卒免于患。及嗣位，于潞王亦无嫌，而朱弘昭、孟汉琼之徒横生猜间，闵帝不能违，以致祸败焉。

孔妃尚在宫中，王峦既还，潞王使人谓之曰："重吉辈何在？"遂杀妃，并其四子。

闵帝之在卫州也，惟磁州刺史宋令询遣使问起居，闻其遇害，恸哭半日，自经死。

己卯，石敬瑭入朝。

庚辰，以刘昫判三司。

【译文】闵帝生性仁慈宽厚，对待兄弟非常和睦，虽然被秦王李从荣猜忌，但是闵帝以坦诚的胸怀对待他，最终能够免除灾患。继承帝位以后，对潞王李从珂也没有什么猜忌，而朱弘昭、孟汉琼那一伙人横生猜疑离间，闵帝不能不听从他们，所以招致祸败。

孔妃还在皇宫里,末帝李从珂派人去对她说:"我的儿子李重吉现在在哪里呀?"于是就杀了孔妃和她的四个儿子。

闵帝李从厚在卫州期间,只有磁州刺史宋令询派遣使者前来问候他的生活起居;听到他遇害,痛哭半日,自己也上吊死了。

己卯日(初十日),石敬瑭入京朝见末帝李从珂。

庚辰日(十一日),任用刘昫判理三司。

辛巳,蜀在赦,改元明德。

帝之起凤翔也,召兴州刺史刘遂清,迟疑不至。闻帝入洛,乃悉集三泉、西县、金牛、桑林戍兵以归,自散关以南城镇悉弃之,皆为蜀人所有。癸未,入朝,帝欲治其罪,以其能自归,乃赦之。遂清,鄩之侄也。

甲申,蜀将张业将兵入兴元、洋州。

乙酉,改元,大赦。

丁亥,以宣徽南院使郝琼权判枢密院,前三司使王玫为宣徽北院使,凤翔节度判官韩昭胤为左谏议大夫、充端明殿学士。

戊子,斩河阳节度使、判六军诸卫兼侍中康义诚,灭其族。

【译文】辛巳日(十二日),蜀国实行大赦,把年号改为明德。

末帝李从珂从凤翔起兵时,曾经召唤兴州刺史刘遂清,刘遂清迟疑不肯来。后来听说末帝进入洛阳,于是就召集三泉、西县、金牛、桑林全部的戍兵回京,把散关以南的城镇通通抛弃,全被蜀国所接收。癸未日(十四日),刘遂清入京朝见末帝,末帝本来要追究他的罪责,后来因为他能主动回来归附,便赦免了他。刘遂清是刘鄩的侄儿。

甲申日(十五日),蜀国将领张业率兵进入兴元、洋州。

乙酉日(十六日),后唐末帝李从珂改年号为清泰,实行大赦。

丁亥日(十八日)，任命宣徽南院使郝琼暂时掌理枢密院，前三司使王玫为宣徽北院使，凤翔节度判官韩昭胤为左谏议大夫，充任端明殿学士。

戊子日(十九日)，斩杀河阳节度使、判六军诸卫兼侍中康义诚，灭他全族。

己丑，诛药彦稠。

庚寅，释王景戡、苌长简。

有司百方敛民财，仅得六万，帝怒，下军巡使狱，昼夜督责，囚系满狱，贫者至自经、赴井。而军士游市肆皆有骄色，市人聚诟之曰："汝曹为主力战，立功良苦，反使我辈鞭胸杖背，出财为赏，汝曹犹扬扬自得，独不愧天地乎！"

【译文】己丑日(二十日)，后唐诛杀药彦稠。

庚寅日(二十一日)，释放王景戡和苌从简。

有关官员千方百计搜敛民财，只收得六万，末帝李从珂发怒，下令凡欠税的人都一律抓到军巡使的监狱里，日夜催逼，监狱中住满了人，百姓为此甚至有上吊、跳井自杀的。军士们到街市上游荡满脸都是一副骄横的样子，市民们聚在一块，骂他们说："你们为主上奋力作战，建立功劳，确实也很辛苦，但是却让我们遭受严刑拷打，被迫献出财物来作为你们的奖赏，你们这些人还扬扬得意，难道你们就不知愧对天地吗？"

是时，竭左藏旧物及诸道贡献，乃至太后、太妃器服簪珥皆出之，才及二十万缗，帝患之，李专美夜直，帝让之曰："卿名有才，不能为我谋此，留才安所施乎！"专美谢曰："臣驽劣，陛下擢任过分，然军赏不给，非臣之责也。窃思自长兴之季，赏赉亟行，卒以是骄；继以山陵及出师，帑藏遂涸。虽有无穷之财，终不能满骄卒之心，故陛下拱手于危困之中而得天下。夫国之存亡，不专系于厚赏，亦在修法度，立纪纲。陛下苟不改覆车之辙，臣恐徒困百姓，存亡未可知也。今财力尽于此矣，宜据所有均给之，何必践初言乎！"帝以为然。壬辰，诏禁军在凤翔归命者，自杨思权、尹晖等各赐二马、一驼、钱七十缗，下至军人钱二十缗，其在京者各十缗。军士无厌，犹怨望，为谣言曰："除去菩萨，扶立生铁。"以闵帝仁弱，帝刚严，有悔心故也。

【译文】这个时候，把存放金帛财赋的左藏中所有旧物以及各道的贡献之物，乃至太后、太妃所用的器皿服饰簪环全部拿出来，只有二十万缗，末帝觉得头痛，刚好李专美晚上在宫内值班，末帝就责备他说："你号称很有才干，现在不能替我解决这个问题，你还要留着那些才干做什么用呢？"李专美谦谢说："臣的才干实在低劣，只是陛下太提拔我了，但是要给军队的赏金不够，这不是臣的责任。我私下想，自从长兴末年以来，老是赏赐士卒，所以士卒们都开始骄纵；接下来又为先皇李嗣源营造陵寝，又出兵打仗，国库中的钱财就枯竭了。即便是有无尽的财富，最终也难以满足这些骄纵士卒的贪欲，因此，陛下才能够在国家危困之中拱手而得天下。说到一个国家的存亡，并不是专看能否有优厚的赏赐，应该是要看能不能够修明法度，建立纲纪。陛下如果不修改以前错误的做法，臣恐怕只是会使百姓更加困苦，国家存亡，恐怕还很难预料。现在，国家财力只有这些，应该根据所得到的平均分给大家，何必非履行当初所许诺的不可呢？"末帝李从珂认为他讲得对。壬辰日（二十三日），下诏命：凡是各部队在凤翔归附的，从杨思权、尹晖等人开始各赐给马二匹，骆驼一头，钱七十缗，以下的军士则每人钱二十缗，在京城归附的每人十缗。军士们不满意，颇有怨言，就造了一首歌谣说："除去菩萨，扶立生铁。"因为闵帝李从厚小字菩萨，又生性仁慈懦弱，末帝李从珂则个性刚严，大家都有点后悔。

丙申，葬圣德和武钦孝皇帝于徽陵，庙号明宗。帝衰绖护从至陵所，宿焉。

五月，丙午，以韩昭胤为枢密使，以庄宅使刘延朗为枢密副使，权知枢密院记房暠为宣徽北院使。暠，长安人也。

帝与石敬瑭皆以勇力善斗，事明宗为左右；然心竞，素不相悦。帝即位，敬瑭不得已入朝，山陵既毕，不敢言归。时敬瑭久病羸瘠，太后及魏国公主屡为之言；而凤翔旧将佐多劝帝留之，惟韩昭胤、李专美以为赵延寿在汴，不宜猜忌敬瑭。帝亦见其骨立，不以为虞，乃曰："石郎不惟密亲，兼自少与吾同艰难；今我为天子，非石郎尚谁托哉！"乃复以为河东节度使。

【译文】丙申日（二十七日），把圣德和武钦孝皇帝李嗣源安葬在徽陵，庙号叫明宗。末帝李从珂穿戴丧服护随到陵墓，并留宿在陵所。

五月，丙午日（初七日），任命韩昭胤为枢密使，庄宅使刘延朗为枢密副使，权知枢密院房暠为宣徽北院使。房暠是长安人。

末帝李从珂和石敬瑭都是由于勇武善斗而服侍在明宗李嗣源左右，但是两人在心中都互相竞争，并不友好。末帝李从珂即位后，石敬瑭不得已，只好入京朝见，先帝的陵寝建造安葬完毕后，一直不敢开口说要回镇地去。当时石敬瑭久病之后瘦得皮包骨，曹太后和魏国公主多次替他讲情；但是末帝李从珂从凤翔带来的将领幕僚很多人都劝末帝把他羁留在洛阳，只有韩昭胤和李专美认为赵延寿镇守在汴州，不宜对石敬瑭猜忌，免得他们不安。末帝也看到石敬瑭瘦得皮包骨，不觉得担心，便说："石郎不但是内亲，关系密切，而且他从小与我共同经历艰难；现在我做了天子，不依靠石郎还能依靠谁呀？"便仍任用他为河东节度使。

【乾隆御批】敬瑭河东之遣如纵虎归林，不复可制。从珂素与同列，其诈力岂不深知？况彼此久相猜忌乎。乃于韩、李辈之怂恿，毫不之察而失算。若此，非惟祸至神昧，亦由天道好还，正如螳螂捕蝉，而不知黄雀之在后也。

【译文】石敬瑭被派到河东就好像把老虎放回林中，唐主再也不能约束他了。李从珂一向与他是同僚，他的欺骗手段难道有不熟悉的？况且他们彼此很久以前就互相猜疑忌恨了。他是由于韩召胤、李专美的怂恿，自己丝毫没有考虑才失算的。如是这样，不是只有招祸，命运也要靠天道。正好像是螳螂捕蝉，却不知道黄雀在后。

戊午，以陇州防御使相里金为保义节度使。

丁未，阶州刺史赵澄降蜀。

戊申，以羽林军使杨思权为静难节度使。

己酉，张虔钊、孙汉韶举族迁于成都。

庚戌，以司空兼门下侍郎、同平章事冯道同平章事，充匡国节度使。

以天雄节度使兼侍中范延光为枢密使。

帝之起凤翔也，悉取天平节度使李从曒家财甲兵以供军。将行，凤翔之民遮马请复以从曒镇凤翔，帝许之，至是，徙从曒为凤翔节度使。

【译文】戊午日(十九日),任命陇州防御使相里金为保义节度使。

丁未日(初八日),阶州刺史赵澄向蜀国投降。

戊申日(初九日),末帝李从珂任用羽林军使杨思权为静难节度使。

己酉日(初十日),张虔钊、孙汉韶带着全族的人迁居成都。

庚戌日(十一日),任命司空兼门下侍郎、同平章事冯道同平章事,充任匡国节度使。

末帝李从珂任用天雄节度使兼侍中范延光为枢密使。

末帝李从珂从凤翔起兵的时候,把天平节度使李从曦家中的钱财、盔甲、兵器都拿来供应军需。将要出发的时候,凤翔的百姓拦着马请求仍任用李从曦镇守凤翔,末帝答应了,到此时,便把李从曦调迁为凤翔节度使。

初,明宗为北面招讨使,平卢节度使房知温为副都部署,帝与别将事之,尝被酒忿争,拔刀相拟。及帝举兵入洛,知温密与行军司李冲谋拒之,冲请先奉表以观形势,还,言洛中已安定,知温惧,壬戌,入朝谢罪,帝优礼之。知温贡献甚厚。

吴镇南节度使、守中书令东海康王徐知询卒。

蜀人取成州。

六月,甲戌,以皇子左卫上将军重美为成德节度使、同平章事,兼河南尹,判六军诸卫事。

文州都指挥使成延龟举州附蜀。

【译文】起初,明宗李嗣源任北面招讨使的时候,平卢节度使房知温担任副都部署,当时末帝李从珂作为别将受房知温统领,有一回喝酒的时候起了争执,两人还拔刀相向。末帝率兵进入洛阳后,房知温秘密地和行军司马李冲计划抗拒他,李冲建议先上表给末帝,好前去观察形势,李冲回去后,向房知温报告说洛阳已经安定下来。壬戌日(二十三日),房知温入京朝见,表示谢罪,末帝优礼他;房知温的贡纳也很丰厚。

吴国镇南节度使、兼中书令东海康王徐知询过世。

蜀国攻取成州。

六月,甲戌日(初五日),末帝李从珂任用皇子左卫上将军李重美为成德节度使、同平章事,兼河南尹,判六军诸卫事。

文州都指挥使成延龟率领全州军民归附蜀国。

吴徐知诰将受禅,忌照武节度使兼中书令临川王濛,遣人告濛藏匿亡命,擅造兵器;丙子,降封历阳公,。幽于和州,命控鹤军使王宏将兵二百卫之。

刘昫与冯道婚姻。昫性苛察,李愚刚褊;道既出镇,二人论议多不合,事有应改者,愚谓昫曰:"此贤亲家所为,更之不亦便乎!"昫恨之,由是动成忿争,至相诟骂,各欲非时求见,事多凝滞。帝患之,欲更命相,问所亲信以朝臣闻望宜为相者,皆以尚书左丞姚顗、太常卿卢文纪、秘书监崔居俭对;论其才行,互有优劣。帝不能决,乃置其名于琉璃瓶,夜焚香祝天,且以筯挟之,首得文纪,次得顗。秋,七月,辛亥,以文纪为中书侍郎、同平章事。居俭,莪之子也。

【译文】吴国徐知诰准备教吴主杨溥禅位给他,但是又忌刻昭武节度使兼中书令临川王杨濛,于是派人告发杨濛收藏亡命之徒,擅自打造兵器,有谋反的行迹;丙子日(初七日),把杨濛降封为历阳公,幽禁在和州,命令控鹤军使王宏领兵二百人监守他。

刘昫与冯道通婚，结成儿女亲家。刘昫性情狭隘、好计较小事，李愚性情刚愎偏颇；冯道出镇同州后，二人议论往往不能一致，遇到有应该改变的事情，李愚就对刘昫说："这是过去你们亲家翁干的，我看还是改改比较好吧！"刘昫非常愤恨，从此两人动不动就发生争执，甚至破口大骂，都想在不是朝见的时候能谒见末帝李从珂，因此很多政事往往被耽误拖延。末帝觉得很为难，想另行任命宰相，于是先问亲信的臣子，看朝中谁的名望适宜当宰相，大家都回答说尚书左丞姚顗、太常卿卢文纪和秘书监崔居俭三人合适；但是如果考察三人的才能、品行，则各有优劣，末帝不能决定，于是把三人的名字放在琉璃瓶内，夜里，焚香祝天，再用筷子到瓶里去夹，首先夹到卢文纪的名条，其次夹到姚顗。秋季，七月，辛亥日（十三日），任命卢文纪为中书侍郎、同平章事。崔居俭是崔蕘的儿子。

【乾隆御批】命相大事于古曰惟其人，自夏殷托之梦。卜遂为后世好奇者所籍口。殊不知禹之枚卜，固以并属功臣，无一不堪倚毗之选。即高宗之审象旁求，亦因旧学时物色有素，特先为神道设教耳。若中无知人之哲，而取决于焚香挟箸，夫岂为国求贤之义？明政不纲，始用廷推，会惟党援滋炽，迨时事孔棘，犹且探名柄用，眙一朝五十相之讥，不知金瓯之与琉璃瓶，更复何禅国是邪？

【译文】命相大事在古时只靠那个人，从夏殷开始假托梦境。占卜是后世好事之人的借口。竟不知道禹的占卜任命官员本来是依据他们都属于功臣，没有一个不是倚重亲近的。即使是殷高宗梦象旁求，也是先前早已找到了合适的对象，故意先用占卜的方法设立任命罢了。如果其中没有知晓人才的哲人而取决于烧香祈天，用筷子夹，这难道是为国家求得贤才的举动吗？明朝的朝政混乱，开始用大臣举荐任用官员，这样造成朋党互相攀援，等到时事危急，尚且还要打听清楚任用信任的人，留下一朝有五十个丞相的笑话，真不知道占卜又会对国家有什么好处呢？

【申涵煜评】焚香祝天之事，大约是史臣饰词。又宋人以艺祖，应运而生，故附会其圣人之言耳。帝闻请立太子便欲归老太原，父子间且不相容，肯以天下与人乎？故书亦不可尽信。

【译文】焚香祈祷的事，大约是史臣的修饰之词。而且宋朝人以艺人为先祖，应运而生，所以依附圣人的话。末帝李从珂听说请立太子就想回到太原养老，父子之间尚且不相容，肯把天下让给别人吗？所以史书也不能全信。

帝欲杀楚匡祚，韩昭胤曰："陛下为天下父，天下之人皆陛下子，用法宜存至公，匡祚受诏检校重吉家财，不得不尔。今族匡祚，无益死者，恐不厌众心。"乙卯，长流匡祚于登州。

丁巳，立沛国夫人刘氏为皇后。

回鹘入贡者多为河西杂虏所掠，诏将军牛知柔帅禁后卫送，与邠州兵共讨之。

吴徐知诰召右仆谢兼中书侍郎、同平章事宋齐丘还金陵，以为诸道都统判官，加司空，于事皆无所关预，齐丘屡请退居，知诰以南园给之。

【译文】末帝李从珂要杀楚匡祚，韩昭胤劝谏说："陛下是天下人之父，天下人都是陛下之子，施用法律一定要至公无私。楚匡祚是接受诏命才去追索李重吉家财的，不得不那样做。现在如果把楚匡祚全族都诛杀，不但对死者没有什么帮助，反而会使大家不服气。"乙卯日（十七日），末帝李从珂把楚匡祚长期流放登州。

丁巳日(十九日)，册立沛国夫人刘氏为皇后。

回鹘入贡的使者在来往的路上往往被河西一带的胡人掠夺，末帝李从珂下诏命令将军牛知柔率领禁军护送，会同邠州兵马共同讨伐他们。

吴国的徐知诰把左仆射兼中书侍郎、同平章事宋齐丘召唤回金陵，改派他为诸道都统判官，另加任司空，但是，对于各种事务都不让他干预；宋齐丘屡次请求退休家居，徐知诰把南园赐给他。

护国节度使洋王从璋，归德节度使泾王从敏，皆罢镇居洛阳私第，帝待之甚薄；从敏在宋州预杀重吉，帝尤恶之。尝侍宴禁中，酒酣，顾二王曰："尔等皆何物，辄据雄藩！"二王大惧，太后叱之曰："帝醉矣，尔曹速去！"

蜀置永平军于雅州，以孙汉韶为节度使。复以张虔钊为山南西道节度使、同平章事；虔钊固辞不行。

【译文】护国节度使洋王李从璋，归德节度使泾王李从敏，都免除镇守方镇的职位，住在洛阳的私宅中，末帝李从珂对他们很不好，李从敏在宋州也参与杀害李重吉的事，所以末帝尤其厌恶他。有一回，李从璋、李从敏在宫中陪着末帝李从珂宴饮，喝到酒酣耳热的时候，末帝忽然回头对两人说："你们两个都是些什么东西，居然敢霸占大的方镇？"二人极为惊恐，太后叱喝他们说："皇帝醉了，你们俩快回去！"

蜀国在雅州设置永平军，任命孙汉韶为节度使。又任命张虔钊为山南西道节度使、同平章事；张虔钊坚决推辞不去。

蜀主得风疾逾年，至是增剧。甲子，立子东川节度使、同平章事、亲卫马步都指挥使仁赞为太子，仍监国。召司空、同平章事赵季良、武信节度使李仁罕、保宁节度使赵廷隐、枢密使王处回、捧圣控鹤都指挥使张公铎、奉銮肃卫指挥副使侯弘实受遗诏辅政。是夕殂，秘不发丧。王处回夜启义兴门告赵季良，处回泣不已，季良正色曰：“今强将握兵，专伺时变，宜速立嗣君以绝觊觎，岂可但相泣邪！”处回收泪谢之。季良教处回见李什罕，审其词旨然后告之。处回至仁罕第，仁罕设备而出，遂不以实告。

【译文】蜀主孟知祥患风疾一年多，这时病情严重；甲子日（二十六日），册立他的儿子东川节度使、同平章事、亲卫马步都指挥使孟仁赞为太子，仍然监理国事。又召司空、同平章事赵季良和武信节度使李仁罕、保宁节度使赵廷隐、枢密使王处回、捧圣控鹤都指挥使张公铎、奉銮肃卫指挥副使侯弘实等接受遗诏，辅佐朝政。当夜，孟知祥去世，保守秘密不发丧。王处回夜间开义兴门告诉赵季良，王处回痛哭不已，赵季良板起脸来，很严肃地对他说：“现在强悍的将领们手上握着重兵，都在等待动乱的时机，我们应该赶快拥立嗣位的新君，好断绝这些人非分的念头，怎么可以只在这里相对哭泣呢？”王处回才停止哭泣，向赵季良道谢。赵季良教王处回去见李仁罕的时候，先看看他的态度再决定怎么告诉他。王处回到李仁罕的府第，见李仁罕布置了防备措施才出来，便没有把实情告诉他。

丙寅，宣遗制，命太子仁赞更名昶，丁卯，即皇帝位。

初，帝以王玫对左藏见财失实，故以刘昫代判三司。昫命判官高延赏钩考穷核，皆积年逋欠之数，奸吏利其征责丐取，故存之。昫具奏其状，且请察其可征者急督之，必无可偿者悉蠲之，韩昭胤极言其便。八月，庚午，诏长兴以前户部及诸道通租三百三十八万，虚烦簿籍，咸蠲免勿征。贫民大悦，而三司吏怨之。

辛未，以姚顗为中书侍郎、同平章事。

右龙武统军索自通，以河中之隙，心不自安，戊子，退朝过洛，自投于水而卒。帝闻之大惊，赠太尉。

【译文】丙寅日（二十八日），宣布先王孟知祥的遗命，命令太子孟仁赞改名为昶。丁卯日（二十九日），太子孟昶登上皇位。

起初，后唐末帝李从珂由于王玫回答府库左藏现存财物失实，因此任用刘昫代管监铁、户部、度支三司。刘昫命令判官高延赏彻底查核，发现原来都是一些历年拖欠的老账，奸吏因为催收这些欠债的时候可以从中得到好处，所以都把它留着。刘昫把这一情况详细地向末帝做了汇报，并且建议经过查实可以征收到的抓紧督促缴纳，实在缴纳不出的干脆全部免除，韩昭胤也认为这样做很好。八月，庚午日（初二日），末帝李从珂下诏，规定凡是长兴以前户部和各道所拖欠的三百三十八万缗老账，因为只是徒然浪费一大批账册，所以全部免除，不再征收。贫苦百姓非常欢喜，三司的官吏却埋怨不满。

辛未日（初三日），末帝李从珂任用姚顗为中书侍郎、同平章事。

右龙武统军索自通因为过去在河中时曾和安重诲一起陷害过末帝，内心觉得不安，戊子日（二十日），退朝后经过洛水，就投水自杀。末帝李从珂听说以后很吃惊，封赠他为太尉。

丙申，以前安国节度使、同平章事赵凤为太子太保。

九月，癸卯，诏凤翔益兵守东安镇以备蜀。

蜀卫圣诸军都指挥使、武信节度使李仁罕自恃宿将有功，复受顾托，求判六军，令进奏吏宋从会以意谕枢密院，又至学士院侦草麻。蜀主不得已，甲寅，加仁罕兼中书令，判六军事；以左匡圣都指挥使、保宁节度使赵廷隐兼侍中，为之副。

【译文】丙申日（二十八日），任命前安国节度使、同平章事赵凤为太子太保。

九月，癸卯日（初六日），末帝下诏，命凤翔增兵把守东安镇，防备蜀国进扰。

蜀国卫圣诸军都指挥使、武信节度使李仁罕自恃是宿将有功劳，又受先王孟知祥托付辅政，就请求判六军，他先命令进奏吏宋从会把这意思告诉枢密院，又到学士院去打听是否已在草拟诏书。蜀主孟昶不得已，只好在甲寅日（十七日），加任李仁罕兼中书令，判六军事；任用左匡圣都指挥使、保宁节度使赵廷隐兼任侍中，做他的副手。

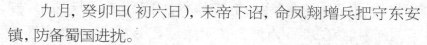

己未，云州奏契丹入寇，北面招讨使石敬瑭奏自将兵屯百井以备契丹。辛酉，敬瑭奏振武节度使杨檀击契丹于境上，却之。

蜀奉銮肃卫都指挥使、昭武节度使兼侍中李肇闻蜀主即位，顾望，不时入朝，至汉州，留与亲戚燕饮逾旬；冬，十月，庚午，始至成都，称足疾，扶杖入朝见，见蜀主不拜。

戊寅，左仆射、门下侍郎、同平章事李愚罢守本官，吏部尚书兼门下侍郎、同平章事、判三司刘昫罢为右仆射。三司吏闻昫罢相，皆相驾，无一人从归第者。

【译文】己未日（二十二日），云州守军启奏说契丹入侵，北面招讨使石敬瑭启奏要亲自率兵屯驻百井，以防备契丹。辛酉日（二十四日），石敬瑭表奏振武节度使杨檀在边境上还击契丹，把他们打退。

蜀国奉銮肃卫都指挥使、昭武节度使兼侍中李肇听说蜀主孟昶即位，态度观望，不马上入朝，到达汉州的时候，留在那里和亲戚欢宴饮酒，停了十几天；冬季，十月，庚午日（初三日），才到达成都，称说脚有病，扶着手杖入朝，见到蜀主孟昶也不拜。

戊寅日（十一日），左仆射、门下侍郎、同平章事李愚被免去相职，只担任本职左仆射，吏部尚书兼门下侍郎、同平章事、判三司刘昫也免去相职，改任右仆射。三司吏属听说刘昫被罢免宰相，都相互祝贺，没有一个人跟随他到新官署。

蜀捧圣控鹤都指挥使张公铎与医官使韩继勋、丰德库使韩保贞、茶酒库使安思谦等皆事蜀主于藩邸，素凶李仁罕，共谮之，云仁罕有异志；蜀主令继勋等与赵季良，赵廷隐谋，因仁罕入朝，命武士执而杀之。癸未，下诏暴其罪，并其子继宏及宋从会等数人皆伏诛。是日，李肇释杖而拜。

蜀渠州都押牙文景琛据城叛，果州刺史李延厚讨平之。

蜀主左右以李肇倨慢，请诛之；戊子，以肇为太子少傅致仕，徙邛州。

【译文】蜀国捧圣控鹤都指挥使张公铎与医官使韩继勋、丰德库使韩保贞、茶酒库使安思谦等都是从蜀主孟昶为藩王时就跟随他的，他们一向怨恨李仁罕，于是共同在蜀主孟昶面前说李仁罕的坏话，说李仁罕有谋反的野心；蜀主孟昶命令韩继勋等人和赵季良、赵廷隐等谋划，趁着李仁罕入宫朝见的时候，命令武士把他抓起来杀掉。十六日，蜀主孟昶下诏公布李仁罕的罪状，同时被诛杀的还有李仁罕的儿子李继宏和宋从会等几个人。当天，李肇入宫时就不敢再用拐杖，并且向蜀主孟昶下拜。

蜀国源州都押牙文景琛占据州城反叛，果州刺史李延厚发兵讨伐，平定这场叛乱。

蜀主孟昶的左右近臣认为李肇太倨傲无礼，请求把他诛杀；戊子日（二十一日），蜀王封李肇为太子少傅让他退休，迁往邛州。

吴主加徐知诰大丞相、尚父、嗣齐王、九锡，辞不受。

雄武节度使张延朗将兵围文州，阶州刺史郭知琼拔尖石寨。蜀李延厚将果州兵屯兴州，遣先登指挥使范延晖将兵救文州，延朗解围而归。兴州刺史冯晖自乾渠引戍兵归凤翔。

十一月，徐知诰召其子司徒、同平章事景通还金陵，为镇海、宁国节度副大使、诸道副都统、判中外诸军事；以次子牙内马步都指挥使、海州团练使景迁为左右军都军使、左仆射、参政事，留江都辅政。

【译文】吴主杨溥加封徐知诰大丞相、尚父、嗣齐王等尊号，并且赐给他九锡；知诰徐都谦辞，没有接受。

后唐雄武节度使张延朗领兵包围蜀国文州，阶州刺史郭知琼攻下尖石寨。蜀国的李延厚率领果州军队屯驻在兴州，派先登指挥使范延晖率兵救援文州，张延朗解除围城，率兵撤退回去。兴州刺史冯晖从乾渠率领戍兵回凤翔。

十一月，徐知诰召唤他的儿子司徒、同平章事徐景通还归吴国西都金陵，任命他为镇海、宁国节度副大使、诸道副都统、判中外诸军事；任命他的另一个儿子牙内马步都指挥使、海州团练使徐景迁为左右军都军使、左仆射、参政事，留在江都辅佐朝政。

十二月，己巳，以易州刺史安叔千为振武节度使，齐州防御使尹晖为彰国节度使。叔千，沙陀人也。

壬申，石敬瑭奏契丹引去，罢兵归。

乙亥，征雄武节度使张延郎为中书侍郎、同平章事、判三司。

辛巳，汉皇后马氏殂。

甲申，蜀葬文武圣德英烈明孝皇帝于和陵，庙号高祖。

乙酉，葬鄂王于徽陵城南，封才数尺；观者悲之。

【译文】 十二月，己巳日（初三日），任命易州刺史安叔千为振武节度使，齐州防御使尹晖为彰国节度使。安叔千是沙陀人。

壬申日（初六日），石敬瑭启奏说契丹退走，就率兵回晋阳。

乙亥日（初九日），末帝李从珂征召雄武节度使张延朗为中书侍郎、同平章事、判三司。

辛巳日（十五日），汉国皇后马氏过世。

甲申日（十八日），蜀国在和陵安葬文武圣德英烈明孝皇帝孟知祥，庙号高祖。

乙酉日（十九日），把鄂王李从厚安葬在徽陵城南，坟堆只有几尺高；看到的人都为他觉得悲哀。

是岁秋、冬旱，民多流亡，同、华、蒲、绛尤甚。

汉主命判六军秦王弘度募宿卫兵千人，皆市井无赖子弟，弘度昵之。同平章事杨洞潜谏曰："秦王，国之冢嫡，宜亲端士。使之治军已过矣，况昵群小乎！"汉主曰："小儿教以戎事，过烦公忧。"终不戒弘度。洞潜出，见卫士掠商人金帛，商人不敢诉，汉曰："政乱如此，安用宰相！"因谢病归第；久之，不召，遂卒。

【译文】 这一年的秋天、冬天发生旱灾，百姓多流散逃亡，同州、华州、蒲州、绛州尤其严重。

南汉主刘龑命令总判六军的秦王刘弘度募集宿卫兵一千

人，都是市井的无赖子弟，而刘弘度却亲昵他们。同平章事杨洞潜进谏说："秦王，是国家的继承人，应当让他亲近品行端正的士人。要他掌理军队已经不恰当了，何况他还亲昵一帮小人呢？"汉主刘䶮回答说："只不过是教小孩子一点军事，却让你担忧了。"后来还是没告诫刘弘度。杨洞潜外出，看到卫士抢夺商人的财物，商人也不敢控诉，于是叹气说："国家的政事乱到这个地步，还要宰相干什么？"因而以有病辞谢朝政回到自己宅第；很长时间，也不召他入朝，便去世了。

清泰二年(乙未，公元九三五年)春，正月，丙申朔，闽大赦。改元永和。

二月，丙寅朔，蜀大赦。

甲戌，以枢密使、天雄节度使兼侍中范延光为宣武节度使兼中书令。

丁丑，夏州节度使李彝超上言疾病，以兄行军司马彝殷权知军州事；彝超寻卒。

戊寅，蜀主尊母李氏为皇太后。太后，太原人，本庄宗后宫也，以赐蜀高祖。

【译文】清泰二年(乙未，公元 935 年)春季，正月，丙申朔日(初一日)，闽国实行大赦，改年号为永和。

二月，丙寅朔日(初一日)，蜀国实行大赦。

甲戌日(初九日)，后唐末帝李从珂任用枢密使、天雄节度使兼侍中范延光为宣武节度使兼中书令。

丁丑日(十二日)，夏州节度使李彝超启奏生病，由他的哥哥行军司马彝殷暂时掌理军州的事务；李彝超不久就去世。

戊寅日(十三日)，蜀主孟昶尊奉他的母亲李氏为皇太后。

李太后是太原人，本来是后唐庄宗李存勖的后宫宫女，用来赐给蜀高祖孟知祥为妻。

己丑，追尊帝母鲁国夫人魏氏曰宣宪皇太后。

闽主立淑妃陈氏为皇后。初，闽主两娶刘氏，皆士族，美而无宠。陈后，本闽太祖侍婢金凤也，陋而淫，闽主嬖之，以其族人守恩、匡胜为殿使。

三月，辛丑，以前宣武节度使兼侍中赵延寿为忠武节度使兼枢密使。

以李彝殷为定难节度使。

己酉，赠吴越王元瓘母陈氏为晋国太夫人。元瓘性孝，尊礼母党，厚加赐与，而未尝迁官，授以重任。

【译文】己丑日（二十四日），追尊末帝李从珂的母亲鲁国夫人魏氏为宣宪皇太后。

闽主王璘立淑妃陈氏为皇后。起初，闽主两度娶刘氏为妻，都是士族，虽然长得漂亮，却得不到闽主的宠爱。陈后本来是闽太祖王审知的侍婢金凤，虽然长得不漂亮，却妖媚淫荡，所以闽主很宠爱她，又任命她的族人陈守恩和陈匡胜为殿使。

三月，辛丑日（初七日），末帝李从珂任用前宣武节度使兼侍中赵延寿为忠武节度使兼枢密使。

任命李彝殷为定难节度使。

己酉日（十五日），赠吴越王钱元瓘的母亲陈氏为晋国太夫人。钱元瓘性情孝顺，对母亲的族属尊敬尽礼，赐赏很丰厚，但是从未给他们升官和授予重任。

壬戌，以彰圣都指挥使安审琦领顺化节度使。审琦，金全之子也。

太常丞史在德，性狂狷，上书历诋内外文武之士，请遍加考试，黜陟能否。执政及朝士大怒，卢文纪及补阙刘涛、杨昭俭等皆请加罪。帝谓学士马胤孙曰："朕新临天下，宜开言路；若朝士以言获罪，谁敢言者！卿为朕作诏书，宣朕意。"乃下诏，略曰："昔魏征请赏皇甫德参，今涛等请黜史在德；事同言异，何其远哉！在德情在倾输，安可责也！"昭俭，嗣复之曾孙也。

【译文】壬戌日（二十八日），任命彰圣都指挥使安审琦兼领顺化节度使。安审琦是安金全的儿子。

太常丞史在德，性格狂放不羁，上书诋毁朝廷内外的文武之士，请求普遍进行考试，从而黜拙拔能；执政和朝中的大臣们都非常愤怒，卢文纪和补阙刘涛、杨昭俭等都请求末帝李从珂治他的罪。末帝对学士马胤孙说："朕新近才君临天下，正应该广开言路，让大家踊跃建言，如果朝中的大臣因为向我建言而被治罪，以后还有谁敢说话？你替朕写一份诏书，把朕的这番意思告诉大家。"于是下了诏书，大意是说："从前魏征请求唐太宗李世民奖赏皇甫德参，现在刘涛等人请求罢黜史在德，事情相同而评价两样，为什么相差这样远？史在德的话虽说的重，他的本意也不过是想对朕尽忠，朕怎么能够责怪他呢？"杨昭俭是杨嗣复的曾孙。

吴加徐景迁同平章事、知左右军事；徐知诰令尚书郎陈觉辅之，谓觉曰："吾少时与宋子嵩论议，好相诘难，或吾舍子嵩还家，或子嵩拂衣而起。子嵩携衣笥望秦淮门欲去者数矣，吾常戒门者止之。吾今老矣，犹未遍达时事，况景迁年少当国，故屈吾子以诲之耳。"

夏，四月，庚午，蜀以御史中丞龙门毋昭裔为中书侍郎、同平章事。

癸未，加枢密使、刑部尚书韩昭胤中书侍郎、同平章事。辛卯，以宣徽南院使刘延皓为刑部尚书，充枢密使。延皓，皇后之弟也。癸巳，以左领军卫大将军刘延郎为本卫上将军，充宣徽北院使，兼枢密副使。

【译文】吴国加任徐景迁同平章事、知左右军事；徐知诰命令尚书郎陈觉辅佐他，徐知诰对陈觉说："我年轻的时候，和宋子嵩(宋齐丘)两人议论，喜欢互相诘难，有时我气得丢下宋子嵩回家，有时宋子嵩拂袖而去。宋子嵩好几次都带着衣箱子向着秦淮门要走，我常交代看门的留住他。我现在已经年纪大了，还没有能够对时事样样通晓，何况徐景迁年少担当国家大事，所以委屈您老先生来教导他啊。"

夏季，四月，庚午日(初六日)，蜀国任命御史中丞龙门人毋昭裔为中书侍郎、同平章事。

癸未日(十九日)，末帝李从珂加封枢密使、刑部尚书韩昭胤中书侍郎、同平章事。辛卯日(二十七日)，任命宣徽南院使刘延皓为刑部尚书，充任枢密使。刘延皓是皇后的弟弟。癸巳日(二十九日)，任命左领军卫大将军刘延朗为本卫上将军，充任宣徽北院使，兼任枢密副使。

五月，丙申，契丹寇新州及振武。

庚戌，赐振武节度使杨檀名光远。

六月，吴德胜节度使兼中书令柴再用卒。先是，史官王振尝询其战功，再用曰："鹰犬微效，皆社稷之灵，再用何功之有！"竟不报。

516

契丹寇应州。

【译文】五月，丙申日（初三日），契丹入侵新州及振武。

庚戌日（十七日），赐给振武节度使杨檀名字为光远。

六月，吴国德胜节度使兼中书令柴再用过世。起初，史官王振曾经问他所立过的战功，柴再用说：“鹰犬的细小作用，都是国家社稷的灵验，我有什么功劳？”竟然没有告诉王振。

契丹入侵应州。

河东节度使、北面总管石敬瑭既还镇，阴为自全之计。帝好咨访外事，常命端明殿学士李专美、翰林学士李崧、知制诰吕琦、薛文遇、翰林天文赵延乂等更直于中兴殿庭，与语或至夜分。时敬瑭二子为内使，曹太后则晋国长公主之母也。敬瑭赂太后左右，令伺帝之密谋，事无巨细皆知之。敬瑭多于宾客前自称羸瘠不堪为帅，冀朝廷不之忌。

时契丹屡寇北边，禁军多在幽、并，敬瑭与赵德钧求益兵运粮，朝夕相继。甲申，诏借河东人有蓄积者菽粟。乙酉，诏镇州输绢五万匹于总管府，籴军粮，率镇冀人车千五百乘运粮于代州；又诏魏博市籴。时水旱民饥，敬瑭遣使督趣严急，山东之民流散，乱始兆矣。

【译文】河东节度使、北面总管石敬瑭返归镇所后，暗中谋划如何保全自己。末帝李从珂喜欢探查外头的事情，常常命令端明殿学士李专美、翰林学士李崧、知制诰吕琦、薛文遇、翰林天文赵延乂等人轮流在中兴殿庭值班，和他们谈话有时谈到深夜。当时石敬瑭的两个儿子都在宫内担任内诸司使，曹太后又是石敬瑭妻子晋国长公主（原来封为魏国公主）的母亲，于是石敬瑭贿赂曹太后的左右侍从，让他们侦察末帝的秘密谋议，所以不论大小事情，都能够知道。石敬瑭常常在宾客面前自称病弱不能领兵为帅，希望朝廷不猜忌他。

当时，契丹频繁侵扰北部边界，守卫的禁军大多设防在幽州和并州，石敬瑭和赵德钧两人一再向朝廷请求增派军队并运补粮草，日夜不停。甲申日（二十一日），末帝李从珂下诏向河东有积蓄的人家借调菽粟。乙酉日（二十二日），又下诏教镇州百姓捐献五万匹绢给晋阳的总管府，好征购军粮。又征调镇州、冀州的人夫、车辆一千五百乘，运粮补给代州；又下诏命令魏博征购军粮。当时接连发生水灾、旱灾，百姓都饥饿不堪，石敬瑭派人督催缴纳非常严厉紧急，崞山以东的百姓流离失散，开始露出动乱的兆头。

敬瑭将大军屯忻州，朝廷遣使赐军士夏衣，传诏抚谕，军士呼万岁者数四。敬瑭惧，幕僚河内段希尧请诛其唱首者，敬瑭命都押衙刘知远斩挟马都将李晖等三十六人以徇。希尧，怀州人也。帝闻之，益疑敬瑭。

壬辰，诏："窃盗不计赃多少，并纵火强盗，并行极法。"

闽福王继鹏私于宫人李春鷰，继鹏请之于陈后，后白闽主而赐之。

秋，七月，以枢密使刘延皓为天雄节度使。

乙巳，以武宁节度使张敬达为北面行营副总管，将兵屯代州，以分石敬瑭之权。

【译文】石敬瑭率领大军屯扎忻州，朝廷派使者前来赐给军士夏衣，宣读诏书慰问他们，军士们乘机一再呼叫万岁，有拥立石敬瑭的意思。石敬瑭觉得害怕，幕僚河内人段希尧建议把带头的人抓起来杀了，石敬瑭于是命令都押衙刘知远斩杀了挟马都将李晖等三十六人，并且把他们的脑袋传送到各部队示众。段希尧是怀州人。末帝李从珂听说这些情况，更加怀疑石敬瑭。

壬辰日（二十九日），末帝李从珂下诏："窃盗不论赃物多少，以及纵火的强盗，都施行极刑。"

闽国的福王王继鹏和宫女李春鸯私通，王继鹏向陈后请求，陈后向闽主王璘报告后把宫女李春鸯赐给王继鹏。

秋季，七月，末帝李从珂任用枢密使刘延皓为天雄节度使。

乙巳日（十三日），任命武宁节度使张敬达为北面行营副总管，率兵屯驻代州，这是为了分散石敬瑭的兵权。

帝深以时事为忧，尝从容让卢文纪等以无所规赞。丁巳，文纪等上言："臣等每五日起居，与两班旅见，暂获对扬，侍卫满前，虽有愚虑，不敢敷陈。窃见前朝自上元以来，置延英殿，或宰相欲有奏论，天子欲有咨度，皆非时召对，旁无侍卫，故人得尽言。望复此故事，惟听机要之臣侍侧。"诏以"旧制五日起居，百僚俱退，宰相独升，若常事自可敷奏。或事应严密，不以其日，或异日听于阁门奏榜子，当尽屏侍臣，于便殿相待，何必袭延英之名也！"

【译文】末帝李从珂因为时局常常感到忧虑，曾经很平和地责备过卢文纪等人，批评他们没有提供什么规劝和赞同的建议。丁巳日（二十五日），卢文纪等呈上奏章报告说："臣等每五天进宫问候皇上起居，和文武两班大臣一同晋见，只能得到短暂的当面对答的机会，但眼前又都是侍卫，就算是有一点觐见，也不敢当众提出。臣私下看见前朝唐肃宗李亨上元年间后，设置延英殿，有时宰相有要事报告，或者天子有事要询问臣下，因为旁边没有侍卫的臣子，所以觐见的人都能畅所欲言。希望能够恢复这个办法，只让掌理机要的大臣在旁边侍候。"末帝李从珂下诏批示说："旧制施行五日问起居时，百官都退场，只有宰相单独留下来，像平常的事情仍然可以陈奏。遇到机密的事情，不按五天的期限，或者另选日期在阁门听取牓子，自当让侍臣都屏退，在便殿接见，何必一定要沿用延英殿的名称呢？"

吴润州团练使徐知谔，狎昵小人，游燕废务，作列肆于牙城西，躬自贸易。徐知诰闻之怒，召知谔左右诘责；知谔惧。或谓知诰曰："忠武王最爱知谔，而以后事传于公。往年知询失守，论议至今未息。借使知谔治有能名，训兵养民，于公何利？"知诰感悟，待之加厚。

九月，丙申，吴大赦，改元天祚。

【译文】吴国润州团练使徐知谔，亲昵狎近小人，游赏宴集，废弃正务，他在牙城西边建了一大排商店，亲自经营贸易。徐知诰知道后非常生气，就把徐知谔的左右臣下叫来臭骂一顿；徐知谔因此心里非常害怕。有人对徐知诰说："忠武王当年最喜欢徐知谔，然而却把身后的大业传给了您。前几年徐知询失了镇所，大家都议论纷纷，到现在还没有平息。如果徐知谔能进德修业，享有声望，训练士卒，爱养百姓，对您又有什么好处呢？"徐知诰有所领悟，对待徐知谔更加宽厚。

九月，丙申日（初四），吴国实行大赦，改年号为天祚。

己酉，已宣徽南院使房暠为刑部尚书，充枢密使；宣徽北院使刘延朗为南院使，仍兼枢密副使。于是，延朗及枢密直学士薛文遇等居中用事，暠与赵延寿虽为使长，其听用之言什不三四。暠随势可否，不为事先；每幽、并遣使入奏，枢密诸人环坐议之，暠多俯首而寐，比觉，引颈振衣，则使者去矣。启奏除授，一归延朗。诸方镇、刺史自外入者，必先赂延朗，后议贡献。赂厚者先，得内地；赂薄者晚，得边陲。由是诸将帅皆怨愤，帝不能察。

【译文】己酉日（十七日），末帝李从珂任用宣徽南院使房暠为刑部尚书，充任枢密使，宣徽北院使刘延朗任为南院使，仍兼任枢密副使。于是刘延朗和枢密直学士薛文遇等人在宫中当权，房暠和赵延寿虽名为枢密院长官，事实上所建议的话末帝听信采用的不到十分之三四。房暠就随顺时势，凡事都不争先；每次幽州、并州派遣使者入朝上奏，枢密院的一班大臣都环坐在那里进行议论，房暠总是低着头打盹，等他一觉醒来，伸伸脖子，拉拉衣裳，使者早已经走了；向末帝建议派任官吏的事也全都让刘延朗去决定。各地的方镇、刺史进京的，一定要先贿赂刘延朗，然后再商量呈献给末帝的。如果贿赂得多，就获得优先，得到内地的官职；贿赂少的后办，只能得到边远的职差。因此，各地将帅都怨愤不满，而末帝李从珂不能察觉。

【申涵煜评】暠为大臣，每会议则俛首而寐，比觉而事已毕。其软滑无气骨更甚于冯道。此等人偏能富贵，虽乱世足以苟容，而品斯下矣。

【译文】房暠作为大臣，每次朝廷有会议则低着头而睡，等他醒来，事情已经结束。他的软滑无气骨更超过了冯道。这种人特别能富贵，虽然处在乱世也能够苟且容立于朝，然而人品也太低下了。

蜀金州防御使全师郁寇金州，拔水寨。城中兵才千人，都监陈知隐托它事将兵三百沿流遁去。防御使马全节罄私财以给军，出奇死战，蜀兵乃退。戊寅，诏斩知隐。

初，闽主有幸臣曰归守明，出入卧内。闽主晚年得风疾，陈后与守明及百工院使李可殷私通，国人皆恶之，莫敢言。

【译文】蜀国金州防御使全师郁入侵金州，攻下水寨。城中士卒才一千人，都监陈知隐假称有其他的事，率领三百名士卒沿河逃走；防御使马全节把自己的全部私财都拿出来赏赐供军队，出奇兵死命战斗，蜀兵才退回去。戊寅日（疑误），末帝李从珂下诏斩杀陈知隐。

起初，闽主王璘有个宠幸的臣子叫归守明，常进出闽主的寝宫；闽主王璘晚年患了风疾，陈后就和归守明及百工院使李可殷私通，闽国人都厌恶他们，但是没有人敢讲话。

可殷尝谮皇城使李倣于闽主，后族陈匡胜无礼于福王继鹏，倣及继鹏皆恨之。闽主疾甚，继鹏有喜色。倣以闽主为必不起，冬，十月，己卯，使壮士数人持白梃击李可殷，杀之，中外震惊。庚辰，闽主疾少间，陈后诉之。闽主力疾视朝，诘可殷死状，倣惧而出，俄顷，引部兵鼓噪入宫。闽主闻变，匿于九龙帐下，乱兵刺之而出。闽主宛转未绝，宫人不忍其苦，为绝之。倣与继鹏杀陈后、陈守恩、陈匡胜、归守明及继鹏弟继韬；继韬素与继鹏相恶故也。辛巳，继鹏称皇太后令监国，是日，即皇帝位。更名昶。谥其父曰齐肃明孝皇帝，庙号惠宗。既而自称权知福建节度事，遣使奉表于唐，大赦境内；立李春燕为贤妃。

【译文】李可殷曾经在闽主王璘面前说皇城使李倣的坏话，皇后的本家陈匡胜对福王王继鹏没有礼仪，李倣和王继鹏都怨恨这些人。闽主王璘病得很严重，王继鹏就显得很高兴。李倣认为闽主王璘的病一定不会好，冬季，十月，己卯日（十八日），就派几名壮士拿着白棍子攻击李可殷，把他打死，这事震惊朝廷内外。庚辰日（十九日），闽主王璘的病稍微好一点，陈皇后向他报告了这件事。闽主王璘强撑着病体临朝视事，追问李可殷被打死的详情，李倣心里害怕，就跑出宫外，不久，率领着他属下的士卒鼓噪着冲进皇宫。闽主王璘一听说发生变乱，就藏匿在九龙帐下，乱兵冲进去刺他后就跑掉。闽主王璘在那里哀号，还不能断气，宫女们不忍看着他受苦，就帮他早一点断了气。李倣与王继鹏杀陈皇后、陈守恩、陈匡胜、归守明及王继鹏的弟弟王继韬；因为王继韬素来同王继鹏相互厌恶。辛巳日（二十日），王继鹏托称皇太后的命令，要他监国。当天，就登上皇帝位。改名叫昶，给他的父亲上谥号为齐肃明孝皇帝，庙号惠宗。不久，又自称权知福建节度事，派遣使者向后唐呈上奏章，实行大赦；又立李春鶑为贤妃。

初，闽惠宗娶汉主女清远公主，使宦者闽清林延遇置邸于番禺，专掌国信。汉主赐以大第，禀赐甚厚，数问以闽事。延遇不对，退，谓人曰："去闽语闽，去越语越，处人宫禁，可如是乎！"汉主闻而贤之，以为内常侍，使钩校诸司事。延遇闻惠宗遇弑，求归，不许，素服向其国三日哭。

荆南节度使高从诲，性明达，亲礼贤士，委任梁震，以兄事之。震常谓从诲为郎君。

【译文】起初，闽惠宗王璘娶南汉主刘龑的女儿清远公主，派宦官闽清人林延遇在番禺建立府邸，专门掌握国内的信息。汉主刘龑赐给他一所大宅，俸给赏赐非常优厚，有几次问他闽国的事情，林延遇都不回答，退下来后，对人说："离开闽国就透露闽国的机密，离开越国就透露越国的机密，身处别人的宫禁之中，怎么能这样做呢？"汉主刘龑听到后，很赏识他，任命他为内常侍，负责考核宫内各司。林延遇听说惠宗王璘被臣下杀害，就请求回国，没有得到南汉主刘龑的允许，穿了丧服向着他的国家方向哭了三天。

荆南节度使高从诲，生性开明通达，能够亲近礼敬有贤德的士人，把政事都委交给梁震，以兄长的礼节对待他；梁震常常叫高从诲为郎君。

楚王希范好奢靡，游谈者共夸其盛，从诲谓僚佐曰："如马王可谓大丈夫矣。"孙光宪对曰："天子诸侯，礼有等差。彼乳臭子骄侈僭忕，取快一时，不为远虑，危亡无日，又足慕乎！"从诲久而悟，曰："公言是也。"它日，谓梁震曰："吾自念平生奉养，固已过矣。"乃捐去玩好，以经史自娱，省刑薄赋，境内以安。

【译文】楚王马希范喜爱奢侈靡费，和他游乐谈笑的人都夸赞他的盛况。高从诲对僚佐说："马王马希范可称得上是大丈夫了。"孙光宪回答说："天子诸侯的礼节都是有等第差别的。那个乳臭未干的小孩那么骄奢僭越，只是取一时的快意，根本就不做长远的考虑，立刻就会遭到危险灭亡，又哪值得羡慕呢?"高从诲很久以后也明白过来，说："先生的话是对的。"后来，高从诲对梁震说："我自己反省平日的享受，已经很过分了。"于是抛弃平日的不良嗜好，改以研读经史做消遣，减省刑罚，减收赋税，境内因此就非常安定。

梁震曰："先王待我如布衣交，以嗣王属我。今嗣王能自立，不坠其业，吾老矣，不复事人矣。"遂固请退居。从诲不能留，乃为之筑室于土洲。震披鹤氅，自称荆台隐士，每诣府，跨黄牛至听事。从诲时过其家，四时赐与甚厚。自是悉以政事属孙光宪。

◆臣光曰："孙光宪见微而能谏，高从诲闻善而能徙，梁

震成功而能退，自古有国家者能如是，夫何亡国败家丧身之有。"◆

吴加中书令徐知诰尚父、太师、大丞相、大元帅，进封齐王，备殊礼，以升、润、宣、池、歙、常、江、饶、信、海十州为齐国；知诰辞尚父、丞相，殊礼不受。

【译文】梁震说："先王高季兴待我如同布衣之交一样，把嗣王托付给我。现在嗣王能够自立，可以不使先王遗业坠落。我已经老了，不想再事奉人了。"于是坚决请求退休。高从诲留不住他，就替他在土洲建筑房子。梁震身披鹤氅，自称是荆台隐士，每回到府舍的时候，都是骑着牛一直进到厅事。高从诲时常到他家中拜访，一年四季赏赐非常优厚。高从诲从此就把政事托付给孙光宪。

◆臣司马光说：孙光宪看到细微的兆头而能够进谏，高从诲听到正确意见能够改正，梁震在功业完成以后能急流勇退，自古拥有国家的人如能这样，又怎么会亡国败家丧身呢？◆

吴国加封中书令徐知诰为尚父、太师、大丞相、大元帅，进封齐王，设置特殊的礼节，又划出升、润、宣、池、歙、常、江、饶、信、海十个州为齐国；徐知诰谦辞尚父、丞相等尊号，也没接受特别礼仪。

闽皇城使、判六军诸卫李倣专制朝政，阴养死士，闽主昶与拱宸指挥使林延皓等图之。延皓等诈亲附倣，倣待之不疑。十一月，壬子，倣入朝，延皓等伏卫士数百于内殿，执斩之，枭首朝门。倣部兵千馀持白梃攻应天门，不克，焚启圣门，夺倣首奔吴越。诏暴倣弑君及杀继韬等罪，告谕中外。以建王继严权判六军诸卫，以六军判官永泰叶翘为内宣徽使、参政事。

【译文】闽国皇城使、判六军诸卫李仿专权把持朝政，暗中培养亡命之徒，闽主王昶与拱辰指挥使林延皓等合谋除掉他。林延皓等人假装亲附李仿，李仿对他们也不起怀疑。十一月，壬子日（二十一日），李仿入宫朝见闽主王昶，林延皓等人在内殿埋伏了几百名卫士，把李仿抓起来杀了，把脑袋挂在朝门示众。李仿属下的部队一千多人拿着白棍子进攻应天门，攻不下，就放火烧启圣门，抢走李仿的脑袋，投奔到吴越。闽主王昶下诏宣布李仿弑君以及杀死王继韬等罪名，告示朝廷内外。闽主王昶任用建王王继严暂领判理六军诸卫的事务，任用六军判官永泰人叶翘为内宣徽使、参政事。

翘博学质直，闽惠宗擢为福王友，昶以师傅礼待之，多所裨益，宫中谓之"国翁"。昶既嗣位，骄纵，不与翘议国事。一旦，昶方视事，翘衣道士服过庭中趋出，昶召还，拜之，曰："军国事殷，久不接对，孤之过也。"翘顿首曰："老臣辅导无状，致陛下即位以来无一善可称，愿乞骸骨。"昶曰："先帝以孤属公，政令不善，公当极言，奈何弃孤去！"厚赐金帛，慰谕令复位。昶元妃梁国夫人李氏，同平章事敏之女，昶嬖李春鸎，待夫人甚薄。翘谏曰："夫人先帝之甥，聘之以礼，奈何以新爱而弃之！"昶不说，由是疏之。未几，复上书言事，昶批其纸尾曰："一叶随风落御沟。"遂放归永泰，以寿终。

【译文】叶翘学识渊博，为人质朴正直，闽惠宗王璘把他提拔为福王王昶的朋友，王昶用师傅的礼遇对待他，多方面得到他的帮助和益处，宫中的人都叫他"国翁"。王昶继承王位后，骄傲放纵，不和叶翘商量国事。有一天，王昶正在处理事情，叶翘穿着道士的服装经过庭中，向外头走去，王昶把他召唤回来，拜见他，说："军国的事情太多，忙昏了头，好久没向您请教，这是孤的过错。"叶翘磕头答谢说："老臣辅助引导得不得法，以致使陛下即位以来没一件好事可以称道，希望您放我告老回乡，保存躯骸归土。"王昶说："先帝把孤托付给您，国家的政令有不对的地方，您应该教导孤，怎么反而要抛弃孤自己离去呢？"于是优厚地赐给叶翘金银财帛，抚慰他，教他复位。王昶的元妃梁国夫人李氏，是同平章事李敏的女儿，王昶宠爱李春鸯，对待李夫人很不好。叶翘劝谏说："李夫人是先帝王璘的甥女，又是以正礼聘娶来的，为何因为有了新爱就冷落了她呢？"王昶听了不高兴，从此就疏远他。不久，叶翘又呈上奏章建议其他事，王昶在奏章后批说："一叶随风落御沟。"便把叶翘放归永泰，叶翘因年老去世。

帝嘉马全节之功，召诣阙。刘延朗求赂，全节无以与之；延朗欲除全节绛州刺史，群议沸腾。帝闻之，乙卯，以全节为横海留后。

十二月，壬申，以中书侍郎、同平章事充枢密使韩昭胤同平章事，充护国节度使。

乙酉，以前匡国节度使、同平章事冯道为司空。时久无正拜三公者，朝议疑其职事；卢文纪欲令掌祭祀扫除，道闻之曰："司空扫除，职也，吾何惮焉。"既而文纪自知不可，乃止。

闽主赐洞真先生陈守元号天师，信重之，乃至更易将相、刑罚、选举，皆与之议；守元受赂请托，言无不从，其门如市。

【译文】后唐末帝李从珂嘉许马全节的功劳，就把他征召到京城来。刘延朗向他要求贿赂，马全节没有什么东西可以给他；刘延朗就想把他派为绛州刺史，朝廷内外议论纷纷，为他打抱不平。末帝李从珂听说后，乙卯日(二十四日)，任命马全节为横海留后。

十二月，壬申日(十一日)，任命中书侍郎、同平章事充枢密使韩昭胤为同平章事，充任护国节度使。

乙酉日(二十四日)，任命前匡国节度使、同平章事冯道为司空。当时好久没有正式任命三公，朝廷对他的职掌也弄不太清楚；卢文纪让他掌管祭祀时的扫除，冯道听了以后说："司空只是个负责扫除的职务而已，我担心什么。"接着卢文纪也意识到这样做不合适，于是停止实行。

闽主王昶赐洞真先生陈守元号为天师，非常信任看重他，甚至在改换将领、宰相，或者施行刑罚、选拔人才的时候，都要和他商量；陈守元接受贿赂、请托，有求必应，门庭若市。

资治通鉴卷第二百八十　后晋纪一

柔兆涒滩，一年。

【译文】起止丙申（公元 936 年），共一年。

【题解】本卷记录了公元 936 年一年的史事。为后晋高祖天福元年。唐末帝李从珂即位，朝臣建议与契丹和亲，全力防范石敬瑭，末帝犹豫未行。末帝放石敬瑭回晋阳，移镇逼反石敬瑭。末帝倾全国之兵讨伐晋阳，与敌人打阵地战，却忽视防范契丹。吏部侍郎龙敏建言立契丹降将李赞华为契丹主，北行内耗契丹，末帝竟不施行。唐军河南、河中诸镇士兵围攻晋阳，反被围于晋安寨。赵德钧率领河北士兵暗中投靠契丹，末帝统军亲征，既不不进，也不破敌。石敬瑭割燕云十六州换得契丹相助，在晋阳称帝。晋安寨唐军投降，赵德钧军队溃退，末帝禁军溃散奔逃。末帝返回洛阳，自焚，后晋代后唐。

高祖圣文章武明德孝皇帝上之上

天福元年（丙申，公元九三六年）春，正月，吴徐知诰始建大元帅府，以幕职分判吏、户、礼、兵、刑、工部及盐铁。

丁未，唐主立子重美为雍王。

癸丑，唐主以千春节置酒，晋国长公主上寿毕，辞归晋阳。帝醉，曰："何不且留？遽归，欲与石郎反邪！"石敬瑭闻之，益惧。

三月，丙午，以翰林学士、礼部侍郎马胤孙为中书侍郎、同平章事。胤孙性谨儒，中书事多凝滞，又罕接宾客，时人目为"三不开"，谓口、印、门也。

石敬瑭尽收其货之在洛阳及诸道者归晋阳，托言以助军费，人皆知其有异志。唐主夜与近臣从容语曰："石郎于朕至亲，无可疑者；但流言不息，万一失欢，何以解之？"皆不对。

资治通鉴

【译文】天福元年（丙申，公元 936 年）春季，正月，吴国徐知诰开始建立大元帅府，用他的幕僚分别执掌吏、户、礼、兵、刑、工六部及盐铁。

丁未日（十七日），唐主李从珂封他的儿子李重美为雍王（唐主指后唐潞王。因为从本年开始，用后晋的年号纪年，所以改称潞王为唐主）。

癸丑日（二十三日），唐主李从珂为了庆祝千春节（千春节就是唐主的生日），摆设酒席。晋国长公主一祝完寿，就辞别唐主，要回晋阳。这时唐主李从珂已经喝醉，说道："为什么不多留些时候，忙着赶回去想帮助石郎造反哪？"石敬瑭听说后，更加害怕。

三月，丙午日（十七日），唐主李从珂任用翰林学士、礼部侍郎马胤孙为中书侍郎、同平章事。马胤孙天性拘谨文弱，所负责的中书省的政务，大多积压停滞，而且很少接见宾客，当时的人，都把马胤孙叫作"三不开"，意思是口不开、印不开、门也不开。

石敬瑭把他在洛阳及诸道的财货全部收拢送回晋阳，说："流言可畏，若不加以澄清，将来万一闹得不愉快，要怎么疏通排解才好呢？"当时没人回答他。

端明殿学士、给事中李崧退谓同僚吕琦曰："吾辈受恩深厚，岂得自同众人，一概观望邪！计将安出？"琦曰："河东若有异谋，必结契丹为援。契丹母以赞华在中国，屡求和亲，但求荫剌等未获，故和未成耳。今诚归荫剌等与之和，岁以礼币约直十馀万缗遗之，彼必驩然承命。如此，则河东虽欲陆梁，无能为矣。"崧曰："此吾志也。然钱谷皆出三司，宜更与张相谋之。"遂告张延朗，延朗曰："如学士计，不惟可以制河东，亦省边费之什九，计无便于此者。若主上听从，但责办于老夫，请于军财之外捃拾以供之，他夕，二人密言于帝，帝大喜，称其忠，二人私草《遗契丹书》以俟命。

【译文】端明殿学士、给事中李崧退下来对同僚吕琦说："我们这些人受恩深厚，怎能把自己等同于众人，一概观望呢？现在能想些什么办法呢？"吕琦说："河东方面若有阴谋，一定会结交契丹作为后援。契丹述律国母因为耶律赞华在中国，屡次请求和亲；只因朝廷没有答应他们放回荫剌等人的要求，所以和亲才未能成功。现在如果真把荫剌等人送回契丹，每年以相当于十余万缗价值的钱币作为礼物送给他们，与他们结盟讲和，他们一定欣然接受。这样一来，河东方面虽想猖狂妄动，也无能为力了。"李崧说："你说的与我的想法一样。然而钱、粮都要从三司支出，需要进一步同张丞相商量。"于是就把这个计策告诉张延朗，张延朗说："依照两位学士的计策，不但可以控制河东，而且还可以节省十分之九的守边费用，没有比这更妥善的计策了。假如皇上赞同的话，只要责成我来办，我将在国库所藏的财物之外，设法张罗来供应他。"又一个晚间，二人秘密地把这个办法陈述给唐主李从珂，唐主大喜，称道二人忠心，二人私下草拟《遗契丹书》等待命令。

久之，帝以其谋告枢密直学士薛文遇，文遇对曰："以天子之尊,屈身奉夷狄,不亦辱乎!又,虏若循故事求尚公主,何以拒之?"因诵戎昱《昭君诗》曰:"安危托妇人。"帝意遂变。一日,急召崧、琦至后楼,盛怒,责之曰:"卿辈皆知古今,欲佐人主致太平;今乃为谋如是!朕一女尚乳臭,卿欲弃之沙漠邪?且欲以养士之财输之虏庭,其意安在?"二人惧,汗流浃背,曰:"臣等志在竭愚以报国,非为虏计也,愿陛下察之。"拜谢无数,帝诟责不已。吕琦气竭,拜少止,帝曰:"吕琦强项,肯视朕为人主邪!"琦曰:"臣等为谋不臧,愿陛下治其罪,多拜可为!"帝怒稍解,止其拜,各赐卮酒罢之,自是群臣不敢复言和亲之策。丁巳,以琦为御史中丞,盖疏之也。

【译文】过了一段时间,唐主李从珂把吕琦、李崧二人的计谋告诉枢密直学士薛文遇,薛文遇回答说:"以天子那样尊崇的地位,委屈自己去事奉夷狄,不是很羞辱吗?而且假如敌寇依照往例要求我们把公主下嫁给他们,我们又怎么拒绝呢?"接着就诵读唐人戎昱的《昭君诗》说:"安危托妇人。"唐主李从珂的思想便改变。一天,紧急召来李崧和吕琦到后楼,很恼火,责备他们说:"你们这班人,都熟知古今盛衰兴亡的道理,目的应是辅佐国君,获致太平。现在居然想出这种馊主意!我就一个女儿,还满身奶味呢,你们也想把她丢弃在沙漠吗?而且还要把养兵的钱财送给敌寇的朝廷,又是什么用意呢?"两人一听感到恐惧,吓得冷汗直冒,说道:"臣等的本意也是在竭尽愚智报效国家,并不是在替胡虏做打算,希望陛下明察。"二人一边说着,一边不停地下拜谢罪,而唐主李从珂一直诟骂。一会儿,吕琦拜得身手都酸了,气力也用尽了,于是稍微歇了一下。唐主就说:"吕琦倔强,你还肯把我当君主看待吗?"吕琦说:"我们谋事不善,愿请陛下治罪,多拜有什么用?"这么一说,唐主李从珂的气消了一点，教他们不要再拜，各赐一杯酒，以缓和气氛，就此结束这一次的召见。从此以后，群臣也就不敢再提和亲的事了。丁巳日（二十八日），任命吕琦为御史中丞。从这件人事命令来看，唐主李从珂是有意疏远他。

【申涵煜评】琦欲借援契丹，亦一救时急著，行之善则为武德，不善则为天福矣。薛文遇以屈身为辱，自是正论。然举汉唐所不能绝者，而欲望之于末季乎，此桑维翰所以先发也。

【译文】吕琦想要借援契丹，也可算是一个救一时之急的方案，行得好就是武德，不好则为天福了。薛文遇以为屈身为所辱，自然也是正直之论。然而整个汉唐都所不能拒绝的，还能希望在末世不去这么做吗？这也是桑维翰因此先发制人之所在。

吴徐知诰以其子副都统景通为太尉、副元帅，都统判官宋齐丘、行军司马徐玠为元帅府左、右司马。

闽主昶改元通文，立贤妃李氏为皇后，尊皇太后曰太皇太后。

静江节度使、同平章事马希杲有善政，监军裴仁照谮之于楚王希范，言其收众心，希范疑之。夏，四月，汉将孙德威侵蒙、桂二州，希范命其弟武安节度副使希广权知军府事，自将步骑五千如桂州。希杲惧，其母华夫人逆希范于全义岭，谢曰："希杲为治无状，致寇戎入境，烦殿下亲涉险阻，皆妾之罪也。愿削封邑，洒扫夜庭，以赎希杲罪。"希范曰："吾久不见希杲，闻其治行尤异，故来省之，无它也。"汉兵自蒙州引去，徙希杲知朗州。

【译文】吴国的徐知诰任命他的儿子副都统徐景通为太尉、副元帅，都统判官宋齐丘、行军司马徐玠为元帅府左、右司马。

闽主王昶改年号为通文，封贤妃李氏为皇后，尊称皇太后为太皇太后。

静江节度使、同平章事马希杲有好的政声，监军裴仁照向楚王马希范诽谤他，说他收买人心，马希范对马希杲产生怀疑。夏季，四月，汉将孙德威侵略蒙、桂二州，马希范任命他的弟弟武安节度副使马希广代理军府事务，自己带领步兵和骑兵共五千人前往桂州。马希杲得到这个消息，很害怕，他的母亲华夫人特地到全义岭迎接马希范，向他谢罪，说：“马希杲治理政事不得法，招致敌兵入境，烦劳殿下亲自跋涉险阻之地，都是我的罪过。希望殿下取消我的封邑，去做洒扫宫廷的工作，来赎免希杲的罪愆。”马希范说：“我很久没看到马希杲了，听说他的治绩和德行都特别优异，所以特地来看看他，并没有其他的缘故啊。”结果孙德威从蒙州引汉兵离去，而马希范将马希杲迁调到朗州去做刺史。

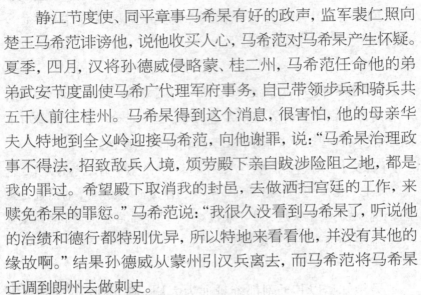

高从诲遣使奉笺于徐知诰，劝即帝位。

初，石敬瑭欲尝唐主之意，累表自陈羸疾，乞解兵柄，移他镇。帝与执政议从其请，移镇郓州。房暠、李崧、吕琦等皆力谏，以为不可，帝犹豫久之。

五月，庚寅夜，李崧请急在外，薛文遇独直，帝与之议河东事，文遇曰：“谚有之：‘当道筑室，三年不成。’兹事断自圣志；群臣各为身谋，安肯尽言！以臣观之，河东移亦反，不移亦反，在旦暮耳，不若先事图之。”先是，术者言国家今年应得贤佐，出奇谋，定天下。帝意文遇当之，闻其言，大喜，曰：“卿言殊豁吾意，成败吾决行之。”即为除目，付学士院使草制。辛卯，以敬瑭为天平节度使，以马军都指挥使、河阳节度使宋审虔为河东节度使。

制出，两班闻呼敬瑭名，相顾失色。

【译文】荆南高从诲遣派使者送信给徐知诰，劝他即皇帝位。

起初，石敬瑭想要试探唐主李从珂的心理，连上好几封奏表，自述体弱多病，请求解除兵权，迁调到其他藩镇去做节度使。唐主李从珂就与执政大臣商议，准备顺从他的请求，调他去镇守郓州。房暠、李崧、吕琦等人都极力谏劝，认为不能这样做，唐主犹疑了很长时间。

五月，庚寅日（初二日）夜间，李崧因有急事请假在外，薛文遇独自承值夜班，唐主李从珂同他议论河东的事情，薛文遇说："有句谚语说得好：'在大路边盖房子，三年也盖不成。'有关河东这件事情，须由圣上自己决定，群臣都只为各自的身家打算，哪里肯尽他的心力？由臣看来，河东方面，调动他，他要造反，不调他，他也要造反，只是早晚的问题，不如先动手把他解决。"在此之前，术士盛传国家今年会得到一位贤能的大臣辅佐，提出奇谋，安定天下，唐主李从珂想：所谓的贤能的辅佐大臣，大概就是指薛文遇。因此听了他的话，非常高兴，说："你的话消除了我的疑虑，使我的胸怀开朗许多。不论是成是败，我决定照原议去做。"于是立刻写下任命官吏的文书，交给学士院，命学士草拟诏令。辛卯日（初三日），任命石敬瑭为天平节度使，任用马军都指挥使、河阳节度使宋审虔为河东节度使。制令一出，文武两班听到呼叫石敬瑭的名字，相顾失色。

甲午，以建雄节使张敬达为西北蕃汉马步都部署，趣敬瑭之郓州。敬瑭疑惧，谋于将佐曰："吾之再来河东也，主上面许终身不除代；今忽有是命，得非如今年千春节与公主所言乎？我不兴乱，朝廷发之，安能束手死于道路乎！今且发表称疾以观其意，若其宽我，我当事之；若加兵于我，我则改图耳。"幕僚段希尧极言拒之，敬瑭以其朴直，不责也。节度判官华阴赵莹劝敬瑭赴郓州；观察判官平遥薛融曰："融书生，不习军旅。"都押牙刘知远曰："明公久将兵，得士卒心；今据形胜之地，士马精强，若称兵传檄，帝业可成，奈何以一纸制书自投虎口乎！"掌书记洛阳桑维翰曰："主上初即位，明公入朝，主上岂不知蛟龙不可纵之深渊邪？然卒以河东复授公，引乃天意假公以利器。明宗遗爱在人，主上以庶孽代之，群情不附。公明宗之爱婿，今主上以反逆见待，此非首谢可免，但力为自全之计。契丹主素与明宗约为兄弟，今部落近在云、应，公诚能推心屈节事之，万一有急，朝呼夕至，何患无成。"敬瑭意遂决。

【译文】甲午日(初六日)，任用建雄节度使张敬达为西北蕃汉马步都部署，催促石敬瑭速赴郓州。石敬瑭很是疑惧，便和他的将佐计议说："我上次入朝进见，再回河东的时候，皇上当面答应我，在我有生之年，决不再任命别人来取代我的职位。现在忽然又下了这道命令，皇上的意思，莫非就像今年千春节跟公主所说的话一样吧？ 我并没有兴兵作乱，而朝廷却首先发起事端，我怎么能束手待毙地死于道路之间呢？现在我要暂且发送一份奏表推说有病，不能上任，借此来观察朝廷真正的意图。假如朝廷不再逼我，那我就拥戴他；若是派兵来压我，那我就另作打算。"幕僚段希尧极力主张拒绝朝廷命令。石敬瑭因为他为人直率，并不责怪他。节度判官华阴人赵莹劝石敬瑭去郓州赴任；观察判官平遥人薛融说："我是个书生，不懂得遣兵作战的事。"都押牙刘知远说："明公带兵已久，获得士卒们的衷心拥戴。现在据有形势险要的地盘，战马精良，士气强盛，如果昭告天下，起兵号召，帝业可以成功，为什么只为一纸诏令就自投虎口呢？"掌书记洛阳人桑维翰说："皇上当初即位时，明公入朝觐见，皇上岂能不知蛟龙不可放回到深渊的道理？但是最终还是把河东军镇再次交给了您。这是天意要把最有用的名器交给您的意思。明宗李嗣源虽已崩逝，而遗爱还在人间，当今皇上以庶子旁支的身份，继立为国君，民心并不归附。您是明宗心爱的女婿，现在皇上拿谋反叛逆的罪名加列明公的头上，这不是叩头谢罪所可赦免的，只有好好想出一套保全自己的计策。契丹向来同明宗李嗣源协约做兄弟之邦，现在，他们的部落近在云州、应州，您如果真能推心置腹地曲意讨好他们，万一有了急变之事，早上叫他晚上就能来到，还担心什么事不能办成呢？"石敬瑭听了，主意就此决定，不再动摇。

　　先是，朝廷疑敬瑭，以羽林将军宝鼎杨彦询为北京副留守，敬瑭将举事，亦以情告之。彦询曰："不知河东兵粮几何，能敌朝廷乎？"左右请杀彦询，敬瑭曰："惟副使一人我自保之，汝辈勿言也。"

　　【译文】过去，朝廷猜疑石敬瑭，任用羽林将军宝鼎人杨彦询为北京太原的副留守，石敬瑭将要起兵造反，也把情况告诉了他。杨彦询说："不知河东兵粮有多少，能够抵抗得了朝廷吗？"石敬瑭身边的部属想把杨彦询杀了，石敬瑭说："只有这位副使我要亲自保护他，你们不要多说了。"

　　戊戌，昭义节度使皇甫立奏敬瑭反。敬瑭表："帝养子，不应承祀，请传位许王。"帝手裂其表抵地，以诏答之曰："卿于鄂王固非疏远，卫州之事，天下皆知；许王之言，何人肯信！"壬寅，制削夺敬瑭官爵。乙巳，以张敬达兼太原四面排陈使，河阳节度使张彦琪为马步军都指挥使，以安国节度使安审琦为马军都指挥使，以保义节度使相里金为步军都指挥使，以右监门上将军武廷翰为壕寨使。丙午，以张敬达为太原四面兵马都部署，以义武节度使杨光远为副部署。丁未，又以张敬达知太原行府事，以前彰武节度使高行周为太原四面招抚、排陈等使。光远既行，定州军乱，牙将千乘方太讨平之。

【译文】戊戌日(初十日)，昭义节度使皇甫立奏报石敬瑭叛乱。石敬瑭上表称："皇帝是养子，不应继承帝位，请传位给许王李从益。"唐主李从珂气得亲手将那封奏表撕掉，丢在地上。同时下诏答复他，说："你和鄂王(鄂王就是以前的闵帝)李从厚的关系本来不算疏远，可是从前你却曾杀光鄂王的随从人员，单留鄂王一人在卫州。这件事情，天下人都知道得很清楚。现在你所说的要我传位给许王李从益的那些话，谁肯相信?"壬寅日(十四日)，唐主李从珂下制令，削夺石敬瑭的官爵。乙巳日(十七日)，任命张敬达兼任太原四面排阵使，又任命河阳节度使张彦琪为马步军都指挥使，任命安国节度使安审琦为马军指挥使，保义节度使相里金为步军都指挥使，右监门上将军武廷翰为壕寨使。丙午日(十八日)，又任命张敬达为太原四面兵马都部署；义武节度使杨光远为副部署。丁未日(十九日)，又任命张敬达主持太原行府事，任命前彰武节度使高行周为太原四面招抚、排阵等使。杨光远离任后，定州军作乱，牙将千乘县人方太讨伐平定叛乱。

张敬达将后三万营于晋安乡，戊申，敬达奏西北先锋马军都指挥使安审信叛奔晋阳。审信，金全之弟子也，敬瑭与之有旧。

先是，雄义都指挥使马邑安元信将所部六百馀人戍代州，代州刺史张朗善遇之，元信密说朗曰：“吾观石令公长者，举事必成；公何不潜遣人通意，可以自全。”朗不从，由是互相猜忌。元信谋杀朗，不克，帅其众奔审信，审信遂帅麾下数百骑与元信掠百井奔晋阳。敬瑭谓元信曰：“汝见何利害，舍强而归弱？”对曰：“元信非知星识气，顾以人事决之耳。夫帝王所以御天下，莫重于信。今主上失大信于令公，亲而贵者且不自保，况疏贱乎！其亡可翘足而待，何强之有！”敬瑭悦，委以军事。振武西北巡检使安重荣戍代北，帅步骑五百奔晋阳。重荣，朔州人也。以宋审虔为宁国节度使、充侍卫马军都指挥使。

【译文】张敬达率领三万名军队在晋安乡扎营，戊申日（二十四日），张敬达奏报说西北先锋马军都指挥使安审信叛变投奔晋阳。安审信就是安金全的侄子，石敬瑭跟他是故旧。在此之前，雄义都指挥使马邑人安元信带领部属六百多人戍守代州，代州刺史张朗对他很照顾。安元信私下秘密地劝张朗说：“我看石令公是个长者，他举兵造反，必能成功；您何不暗地派人去表达心意，可以保全自己。”张朗不听，从此二人互相猜忌。安元信设计要杀张朗，没有成功，于是就带领部属投奔安审信，安审信也率领部下几百骑兵与安元信联合夺取百井，投奔晋阳。石敬瑭问安元信说：“你到底看出什么利害关系，竟舍弃势力较为强大的唐，而归附较为弱小的我呢？”安元信答道：“元信并不会看天象望星气，只是根据人事来做出的决断。帝王之所以能够统御天下，最重要的是取决于信誉。而如今皇上对令公失大信。像令公这样既亲且贵的人，尚且不能保全自己，何况是既疏远又卑贱的人呢？我看唐之灭亡，可以翘腿安坐而等待，还有什么强大可言呢？”石敬瑭听了很高兴，让他掌管军事。振武西北巡检使安重荣戍守代北，也率领步兵和骑兵五百人投奔晋阳。安重荣是朔州人。朝廷任命宋审虔为宁国节度使、充当侍卫马军都指挥使。

天雄节度使刘延皓恃后族之势，骄纵，夺人财产，减将士给赐，宴饮无度。捧圣都虞候张令昭因众心怨怒，谋以魏博应河东，癸丑未明，帅众攻牙城，克之；延皓脱身走，乱兵大掠。令昭奏："延皓失于抚御，以致军乱；臣以抚安士卒，权领军府，乞赐旌节！"延皓至洛阳，唐主怒，命远贬；皇后为之请，六月，庚申，止削延皓官爵，归私第。

辛酉，吴太保、同平章事徐景迁以疾罢，以其弟景遂代为门下侍郎、参政事。

【译文】天雄节度使刘延皓靠着皇后家族的权势，骄奢放纵，侵夺别人的财产，扣减将士们的粮饷和赏赐，设宴饮酒，毫无节制，捧圣都虞候张令昭就想趁着众心怨怒的时机，以魏博之地响应河东，于是在癸丑日（二十五日）天未亮的时候，率领兵众攻打主将所居的牙城，攻了下来；刘延皓脱身逃去，乱兵大肆抢掠。张令昭上奏说："刘延皓处置不当，安抚无方，以致军心大乱；臣已经将士卒安抚停当，并代理军府事务，请皇上正式颁授旌节。"刘延皓到了洛阳，唐主李从珂很生气，下令要贬他到远方去，皇后出面替他讲情。六月，庚申日（初三日），只是削去刘延皓的官爵，让他回自己的宅第。

辛酉日（初四日），吴国太保、同平章事徐景迁因病罢官，改派他的弟弟徐景遂代替徐景迁为门下侍郎、参知政事。

癸亥，唐主以张令昭为右千牛卫将军、权知天雄军计事。令昭以调发未集，且受新命。寻有诏徙齐州防御使，令昭托以士卒所留，实俟河东之成败。唐主遣使谕之，令昭杀使者。甲戌，以宣武节度使兼中书令范延光为天雄四面行营招讨使、知魏博行府事，以张敬达充太原四面招讨使，以杨光远为副使。丙子，以西京留守李周为天雄军四面行营副招讨使。

石敬瑭之子右卫上将军重殷、皇城副使重裔闻敬瑭举兵，匿于民间井中。弟沂州都指挥使敬德杀其妻女而逃，寻捕得，死狱中，从弟彰圣都指挥使敬威自杀。秋，七月，戊子，获重殷、重裔，诛之，并族所匿之家。

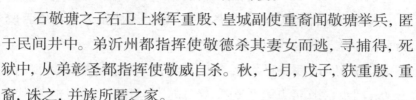

【译文】癸亥日（初六日），唐主李从珂任用张令昭为右千牛卫将军，暂时主持天雄军府事。张令昭因为当时调遣发动的各路人马还没有集结，所以暂且接受新的任命。不久又有诏命，调张令昭去做齐州防御使，张令昭名义上说被士卒强留，实际上是等待河东起兵成败的局势明朗化再作打算。唐主李从珂派使者去告诫他，他却把使者杀掉。甲戌日（十七日），任命宣武节度使兼中书令范延光为天雄四面行营招讨使，掌理魏博行府事务；命张敬达为太原四面招讨使，命杨光远为副使。丙子日（十九日），任命西京留守李周为天雄军四面行营副招讨使。

石敬瑭的儿子右卫上将军石重殷、皇城副使石重裔听说石敬瑭起兵造反，躲藏在民间市井中。石敬瑭的弟弟沂州都指挥使石敬德，则杀掉妻子和儿女后逃亡，不久被抓回来，死在狱中；石敬瑭的堂弟彰圣都指挥使石敬威自杀身亡。秋季，七月，戊子日（初二日），搜捕到石重殷和石重裔，将他们杀了，将藏匿他们的那一家，连带整个家族全都杀光。

庚寅，楚王希范自桂州北还。

云州步军指挥使桑迁奏应州节度使尹晖逐云州节度使沙彦
珣，收其兵应河东。丁酉，彦珣表迁谋叛应河东，引兵围子城。
彦珣犯围走出西山，据雷公口，明日，收兵入城击乱兵，迁败走，
军城复安。是日，尹晖执迁送洛阳，斩之。

丁未，范延光拔魏州，斩张令昭。诏悉诛其党七指挥。

张敬达发怀州彰圣军戍虎北口，其指挥使张万迪将五百骑
奔河东，丙辰，诏尽诛其家。

【译文】庚寅日（初四日），楚王马希范从桂州北还。

云州步军指挥使桑迁奏报说，应州节度使尹晖赶走云州节
度使沙彦珣，收集兵卒归附河东。丁酉日（十一日），沙彦珣上
表称桑迁阴谋叛变，响应河东，带兵包围内城。沙彦珣突破包
围走出西山，占据雷公口，第二天，收集军士，回到城里，反击
乱兵。桑迁战败逃走，云州城又恢复安定。就在同一天，尹晖
捉到桑迁，送往洛阳斩首。

丁未日（二十日），范延光攻下魏州，斩张令昭。朝廷下诏：
把他的党羽七个指挥都诛除。

张敬达派遣原先屯驻在怀州的彰圣军去戍守虎北口，彰
圣军指挥使张万迪却带领五百名骑兵投奔河东。丙辰日（三十
日），朝廷下诏：把张万迪的家属全部诛杀。

石敬瑭遣间使求救于契丹，令桑维翰草表称臣于契丹主，
且请以父礼事之，约事捷之日，割卢龙一道及雁门关以北诸州与
之。刘知远谏曰："称臣可矣，以父事之太过。厚以金帛赂之，自
足致其兵，不必许以土田，恐异日大为中国之患，悔之无及。"敬
瑭不从。表至契丹，契丹主大喜，白其母曰："儿比梦石郎遣使
来，今果然，此天意也。"乃为复书，许俟仲秋倾国赴援。

八月，己未，以范延光为天雄节度使，李周为宣武节度使、同平章事。

【译文】 石敬瑭派使者从僻路向契丹求救，让桑维翰草写表章向契丹主耶律德光称臣，并且请求用对待父亲的礼节来事奉他，约定事情成功之日，将卢龙军那一辖区以及雁门关以北的各州割让给他们。刘知远劝谏石敬瑭说："向契丹称臣，就已经够了；又要以事奉父亲的礼节来事奉他，未免做得太过头。用丰厚的金银财物收买他，就完全可以把他的援兵招来，不一定要答应给他们土地，给了土地，恐怕将来会替国家留下无穷的祸患，到时候，后悔已来不及了。"石敬瑭不采纳他的意见。称臣的奏表送到契丹，契丹主耶律德光非常高兴，告诉他的母亲述律太后说："孩儿最近梦见石郎派遣使者来，现在果然来了，这真是天意啊。"便向石敬瑭写了回信，答应等到仲秋时节，发动全国人马来支援他。

八月，己未日（初三日），任命范延光为天雄节度使；又任命李周为宣武节度使、同平章事。

癸亥，应州言契丹三千骑攻城。

张敬达筑长围以攻晋阳。石敬瑭以刘知远为马步都指挥使，安重荣、张万迪降兵皆隶焉。知远用法无私，抚之如一，由是人无贰心。敬瑭亲乘城，坐卧矢石下，知远曰："观敬达辈高垒深堑，欲为持久之计，无他奇策，不足虑也。愿明公四出间使，经略外事。守城至易，知远独能办之。"敬瑭执知远手，抚其背而赏之。

【译文】 癸亥日（初七日），应州奏报：契丹三千骑兵进攻州城。

张敬达设置很长的包围工事来攻打晋阳。石敬瑭任命刘知远为马步都指挥使，安重荣和张万迪的降兵，全都归他指挥。刘知远执行军令没有私心，抚慰降兵也如抚慰亲兵一样，因此士卒都同心协力，合作无间。石敬瑭亲自登上城墙，在城上短垣的庇护下，冒着敌人的箭镞，去犒劳守兵。刘知远说："看张敬达这些人筑设高垒深沟，想做持久打算，他们没有其他好的办法，不足为虑。希望明公多派使者从小径出去，到各个地方经营其他外务。至于守城这件事，十分容易，我一个人就应付得了。"石敬瑭很感动，握着刘知远的手，拍拍他的肩背，表示赞赏。

戊寅，以成德节度使董温琪为东北面副招讨使，以佐卢龙节度使赵德钧。

唐主使端明殿学士吕琦至河东行营犒军，杨光远谓琦曰："愿附奏陛下，幸宽宵旰。贼若无援，旦夕当平；若引契丹，当纵之令入，可一战破也。"帝甚悦。帝闻契丹许石敬瑭以仲秋赴援，屡督张敬达急攻晋阳，不能下。每有营构，多值风雨，长围夏为水潦所坏，竟不能合，晋阳城中日窘，粮储浸乏。

九月，契丹主将五万骑，号三十万，自扬武谷而南，旌旗不绝五十馀里。代州刺史张朗、忻州刺史丁审琦婴城自守，虏骑过城下，亦不诱胁。审琦，洺州人也。

【译文】戊寅日（二十二日），后唐朝廷任用成德节度使董温琪为东北面副招讨使，用来帮助卢龙节度使赵德钧。

唐主李从珂派端明殿学士吕琦到河东犒劳远征的军队。杨光远对吕琦说："请您附带奏告陛下，请主上稍微减少昼夜操劳。贼兵如果没有援兵，用不了多少天就可以平定；如果他们搬引契丹的军队来，那么我就让他进城去，可以一战就将他们打败。"唐主很欣慰。唐主李从珂听说契丹答应石敬瑭在仲秋八月的时候，出兵救援，于是就频频督促张敬达，要他赶紧进攻晋阳，但不能攻下。每当营建军事工程的时候，就受到风雨的吹袭。那条长长的围城堡垒，也经不起雨水的冲刷而遭到破坏，无法整修复原。晋阳城中日益窘迫，粮食储备因浸泡而缺乏。

九月，契丹主耶律德光率领五万名骑兵，号称三十万，从扬武谷向南推进，一路旌旗招展，绵延五十多里。代州刺史张朗、忻州刺史丁审琦绕城自守，敌人骑兵经过城下时，也不诱降威胁他们。丁审琦是洺州人。

辛丑，契丹主至晋阳，陈于汾北之虎北口。先遣人谓敬瑭曰："吾欲今日即破贼可乎？"敬瑭遣人驰告曰："南军甚厚，不可轻，请俟明日议战未晚也。"使者未至，契丹已与唐骑将高行周、符彦卿合战，敬瑭乃遣刘知远出兵助之。张敬达、杨光远、安审琦以步兵陈于城西北山下，契丹遣轻骑三千，不被甲，直犯其陈。唐兵见其赢，争逐之，至汾曲，契丹涉水而去。唐兵循岸而进，契丹伏兵自东北起，冲唐兵断而为二，涉兵在北都多为契丹所杀，骑兵在南者引归晋陷寨。契丹纵兵乘之，唐兵大败，步兵死者近万人，骑兵独全。敬达等收馀众保晋安，契丹亦引兵归虎北口。敬瑭得唐降兵千馀人，刘知远劝敬瑭尽杀之。

【译文】辛丑日（十五日），契丹主耶律德光到达晋阳，列阵于汾水北岸的虎北口，先派人去对石敬瑭说："我想就趁今日一口气攻破贼兵，可以吗？"石敬瑭派人驰奔告诉他们说："南军力量雄厚，不可以轻视，请等到明天议论好如何开战也不晚。"结果石敬瑭所派的使者，还没到达契丹那边，契丹就已经跟唐军的骑兵将领高行周、符彦卿交战了。因此石敬瑭赶紧派刘知远出兵助战。张敬达、杨光远、安审琦率步兵列阵于晋阳城西北的山下，契丹派遣三千名装备轻便的骑兵，不穿战衣，直向唐兵冲杀过去。唐兵看到契丹兵那么虚弱，争着去驱逐他们，一直赶到汾水水湾，契丹兵冲过汾水而去；唐兵则沿着河岸前进。契丹埋伏的军队突然从东北冲上来，把唐兵切断为两部分，在北边的步兵，大部分被契丹所杀；在南边的骑兵，被将领带回晋安寨。契丹指挥军队乘胜追击，唐兵大败，步兵被杀死的，将近万人，只有骑兵没有受损。张敬达等收集余众退保晋安，契丹也率领其兵返回虎北口。石敬瑭俘获后唐降兵一千余人，刘知远劝石敬瑭把他们都杀了。

是夕，敬瑭出北门见契丹主，契丹主执敬瑭手，恨相见之晚。敬瑭问曰："皇帝远来，士马疲倦，遽与唐战而大胜，何也？"契丹主曰："始吾自北来，谓唐必断雁门诸路，伏兵险要，则吾不可得进矣。使人侦视，皆无之。吾是以长驱深入，知大事必济也。兵既相接，我气方锐，彼气方沮，若不乘此急击之，旷日持久，则胜负未可知矣。此吾所以亟战而胜，不可以劳逸常理论也。"敬瑭甚叹伏。

【译文】这天晚上，石敬瑭出北门，会见契丹主耶律德光。契丹主握住石敬瑭的手，只恨相见晚。石敬瑭问说："皇帝远道而来，兵马疲倦，仓促间和唐兵交战，而获大胜，这是什么道理呢？"契丹主耶律德光说："起初，我从北方南下，原以为唐兵一定会挡住雁门一带的各条通路，在险要的地方埋伏奇兵。这样的话，我就没办法前进了。没想到，我派人侦察的结果是居然什么都没有，所以我才能够长驱直入，并且由此知道大事一定会成功。敌我两军，既已遭遇，我方士气正盛，敌人气势正衰，若不趁着这个时机紧急发动攻势，旷日持久，那谁胜谁负就不可预料了。这就是我之所以速战而胜的道理，不能用谁劳谁逸的通常道理来衡量。"石敬瑭很是叹服。

壬寅，敬瑭引兵会契丹围晋安寨，置营于晋安之南，长百馀里，厚五十里，多设铃索吠犬，人跬步不能过。敬达等士卒犹五万人，马万匹，四顾无所之。甲辰，敬达遣使告败于唐，自是声问不复通。唐王大惧，遣彰圣都指挥使符彦饶将洛阳步骑兵屯河阳，诏天雄节度使兼中书令范延光将魏州二万由青山趣榆次，卢龙节度使、东北面招讨使兼中书令北平王赵德钧将幽州兵由悄孤出契丹军后，耀州防御使潘环纠合西路戍兵由晋、绛两乳岭出慈、隰、共救晋安寨。契丹主移帐于柳林，游骑过石会关，不见唐兵。

【译文】壬寅日（十六日），石敬瑭带兵和契丹会合，包围晋安寨。把军营扎在晋安塞的南边，长一百多里，宽五十里，设置许多系着警铃的绳索和猛犬，敌人半步都别想通过。这时，张敬达等人所率领的士兵还有五万人，马一万匹，却四顾茫然，无路可逃。甲辰日（十八日），张敬达派出使者向后唐朝廷报告打了败仗，此后便没有再通音讯。唐主李从珂极为恐惧，派彰圣都指挥使符彦饶率领洛阳的步兵和骑兵驻守河阳；命天雄节度使兼中书令范延光率领魏州兵二万由青山向榆次推进；又命卢龙节度使、东北面招讨使兼中书令北平王赵德钧率领幽州兵向契丹军队的后方进发。又命耀州防御使潘环集合蒲州、潼关以西各辖区的守兵，从晋州、绛州两乳岭，向慈州、隰州方面进发，共同援救晋安寨。契丹主耶律德光把军帐移到柳林，流动的骑兵过了石会关，还没有遇到唐兵。

丁未，唐主下诏亲征。雍正重美曰："陛下目疾未平，未可远涉风沙；臣虽童稚，愿代陛下北行。"帝意本不欲行，闻之颇悦。张延朗、刘延皓及宣徽南院使刘延朗皆劝帝行，帝不得已，戊申，发洛阳，谓卢文纪曰："朕雅闻卿有相业，故排众议首用卿，今祸难如此，卿嘉谋皆安在乎？"文纪但拜谢，不能对。己酉，遣刘延朗监侍卫步军都指挥使符彦饶军赴潞州，为大军后援。诸军自凤翔推戴以来，骄悍不为用，彦饶恐其为乱，不敢束之以法。

【译文】丁未日（二十一日），后唐主李从珂下诏书，宣布亲征。雍王李重美说："陛下眼疾还没有好，不能远路跋涉到风沙之地，为臣虽然尚在童稚之年，愿意代替陛下向北方征讨。"唐主的原意，本来就不想去，听了李重美的话，颇为高兴。可是张延朗、刘延皓以及宣徽南院使刘延朗等大臣还是劝唐主李从珂亲自去，唐主不得已，于是第二天戊申日（二十二日），从洛阳出发，并对卢文纪说："朕一向听说你有宰相的才干，所以力排众议首先重用你，现在祸难到了如此地步，你的高明计策又在哪里呢？"卢文纪只是下拜谢罪，不能回答。己酉日（二十三日），派刘延朗监督侍卫步军都指挥使符彦饶的部队赶往潞州，以做大军的后援。诸路军队自从在凤翔推戴李从珂以来，日益骄悍不听指挥，符彦饶害怕他们作乱，不敢用法纪来约束他们。

帝至河阳，心惮北行，召宰相、枢密使议进取方略，卢文纪希帝旨，言"国家根本、太半在河南。胡兵倏来忽往，不能久留；晋安大寨甚固，况已发三道兵救之。河阳天下津要，车驾宜留此镇抚南北，且遣近臣往督战，苟不能解围，进亦未晚。"张延朗欲因事令赵延寿得解枢务，因曰："文纪言是也。"帝访于馀人，无敢异言者。泽州刺史刘遂凝，鄩之子也，潜自通于石敬瑭，表称车驾不可逾太行。帝议近臣可使北行者，张延朗与翰林学士须昌和凝等诣曰："赵延寿父德钧以卢龙兵来赴难，宜遣延寿会之。"庚戌，遣枢密使、忠武节度使、随驾诸军都部署、兼侍中赵延寿将兵二万如潞州。辛亥，帝如怀州。以右神武统军康思立为北面行营马军都指挥使，帅扈从骑兵赴团柏谷。思立，晋阳胡人也。

【译文】唐主李从珂到达河阳，害怕再往北走，就召集宰相、枢密使商议进攻方略，卢文纪迎合唐主的意旨，说："国家的根本，大半在河南。胡人的军队忽来忽往，不能长久停留；晋安寨本来就很坚固，何况又已调遣三路兵马去救援。河阳是天下军事重地，皇上的车驾应该留在此地，安抚南北，暂且派机要大臣前往督战，假使不能解围，再请皇上北行，也还不晚。"张延朗想借这个因由使赵延寿解除枢要机务，便说："卢文纪的意见是对的。"唐主询访其余的人，没有人敢讲别的意见。泽州刺史刘遂凝，是刘鄩的儿子，暗中和石敬瑭有来往，也上表说皇上的车驾不可进入太行山麓。于是唐主李从珂又与大臣商议适合派往北方的近臣人选。张延朗与翰林学士须昌人和凝等都说："赵延寿的父亲赵德钧率卢龙的兵马前来共赴国难，应该派赵延寿前去与他们会合。"庚戌日（二十四日），派枢密使、忠武节度使、随驾诸军都部署、兼侍中赵延寿带兵二万人前往潞州。辛亥日（二十五日），唐主李从珂推进到怀州。任命右神武统军康思立为北面行营马军都指挥使，率领扈从骑兵开赴团柏谷。康思立是晋阳的胡人。

帝以晋安为忧，问策于群臣，吏部侍郎永清龙敏请立李赞华为契丹主，令天雄、卢龙二镇分兵送之，自幽州趣西楼，朝廷露檄言之，契丹主必有内顾之忧，然后选募军中精锐以击之，此亦解围之一策也。"帝深以为然，而执政恐其无成，议竟不决。

帝忧沮形于神色，但日夕酣饮悲歌。群臣或劝其北行，则曰："卿勿言，石郎使我心胆堕地！"

【译文】唐主李从珂忧虑晋安的军事形势，向群臣询问对策，吏部侍郎永清人龙敏建议立李赞华为契丹国主，命令天雄、卢龙二镇分兵送他归国，从幽州直趋西楼，朝廷公开宣布这个消息，契丹主耶律德光一定会有内顾之忧。然后招选军中精锐的士卒来袭击契丹，这是一个解围的良策。唐主李从珂也认为这个计策很好；可是执政大臣担心这样做不会有什么效果，讨论了半天，最后还是没有结论。

唐主的忧愁沮丧表现在神色之上，从早到晚只是酣饮悲歌，臣子们有的劝他北行，他就说："不要再提了！石郎使我怕得心胆落地！"

【乾隆御批】敬达虽败衄之，余犹拥众五万，大有可为。何至四顾徬徨，束手无策，一挫而不能复振耶？况其时契丹部骑亦止五万，安能连营百余里而厚亦半之？所谓铃犬警备不过逻卒之周密耳。而敬达之气既馁，预存风声鹤唳之怯，遂畏其兵多而裹足，怯亦甚矣？作史者不体情理，辄从而传会张大，其能免于失实之讥乎？

【译文】张敬达虽然作战失败，合并他的余众仍有五万人，还能够大有作为。怎么会到了犹豫不决，一点办法也没有，受了一次挫败就不能够再振作的地步呢？况且那时候契丹的部骑也只不过五万，怎么能够连营百余里而厚达五十里呢？所说的铃犬警备森严不过是巡逻的步卒严密无缝罢了。然而张敬达的士气已经低落，又由于惊慌失措而产生畏惧，于是就害怕他的兵多而停止不前，害怕得也太过分了吧？史家不体察情理，只知道跟着别人的说法而传达扩大，怎能避免因与事实不符而受人嘲笑呢？

冬，十月，壬戌，诏大括天下将吏及民间马；又发民为兵，每七户出征夫一人，自备铠仗，谓之"义军"，期以十一月俱集，命陈州刺史郎万金教以战陈，用张延朗之谋也。凡得马二千馀匹，征夫五千人，实无益于用，而民间大扰。

【译文】冬季，十月，壬戌日（初七日），下诏大肆收集天下将吏以及民间的马，又调遣平民为兵，每七户人家，出征夫一人，自己备办战衣和兵器，称为"义军"。限期在十一月全部集中起来，命令陈州刺史郎万金训练他们作战布阵的能力。这道诏命，是采用张延朗的主意。总共得马二千多匹，征夫五千人，实际上没什么用处；而民间却受到极大的骚扰。

【乾隆御批】括马征兵，民不堪命，即有济于用，尚恐滋扰民间，况无益乎？后唐是时边境已危，复从而自溃，其心腹延朗此谋贻误不浅。刘友益但以征籍之晚讥其无备，岂违于政治之论哉？

【译文】征集民马、士兵，百姓忍受不了政令，即使是有利于军用，还恐怕会扰乱民间，何况是没有好处呢？后唐这时边境已经危险，又自取溃败，心腹张延朗这个计谋可以说是耽误不少啊。刘友益只用征集的时间晚了来嘲笑他们没有早做防备，哪里是懂得论政呢？

初，赵德钧阴蓄异志，欲因乱取中原，自请救晋安寨；唐主命自飞狐蹿契丹后，钞其部落，德钧请将银鞍契丹直三千骑，由

551

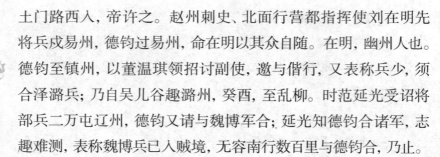

土门路西入，帝许之。赵州刺史、北面行营都指挥使刘在明先将兵戍易州，德钧过易州，命在明以其众自随。在明，幽州人也。德钧至镇州，以董温琪领招讨副使，邀与偕行，又表称兵少，须合泽潞兵；乃自吴儿谷趣潞州，癸酉，至乱柳。时范延光受诏将部兵二万屯辽州，德钧又请与魏博军合；延光知德钧合诸军，志趣难测，表称魏博兵已入贼境，无容南行数百里与德钧合，乃止。

汉主以宗正卿兼工部侍郎刘濬为中书侍郎、同平章事。濬，崇望之子也。

【译文】起初，赵德钧暗中怀有异志，想要乘着动乱夺取中原，自己请求救援晋安寨。唐主李从珂命他从飞狐道出代州，绕到契丹之后，抄袭其部落；赵德钧请求率领"银鞍契丹直"三千名骑兵，从土门路向西进发，唐主李从珂答应了他。赵州刺史、北面行营都指挥使刘在明已先带兵守易州；赵德钧经过易州，命令刘在明带领部下跟随自己。刘在明是幽州人。赵德钧到镇州，任命董温琪为招讨副使，要挟他和自己一道西行，又上表说兵少，必须与泽州、潞州合兵。于是又从吴儿谷直向潞州进发。癸酉日（十八日），到达乱柳。当时范延光已接受诏命带领本部二万人屯驻辽州，赵德钧又请求跟魏博兵相合。范延光知道赵德钧会合各路兵马，心志很难推测，便上表朝廷声称魏博兵已经入贼境，不能再向南行军数百里与赵德钧会合，这才作罢。

汉主刘龚任命宗正卿兼工部侍郎刘濬为中书侍郎、同平章事。刘濬，是刘崇望的儿子。

十一月，戊子以赵德钧为诸道行营都统，依前东北面行营招讨使。以赵延寿为河东道南面行营招讨使，以翰林学士张砺为判官。庚寅，以范延光为河东道东南面行营招讨使，以宣牙节度使、同平章事李周副之。辛卯，以刘延郎为河东道南面行营招讨副使。赵延寿遇赵德钧于西汤，悉以兵属德钧。唐主遣吕琦赐钧敕告，且犒军。德钧志在并范延光军，逗留不进，诏书屡趣之，德钧乃引兵北屯团柏谷口。

【译文】十一月，后唐朝廷任命赵德钧为诸道行营都统、依旧任东北面行营招讨使。任命赵延寿为河东道南面行营招讨使，又任命翰林学士张砺为判官。庚寅日（初五日），任命范延光为河东道东南面行营招讨使，而让宣武节度使、同平章事李周当他的副使。辛卯日（初六日），任命刘延朗为河东道南面行营招讨副使。赵延寿在西汤与赵德钧相遇，把所带的兵全部归属赵德钧。唐主李从珂派吕琦带着皇上的敕告文书赐给赵德钧，犒赏军队。赵德钧一心要合并范延光的部队，因此逗留不进。朝廷屡次下达诏书催促他，赵德钧便引领部队向北屯扎在团柏谷口。

癸巳，吴主诏齐主徐知诰置百官，以金陵府为西都。

前坊州刺史刘景岩，延州人也，多财而喜侠，交结豪杰，家有丁夫兵仗，人报其强，势倾州县。彰武节度使杨汉章无政，失夷、夏心，会括马及义军，汉章帅步骑数千人将赴军期，阅之于野。景岩潜使人挠之曰："契丹强盛，汝曹有去无归。"众惧，杀汉章，奉景岩为留后。唐主不获已，丁酉，以景岩为彰武留后。

【译文】癸巳日（初八日），吴主杨溥下诏，让齐王徐知诰设置百官，以金陵府为西都。

前坊州刺史刘景岩是延州人，家财富有而且喜爱侠义，交结豪杰，家里设置丁夫兵仗，人们都慑服他的势力强大，整个州县无人能比。彰武节度使杨汉章政绩不好，不论胡人或汉人都很失望，正巧又碰上搜求天下马匹和调遣"义军"这件事，杨汉章带领步兵、骑兵几千人准备按期去会师，正在野外进行检阅。刘景岩暗中派人去扰乱他们，说："契丹兵马强盛，你们有去无回。"大家听了害怕，就杀死杨汉章，推举刘景岩为留后。唐主李从珂不得已，丁酉日(十二日)，任命刘景岩为彰武留后。

资治通鉴

契丹主谓石敬瑭曰："吾三千里赴难，必有成功。观汝气貌识量，真中原之主也。吾欲立汝为天子。"敬瑭辞让数四，将吏复劝进，乃许之。契丹主作册书，命敬瑭为大晋皇帝，自解衣冠授之，筑坛于柳林，是日，即皇帝位。割幽、蓟、瀛、莫、涿、檀、顺、新、妫、儒、武、云、应、寰、朔、蔚十六州以与契丹，仍许岁输帛三十万匹。己亥，制改长兴七年为天福元年，大赦；敕命法制，皆遵明宗之旧。以节度判官赵莹为翰林学士承旨、户部侍郎、知河东军府事，掌书记桑维翰为翰林学士、礼部侍郎、权知枢密使事，观察判官薛融为侍御史知杂事，节度推官白水窦贞固为翰林学士，军城都巡检使刘知远为侍卫军都指挥使，客将景延广为步军都指挥使。延广，陕州人也。立晋国长公主为皇后。

【译文】契丹主耶律德光对石敬瑭说："我从三千里以外来帮助你解决危难，必然会成功。观察你的器宇容貌和见识气量，真的是个中原的国主啊。我想立你做天子。"石敬瑭再三谦让推辞，将领和官吏们又不断劝他即位，于是就接受了。契丹主耶律德光做册书，命石敬瑭为大晋皇帝，脱下自己的衣冠交给他穿戴，又筑土坛于柳林。当天，石敬瑭即皇帝位。割幽州、蓟州、瀛州、莫州、涿州、檀州、顺州、新州、妫州、儒州、武州、云州、应州、寰州、朔州、蔚州一共十六州给契丹，并且还答允每年输送三十万匹帛布给他们。己亥日(十四日),后晋高祖石敬瑭下制令,更改长兴七年为天福元年,实行大赦;敕命各种法制都遵守明宗李嗣源时的旧规。任命节度判官赵莹为翰林学士承旨、户部侍郎、掌理河东军府的事务;掌书记桑维翰为翰林学士、礼部侍郎、代理枢密使的职务;观察判官薛融为侍御史,掌理杂事;节度推官白水人窦贞固为翰林学士;军城都巡检刘知远为侍卫马军都指挥使;客将景延广为步军都指挥使。景延广,是陕州人。立晋国长公主为皇后。

契丹主虽军柳林,其辎重老弱皆在虎北口,每日暝辄结束,以备仓猝遁逃,而赵德钧欲倚契丹取中国,至团柏逾月,按兵不战,去晋安才百里,声问不能相通。德钧累表为延寿求成德节度使,曰:"臣今远征,幽州势孤,欲使延寿在镇州,左右便于应接。"唐主曰:"延寿方击贼,何暇往镇州! 俟贼平,当如所请。"德钧求之不已,唐主怒曰:"赵氏父子坚欲得镇州,何意也? 苟能却胡寇,虽欲代吾位,吾亦甘心,若玩寇邀君,但恐犬兔俱毙耳。"德钧闻之,不悦。

【译文】契丹主耶律德光虽然把军队屯扎在柳林,他们的辎重和老弱士兵都在虎北口,每当太阳西落便结扎停当,以便仓促之间遁逃,而赵德钧想要依靠契丹夺取中国,因此到达团柏一个多月,一直按兵不动;距离晋安寨只有一百里,却连消息都不能相通。赵德钧连连上表替赵延寿请求做成德节度使,说:"臣现在远征在外,幽州势孤力单,所以想让赵延寿在镇州,这样就左右都便于接应。"唐主李从珂回答说:"赵延寿现正在攻击贼兵,哪有时间前往镇州? 等到贼兵被平定,自当答应你的请求。"赵德钧还是请求不已,唐主李从珂很生气地说:"赵氏父子坚持要得到镇州，是什么意思？如果能够打退胡寇，即使要取代我的位置，我也甘心情愿，若是玩弄寇兵以胁求君主，只怕要落得猎犬狡兔都毙命的下场。"赵德钧听到这些话，非常不高兴。

闰月，赵延寿献契丹主所赐诏及甲马弓剑，诈云德钧遣使致书于契丹主，为唐结好，说令引兵归国；其实别为密书，厚以金帛赂契丹主，云："若立己为帝，请即以见兵南平洛阳，与契丹为兄弟之国；仍许石氏常镇河东。"契丹主自以深入敌境，晋安未下，德钧兵尚强，范延光在其东，又恐山北诸州邀其归路，欲许德钧之请。

【译文】闰十一月，赵延寿向唐主李从珂献出契丹主耶律德光所赐的诏书以及铠甲、马匹、弓矢、刀剑，诈称赵德钧遣派使者致信给契丹主，替朝廷缔结良好邦交，劝请契丹率兵回国。实际上另写一封秘密的信，连带厚重的金银布帛，送给契丹主耶律德光，说："假如扶立我当中原的皇帝，我愿用现有的兵力向南去平定洛阳，和契丹结为兄弟之国；仍旧承诺石氏长久镇抚河东。"契丹主认为自己已经深入敌国境内，晋安还没攻下，赵德钧的部队还很强，范延光在他的东边，又怕太行山以北诸州遮断他的归路，想要答应赵德钧的请求。

帝闻之，大惧，亟使桑维翰见契丹主，说之曰："大国举义兵以救孤危，一战而唐兵瓦解，退守一栅，食尽力穷。赵北平父子不忠不信，畏大国之强，且素蓄异志，按兵观变，非以死徇国之人，何足可畏，而信其诞亡之辞，贪豪末之利，弃垂成之功乎！且使晋得天下，将竭中国之财以奉大国，岂此小利之比乎！"契丹主曰："尔见捕鼠者乎，不备之，犹或啮伤其手，况大敌乎！"对曰：

"今大国已扼其喉,安能啮人乎!"契丹主曰:"吾非有渝前约也,但兵家权谋不得不尔。"对曰:"皇帝以信义救人之急,四海之人俱属耳目,奈何一旦二三其命,使大义不终! 臣窃为皇帝不取也。"跪于帐前,自旦至暮,涕泣争之。契丹主乃从之,指帐前石谓德钧使者曰:"我已许石郎,此石烂,可改矣!"

【译文】皇帝(指石敬瑭)知道了这件事,非常害怕,赶紧派桑维翰去见契丹主耶律德光,游说他说:"契丹大国发动义兵来救援孤危,一次战斗就使唐兵瓦解,退守到一个寨栅之后,食粮用尽,力量穷竭。赵德钧父子不忠于唐,不信于契丹,只是畏惧大国的强盛,一向怀着野心,按兵不动,观望局势的演变,不是一个肯为国家牺牲生命的人,有什么值得害怕,而要听信他夸大而狂妄的言辞,贪图这毫毛之末的小利,抛弃眼看就完成的大功呢? 而且假如晋得天下,将会倾尽中原所有的财货,来奉献大国,哪里是这一点点小利可比得上的呢?"契丹主耶律德光说:"你看见过捕鼠的人吗,不防备它,还可能咬伤了手,何况是大敌啊!"回答说:"现在大国已经扼住它的喉咙,又怎能再咬人呢?"契丹主说:"我并没有改变以前的约定,只是军事家的权变与谋略,不得不这样做。"桑维翰说:"皇帝凭着信义去援救人家的急难,四海之内所有的人都看到了,也都听到了,为什么还要一日再三改变诺言,使皇帝的大义有始无终呢? 臣个人替皇帝设想,决不赞同这样做。"说着,便跪在军帐前面,从清晨一直到傍晚,流着泪向契丹主耶律德光争辩。契丹主终于听信了他,指着军帐前的石头对赵德钧的使者说:"我已经许诺石郎,除非这块石头烂了,才能改变。"

龙敏谓前郑州防御李懿曰:"君,国之近亲,今社稷之危,翘

足可待，君独无忧乎？"懿为言赵德钧必能破敌之状。敏曰："我
燕人也，知德钧之为人，怯而无谋，但于守城差长耳。况今内蓄
奸谋，岂可恃乎！仆有狂策，但恐朝廷不肯为耳。今从驾兵尚万
馀人，马近五千匹，若选精骑一千，使仆与郎万金将之，自介休
山路，夜冒虏骑入晋安寨，但使其半得入，则事济矣。张敬达等
陷于重围，不知朝廷声问，若知大军近在团柏，虽有铁障可冲陷，
况虏骑乎！"懿以白唐主，唐主曰："龙敏之志极壮，用之晚矣。"

丹州义军作乱，逐刺史康承询，承询奔鄜州。

【译文】龙敏对前任郑州防御使李懿说："您是皇室近亲，
现在国家的危亡，眼看就要降临，您难道一点都不忧心吗？"李
懿替他解说赵德钧一定能打败敌人的情状。龙敏说："我是燕
地人，知道赵德钧的为人，他胆小而无谋略，只是对于守城稍
有长处而已。何况他现在内蓄奸谋，这样的人怎么能依恃呢？
我倒有一个大胆的计策，只怕朝廷不敢做。现在护驾的士兵还
有一万多人，马将近五千匹。假如选择精良的骑兵一千名，让
我跟郎万金来率领，从介休山的山路推进，趁着黑夜直冲敌军，
进入晋安寨，只要有一半的人马能够进去，事情就成功了。张
敬达等陷入重重包围，得不到朝廷的信息，假如让他们知道大
军就在近处的团柏，那么纵使有钢铁般的屏障，也可冲陷，何
况是敌寇的包围呢？"李懿将龙敏的计策报告唐主李从珂，后唐
主说："龙敏的志向极为壮烈，可惜现在用这个办法已经晚了。"

丹州义军作乱，赶走刺史康承询，康承询逃奔鄜州。

晋安寨被围数月，高行周、符彦卿数引骑兵出战，众寡不
敌，皆无功。刍粮俱竭，削柿淘粪以饲马，马相啖，尾鬣皆秃，死
则将士分食之，援兵竟不至。张敬达性刚，时谓之"张生铁"，

杨光远、安审琦劝敬达降于契丹，敬达曰："吾受明宗及今上厚恩，为元帅而败军，其罪已大，况降敌乎! 今援兵且暮至，且当俟之。必若力尽势穷，则诸军斩我首，携之出降，自求多福，未为晚也。"光远目审琦欲杀敬达，审琦未忍。高行周知光远欲图敬达，常引壮骑尾而卫之，敬达不知其故，谓人曰："行周每踵余后，何意也?"行周乃不敢随之。诸将每旦集于招讨使营，甲子，高行周、符彦卿未至，光远乘其无备，斩敬达首，帅诸将上表降于契丹。契丹主素闻诸将名，皆慰劳，赐以裘帽，因戏之曰："汝辈亦大恶汉，不用盐酪啖战马万匹!"光远等大惭。契丹主嘉张敬达之忠，命收葬而祭之，谓其下及晋诸将曰："汝曹为人臣，当效敬达也。"时晋安寨马犹近五千，铠仗五万，契丹悉取以归其国，悉以唐之将卒授帝，语之曰："勉事而主。"马军都指挥使康思立愤惋而死。

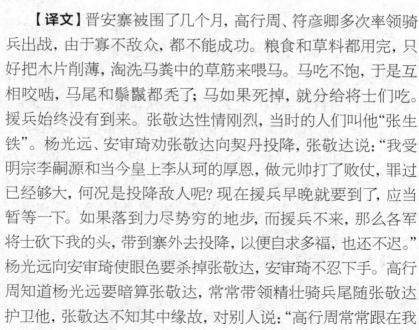

【译文】晋安寨被围了几个月，高行周、符彦卿多次率领骑兵出战，由于寡不敌众，都不能成功。粮食和草料都用完，只好把木片削薄，淘洗马粪中的草筋来喂马。马吃不饱，于是互相咬啮，马尾和鬃鬣都秃了；马如果死掉，就分给将士们吃。援兵始终没有到来。张敬达性情刚烈，当时的人们叫他"张生铁"。杨光远、安审琦劝张敬达向契丹投降，张敬达说："我受明宗李嗣源和当今皇上李从珂的厚恩，做元帅打了败仗，罪过已经够大，何况是投降敌人呢? 现在援兵早晚就要到了，应当暂等一下。如果落到力尽势穷的地步，而援兵不来，那么各军将士砍下我的头，带到寨外去投降，以便自求多福，也还不迟。"杨光远向安审琦使眼色要杀掉张敬达，安审琦不忍下手。高行周知道杨光远要暗算张敬达，常常带领精壮骑兵尾随张敬达护卫他，张敬达不知其中缘故，对别人说："高行周常常跟在我后头，是什么意思呢?"于是高行周不敢再跟随。军中各将领每天早晨都要到招讨使的营帐集会，甲子日(初九日)那天，高行周、符彦卿两人还没到，杨光远趁张敬达没有戒备，杀了他；率领诸将上表向契丹投降。契丹主耶律德光一向常听说诸将的名字，一一加以慰劳，赐给他们皮衣皮帽，并乘机开玩笑地说:"你们也真是大恶汉，不用盐和乳浆做作料居然也吃掉上万匹战马!"杨光远等人非常羞惭。契丹主耶律德光钦佩张敬达的忠烈精神，命部下收敛他的尸体，慎重埋葬，并且还祭拜他；同时对他的部下以及晋军的将领们说:"你们为人臣子，应当效法张敬达才是。"当时晋安寨中的战马，还有五千匹左右，铠甲器械还有五万具，契丹全部把它带回国去。另把所有的唐兵和将领交给后晋高祖石敬瑭，并对大家说:"勉力效忠你们的主上。"马军都指挥使康思立愤恨惋伤而死。

帝以晋安已降，遣使谕诸州。代州刺史张朗斩其使；吕琦奉唐主诏劳北军，至忻州，遇晋使，亦斩之，谓刺史丁审琦曰:"虏过城下而不顾，其心可见，还日必无全理，不若早帅兵民自五台奔镇州。"将行，审琦悔之，闭牙城不从。州兵欲攻之，琦曰:"家国如此，何为复相屠灭!"乃帅州兵趣镇州，审琦遂降契丹。

契丹主谓帝曰:"桑维翰尽忠于汝，宜以为相。"丙寅，以赵莹为门下侍郎，桑维翰为中书侍郎，并同平章事；维翰仍权知枢密使事。以杨光远为侍卫马步军都指挥使，以刘知远为保义节度使、侍卫马步军都虞候。

【译文】后晋高祖石敬瑭因为晋安已经投降，派使者谕告诸州。代州刺史张朗杀了来使；吕琦奉后唐主李从珂的诏书慰劳雁门关以北诸军，到了忻州，遇到后晋的使者，也把他杀掉，并对刺史丁审琦说："敌寇经过你城下，而你不拦阻，用意明显可见，将来回到朝廷的时候，肯定没有保全身家性命的可能，不如早一点率领军民从五台山奔往镇州。"临行时，丁审琦后悔，紧闭刺史所居的城门，不听吕琦的话。州兵想攻打他，吕琦说："国家落到这个地步，为什么还要再自相残杀？"于是率领兵将奔向镇州，丁审琦便向契丹投降。

契丹主耶律德光对后晋高祖石敬瑭说："桑维翰对你很忠心，应该让他做宰相。"丙寅日（十一日），后晋高祖石敬瑭任命赵莹为门下侍郎、同平章事；桑维翰为中书侍郎、同平章事，仍代理枢密使的职务。又任命杨光远为侍卫马步军都指挥使；刘知远为保义节度使、侍卫马步军都虞候。

帝与契丹主将引兵而南，欲留一子守河东，咨于契丹主，契丹主令帝尽出诸子，自择之。帝兄子重贵，父敬儒早卒，帝养以为子，貌类帝而短小，契丹主指之曰："此大目者可也。"乃以重贵为北京留守、太原尹、河东节度使。契丹以其将高谟翰为前锋，与降卒偕进。丁卯，至团柏，与唐兵战，赵德钧、赵延寿先循，符彦饶、张彦琦、刘延朗、刘在明继之，士卒大溃，相腾践死者万计。

己巳，延朗、在明至怀州，唐主始知帝即位，杨光远降。众议以"天雄军府尚完，契丹秘惮山东，未敢南下，车驾宜幸魏州。"唐主以李崧素与范延光善，召崧谋之。薛文遇不知而继至，唐主怒，变色；崧蹑文遇足，文遇乃去。唐主曰："我见此物肉颤，适几欲抽佩刀刺之。"崧曰："文遇小人，浅谋国，刺之益丑。"崧因劝唐主南还，唐主从之。

【译文】后晋高祖石敬瑭与契丹主耶律德光将要领兵向南

进军，想留下他的一个儿子戍守河东，征求契丹主的意见。契丹主要高祖石敬瑭唤出所有的儿子，由他亲自选择。高祖哥哥的儿子石重贵，他的父亲石敬儒早死，高祖把他当作自己的儿子抚养，他的相貌和高祖很像，但是身材比较短小，契丹主耶律德光指着他说："就这个大眼睛的可以。"于是就任命石重贵为北京留守、太原君、河东节度使。契丹派他的将领高谟翰为前锋，和晋安寨的降兵一同进发。丁卯日（十二日），到达团柏，与唐兵交战，赵德钧、赵延寿先逃跑，符彦饶、张彦琦、刘延朗、刘在明也跟着逃跑，士兵大乱溃逃，相互践踏而死的数以万计。

己巳日（十四日），刘延朗、刘在明到怀州，后唐主李从珂才知道石敬瑭已即帝位，杨光远已经投降。朝廷群臣大多认为"天雄军军府实力还算充足，城郭也还巩固，契丹一定畏惧山东，不敢南下，因此唐主应该前往魏州"。唐主李从珂认为李崧一向和天雄节度使范延光要好，就召李崧来商议具体事宜。薛文遇不知这是单独召见，也相继到来。唐主看到薛文遇，很生气，立刻变了脸色。李崧暗地踩薛文遇的脚，示意他走，薛文遇这才离去。唐主李从珂说："我看见这东西肉就发颤，刚才几乎要拔佩刀刺他。"李崧说："薛文遇是个小人，谋划失策，贻误国家；刺死这种人，不但无益，反而更损国家的声名。"于是李崧就趁这个机会劝唐主李从珂回南方。唐主依了他。

洛阳闻北军败，众心大震，居人四出，逃窜山谷。门者请禁之，河南尹雍王重美曰："国家多难，未能为百姓主，又禁其求生，徒增恶名耳；不若听其自便，事宁自还。"乃出令任从所适，众心差安。

壬申，唐主还至河阳，命诸将分守南、北城。张延朗请幸滑州，庶与魏博声势相接，唐主不能决。

【译文】洛阳方面听说北方赵德钧诸将的军队大败，朝野人心大为震恐，居民四向流出，逃窜在山谷中。看守城门的人请上级下令禁止，河南尹雍王李重美说："国家多难，不能当好百姓的主管，又禁止他们去求生，只能增加恶名；不如听其自便，事情安定了自然会归还。"于是下令给守关的人，听任百姓到任何地方。因此民众才安定一些。

壬申日（十七日），唐主李从珂回到河阳，命令诸将分别防守南、北城。张延朗请求后唐主再去滑州，以便同魏博声势相接，后唐主没能做出决定。

赵德钧、赵延寿南奔潞州，唐败兵稍稍从之，其将时赛帅卢龙轻骑东还渔阳。帝先遣昭义节度使高行周还具食，至城下，见德钧父子在城上，行周曰："仆与大王乡曲，敢不忠告！城中无斗粟可宁，不若速迎车驾。"甲戌，帝与契丹主至潞州，德钧父子迎谒于高河，契丹主慰谕之，父子拜帝于马首，进曰："别后安否？"帝不顾，亦不与之言。契丹主谓德钧曰："汝在幽州所置银鞍契丹直何在？"德钧指示之，契丹主命尽杀之于西郊，凡三千人。遂琐德钧、延寿，送归其国。

【译文】赵德钧、赵延寿向南逃奔到潞州，后唐败兵渐渐跟上他们，他的将领时赛率领卢龙轻骑兵向东回到渔阳。晋高祖石敬瑭已先派昭义节度使高行周回潞州备办粮食，到了潞州城下，看见赵德钧父子在城上，高行周说："我与大王是同乡，所以不敢不给你一条忠告，城中连一斗粟都没有，无法防守，不如赶紧迎接皇上。"甲戌日（十九日），晋高祖石敬瑭和契丹主耶律德光到达潞州，赵德钧父子在高河迎接高祖车驾，契丹主耶律德光劝慰他们，他们父子下拜于晋高祖的马前，恭敬地问道："分别以后安好吗？"后晋高祖石敬瑭不看他们，也不同他们交谈。契丹主耶律德光问赵德钧说："你在幽州所设置的'银鞍契丹直'在什么地方？"德钧指出所在，契丹主下令将他们全部杀死于潞州城的西郊，总共达三千人。于是拘拿了赵德钧、赵延寿，押送到契丹。

德钧见述律太后，悉以所赍宝货并籍其田宅献之，太后问曰："汝近者何为往太原？"德钧曰："奉唐主之命。"太后指天曰："汝从吾儿求为天子，何亡语邪！"又自指其心曰："此不可欺也。"又曰："吾儿将行，吾戒之云：赵大王若引兵北向渝关，亟须引归，太原可救也。汝欲为天子，何不先击退吾儿，徐图亦未晚。汝为人臣，既负其主，不能击敌，又欲乘乱邀利，所为如此，何面目复求生乎？"德钧俯首不能对。又问："器玩在此，田宅何在？"德钧曰："在幽州。"太后曰："幽州今属谁？"德钧曰："属太后。"太后曰："然则又何献焉？"德钧益惭。自是郁郁不多食，逾年而卒。张砺与延寿俱入契丹，契丹主复以为翰林学士。

【译文】赵德钧谒见契丹主耶律德光的母亲述律太后，把带来的宝货及没收得来的田宅都献出来做贡物，述律太后问道："你最近为什么到太原去？"赵德钧答道："是奉了唐主李从珂的命令。"述律太后指着天说："你向我的儿子请求立你做天子，你怎么胡乱说话呢？"又指着自己的心，说，"这是不可欺骗的。"又说，"我儿出发的时候，我告诫他说：'赵大王若带兵向北方渝关进发，就赶紧率兵回国，太原是不可救的。'你想做天子，为什么不先打退我的儿子，然后慢慢图谋，也还不晚。你作为人臣，既辜负自己的君主，不能攻击敌人，又想乘着危乱之时谋求自己的利益，你干出来这样的事，还有什么面目来求生存呢？"赵德钧低着头，不能回答。述律太后又问说，"你所献的财宝货物在此，那田宅又在什么地方呢？"赵德钧说："在幽州。"述律太后说："幽州现在属于谁？"答说："属于太后。"太后说："那么又怎么算是献给我呢？"赵德钧更加惭愧，从此忧闷郁积，吃的不多，过一年就死了。张砺与赵延寿一起进入契丹，契丹主耶律德光仍然让他做翰林学士。

帝将发上党，契丹主举酒属帝曰："余远来徇义，今大事已成，我若南向，河南之人必大惊骇；汝宜自引汉兵南下，人必不甚惧。我令太相温将五千骑卫送汝至河梁，欲与之渡河者多少随意，余且留此，俟汝音闻，有急则下山救汝。若洛阳既定，吾即北返矣。"与帝执手相泣，久之不能别，解白貂裘以衣帝，赠良马二十匹，战马千二百匹，曰："世世子孙勿相忘！"又曰："刘知远、赵莹、桑维翰皆创业功臣，无大故，勿弃也。"

【译文】后晋高祖石敬瑭将要进军上党，契丹主耶律德光举着酒杯对他说："我远道而来履行协约，现在大事已经完成，我如果再向南进军，黄河以南的人必然要引起大的惊骇；你应该自己率领汉兵南下，人心一定不怎么害怕。我命太相温率领五千骑兵保卫着你，把你送到黄河渡口。想随你渡河的，不拘多少，随他们的意。我暂时留在这里，等候你的消息，如果有紧急情况，我就下太行山去救援你；若洛阳已经平定，我就回到北方。"说完，和晋高祖石敬瑭握着手，相对哭泣，过了很久都舍不得分别；于是脱下自己身上的白色貂皮大衣，亲自给高祖披上，赠送良马二十匹，战马一千二百匹，说，"世世代代子孙不要相忘。"又说，"刘知远、赵莹、桑维翰都是创业的功臣，没有大的过失，不要丢弃他们。"

初，张敬达既出师，唐主遣左金吾大将军历山高汉筠守晋州。敬达死，建雄节度使田承肇帅众攻汉筠于府署，汉筠开门延承肇入，从容谓曰："仆与公俱受朝寄，何相迫如此？"承肇曰："欲奉公为节度使。"汉筠曰："仆老矣，义不为乱首，死生惟公所处。"承肇目左右欲杀之，军士投刃于地曰："高金吾累朝宿德，奈何害之！"承肇乃谢曰："与公戏耳。"听汉筠归洛阳。帝遇诸涂，曰："朕忧卿为乱兵所伤，今见卿甚喜。"

符彦饶、张彦琪至河阳，密言于唐主曰："今胡兵大下，河水复浅，人心已离，此不可守。"丁丑，唐主命河阳节度使苌从简与赵州刺史刘在明守河阳南城，遂断浮梁，归洛阳。遣宦者秦继旻、皇城使李彦绅杀昭信节度使李赞华于其第。

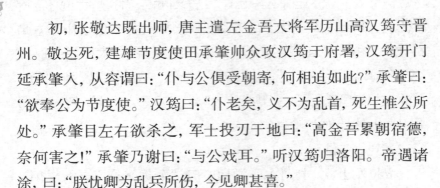

【译文】起初，张敬达出兵之后，唐主李从珂派左金吾大将军历山人高汉筠防守晋州。张敬达死后，建雄节度副使田承肇率领部下进攻高汉筠在军府的办公厅。高汉筠开门请田承肇进去，不慌不忙地对他说："我和您都是受朝廷的委任，为何如此相迫？"田承肇说："要拥戴您做节度使。"高汉筠说："我老了，基于道义，决不做谋乱的祸首，至于我的死生问题，随您怎么处理。"田承肇向随身的军士使个眼色，教他们杀高汉筠，军士们把刀子丢在地上，说："高金吾是好几朝负有重望的大臣，为什么要害死他？"田承肇见情形不对，马上转口谢罪，说："与您闹着玩罢了。"听由高汉筠归还洛阳。后晋高祖石敬瑭在路途中遇上他，说道："朕担忧您为乱兵所伤，现在见到您，我很高兴。"

符彦饶、张彦琪到达河阳，秘密地向唐主李从珂说："现在胡人的军队大举南下，黄河的河水又浅，人心已经离散，此地已没办法防守。"丁丑日（二十二日），唐主李从珂下令河阳节度使苌从简和赵州刺史刘在明防守河阳南城，切断河上的浮桥，回洛阳。派遣宦官秦继旻、皇城使李彦绅在昭信节度使李赞华的府邸将他杀死。

己卯，帝至河阳，苌从简迎降，舟楫已具。彰圣军执刘在明以降，帝释之，使复其所。

唐主命马军都指挥使宋审虔、步军都指挥使符彦饶、河阳节度使张彦琪、宣徽南院使刘延朗将千馀骑至白马阪行战地，有五十馀骑渡河奔于北军。诸将谓审虔曰："何地不可战，谁肯立于此？"乃还。庚辰，唐主又与四将议复向河阳，而将校皆已飞状迎帝。帝虑唐主西奔，遣契丹千骑扼渑池。

【译文】己卯日（二十四日），后晋高祖石敬瑭到达河阳，苌从简投降，迎接的舟楫已经准备好。彰圣军留守在河阳的军士捉拿刘在明投降，高祖石敬瑭释放他，让他复职返回镇所。

后唐主李从珂命令马军都指挥使宋审虔、步军都指挥使符彦饶、河阳节度使张彦琪、宣徽南院使刘延朗带领千余骑兵到达白司马阪踏勘战斗的地方，有五十多骑士兵渡河投奔到北方的后晋军队。诸将对宋审虔说："什么地方不可作战？谁肯待在这个地方？"于是就回去了。庚辰日（二十五日），唐主李从珂又和四位将领商议，想要再率军前赴河阳。可是军中将校都已经飞快地呈上降状，迎接后晋高祖石敬瑭。高祖石敬瑭考虑到唐主李从珂可能向西奔逃，就派契丹的骑兵一千名，去控扼渑池。

辛巳，唐主与曹太后、刘皇后、雍王重美及宋审虔等携传国宝登玄武楼自焚，皇后积薪欲烧宫室，重美谏曰："新天子至，必不露居，他日重劳民力；死而遗怨，将安用之!"乃止。王淑妃谓太后曰："事急矣，宜且避匿，以俟姑夫。"太后曰："吾子孙妇女一朝至此，何忍独生! 妹自勉之。"淑妃乃与许王从益匿于球场，获免。

是日晚，帝入洛阳，止于旧第。唐兵皆解甲待罪，帝慰而释之。帝命刘知远部署京城，知远分汉军使还营，馆契丹于天宫寺，城中肃然，无敢犯令。士民避乱窜匿者，数日皆还复业。

【译文】辛巳日(二十六日)，后唐主李从珂与曹太后、刘皇后、雍王李重美及宋审虔等人携带着传国宝玺登上宣武楼自焚。刘皇后堆积薪柴，要烧宫殿。李重美劝谏她说："新天子到来，一定不会露天居住。今天把它烧掉，以后又要重新劳动百姓。我们死了，还要给百姓留下怨恨，又有什么好处呢?"于是刘皇后就不烧宫殿了。王淑妃对曹太后说："事态已经很紧急了，我们应该暂且躲避一下，以等待姑丈。"曹太后说："我的儿子、孙子、媳妇、女儿到了如此地步，我怎么忍心独自生存? 妹妹你自己保重吧。"淑妃于是就和许王李从益藏在毬场，因而得以幸免。

这天晚上，后晋高祖石敬瑭进入洛阳，住在自己的旧府第。后唐士兵都解脱铠甲等待问罪，后晋高祖安慰大家，并加以释放。命刘知远安排处理京城事务。刘知远将汉兵和契丹兵分开，令汉兵各自回营；把契丹兵安顿在天宫寺。整个城里很安宁，很有秩序，没有人敢违反命令。那些逃出城外躲藏的百姓，没有几天都回来恢复旧业。

初，帝在河东，为唐朝所忌，中书侍郎、同平章事、判三司张延朗不欲河东多蓄积，凡财赋应留使之外尽收取之，帝以是恨之。壬午，百官入见，独收延朗付御史台，馀皆谢恩。

甲申，车驾入宫，大赦："应中外官吏一切不问，惟贼臣张延朗、刘延皓、刘延朗奸邪贪猥，罪难容贷；中书侍郎、平章事马胤孙、枢密使房暠、宣徽使李专美、河中节度使韩昭胤等，虽居重位，不务诡随，并释罪除名；中外臣僚先归顺者，委中书门下别加任使。"刘延皓匿于成门，数日，自经死。刘延朗将奔南山，捕得，杀之。斩张延朗；既而选三司使，难其人，帝甚悔之。

闽人闻唐主之亡，叹曰："潞王之罪，天下未之闻也，将如吾君何！"

【译文】起初，高祖石敬瑭在河东军镇时，受到唐朝的猜忌，中书侍郎、同平章事、判三司张延朗不愿河东多积蓄财货，所有财税，除了应留军府的以外，全部收归朝廷。高祖就因此事怨恨张延朗。壬午日（二十七日），百官入宫朝见，唯独把张延朗扣押交付御史台究办，其余的都谢恩免究。

甲申日（二十九日），高祖石敬瑭车驾入宫，举行大赦："应中外官吏一切不问，只有贼臣张延朗、刘延皓、刘延朗奸邪贪猥，罪行难于容忍宽贷；中书侍郎、平章事马胤孙、枢密使房暠、宣徽使李专美、河中节度使韩昭胤等，虽然身居重要的职位，但是没有盲从附和，都不加以定罪，只是剔除他们的官籍。宫中和外廷的臣子、官僚先归顺的，委托中书省和门下省另外加以任命差遣。"刘延皓躲藏在龙门，过了几天，自杀而死。刘延朗想逃往南山，结果被捕，被杀。把张延朗斩首；不久选任三司使，难以找到合适的人选，高祖石敬瑭后悔匆忙杀死张延朗。

闽人听说唐主李从珂灭亡，叹息说："潞王的罪行，我们没有听说过，他比起我们的国君又能怎么样呢？"

十二月，乙酉朔，帝如河阳，饯太相温及契丹兵归国。

追废唐主为庶人。

丁亥，以冯道兼门下侍郎、同平章事。

曹州刺史郑阮贪暴，指挥使石重立因乱杀之，族其家。

辛卯，以唐中书侍郎姚顗为刑部尚书。

初，朔方节度使张希崇为政有威信，民夷爱之，兴屯田以省漕运；在镇五年，求内徙，唐潞王以为静难节度使。帝与契丹修好，恐其复取灵武，癸巳，复以希崇为朔方节度使。

【译文】十二月，辛酉朔日（初一日），后晋高祖石敬瑭前往河阳饯送太相温和契丹兵回国。

追废唐主李从珂为庶人。

丁亥日（初三日），高祖石敬瑭任用冯道兼任门下侍郎、同平章事。

曹州刺史郑阮贪婪暴虐，指挥使石重立乘着中原战乱的时机，把他杀掉，灭杀他整个家族。

辛卯日（初七日），高祖石敬瑭用后唐中书侍郎姚顗为刑部尚书。

起初，朔方节度使张希崇治理政事很有威信，无论汉人或胡人都敬爱他。他的重大政绩是推行屯田政策，以节省运送粮食的开支。在朔方镇守五年，请求向内地迁调，后唐潞王李从珂就调他为静难节度使。后晋高祖石敬瑭与契丹修好，担心契丹再次攻取灵武，癸巳日（初九日），仍然用张希崇为朔方节度使。

初，成德节度使董温琪贪暴，积货巨万，以牙内都虞候平山秘琼为腹心。温琪与赵德钧俱没于契丹，琼尽杀温琪家人，瘗于一坎，而取其货，自称留后，表称军乱。

同州小校门铎杀节度使杨汉宾，焚掠州城。

诏赠李赞华燕王，遣使送其丧归国。

张朗将其众入朝。

庚子，以唐中书侍郎、同平章事卢文纪为吏部尚书。以皇城使晋阳周瑰为大将军、充三司使；瑰辞曰："臣自知才不称职，宁以避事见弃，犹胜冒宠获辜。"帝许之。

帝闻平卢节度使房知温卒，遣天平节度使王建立将兵巡抚青州。

改兴唐府曰广晋府。

【译文】起初，成德节度使董温琪贪婪残暴，积存的财货，达到亿万，以牙内都虞候平山人秘琼为心腹。董温琪和赵德钧都淹留在契丹，秘琼把董温琪的家人全部杀掉，埋葬在一个坟坑里，把他的家财都夺取，自称留后，上表称军队动乱。

同州的小军官门铎杀死节度使杨汉宾，焚烧州城，到处抢劫。

后晋高祖石敬瑭下诏封赠李赞华为燕王，派使者护送他回契丹丧葬。

张朗率领他的部下入朝。

庚子日（十六日），任命唐中书侍郎、同平章事卢文纪为吏部尚书；任命皇城使晋阳人周瑰为大将军、充任三司使。周瑰推辞说："臣自知才干不能称职，宁可因为躲避事责而被陛下见弃，也比冒恃陛下的宠爱而获罪要好。"后晋高祖石敬瑭准许了他。

后晋高祖石敬瑭获悉平卢节度使房知温去世的消息，派天平节度使王建立率兵去巡察安抚青州。

改兴唐府为广晋府。

安远节度使卢文进闻帝为契丹所立，自以本契丹叛将，辛丑，弃镇奔吴。所过镇戍，召其主将，告之故，皆拜辞而退。

徐知诰以荆南节度使、太尉兼中书令李德诚、德胜节度使兼中书令周本位望隆重，欲使之帅众推戴，本曰："我受先王大恩，自徐温父子用事，恨不能救杨氏之危，又使我为此，可乎！"其子弘祚强之，不得已与德诚帅诸将诣江都表吴主，陈知诰功德，请行册命；又诣金陵劝进。宋齐丘谓德诚之子建勋曰："尊公，太祖元勋，今日扫地矣。"于是，吴宫多妖，吴主曰："吴祚其终乎！"左右曰："此乃天意，非人事也。"

高丽王建用兵击破新罗、百济，于是东夷诸国皆附之，有二京、六府、九节度、百二十郡。

【译文】安远节度使卢文进获悉高祖石敬瑭是契丹扶立的，考虑到自己本是契丹的叛将，于是在辛丑日(十七日)，放弃镇所投奔吴国。所过镇戍的地方，召唤其主将，告诉他们缘故，主将都向他拜辞而退。

徐知诰认为镇南节度使、太尉兼中书令李德诚和德胜节度使兼中书令周本地位高声望大，想让他们率领众将吏推戴自己当皇帝，周本说："我蒙受先王大恩，自从徐温父子把持政事以来，恨不能解救杨氏的危机，现在又要我做这种事，怎么可以呢？"他的儿子周弘祚强迫他，不得已只好跟李德诚率领诸将到江都，上表奏报吴主杨溥，陈述徐知诰的功德，请实行册命天子的典礼，又到金陵劝徐知诰即皇帝位。宋齐丘对李德诚的儿子说："令尊是太祖的元勋，今天声名扫地了。"这个时候，吴宫发生许多妖异的事情，吴主杨溥说："吴国的福祚大概将要完了！"左右侍从的人说："这是天意，不是人事所能改变的啊！"

高丽王王建出兵打败新罗、百济，东夷各国都归附他，总共拥有二京、六府、九节度、一百二十郡。

【乾隆御批】 周本欲拒推戴之谋，始念似正，乃其子赞成父恶，顿易初心，此而诿为不得已。天下事孰为得已者？则前此所云感恩救危，亦不过空言塞谤，其隐微固与德诚无异也。至齐邱诟德诚以元勋扫地，恃论非不侃，然而寻受左丞相之拜，毫无愧色，岂所谓"责人则明，恕己则昏"者欤？

【译文】 周本本来想拒绝拥护举荐徐知诰，他开始的想法看来还算正确，但等他的儿子赞成父亲从恶，周本也就立刻改变了当初的想法，并推托说自己没有别的办法。可是天下之事有哪一件是出于自己的意愿呢？这样看来，周本在前面所说的感恩救危之类的话也不过是空话而已，只是为了避免别人的诽谤，他内心阴暗的思想和李德诚是没有什么两样的。至于宋齐邱辱骂李德诚元勋的威望今已扫地的时候，他所倚仗的主张不能说不公允，然而他自己马上就接受了左丞相之职，没有一点愧疚的脸色，这难道就是人们所说的"责人则明，恕己则昏"吗？

资治通鉴卷第二百八十一　后晋纪二

起强圉作噩，尽著雍阉茂，凡二年。

【译文】起丁酉（公元937年），止戊戌（公元938年），共二年。

【题解】本卷记录了公元937年至938年的历史，共二年。为后晋高祖石敬瑭天福二年至天福三年。桑维翰建言晋高祖割燕云十六州，此时为首辅重臣，上奏晋高祖安抚藩镇，结好契丹，整修武备，劝课农桑，中原开始安定。魏、孟、滑三州叛乱，晋高祖派兵讨伐，不能取胜，实行大赦后，首恶范延光请降，叛乱平息。石敬瑭尊礼契丹主耶律德光，自称儿皇帝。石敬瑭下诏求谏，缓建宫室，奖励农耕，任由民间铸钱，缓解民困的局面。吴国禅代徐知诰，都金陵，国号唐，史称后唐，出现新兴景象。闽主王昶荒淫残暴，卖官课税，百姓嗟怨。南汉主刘龑轻浮暴虐，兵败交州，国势日衰。楚主马希范纵情游乐。契丹接管燕云十六州，日益强盛，改称大辽。

高祖圣文章武明德孝皇帝上之下

天福二年（丁酉，公元九三七年）春，正月，乙卯，日有食之。

诏以前北面招收指挥使安重荣为成德节度使，以秘琼为齐州防御使。遣引进使王景崇谕琼以利害。重荣与契丹将赵思温偕如镇州，琼不敢拒命。丙辰，重荣奏已视事。景崇，邢州人也。

契丹以幽州为南京。

李崧、吕琦逃匿于伊阙民间。帝以始镇河东, 崧有力焉, 德之; 亦不责琦。乙丑, 以琦为秘书监; 丙寅, 以崧为兵部侍郎、判户部。

【译文】天福二年(丁酉, 公元 937 年)春季, 正月, 乙卯日(初二日), 发生日食。

下诏任命前任北面招收指挥使安重荣为成德节度使, 秘琼为齐州防御使。派引进使王景崇向秘琼说明利害关系。安重荣和契丹将领楚思温一同前往镇州, 秘琼不敢抗拒命令。丙辰日(初三日), 安重荣上奏称已经就职任事。王景崇是邢州人。

契丹把幽州称为南京。

李崧、吕琦逃匿在伊阙民间。后晋高祖石敬瑭认为镇守河东时, 李崧推举有功, 心里感激他; 也不责备吕琦。乙丑日(十二日), 任命吕琦为秘书监; 丙寅日(十三日), 任命李崧为兵部侍郎、掌理户部。

初, 天雄节度使兼中书令范延光微时, 有术士张生语之云: "必为将相。"延光既贵, 信重之。延光尝梦蛇自脐入腹, 以问张生, 张生曰: "蛇者龙也, 帝王之兆。"延光由是有非望之志。唐潞王素与延光善, 及赵德钧败, 延光自辽州引兵还魏州, 虽奉表请降, 内不自安, 以书潜结秘琼, 欲与之为乱。琼受其书不报, 延光恨之。琼将之齐, 过魏境, 延光欲灭口, 且利其货, 遣兵邀之于夏津, 杀之。丁卯, 延光奏称夏津捕盗兵误杀琼; 帝不问。

【译文】起初, 天雄节度使兼中书令范延光还微贱的时候, 有个术士张生对他说: "您将来必定做将相。"范延光贵显后, 很信任器重他。范延光曾经梦见蛇从肚脐钻入腹中, 便把这件事询问张生, 张生说: "蛇, 就是龙; 这是帝王的征兆。"从此, 范延光就有非分的念想。后唐潞王李从珂一向和范延光友好，等到赵德钧败溃，范延光从辽州率兵回魏州，虽然上表请求归降，但是内心不踏实；暗中写信结交秘琼，想和他一同谋乱。秘琼接到他的信，没有回他，范延光怀恨在心。秘琼将往齐州，经过魏州辖境，范延光为了灭口，贪图他的财货，派兵在夏津截击他，把他杀了。丁卯日(十四日)，范延光奏称夏津捕捉强盗，士兵误杀秘琼，后晋高祖不作究问。

戊寅，以李崧为中书侍郎、同平章事，充枢密使，桑维翰兼枢密使。时晋新得天下，藩镇多未服从；或虽服从，反仄不安。兵火之馀，府库殚竭，民间困穷，而契丹征求无厌。维翰劝帝推诚弃怨以抚藩镇，卑辞厚礼以奉契丹，训卒缮兵以修武备，务农桑以实仓廪，通商贾以丰货财。数年之间，中国稍安。

吴太子琏纳齐王知诰女为妃。

知诰始建太庙、社稷，改金陵为江宁府，牙城曰宫城，厅堂曰殿；以左、右司马宋齐丘、徐玠为左、右丞相，马步判官周宗、内枢判官黟人周廷玉为内枢使。自馀百官皆如吴朝之制。置骑兵八军，步兵九军。

【译文】戊寅日(二十五日)，高祖石敬瑭任用李崧为中书侍郎、同平章事，充枢密使；任用桑维翰兼枢密使。这时后晋刚得天下，藩镇大多还不服从；有的虽服从，也还反复不定。经过连年战火，朝廷的库存，已经用尽，民间生活困苦贫穷，契丹人却征调索求没完没了。桑维翰劝高祖石敬瑭推诚心、弃旧怨以安抚藩镇，说好话、送厚礼，以应付契丹；训练士卒、修理兵器，以整饬军备；鼓励从事农桑，以充实仓库；畅通商贾往来，以累积财货。几年之间，中原就稍见安定。

吴太子杨琏娶齐王徐知诰的女儿为妃。

徐知诰开始修建太庙、社稷祭坛，更改金陵为江宁府，把牙城称作宫城，府中的厅堂称为殿；委任左、右司马宋齐丘和徐玠为左、右丞相，马步判官周宗、内枢判官黟人周廷玉为内枢使。其余文武百官都依照吴朝的旧制，设置骑兵八军，步兵九军。

二月，吴主以卢文进为宣武节度使，兼侍中。

戊子，吴主使宜阳王璪如西都，册命齐王；王受册，赦境内。册王妃曰王后。

吴越王元瓘之弟顺化节度使、同平章事元珦获罪于元瓘，废为庶人。

契丹主自上党归，过云州，大同节度使沙彦珣出迎，契丹主留之，不使还镇。节度判官吴峦在城中，谓其众曰："吾属礼义之俗，安可臣于夷狄乎！"众推峦领州事，闭城不受契丹之命，契丹攻之，不克。应州马军都指挥使金城郭崇威亦耻臣契丹，挺身南归。

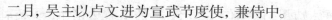

【译文】二月，吴主杨溥任命卢文进为宣武节度使、兼侍中。

戊子日（初五日），吴主杨溥派宜阳王杨璪前往西都金陵，册命齐王；齐王徐知诰接受册命，在辖境实行大赦，册立王妃称作王后。

吴越王钱元瓘的弟弟顺化节度使、同平章事钱元珦得罪钱元瓘，被废为庶人。

契丹主耶律德光从上党经过云州，大同节度使沙彦珣出城迎候。契丹主耶律德光留住他，不让他回军府。节度判官吴峦在城里，对他的部众说："我们属于有礼义之俗的国家，怎么可以做夷狄的臣民啊!"众人推举吴峦领导全州事务,关闭城门,不接受契丹的命令。契丹攻打它,攻打不下。应州马军都指挥使金城人郭崇威也羞于做契丹的臣子,毅然决然挺身而起,回南边老家。

契丹主过新州,命威塞节度使翟璋敛犒军钱十万缗。初,契丹主阿保机强盛,室韦、奚、霫皆役属焉,奚王去诸苦契丹贪虐,帅其众西徙妫州,依刘仁恭父子,号西奚。去诸卒,子扫剌立。唐庄宗灭刘守光,赐扫剌姓李名绍威。绍威娶契丹逐不鲁之姊。逐不鲁获罪于契丹,奔绍威,绍威纳之;契丹怒,攻之,不克。绍威卒,子捌剌立。及契丹主德光自上党北还,捌剌迎降,时逐不鲁亦卒,契丹主曰:"汝诚无罪,扫剌、逐不鲁负我。"皆命发其骨,砲而飏之。诸奚畏契丹之虐,多逃叛。契丹主劳翟璋曰:"当为汝除代,令汝南归。"己亥,璋表乞征诣阙。既而契丹遣璋将兵讨叛奚、攻云州,有功,留不遣璋,璋郁郁而卒。

【译文】契丹主耶律德光经过新州,命令威塞节度使翟璋收集犒劳军队的钱十万缗。起初,契丹主耶律德光的父亲契丹太祖耶律阿保机强盛,室韦、霫、奚都成为他的属地为其役使。奚王去诸受不了契丹的贪心暴虐,率领他的群众往西迁徙到妫州,投靠刘仁恭父子,称为西奚。西奚王去诸死,他的儿子扫剌继承王位。唐庄宗李存勖灭刘守光,赐扫剌姓李,名叫绍威。李绍威娶契丹逐不鲁的姐姐。逐不鲁得罪契丹,投奔李绍威;李绍威收容他。契丹主生李绍威的气,攻打他,不能胜。李绍威死,他的儿子捌剌继位。等到契丹主耶律德光从上党回北方,捌剌出迎归降。这时,逐不鲁也死了。契丹主耶律德光说:"你实在是没有罪过的,扫剌、逐不鲁有负于我。"便令人把二人的尸骨挖掘出来，磨碎后散扬。奚族各部畏惧契丹的暴虐，大部分背叛逃跑。契丹主耶律德光慰劳翟璋说："我会替你请求任命别人来接替你的职位，好让你回南方。"己亥日（十六日），翟璋上表请求征调他到京师。不久契丹派翟璋带兵讨伐背叛的奚族，攻打云州，有功劳，但契丹始终把他留住，不放他走。翟璋因此忧闷死去。

张砺自契丹逃归，为追骑所获，契丹主责之曰："何故舍我去？"对曰："臣华人，饮食衣服皆不与此同，生不如死，愿早就戮。"契丹主顾通事高彦英曰："吾常戒汝善遇此人，何故使之失所而亡去？若失之，安可复得邪！"答彦英而谢砺。砺事契丹主甚忠直，遇事辄言，无所隐避，契丹主甚重之。

【译文】翰林学士张砺从契丹逃归南方，被追赶的契丹骑兵抓获，契丹主耶律德光责备他说："你为什么离我而去？"张砺回答说："我是汉人，吃的食物、穿的衣服，都跟这里不一样，活着也不如死的好，希望早一点赴死。"契丹主耶律德光回过头来对通事高彦英说："我常常告诫你要好好对待这个人，为什么让他无处安身而离去？假如现在真的让他走掉，又怎么能够再找回来呢？"于是抽打高彦英向张砺谢罪。张砺事奉契丹主非常忠贞正直，遇到问题往往进言，没有什么隐藏和躲避的，契丹主耶律德光很器重他。

初，吴越王镠少子元玶数有军功，镠赐之兵仗。及吴越王元瓘立，元玶为土客马步军都指挥使、静江节度使，兼中书令，恃恩骄横，增置兵仗至数千，国人多附之。元瓘忌之，使人讽元玶请输兵仗，出判温州，元玶不从。铜官庙吏告元瓘遣亲信祷神，求主吴越江山；又为蜡丸从水窦出入，与兄元珦谋议。三月，戊午，元瓘遣使者召元球宴宫中，既至，左右称元球有刃坠于怀袖，即格杀之；并杀元珦。元瓘欲按诸将吏与元珦、元球交通者，其子仁俊谏曰："昔光武克王郎，曹公破袁绍，皆焚其书疏以安反侧，今宜效之。"元瓘从之。

或得唐潞王臋及髀骨献之，庚申，诏以王礼葬于徽陵南。

帝遣使诣蜀告即位，且叙姻好；蜀主复书，用敌国礼。

【译文】起初，吴越王钱镠的小儿子钱元球，多次建立军功，钱镠赐给他护从用的兵仗。等到钱元瓘继位，钱元球做土客马步军都指挥使、兼中书令，仗着恩宠，骄矜放肆，增设兵器达数千具，国人大部分都归附他。钱元瓘对他产生疑忌，就派人委婉劝他自动捐献一些兵器仪仗出来，出朝去判理温州，钱元球没答应。铜官庙吏检举钱元球派亲信祈祷神祇，请求神祇保佑他拥有吴越的江山；又写信藏在蜡丸里，然后带着蜡丸从排水沟进出，和他的哥哥钱元珦谋议。三月，戊午日（初五日），钱元瓘派使者去找钱元球来宫中饮宴，钱元球到达以后，左右的人说钱元球有刀从袖子里掉下来，说着就上前格斗，把他杀了，同时也把钱元珦杀死。钱元瓘要调查审问和钱元珦、钱元球暗中勾结的将领和官吏，他的儿子钱仁俊劝他说："昔日东汉光武帝刘秀打败王莽，三国时曹操破了袁绍，都把其他人与他们往来的书信烧了，用以平息出现的反叛和倾覆。现在，我们也应该效法他们。"钱元瓘听从了这个意见。

有人找到后唐潞王李从珂的脊骨和大腿骨，把它交给朝廷，庚申日（初七日），下诏用国王的礼仪，把李从珂埋葬在徽陵的南边。

后晋高祖石敬瑭派使者到后蜀去宣告即位的事，并且叙论姻亲之好；后蜀主孟昶用对待平等国家的礼节回信。

范延光聚卒缮兵，悉召巡内刺史集魏州，将作乱。会帝谋徙都大梁，桑维翰曰："大梁北控燕、赵，南通江、淮，水陆都会，资用富饶。今延光反形已露，大梁距魏不过十驿，彼若有变，大军寻至，所谓疾雷不及掩耳也。"丙寅，下诏，托以洛阳漕运有阙，东巡汴州。

吴徐知诰立子景通为王太子，固辞不受。追尊考忠武王温曰太祖武王，妣明德太妃李氏曰王太后。壬申，更名诰。

庚辰，帝发洛阳，留前朔方节度使张从宾为东都巡检使。

汉主以疾愈，大赦。

交州将皎公羡杀安南节度使杨廷艺而代之。

【译文】范延光招募士卒，修缮兵器，把他辖区内的刺史都召集到魏州，准备发动叛乱。这时高祖石敬瑭正打算迁都大梁，桑维翰说："大梁，控扼着北方的燕、赵。南边通往长江、淮河，水路和陆路都在这里相会，物资富饶。现在范延光谋反的形迹已经暴露，而大梁距离魏州不过十驿（三百里）。他如果发动事变，大军马上就到来，这正是所谓'迅雷不及掩耳'呀。"丙寅日（十三日），下诏，托言洛阳漕运不足，东巡汴州。

吴徐知诰立他的儿子徐景通为王太子；徐景通坚持不接受。追尊死去的父亲忠武王徐温为太祖武王；死去的母亲明德太妃李氏为王太后。壬申日（十九日），更改自己的名字为诰。

庚辰日（二十七日），后晋高祖石敬瑭从洛阳出发，留前任朔方节度使张从宾为东都巡检使。

南汉主刘龑因为生病痊愈，实行大赦。

交州将领皎公羡杀安南节度使杨廷艺并代替他的职位。

夏，四月，丙戌，帝至汴州；丁亥，大赦。

吴越王元瓘复建国，如同光故事。丙申，赦境内，立其子弘僔为世子。以曹仲达、沈崧、皮光业为丞相，镇海节度判官林鼎掌教令。

丁酉，加宣武节度使杨光远兼侍中。

闽主作紫微宫，饰以水晶，土木之盛倍于宝皇宫。又遣使散诣诸州，伺人隐慝。

五月，吴徐诰用宋齐丘策，欲结契丹以取中国，遣使以美女、珍玩泛海修好，契丹主亦遣使报之。

丙辰，敕权署汴州牙城曰大宁宫。

【译文】夏季，四月，丙戌日（初四日），高祖石敬瑭到达汴州；丁亥日（初五日），大赦天下。

吴越王钱元瓘恢复建立国号，如同庄宗李存勖同光年间一样。丙申日（十四日），在辖境内实行大赦，册立他的儿子钱弘僔为世子。任用曹仲达、沈崧、皮光业为丞相，镇海节度判官林鼎掌管教令。

丁酉日（十五日），加宣武节度使杨光远兼侍中。

闽主王昶建紫微宫，用水晶装饰，工程浩大，雕琢精美，两倍于宝皇宫。又派使者分别到各州侦察人民的隐私。

五月，吴国徐诰采用宋齐丘的计策，想联结契丹夺取中原。于是派使者带着美女和珍贵的器物，从海上航行，和契丹建立友好关系；契丹主耶律德光也派人回访。

丙辰日（初五日），后晋高祖石敬瑭下敕令：暂时把汴州的牙城署名为大宁宫。

壬申，进范延光爵临清郡王，以安其意。

追尊四代考妣为帝后。己卯，诏太社所藏唐室罪人首听亲旧收葬。初，武卫上将军娄继英尝事梁均王，为内诸司使，至是，请其首而葬之。

六月，吴诸道副都统徐景迁卒。

范延光素以军府之政委元随左都押牙孙锐，锐恃恩专横，符奏有不如意者，对延光手裂之。会延光病经旬，锐密召澶州刺史冯晖，与之合谋逼延光反；延光亦思张生之言，遂从之。

【译文】壬申日（二十一日），进封范延光的爵位为临清郡王，安抚他的心情。

追尊前四代的考妣为皇帝皇后。己卯日（二十八日），下诏，太庙所藏唐室罪人的首级听由亲属故旧加以收葬。起初，武卫上将军娄继英曾经臣事后梁均王朱友贞，任内诸司使，这时，请求收敛均王的首级以便埋葬。

六月，吴诸道副都统徐景迁去世。

范延光向来把军府的政事委任给元随左都押牙孙锐办理，孙锐依恃恩宠独断专横，符文奏章有不如意的就当着范延光的面把它撕碎。正巧范延光连病十几天，孙锐秘密找来澶州刺史冯晖，跟他共同商议，逼范延光造反；范延光也想着张生替他解梦的一番话，就应允了。

甲午，六宅使张言奉使魏州还，言延光反状；义成节度使符彦饶奏延光遣兵渡河，焚草市；诏侍卫马军都指挥使、昭信节度使白奉进将千五百骑屯白马津以备之。奉进，云州人也。丁酉，以东都巡检使张从宾为魏府西南面都部署。戊戌，遣侍卫都军使杨光远将步骑一万屯滑州。己亥，遣护圣都指挥使杜重威将兵屯卫州。重威，朔州人也，尚帝妹乐平长公主。范延光以冯晖为都部署，孙锐为兵马都监，将步骑二万循河西抵黎阳口。辛丑，杨光远奏引兵逾胡梁渡。

【译文】甲午日(十三日)，六宅使张言奉晋高祖石敬瑭之命出使魏州回朝，奏言范延光造反的情况；义成节度使符彦饶奏报范延光派兵渡过黄河，焚烧草市；晋高祖下令侍卫马军都指挥使、昭信节度使白奉进率领一千五百名骑兵驻扎在白马津防备范延光。白奉进，是云州人。丁酉日(十六日)，任命东都巡检使张从宾为魏府西南面都部署。戊戌日(十七日)，派侍卫都军使杨光远率领步兵和骑兵一万人驻守滑州。己亥日(十八日)，派护圣都指挥使杜重威带兵驻守卫州。杜重威，是朔州人，娶皇帝的妹妹乐平长公主为妻子。范延光任命冯晖为都部署，孙锐为兵马都监，率领步兵和骑兵二万人沿着黄河，向西挺进，抵达黎阳口。辛丑日(二十四日)，杨光远奏报说他已经率领军队过了胡梁渡。

以翰林学士、礼部侍郎和凝为端明殿学士。凝署其门，不通宾客。前耀州团练推官襄邑张谊致书于凝，以为"切近之职为天子耳目，宜知四方利病，奈何拒绝宾客! 虽安身为便，如负国何!"凝奇之，荐于桑维翰，未几，除左拾遗。谊上言："北狄有援立之功，宜外敦信好，内谨边备，不可自逸，以启戎心。"帝深然之。

契丹攻云州，半岁不能下。吴峦遣使间道奉表求救，帝为之致书契丹主请之，契丹主乃命翟璋解围去。帝召峦归，以为武宁节度副使。

【译文】后晋高祖石敬瑭任用翰林学士、礼部侍郎和凝为端明殿学士。和凝在门上写个字条，声明不见宾客。前任耀州团练推官襄邑人张谊写信给和凝，认为："切近中枢的职位，是天子的耳目，应该知道天下四方的利病得失，怎么能够拒绝宾客呢？虽然对自己方便，可是辜负国家，于心何安？"和凝格外看重他，把他推荐给桑维翰，不久，就擢用他做左拾遗。张谊就向高祖石敬瑭进言说："北狄契丹有援助立朝的功劳，应该表面与他敦信修好，内部认真加强边境上的戒备，不能自己放松警惕，开启他的兴兵侵犯之心。"后晋高祖认为他讲得很正确。

契丹攻打云州，连攻半年，不能攻下。吴峦派使者抄小路潜回朝廷，上表求救。晋高祖石敬瑭特地为此事写信给契丹主耶律德光，请他退兵。契丹主也就下令翟璋解围而去。后晋高祖把吴峦召唤回来，任用他为武宁节度副使。

丁未，以侍卫使杨光远为魏府四面都部署，张从宾为副部署兼诸军都虞候，昭义节度使高行周将本军屯相州，为魏府西面都部署。军士郭威旧隶刘知远，当从杨光远北征，白知远乞留。人问其故，威曰："杨公有奸诈之才，无英雄之气，得我何用？能用我者其刘公乎！"

【译文】丁未日（二十六日），任命侍卫使杨光远为魏府四面都部署，张从宾为副部署，兼诸军都虞候，命昭义节度使高行周带领本部兵马驻守相州，任命他为魏府西面都部署。军士郭威原来隶属于刘知远，应当随从杨光远北征，郭威不愿意，告诉刘知远，请刘知远把他留下。人家问他什么缘故，郭威说："杨公有奸诈的才能，没有英雄的气概，得到我，有什么用？真能赏识我使我能一展抱负的，大概只有刘公吧！"

诏张从宾发河南兵数千人击范延光。延光使人诱从宾，从宾遂与之同反，杀皇子河阳节度使重信，使上将军张继祚知河阳留后。继祚，全义之子也。从宾又引兵入洛阳，杀皇子权东都留守重义，以东都副留守、都巡检使张延播知河南府事。从宾取内库钱帛以赏部兵，留守判官李遇不与，兵众杀之。从宾引兵东扼汜水关，将逼汴州。诏奉国都指挥使侯益帅益兵五千会杜重威讨张从宾；又诏宣徽使刘处让自黎阳分兵讨之。时羽檄纵横，从官在大梁者无不恟惧，独桑维翰从容指画军事，神色自若，接对宾客，不改常度，众心差安。

【译文】后晋高祖石敬瑭下诏，命令张从宾派数千河南兵出击范延光。范延光让人去诱劝张从宾，张从宾便同范延光一起造反，杀担任河阳节度使的皇子石重信，委任上将军张继祚掌理河阳留后的事务。张继祚是张全义的儿子。张从宾又率领军队进入洛阳，杀了皇子代理东都留守石重义，委任东都副留守、都巡检使张延播掌理河南府政务，但不让他在府治事，而要他跟着部队。又调取内库的钱帛用以犒赏属下士兵，留守判官李遇不肯给，士兵们把他杀死。张从宾率兵扼守汜水关，将要进逼汴州。后晋高祖石敬瑭命奉国都指挥使侯益率领天子的卫兵五千人和杜重威联合讨伐张从宾，又命宣徽使刘处让从黎阳分一部分人马去讨伐他。当时，军书往来纷繁，随从晋高祖在大梁的官员没有不烦扰惊恐的，只有桑维翰从容指挥军事，神色自若，接待应对宾客不改正常规范，众人见了心里略觉平静。

方士言于闽主，云有白龙夜见螺峰；闽主作白龙寺。时百役繁兴，用度不足，闽主谓吏部侍郎、判三司候官蔡守蒙曰："闻有司除官皆受赂，有诸？"对曰："浮言无足信也。"闽主曰："朕知之久矣，今以委卿，择贤而授，不肖及冒者勿拒，第令纳赂，籍而献之。"守蒙素廉，以为不可；闽主怒，守蒙惧而从之。自是除官但以货多寡为差。闽主又以空名堂牒使医工陈究卖官于外，专务聚敛，无有盈厌。又诏民有隐年者杖背，隐口者死，逃亡者族。果菜鸡豚，皆重征之。

【译文】方士向闽主王昶报告，说有白龙夜晚出现在螺峰；闽主就兴建了白龙寺。当时种种工事，纷纷进行，费用不够。闽主王昶对吏部侍郎、判三司候官蔡守蒙说："听说各执政大臣任命官吏都接受人家的贿赂，有这回事吗？"蔡守蒙回答说："不负责任的议论不值得相信。"闽主说："朕知道这种事已经很久了，现在我把任职授官的权力委托给你，你固然要选择贤能的人除授官职；但那些不良的，以及欺罔假冒求官的人，也不要拒绝他，只要教他缴纳财货，就登录他的名字呈上来。"蔡守蒙一向清廉，认为这样做不行。闽主王昶便生起气来，蔡守蒙也就害怕而依了他。从此除授官吏，只看所缴的财货多少而定等级。闽主王昶又拿出尚未填写姓名的堂牒，教医工陈究到外头去卖官，专门搜刮民财，没有满足，贪得无厌。又下诏民间如有隐瞒年龄者用刑杖笞背，隐瞒人口者处死，逃亡者诛杀全族。果、菜、鸡、猪，都征收重税。

【乾隆御批】龙以不见为神，欧阳修尝于《蜀世家》申其说最为明理。观于南汉改元而洪熙之乱，寻作闽地建寺而延义之祸旋成。则龙见之为妖，又不独蜀为然矣。然河汉之桼辨其二种。宫沼之游列诸四灵，经传所称复若可以习见者，盖听足以致之则为瓈，德不足以致之则为妖，又未可同日语耳。

【译文】龙以隐藏不出现为神灵，欧阳修曾在《蜀世家》中把这种观点说得最为透彻。现在看来，南汉改动年号以后，马上就发生了洪熙之乱。找到闽地建了白龙寺，马上就发生了延义的叛乱。这样说来，龙出现就会有灾祸发生，则不仅仅是蜀国才有的事情。然而天河星空所显现的征兆又应分为二种。朝代的更迭会在东西南北四方的星宿上呈现出来，这在经传中是经常可以见到的。大概德行完全可以感召它们就会是吉祥的征兆，德行完全不可以感召它们，则就是凶恶的征兆，这不是可以相提并论的。

　　秋，七月，张从宾攻汜水，杀巡检使宋廷浩。帝戎服，严轻骑，将奔晋阳以避之。桑维翰叩头苦谏曰："贼锋虽盛，势不能久，请少待之，不可轻动。"帝乃止。

　　范延光遣使以蜡丸招诱失职者，右武卫上将军娄继英、右卫大将军尹晖在大梁，温韬之子延濬、延沼、延衮居许州，皆应之。延光令延浚兄弟取许州，聚徒已及千人。继英、晖事泄，皆出走，壬子，敕以延光奸谋，诬污忠良，自今获延光谍人，赏获者，杀谍人，禁蜡书，勿以闻。晖将奔吴，为人所杀。继英奔许州，依温氏。忠武节度使苌从简盛为之备，延濬等不得发，欲杀继英以自明，延沼止之，遂同奔张从宾。继英知其谋，劝从宾执三温，皆斩之。

　　【译文】秋季，七月，张从宾进攻汜水，杀巡检使宋廷浩。后晋高祖石敬瑭全副武装，备好矫健快马，将奔往晋阳躲避敌人的攻势。桑维翰向他叩头苦谏说："贼兵的锋芒虽然强盛，其势不能持久，请少等待一下，不可轻率动移。"后晋高祖这才留止未动。

　　范延光派遣使者用蜡丸密书招诱失职的人，右武卫上将军娄继英、右卫大将军尹晖在大梁，温韬的儿子温延濬、温延沼、温延衮居留在许州，都响应范延光造反。范延光命令温延濬兄弟夺取许州，召集的党徒已达上千人。娄继英和尹晖事迹泄露，都从大梁逃走。壬子日（初二日），晋高祖下令：由于范延光奸邪谋乱，诬蔑忠臣，污辱良将，从今以后，凡是捕获替范延光传递蜡书的人，一律奖赏捕获人，杀死传递蜡书的人，并且将蜡书烧掉，不要把蜡书的内容奏报朝廷。尹晖将投奔吴国，被人杀死。娄继英逃往许州，投靠温氏。忠武节度使苌从简严加戒备，温延濬等人没有适当的时机可供发难，想杀娄继英表明心迹，温延沼阻止他，和娄继英一起投奔张从宾。娄继英知道温延濬等人要杀他的计划，劝张从宾捉获温家三兄弟，把他们都杀了。

白奉进在滑州，军士有夜掠者，捕之，获五人；其三隶奉进，其二隶符彦饶，奉进皆斩之；彦饶以其不先白己，甚怒。明日，奉进从数骑诣彦饶谢，彦饶曰："军中各有部分，奈何取滑州军士并斩之，殊无客主之义乎！"奉进曰："军士犯法，何有彼我！仆已引咎谢公，而公怒不解，岂非欲与延光同反邪！"拂衣而起，彦饶不留；帐下甲士大噪，擒奉进，杀之。从骑走出，大呼于外，诸军争擐甲操兵，喧噪不可禁止。奉国左厢都指挥使马万惶惑不知所为，帅步兵欲从乱，遇右厢都指挥使卢顺密帅部出营，厉声谓万曰："符公擅杀白公，必与魏城通谋。此去行宫才二百里，吾辈及军士家属皆在大梁，奈何不思报国，乃欲助乱，自求族灭乎！今日当共擒符公，送天子，立大功。军士从命者赏，违命者诛，勿复疑也！"万部兵尚有呼跃者，顺密杀数人，众莫敢动。万不得已从之，与奉国都虞候方太等共攻牙城，执彦饶，令太部送大梁。甲寅，敕斩彦饶于班荆馆，其兄弟皆不问。

【译文】白奉进在滑州。有军士在夜间进行抢掠，白奉进下令捕捉他们，抓获五个人，其中三个是白奉进的下属，两个是符彦饶的下属，白奉进把他们都杀了；符彦饶因为白奉进没有先通知他，就擅自处决，非常生气。第二天，白奉进带了几个侍从卫兵到符彦饶那里向他道歉，符彦饶说："军中各单位各有处分，为什么将滑州军士不分类别就一并斩首，毫无宾主之礼呢？"白奉进说："军士犯法，还分什么你和我？在下已经承担责任向你道歉，而你还是怒气难消，这难道不是想和范延光一起造反吗？"说罢，拂袖而起，符彦饶没有留他。营帐里的士兵们喧哗大闹，捉住白奉进，把他杀了。白奉进的侍从卫兵夺门而出，在营外大声呼叫，于是各军争着穿上战衣，拿起武器，喧吵喊叫，禁也禁止不了。奉国左厢都指挥使马万心慌意乱，不晓得怎么办，率领步兵想跟乱兵一起行动，正好遇着右厢都指挥使卢顺密率领部下出营。卢顺密用严厉的声音对马万说："符公擅自杀死白公，一定是和魏城有通谋。这里相距大梁行宫只有二百里，我们这些人和军士的家属都在大梁，为什么不想着报效国家，竟想助长祸乱，自取灭族的下场呢？现在我们应该合力擒捉符公，送呈天子，建立大功。军士们服从命令的就赏，违抗命令的就杀，不要再顾虑了！"这时马万的部下士兵还有在跳跃喊叫的，卢顺密连杀好几个，众人不敢再乱动。马万不得已，只好依从他，和奉国都虞候方太等一同进攻节度使所住的牙城，活捉符彦饶，命令方太的部下把他送往大梁。甲寅日（初四日），后晋高祖石敬瑭敕令在班荆馆斩杀符彦饶，对于他的兄弟们都没有究问。

杨光远自白皋引兵趣滑州，士卒闻滑州乱，欲推光远为主。光远曰："天子岂汝辈贩弄之物！晋阳之降出于穷迫，今若改图，真反贼也!”其下乃不敢言。时魏、孟、滑三镇继叛，人情大震，帝问计于刘知远，对曰：“帝者之兴，自有天命。陛下昔在晋阳，粮不支五日，俄成大业。今天下已定，内有劲兵，北结强虏，鼠辈何能为乎! 愿陛下抚将相以恩，臣请戢士卒以威；恩威兼著，京邑自安，本根深固，则枝叶不伤矣。”知远乃严设科禁，宿卫诸军无敢犯者。有军士盗纸钱一幞，主者擒之，左右请释之，知远曰：“吾诛其情，不计其直。”竟杀之。由是众皆畏服。

【译文】杨光远领兵从白皋向滑州进军，士卒听说滑州动乱，想推举杨光远为君主。杨光远说：“天子岂是你们这等人所玩弄的物体? 起初在晋阳时之所以投降，乃是由于穷困逼迫，无可奈何。现在再改变主意，那就真正是不折不扣的叛贼了。”于是他的部下就不敢再提这件事。当时魏州、孟州、滑州三镇相继叛变，人心动摇，后晋高祖石敬瑭向刘知远询问对策，刘知远回答说：“帝王的兴起，都是由天命决定的。陛下从前在晋阳，粮食都撑不了五天，可不久就成就大业。现在天下已经平定，国内有强劲的军队，又连结北方强大的胡虏，那些老鼠之辈，又能怎么样呢? 希望陛下以深厚的恩情对待将相，臣以威严的军法管束士卒；恩情和威严并重，京城自然安定，根本的所在巩固，枝叶自然也就不会受到伤害。”于是刘知远订定严格的法条禁令，保护晋高祖安全的部队没人敢犯法。有个士兵偷人家一幞纸钱，纸钱的主人把他抓到，送交给刘知远。左右的属下请求把他放了，刘知远说：“我是按实际情况来诛杀他的，不计较它的多少。”居然把他杀了，从此众军士畏服。

乙卯，以杨光远为魏府行营都招讨使、兼知行府事，以昭义节度使高行周为河南尹、东京留守，以杜重威为昭义节度使、充侍卫马军都指挥使，以侯益为河阳节度使。帝以渭州奏事皆马万为首，擢万为义成节度使。丙辰，以卢顺密为果州团练使，方太为赵州刺史；既而知皆顺密之功也，更以顺密为昭义留后。

冯晖、孙锐引兵至六明镇，光远引之渡河，半渡而击之，晖、锐众大败，多溺死，斩首三千级，晖、锐走还魏。

杜重威、侯益引兵至氾水，遇张从宾众万馀人，与战，俘斩殆尽，遂克氾水。从宾走，乘马渡河，溺死。获其党张延播、继祚、娄继英，送大梁，斩之，灭其族。史馆修撰李涛上言，张全义有再造洛邑之功，乞免其族，乃止诛继祚妻子。涛，回之族曾孙也。

【译文】乙卯日（初五日），后晋高祖石敬瑭任命杨光远为魏府行营都招讨使、兼理行府事务；任命昭义节度使高行周为河南尹、东京留守；任命杜重威为昭义节度使、充任侍卫马军都指挥使；任命侯益为河阳节度使。后晋高祖因为滑州方面奏报军情都由马万领头，所以提升马万为义成节度使。丙辰日（初六日），任用卢顺密为果州团练使，方太为赵州刺史；不久得知平定滑州是卢顺密的功绩，便改任卢顺密为昭义留后。

冯晖、孙锐率领军队到六明镇，杨光远引诱他们渡黄河。等到他们渡到河心，便加以攻打，冯晖和孙锐的军队大败，溺死大部分，杨光远的军队斩首三千级，冯晖和孙锐逃回魏州。

杜重威、侯益领兵到达氾水，遇到张从宾的兵众一万多人，同他们交战，几乎把他们俘获斩尽，便攻克氾水。张从宾逃走，骑着马渡黄河，被淹死，虏获他的党徒张延播、张继祚、娄继英，解送大梁，全部斩首，并诛杀他们全族。史馆修撰李涛向晋高祖石敬瑭上书说，张继祚的父亲张全义有再造洛阳的功劳，请赦免他的族人。于是只杀张继祚的妻子和儿女。李涛，是李回的族曾孙。

诏东都留守司百官悉赴行在。

杨光远奏知博州张晖举城降。

安州威和指挥使王晖闻范延光作乱，杀安远节度使周瑰，自领军府，欲俟延光胜则附之，败则渡江奔吴。帝遣右领军上将军李金全将千骑如安州巡检，许赦王晖以为唐州刺史。

范延光知事不济，归罪于孙锐而族之，遣使奉表待罪，戊寅，杨光远以闻，帝不许。

吴同平章事王令谋如金陵劝徐诰受禅，诰让不受。

【译文】后晋高祖石敬瑭下诏：东都留守司的百官全部迁赴行在。

杨光远上奏朝廷说，掌理博州事务的张晖引领州城的军民归降。

安州威和指挥使王晖听说范延光作乱，杀了安远节度使周瑰，自己统领军府，打算等待范延光胜利就依附他，若范延光失败，则渡过长江，投奔吴国。晋高祖石敬瑭派右领军上将军李金全率领一千名骑兵前往安州巡视考察，承诺赦免王晖的罪，任命他为唐州刺史。

范延光知道事情不能成功，于是归罪于孙锐而杀他全族，派使者奉表请罪。戊寅日（二十八日），杨光远报告朝廷，后晋高祖石敬瑭不准许。

吴同平章事王令谋前往金陵劝徐诰接受禅让，徐诰推辞不受。

山南东道节度使安从进恐王晖奔吴，遣行军司马张朏将兵会复州兵于要路邀之。晖大掠安州，将奔吴，部将胡进杀之。

八月，癸巳，以状闻。李金全至安州，将士之预于乱者数百人，金全说谕，悉遣诣阙；既而闻指挥使武彦和等数十人挟贿甚多，伏兵于野，执而斩之。彦和且死，呼曰："王晖首恶，天子犹赦之；我辈胁从，何罪乎！"帝虽知金全之情，掩而不问。

吴历阳公濛知吴将亡，甲午，杀守卫军使王宏。宏子勒兵攻濛，濛射杀之。以德胜节度使周本吴之勋旧，引二骑诣庐州，欲依之。本闻濛至，将见之，其子弘祚固谏，本怒曰："我家郎君来，何为不使我见！"弘祚合扉不听本出，使人执濛于外，送江都。徐诰遣使称诏杀濛于采石，追废为悖逆庶人，绝属籍。侍卫军使郭悰杀濛妻子于和州，诰归罪于悰，贬池州。

【译文】山南东道节度使安从进担心王晖投奔吴国，派行军司马张朏领兵会合复州兵在冲要路上阻挡他。王晖在安州大肆掠夺，将要投奔吴国，部下将领把他杀死。八月，癸巳日（十三日），把这件事的真相传知朝廷。李金全到达安州，安州的将士参与作乱的有好几百人，李金全开导劝说他们，把他们全部遣送到京城等候发落；不久听说指挥使武彦和等数十人携带很多财货，于是在野外埋伏士兵，把他们抓起来，斩首。武彦和将死，大声呼叫，说："王晖是罪恶最重大的人，天子还赦免了他，我们是被要挟而跟他的，又有什么罪呢？"后晋高祖石敬瑭虽然知道李金全的情况，但把事情掩盖起来，不加究问。

吴国历阳公杨濛知道吴国快要败亡，甲午日（十四日），杀了守卫他的军使王宏；王宏的儿子带领兵卒攻击杨濛，杨濛射杀了他。因为德胜节度使周本是吴国的元勋旧臣，所以带两名骑兵到庐州，想要投靠他。周本听说杨濛到来，便要去见他，他的儿子周弘祚坚定地劝他不要见，周本生气地说："我家的少主来了，为什么不让我去见他？"周弘祚将两扇门扉关上，不让他父亲出去，同时派人到外边把杨濛抓起来，送往江都。徐诰派使者假称吴主杨溥的诏命，在采石把他杀死，追废为悖逆庶人，断绝杨氏的宗室册籍。侍卫军使郭悰在和州把杨濛的妻子杀了，徐诰归罪于郭悰，把他贬移到池州。

乙巳，赦张从宾、符彦饶、王晖之党，未伏诛者皆不问。

梁、唐以来，士民奉使及俘掠在契丹者，悉遣使赎还其家。

吴司徒、门下侍郎、同平章事、内枢使、忠武节度使王令谋老病无齿，或劝之致仕，令谋曰："齐王大事未毕，吾何敢自安！"疾亟，力劝徐诰受禅。是月，吴主下诏，禅位于齐。李德诚等复诣金陵帅百官劝进，宋齐丘不署表。九月，癸丑，令谋卒。

甲寅，以李金全为安远节度使。

娄继英未及葬梁均王而诛死，诏梁故臣右卫上将军安崇阮与王故妃郭氏葬之。

【译文】乙巳日（二十五日），赦免张从宾、符彦饶、王晖的党羽；尚未被诛杀的，都不再追究。

后梁、后唐以来，士大夫奉旨出使，以及百姓们被抢夺俘虏而留在契丹的，朝廷遣使到契丹将他们全部赎回来，让他们回家。

吴国司徒、门下侍郎、同平章事、内枢使、忠武节度使王令谋年老有病，连牙齿都没有了，有人劝他退休，王令谋说："齐王的大事还没有完成，我哪里敢只顾自己的安逸？"等到他病重危急，就极力劝徐诰接受禅让。就在当月，吴主杨溥下诏，把帝位禅让给齐王徐诰。李德诚又到金陵率领百官劝齐王徐诰即帝位，宋齐丘不肯在劝进表上签名。九月，癸丑日（初四日），王令谋去世。

甲寅日(初五日),任命李金全为安远节度使。

娄继英还来不及安葬梁均王朱友贞自己就受诛而死,后晋高祖石敬瑭下诏后梁旧臣右卫上将军安崇阮与均王旧妃郭氏把他安葬。

丙寅,吴主命江夏王璘奉玺绶于齐。冬,十月,甲申,齐王诰即皇帝位于金陵,大赦,改元升元,国号唐。追尊太祖武王曰武皇帝。乙酉,遣右丞相玠奉册诣吴主,称受禅老臣诰谨拜稽首上皇帝尊号曰高尚思玄弘古让皇,宫室、乘舆、服御皆如故,宗庙、正朔、徽章、服色悉从吴制。丁亥,立徐知证为江王,徐知谔为饶王。以吴太子琏领平卢节度使、兼中书令,封弘农公。

唐主宴群臣于天泉阁,李德诚曰:"陛下应天顺人,惟宋齐丘不乐。"因出齐丘止德诚劝进书,唐主执书不视,曰:"子嵩三十年旧交,必不相负。"齐丘顿首谢。

【译文】丙寅日(十七日),吴主杨溥命江夏王杨璘奉献皇帝的国玺和绶带给齐王徐诰。冬季,十月,甲申日(初五日),齐王徐诰在金陵即皇帝位,实行大赦,改年号为升元,改国号为唐。追尊太祖武王为武皇帝。乙酉日(初六日),派右丞相徐玠带着上尊号的册书去觐见吴主杨溥,称:受禅老臣徐诰谨拜稽首上皇帝尊号曰高尚思玄弘古让皇。宫室、乘坐的轿子、衣服和车驾全都照旧,宗庙、正朔、徽章和衣服车马所崇尚的颜色,也都依照吴国的制度。丁亥日(初八日),立徐知证为江王,徐知谔为饶王。任用吴太子杨琏领职平卢节度使、兼中书令,封为弘农公。

唐主徐诰在天泉阁宴请群臣,李德诚说:"陛下上应天意,下顺民心,只有宋齐丘不快乐。"说着就拿出宋齐丘阻止他劝唐主即位的一封书信，唐主徐诰接过那封信，看都不看，并说："子嵩(宋齐丘字子嵩)是我三十年的老朋友，必定不会负我。"宋齐丘顿首拜谢。

己丑，唐主表让皇改东都宫殿名，皆取于仙经。让皇常服羽衣，习辟谷术。辛卯，吴宗室建安王珙等十二人皆降爵为公，而加官增邑。丙申，以吴同平章事张延翰及门下侍郎张居咏、中书侍郎李建勋并同平章事。让皇以唐主上表，致书辞之；唐主表谢而不改。

丁酉，加宋齐丘大司徒。齐丘虽为左丞相，不预政事，心慍怼，闻制词云"布衣之交"，抗声曰："臣为布衣时，陛下为刺史；今日为天子，可不用老臣矣。"还家请罪，唐主手诏谢之，亦不改命。久之，齐丘不知所出，乃更上书请迁让皇于它州，及斥远吴太子琏，绝其婚；唐主不从。

【译文】己丑日(初十日)，唐主徐诰上表让皇改东都宫殿的名称，都取自道教经典。让皇常常穿着道士服装，练习摒除谷食的方术。辛卯日(十二日)，吴国宗室建安王杨珙等十二人被降封爵为公，同时加官，增加食邑。丙申日(十七日)，任命吴同平章事张延翰和门下侍郎张居咏、中书侍郎李建勋三人同时为同平章事。让皇由于唐主徐诰上表，致书表示不敢当；而唐主仍然上表称谢不改。

丁酉日(十八日)，南唐主徐诰加授宋齐丘为大司徒。宋齐丘虽然任左丞相，但不能参与政事，心里怨怒，听说南唐主徐诰所作词中称"布衣之交"，便抗辩说："臣还是布衣的时候，陛下已贵为刺史；今天陛下做天子，可以不用老臣了。"回家后，乃向唐主请罪，唐主徐诰亲手写诏书安慰他，不再改变原来的任命。过了一段时间，宋齐丘不知该怎么办才好，于是又上书，请迁徙让皇于别州，以及斥逐吴太子杨琏到远方，断绝跟他们的婚姻关系；南唐主徐诰没有听从他的意见。

　　乙巳，立王后宋氏为皇后。戊申，以诸道都统、判元帅府事景通为诸道副元帅、判六军诸卫事、太尉、尚书令、吴王。

　　闽主命其弟威武节度使继恭上表告嗣位于晋，且请置邸于都下。

　　十一月，乙卯，唐吴王景通更名璟。

　　唐主赐杨琏妃号永兴公主；妃闻人呼公主则流涕而辞。

　　戊午，唐主立其子景遂为吉王，景达为寿阳公；以景遂为侍中、东都留守、江都尹，帅留司百官赴东都。

　　【译文】乙巳日（二十六日），立王后宋氏为皇后。戊申日（二十九日），任命诸道都统、判元帅府事徐景通为诸道副元帅、判六军诸卫事、太尉、尚书令、吴王。

　　闽主王昶命令他的弟弟威武节度使王继恭向后晋朝廷上表报告他继承闽国君位，并请求在晋都大梁设立住所，以便使者安歇。

　　十一月，乙卯日（初六日），南唐吴王徐景通改名为璟。

　　唐主徐诰赐杨琏妃号为永兴公主；杨琏妃听到人家叫她为公主，伤心流泪，教人家不要再用这样的名号称呼她。

　　戊午日（初九日），南唐主徐诰立他的儿子徐景遂为吉王，徐景达为寿阳公；任命徐景遂为侍中、东都留守、江都尹，率领留司百官到东都。

　　戊辰，诏加吴越王元瓘天下兵马副元帅，进封吴越国王。

安远节度使李金全以亲吏胡汉筠为中门使，军府事一以委之。汉筠贪猾残忍，聚敛无厌。帝闻之，以廉吏贾仁沼代之，且召汉筠，欲授以它职，庶保全功臣。汉筠大惧，始劝金全以异谋。乙亥，金全表汉筠病，未任行。金全故人庞令图屡谏曰："仁沼忠义之士，以代汉筠，所益多矣。"汉筠夜遣壮士逾垣灭令图之族，又毒仁沼，舌烂而卒。汉筠与推官张纬相结，以谄惑金全，金全爱之弥笃。

【译文】戊辰日（十九日），后晋高祖石敬瑭下诏，加吴越王钱元瓘为天下兵马副元帅，进封吴越国王。

安远节度使李金全任用亲信属吏胡汉筠为中门使，军府的事务全部委任他办理。胡汉筠贪猾残忍，搜刮贪求无厌。后晋高祖石敬瑭听说后，派一个清廉的官吏贾仁沼去取代他的职位，同时召回胡汉筠，授给他其他职务，希望借此保全功臣。胡汉筠得到消息，非常恐惧，于是开始劝李金全图谋不轨。乙亥日（二十六日），李金全上表声称胡汉筠生病，不能起程。李金全的旧友庞令图多次劝他说："贾仁沼是位忠义之士，用他来代替胡汉筠，所获的助益太多了。"胡汉筠利用夜晚派壮士翻墙进入庞令图家，灭他全族。又向贾仁沼下毒，贾仁沼舌头腐烂而死。胡汉筠与推官张纬勾结，共同谄媚惑乱李金全，李金全宠爱他更加深厚。

十二月戊申，蜀大赦，改明年元曰明德。

诏加马希范江南诸道都统，制置武平、静江等军事。

是岁，契丹改元会同，国号大辽，公卿庶官皆仿中国，参用中国人，以赵延寿为枢密使，寻兼政事令。

【译文】十二月，戊申日（三十日），后蜀实行大赦，改明年的年号为明德。

后晋高祖石敬瑭下诏，加马希范为江南诸道都统，制置武平、静江等军事。

这一年，契丹改年号为会同，改国号为大辽，公卿庶官的设置都仿效中原，并且参用中原人，任用赵延寿为枢密使，不久，又兼任政事令。

天福三年（戊戌，公元九三八年）春，正月，己酉，日有食之。

唐德胜节度使兼中书令西平恭烈王周本以不能存吴，愧恨而卒。

丙寅，唐以侍中吉王景遂参判尚书都省。

蜀主以武信节度使、同平章事张业为左仆射兼中书侍郎、同平章事、枢密使，武泰节度使王处回兼武信节度使、同平章事。

【译文】天福三年（戊戌，公元 938 年）春季，正月，己酉日（初二日），发生日食。

南唐德胜节度使兼中书令西平恭烈王周本因为不能保存吴国，愧恨去世。

丙寅日（十九日），南唐命侍中吉王徐景遂参判尚书都省。

蜀主孟昶任命武信节度使、同平章事张业为左仆射兼中书侍郎、同平章事、枢密使，武泰节度使王处回兼任武信节度使、同平章事。

二月，庚辰，左散骑常侍张允上《驳赦论》，以为："帝王遇天灾多肆赦，谓之修德。借有二人坐狱遇赦，则曲者幸免，直者衔冤，冤气升闻，乃所以致灾，非所以弭灾也。"诏褒之。帝乐闻谠言，诏百官各上封事，命使部尚书梁文矩等十人置详定院以考之，无取者留中，可者行之。数月，应诏都无十人，乙未，复降御札趣之。

三月，丁丑，敕禁民作铜器。初，唐世天下铸钱有三十六冶，丧乱以来，皆废绝，钱日益耗，民多销钱为铜器，故禁之。

【译文】二月，庚辰日（初三日），左散骑常侍张允向后晋高祖石敬瑭上呈《驳赦论》，认为："帝王遇到天灾常常实行大赦，这种做法是为了修德。假设现在有两个人打官司而遇赦，那么理亏的人，侥幸获免；理直的人含冤不伸，冤气升腾，上闻于天，这足以招致灾祸，并不是消除灾祸的方法。"晋高祖石敬瑭下诏褒奖他。高祖乐意听正直的言论，下诏百官各上封书言事，命吏部尚书梁文矩等十人设置详定院来加以考核，无可取的留在中枢，有可取的就施行。几个月后，应诏的不足十人。乙未日（十八日），再一次颁下御札催促这件事。

三月，丁丑日（三十日），敕命禁止民间铸造铜器。起初，唐代时，天下共有三十六所铸钱的矿冶所，自从战乱以来，都停工废弃，钱币耗损一天比一天厉害，很多民众销毁钱币，铸造各种铜器，所以下令禁止铸造铜器。

中书舍人李详上疏，以为"十年以来，赦令屡降，诸道职掌皆许推恩，而藩方荐论动逾数百，乃至藏典、书吏、优伶、奴仆，初命则至银青阶，被服皆紫袍象笏，名器僭滥，贵贱不分。请自今诸道主兵将校之外，节度州听奏朱记大将以上十人，他州止听奏都押牙、都虞候、孔目官，自馀但委本道量迁职名而已。"从之。

夏，四月，甲申，唐宋齐丘自陈丞相不应不豫政事，唐主答以省署未备。

吴让皇固辞旧宫，屡请徙居；李德诚等亦哑以为言。五月，戊午，唐主改润州牙城为丹杨宫，以李建勋为迎奉让皇使。

【译文】中书舍人李详上疏，他认为："十年以来，多次颁布赦令，各行政区的职掌，都准许长官推广恩惠，任用他亲信的人。各地藩镇推荐的人动辄就超过数百名，以至于藏典、书吏、优伶、奴仆这些人，开始任命就要达到银印青绶的官阶，穿的都是紫色袍，拿的都是象牙笏，拥有的名义和所使用的器物，都超越他们的本分，造成浮滥的现象，以至于贵贱分不出来。请从今以后，各行政区除主掌兵权的将校以外，节度使所治理的州，任由节度使自己选任'不给铜印，给本朱记以为印信'的大将以上十人，奏报朝廷。其他的州，只准长官自己选任都押牙、都虞候、孔目官，奏报朝廷，其余的人员只是委托本道酌量调迁职名。"后晋高祖石敬瑭听从这个意见。

夏季，四月，甲申日（初七日），南唐宋齐丘主动向唐主徐诰申述说丞相不应该不参与政事。唐主徐诰答复他说办公厅还没有设备好。

吴让皇再三推辞，不住旧宫，屡次请求迁居；李德诚等也常提这件事。五月，戊午日（十二日），南唐主徐诰把润州牙城改名为丹杨宫，任用李建勋为迎奉让皇使。

杨光远自恃拥重兵，颇干预朝政，屡有抗奏，帝常屈意从之。庚申，以其子承祚为左威卫将军，尚帝女长安公主，次子承信亦拜美官，宠冠当时。

壬戌，唐主以左宣威副统军王舆为镇海留后，客省使公孙圉为监军使，亲吏马思让为丹杨宫使，徙让皇居丹杨宫。

宋齐丘复自陈为左右所间，唐主大怒；齐丘归第，白衣待罪。或曰："齐丘旧臣，不宜以小过弃之。"唐主曰："齐丘有才，不识大体。"乃命吴王璟持手诏召之。

【译文】杨光远仗恃自己统率重兵，干预朝廷的政事，常有对抗的意见上奏，后晋高祖石敬瑭常委屈自己采纳他的意见。庚申日（十四日），任命杨光远的儿子杨承祚为左威卫将军，娶后晋高祖女儿长安公主为妻，次子杨承信也拜受美好官职，恩宠为当时之冠。

壬戌日（十六日），南唐主徐诰任命左宣威副统军王舆为镇海留后，客省使公孙圭为监军使，亲吏马思让为丹杨宫使，迁徙让皇居住在丹杨宫。

宋齐丘再次陈说自己被唐主左右侍从离间，南唐主徐诰大怒；宋齐丘回到府第，穿起白衣等待治罪。有人说："宋齐丘是勋旧大臣，不应为了小过舍弃他。"唐主徐诰说："宋齐丘虽有才干，却不识大体。"后来还是命吴王徐璟持着亲笔诏书去召他回来。

六月，壬午，或献毒酒方于唐主，唐主曰："犯吾法者自有常刑，安用此为！"群臣争请改府寺州县名有吴及杨者，留守判官杨嗣请更姓羊，徐玠曰："陛下自应天顺人，事非逆取，而谄邪之人专事改更，咸非急务，不可从也。"唐主然之。

河南留守高行周奏修洛阳宫。丙戌，左谏议大夫薛融谏曰："今宫室虽经焚毁，犹侈于帝尧之茅茨；所费虽寡，犹多于汉文之露台。况魏城未下，公私困窘，诚非陛下修宫馆之日；请俟海内平宁，营之未晚。"上纳其言，仍赐诏褒之。

【译文】六月，壬午日（初七日），有人献毒酒的处方给南唐主徐诰，唐主说："违反我国法律的自有正常的刑罚，要这个东西干什么？"群臣们争相建议把府寺州县名称中有"吴"和"阳"字的都改掉，留守判官杨嗣请求改姓羊，徐玠说："陛下本来就是上应天意，下顺民心，并不是由悖逆之道取得；谄邪之人专门抓住这些事更改讨好，这都不是当务之急，不要听从他们。"南唐主徐诰认为很对。

河南留守高行周上书建议整修洛阳宫殿。丙戌日（十一日），左谏议大夫薛融劝谏说："现在宫室虽然已经烧坏，可是还比帝尧用茅茨所盖的宫室壮观多了；整修的费用虽然很少，可是比起汉文帝刘恒的露台来，还是多得太多。何况魏州城还没有攻下，不论是国家或人民，都贫困窘迫，实在不是陛下整修宫殿的时候。等待海内平靖安宁，再经营这些也不为晚。"后晋高祖石敬瑭采纳了他的意见，并赐予褒奖的诏书。

己丑，金部郎中经铸奏："窃见乡村浮户，非不勤稼穑，非不乐安居，但以种木未盈十年，垦田未及三顷，似成生业，已为县司收供徭役，责之重赋，威以严刑，故不免捐功舍业，更思他适。乞自今民垦田及五顷以上，三年外乃听县司徭役。"从之。

秋，七月，中书奏："朝代虽殊，条制无异。请委官取明宗及清泰时敕，详定可久行者编次之。"己酉，诏左谏议大夫薛融等详定。

辛酉，敕作受命宝，以"受天明命，惟德允昌"为文。

【译文】己丑日（十四日），金部郎中张铸上奏说："我看见乡村里一些还没有固定户籍的人家，并不是不勤于耕种，也并不是不愿意安居乐业，只是因为种树未满十年，垦田不到三顷，略微建立一点维生的事业基础，就已经被县府的有司调遣去服徭役，索求沉重的赋税，用严厉的刑罚加以逼迫，不免抛弃事业，想再迁往其他地方。请求允许：从今以后，民众垦田到五顷以上的，三年以后才听由县司徭役。"后晋高祖石敬瑭听从这个意见。

秋季，七月，中书省上奏说："朝代虽然不同，但制度并没什么差异，请委托官员取出后唐明宗李嗣源和后唐末帝李从珂清泰时的诏敕，详细审定，把可以推行长久的，编纂起来。"己酉日（初四日），后晋高祖石敬瑭诏命左谏议大夫薛融等详加审定。

辛酉日（十六日），后晋高祖石敬瑭命制作"受命宝玺"，刻上"受天明命，惟德允昌"的文句。

八月，帝上尊号于契丹主及太后，戊寅，以冯道为太后册礼使，左仆射刘煦为契丹主册礼使，备卤薄、仪仗、车辂，诣契丹行礼；契丹主大悦。帝事契丹甚谨，奉表称臣，谓契丹主为"父皇帝"；每契丹使至，帝于别殿拜受诏敕。岁输金帛三十万之外，吉凶庆吊，岁时赠遗，玩好珍异，相继于道。乃至应天太后、元帅太子、伟王、南、北二王、韩延徽、赵延寿等诸大臣皆有赂遗。小不如意，辄来责让，帝常卑辞谢之。晋使者至契丹，契丹骄倨，多不逊语。使者还，以闻，朝野咸以为耻，而帝事之曾无倦意，以是终帝之世与契丹无隙。然所输金帛不过数县租赋，往往托以民困，不能满数。其后契丹主屡止帝上表称臣，但令为书称"儿皇帝"，如家人礼。

【译文】八月，后晋高祖石敬瑭给契丹国主耶律德光及述律太后上尊号，戊寅日（疑误），任命冯道为述律太后册礼使，左仆射刘煦为契丹主册礼使，备办卤薄、仪仗、车辂，到契丹举行典礼，契丹主耶律德光非常高兴。后晋高祖石敬瑭事奉契丹非常恭敬，上表称臣，称契丹主耶律德光为"父皇帝"；每次契丹派使者到来，晋高祖石敬瑭就在别殿拜受诏书。每年除了要奉送金帛三十万之外，每遇吉凶庆吊，年节馈赠，玩好珍奇，也都络绎不绝地奉送过去。甚至于应天太后、元帅太子、伟王、南北二王、韩延徽、赵延寿等各大臣都有所赠送；契丹稍有不如意，就派使者来指责，晋高祖常低声下气地向他赔罪。而后晋的使者到契丹，契丹神气傲慢，说话不客气。使者回来，把这情形告诉大家，朝野人士都感到羞辱，而晋高祖石敬瑭侍候契丹一点儿也没有倦怠的感觉，因此晋高祖石敬瑭在位时都跟契丹没有仇怨。输送的金帛，不过是几个县的田租赋税，往往托词民间困乏，不能满额送到。后来，契丹主耶律德光多次制止后晋高祖石敬瑭上表称臣，只叫他写信时自称"儿皇帝"，像家人之间行礼一样。

初，契丹主既得幽州，命曰南京，以唐降将赵思温为留守。思温子延照在晋，帝以为祁州刺史。思温密令延照言虏情终变，请以幽州内附；帝不许。

契丹遣使诣唐，宋齐丘劝唐主厚贿之，俟至淮北，潜遣人杀之，欲以间晋。

壬午，杨光远奏前澶州刺史冯晖自广晋城中出战，因来降，言范延光食尽穷困；己丑，以晖为义成节度使。

【译文】起初，契丹得到幽州，便取名为南京，任命后唐降将赵思温为留守。赵思温的儿子赵延照在后晋，后晋高祖石敬瑭任命他为祁州刺史。赵思温秘密交代赵延照向高祖说敌寇的政情终会变化，请以幽州归附朝廷；晋高祖石敬瑭不肯。

契丹派使者到南唐，宋齐丘劝唐主徐诰送他优厚礼物，好好接待他，待到他回途行至淮河以北，暗中派人杀了他，打算以此来离间契丹同后晋的关系。

壬午日(七月无此日)，杨光远奏报说，前任澶州刺史冯晖从广晋城中出战，趁机投降，并说范延光粮食已经吃完，情势穷困。己丑日(七月无此日)，任命冯晖为义成节度使。

　　杨光远攻广晋，岁馀不下，帝以师老民疲，遣内职朱宪入城谕范延光，许移大藩，曰："若降而杀汝，白日在上，吾无以享国。"延光谓节度副使李式曰："主上重信，云不死则不死矣。"乃撤守备，然犹迁延未决。宣徽南院使刘处让复入谕之，延光意乃决。九月，乙巳朔，杨光远送延光二子守图、守英诣大梁。己酉，延光遣牙将奉表待罪。壬子，诏书至广晋，延光帅其众素服于牙门，使者宣诏释之，朱宪，汴州人也。

　　契丹遣使如洛阳，取赵延寿妻唐燕国长公主以归。

　　【译文】杨光远攻打广晋，一年多攻不下来。后晋高祖石敬瑭因为师兴过久，百姓困疲，便派在内廷供职的宦者朱宪进入广晋城告谕范延光，答应调他镇守大藩镇，并说："假如你投降以后仍杀你，那么我发誓：白日在上，我无由享国！"范延光对节度副使李式说："皇上讲信用，说不死就不会死。"于是就撤下守备，但还是拖延不决。宣徽南院使刘处让又进城劝告他，范延光才下了决心。九月，乙巳朔日（初一日），杨光远送范延光的两个儿子范守图、范守英到大梁。己酉日（初五日），范延光派牙将奉表等候处分。壬子日（初八日），后晋高祖石敬瑭得诏书来到广晋，范延光率领属众在牙门丧服迎接，使者宣读诏书将他释放。朱宪是汴州人。

　　契丹派使者到洛阳，把赵延寿的妻子唐燕国长公主接回去。

　　壬戌，唐太府卿赵可封请唐主复姓李，立唐宗庙。

　　庚午，杨光远表乞入朝；命刘处让权知天雄军府事。己巳，制以范延光为天平节度使，仍赐铁券，应广晋城中将吏军民今日以前罪皆释不问；其张从宾、符彦饶馀党及自官军逃叛入城者，亦释之。延光腹心将佐李式、孙汉威、薛霸皆除防御、团练使、刺史，牙兵皆升为侍卫亲军。

【译文】壬戌日（十八日），南唐太府卿赵可封请唐主徐诰恢复本姓，姓李，设立唐室宗庙。

庚午（二十六日），杨光远上表请求入朝；命刘处让暂时主持天雄军府事。己巳日（二十五日），后晋高祖石敬瑭下制令任用范延光为天平节度使，又赐给铁券。广晋城中将校、官吏、军士、民众，都在这天把以前所有的罪一律赦免，不再追究。张从宾、符彦饶的余党以及从官军逃走、背叛而入魏州城的人，也放过他们。分别任命范延光的心腹将领和助手李式、孙汉威、薛霸为防御使、团练使、刺史，他的牙兵也都擢升为侍卫亲军。

初，河阳行军司马李彦珣，邢州人也，父母在乡里，未尝供馈。后与张从宾同反，从宾败，奔广晋，范延光以为步军都监，使登城拒守。杨光远访获其母，置城下以招之，彦珣引弓射杀其母。延光既降，帝以彦珣为坊州刺史。近臣言彦珣杀母，杀母恶逆不可赦；帝曰：“赦令已行，不可改也。”乃遣之官。

◆臣光曰：治国家者固不可无信。然彦珣之恶，三灵所不容，晋高祖赦其叛君之愆，治其杀母之罪，何损于信哉！◆

辛未，以杨光远为天雄节度使。

【译文】起初，河阳行军司马李彦珣是邢州人，父母住在乡下，没有受过供养。后来，李彦珣与张从宾一同反叛，张从宾失败，李彦珣投奔广晋。范延光任用他为步军都监，让他登城拒守。杨光远寻访到李彦珣的母亲，把她安置在城下，借此招李彦珣归降。李彦珣拿起弓箭，将他母亲射死。范延光投降后，

资治通鉴

后晋高祖石敬瑭任命李彦珣为坊州刺史。近臣说李彦珣是杀母亲的人，杀母亲是穷凶极恶、大逆不道的罪行，绝不可赦。晋高祖说："赦令已经颁布施行，不能再改。"还是派他去赴任。

◆臣司马光说：治理国家的人固然不可以不讲求信用，然而李彦珣的罪恶，被天神地祇人鬼所不容。晋高祖石敬瑭如果赦免他背叛国君的过失，惩治他残杀母亲的罪恶，对于他的信用又有什么损害呢？◆

辛未日（二十七日），任命杨光远为天雄节度使。

冬，十月，戊寅，契丹遣使奉宝册，加帝尊号曰英武明义皇帝。

帝以大梁舟车所会，便于漕运，丙辰，建东京于汴州，复以汴州为开封府，以东都为西京，以西都为晋昌军节度。

帝遣兵部尚书王权使契丹谢尊号，权自以累世将相，耻之，谓人曰："吾老矣，安能向穹庐屈膝！"乃辞以老疾。帝怒，戊子，权坐停官。

【译文】冬季，十月，戊寅日（初五日），契丹派遣使者奉献宝册，给后晋高祖石敬瑭加上尊号，叫作英武明义皇帝。

后晋高祖石敬瑭基于大梁是舟车交会的地方，便于水道转运米粮，于是在丙辰日（十月无此日）那天，在汴州设置东京，又把汴州改为开封府，把东都改为西京，把西都改为晋昌军节度。

后晋高祖派遣兵部尚书王权出使契丹，表示对上尊号的谢意。王权以为自己累世任中原朝廷的将相，感到羞耻，因此对人说："我老了，怎么能向以穹庐为家的夷狄屈膝下跪呢？"于是借口衰老多病而加以推辞。高祖石敬瑭很生气，戊子日（十五日），王权因此停职。

初，郭崇韬既死，宰相罕有兼枢密使者。帝即位，桑维翰、李崧兼之，宣徽使刘处让及宦官皆不悦。杨光远围广晋，处让数以军事衔命往来，光远奏请多逾分，帝常依违，维翰独以法裁折之。光远对处让有不平语，处让曰："是皆执政之意。"光远由是怨执政。范延光降，光远密表论执政过失；帝知其故而不得已，加维翰兵部尚书，崧工部尚书，皆罢其枢密使；以处让为枢密使。

太常奏："今建东京，而宗庙、社稷皆在西京，请迁置大梁。"敕旨："且仍旧。"

戊戌，大赦。

【译文】起初，郭崇韬死后，宰相很少有兼枢密使的。自从高祖石敬瑭即位，桑维翰、李崧却兼任，宣徽使刘处让和宦官们心里都很不愉快。杨光远围攻广晋时，刘处让好几次为了军事奉命往来。杨光远奏报请求大多超越本分，高祖常常若依若违，不置可否，桑维翰却根据法令加以裁减。杨光远因此对刘处让有不平的口吻，刘处让说："这都是执政宰相的意思。"杨光远从此便怪怨宰相。范延光投降后，杨光远秘密上表论说执政者的过失；后晋高祖石敬瑭知道事情发生的原因又无法解决，便加官给桑维翰为兵部尚书，李崧为工部尚书，把二人的枢密使罢免；任命刘处让为枢密使。

太常上奏说："现在设置东京，然而宗庙、社稷都在西京，请搬来安置在大梁。"后晋高祖石敬瑭颁敕书指示："暂且依旧。"

戊戌日（二十五日），大赦天下。

杨延艺故将吴权自爱州举兵攻皎公羡于交州，公羡遣使以赂求救于汉。汉主欲乘其乱而取之，以其子万王弘操为静海节度使，徙封交王，将兵救公羡，汉主自将屯于海门，为之声援。汉主问策于崇文使萧益，益曰："今霖雨积旬，海道险远，吴权桀黠，未可轻也。大军当持重，多用乡导，然后可进。"不听。命弘操帅战舰自白藤江趣交州。权已杀公羡，据交州，引兵逆战，先于海口多植大杙，锐其首，冒之以铁，遣轻舟乘潮挑战而伪遁，弘操逐之，须臾潮落，汉舰皆碍铁杙不得返，汉兵大败，士卒覆溺者太半；弘操死，汉主恸哭，收馀众而还。先是，著作佐郎侯融劝汉主弭兵息民，至是以兵不振，追咎融，剖棺暴其尸。益，仿之孙也。

【译文】杨延艺的旧将吴权从爱州起兵攻打交州的皎公羡，皎公羡派使者用贿赂向南汉求救。南汉主刘龑想乘其乱夺取交州，任用他的儿子万王刘弘操为静海节度使，改封交王，率兵去救皎公羡，南汉主刘龑带兵屯驻海门，做刘弘操的后援。南汉主刘龑向崇文使萧益问计，萧益说："现在雨水连绵不断已经好几十天，海路危险遥远，吴权凶暴狡猾，不可看轻他。我们的大军应当持重，多用向导，然后才可以前进。"汉主刘龑听不进这些话。命令刘弘操率领战舰从白藤江向交州进军。这时吴权已经杀皎公羡，占据交州，率兵迎战。先在海口插上许多大木条，把上头削尖，裹上铁皮，派小船趁着涨潮出海挑战，然后假装败逃，引汉舰来追；一会儿退潮，汉舰都被那用铁皮包裹的木条阻挡而回不去，汉兵大败，士卒掉落水中淹死的超过半数；刘弘操战死，汉主刘龑悲伤痛哭，收集残余的士卒回去。以前，著作佐郎侯融曾经劝告南汉主刘龑息兵养民，到这时南汉主刘龑把兵力不振归罪侯融，把他的棺材挖出来，加以暴尸。萧益是唐懿宗时宰相萧仿的孙子。

楚顺贤夫人彭氏卒。彭夫人貌陋而治家有法，楚王希范惮之；既卒，希范始纵声色，为长夜之饮，内外无别。有商人妻美，希范杀其夫而夺之，妻誓不辱，自经死。

河决郓州。

十一月，范延光自郓州入朝。

丙午，以闽主昶为闽国王，以左散骑常侍卢损为册礼使，赐昶赭袍。戊申，以威武节度使王继恭为临海郡王。闽主闻之，遣进奏官林恩白执政，以既袭帝号，辞册命及使者。闽谏议大夫黄讽以闽主淫暴，与妻子辞诀入谏，闽主欲杖之，讽曰："臣若迷国不忠，死亦无怨；直谏被杖，臣不受也。"闽主怒，黜为民。

【译文】楚顺贤夫人彭氏逝世。彭夫人相貌丑陋，但是治家有法，楚王马希范畏惧她。彭夫人死后，马希范就开始纵情声色，举行通宵宴饮，内宫与外朝没有分别。有个商人的妻子长得美丽，马希范杀了她的丈夫要占有她，商人妻子发誓不受玷辱，自己上吊死了。

黄河在郓州溃堤决口。

十一月，范延光从郓州入朝。

丙午日（初三日），后晋朝廷册命闽主王昶为闽国王，委命左散骑常侍卢损为册礼使，赐予王昶天子服用的褚袍。戊申日（初五日），进封威武节度使王继恭为临海郡王。闽主王昶听到这个消息，派进奏官林恩去向宰相说明，因为已经袭用"皇帝"尊号，所以请退回册命和使者。闽谏议大夫黄讽因为闽主王昶淫乱残暴，于是和妻子儿女诀别，把生死置之度外，去劝谏闽主；闽主王昶果然要用木棍打他，黄讽说："我若是迷乱国家而不忠，即使死了也没有怨言；若是因为直言进谏而被杖罚，我不能接受。"闽主王昶发怒，将他罢黜为民。

帝患天雄节度使杨光远跋扈难制，桑维翰请分天雄之众，加光远太尉、西京留守兼河阳节度使。光远由是怨望，密以赂自诉于契丹，养部曲千馀人，常蓄异志。

辛亥，建邺都于广晋府，置彰德军于相州，以澶、卫隶之；置永清军于贝州，以博、冀隶之。澶州旧治顿丘，帝虑契丹为后世之患，遣前淄州刺史汲人刘继勋徙澶州跨德胜津，并顿丘徙焉。以河南尹高行周为广晋尹、邺都留守，贝州防御使王廷胤为彰德节度使，右神武统军王周为永清节度使。廷胤，处存之孙；周，邺都人也。

【译文】后晋高祖石敬瑭担心天雄节度使杨光远强悍不驯，难以控制，桑维翰建议分散天雄的兵力，于是加杨光远官爵为太尉、西京留守兼河阳节度使。杨光远因此怨愤不满，暗中贿赂契丹并向契丹进行自我表白，还训养私人部曲一千余人，心里常怀叛离的想法。

辛亥日（初八日），在广晋府设邺都；在相州设彰德军，将澶州、卫州隶属它；在贝州设永清军，将博州、冀州隶属它。澶州旧州府设在顿丘，高祖石敬瑭考虑到契丹将成为后世的祸患，派前任淄州刺史汲人刘继勋将澶州州府迁往跨越黄河两岸的德胜津，连同顿丘县的县府也搬来这里。任命河南尹高行周为广晋尹、邺都留守；贝州防御使王廷胤为彰德节度使，右神武统军王周为永清节度使。王廷胤是王处存的孙子；高行周是邺都人。

范延光屡请致仕，甲寅，诏以太子太师致仕，居于大梁，每预宴会，与群臣无异。延光之反也，相州刺史掖人王景拒境不从，戊午，以景为耀州团练使。

癸亥，敕听公私自铸铜钱，无得杂以铅铁，每十钱重一两，以"天福无宝"为文。仍令盐铁颁下模范，惟禁私作铜器。

立右金吾卫上将军重贵为郑王，充开封尹。

【译文】范延光屡次请求退休，甲寅日（十一日），后晋高祖石敬瑭下诏，准以太子太师的身份退休。退休后，住在大梁，常常参加宴会，和群臣没有分别。起初范延光反叛的时候，相州刺史掖人王景防守辖区，不肯附从，戊午日（十五日），任用王景为耀州团练使。

癸亥日（二十日），后晋高祖石敬瑭下令，听任官厅和民间自铸铜钱，但不可以杂入铅和铁，每十个铜钱重一两，上铸"天福元宝"四字。命令盐铁使司颁布铸钱模型，只是禁止私铸其他铜器。

后晋立左金吾卫上将军石重贵为郑王，充任开封府尹。

庚辰，敕先许公私铸钱，虑铜难得，听轻重从便，但勿令缺漏。

辛丑，吴让皇卒。唐王废朝二十七日，追谥曰睿皇帝。是岁，唐主徙吴王璟为齐王。

凤翔节度使李从曮，厚文士而薄武人，爱农民而严士卒，由是将士怨之。会发兵戍西边，既出郊，作乱，突门入城，剽掠于市。从曮发帐下兵击之，乱兵帐，东走，欲自诉于朝廷，至华州，镇国节度使太原张彦泽邀击，尽诛之。

【译文】庚辰日，后晋高祖石敬瑭下敕书，说前些时准许官厅和民间自铸铜钱，考虑到铜矿难得，每个铜钱的重量，听任个人方便，只要不至于缺口破洞就好。

辛丑日(十一月无此日)，吴让皇杨溥去世。南唐主为此停止坐朝二十七日。追谥让皇杨溥为睿皇帝。这一年，南唐主徙封吴王徐璟为齐王。

凤翔节度使李从，对文士非常礼遇，对武人比较疏薄；爱护农民，严管士卒。因此将士们对他颇为怨恨。正好有一天李从曤要派遣军队戍守西方边陲，军队刚走到郊外，便开始作乱，冲破城门，进入城里，当街抢劫。李从曤发动帐下兵众攻击他们，乱兵失败，向东遁走，想到东京向后晋朝廷申诉；到达华州时，镇国节度使张彦泽进行阻击，把他们都杀了。